あなただけの
プレミアムな
おとな旅へ！
ようこそ！

SIGHTSEEING

痛ましい姿を前にして、改めて平和に感謝する

《原爆ドーム》 ➡ P.64

MIYAJIMA HIROSHIMA
宮島・広島への旅

煌めく瀬戸内、静寂の路地。
のどかな旅、聖なる旅の記憶

古代より海上交通の要衝や、軍事拠点として重要視された小さな島々や沿岸の漁村。厳島神社の朱の社殿や大鳥居、鞆の浦の江戸時代の港の遺構、倉敷のモダンな街並みなど、往時の面影を伝える場所は、今でも人気の観光スポットだ。カキや穴子など名物グルメは客人をとりこにするだろう。また、忘れてはいけないのは、戦争惨禍を伝える原爆ドーム。2019年にリニューアルを終えた広島平和記念資料館も必見。

SIGHTSEEING

ほのかな明かりが幻想的に照らす白壁の道を散策

倉敷美観地区 ➡P.128

SIGHTSEEING

海に浮かぶ回廊を進み、本殿へ向かう

嚴島神社 ➡P.26

厳島神社の鳥居や瀬戸内海を望む多宝塔の周辺は桜の名所。日没頃からはライトアップの光も加わり、いっそう優美な光景に

美しい街並みや建造物の宝庫で街歩きが楽しい

※嚴島神社の大鳥居は2021年1月現在改修工事中です

陽光きらめく
瀬戸内の島々へ

SHOPPING

瀬戸内の
太陽が
香り高いレモン
を育てる

島ごころSETODA ➡P.117

青く澄み切った空と海のなか、日本最大の斜張橋・多々羅大橋が白く輝く

CYCLING

自転車で
疲れたら
心地よい潮風を
感じながら
ひと休み

瀬戸田サンセットビーチ ➡P.117

CONTENTS

広島・岡山広域 ……………………… 2
宮島・広島への旅
煌めく瀬戸内、静寂の路地。
のどかな旅、聖なる旅の記憶 ……… 4
宮島・広島・尾道・倉敷はこんなところです … 12
トラベルカレンダー ………………… 14
プレミアム滞在モデルプラン
宮島・広島・尾道・倉敷 おとなの1日プラン … 18

ニュース&トピックス ……… 16

宮島

宮島はこんなところです ……… 24

歩く・観る　26

嚴島神社　26
嚴島神社を参拝する ……………… 28
大鳥居の美しさに息をのむ ……… 32
弥山を歩く ……………………… 34
聖なる島で感じる文化と自然 …… 36
歴史 瀬戸内海を見守る宮島の歩み … 38

食べる　42
里海からの贈り物 カキ料理を食す … 42
ふっくら穴子飯の悦楽 …………… 44
宮島カフェで憩う ………………… 46

買う　48
喧騒のなかに旅情を感じて ……… 48
定番もみじ饅頭 …………………… 50

【宮島から足をのばして】
岩国 ……………………………… 52
　錦帯橋　53
　岩国藩ゆかりの地で歴史をたどる　54
　岩国寿司を楽しむ　55

泊まる　56
神聖な海と緑に抱かれて ………… 56

広島

広島はこんなところです ……… 58
広電（路面電車）を利用する ……… 60

歩く・観る　62
平和記念公園を歩く ……… 62
　原爆ドーム　64
　広島平和記念資料館　65
史跡とアートを巡り100万都市を深掘り ……… 66
　旅先で出会う感動。アーバン・アートスポット　67
歴史 ゼロからの再出発を経て、今。……… 68

食べる　70
海の恵みに感謝して カキ料理の宴 ……… 70
瀬戸内の魚介を贅沢に満喫 ……… 72
【広島お好み焼プレミアム】
　広島を代表する名店へ　74
　街の人気実力店で感動の味を　76
　独創的なトッピングが際立つ　78
つけ麺&汁なし担担麺 ……… 80
ソウルフードの深みにはまる ……… 82
　広島ラーメン／うどん&むすび
こだわりスイーツでカフェ時間 ……… 84

買う　86
おいしい感動をおみやげに ……… 86
極上の熊野筆を探す ……… 88

泊まる　90
絶景ホテル ……… 90

付録地図
宮島・広島広域	2	尾道	12
広島市街広域	2	尾道中心部	14
尾道・倉敷広域	4	倉敷	16
宮島	6	しまなみ海道 （広島県側）	18
表参道商店街	7	鞆の浦	19
宮島口	7	岩国	19
広島市街	8		
広島市中心部	10		

尾道

| 尾道はこんなところです | 92 |

歩く・観る　94
のんびりと坂道を歩いて絶景に出会う	94
千光寺から風情ある小径へ	96
映画のなかの尾道	100
尾道カフェ時間	101

食べる　102
| 旬を感じる極上の魚料理 | 102 |
| 尾道ラーメン&尾道焼き | 104 |

買う　106
| ご当地おやつでひと休み | 106 |
| 商店街でおみやげ探し | 108 |

【尾道から足をのばして】
しまなみ海道	110
瀬戸内海に輝く島文化を知る　112	
潮風を感じてプチ・サイクリング　114	
鞆の浦	118
穏やかな海と江戸風情漂う家並み　120	
歴史 海賊も庶民も往来した海の道	122

泊まる　124
| 瀬戸内の旅情に浸る宿 | 124 |

倉敷

| 倉敷はこんなところです | 126 |

歩く・観る　128
倉敷美観地区	128
美観地区の街並みと名建築	130
好奇心を満たす倉敷の重要スポット	134
歴史 倉敷、美観地区の歴史をたどる	135
大原美術館	136

買う　140
林源十郎商店で見つける豊かな暮らし	140
感性が輝く雑貨&インテリア	142
ハイセンスなおしゃれアイテム	144
定番人気! 食の銘品	145

食べる　146
風情ある町家でとっておきランチ	146
贅沢な一皿。優雅な時間	148
カフェ&スイーツ	150

泊まる　151
| 倉敷の名宿 | 151 |

宮島・広島・尾道・倉敷へのアクセス	154
都市間のアクセス	156
INDEX	158

本書のご利用にあたって

● 本書中のデータは2020年12月〜2021年1月現在のものです。料金、営業時間、休業日、メニューや商品の内容などが、諸事情により変更される場合がありますので、事前にご確認ください。

● 本書に紹介したショップ、レストランなどとの個人的なトラブルに関しましては、当社では一切の責任を負いかねますので、あらかじめご了承ください。

● 営業時間、開館時間は実際に利用できる時間を示しています。ラストオーダー(LO)や最終入館の時間が決められている場合は別途表示してあります。

● 営業時間等、変更する場合がありますので、ご利用の際は公式HPなどで事前にご確認ください。

● 休業日に関しては、基本的に定休日のみを記載しており、特に記載のない場合でも年末年始、ゴールデンウィーク、夏季、旧盆、保安点検日などに休業することがあります。

● 料金は消費税込みの料金を示していますが、変更する場合がありますのでご注意ください。また、入館料などについて特記のない場合は大人料金を示しています。

● レストランの予算は利用の際の目安の料金としてご利用ください。Bが朝食、Lがランチ、Dがディナーを示しています。

● 宿泊料金に関しては、「1泊2食付」「1泊朝食付」「素泊まり」は特記のない場合1室2名で宿泊したときの1名分の料金です。曜日や季節によって異なることがありますので、ご注意ください。

● 交通表記における所要時間、最寄り駅からの所要時間は目安としてご利用ください。

● 駐車場は当該施設の専用駐車場の有無を表示しています。

● 掲載写真は取材時のもので、料理、商品などのなかにはすでに取り扱っていない場合があります。

● 予約については「要予約」(必ず予約が必要)、「望ましい」(予約をしたほうがよい)、「可」(予約ができる)、「不可」(予約ができない)と表記していますが、曜日や時間帯によって異なる場合がありますので直接ご確認ください。

● 掲載している資料および史料は、許可なく複製することを禁じます。

■ データの見方

- ☎ 電話番号
- ◉ 所在地
- 開 開館／開園／開門時間
- 営 営業時間
- 休 定休日
- 料 料金
- ✈ アクセス
- P 駐車場
- 室 宿泊施設の客室数
- in チェックインの時間
- out チェックアウトの時間

■ 地図のマーク

- ★ 観光・見どころ
- 卍 寺院
- ⛩ 神社
- ✝ 教会
- R 飲食店
- C カフェ・甘味処
- S ショップ
- SC ショッピングセンター
- H 宿泊施設
- i 観光案内所
- 道 道の駅
- ⛱ ビーチ
- ♨ 温泉
- 🚏 バス停
- ✈ 空港
- 乗船場

旅のきほん 1

エリアと観光のポイント
宮島・広島・尾道・倉敷は こんなところです

宮島の厳島神社や広島の平和記念公園、瀬戸内海に沿いの懐かしい街並み。まずは各エリアと見どころを理解する。

神秘的な嚴島神社が鎮座する島
宮島 ➡ P.23　広島県
みやじま

日本三景のひとつに数えられる景勝地。古くから神が宿る島として信仰を集め、世界遺産の嚴島神社は日本屈指の観光地だ。みやげ物店が並ぶ表参道商店街は散策にぴったり。霊峰・弥山にも足を運びたい。

⇦⇧現在は工事中の嚴島神社の大鳥居（左）、奇岩でも有名な標高535mの弥山（上）

観光のポイント　嚴島神社は潮汐によって景観が変わるので、事前に満潮・干潮の時間を調べておこう

世界中から人々が訪れる平和都市
広島 ➡ P.57　広島県
ひろしま

中国・四国地方最大の都市。街の中心に広がる平和記念公園周辺には、原爆ドームや広島平和記念資料館、慰霊碑などがある。広島城や縮景園といった史跡のほか美術館も充実。ショッピングやグルメも満喫したい。

⇦⇧広島城（下）と平和のシンボル、世界遺産の原爆ドーム（右）

観光のポイント　平和を祈る施設が集まる平和記念公園は必ず訪れたい場所。近くには繁華街もある

美しい錦帯橋は必見
岩国 ➡ P.52　山口県
いわくに

広島県に隣接する山口県岩国市。江戸時代に岩国藩の城下町として繁栄した。5連アーチ型の錦帯橋のほか、岩国城や武家屋敷などの史跡も点在。

⇨日本三名橋のひとつの錦帯橋

島々をつなぐ海の道
しまなみ海道 ➡ P.110　広島県
しまなみかいどう

広島県尾道市と愛媛県今治市を結ぶ全長約60kmの道路。自転車・歩行者専用道路も併設し、さわやかな風を感じながらのサイクリングも楽しい。

⇨3連吊り橋の来島海峡大橋

倉敷川沿いに土蔵や町家が並ぶ美観地区
倉敷 ➡ P.125 岡山県
くらしき

江戸時代から倉敷川の水運で栄えた物資の集積地。観光の中心となる美観地区には今も古い土蔵や屋敷が残り、レトロな洋館と調和。

➡ 白壁が美しい倉敷美観地区

観光のポイント 土蔵や町家を改装したショップやカフェに注目。大原美術館は時間に余裕をもって訪れたい

映画の舞台としても有名、海を望む坂の街
尾道 ➡ P.91 広島県
おのみち

多くの文人に愛され、さまざまな映画の舞台にもなった街。尾道水道を見下ろす山の斜面に家々が並び、由緒ある寺社も多い。細い坂道が連なる風景は、どこか懐かしく情緒たっぷり。

➡ 坂の上から見る海の景色

観光のポイント 見どころは山側に集中。ロープウェイで山頂へ上り、坂道を下りながら観光するのが効率的

レトロな風情漂う港町
鞆の浦 ➡ P.118 広島県
とものうら

瀬戸内海を行き交う船の、潮待ちの港として栄えた街。江戸時代の港湾施設や商家が今も残り、どこか懐かしい雰囲気をまとう。

➡ 常夜燈が街のシンボルになっている

13

旅のきほん 2

季節のイベントと食材をチェック
トラベルカレンダー

季節によってさまざまな魅力を見せる宮島・広島・尾道・倉敷。
自分に合った旅を見つけよう。

	1月	2月	3月	4月	5月	6月
気候	一年で最も寒い時期だが、比較的暖かく、雪は少ない。晴天日も多い。	カキのベストシーズン。各地でかき祭りなどが開催される。	徐々に春を感じる。中旬〜下旬には桜の開花に合わせたイベントも。	天気の変わりやすい時期。春先の海岸は風が強いので要注意。	穏やかな気候が続く。紫外線が強くなるので、帽子などで対策を。	雨の少ない地方だが梅雨に入るため、天が崩れる日は多くな

- 広島・月平均気温 (℃)
- 倉敷・月平均気温 (℃)
- 月平均降水量 (mm)

北西からの季節風は冷たく、マフラーやコートなどの防寒具が必要

暖かくなるが、朝は肌寒いときもあるので、羽織るものがあるとよい

気温: 5.2 / 4.3 — 6.0 / 4.8 — 9.1 / 8.2 — 14.7 / 13.8 — 19.3 / 18.6 — 23.0 / 22.7

降水量:
- 広島 44.6 / 倉敷 32.2
- 広島 66.6 / 倉敷 47.1
- 広島 123.9 / 倉敷 82.7
- 広島 141.7 / 倉敷 86.3
- 広島 177.6 / 倉敷 116.1
- 広島 247.0 / 倉敷 153.2

イベント

8日 柴燈護摩（火渡り神事）
尾道にある西國寺の新春行事で元旦から行われる護摩の総仕上げ。神聖とされる火に触れることによって一年の無病息災、家内安全、商売繁盛を祈る。柴燈護摩のあと、まだ火が残る護摩の上を信者や修行者たちがお経を唱えながら素足で渡る火渡りの行などが行われ、神事が締めくくられる。

第2土・日曜 宮島かき祭り
カキが最もおいしくなる時期に宮島で開催。宮島かきを贅沢に使用した料理を格安で味わえる。直売コーナーでは新鮮なカキを販売。

2月中旬〜3月下旬 鞆・町並ひな祭
江戸時代の風情を感じる鞆の町中で行われる祭り。歴史的価値のある商家や町家など約100カ所に古くからのお雛様が飾られる。

下旬 宮島清盛まつり
宮島繁栄の祖、平清盛を偲んで行われる祭り。武将や公家の衣装を纏い、平家一門の厳島神社参拝を模した行列が再現される。

第4土・日曜 尾道みなと祭
尾道開港創作踊り「ええじゃんSANSA・がり」を中心に、郷土芸能も披露されるステージやパレードなど数多くのイベントが開催される。

29日 錦帯橋まつり
吉川藩の大名行列が再現され、錦帯橋を練り歩く。奴道中・南条踊などは時代絵巻さながら。岩国藩鉄砲隊の実演も行われる。

3〜5日 ひろしまフラワーフェスティバル
広島平和記念公園周辺を中心に行われる平和と花の祭典。

1〜22日 福山・鞆の浦観光鯛網
鞆の浦の初夏の風物詩、観光鯛網。樽太鼓と大漁節が海に響き、乙姫の大漁祈願の舞を踊るなか、古式そのままの鯛網が行われる。

第1金〜日曜 とうかさん大祭
浴衣の着始め祭りといわれる、夏の訪れを告げる広島市の伝統的な祭り。祭りの中心円隆寺の周辺は約45万人もの人で賑わう。

6〜7月の土曜 土曜夜店
土曜の夜、尾道本通り商店街に綿菓子やすくいなど昔懐かしい屋台が1kmほど並び、尾道の夏の光景となっている。

食材

- カキ 11〜2月
- シャコ 3〜5月
- レモン 10〜4月
- ハッサク 2〜4月
- 穴子 6〜7月

↑カキ

↑レモン

↑ハッサク

↑シャコ

⬆錦帯橋まつり

⬆福山・鞆の浦観光鯛網

⬆とうかさん大祭

⬆ひろしまドリミネーション

7月
夏的な夏が到来。各
で港町ならではの祭
行事が数多く開催。

8月
広島市を中心に、平和
を祈り、さまざまな式典
やイベントが開催される。

9月
中旬頃まで残暑が続く。
中旬以降は台風も多く、
安定しない天気に。

10月
朝晩の温度差の大きい
季節。調節できる服装
がおすすめ。

11月
晴れの日が多くなる。
気温は下がり、山間部
では霜が降り始める。

12月
冬の到来。気温も大き
く下がり、コートやマフ
ラーの着用が必要に。

27.1　28.2　27.5　23.6　17.5　11.7　6.6
26.5　　　24.4　18.3　12.5　7.5

台風が多い9月。船舶
や飛行機の欠航に注
意。雨具は必携

日に日に気温が下が
る。ジャケットやカー
ディガンの用意を

広島 258.6
倉敷 146.1
広島 110.8
倉敷 75.7
広島 169.5
倉敷 129.3
広島 87.9
倉敷 79.6
広島 68.2
倉敷 50.8
広島 41.2
倉敷 30.5

**3月曜の前の
〜日曜**
神祭
ご御袖天満宮で行
る祭り。映画『転
』にも登場する55
階段を御輿が上り
する光景は壮観。

**6日
平和記念式典**
広島市に原爆が投下さ
れた8月6日に広島平和
記念公園で行われる。
原爆死没者の霊を慰
め、世界恒久平和の実
現を祈念する式典。

**7月下旬〜8月上旬
管絃祭**
嚴島神社および周辺で
開催される日本三大船
神事のひとつ。貴族の
管絃遊びをルーツとし、
瀬戸の海で繰り広げら
れる優雅な祭儀。

**第2金〜日曜
萬燈会
（宮島ローソクまつり）**
宮島の大聖院境内一帯
に供養物のひとつであ
る燈明を献じ、鎮魂と
世界平和を祈念。

**秋分の日
筆まつり**
有数の筆の産地、熊
野で開催される祭り。
巨大な筆で書き上げる
大作席書は迫力満点。

**上旬
瀬戸内しまなみ海道
スリーデーマーチ**
尾道〜今治間の「瀬戸
内しまなみ海道」を
ウォーキング。3日間
で縦断するコースも。

**1〜3日
尾道ベッチャー祭**
3鬼神の面を付けた氏
子と獅子が、神輿とと
もに街を練り歩き、子
どもを叩いたり、突く
ことで無病息災を願う。

**18〜20日
胡子大祭（えべっさん）**
広島市で410年続いて
いる、商売繁盛の神・
胡子神社の秋の大祭。
縁起物の熊手（こまざ
らえ）を求める人で賑わ
う。

**11月中旬〜1月初旬
ひろしまドリミネー
ション**
約140万個の電球で、
平和大通りなどの広島
市内中心部が美しく彩
られる。

**31日
鎮火祭**
嚴島神社の御笠浜で行
われる火難除けの祭
り。威勢の良いかけ声
とともに御神火をつけ
た大松明を担いで若者
たちが練り歩く光景は
圧巻。

白桃 7〜8月
カキ 11〜2月
レモン 10〜4月
タコ 8〜10月
小イワシ 6〜9月
マスカット 5〜11月

⬆マスカット

※日程は変動することがありますので、事前にHPなどでご確認ください。

❖ MIYAJIMA HIROSHIMA NEWS & TOPICS

ニュース＆トピックス

趣ある街並みを残しつつも、新たなスポットが続々と登場している宮島・広島。
嚴島神社の大鳥居改修工事、商業施設や宿泊施設のオープンなど、最新の情報をお届け。

2019年より、約70年ぶりの 大鳥居 改修工事が続く

明治8年（1875）の大鳥居再建から約140年が経過し、老朽化や損傷が進んでいるため、2019年6月から修繕工事が進行中。大規模な工事はおよそ70年ぶりで、完了時期は未定。

嚴島神社 ➡ P.26
いつくしまじんじゃ

広島県・宮島
MAP 付録 P.6 B-3

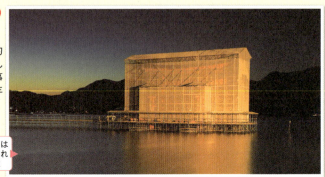

朱色の美しい大鳥居はシートに覆われて見られないが、この姿も貴重

広島の魅力が詰まった 商業施設 が誕生

宮島への船が発着する宮島口に、広島グルメが味わえるレストランやショップが入る施設がオープン。

etto
エット

広島県・宮島 MAP 付録 P.7 F-4
☎ 0829-30-6930 所 広島県廿日市市宮島口1-11-8 営 店舗により異なる
休 無休 交 広電・宮島口電停からすぐ
P あり（提携）

2020年4月オープン

さまざまなショップやレストランが入居。宮島の人気カフェ「伊都岐珈琲」なども

JR岡山駅直結の さんすて岡山 が大注目

3期にわたる工事を経てリニューアルオープン。岡山ラーメンやスイーツ、おみやげショップが軒を連ねる。

さんすて岡山
さんすておかやま

岡山県・岡山 MAP 付録 P.5 E-1
☎ 086-800-1020 所 岡山県岡山市北区駅元町1-1 営 10:00（ショップは7:00）～20:00 休 不定休 交 JR岡山駅直結 P あり

2020年9月リニューアル

きびだんごなど岡山ならではのスイーツのほか、備前焼の食器なども販売

広島平和記念資料館 の 本館が全面リニューアル

被爆者の遺品や写真など、実物の展示を増やし、原爆の恐ろしさをよりリアルに体感できる構成になった。東館では被爆前後の広島市街をCGで再現した「ホワイトパノラマ」など、本館では被爆した人々の遺品や被災写真、原爆の絵などを展示している。

広島平和記念資料館 ➡ P.65
ひろしまへいわきねんしりょうかん

広島県・広島 MAP 付録 P.10 A-3

2019年4月リニューアル

本館の「魂の叫び」。被害者の遺品や遺影、衣類を展示している

観光列車やクルーズ など
新たな交通手段で旅を快適に

長距離移動も楽しくなる魅力満載の列車や船が登場し、旅をますます楽しいものにしてくれる。

2020年10月運行開始

WEST EXPRESS 銀河
ウエストエクスプレスぎんが

2020年9月運行開始

関西と西日本各地を結ぶ長距離列車。6両編成の車両はそれぞれ夫婦や一人旅、家族向けなどニーズに合わせたデザインに。
☎0570-00-2486（JR西日本お客様センター）
詳細は「ウエストエクスプレス銀河」で検索

車体は西日本が持つ美しい空や海を表現した、瑠璃紺色を採用

尾道の石畳と瀬戸内の山の新緑を表現した、2号車の内装

瀬戸内しまたびライン

2020年9月就航

観光型高速クルーザー「シーピカ」は広島港から三原港を約半日かけてまわり、島々の魅力にふれる。

広島県・広島 MAP 付録 P.2 A-2
広島県・三原 MAP 付録 P.18 A-2
☎082-253-5501（瀬戸内海汽船トラベル・サービス）料プランにより異なる 詳細はsetonaikaisen.co.jp/simatabi/

etSETOra
エトセトラ

尾道〜宮島口駅をつなぐ観光列車。車内ではご当地スイーツが食べられる（上りのみ・要予約）ほか、バーカウンターでオリジナルカクテルの提供も（下りのみの提供）。

広島県・尾道〜宮島口駅
☎0570-00-2486（JR西日本お客様センター）運月・金〜日曜、祝日に運行 料上り（広島駅〜尾道駅）2520円、下り（尾道駅〜宮島口駅）3680円。詳細はwww.jr-odekake.net

屋外デッキのほか特注ソファ座席など、快適に過ごせる工夫が盛り込まれている

古い家屋をリノベーションした
ホテル が続々開業

趣のある建物を改装したホテルが次々と誕生している。観光のあとは落ち着く部屋でゆっくり疲れを癒やして。

NIPPONIA HOTEL 竹原 製塩町
ニッポニアホテルたけはらせいえんまち

2019年8月オープン

日本遺産にも登録された、竹原町並み保存地区にある建物3棟をリノベーション。塩と日本酒のペアリングや瀬戸内の食材を使った夕食も楽しめる。

広島・竹原 MAP 付録 P.3 E-3
☎0120-210-289（VMG総合窓口）所広島県竹原市本町1-4-16 交JR竹原駅から徒歩12分 Pあり in15:00 out12:00 室10室 予約1泊2食付3万3880円〜

プレミアルームからは庭園が眺められる。そのほか全室檜風呂付きがうれしい

LOG
ログ

2018年12月オープン

尾道の街を望む千光寺新道沿いのアパートをインドの世界的建築集団が複合施設に改修。宿泊施設やカフェ、ショップなどからなる話題スポット。

広島・尾道 MAP 付録 P.15 D-2
☎0848-24-6669 所広島県尾道市東土堂町11-12 交JR尾道駅から徒歩15分 Pなし in15:00 out11:00 室6室 予約1泊朝食付2万2000円〜

2ベッドルーム。床や壁、天井に手すきの和紙を使用しぬくもりを表現

宿泊ゲストが使用するライブラリー。スタジオ・ムンバイの代表の書斎をイメージした空間

プレミアム滞在 モデルプラン
宮島・広島・尾道・倉敷 おとなの1日プラン

平和の尊さを発信する原爆ドームと厳粛な空気に包まれた嚴島神社。独特の風情を持つ2つの港町巡りやアイランドホッピング。非日常を感じずにはいられない感動の旅路が待ち受けている。

↑朱塗りの列柱が続く宮島・嚴島神社の廻廊。凛とした雰囲気に包まれている

原爆ドームから宮島へ。聖地をめぐる船旅

平和メッセージを発信する公園から人々を魅了する清らかな島へ。

7:30 広島市内のホテル
宿泊しているホテルから、広電(路面電車)やタクシーなどで平和記念公園へ

↓

8:00 平和記念公園

約50分
元安川のたもとにある桟橋から世界遺産航路に乗船して、宮島を目指す。広電(路面電車)で宮島口まで向かい、フェリーに乗り換えてアクセスすることも可能

↓

11:30 宮島

ろかい舟で大鳥居へ行くことも

朝のすがすがしい 平和記念公園 を歩く

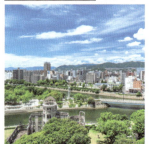

原爆ドーム ➡ P.64
げんばくドーム
被爆当時の姿を残し、世界に平和を訴え続けている建物。1996年に世界遺産に登録されている。

広島平和記念資料館
ひろしまへいわきねんしりょうかん
➡ P.65
原爆に関する資料や被爆者の遺品などを展示。同じ悲しみを繰り返さないよう、原爆の悲惨さを今に伝える。

宮島 に到着したら、鹿がお出迎え

大鳥居 ➡ P.32
おおとりい
嚴島神社のシンボルとして知られる。満潮時には海に浮かぶように見える。

※大鳥居は2021年1月現在修繕工事中

豊国神社(千畳閣) ➡ P.36
ほうこくじんじゃ(せんじょうかく)
豊臣秀吉と加藤清正を祀る。造営を命じた秀吉の死により、未完成の状態で残る。

プランニングのアドバイス
表参道商店街にはみやげ物店や食事処が集まり、名物のカキ料理、穴子料理もここでいただける。食べ歩きにぴったりなスナック類もある。ただし夕方には閉店してしまう店がほとんどなので注意したい。夕食は広島市内に戻ってからでもいい。

| 11:30 | 宮島 |

約1時間30分
嚴島神社から宮島ロープウエー紅葉谷駅まで徒歩約15分、ロープウェイに乗車し、獅子岩駅まで約15分。
獅子岩駅から弥山山頂まで徒歩で約1時間

| 13:00 | 弥山 |

約1時間30分
獅子岩駅から往路と同じルートで嚴島神社に戻る

| 15:30 | 嚴島神社 |

約2時間
嚴島神社を参拝したら、表参道商店街に立ち寄っておみやげ探しを。帰路はフェリー（乗船約10分）で宮島口を経由し、広電（路面電車）で広島市内に戻る

| 20:00 | 広島市内のホテル |

プランニングのアドバイス

嚴島神社の参拝は、海の干満時間に合わせて、適宜アレンジしよう。潮が満ちている間は、嚴島神社境内を参拝するのがおすすめだ。潮が引いている間に、大鳥居まで歩いたり、弥山まで足をのばすなどしておきたい。弥山は所要1時間ほどのハイキングとなる。疲れているときは無理せずに、ほかの見どころを巡るプランも検討したい。

弥山 に向けて 歩を進める

弥山本堂 ➡ P.35
みせんほんどう

御堂は弘法大師修行の地に建立されている。平清盛、福島正則など戦国武将からも信仰を集めていた。

弥山展望台 ➡ P.34
みせんてんぼうだい

弥山の頂上にある展望台。360度の大パノラマが広がり、瀬戸内海の多島美を一望できる。

宮島のシンボル 嚴島神社 を参拝

嚴島神社 ➡ P.26
いつくしまじんじゃ

推古天皇元年（593）、佐伯鞍職によって創建されたと伝わる。優雅で厳かな寝殿造りの社殿は平清盛が造営した当時の姿を今に残している。背後に広がる弥山と社殿、青い海が織りなす景観は息をのむ美しさ。

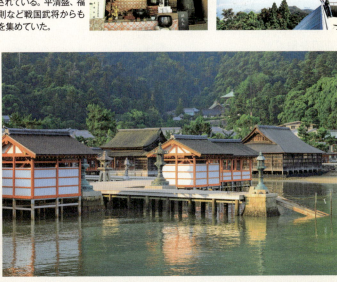

穏やかな尾道水道に思いを重ねる1日

映画人も愛した港町を歩けば、懐かしい風景に心が温まる。

9:30	尾道駅
約30分	尾道駅から千光寺山ロープウェイの山麓駅まで徒歩15分。山頂駅まではロープウェイで約3分
10:00	千光寺
	千光寺新道を下って、尾道本通りへ
14:00	尾道本通り・海岸通り
	尾道本通り〜海岸通りにかけて、自由に散策したい。対岸に向かう渡船に乗って、対岸から街並みを眺めるのもおすすめ
17:00	尾道駅

プランニングのアドバイス

食事は、瀬戸内海で獲れた魚介が楽しめる店、名物の尾道ラーメンや尾道焼きの店などが、本通り周辺に集まっている。かわいい雰囲気のカフェなども多いので、ぜひ立ち寄ってみたい。

千光寺 とその周辺を散策する

千光寺 ➡ P.97
せんこうじ

千光寺山中腹に鎮座する名刹。断崖絶壁に建つ鐘楼も有名だ。

天寧寺海雲塔 ➡ P.98
てんねいじかいうんとう

和様に禅宗様式を取り入れて建立された高さ25mの三重塔。

尾道本通り・海岸通り 周辺を歩く

尾道本通り ➡ P.108
おのみちほんどおり

JR尾道駅から延びるレトロな雰囲気のアーケード商店街。昔ながらの建物を利用した店や施設が立ち並ぶ。

人気のパン屋さんでおやつ

海岸通り
かいがんどおり

尾道水道沿いにボードウォークが整備されており、散策にうってつけ。美しい海や渡船の往来を眺めながらゆっくり過ごしたい。

向島 ➡ P.110
むかいしま

しまなみ海道の出発点でもある島。渡船で5分程度で着く。対岸から見る尾道の風景も味わい深い。

江戸の面影を残す白壁の街。倉敷を散策

柳が揺れる川沿い、町家が並ぶ細い路地。倉敷の美観地区を満喫する。

- **9:45** 倉敷駅
  - 徒歩約15分
  - 目抜き通りの倉敷中央通りを南に向かって歩く
- **10:00** 美観地区
  - 徒歩約3分
- **11:30** 大原美術館
  - 美観地区を気ままに散策
- **14:00** 美観地区
  - 徒歩約15分
- **18:00** 倉敷駅

プランニングのアドバイス

本通り沿いを中心に、和食、イタリアン＆フレンチなどさまざまなジャンルのお店が軒を連ねている。町家を改装した、情緒ある雰囲気に包まれて、ゆっくりと楽しみたい。

美観地区の 名建築 を巡る

大橋家住宅 ▶P.130
おおはしけじゅうたく

江戸時代に栄えた豪商の邸宅。倉敷町家の典型的な造りをした建物で当時の暮らしがうかがえる。

日本初の西洋近代美術館 大原美術館 で名画にふれる

大原美術館 ▶P.136
おおはらびじゅつかん

昭和5年(1930)に設立した日本初の私立美術館。エル・グレコやモネなど西洋絵画を中心に約3000点を所蔵。

美観地区の 資料館 や ギャラリー で倉敷を知る

語らい座 大原本邸 ▶P.133
かたらいざ おおはらほんてい

国指定重要文化財の倉敷を代表する町家。倉敷の歴史を紡いできた大原家の暮らしの様子がうかがえる。

倉敷アイビースクエア ▶P.134
くらしきアイビースクエア

明治22年(1889)建設の紡績工場を利用した複合施設。

潮風薫るしまなみ海道ドライブ

明るい陽光に包まれた瀬戸内の島々で、アートや絶景に会いに車を走らせる。

9:00	西瀬戸尾道 IC
↓	約20分 瀬戸内しまなみ海道（西瀬戸自動車道）で約18km
9:30	生口島
↓	約5分 瀬戸内しまなみ海道（西瀬戸自動車道）で約4km
12:00	大三島
↓	約25分 瀬戸内しまなみ海道（西瀬戸自動車道）で約20km
16:00	大島
↓	約50分 瀬戸内しまなみ海道（西瀬戸自動車道）で約40km
19:00	西瀬戸尾道 IC

レモンの里 生口島 で アートを楽しむ

耕三寺博物館（耕三寺） ➡P.112
こうさんじはくぶつかん（こうさんじ）

登録有形文化財に指定されている15棟の堂塔と、博物館に展示されている仏教美術や近代美術の貴重なコレクションが見どころ。

平山郁夫美術館 ➡P.113
ひらやまいくおびじゅつかん

生口島出身の日本画家・平山郁夫の作品を幅広く展示しており、ルーツを探ることができる。

柑橘類を使ったスイーツはしまなみ海道名物

プランニングのアドバイス

食事は、大三島や大島にある道の駅でとるのが手軽。新鮮な魚介や名産のレモンなどを使った料理が楽しめる。ほかにも各島で地元の人気食堂やおしゃれなカフェなども見つかるので、事前にチェックしておきたい。

海道最大の神の島 大三島 で 美景を満喫

大山祇神社 ➡P.113
おおやまづみじんじゃ

海の守護神でもある大山積大神を祀る古社。旅の安全をお祈りしよう。

道の駅 ➡P.117
多々羅しまなみ公園
みちのえきたたらしまなみこうえん

展望台は、生口島と多々良島を結ぶ多々羅大橋を正面に望むビュースポット。

亀老山展望公園 ➡P.113
きろうさんてんぼうこうえん

しまなみ海道南端の来島海峡大橋が一望できる。美しく輝く瀬戸内海を旅の思い出に。

大島 から夕焼けの 瀬戸内海を見る

能島水軍 ➡P.113
のしますいぐん

周辺は瀬戸内海の難所として知られる地域で、船に乗ってその潮流を体験することができる。

22

OTONATABI *Miyajima*

宮島

聖なる山と海上に建つ社が待つ神の島

幻想的な朱塗りの社殿に迎えられ、
瀬戸内海に浮かぶ美しい島へ降り立つ。
弥山や厳島神社などが建つ神聖な地は、
古くから島全体が信仰の対象であった。
多くの感動にあふれている地は、
国内外を問わず多くの人々が
訪れている。

旅のきほん

エリアと観光のポイント
宮島はこんなところです

島のシンボル嚴島神社、その奥にそびえる弥山。
宮島の名物が並ぶ表参道など魅力は尽きない。

宮島には鹿が多く生息していることでも有名

神秘的な神代の世界
嚴島神社周辺 ➡ P.26
いつくしまじんじゃ

世界遺産にも登録されている、平 清盛によって造営された宮島を代表する古社。周辺には豊国神社(千畳閣)や五重塔、宮島水族館みやじマリンなど、数多くの見どころがある。

観光のポイント 潮の干満によって見え方の異なる嚴島神社を楽しむ

↑海に浮かぶように立つ大鳥居

宮島名物が揃う商店街
表参道周辺 ➡ P.48
おもてさんどう

表参道商店街にはカキや穴子をはじめ、杓子やもみじ饅頭など宮島の特産品を扱う食事処やみやげ物店が並ぶ。商店街東側の町家通りに入れば、どこか懐かしい情緒ある街並みが広がる。

観光のポイント 夕方には閉まる店が多いので、余裕をもって巡りたい

↑みやげ物店が軒を連ねる表参道　↑五重塔と町家通り

神体山として信仰される
弥山周辺 ➡ P.34
みせん

弘法大師・空海が開いたとされる霊山。世界遺産に登録された原始林が広がる山中に弥山本堂や霊火堂など弘法大師ゆかりのスポットが点在。山頂からは瀬戸内海と浮かぶ島々を一望できる。

観光のポイント ロープウェイを利用し、原始林や瀬戸内海を眺めて中腹へ

↑弥山の山頂には絶景が広がる

宮島への玄関口
宮島口周辺
みやじまぐち

各地から鉄道を利用して宮島に向かう際は宮島口駅で下車し、宮島口桟橋から対岸の宮島へフェリーで渡る。周辺には、穴子の名店やみやげ物店もあり、船を待つ間に街巡りも楽しめる。

観光のポイント 名店で穴子飯弁当を買い、フェリーで食べるのもいい

↑穴子の名店「うえの」をはじめ名物がずらり

↑厳島神社の多宝塔から大鳥居を望む

交通 information

周辺エリアから宮島へのアクセス

電車

JR岩国駅
↓ 山陽本線で23分
JR宮島口駅 ※1 ／ 広電・宮島口電停 ※1
↑ 山陽本線で30分 ／ 広電(路面電車)で1時間10分
JR広島駅 ／ 広電・広島駅電停

船・フェリー

宮島口桟橋
↓ JR西日本宮島フェリーまたは宮島松大汽船で10分
宮島桟橋
↑ ひろしま世界遺産航路で45分 ※2
広島市・元安桟橋(平和記念公園付近)

車

岩国市街(錦帯橋)
↓ 山陽自動車道、広島岩国道路、国道2号経由 28km
宮島口 ※1
↑ 国道2号、新広島バイパス経由 20km
広島市街

※1 宮島口から宮島まではフェリーを利用 JR宮島口駅から宮島口桟橋までは徒歩5分、広電・宮島口電停から宮島口桟橋までは徒歩3分
※2 平和記念公園(原爆ドーム)と宮島を結んでいる高速船

問い合わせ先

観光案内
宮島観光協会　☎0829-44-2011

観光案内
広電電車バステレホンセンター
(ナビダイヤル)　☎0570-550700
JR西日本お客様センター
　　　　　　　　☎0570-00-2486
JR西日本宮島フェリー
　　　　　　　　☎0829-56-2045
宮島松大汽船　☎0829-44-2171
アクアネット広島
(ひろしま世界遺産航路)
　　　　　　　　☎082-240-5955

宮島はこんなところです

| WALKING & SIGHTSEEING
| 歩く・観る

➡ 潮が満ちると、社殿は海上に浮かぶかのような景観をつくりだす

優美で神秘的な神社に心が震える
嚴島神社
<small>いつくしまじんじゃ</small>

竜宮城を再現したような夢世界　清盛の美意識を今に伝える社殿群

　古代から神が宿る島として崇拝されていた宮島。この地に社殿が創建されたのは推古天皇元年(593)とされる。その後 平 清盛の篤い崇敬を受け、仁安3年(1168)頃、壮大な海上社殿の数々が造営された。社殿の多くは平安時代の貴族の住宅様式である寝殿造りで建てられ、雅な趣を今に伝える。

　貴重な建造物群は、6棟が国宝、11棟3基が国の重要文化財に指定されている。1996年には、自然と融合した壮麗かつ神聖な景観が評価され、ユネスコ世界文化遺産に登録された。潮の満ち引きによって刻々と変わる美しい光景はもちろん、原生林が茂る宮島の主峰・弥山や紅葉谷公園など、周辺の自然美もあわせて楽しみたい。

MAP 付録P.6 B-3
☎0829-44-2020　所広島県廿日市市宮島町1-1　営6:30〜18:00(季節により変更あり)　休無休　料300円　交宮島桟橋から徒歩15分　Pなし

➡ 本殿には三女神が祀られている

宮島●歩く・観る

嚴島神社 参拝のポイント

干満時間をチェック!
干潮時には大鳥居まで歩いて行くことができ、満潮時には海に浮かんでいるように見えるなど、潮の満ち引きで景観が大きく異なる嚴島神社。干潮と満潮の時刻は宮島観光協会のHPで確認することができるので、事前に調べて計画を立てるとよい。

ライトアップは必見!
嚴島神社を中心に、五重塔などで、ほぼ毎日日没〜23時頃までライトアップされる。(大鳥居は工事中)

26

厳島神社

厳島神社の主な行事

1月1日　御神衣献上式
御衣を御本社と客神社の御祭神に献上する神事。

1月2日　御松囃子
豊作や無病息災などを願い、謡曲・仕舞を奉納する。

4月15日　桃花祭
祭典後舞楽が奉奏され、桃の花を御祭神に供えられる。

4月16～18日　桃花祭御神能
喜多流や観世流の能と大蔵流の狂言が奉納される。

7月26日(旧暦6月17日)　管絃祭
日本三大船神事とされている厳島神社最大の神事。

8月9日　玉取祭
宝珠をめぐり、若者が海中で争奪戦を繰り広げる。

10月15日　菊花祭
菊の花を御祭神に供えられる。祭典後、舞楽が奉奏される。

12月31日　鎮火祭
火難除けの神事。厳島神社の御笠浜で行われる。

※管絃祭と玉取祭は、毎年日程が変更になります。
※行事詳細は厳島神社公式HPなどでご確認ください。

お役立ちinformation

観光情報
宮島の観光スポットや行事、島の歴史など、多くの観光情報をHPなどで案内している。
●宮島観光協会
☎0829-44-2011
www.miyajima.or.jp
●廿日市市 環境産業部 観光課 観光振興係
☎0829-30-9141
www.city.hatsukaichi.hiroshima.jp/site/kanko/

公認ガイドによる観光案内
厳島神社を中心に宮島の見どころを公認ガイドが案内する。土・日曜、祝日に開催。「世界遺産コース(10:00～)」「清盛コース(10:30～)」の2コースがあり、所要は各コースともに約1時間30分。料金は1人500円(別途厳島神社昇殿料300円が必要)。申込は当日、宮島桟橋内の観光案内所で行う。
☎0829-44-2011(宮島観光協会)

27

見どころもご利益もしっかりチェック!!

嚴島神社を参拝する

三女神を祀る御本社を中心に、シンボルの大鳥居をはじめ数多くの貴重な文化財が残る荘厳な空間が広がっている。

1 大鳥居 [重文]
おおとりい
海に建つ宮島の象徴

楠の自然木を使った島のシンボル。高さ約16m、重さ約60t。現在の大鳥居は明治8年(1875)に再建された8代目で、2021年1月現在修繕工事中。

↑春日大社、氣比神宮と並ぶ、日本三大鳥居のひとつ

2 入口
いりぐち
手と口を清めて御本社へ

御本社に向かって長い廻廊が続く、神社参拝の入口。まずは手水所で心身を清めてから中に進む。
※2021年1月現在工事中

↑屋根は流麗な切妻造りの様式
↑最初に左手を、次に右手、口を順に清めて

3 客神社 [国宝]
まろうどじんじゃ
祭典が始まる重要な摂社

天照大御神の珠から生成した、五柱の男神を祀る。建物は国宝指定。こちらで二拝二拍手一拝でお参りを。

↑五柱の男神は、嚴島神社の主祭神である三女神と同じ時に生まれた対になる存在

清盛時代の遺構を見る

康頼灯籠 やすよりとうろう

平家謀反の企てで島流しにされた平康頼。海に流した卒塔婆が宮島に漂着し、清盛がこれを知り康頼を赦免。康頼は礼として石灯籠を奉納した。

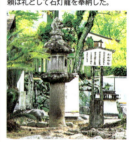

4 東廻廊 [国宝]
ひがしかいろう
朱色の列柱が神秘的

社殿をつなぐ廻廊が、美しい景観を演出する。平安時代、東西の廻廊は現在より長いものだったという。

注目ポイント
建物を守る床板の工夫

床板は1間に8枚敷かれている。板の間の隙間は、高潮の際に海水を通して波の力を減免させ、建物の倒壊を防ぐ役割を果たす。

宮島●歩く・観る

① 大鳥居 P.28

↑ 上空から見た嚴島神社

干潮時にはここから浜に下り、大鳥居まで歩いていける

クロマツの枝越しに、大鳥居や社殿を撮影

宮島桟橋、表参道商店街
豊国神社(千畳閣)
嚴島神社 五重塔
御笠浜
文庫
荒胡子神社
P.28 入口 ②
手水
③ 客神社 P.28
三翁神社
★鏡の池 P.31
右門客神社
右楽房
P.28
東廻廊 ④
P.30 火焼前 ⑦
平舞台
内侍橋
康頼灯籠 P.28
★鏡の池 P.31
左門客神社
左楽房
高舞台 P.30
揚水橋
社務所
⑤ 御本社 P.29
内侍橋
清盛神社
西松原
不明門
宝物収蔵庫
能舞台 P.31 ⑪
大国神社 ⑧ P.30
能楽屋
西廻廊 ⑩ P.31
長橋 P.31
卍大願寺
御手洗川
⑨ 天神社 P.30
反橋 ⑫ P.31
鏡の池 P.31
筋違門
出口 ⑬ P.31
敷砂道
宝物館
紅葉谷公園
N 0 30m

嚴島神社を参拝する

⑤ **御本社** 国宝
ごほんしゃ
廻廊の要に位置し、主祭神を祀る

祓殿、拝殿、幣殿、本殿が連なる神社の中心。海・交通運輸・財福・技芸の神として信仰される、三女神を祀っている。二拝二拍手一拝でお参りを。

P.30に続く →

↑ 現在の本殿は、毛利元就と毛利輝元が建て替えた

↑ 廻廊の釣灯籠は、毛利氏が寄進したのが始まりともいわれる

↑ 社殿と大鳥居、青い海が織りなす景観は、写真撮影にも最適

6 高舞台 国宝
たかぶたい
赤い高欄を巡らせた舞台

平舞台(国宝)の中央を一段高くして設けられており、年に数回舞楽が奉納される。現在の高舞台は天文15年(1546)修造のもの。

↑平舞台は広さ約200坪

↑高舞台。海と大鳥居を背に、舞楽が舞われる

7 火焼前 国宝
ひたさき
大鳥居を真正面に望む

大鳥居に向かって桟橋状に延びる平舞台の先端で、床下を支える赤間石を使った石柱は毛利元就の寄進といわれる。先端は、かつて海上参拝者のために明かりを灯した場所。

注目ポイント
火焼前に並ぶ4つの小さな建物 国宝

火焼前の両側にある柿葺きの建物は、境内を守護する左右の門客神社。その隣に雅楽を奏でる左右の楽房がある。いずれも国宝。

↑ここから大鳥居まで88間(約160m)

8 大国神社 重文
だいこくじんじゃ
御祭神は縁結びの神

国造り・農業・商業・医療・縁結びの神、大国主命を祀る。大国神社の前は、御本社が見られる絶好のポイント。

↑出雲大社と同じ大国主命が御祭神

9 天神社 重文
てんじんしゃ
菅原道真公を祀る

弘治2年(1556)、毛利隆元により寄進された。室町時代の建物のため朱塗りはされていない。古くは連歌堂といわれ、俳句の起源でもある連歌の会がここで催されていた。

↑↑室町後期の建物(左)、願いを書いた絵馬はここへ(右)

宮島●歩く・観る

↑ 歩くたびに景色が変化する

干潮時に現れる神秘の池
鏡の池
かがみのいけ

社殿東廻廊や客神社横などの海中にある。潮が引くと現れる丸い池で、厳島八景のひとつに選定されている。

10 西廻廊 【国宝】
にしかいろう
朱塗りの柱が美しい

東廻廊と対をなす廻廊。折れては連なる廻廊の柱間からは、変化に富んだ景観が楽しめる。

↑ 1間ごとに釣灯籠が下げられている

12 反橋 【重文】
そりばし
急な勾配が目を引く朱の橋

別名を勅使橋といい、天皇からの勅使だけが渡ることのできる橋だった。現在の橋は弘治3年(1557)、毛利元就・隆元が再建したもの。

↑ 中央に臨時の階段をつけて渡ったという

↑ 天神社と同様、朱塗りはされていない

11 能舞台 【重文】
のうぶたい
16世紀から能を奉納

国内で唯一、海中に建てられた能舞台。毛利元就が永禄11年(1568)、仮の舞台を設けて能を納めたのが始まり。現存の建物は延宝8年(1680)に広島藩主、浅野綱長が寄進。

13 出口
でぐち
立派な屋根の造りに注目

西廻廊の出口は風格のある唐破風造りで、かつてはこちらが入口だったといわれている。

↑ 長さ24m、幅は4m。2014年に修復を終えた

境内にあるもうひとつの橋
長橋 ながばし

御供所から神饌が運ばれた橋。平舞台と同じく、束石には毛利氏が奉納した赤間石が使用されている。

↑ 船着き場に近い西側が入口の時代も

厳島神社を参拝する

社殿の沖に立つ、高さ16mの鳥居
大鳥居の美しさに息をのむ

美しいばかりでなく、嵐に遭っても倒壊しない先人の知恵と、宗教的意味合いが込められた歴史の重みが詰められている。

大鳥居は大規模修繕工事中!
明治8年(1875)に建てられた大鳥居。老朽化などが進み2019年から修繕工事が始まり、2021年1月現在も工事が進められている。

約4tの石で加重 笠木と島木
笠木と島木は箱状になっている。石や砂が約4t詰められており、約60tもある大鳥居の重しとなっている。

2本の主柱
樹齢500年以上の楠の自然木を使用。楠は比重が重いうえ、腐りにくく虫害に強いという利点を持つ。台風や荒波で倒れないよう、基礎には松杭が打ち込まれている。

宮島●歩く・観る

太陽と月
鳥居の屋根の両側には、太陽が昇る東側には太陽が、太陽が沈む西側には月が描かれている。

4つの袖柱
鳥居は埋め込まれているのではなく、地面に置かれ自重で立っているだけ。杉の天然木を使用した4本の袖柱が主柱を支えている。

大鳥居の土台は?
何本もの松材の杭が海底に打ち込まれ、基礎を強化している。大鳥居はその上に置かれているだけ。さまざまな工夫を施した、先人の知恵の賜物といえる。

大鳥居の間を通過する。ちょうど鳥居の向こうに社殿が見える

大鳥居越しに銀朱の社殿へ
ろかい舟に乗って参拝

満潮前後の日には、舟で鳥居をくぐる伝統的な参拝が体験できる。波の音を聞きながら海上をゆっくり進んでいく遊覧舟は格別。

遊覧船で大鳥居に超接近!
ろかい舟(宮島遊覧観光)
ろかいぶね(みやじまゆうらんかんこう)
厳島神社周辺　MAP 付録P.6 B-2

船具である櫓と櫂を使って人力でこぎ進める定員20名の小さな遊覧舟。船頭さんが軽快なトークで宮島や厳島神社の歴史や見どころを紹介。予約なしの手軽感も魅力。所要時間は20分ほど。

☎0829-78-1419(宮島遊覧観光)
所 乗船場は御笠浜　時 10:00～16:00の満潮前後
休 荒天時など
料 1000円　交 宮島桟橋から御笠浜まで徒歩12分
P なし

↑御笠浜から乗船する

↑御笠浜を出発して約5分で大鳥居へ。エンジンを使わず、ゆっくり進むので気分がいい

↑大鳥居の真下を通過中
※2021年1月現在大鳥居は修繕工事のためくぐれません

大鳥居／ろかい舟

神霊なる山、広がる大自然に感動
弥山を歩く
<small>みせん</small>

紅葉谷駅から宮島ロープウエーで獅子岩駅まで約15分。そこから往復1時間ほどの山歩きを楽しむ。展望台に立ち、目にした瀬戸内の美しさは忘れられない。

MAP 付録P.2 B-3

嚴島神社とともに世界遺産に登録された山

嚴島神社の背後にそびえる弥山は、古代から神の山として崇拝されていた。手つかずの原始林が残る山には、弘法大師ゆかりの不思議スポットも点在する。遠く四国まで見渡す山頂を目指し、神秘の山をのんびりと散策してみたい。

瀬戸内海の島々を一望
1 獅子岩展望台
<small>ししいわてんぼうだい</small>

標高433m、ロープウエーの獅子岩駅を降りてすぐの展望台がハイキングの出発点。瀬戸内海に浮かぶ大小の島々が見渡せる。
圏休料 見学自由

宮島●歩く・観る

奇岩のパワーを実感
4 くぐり岩
<small>くぐりいわ</small>

山頂付近には奇岩巨石が重なり合っている。山頂の手前にも巨大な岩のトンネル「くぐり岩」があり、驚きの大きさが体感できる。
圏休料 見学自由

ハイキングのハイライト
5 弥山展望台
<small>みせんてんぼうだい</small>

神が降り立ったともいわれる巨石がある。山頂は360度の大パノラマが広がり、天気が良ければ瀬戸内海のみならず遠く四国の山並みも観望できる。
圏10:00～16:00 休無休 料無料

弘法大師ゆかりの古刹
2 弥山本堂
みせんほんどう

大同元年(806)に弘法大師が開基したと伝えられる。虚空蔵菩薩を祀り、平宗盛が寄進した大梵鐘も安置されている。
- 8:00～17:00 休無休 料無料

1200年の時を超えて燃える炎
3 霊火堂
れいかどう

弘法大師が弥山を開基した際に焚いた護摩の余燼が「消えずの霊火」として守り継がれ、広島平和公園の平和の灯のもと火にもなっている。
- 8:00～17:00 休無休 料無料

所要◆約1時間～
ハイキングルート

- 獅子岩駅
  ↓
- 1 獅子岩展望台
  ↓
- 2 弥山本堂
  ↓
- 3 霊火堂
  ↓
- 4 くぐり岩
  ↓
- 5 弥山展望台
  ↓
- 獅子岩駅

お役立ちinformation

宮島ロープウエー

紅葉谷駅から榧谷駅へは1分間隔で、榧谷駅から獅子岩駅へは15分間隔でロープウエーが運行。所要14分(乗り換え時間を除く)
☎0829-44-0316
時9:00～16:00 休荒天時、年2回定期点検日あり 料往復1840円、片道1010円 交厳島神社から紅葉谷駅まで徒歩15分 ※紅葉谷公園入口から紅葉谷駅まで無料送迎バスも利用できる。

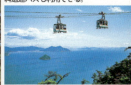

弥山を歩く

嚴島神社周辺の見どころ

聖なる島で感じる
文化と自然

嚴島神社と関わりのある史跡をはじめ、
宮島をより知ることができる体験スポットなどがある。

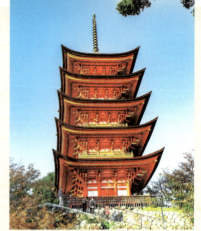

↑豊国神社本殿の横に建つ、高さ27.6mの塔

嚴島神社宝物館
いつくしまじんじゃほうもつかん
嚴島神社周辺 MAP 付録P.6 B-3

貴重な工芸品を展示

平家納経(複製)をはじめとして、嚴島神社が収蔵する美術工芸品の一部を展示。建物は国の登録有形文化財になっている。

☎0829-44-2020(嚴島神社) 所広島県廿日市市宮島町1-1
開8:00〜17:00 休無休 料300円
交宮島桟橋から徒歩18分 Pなし

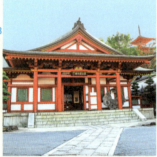

↑鉄筋コンクリートに漆が塗られた珍しい建物

嚴島神社 五重塔
いつくしまじんじゃ ごじゅうのとう
嚴島神社周辺 MAP 付録P.6 C-3

朱塗りの優美な姿が印象的

応永14年(1407)建立。唐様と和様が調和した建築で、内部は見学できないが極彩色で多様な文様が描かれている。

☎0829-44-2020(嚴島神社) 所広島県廿日市市宮島町
開休料外観見学自由 交宮島桟橋から徒歩15分 Pなし

大願寺
だいがんじ
嚴島神社周辺 MAP 付録P.6 B-3

日本三弁財天のひとつを祀る

建仁年間(1201〜1203)再興と伝わる。弘法大師の作とされる嚴島弁財天のほか、宮島に伝わる最古の仏像、薬師如来像や行基作の釈迦如来坐像も所蔵。

☎0829-44-0179 所広島県廿日市市宮島町3
開休料境内拝観自由(入堂は不可)
交宮島桟橋から徒歩18分 Pなし

豊国神社
(千畳閣)
ほうこくじんじゃ(せんじょうかく)
嚴島神社周辺 MAP 付録P.6 B-3

畳857枚分の広さを誇る経堂

天正15年(1587)に豊臣秀吉が建立を命じたが秀吉の急死により工事は中断し、未完成のまま。その広さから千畳閣とも呼ばれる。

☎0829-44-2020(嚴島神社) 所広島県廿日市市宮島町1-1
開8:30〜16:30 休無休 料100円
交宮島桟橋から徒歩15分 Pなし

大本山大聖院
だいほんざんだいしょういん
嚴島神社周辺 MAP 付録P.6 B-4

宮島最古の寺院

真言宗御室派の大本山。大同元年(806)に弘法大師が開創したと伝わる。毎年4月と11月に真言密教の儀式、火渡り神事が行われる。

☎0829-44-0111 所広島県廿日市市宮島町210
開8:00〜17:00 休無休 料無料
交宮島桟橋から徒歩20分 Pあり

↑神仏習合の時代は神社の造営を担った

↑明治時代に秀吉を祀る神社になった

↑弥山の麓に建つ。皇室との関係も深い寺

清盛神社
きよもりじんじゃ
厳島神社周辺 MAP 付録P.6A-3

清盛の霊を慰めるお社

厳島神社を造営した平清盛を讃える神社。昭和29年(1954)、清盛没後770年を記念して建立された。

☎0829-44-2020(厳島神社) 所広島県廿日市市宮島町 休境内自由 交宮島桟橋から徒歩25分 Pなし

↑大鳥居の近くの西松原に立地

紅葉谷公園
もみじだにこうえん
厳島神社周辺
MAP 付録P.6C-3

山裾の紅葉名所

弥山の麓にある公園。秋には数百本のカエデやオオモミジが赤、黄色に色づく。春から初夏の新緑も美しい。

☎0829-44-2011(宮島観光協会) 所広島県廿日市市宮島町紅葉谷公園 休入園自由 交宮島桟橋から徒歩15分 Pなし

↑弥山山麓の紅葉谷川に沿って広がる公園で、四季折々の自然美が見られる

↑工芸品の販売もあり
宮島彫り体験は1900円、もみじ饅頭手焼きは880円、杓子作りは400円

宮島伝統産業会館 みやじまん工房
みやじまでんとうさんぎょうかいかん みやじまこうぼう
表参道周辺 MAP 付録P.6C-1

旅の思い出を楽しく手作り

伝統工芸士の指導による宮島彫りや、もみじ饅頭手焼き、杓子作りが体験できる。所要時間は各約1時間。詳細はwww.miyajimazaiku.com。

☎0829-44-1758 所広島県廿日市市宮島町1165-9 時9:00~17:00 休月曜(祝日の場合は翌日) 料無料、体験は有料(要予約) 交宮島桟橋から徒歩1分 Pなし

宮島歴史民俗資料館
みやじまれきしみんぞくしりょうかん
厳島神社周辺 MAP 付録P.6B-3

宮島の資料がずらり

建物は江戸時代から明治初期に醤油を醸造していた旧江上家の主屋で、国の登録有形文化財。宮島の歴史や文化などに関する資料を展示している。

☎0829-44-2019 所広島県廿日市市宮島町57 時9:00~16:30 休月曜(祝日、振替休日の場合は翌日) 料300円 交宮島桟橋から徒歩18分 Pなし

↑豪商の主屋を展示施設に利用

聖なる島で感じる文化と自然

宮島の癒やされスポットへ

宮島水族館 みやじマリン
みやじますいぞくかん みやじマリン
厳島神社周辺 MAP 付録P.6A-3

参加・体験型のふれあい水族館

「いやし」と「ふれあい」をテーマにした水族館。約350種1万3000点以上の水の生き物を身近に見学できる。スナメリやタチウオ、カキの水槽ほか、瀬戸内海ならではの生き物も多数。

☎0829-44-2010 所広島県廿日市市宮島町10-3 時9:00~17:00(入館は~16:00) 休臨時休館日あり 料1420円 交宮島桟橋から徒歩25分 Pなし

海のめぐみ
広島の名産、カキのいかだを再現。カタクチイワシなどの魚も一緒に展示

ペンギンプール
翼を広げて泳ぐペンギンの姿を真下から見られる

瀬戸内のくじら
瀬戸内のクジラともいわれる好奇心旺盛なスナメリがお出迎え

ライブプール
屋外のプールではアシカのライブが楽しめる。フロントの席は、迫力も満点

37

| 歴史 | 壮麗な嚴島神社を中心に繰り広げられるロマン |

瀬戸内海を見守る宮島の歩み

古来より、時の権力者をはじめ、人々からの信仰を集めていた聖なる島、宮島。
戦の時代を経て、現代では日本を代表する観光地として、世界にその名を轟かせている。

紀元前〜6世紀

山を崇める自然信仰が始まり
宮島信仰と嚴島神社

**人々の信仰を集めていた聖なる島に
6世紀末、三女神を祀る神社が創建された**

　宮島の歴史は、島ができたおよそ6000年前に遡る。氷河融解によって生まれた小さな島には、海岸から急峻な山がそそり立ち、生い茂る原始林や巨岩奇石が荘厳な姿を見せる。この霊威に満ちた山容から、人々は宮島を聖地として崇めるようになった。

　社伝によると、この地に嚴島神社が創建されたのは推古天皇元年(593)とされる。安芸国の豪族で、のちに神主家を世襲し権力を強めた佐伯氏の祖・佐伯鞍職が、三女神（市杵島姫命、湍津姫命、田心姫命）から神託を受けて社を設けたという。また、神の島を傷つけないよう、鞍職は陸地でなく浜を選んだとも伝わる。九州と畿内を結ぶ海上交通の要衝であった厳島。三女神は航海安全の女神で、佐伯氏以降も歴代の有力者たちに崇拝されていく。

　島名の厳島は「神を斎き祀る島」に由来するが、お宮が鎮座することから、現在は宮島のほうが一般的になった。

※赤文字の神社は、嚴島神社の末社・摂社

◯ 宮島を舟で巡る行事「七浦巡り」を描いた『七浦図屏風』〈宮島歴史民俗資料館所蔵〉

11世紀〜12世紀

平氏隆盛とともに地位を確立
清盛の宮島への思い

他に類を見ない海上社殿を清盛が造営
平氏の興隆とともに厳島は発展

　厳島神社の歴史には、平氏の隆盛が深く結びついている。それは11世紀末、平正盛が時の権力者・白河上皇に重用されたことから始まる。のちに、正盛の子・忠盛は鳥羽上皇の近臣として出世を遂げ、平氏の確固たる地位を確立。忠盛が築いた武力と財力は子の清盛に受け継がれ、平安時代末期、清盛は朝廷内で並ぶ者のない権力者に上りつめ、平家の全盛期を築き上げた。

　日宋貿易を推進した清盛は、海上交通の守護神として厳島神社を篤く信仰した。そして仁安3年(1168)から、神主・佐伯景弘の後ろ盾となり竜宮城を思わせる豪奢かつ崇高な海上社殿に修造。『平家物語』によると、安芸守在任中、清盛の夢枕に老僧が現れ、厳島を信仰すれば一門が繁栄すると予言、それがきっかけになったという。

　清盛はさらに長寛2年(1164)、極楽往生と平家一門の繁栄を願い『平家納経』を奉納。絢爛豪華な平家納経は、平家の栄華と平安王朝の優雅な美意識を今に伝える。平家一門の信仰により厳島には皇族や公家も参詣するようになり、厳島神社は広くその名が知られることになった。

管絃祭　清盛ゆかりの伝統行事

　平安時代、貴族は邸宅前の池に船を浮かべて雅楽の演奏を楽しんでいたという。清盛は、この遊びを御祭神を慰めるために厳島に持ち込んだ。それが毎年旧暦6月17日に行われる管絃祭で、管絃の調べとともに明かりを灯した船が夜の海を渡り、夏の風物詩となっている。祭りは、3艘の和船をつないだ御座船が宮島を出航、地御前神社へ渡り、祭礼が終わると厳島神社へ戻る流れ。御座船が月明かりに照らされて大鳥居をくぐり抜ける姿が幻想的だ。

御座船のルート

← 広島県呉市にある平清盛の日招像。清盛は平家納経の奉納後、太政大臣にまで出世した。清盛は、雅楽をはじめとする多彩な京の文化も厳島にもたらしている

↓ 管絃祭のクライマックス、御座船が大鳥居をくぐる〈写真提供：広島県〉

瀬戸内海を見守る宮島の歩み

39

◆『厳島合戦図』〈宮島歴史民俗資料館所蔵〉

13世紀〜16世紀　激動の世、権力者の支配下に
戦国時代は戦場に

歴代の戦国武将も厳島神社に参詣
現存の本殿は毛利元就が再建したもの

　平家滅亡後も、厳島神社の地位は変わらなかった。時代は源氏の世となるも、その鎌倉幕府も元弘3年(1333)に滅亡。南北朝、室町へと移り変わるが、厳島神社は崇敬を集め続けた。室町時代には、初代・足利尊氏や3代将軍・義満も厳島を参詣している。足利将軍家の保護を受ける一方、中国地方を治める守護、大内氏の後援を受け、客神社の遷宮も行われた。
　戦国時代に厳島を支配したのは、戦国武将の大内義隆である。ところが天文20年(1551)、側近の陶晴賢が謀反を起こし、厳島は晴賢の支配下に置かれてしまう。陶晴賢に兵を挙げたのが毛利元就で、弘治元年(1555)厳島の合戦が起こり、島は戦場となった。
　戦いで陶氏を滅ぼした毛利氏は、その後強大な力を誇る有力大名になる。元就は厳島神社への崇拝を強め、大鳥居や社殿の再建、能舞台の寄進など今に伝わる建造物の修造を行い、厳島の発展に貢献した。
　豊臣秀吉も厳島神社を崇拝したひとりである。秀吉は天正15年(1587)に千部経を読誦するため経堂の造営を命じた。秀吉の死去により工事が中断されたため建物は未完成のままで、現在は豊国神社(千畳閣)として秀吉と加藤清正を祀っている。
　神を祀る宮島だが、平安時代より神仏習合が推進され、島内には多くの寺院も立ち並んでいた。

◆厳島神社のそばに建つ豊国神社(千畳閣)。畳857枚分の広さがあるという。明治時代の神仏分離令により、仏像は大願寺に遷された

17世紀〜　商人が集う賑わいの島
憧れの宮島詣

商業交通の中継基地として栄えた時代
庶民の参拝者で賑わい、一大遊興地に

　慶長5年(1600)の関ヶ原の戦いを経て時代は江戸に入り、厳島の支配者は毛利氏から福島正則、浅野氏へと変わっていく。西廻り航路が開かれたこともあり、瀬戸内海では、以前にも増して各地の商人が行き交うようになった。厳島も交易の中継地として、京都や九州など遠方の商人が集まったという。相撲や芝居なども催され、参拝地としてだけでなく、瀬戸内地方の文化の中心地としても栄えていった。
　その後、日本三景のひとつとされて一般の観光客も多く訪れるようになり、宮島杓子など、工芸品やみやげ品も発展していった。

◆旅行者で賑わう表参道商店街

19世紀〜　未来へ伝える日本の宝
世界遺産としての誇り

多難を乗り越え今に至る厳島
貴重な建築物や宝物は、日本が誇る遺産

　明治時代に入ると神仏分離令が発令され、島内にあった多くの寺院は廃寺となった。神仏習合の歴史は終わったが、人々の厳島への崇敬の念は衰えることなく、初代総理大臣・伊藤博文もたびたび参拝に訪れた。
　創建以来、再建や修復を繰り返しながらも、時の有力者の崇敬を受け、清盛が建てた壮麗な姿を現世に伝える厳島神社。原生林など島に残る豊かな自然も評価が高く、大正12年(1923)には全島が国の史跡名勝に指定された。また1996年には、ユネスコの世界文化遺産にも登録されている。

宮島 歴史年表

西暦	元号	事項
593	推古天皇元	安芸の豪族・佐伯鞍職により**厳島神社** P.26が創建される
806	大同元	唐から帰国した弘法大師が霊地を求め、宮島へ立ち寄り、**弥山** P.34を開基
811	弘仁2	「伊都岐嶋神」の名で『日本後紀』に記される（厳島神社の文献上の初見）
1118	元永元	平忠盛の長男として**平清盛** P.39が誕生
1129	大治4	備前守であった平忠盛は白河上皇の院宣により、瀬戸内海の海賊追討使に抜擢される
1132	長承元	平忠盛が武家として初めて内裏への昇殿を許される
1135	保延元	平忠盛、瀬戸内海の海賊追討使に再び任命される。70名余の海賊を連行し、京に凱旋
1146	久安2	父・忠盛とともに行った海賊討伐の功績により、平清盛は安芸守に任じられる
1156	保元元	後白河天皇と崇徳上皇の皇位継承をめぐる対立と藤原氏内部の勢力争いが結びつき、戦乱が起こる（保元の乱）
1159	平治元	保元の乱のあと、勢力を伸ばした平清盛を打倒するため源義朝が藤原信頼と挙兵（平治の乱）
1160	永暦元	平清盛が初めて厳島神社に参詣する
1164	長寛2	平家一門、厳島神社に写経を奉納（『平家納経』）
1167	仁安2	平清盛、太政大臣に任じられる
1168	仁安3	厳島神社の修造が行われ、現在の姿に近い社殿が形成される
1174	承安4	後白河法皇、建春門院とともに平清盛らが厳島神社に参詣する
1176	安元2	平清盛、一族とともに厳島神社に参詣。社殿内および廻廊にて千僧供養を行う
1180	治承4	3月、高倉上皇・建礼門院（徳子）らとともに厳島神社に参詣を行った平清盛は、6月に福原への遷都を断行する
1181	治承5	閏2月、平清盛死去
1185	元暦2	3月、壇ノ浦の合戦の末、平家滅亡
1207	承元元	厳島神社炎上。安芸国を厳島神社造営料国として再建する
1221	承久3	承久の乱ののち、周防前司・藤原親実が厳島神社の神主に任じられる
1223	貞応2	厳島神社再び炎上
1224	元仁元	安芸国を厳島神社に寄進して再建開始
1241	仁治2	厳島神社の再建が完遂

西暦	元号	事項
1278	弘安元	時宗の開祖である一遍が厳島神社に参詣
1287	弘安10	一遍、再び参詣。このときの様子が『一遍上人絵伝』に描かれる（厳島神社の絵画としては初めてのものとなる）
1336	延元元／建武3	足利尊氏が造営料として造果保（東広島市）を厳島神社に寄進する
1376	天授2／永和2	弥山御堂神護寺（大日堂）が建立される
1389	元中6／康応元	足利義満、厳島神社に参詣する
1407	応永14	**厳島神社 五重塔** P.36が建立される
1523	大永3	厳島神社神主家の一族である友田興藤が戦国武将・大内義隆に敗れる
1547	天文16	大内義隆が厳島神社の大鳥居を再建する
1551	天文20	側近であった陶晴賢が大内義隆に謀反し、大寧寺に追い詰め自害させる（大寧寺の変）
1555	弘治元	毛利元就が包ヶ浦に上陸。塔の岡に陣を敷いていた陶軍に奇襲をかけ、陶晴賢を討つ（厳島の合戦）
1556	弘治2	毛利隆元が天神社を建立し、厳島神社に寄進。毛利元就が厳島神社の廻廊の床板を修復
1561	永禄4	毛利元就が厳島神社の大鳥居を修復する
1571	元亀2	毛利元就によって厳島神社本殿が改築
1587	天正15	豊臣秀吉が厳島神社に参詣。安国寺恵瓊に命じ、**豊国神社（千畳閣）** P.36の建立を開始
1635	寛永12	町奉行支配となった宮島に奉行所が設置される
1643	寛永20	儒学者・林鵞峰が『日本国事跡考』を著し、松島・橋立とともに厳島を「三處の奇観」と記す
1743	寛保3	広島の豪商らが厳島神社前の新堤に108基の石灯籠と1基の大石灯籠を寄進。西松原の原型ができる
1866	慶応2	勝海舟と長州藩使者が**大願寺** P.36で長州戦争の休戦談判を行う
1875	明治8	**大鳥居** P.32が再建され、現在の姿になる
1923	大正12	厳島全島が特別史跡・名勝に指定される
1982	昭和57	引き物・くり物・彫刻といった宮島の伝統工芸が「宮島細工」に指定される
1996	平成8	ユネスコの第20回世界遺産委員会で、厳島神社と大鳥居が立つ前面の海、背後に広がる弥山原始林を含む島の14%が世界遺産に登録される
2001	平成13	文化財等の修復に必要な檜皮・木材などを供給するため、宮島国有林が「世界文化遺産貢献の森林」に認定される

瀬戸内海を見守る宮島の歩み

GOURMET 食べる

↑良い香りを漂わせながら店頭で焼かれるカキ

**焼きガキ発祥の一軒で
地元産のおいしさを堪能したい**

焼がきのはやし
やきがきのはやし

宮島　MAP 付録P.7 E-2

創業70年以上を誇る、宮島の焼きガキ発祥の店。地元・地御前産の3年ものブランドガキは、粒が大きく味と旨みが濃厚。カキ本来のおいしさを存分に楽しめると店は常にお客でいっぱいだ。一年を通して生のカキがメニューに登場するのも特徴のひとつ。

☎0829-44-0335
所 広島県廿日市市宮島町505-1　営 10:30～17:00(LO16:30) 土曜は～17:30(LO17:00)
休 水曜(祝日の場合は営業、別日に振替)
交 宮島桟橋から徒歩10分　P なし

焼がき(3個) 1200円
オーダー後に約15分かけて店頭で焼かれたカキを、アツアツのまま提供！

予約 可(季節により時間帯の制限あり)
予算 L 900円～

かきめし 1100円
もち米入りのもっちり食感と、カキのぷりぷりの身や旨みが絶妙

宮島●食べる

「海のミルク」と呼ばれ大切にされてきた

里海からの贈り物
カキ料理を食す

宮島周辺で採れるカキは、濃厚で旨みが凝縮していると評判。
生でいただくほか、焼く、煮る、蒸す、フライとお好みで。

**新鮮なまま提供するカキを
食べ放題で味わい尽くす**

島田水産 かき小屋
しまだすいさん かきごや

宮島口　MAP 付録P.2 B-3

宮島の対岸に位置する、水産会社直営の店。厳島神社の大鳥居付近で育てた鮮度抜群のカキを提供する。単品のほか、バーベキュースタイルで楽しむ食べ放題もあり。カキを思う存分味わい尽くして。

☎0829-30-6356
所 広島県廿日市市宮島口西1-2-6　営 10:00～19:00(金・土曜は～20:00)　休 不定休　交 JR宮島口駅から徒歩15分　P あり

予約 可(土・日曜、祝日以外)
予算 L D 食べ放題2530円～

60分食べ放題 2530円
(小学生1100円)
昼、夜どちらも注文できるコース。カキ飯が1杯と、焼きガキが食べ放題(写真はメニューの一部)

カキフライ定食 1000円
カキフライ、カキ飯、カキの佃煮と、カキづくしなセット

42

独自で育てた大きなカキと
ワインのマリアージュ

牡蠣屋
かきや

予約	不可
予算	⓵1080円〜

宮島 **MAP** 付録P.7 E-2

海域を細かく変え、手間ひまかけて育てた店オリジナルのカキ。そのなかから、より粒の大きなものを厳選して使用する。カキのまろやかな味わいと併せて楽しみたいのが、豊富に揃えたワインや日本酒。お酒とのマリアージュで、贅沢なひとときを。

☎0829-44-2747
所 広島県廿日市市宮島町539 営 10:00〜18:00(売り切れ次第閉店) 休 不定休 交 宮島桟橋から徒歩10分 P なし

牡蠣屋のオイル漬け
660円(2個)
店の自信作。繰り返し加熱することで、濃厚な旨みに。ワインと併せていただきたい

⓵店頭では、強い火力でカキを豪快に焼いている

牡蠣屋定食 2365円
大粒のカキがたっぷり堪能できる、カキ好きにはたまらない裏メニューの定食

⓵持ち帰り用のオイル漬け
1瓶1300円など。島内には、オイル浸けのコンセプトショップ「牡蠣祝」もある

⓵洗練された空間

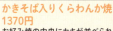

かきそば入りくらわんか焼
1370円
お好み焼の中央にカキが並べられたカキ入りはいちばんのおすすめ

予約	可(季節による)
予算	⓵830円〜

広島名物・お好み焼も
地元産カキで食べ応えアップ

くらわんか

宮島 **MAP** 付録P.7 F-1

「くらわんか」とは、広島弁で「食べませんか」の意。塩胡椒を使わず、野菜本来の味を引き出したお好み焼を、「くらわんか焼」として提供する。宮島産カキのほか、エビ、チーズ、餅などもトッピングできる。

☎0829-44-2077
所 広島県廿日市市宮島町589-5
営 11:00〜17:00(LO16:30) 休 不定休
交 宮島桟橋から徒歩8分 P なし

⓵長い鉄板も特徴

⓵カキだけを焼いた一品料理も人気がある

里海からの贈り物カキ料理を食す

↑弁当も予約可。ゆっくりするなら2階にある系列店「他人吉」へ

並んででも食べたい味
宮島穴子飯発祥の店
あなごめし うえの

宮島口 **MAP** 付録P.7 E-4

明治34年(1901)より駅弁として穴子飯の販売を始め、今も多くの人に愛される老舗。脂がのった上質の穴子のみを使用し、強火で焼いて旨みを閉じ込む。穴子のアラからとっただしで炊き上げたご飯との相性もたまらない。

あなごめし(上) 2250円
香ばしく焼き上げた穴子を炊きたてのご飯とともに。汁付き(手前)

あなごの白焼き 1300円
素焼きにした穴子に薄口醤油を塗り、わさびと塩を添えて(奥)

☎0829-56-0006
所 広島県廿日市市宮島口1-5-11 営 9:00～19:00、2F他人吉11:00～15:00 17:00～22:00(月・木曜は昼のみ) 休 無休(他人吉は火・水曜) 交 広電・宮島口電停から徒歩3分 P あり

予約	コースのみ可
予算	L 2484円～ D 4320円～

宮島●食べる

香ばしい香りに誘われて暖簾をくぐる
ふっくら穴子飯の悦楽

100年以上も昔、宮島駅の駅弁として発売された穴子飯。甘辛の穴子とご飯の相性は抜群だ。

老舗の一軒で味わう
ふっくら感が◎な穴子丼
お食事処 梅山
おしょくじどころ うめやま

宮島 **MAP** 付録P.7 E-1

穴子とカキの専門店として、100年以上続く老舗店。特に、焼いたあとに蒸すことでふわっとした食感に仕上げた穴子に、秘伝の甘辛いタレをたっぷりかけた穴子丼は、不動の人気を誇るメニューだ。

☎0829-44-0313
所 広島県廿日市市宮島町844-1 営 10:00～17:00(LO16:30) 休 不定休 交 宮島桟橋から徒歩5分 P なし

予約	可(繁忙期以外)
予算	L 550円～

あなご丼 1930円
穴子を2匹使い、ご飯が見えなくなるほどたっぷり敷き詰めている。吸い物、香の物付き

おいしさのヒミツは
だしで炊いた米にあり
あなごめし 花菱
あなごめし はなびし

宮島 **MAP** 付録P.7 E-1

穴子飯を提供する店は島内外に数あれど、ここはだしで炊いた米を使用するのが特徴。伝統的な作り方で提供される一品は、国産天然穴子やオリジナルのタレの旨みも加わり、絶妙なおいしさを醸し出す。

☎0829-44-2170
所 広島県廿日市市宮島町856 営 10:30～15:00(お弁当テイクアウトは～17:00) 休 不定休 交 宮島桟橋から徒歩5分 P なし

予約	不可
予算	L 1980円～

あなごめし(お重) 3100円
吸い物、香の物付きで、焼き穴子にタレをかけたデラックスサイズ。穴子飯の持ち帰り用弁当の注文も可能

ふわふわ食感が美味
ひと味違う穴子飯を
宿屋食堂&バー
まめたぬき
やどやしょくどう&バー まめたぬき

宮島 MAP 付録P.7 E-2

旅館 錦水館の1階にある、煮穴子をご飯の上に敷き、陶器の箱ごと蒸し上げた穴子飯が自慢の店。バーナーで焼き目をつけることで、外はこんがり、中はふっくらとした穴子のおいしさを楽しめる。夜は居酒屋メニューも充実。

☎0829-44-2152
所広島県廿日市市宮島町1133 錦水館1F
営11:00～15:00(LO14:30) 17:00～22:00(LO21:00) 休不定休 交宮島桟橋から徒歩10分 Pなし

予約	可
予算	L 1800円 / D 2500円

↑一品料理をお酒とともに

穴子の陶箱飯 1980円
冷めにくい専用の容器でアツアツを味わえるのもうれしい。小鉢、味噌汁、香の物付き

食材は全国から厳選
手間ひまかけた味を
山代屋
やましろや

宮島 MAP 付録P.6 B-3

店主こだわりの食材で仕上げる穴子飯が堪能できる。国産の穴子だけを厳選し、ていねいに串打ちすることで均一に火を入れる。継ぎ足し続けているタレは、2種の醤油や氷糖蜜、ワインビネガーなどを加えた秘伝の味。

☎0829-44-0258
所広島県廿日市市宮島町102 営11:30～15:00 休不定休 交宮島桟橋から徒歩18分 Pなし

予約	要
予算	L 750円～

あなごめし 1980円
穴子が増量する大2300円も用意。だしからこだわり満載のうどんも必食

↑厳島神社参拝後の立ち寄りに最適の立地

ふっくら穴子飯の悦楽

ゆるやかな時間が流れる隠れ家で過ごす
宮島カフェで憩う

古民家を改装した店など、レトロな和の空間でのんびりと店主こだわりの香り高いコーヒーや手作りスイーツを味わって。

古民家を再生したカフェで至福の一杯とおみやげ探し
ぎゃらりぃ 宮郷
ぎゃらりぃ みやざと

宮島 MAP 付録P.7 E-3

☎0829-44-2608
所 広島県廿日市市宮島町幸町東表476
営 10:00～18:30（LO18:00）
休 水曜 交 宮島桟橋から徒歩10分 P なし

築約250年の建物を生かしたカフェギャラリー。一杯ずつハンドドリップで淹れるコーヒーでひと息ついたあとは、ギャラリーでおみやげ探しを楽しんで。宮島の工芸品や県内の作家による手作り雑貨のなかからお気に入りの一品が見つかるはず。趣きある空間のなかで、ゆっくりとした時の流れを感じながら過ごしたい。

1. ケーキセット900円。アールグレイの手作りシフォンは香り豊か
2. 町家通りに面する
3. 美しい中庭も望める

宮島の食材と景色を堪能する贅沢なひととき
牡蠣祝
かきわい

宮島 MAP 付録P.7 E-3

島民しか通わない小高い丘に位置する、「牡蠣屋のオイル漬け」コンセプトショップ＆カフェ。表参道商店街の牡蠣専門店「牡蠣屋」の、地御前産ほか宮島近辺のカキにこだわったオリジナル商品や、瀬戸田のレモンを使ったデザート、ドリンクが揃う。眼下に広がる絶景も自慢。

☎0829-44-2747
所 広島県廿日市市宮島町422
営 12:00～16:30 ※小学4年生以下入店不可
休 不定休 交 宮島桟橋から徒歩15分 P なし

1. 広島レモンモヒート850円（右）、牡蠣屋のオイル漬け800円（左） 2. 築100年以上の古民家をリノベーションした店舗 3. 看板商品の牡蠣屋のオイル漬け1300円 4. 目の前に大野瀬戸や宮島の町並みが広がる

多彩なドリンクで
広島の魅力をアピール
GEBURA
ゲブラ

宮島 MAP 付録P.7 F-2

広島ならではの素材を使ったテイクアウトドリンク専門のバー。広島レモンと砂糖だけで自家製シロップを仕込み、さまざまな爽やかドリンクを提供している。広島のクラフトジン「桜尾」を使ったお酒も人気。島内散歩の立ち寄りにぜひ！

☎なし
🏠広島県廿日市市宮島町528-3
🕐10:00～18:00頃 休不定休 交宮島桟橋から徒歩10分 Pなし

1. 江戸時代の伝統色を復元したカウンター
2. レモンシロップは収穫時期に1年分を仕込む
3. 広島レモンソーダ500円
4. ロゴもおしゃれ
5. 宮島在住の設計士がデザインした

コーヒーの香りに誘われて
表参道商店街沿いのカフェへ
宮島珈琲
みやじまこーひー

宮島 MAP 付録P.7 E-2

表参道商店街に面しながら、店内は落ち着いた雰囲気に包まれた一軒。島内で焙煎したこだわりのコーヒーは、ミルクとの相性も抜群の深煎りのビターなブレンドから、苦みを抑えたマイルドなものまで揃える。

☎0829-44-0156
🏠広島県廿日市市宮島町464-3 🕐9:00～18:00(土曜は～19:00)
休無休 交宮島桟橋から徒歩10分 Pなし

1. 1日数量限定の、牛ほほ肉を煮込んだカレーセット890円
2. くつろぎを誘う店内
3. 持ち帰りコーヒー豆オリジナルブレンド#1(左)、#2(右)。100g540円で、ドリップバッグもある

広島の食材を使った
各種メニューが勢揃い
CAFE HAYASHIYA
カフェ ハヤシヤ

宮島 MAP 付録P.7 F-2

数寄屋造りの店内で味わえるのは、広島の食材を中心としたスイーツ。有機栽培の宇治抹茶を使うなど、素材にこだわって作られるスイーツやフードを堪能したい。オリジナル鹿グッズや、広島出身作家の文具も販売している。

☎080-1932-0335
🏠広島県廿日市市宮島町504-5
🕐11:00～16:20(LO) 土曜は～17:00(LO)
休水曜、火曜不定休
交宮島桟橋から徒歩8分
Pなし

1. 3種のお茶の味が楽しめるtea'sパフェ1210円
2. かわいい鹿グッズ。左回りに店オリジナルのマスキングテープ1個420円、スタンプ1個980円、あぶらとり紙1冊290円、付箋1束390円

宮島カフェで憩う

SHOPPING 買う

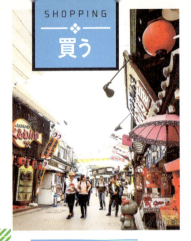

↑瀬戸内海を一望できる開放的なレストラン

ビール

宮島唯一のクラフトビール！

宮島ブルワリー ①
みやじまブルワリー

MAP 付録P.7 E-2

弥山の天然水で仕込むクラフトビール「宮島ビール」を樽生で提供する。1階でテイクアウトができ、3階ではクラフトビールとともに絶景が楽しめる。ビールは季節ごとにさまざまな種類が登場。宮島カキを使った料理とともにいただきたい。

☎0829-40-2607
所広島県廿日市市宮島町459-2 営休季節により変動あり。詳しくはHPを確認 交宮島桟橋から徒歩7分 Pなし

→訪れる度に新たな味に出会える宮島のクラフトビール「アイランドレーベル」

↑併設の醸造所でつくった出来たての生ビールを楽しめる

→ビアスタンドではおみやげ等も販売

表参道商店街で
おみやげ探し&食べ歩き

喧騒のなかに
旅情を感じて

厳島神社へと続く約350mのメインストリート。
宮島グルメや伝統工芸品・民芸品の店が軒を連ねる。

宮島●買う

調味料など

便利な調味料をおみやげに

宮島醤油屋 本店 ②
みやじましょうや ほんてん

MAP 付録P.7 E-3

醤油を中心に各種調味料や漬物、菓子など、オリジナルの商品が所狭しと並んでいる。味見や試食ができるものが多く、失敗したくないおみやげ選びに心強い。

☎0829-44-0113
所広島県廿日市市宮島町439-1
営9:30〜17:30 休無休
交宮島桟橋から徒歩10分 Pなし

カキや柑橘など瀬戸内の味わいが生きた醤油です

↑左から牡蠣醤油濃口880円、だいだい醤油800円、牡蠣醤油淡口850円。各180mℓ入り。300mℓと500mℓもある

→濃厚な味わいの牡蠣マヨネーズ850円

↑宮島には野生のニホンジカが生息している。街中には約200頭が生息するといわれる

まんじゅう

旅館の味を気軽に
元祖 宮島蒸し饅 ③
がんそ みやじまむしまん

MAP 付録P.7 E-2

牛まんと穴子まん、広島赤鶏を使用したとりまんの3種の蒸しまんじゅうが自慢。もっちりした皮の中にこだわりの具材がぎっしり。

☎0829-44-2131
⌂広島県廿日市市宮島町1133 錦水館内 ⏰10:00〜17:00
休不定休 宮島桟橋から徒歩10分 Pなし

→ふかしたてが食べられる

→A4ランク以上の広島牛がたっぷりの牛まん 480円

→柚子胡椒を隠し味にした穴子まん 450円

しゃもじ・木製品

長く愛用できる一品を
宮島工芸製作所 ④
みやじまこうげいせいさくじょ

MAP 付録P.7 F-2

宮島は杓子発祥の地。その伝統を受け継ぐ工芸技術が、しゃもじ作りだ。ここでは、文字入り看板しゃもじや、調理用しゃもじ、ヘラの製造を行う。手になじむなめらかなカーブが特徴で、使うほどに味が出る。商品の一部は店頭で購入することが可能。

☎0829-44-0330
⌂広島県廿日市市宮島町617 ⏰8:00〜17:00
休日曜 宮島桟橋から徒歩10分 Pなし
※表参道商店街の「船附商店」でも販売中
※注文はHPからも受付
miyajimakougei.com/

→広島県北をメインに、日本国内の木材を使用。左からしゃもじ(檜)1210円、しゃもじ(桜)1210円、ヘラ(桜)935円、バターナイフ(桑)550円

↑工房内で職人が1つずつ手作業で作る

喧騒のなかに旅情を感じて

風味抜群！ケーキ屋さんのもみじ饅頭をぜひどうぞ

色鮮やかに、多彩な味わいが楽しい
定番もみじ饅頭

洋菓子店ならではの味わい

もみじ饅頭カスタードクリーム
まろやかな口当たりで、やわらかな生地に合う。100円

もみじ饅頭 果肉入りアップル
シャキっとした食感の、リンゴのソテー入り。120円

もみじ饅頭 オリジナルチーズ
2種類のチーズとコアントローで大人味。120円

名物・揚げもみじをパクリ

揚げもみじ あんこ
揚げたてが絶品。クリームとチーズもあり。190円

もみじまんじゅう こしあん
小豆の皮をていねいに取り除いた、上品な味わいの餡。100円

もみじまんじゅう 瀬戸内レモン
瀬戸内レモンを使用した、香り高いレモンカスタード入り。120円

豊富な種類に手焼き体験も

こしあん
丁寧に何度も水にさらしたこし餡が上品な甘さを演出。カステラ生地で包んだ逸品。100円

抹茶もみじ
餡だけでなく生地にも抹茶を加えたのがポイント。100円

桐葉菓
こし餡とつぶ餡をもち粉の生地で焼き上げた。150円

菓子処 きむら
かしどころきむら

宮島 MAP 付録P.7 F-2

生地はシフォンケーキをベースにするなど、洋菓子店ならではの製造方法やアイデアが特徴。なかでも果肉入りアップルとオリジナルチーズはオリジナリティある味で人気だ。冷やしても美味。

☎0829-44-0041
所 広島県廿日市市宮島町592
営 9:30～18:00(季節により変動あり)
休 不定休　交 宮島桟橋から徒歩8分　P なし

もみじ饅頭は全5種。しっとり食感が人気

紅葉堂 本店
もみじどうほんてん

宮島 MAP 付録P.7 E-3

明治45年(1912)創業と、島内でもとりわけ長い歴史を持つ。看板商品は、空気をたっぷりと含ませて焼いた生地のやわらかな食感と、パリっとした衣の対比が楽しめる揚げもみじ。

☎0829-44-2241
所 広島県廿日市市宮島町448-1
営 8:30～17:30頃(季節により変動あり)
休 不定休　交 宮島桟橋から徒歩10分　P なし

店内は常に、多くの人で賑わっている

やまだ屋 宮島本店
やまだやみやじまほんてん

宮島 MAP 付録P.7 F-1

もみじ饅頭は、季節限定も含め約20種類を誇るラインナップ。桐葉菓など、そのほかの菓子も本店ならではの充実した品揃えだ。2階では手焼き体験もできる。

☎0829-44-0511
所 広島県廿日市市宮島町835-1
営 9:00～19:00　休 無休
交 宮島桟橋から徒歩8分　P なし

手焼き体験880円は当日申込も可

宮島の紅葉谷をヒントに生み出されたもみじ饅頭。
定番のこし餡のほかクリームやチーズ、チョコレートなど、
バリエーション豊富に揃う。

やわらかな食感に魅了される

もみじ饅頭 大納言
大粒の大納言は、甘さ控えめで風味豊か。120円

栗もみじ
無農薬・有機栽培の栗100％使用。秋季限定。200円

もみじ饅頭 クリーム
口溶けの良い、ほどよい甘さのカスタード。110円

手焼きが味わえる唯一の店

チーズもみじ
この味を求めて訪れるファンも多い、人気の味。110円

もみじ饅頭 こしあん
ふんわりと広がる生地と餡の甘さが絶妙。100円

アイスもみじ饅頭 ストロベリー
アイスが入った一品。バニラや抹茶もある。150円

カステラと餡とのベストバランス

もみじまんじゅう こしあん
北海道産小豆を使用したこし餡は、上品な味わい。100円

もみじまんじゅう カスタードクリーム
カステラに合う素朴な味わいのカスタードが特徴。100円

定番もみじ饅頭

おきな堂
おきなどう

宮島口 **MAP** 付録P.7 F-4

材料はもちろん、生地やクリームのやわらかさをとことん追求したこだわりのもみじ饅頭。口の中に広がるほどよい甘みとふわりとした食感が絶品。季節ごとに発売する限定もみじは、必ず食べたい。

☎0829-56-0007
所 広島県廿日市市宮島口1-10-7 営 9:00～19:00 休 木曜(1日、祝日の場合は営業、振替休あり) 交 広電・宮島口電停から徒歩2分 P なし

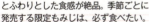

定番もみじの5種と、季節限定もみじが楽しめる

御菓子司 ミヤトヨ本店
おかしつかさ ミヤトヨほんてん

宮島 **MAP** 付録P.7 E-1

宮島で唯一手焼きで作っており、その製法だからこその食感を守り続ける。元祖とされるプロセスチーズ入りもみじ饅頭は特にリピーター多数。アイスもみじといった変わりダネも人気。

☎0829-44-0148
所 広島県廿日市市宮島町854-1 営 9:00～17:30(季節により変動あり) 休 不定休 交 宮島桟橋から徒歩5分 P なし

桟橋から近く、人通りの多い道に面している

藤い屋
ふじいや

宮島 **MAP** 付録P.7 E-2

「変わらないために変わり続ける」をモットーに、原材料、カステラと餡のバランスにもこだわる大正14年(1925)創業の店。店内で、お茶とともに焼きたてが味わえる。

☎0829-44-2221
所 広島県廿日市市宮島町1129 営 8:30～18:00 休 無休 交 宮島桟橋から徒歩7分 P なし

食べられる

店内では焼きたてが

宮島から足をのばして

歴史薫る城下町を象徴する優美な景観
岩国 いわくに

長い歴史を持つ岩国は『万葉集』にもその名を詠われている。
錦帯橋と山頂にそびえる岩国城、変わらぬ絶景を訪ねよう。

散策のポイント
- 川原から錦帯橋を見上げ、裏側の見事な木組みに職人の技を感じる
- 岩国城と吉香公園内の施設で岩国藩の歴史を学ぶ
- 川の南側に広がる風情漂う城下町を散策、郷土料理を味わう

お役立ちinformation

お得な割引チケット
錦帯橋、岩国城への入場、ロープウエー往復利用が可能なセット券970円がお得。錦帯橋、岩国駅観光案内所で購入することができる。

観光案内を活用
岩国駅観光案内所
岩国駅切符売り場にある。
☎0827-22-0204 営9:00～17:00 休無休
観光ボランティアガイド
錦帯橋から岩国城まで、土地の歴史や文化を交じえて案内。1人から利用することができる。
☎0827-41-2037(岩国市観光協会) 営9:00～17:30(5日前までに要予約) 休無休 料無料

岩国・錦帯橋へのアクセス
●電車／バスでのアクセス
●各地からJR岩国駅へ
JR宮島口駅からJR山陽本線で約23分
●JR岩国駅から錦帯橋へ
JR岩国駅から錦帯橋バス停までいわくにバスで約15分
●JR新岩国駅から錦帯橋へ
JR山陽新幹線を利用する場合はJR新岩国駅で下車、錦帯橋までいわくにバスで約13分
●岩国錦帯橋空港から錦帯橋へ
岩国錦帯橋空港からいわくにバスで約26分
●車でのアクセス
●岩国ICへ
廿日市ICから広島岩国道路・山陽自動車道で約23km約22分。岩国ICから錦帯橋までは国道2号、県道112号経由で約10分

岩国城ロープウエー
山麓と城山山頂を結び、毎時15分ごとに運行。眼下に錦帯橋、遠くには瀬戸内海の島々を望む約3分の空中散歩へ。
☎0827-41-1477
(錦川鉄道 岩国管理所)
所山口県岩国市横山2 営9:00～17:00
休点検整備日 料往復560円 交錦帯橋バス停から徒歩10分 Pあり(錦帯橋駐車場利用)

山口県最大の河川・錦川に架かる錦帯橋。江戸時代の頃より、岩国の象徴として人々に親しまれている

岩国 錦帯橋

城下町を見守ってきた街のシンボル
錦帯橋
きんたいきょう

岩国の中心を流れる錦川に架かる錦帯橋。延宝元年(1673)、3代藩主・吉川広嘉によって建造されたのち、幾度かの流失や架け替えを経て、2004年に現在の形になった。他に類を見ない木造5連のアーチ構造で、伝統を受け継ぐ精巧な木組みが特徴的。周辺の美しい自然との調和も素晴らしく、日本三名橋のひとつに数えられる。

MAP 付録P.19 E-4
☎ 0827-29-5116(岩国市観光振興課)
所 山口県岩国市岩国
時 24時間(ライトアップは〜22:00) 休 無休
料 310円 交 錦帯橋バス停から徒歩1分 P あり

錦帯橋の豆知識
橋全体の長さは193.3m
長さは両端の反橋が34.8m、中央3つのアーチ橋が35.1m、4本の橋脚が4.6m。
高度な技術が生み出した「流されない橋」
度重なる氾濫を受け、改良が繰り返され、洪水に強い独特な構造の橋が誕生

四季折々、美しい表情を見せるアーチを楽しむ
訪れる季節により、錦帯橋の印象はがらりと変わる。それぞれに魅力的な風景を眺めたい。

1. 薄紅色に染まる春爛漫の錦帯橋　2. 盛大な夏の花火がアーチを照らす　3. 深紅に色づく秋景色は情緒たっぷり　4. 冬の青空に映える雪化粧の錦帯橋

53

岩国・錦帯橋周辺の見どころ
岩国藩ゆかりの地で
歴史をたどる

錦帯橋の周辺には武家屋敷などの史跡が残る。
当時の人々や暮らしに思いを馳せて巡りたい。

吉香公園
きっこうこうえん
MAP 付録P.19 D-3

園内に史跡が点在

岩国藩主・吉川家の居館跡を、明治時代に公園として整備。広大な園内には武家屋敷や美術館、吉香神社などがある。桜の名所としても名高い。

↑噴水や芝生広場を備えた市民憩いの場所

☎0827-29-5116(岩国市観光振興課)
所山口県岩国市横山　開休料入園自由
交錦帯橋バス停から徒歩10分　Pあり

吉香公園内の立ち寄りスポット

貴重な宝物が並ぶ
吉川史料館
きっかわしりょうかん
MAP 付録P.19 E-3

約800年の歴史を持つ吉川家伝来の史料や美術品など約7000点を収蔵。国指定重要文化財も多い。

↑歴史ある建物にも注目

↑年に4回の展示替えがある

☎0827-41-1010
開9:00～16:30　休水曜(祝日の場合は翌日)
料500円　P24台

端正で美しい武家屋敷
旧目加田家住宅
きゅうめかたけじゅうたく
MAP 付録P.19 D-3

18世紀末頃に建てられた中級武家屋敷の数少ない建造物。簡素ながら端正な入母屋造で、国の重要文化財となっている。

↑平屋に見えるが2階建て

☎0827-28-5353(岩国市文化財保護課)
開9:30～16:30　休月曜(祝日の場合は翌日)　料無料

日本伝統の武具が揃う
柏原美術館(旧岩国美術館)
かしわばらびじゅつかん(きゅういわくにびじゅつかん)
MAP 付録P.19 D-3

刀剣や甲冑などの古武具や美術品を中心に展示。武家の生活を伝える調度品も紹介している。

↑常設展のほか特別展も開催

☎0827-41-0506　開9:00～17:00(12～2月は～16:00)
休無休　料800円

↑天守閣は展望室となっており、眺望が楽しめる

↑岩国市街のほか、宮島をはじめとする瀬戸内海の島々、四国までが一望できる

↑昭和37年(1962)に復元

岩国城
いわくにじょう
MAP 付録P.19 D-3

天守閣から雄大な景色を望む

初代岩国藩主・吉川広家が、慶長13年(1608)に築いた山城。桃山風南蛮造りで、内部には刀剣や甲冑、錦帯橋の模型などを展示。

☎0827-41-1477(錦川鉄道 岩国管理部)　所山口県岩国市横山3　開9:00～16:45(入場は～16:30)　休無休(ロープウエー点検日を除く)　料270円　交岩国城ロープウエー・城山山頂駅から徒歩8分　Pなし

紅葉谷公園
もみじだにこうえん
MAP 付録P.19 D-4

静寂に包まれた紅葉の名所

江戸時代からあったいくつかの寺院跡地を整備した公園。観光コースからやや外れているため静かで、紅葉はもちろん新緑も見応えがある。

☎0827-29-5116(岩国市観光振興課)
所山口県岩国市横山
開休料入園自由
交錦帯橋バス停から徒歩15分　Pあり

↑その名のとおり、鮮やかな紅葉が美しい

散策のあとは、郷土の味に舌鼓
岩国寿司を楽しむ

初代岩国藩主・吉川広家も好んで食したという。各店こだわりの一品を食べ比べてみたい。

間近に錦帯橋を眺めながら岩国の郷土料理をいただく

錦帯橋たもと 平清
きんたいきょうたもと ひらせい

MAP 付録P.19 E-4

安政5年(1858)創業の老舗和食店。岩国寿司、大平、三杯酢など岩国の郷土料理がコースや御膳で楽しめる。地酒も多数あり。2階席からは錦帯橋を一望でき、花見や紅葉が見頃のシーズンは満席になるので電話予約がおすすめ。

☎ 0827-41-0236
所 山口県岩国市岩国1-2-3
営 11:00～14:00 17:00～20:00(LO)
休 火曜不定休(祝日の場合は営業)
交 錦帯橋バス停から徒歩1分　P なし

予約 望ましい
予算 Ⅼ 1800円～
　　　 Ⅾ 2000円～

じゃのめ御膳 1800円
一番人気の御膳。岩国寿司など、郷土の味が楽しめる

↑錦帯橋すぐに位置し、バス停からは徒歩1分(左)。窓際の席からは大迫力の錦帯橋が眺められる(右)

岩国藩ゆかりの地で歴史をたどる　岩国寿司

小説にも登場する名旅館で職人技の逸品を味わおう

料亭旅館 半月庵
りょうていりょかん はんげつあん

MAP 付録P.19 E-4

明治2年(1869)、茶室として創業。作家・宇野千代著『おはん』の舞台としても有名な旅館。岩国寿司は単品のほか、天ぷら膳や刺身膳でも味わえる。岩国れんこん、焼き穴子など具だくさんで2段重ねなのが特徴だ。持ち帰り可。

☎ 0827-41-0021
所 山口県岩国市岩国1-17-27
営 11:00～14:00 夜は予約時に相談
休 不定休
交 錦帯橋バス停から徒歩3分　P あり

予約 夜は要　※懐石料理は昼も要
予算 Ⅼ 1760円～
　　　 Ⅾ 7788円～

岩国寿司(単品) 836円
地物をふんだんに使って職人がていねいに作る

↑中庭を望める館内の食事処「いをり」

↑歴史と伝統を感じられる、趣のある門構え

HOTELS 泊まる

瀬戸内海のきらめき、緑の薫り…
神聖な海と緑に抱かれて

神の住む島といわれる宮島と、その周辺にある名宿をご紹介。
瀬戸内の海に沈む夕日を眺めながらゆったりと過ごしたい。

遠く宮島と瀬戸を望む高台の庭園にたたずむ離れ座敷の宿
庭園の宿 石亭
ていえんのやど せきてい

1. ロビーからも庭園と海を望み、春には桜、秋には紅葉が彩る 2. 風情あふれる岩造りの露天風呂 3. 庭に囲まれた書斎や坪庭を配した寝室、2階には浴室がある「游罨」

宮浜温泉 MAP 付録P.2 A-3

なだらかな傾斜に広がる風情豊かな庭園は、中央に池を配した回遊式。部屋ごとに異なる趣の客室は本館3室、離れ9室で、全室に檜の内湯があるほか、岩造りの露天風呂もあり、どこにいても上質なくつろぎのひとときを過ごせる和風リゾートだ。

☎0829-55-0601
所 広島県廿日市市宮浜温泉3-5-7 交 JR大野浦駅から車で5分、無料送迎バスあり P あり IN 15:20 OUT 10:20 室 12室 予算 1泊2食付3万8650円～

安政元年(1854)創業以来、皇室、政界、文人を魅了
みやじまの宿 岩惣
みやじまのやど いわそう

1. 1室1棟の木造平屋建ての「はなれ」は、職人の意匠が光る伝統建築 2. 肌がつやつやになるという月の湯露天 3. 手間ひまかけた上品な味わいの懐石料理を部屋でゆっくり味わえる

宮島 MAP 付録P.6 C-3

紅葉谷公園の入口にたたずむ純和風旅館で、大正〜昭和に建てられた「はなれ」、昭和初期の木造建築の「本館」、紅葉谷と瀬戸内海を望む鉄筋5階建ての「新館」からなる。弥山原始林に包まれた露天風呂はラドンを豊富に含む自慢の天然温泉。

☎0829-44-2233
所 広島県廿日市市宮島町もみじ谷 交 宮島桟橋から徒歩15分、無料送迎バスあり(要当日予約) P あり IN 15:00 OUT 10:00 室 38室 予算 1泊朝食付2万5450円～

嚴島神社の大鳥居を望む海側の客室が人気
錦水館
きんすいかん

1. 大鳥居と瀬戸内海や沈む夕日を眺められる開放的な部屋「海風」 2. 広島の旬の味覚を満喫できる

宮島 MAP 付録P.7 E-2

大正元年(1912)創業で、表参道商店街に面して建つ数寄屋造りの老舗旅館。ゆったりとしたスイートからシングルまで目的に応じて8タイプの客室から選べる。お肌がすべすべになるという宮島潮湯温泉も好評。

☎0829-44-2131
所 広島県廿日市市宮島町1133 交 宮島桟橋から徒歩10分、無料送迎バスあり(要連絡) P あり IN 15:00 OUT 11:00 室 39室 予算 1泊2食付1万9000円～

宮島では比較的新しく眺めのいい露天風呂が自慢
蔵宿いろは
くらやどいろは

1. 大鳥居と瀬戸内海を望む「きぬの湯」 2. 大鳥居を望む海の見える部屋「い」 3. 瀬戸内の海の幸、中国山地の山の幸など旬の味覚を満喫 4. 窓いっぱいに眺望が広がる

宮島 MAP 付録P.7 E-1

和モダンの客室は14室で、それぞれに趣が異なり、5階大浴場には大鳥居を望む開放的な露天風呂がある。料理は瀬戸内の新鮮な魚介を使った料理長こだわりの会席料理。

☎0829-44-0168
所 広島県廿日市市宮島町589-4 交 宮島桟橋から徒歩5分 P なし IN 16:00 OUT 11:00 室 18室 予算 1泊2食付3万7400円～

OTONATABI
Hiroshima

広島

国際平和文化都市として各国から人々を迎え入れ、2019年には184万人以上の観光客が広島市を訪れた。平和記念公園や原爆ドームなどの歴史を伝える施設を訪れたあとは、名物グルメやおみやげ探しを楽しみたい。

世界へ
歴史と希望を
発信する美しい
水の都

旅のきほん 1

エリアと観光のポイント
広島はこんなところです

観光のメインは平和記念公園周辺。
本通り周辺の繁華街は活気があり、グルメ＆ショッピングに最適。

広島名物のそば入り
お好み焼

歴史と文化を感じる
広島城周辺 ➡P.66
ひろしまじょう

市の中心～北部には江戸期の繁栄を今に伝える広島城や名庭・縮景園、優れた作品を収蔵する美術館など、知的好奇心を刺激するスポットが多くある。緑豊かなエリアをのんびり巡ろう。

観光のポイント 夜はライトアップされ、違った表情を見せる広島城へ

↑外観の復元によって往時の姿のままにそびえる天守閣

↑ライトアップは日没から22時頃まで

平和への祈りを捧げる
平和記念公園周辺 ➡P.62
へいわきねんこうえん

平和記念公園、原爆ドームの周辺には平和を願う記念碑や施設が点在しており、広島を象徴するエリアとなっている。公園の周囲には川が流れ、船での水上散策も楽しめる。

観光のポイント 公園内を散策して近くの素敵なカフェでひと休み

↑平和記念公園にある原爆死没者慰霊碑

↑原爆ドームは広島の歴史の証人

広島城周辺

平和記念公園周辺

食に買い物、街を楽しむ
本通り・流川・八丁堀周辺
ほんどおり・ながれかわ・はっちょうぼり

本通り周辺には商店街や百貨店、セレクトショップが集まり、買い物が楽しめる。流川・八丁堀周辺には飲食店が軒を連ね、夜も多くの人で賑わう広島一のナイトスポットとなっている。

観光のポイント 繁華街でお好み焼、つけ麺などの広島名物を楽しむ

↑本通り商店街は広島を代表するショッピングストリート

賑やかな旅の玄関口
広島駅周辺
ひろしまえき

観光の拠点となる広島駅。新しくなった駅ビル「ekie」の中には、みやげ店から飲食店まで広島を感じる店舗が多数入っている。駅から徒歩圏内には広島東洋カープのホーム球場、マツダスタジアムもある。

観光のポイント あまり時間がないときも駅ビルでご当地グルメを堪能

➡広電(路面電車)乗り場があるJR広島駅南口は現在再開発中(写真は再開発前のもの)

交通 information

周辺エリアから広島へのアクセス

電車・バス

JR宮島口駅		広電・宮島口電停
↓山陽本線で30分		↓広電(路面電車)で1時間10分
JR広島駅		**広電・広島駅電停**
↑広島空港リムジンバスで45分	↑山陽新幹線利用(三原駅が乗り換えの場合は50分～1時間)	↓広電(路面電車)で16分
		広電・紙屋町西電停
		↑高速バスフラワーライナーで1時間35分※1
広島空港		広島バスセンター
	JR尾道駅	

※1 フラワーライナーは2021年2月現在運行停止中。再開時期は未定

車

宮島口
↓西広島バイパス、国道2号経由20km
広島市街
広島東IC
↑山陽自動車道経由64km
尾道IC

問い合わせ先

観光案内
広島市観光案内所　☎082-247-6738
広島県観光連盟　☎082-221-6516

観光案内
広島電鉄 広島北営業所
(広島空港リムジンバス)　☎082-231-5171
広島バスセンター 総合案内所　☎082-225-3133
広島交通(フラワーライナー)　☎082-238-7755
広島電車バステレホンセンター
(ナビダイヤル)　☎0570-550700
JR西日本お客様センター　☎0570-00-2486

広島はこんなところです

59

旅のきほん 2

街めぐりをもっと便利に
広電(路面電車)を利用する

路面電車を利用すれば、広島市内の主要な見どころは網羅できる。宮島へのアクセスも容易だ。本数も多くて便利なので、積極的に乗車してみよう。

○原爆ドーム前に電停があり、アクセスも簡単。車窓からも望める

路面電車のルート

9本のルートで市内中心部を結ぶ広島電鉄の路面電車「広電」。市内中心部であれば運賃は190円均一。広電西広島電停から西は区間によって運賃が異なる。また9号線のみを利用する場合は140円。

路面電車の乗り方、降り方

電車前部にある行き先表示で路線番号と行き先を確認。入口扉から乗車し、運賃は降車時に運賃箱へ(現金の場合)。おつりは出ないので、両替は事前に行う。乗り換える場合には降車時に電車乗り換え券をもらう。

お得なチケットを探す

広電が1日乗り降り自由になる電車一日乗車券(700円)と広電1日乗り降り自由券と宮島松大汽船(宮島口～宮島)の乗船券が付いた一日乗車乗船券(900円)がある。広島駅案内所や市内主要ホテルなどで販売している。

○1957年製造の900形。もともとは大阪市電で使用されていた

広電と周辺路線図

60

↑混む時間帯は運行間隔が狭まる

行き先と主要区間

系統番号	運行区間	所要時間	運行間隔
1号線	広島駅～紙屋町東～広島港（宇品）	49分	10分
2号線	広島駅～紙屋町東・西～広電宮島口 ※1	68分	9分
3号線	広電西広島（己斐）～紙屋町西～広島港（宇品）	53分 ※2	15分
5号線	広島駅～比治山下～広島港（宇品）	32分	12分
6号線	広島駅～紙屋町東・西～江波	38分	12分
7号線	横川駅～紙屋町西～広電本社前	27分	12分
8号線	横川駅～土橋～江波	24分	12分
9号線	八丁堀～白島	8分	8分

※1 広島駅発宮島口行き（2号線）の始発時刻は6:22、宮島口発広島駅行き（2号線）の始発時刻は5:45、宮島口発広島駅行き（2号線）の終発時刻は21:52
※2 広電西広島～広島港の所要時間

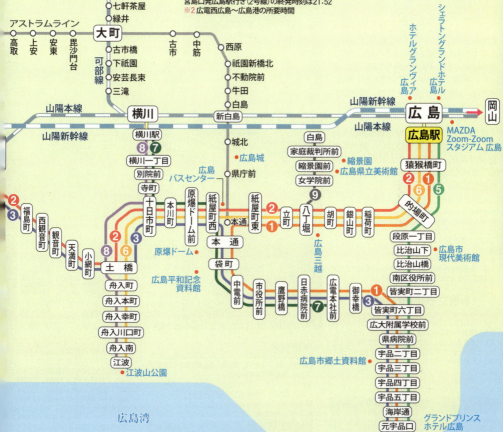

広電（路面電車）を利用する

WALKING & SIGHTSEEING
歩く・観る

悲しみの記憶から平和への祈りを伝える
平和記念公園を歩く
（へいわきねんこうえん）

被爆後、「75年は草木も生えない」といわれた広島の中心部には、緑豊かな公園があり、平和のメッセージを発信している。

爆心地周辺を整備した公園内に慰霊碑や資料館などの施設が集まる

昭和20年（1945）8月6日、広島市街地の上空で炸裂した原子爆弾は、一瞬のうちに街を壊滅させ、多くの人命を無残に奪い去った。戦後、爆心地に近い広大な土地は、水と緑に囲まれた公園へと変貌。原爆死没者を慰霊し、世界恒久平和を祈念する場所に生まれ変わった。

園内には、原爆ドームや広島平和記念資料館、広島国際会議場のほか、数々の慰霊碑が点在。海外からも大勢の人々が訪れ、唯一の被爆国である日本が平和の尊さを訴える拠点となっている。

平和記念公園周辺　MAP 付録P.10 A-3
● 平和記念公園の基本
☎082-247-6738（広島市観光案内所）
⌂広島県広島市中区中島町1および大手町1-10
休入園自由
Ｐなし
●路面電車でのアクセス
広電・広島駅電停から広電・原爆ドーム前電停まで広電宮島口行きまたは江波行きで約16分

お役立ちinformation

川から平和記念公園を眺める
ひろしまリバークルーズ（川の遊覧船）
元安桟橋から乗船し、元安川〜本川を約25分かけて遊覧。原爆ドームや平和記念公園周辺の街を船上から眺める。船長のガイド付き。
☎082-258-3188（リバーシークルーズ）　⏰10:00〜15:40　休水曜（祝日の場合は運航）
※潮位により運休の場合あり　￥1200円

世界遺産航路
平和記念公園（原爆ドーム）と宮島を結ぶ高速船。広島の景色を楽しみながら、乗り換えなしで手軽に行き来ができる。乗船時間は約45分。
☎082-240-5955（ひろしま世界遺産航路）　⏰8:30〜17:30　休無休※潮位により運休の場合あり
￥片道2200円、往復4000円

原爆の子の像
げんばくのこのぞう

白血病により12歳で逝去した佐々木禎子さんをはじめ原爆によって命を奪われた子どもたちに捧げる慰霊碑。世界中から折り鶴が寄せられている。

◀ JR西広島駅方面

広島平和記念資料館
ひろしまへいわきねんりょうかん

原爆の悲惨さを伝える施設。➡P.65

原爆死没者慰霊碑（広島平和都市記念碑）
げんばくしぼつしゃいれいひ（ひろしまへいわとしきねんひ）

原爆で壊滅した広島市を、平和都市として再建することを願って設立。「安らかに眠って下さい 過ちは繰返しませぬから」と刻まれている。

◀ 宮島方面

公園内をガイドが解説

● ヒロシマピースボランティア
平和記念公園内の慰霊碑などをボランティアガイドが無料で解説。所要時間は1時間〜1時間30分ほど。広島平和記念資料館内の移動解説は来館時の受付のみ。
☎082-541-5544（広島平和記念資料館啓発課）　⏰9:00〜17:00（ガイドは10:30〜15:30、1週間前までに要予約）　休12月30日・31日、当日の状況により不開催の場合あり　￥無料

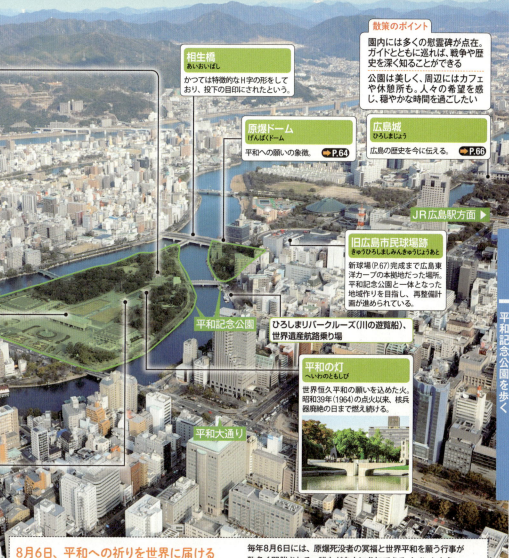

散策のポイント
園内には多くの慰霊碑が点在。ガイドとともに巡れば、戦争や歴史を深く知ることができる

公園は美しく、周辺にはカフェや休憩所も。人々の希望を感じ、穏やかな時間を過ごしたい

相生橋
あいおいばし
かつては特徴的なH字の形をしており、投下の目印にされたという。

原爆ドーム
げんばくドーム
平和への願いの象徴。➡P.64

広島城
ひろしまじょう
広島の歴史を今に伝える。➡P.66

JR広島駅方面 ▶

旧広島市民球場跡
きゅうひろしましみんきゅうじょうあと
新球場(P.67)完成まで広島東洋カープの本拠地だった場所。平和記念公園と一体となった地域作りを目指し、再整備計画が進められている。

平和記念公園

ひろしまリバークルーズ(川の遊覧船)、世界遺産航路乗り場

平和の灯
へいわのともしび
世界恒久平和の願いを込めた火。昭和39年(1964)の点火以来、核兵器廃絶の日まで燃え続ける。

平和大通り

平和記念公園を歩く

8月6日、平和への祈りを世界に届ける

毎年8月6日には、原爆死没者の冥福と世界平和を願う行事が数多く開催される。誰もが自由に参加できるイベントも多い。

平和記念式典
原爆死没者の霊を慰め、世界恒久平和の実現を祈念する式典。午前8時15分に黙とうが行われ、広島市長による「平和宣言」が世界各国に向けて発信される。
☎082-504-2103
(広島市市民局市民活動推進課)

ピースメッセージとうろう流し
戦没者の冥福を祈り、平和への思いを書いて流す「とうろう」が元安川を静かに照らす。川面に揺れる約8000個の明かりが幻想的。
☎082-245-1448
(とうろう流し実行委員会)
※イベントの詳細はHPを確認

63

平和の尊さを伝える広島のシンボル
原爆ドーム
げんばくドーム

**痛々しい姿で原爆の惨禍を伝え
世界の核兵器廃絶を訴え続ける**

爆心地から約160mの至近距離で被爆し、凄まじい爆風と熱線を浴びて大破。中心部は奇跡的に倒壊を免れたものの、壁はほとんど崩れ落ち、内部にいた人々は全員即死した。現在も被爆当時の姿をとどめ、原爆の恐ろしさを伝えている。

平和記念公園周辺 **MAP** 付録P.10 B-2
☎082-247-6738(広島市観光案内所)
所広島県広島市中区大手町1-10 平和記念公園内
営休料見学自由(外観のみ)
交広電・原爆ドーム前電停から徒歩1分 Pなし

被爆前のドームの姿

大正4年(1915)、広島県物産陳列館として開館。チェコの建築家ヤン・レツル氏の設計によるレンガ造りのモダンな建物で、広島名所のひとつだった。

(提供:広島平和記念資料館)

↑被爆の惨禍を伝える歴史の証人として、世界遺産に登録されている

立ち寄りスポット

Caffè Ponte ITALIANO
カフェ ポンテ イタリアーノ

地元野菜を筆頭に、食材にこだわったイタリア料理が味わえる。通年で提供される広島産生ガキや、高温短時間で焼き上げるナポリピッツァは必食。オープンテラスで、気持ちのよいひとときを。

平和記念公園周辺
MAP 付録P.10 B-2

☎082-247-7471 所広島県広島市中区大手町1-9-21 営10:00~日曜、祝日、8月8:00~22:00 (LO21:00) 休無休 交広電・原爆ドーム前電停から徒歩3分 Pなし

焼ガキのエスカルゴ風(5ピース)1980円(奥)、生ハムとルッコラのピッツァ(レギュラー)1980円(手前)

↑平和記念公園のすぐ近く

広島●歩く・観る

惨劇を示す被爆資料の数々
広島平和記念資料館
ひろしまへいわきねんしりょうかん

平和記念公園の中核となる施設
生々しい資料から原爆の恐るべき実態を知る

原爆被害の実相を伝えるため、昭和30年(1955)に開館した。被爆の惨状を物語る写真や模型、被爆者の遺品など、貴重な資料を展示。2017年4月に東館が先行してリニューアルオープン。本館は2019年4月にリニューアルオープンした。

平和記念公園周辺 MAP 付録P.10A-3
☎082-241-4004 所広島県広島市中区中島町1-2
時8:30～16:30(時期により異なる) 休無休(展示入替に伴う臨時休館あり) 料200円 交広電・原爆ドーム前電停から徒歩10分
P なし

↑当時3歳だった男の子の三輪車
〈寄贈：銕谷信男氏〉

↑黒こげになった弁当
〈寄贈：折免シゲコ氏〉

↑世界平和記念聖堂とともに戦後建築物初の重要文化財となった建物(本館)

フロアマップ
フロアイメージ図(提供：広島平和記念資料館)

ミュージアムショップ
原爆、平和に関する書籍やDVD、絵はがきなど豊富な種類のグッズを販売。
● ピンバッジ
(原爆ドーム)
300円

東館
- 証言ビデオコーナー
- 核兵器の危険性：原爆投下に至った経緯や原爆の脅威を解説。
- 導入展示
- 3階

本館
- 被爆の実相：実物資料や多くの被爆資料を展示し、原爆被害の凄惨さ、被爆者や遺族の苦しみを伝える。
- 広島の歩み：戦時下の広島、甚大な被害からの復興とさまざまな支援、広島市の平和への取り組みを紹介。
- 2階
- ミュージアムショップ
- 情報コーナー
- 企画展
- ビデオシアター
- 1階

平和への祈りを込めたスポット

被爆した校舎の一部を保存
袋町小学校 平和資料館
ふくろまちしょうがっこう へいわしりょうかん

本通り周辺 MAP 付録P.10C-3

爆心地から約460mの位置にある小学校の西校舎を、資料館として開放。児童や教職員の安否を知らせる伝言が、当時のまま残されている。

☎082-541-5345 所広島県広島市中区袋町6-36 時9:00～17:00 休12月28日～1月4日
料無料 交広電・袋町電停から徒歩3分 P なし

↑焼けた壁を黒板代わりにして伝言を書いた

原爆犠牲者の追悼と平和を祈る
世界平和記念聖堂
せかいへいわきねんせいどう

平和記念公園周辺 MAP 付録P.11F-2

広島で被爆したラサール神父(のちに国籍を取得し愛宮真備と名乗る)が戦争犠牲者の追悼と世界平和を祈るため献堂。市民や世界各地の支援を受け完成したカトリック教会の聖堂。

☎082-221-0621 所広島県広島市中区幟町4-42 時9:00～17:00(教会行事の場合は見学不可) 休無休 交広電・銀山町電停から徒歩5分 P なし

↑建築家・村野藤吾氏が設計した聖堂

平和記念資料館の附属施設
シュモーハウス

江波 MAP 付録P.2B-3

米国の平和活動家フロイド・シュモー氏が被爆者のために建てた集会所を改修。広島に寄せられた海外からの支援を紹介する施設となった。

☎082-241-4004(広島平和記念資料館 学芸係) 所広島県広島市中区江波二本松1-2-43 時9:00～17:00 休月曜(祝日、8月6日の場合は開館)、祝日の翌平日 料無料 交皿山公園下バス停から徒歩1分 P なし

↑解説員による30分ほどのガイドは原則2週間前までに要予約

(提供：広島平和記念資料館)

もっと見たい、広島の見どころ
史跡とアートを巡り100万都市を深掘り

余裕のあるスケジュールならぜひこちらへ。
歴史や文化を感じる大人の時間を過ごせるはず。

↑天守閣内部は、武家文化をテーマとした歴史博物館や展望室となっている

広島城
ひろしまじょう
広島城周辺 MAP 付録P.8 C-1

再建された天守閣から広島の街並みを一望

豊臣秀吉の五大老のひとり、毛利輝元が築城。江戸時代には福島氏、浅野氏が居城した。昭和6年(1931)に国宝に指定された天守閣は、原爆により全壊。現在の天守閣は昭和33年(1958)に復元された。

☎082-221-7512
所広島県広島市中区基町21-1 開9:00～18:00(入場は～17:30)
※時期により異なる
休無休(臨時休館あり)
料370円 交広電・紙屋町東電停から徒歩15分
Pなし

↑天守閣最上階の展望室から見渡す風景

広島城の隣に位置する神社

広島護国神社
ひろしまごこくじんじゃ

郷土の戦没者を祀る神社として広島城跡に鎮座。広島カープの必勝祈願でも知られている。

広島城周辺 MAP 付録P.8 B-1
☎082-221-5590 所広島県広島市中区基町21-2 開9:00～16:30
休無休 料無料 交広電・紙屋町東電停から徒歩10分 Pあり

↑新年は初詣の参拝者で賑わう

縮景園
しゅっけいえん
広島城周辺 MAP 付録P.9 D-1

趣向を凝らした風雅な名庭

元和6年(1620)、広島藩主・浅野長晟が、茶人として知られる家老の上田宗箇に作庭させた別邸の庭園。大小の島が浮かぶ池の周囲に、山、渓谷、茶室などを配した回遊式庭園で、池の中央に架かる石造りの跨虹橋は、独特のアーチ型が美しい。

☎082-221-3620
所広島県広島市中区上幟町2-11
開9:00～18:00(10～3月は～17:00、入園は各30分前まで) 休無休
料260円(広島県立美術館との共通割引券あり) 交広電・縮景園前電停から徒歩1分 Pあり

↑国の名勝に指定(上)、四阿「超然居」へ渡る観瀾橋(下)

↑中国杭州の景勝地、西湖を模して築庭されたと伝えられる

旅先で出会う感動。アーバン・アートスポット

収蔵テーマもそれぞれに特徴があり、気分に合わせて選ぶのもよし。じっくり鑑賞したい。

↑円形のデザインが特徴的な本館ホール

広島県立美術館
ひろしまけんりつびじゅつかん

緑豊かな縮景園に隣接

工芸作品や絵画、彫刻など5000点以上を収蔵。年4回の展示替えを行うほか、特別展も開催。ロビーから隣の縮景園が望める。

広島城周辺 MAP 付録P.11 F-1
☎082-221-6246 ㊟広島県広島市中区上幟町2-22 ㊗9:00~16:30(金曜は延長あり) ㊡月曜(特別展によっては祝日、振替休日の場合は開館) ¥510円(特別展は別料金、縮景園との共通割引券あり) 交広電・縮景園前電停から徒歩1分 Ｐあり

↑開放的な彫刻展示スペース。このほか、4つの常設展示室がある

↑重要文化財『伊万里色絵花卉文輪花鉢』(17世紀後半)

↑『伊万里柿右衛門様式色絵馬』(17世紀後半)

ひろしま美術館
ひろしまびじゅつかん

印象派の作品が多数

印象派を中心とするフランス近代美術のほか、明治以降の日本美術など約1000点を収蔵。多彩な企画展にも注目が集まる。

広島城周辺 MAP 付録P.10 C-1
☎082-223-2530 ㊟広島県広島市中区基町3-2 ㊗9:00~16:30 ㊡月曜(祝日の場合は翌平日、特別展会期中は開館) ¥特別展により異なる 交広電・紙屋町西電停から徒歩5分 Ｐなし

↑昭和53年(1978)に広島銀行が設立した美術館

↑ルドン『ペガサス、岩上の馬』

↑ゴッホ『ドービニーの庭』

↑モネ『セーヌ河の朝』

広島市現代美術館
ひろしましげんだいびじゅつかん

多様な現代アートを紹介

日本初の公立現代美術館として平成元年(1989)に開館。1700点以上の現代美術作品を収蔵する。さまざまなイベントも開催。

比治山公園 MAP 付録P.9 D-3
☎082-264-1121 ㊟広島県広島市南区比治山公園1-1 ㊗10:00~17:00(入館は~16:30) ㊡月曜(祝日の場合は翌平日) ¥300円(特別展は別料金) 交広電・比治山下電停から徒歩10分 Ｐあり(比治山公園駐車場利用)
※2023年3月まで改修工事のため休館

↑建物は建築家・黒川紀章が設計

↑広々とした1階のエントランスホール

野球ファン必訪の場所

バラエティに富んだユニークな観客席が大人気

MAZDA Zoom-Zoom スタジアム 広島
マツダ ズーム ズーム スタジアム ひろしま

広島東洋カープの本拠地。寝そべって観戦できる「寝ソベリア」や畳敷きの「鯉桟敷」など、個性的な観客席がある。球場を一周できるコンコースも設置。

広島駅周辺 MAP 付録P.9 F-3
☎082-554-1000(広島東洋カープ) ㊟広島県広島市南区南蟹屋2-3-1 ㊗試合により異なる ㊡不定休 ¥球場見学1000円~(要申込) 交JR広島駅から徒歩10分 Ｐあり(試合開催時のみ、要予約)

↑北側に大きく開けた開放的な設計。観客席は大リーグ球場並みのゆとりあるサイズ

歴史 平和都市・広島の歩みと未来
ゼロからの再出発を経て、今。

安芸国、備後国として誕生し、やがて広島市へ。商業で栄え、近代都市へと発展を遂げた地。
原爆投下という悲惨な出来事を乗り越え、平和都市として歩んでいる広島の歴史をたどる。

13世紀〜19世紀 戦闘が繰り広げられた乱世
中世・近世の広島

鎌倉〜室町の世、実権は武田氏から毛利氏へ
毛利・福島・浅野氏が都市発展の礎を築いた

　源平の戦いを経て、源氏が鎌倉に武家政権を確立した鎌倉時代。甲斐国の武田氏は、承久3年(1221)承久の乱で幕府側に勝利をもたらす大手柄を立て、安芸国を得た。武田氏は現在の安佐南区武田山に銀山城・別名武田城を築き、安芸国守護職としてこの地を治めた。
　室町時代に入ると、武田氏は周防国の大名・大内氏と激しい勢力争いを繰り広げる。天文10年(1541)に武田氏は滅亡。大内氏も側近・陶晴賢の謀反により衰退し、代わって毛利氏が勢力を伸ばす。
　弘治元年(1555)厳島合戦で毛利元就は陶晴賢に勝利し、中国地方一帯に勢力を拡大。豊臣秀吉が天下を統一した安土桃山時代も、毛利氏は安芸高田市の郡山城に本拠を置く有力大名として安芸国を支配した。天正17年(1589)、3代目毛利輝元は海運要衝の地に本拠を移す必要性に迫られ、太田川デルタを干拓して築城を開始する。そして城下町を建設し、この地を広島と命名した。慶長5年(1600)関ヶ原の戦いで毛利輝元が敗れると、代わって領主になったのは福島正則である。江戸時代、福島氏は城下町や街道の整備にあたったが、広島城を無断修築した罪に問われ改易される。その後浅野氏の手に移り、明治に至るまで安芸国は商業地として発展した。

19世紀〜20世紀 西日本随一の経済都市
近代都市への変貌

戦争が広島を軍事基地として発展させた
都市整備が進み、街はいっそう近代的な様相に

　嘉永6年(1853)のペリー来航を発端に日本国内には大動乱が起こる。そして慶応4年(1868)江戸から明治へと移り変わると、広島も近代都市へと歩み始める。
　江戸時代に干拓が続けられた地域には橋や道路が新たに整備され、商業の街としていっそうの賑わいをみせた。明治22年(1889)に公布された市制により、全国で最初の市のひとつとして広島市が誕生した。
　さらに明治27年(1894)に起こった日清戦争では、広島は兵士や兵器を大陸へ送り出す輸送基地の役割を果たし、さらなる経済的発展を遂げた。明治37年(1904)には日露戦争も勃発。軍の関連施設が設置され軍都の性格を強める一方、上下水道の普及や市内電車の開通など都市施設の整備も進み、大正時代、街の様相は近代的姿に変わった。
　昭和に入ると広島港の修築とともに、埋め立て地を臨海工業地帯にする事業も始まった。昭和12年(1937)には日中戦争が、昭和14年(1939)には第二次世界大戦が勃発。それに伴って広島では軍事施設の新設や拡充がさらに行われ、造船など軍需産業が盛んになる。軍事基地としての重要性を高めるとともに、昭和20年(1945)の大戦終結まで、広島港からは全国の兵士が海外へ送り出された。

広島を知るためのスポット

頼山陽史跡資料館
らいさんようしせきしりょうかん

本通り周辺 MAP 付録P.10 C-3

頼山陽をはじめ、江戸時代の広島の歴史と文化に関するさまざまな資料を展示している。

☎082-298-5051　所広島県広島市中区袋町5-15　⏰9:30〜17:00(最終入館16:30)　休月曜(祝日の場合は翌日)　料常設展200円、特別展300円　交広電・袋町電停から徒歩1分　Pあり

毛利元就
もとは安芸国の一領主にすぎなかったが、山陰地方で力を持っていた尼子氏や、大内義隆に反旗を翻した陶氏を滅ぼし、中国地方を平定。112万石の大大名になった。3人の子に残した「三矢の訓」が有名。元亀2年(1571)、病のため75歳で没した。〈毛利博物館蔵〉

20世紀 世界最初の核爆弾による被害
原子爆弾の投下

第二次世界大戦末期、アメリカ軍が原爆を投下 一瞬にして広島は破壊された

　第二次世界大戦において日本の敗戦が濃厚になっていた昭和19年(1944)、アメリカ軍は日本を対象にした人類史上最初の原子爆弾使用を決定する。そして昭和20年(1945)8月6日午前8時15分、B29爆撃機エノラ・ゲイは広島市中心地に原爆を投下した。

　地上600m上空で炸裂した原爆は、強烈な爆風と熱線、放射線を四方へ放射し、市は一瞬にして廃墟と化した。そして数えきれない人々が犠牲になった。死者数は14万人ともいわれるが、現在も正確にはわかっていない。放射能を帯びた黒い雨が街中に降り注ぎ、被爆後も人体に深刻な被害をもたらした。爆心地に近い中島地区は広島随一の繁華街であったが全壊。焼け跡には戦後、平和記念公園が整備され、広島平和記念資料館が原爆の悲惨さを伝える。

20世紀 復旧を遂げ、100万人都市へ
戦後の復興

人類最初の原爆の惨禍を経験したヒロシマ 平和に向けたメッセージを発信し続ける

　昭和20年(1945)8月15日、日本はポツダム宣言を受け入れ戦争は終結した。原爆によって破壊され、70年間は不毛の地であるといわれた広島。しかし被爆直後から救護活動が行われ、生活の復興が始まる。昭和24年(1949)には広島平和記念都市建設法が公布され、道路や住宅などの整備が本格的に進められた。苦難の歴史を乗り越えた広島市は戦後見事な復興を遂げ、昭和55年(1980)、全国で10番目の政令指定都市となる。その後原爆ドームがユネスコ世界遺産に登録。平和都市としてさまざまな活動も行われている。

広島市郷土資料館
ひろしましきょうどしりょうかん

宇品 MAP 付録P.2A-2

赤レンガ造りの戦前の建物が目を引く資料館。広島の伝統的な地場産業や人々の暮らしが学べる。

☎082-253-6771 ⦿広島県広島市南区宇品御幸2-6-20 ⦿9:00～17:00(入館は～16:30) ⦿月曜(12・1月は月・火曜、祝日の翌日) ⦿100円 ⦿広電・宇品二丁目電停から徒歩5分 ⦿あり

広島 歴史年表

西暦	元号	事項
618	推古天皇26	安芸に派遣された造船の使者によって船が造られる。この頃、安芸国(現在の広島県西半部)や備後国(現在の広島県東部)が置かれる
1146	久安2	平清盛が安芸守となる
1221	承久3	武田氏が安芸国守護に任じられる
1541	天文10	安芸国守護の武田氏が大内氏に攻められ、滅亡
1555	弘治元	毛利元就が厳島合戦で陶晴賢を破る
1589	天正17	毛利輝元が広島城の築城を開始し、城下町を「広島」と命名する
1591	天正19	広島城 ➡ P.66が完成。毛利輝元入城
1601	慶長6	関ヶ原の戦いで減封され、広島を去った毛利氏に代わって福島正則が広島城に入る
1619	元和5	広島城を無断修築した罪で福島正則が改易され、浅野長晟が広島城に入る
1871	明治4	廃藩置県によって広島県、福山県、中津県などが成立する
1894	明治27	糸崎・広島間の山陽鉄道が開通　日清戦争の指揮のため広島に大本営を設置
1945	昭和20	広島市に原子爆弾が投下される
1949	昭和24	広島市が平和記念都市になる(広島平和記念都市建設法が可決)
1950	昭和25	プロ野球、広島カープ球団結成
1952	昭和27	広島平和都市記念碑(原爆死没者慰霊碑)の除幕式が行われる
1955	昭和30	広島平和記念資料館 ➡ P.65が開館
1957	昭和32	旧広島市民球場が完成し、広島カープの本拠地として使用される
1975	昭和50	長崎市と平和文化都市提携を結ぶ　広島東洋カープがセ・リーグで初優勝
1977	昭和52	第1回ひろしまフラワーフェスティバル開催
1980	昭和55	広島市が政令指定都市になる
1981	昭和56	ローマ法王が広島を訪れ、平和記念公園から世界へ向けて「平和アピール」を発表
1993	平成5	広島空港(三原市)が開港
1996	平成8	厳島神社と原爆ドーム ➡ P.64が世界文化遺産に登録される
1999	平成11	瀬戸内しまなみ海道開通
2002	平成14	国立広島原爆死没者追悼平和祈念館が開館
2003	平成15	太田川花火大会を統合し、広島みなと夢花火大会として初開催
2006	平成18	広島平和記念資料館(本館)と世界平和記念聖堂が国の重要文化財に指定される
2007	平成19	平和記念公園 ➡ P.62が国の名勝に指定される
2009	平成21	MAZDA Zoom-Zoom スタジアム広島 ➡ P.67竣工式が開催
2010	平成22	ノーベル平和賞受賞者世界サミットが開催

ゼロからの再出発を経て、今。

GOURMET
食べる

白いカキフライ
1個400〜600円（時価）
広島県主導の元開発されたカキフライ。高い調理技術が実現する極上の味わいだ

広島●食べる

旅のスタイルに合わせ食べ方もさまざま
海の恵みに感謝して
カキ料理の宴

全国1位の生産量を誇る広島のカキ。
ニューオープン店や新メニューが登場する店が続々。

→入りやすいカジュアルなお店

→カキ料理専門店で研鑽を積んだオーナーシェフの安原英志さん

→江田島産の各種オリーブオイルも、店の料理を支える立役者

素材を熟知したシェフ渾身の
名物・白いカキフライ

オリーブオイルと
チーズのお店 LUCIO
オリーブオイルとチーズのおみせ ルチオ
流川・八丁堀周辺　MAP 付録P.11 F-4

地産地消を掲げ、地元客にも親しまれているイタリアンバル。身のむき方や衣のつけ方を試行錯誤したカキフライは、低温で揚げたその白さが特徴。まずはそのまま、瀬戸内海の塩の味だけでどうぞ。

予約　可
予算　L 980円〜
　　　D 3500円〜

☎082-546-9775
所 広島県広島市中区西平塚町8-5 第20マントクビル1F
営 18:00〜23:00（LO22:00）
休 日曜
交 広電・銀山町電停から徒歩7分
P なし

→日替わりでお目見えするチーズをお供に、ラフにワインを

70

幅広い世代から愛される 広島郷土料理の名店

酔心本店
すいしんほんてん

本通り周辺 MAP 付録P.11 D-3

中区立町の本店をはじめ、県内各所に店舗を持つ老舗有名店。名物の釜めしは、カツオ節と昆布のだしを効かせた薄味。冬季～3月頃まで味わえるカキの土手鍋定食を注文し、白い釜炊きご飯をカキ釜飯に変更すれば、カキ三昧の定食が楽しめる。

→2階はテーブル席中心

☎082-247-4411
所 広島県広島市中区立町6-7
営 11:00～22:00(LO21:00)
休 不定休 交 広電・立町電停から徒歩2分
P なし

予約 不要
予算
L 1500円～
D 4000円～

カキ釜飯とカキの土手鍋定食
2200円
通常1700円の土手鍋定食をクラスアップ。八丁味噌と白味噌をブレンドした土手味噌が香る

国内外から取り揃えたカキを ジャンル多彩に味わえる

Hiroshima Oyster bar
MABUI Fukuromachi
ヒロシマ オイスター バー マブイ フクロマチ

本通り周辺 MAP 付録P.10 C-3

生ガキは常時10種類以上、国内外から届いたものがずらりと並ぶ。10～3月は広島産の生ガキが味わえるほか、蒸しガキやカキフライなど、さまざまにアレンジされたカキメニューが多数揃っている。食べ比べセットでバリエーションごとに味の違いを楽しむのもおすすめ。

生ガキ
食べ比べセット
1980円～(3種)
産地ごとに個性の異なるカキを食べ比べできるセット。広島産レモンと本わさびでどうぞ

☎082-249-2490
所 広島県広島市中区袋町2-26
営 11:30～15:00(LO14:30) 17:00～24:00(LOフード23:00) 土・日曜、祝日11:30～24:00(LOフード23:00)
休 不定休
交 広電・本通電停から徒歩5分 P なし

→カキ料理以外にもパスタやリゾットも取り揃えている

穏やかな川面を眺めながら 上質なカキ料理を

かき船 かなわ
かきふね かなわ

平和記念公園周辺 MAP 付録P.10 B-3

平和記念公園のそば、元安橋のたもとに浮かぶ、50年以上の歴史を持つ日本料理店。透明度が高く美しい瀬戸内の海域でていねいに育てられたカキを一年中採れたてでいただけるのはもちろん、肉や魚、野菜など、瀬戸内の幸をたっぷり堪能できるコースもあり贅沢に味わいたい。

☎082-241-7416
所 広島県広島市中区大手町1地先
営 11:00～14:30(LO) 17:00～21:00(LO)
休 無休
交 広電・原爆ドーム前電停から徒歩3分
P なし

→平和公園と川辺の景色が一望できる店内

予約 望ましい
予算
L 2800円～
D 4500円～

→船での食事で非日常を体験

広島三昧コース 6600円
カキのほか竹原牛や瀬戸内の鮮魚など、広島の幸がぎゅっと詰まったコース

海の恵みに感謝して カキ料理の宴

名シェフの手によって鮮やかに彩られる旬魚介

MILLE
ミル

白島 MAP 付録P.8 C-1

国際料理大会3位の実力を持つシェフが営む、一軒家を改装した隠れ家的レストラン。シェフ自ら市場に出向いて仕入れる新鮮な魚介や野菜を使ったフレンチを味わうことができる。味、食感、香りのバランスを考えて生み出される皿の数々。芸術的ともいえる美しい盛り付けとともに堪能したい。

☎ 082-836-3600
所 広島県広島市中区西白島町12-16
営 11:30〜15:00(LO13:30)
   18:00〜22:00(LO20:00)
休 水曜(不定休あり)
交 JR新白島駅から徒歩4分　P なし

予約	望ましい
予算	(L) 6050円〜 (D) 1万1550円〜

ランチコース6050円〜
ディナーコース
1万1550円〜

メイン料理の一例。数種類の瀬戸内海産魚介を大胆にもソーセージにアレンジ。広島県産の季節野菜とともに

家に招かれたような空間で、リラックスしながらフレンチを味わえる(左)、真っ白な壁の外観(右)

広島●食べる

スタイリッシュな空間で味わう美食の競宴
瀬戸内の魚介を贅沢に満喫

瀬戸内海で獲れる豊富な種類の魚介を、目利きの料理人たちが選んで調理。
素材の味を引き出し、見た目にも美しい料理は、地酒との相性もぴったり。

はしり・旬・なごりを大切にした料理を堪能
日本料理 喜多丘
にほんりょうり きたおか

牛田 MAP 付録P.2 A-1

こちらで堪能できるのは、食材の「はしり・旬・なごり」を大切にしたコース料理。その日に瀬戸内海で獲れた魚を使い、吸い物や唐揚げ、煮付けなど、一匹をさまざまな調理法で提供する。一品一品を通して、四季折々の恵みとその魅力を余すところなく味わえる一軒だ。

☎ 082-227-6166
所 広島県広島市東区牛田本町
   3-2-20 牛田グランドハイツB1
営 17:00〜22:00
休 日曜、祝日
交 JR新白島駅から徒歩15分
P なし

予約	要
予算	(D) 1万1000円〜

部屋は3室。椅子や座椅子も用意する

店内のしつらえには、季節感を演出

コース料理(一例)
八寸、小鯛の塩焼き、メバルの煮付けなどコース料理の一例。カウンター席では1万1000円、部屋では1万3000円〜

太刀魚炙り造り 850円
鼻に抜ける香ばしい香りとしっかりした歯ごたえで、噛むごとに旨みがじわり

広島の四季を盛り込んだ
海の幸・山の幸をどうぞ

四季祭
しきさい

予約 望ましい（ランチは完全予約制）
予算 L 2500円～ / D 4000円～

流川・八丁堀周辺 MAP 付録P.11 E-2

店主自らが市場に赴き、目利きした食材を使った和食が人気。卵や米、調味料、水にまでこだわり、旬の食材をたっぷり使った季節感あるメニューはどれも素材の味を存分に引き出している。広島の地酒との相性も抜群だ。

☎ 082-225-5753
所 広島県広島市中区幟町12-10 幟町ビル2F
営 17:00～品切れ次第終了（ランチは応相談、完全予約制）
休 不定休 交 広電・八丁堀電停から徒歩3分 P なし

↑こぢんまりと落ち着く雰囲気

↑知る人ぞ知る名店

斬新な手法で味わう
広島ならではの郷土料理

RIVA
リヴァ

予約 要（コース内容による）
予算 D 4500円～

流川・八丁堀周辺 MAP 付録P.11 E-3

細い路地にたたずむ、小さな和菓子店。その入口を抜けて奥に進むと現れるのが、「RIVA」だ。魚介はもちろん調味料も広島のものを中心に使い、シンプルかつ斬新な手法で広島の郷土料理を提案する。記憶に残る一品に出会いたいなら、ここへ。

☎ 082-545-5360
所 広島県広島市中区新天地1-17
営 17:00～23:00（フードLO22:00 ドリンクLO22:30）
休 無休 交 広電・八丁堀電停から徒歩3分 P なし

↑個室がメインでゆったりくつろげる空間

コース（一例） 3850円
「野菜と一緒に食べる」がテーマのお刺身盛り合わせ、瀬戸内の旬の魚を使った焼き寿司、ふわふわ玉子など

お造り盛り合わせ 980円～
地穴子や地ダコといった旬の魚介10種類前後に、造りの内容に合う地酒も一緒に提供

島の漁師から直送される
獲れたて魚介に舌鼓

いちりん

本通り周辺 MAP 付録P.11 D-4

海底が深くエサが豊富な瀬戸内海豊島沖で獲れた魚介を漁師から直接仕入れている。鮮度抜群の魚介は地酒とともに刺身などの一品料理で味わうことができる。また、魚介のほかにも自社農園で収穫する野菜や肉など、食材は地元産を中心に使用。広島の味を心ゆくまで堪能したい。

↑和モダン空間で着物姿のスタッフのもてなしを

☎ 082-247-3697
所 広島県広島市中区三川町10-12 STビル2F
営 17:00～23:30（LO23:00）
休 日曜 交 広電・八丁堀電停から徒歩7分 P なし

予約 可
予算 D 4500円～

瀬戸内の魚介を贅沢に満喫

カウンター席のほか、テーブル席もある

広島の「お好み焼」の特徴とは？

広島のお好み焼は、昭和初期に広まった「一銭洋食」が始まりとされる。水で溶いた小麦粉に、ネギや紅しょうがなどを加えて焼いたもので、当初は駄菓子屋で売られる子ども向けのおやつだった。それが戦後、キャベツや卵などの具材に加え、麺を入れたことで、広島独自のお好み焼へと発展。年齢を問わず食べられるようになった。現在では、広島駅ビル内をはじめ、県内のいたるところにお好み焼店があり、広島の食文化として根付いている。

広島お好み焼プレミアム ①

知名度はもはや全国区。並んでも食べたい味
広島を代表する名店へ

薄く焼いた生地にたっぷりのキャベツや麺を重ね、香り高いソースで仕上げる。長く愛される名店で、広島市民の心を離さない味わいを楽しみたい。

創業時から変わらない味 いつも活気にあふれる名店

麗ちゃん
れいちゃん

広島駅 MAP 付録P.9 E-2

☎082-286-2382
所 広島県広島市南区松原町1-2 ekie1F
営 11:00～22:00(LO21:30)
休 ekieに準ずる
交 JR広島駅ビル内 P なし

昭和32年(1957)創業。ekieダイニング内にあり、開店前から行列のできる人気店。しっとりとした食感の生麺を使い、隠し味にケチャップを加えて炒めるのがポイント。一銭洋食として親しまれた時代の名残で、二つ折りにして提供するのもこだわりのひとつ。

注目サイドメニュー
→ スルメイカを使うイカの鉄板焼き870円は、噛むほどに旨みが出る

おすすめメニュー
肉玉そば 840円
豚肉卵焼き 800円
小エビの卵焼き 850円

→ 広島駅新幹線口ekieダイニング内にあり、ひとりでも入りやすい

スペシャル 1450円
しっかりと押さえて焼くお好み焼に、生エビと宮城県産イカを加えた食べ応えのある一品

素材にも焼きにもこだわる
忘れられない一枚を

薬研堀 八昌
やげんぼり はっしょう

流川・八丁堀周辺 MAP 付録P.11 E-4

キャベツの甘みを最大限に引き立てるため、およそ20分弱火でじっくりと焼き上げるお好み焼は、広島っ子も唸る味で全国にファンも多い。麺はソースに絡みやすい特製麺を、さらに卵は二黄卵を使い半熟とろとろに。すべてのバランスが絶妙な一枚だ。

☎082-248-1776
所 広島県広島市中区薬研堀10-6
営 16:00〜22:30（日曜、祝日は〜21:00）
休 月曜（祝日の場合は翌日）、第1・3火曜
交 広電・銀山町電停から徒歩6分 Pなし

おすすめメニュー
カキ（11〜3月）985円
スジポン 550円
とんぺい焼き 770円

そば肉玉 880円
地元の人が愛すスタンダードなお好み焼。外はカリッと中はモチッとしたそばの食感が◎

注目サイドメニュー

↑牛タン1210円はスジが少ないタン元を使いやわらかい。海人の藻塩をつけていただく

↑青い暖簾が目印

↑鉄板前のカウンター席のほか、奥には座敷席もあり

オープンと同時に満席！
昭和25年（1950）創業の老舗

みっちゃん総本店 八丁堀本店
みっちゃんそうほんてん はっちょうぼりほんてん

本通り周辺 MAP 付録P.11 E-2

終戦間もない広島で屋台からスタートしたお好み焼店。キャベツの甘みを引き立てるため、あえて小麦粉と水だけで作ったシンプルな生地をふた代わりにふっくらと焼き上げる。オリジナルのお好みソースがベストマッチ！

☎082-221-5438
所 広島県広島市中区八丁堀6-7 チュリス八丁堀1F
営 11:30〜14:30 17:30〜21:00（LOは各30分前）
休 無休 交 広電・八丁堀電停から徒歩5分
Pなし

↑広島屈指の名店だけに、全国から多くの客が訪れる

注目サイドメニュー
↑広島名産カキをジューシーに焼き上げた人気メニューカキ焼き968円

スペシャル 1265円
肉玉そばをベースに、生イカ、生エビをプラスしたボリューム満点で人気の逸品

おすすめメニュー
そば肉玉子 869円
特製スペシャル 1540円
カキ入りそば肉玉子 1584円

広島を代表する名店へ

広島 お好み焼 プレミアム ②

地元の人に愛されて、賑わっています
街の人気実力店で感動の味を

おいしさには秘密がある。素材や作り方など試行錯誤して生み出された店主自慢のお好み焼。

おすすめメニュー
肉玉そば 830円
ネギモチチーズ焼き 1300円

↑店内の奥には個室もある

ひと手間加えて生まれる生地と具材の一体感
お好み焼き 越田
おこのみやき こしだ

流川・八丁堀周辺 MAP 付録P.11 E-4

半世紀以上にわたり、伝統の味を守り続ける店。一日寝かせた生地が具材にしっかりとなじみ、つなぎや天かすを使わず、熟練の技術で焼き上げる。小ぶりなサイズは飲んだあとの締めや女性にもうれしい。

☎082-241-7508
所 広島県広島市中区流川町8-30 営 18:00〜翌3:00 休 日曜（月曜が祝日の場合は日曜営業、月曜休） 交 広電・胡町電停から徒歩6分 P なし

注目サイドメニュー
↑白肉1130円はにんにく、玉ネギと一緒に

越田スペシャル1130円
ほのかなガーリックパウダーの香りが効いたお好み焼に、イカ天とネギを加えた一枚

70年以上続く老舗の味に 3世代で通う常連客の姿も

元祖へんくつや 総本店
がんそへんくつや そうほんてん

本通り周辺 MAP 付録P.11 D-3

昭和20年代に屋台からスタートした、老舗のお好み焼店。こぢんまりとした懐かしい雰囲気の店で、観光客のほか昔から変わらないシンプルなお好み焼を求めて地元の人やカープ選手など、野球人も多く通う。

☎082-242-8918
所 広島県広島市中区新天地2-12
営 11:00〜翌2:30(LO翌0:30) 休 不定休
交 広電・八丁堀電停から徒歩3分 P なし

↑ゆとりあるカウンター席、テーブル席がある

↑商業施設が並ぶ中心地にありアクセスも抜群！

おすすめメニュー
いか天肉玉そば入り 1000円
もち肉玉そば入り 1000円
そばスペシャル 1200円

そば肉玉入り 850円
生イカと生エビが入り、旨みがしっかりと感じられる。1枚をシェアして食べる人も

注目サイドメニュー
↑昔あった一銭洋食に似たねぎ焼き750円

自家栽培のネギを効かせた ふんわりお好み焼

胡桃屋
くるみや

本通り周辺 MAP 付録P.11 D-2

有精卵を使うなど安全と産地にこだわった食材で作るお好み焼。押さえつけずに焼くことで、仕上がりはふんわり。目の前に運ばれてきたらヘラを入れる前に、自家栽培の無農薬ネギを好きなだけ、たっぷりのせてから食したい。

☎082-224-1080
所 広島県広島市中区八丁堀8-12 今元ビル2F 営 11:00〜14:30(LO) 17:00〜21:00(LO) 休 日曜、祝日、不定休
交 広電・立町電停から徒歩3分 P なし

肉玉そばチーズ 990円
やさしい食感のお好み焼にとろ〜りとろけるチーズがたまらない！と大人気

注目サイドメニュー
↑じっくり煮込んだすじ煮込み495円は、ポン酢をかけてあっさりと

おすすめメニュー
肉玉そば 825円
肉玉そばイカ天 990円
スペシャルそば 1210円

粘りのある生地に 野菜が生きた一枚

貴家。
たかや。

平和大通り周辺 MAP 付録P.8 C-3

16歳で名店「みっちゃん」に弟子入りし、店長経験を経た店主がオープンさせた。12種の調味料をブレンドした粘りがある生地は独特の食感。季節ごとにキャベツの産地を変更し、野菜の甘みをしっかり出しつつ、シャキシャキした食感を残すため高温で焼き上げる。

貴家。スペシャル 1200円
生イカ、生エビが入ったお好み焼。写真は名産の観音ネギ240円をトッピング

☎082-242-1717
所 広島県広島市中区富士見町5-11 藤井ビル1F
営 11:30〜15:00(LO14:30) 17:00〜23:30(LO23:00)
休 火曜、第1月曜(祝日の場合は営業) 交 広電・中電前電停から徒歩5分 P なし

おすすめメニュー
肉玉そばorうどん 850円
とくと焼き 1300円

注目サイドメニュー

↑自家製みそダレを使ったホルモン焼き950円

街の人気実力店で感動の味を

広島お好み焼プレミアム ③

個性あふれる店でいただく、新感覚・お好み焼
独創的なトッピングが際立つ

カキやチーズのトッピング、ふっくら焼き上げるエアイン手法、見た目や味、食感など、広島お好み焼の進化が止まらない。

太切りにしたキャベツが味と食感のアクセントに

焼くんじゃ
やくんじゃ

広島駅周辺 MAP 付録P.9 D-2

牛脂をかけて炒めることで甘みを出した、太切りのキャベツが特徴。キャベツの食感と細麺の絶妙なバランスを楽しんで。生地をふたの代わりにしてじっくりと蒸した野菜の甘みと、ほんのりと辛さが感じられるカープソースの相性も抜群だ。

☎082-568-7842
㊟広島県広島市南区松原町10-1 広島フルフォーカスビル6F
⏰11:00～23:30(LO23:00) ㊡無休 🚃広電・広島駅電停から徒歩3分 🅿なし

牡蠣スペシャル 1390円
イカ天入りのお好み焼に、たっぷりのネギと香ばしく焼いた4個のカキをトッピング

↑天ぷら専門店から仕入れる天かすなど、素材にもこだわりあり

おすすめメニュー
チーズスペシャル 1190円
焼くんじゃ 1190円

ピリリッ！と刺激的 広島とラテンのコラボ

LOPEZ
ロペズ

横川 MAP 付録P.2 A-1

グアテマラ出身の店主によるお好み焼とラテン料理がいただける店。名店・八昌で修業して基本をしっかりと押さえたお好み焼に、ハラペーニョをトッピングするのがロペズ流。ピリッとした辛さがやみつきになるはず。

☎082-232-5277
㊟広島県広島市西区楠木町1-7-13 ⏰16:30～23:00(LO22:30) 火・金曜のみ11:30～14:00(LO13:45)も営業
㊡土・日曜 🚃JR横川駅から徒歩5分 🅿2台

おすすめメニュー
チリ・リオ・グランデ 530円
チキン・ファイター 630円
タンシチュー 530円

肉玉そば入り 880円
じっくりと時間をかけて焼いたらハラペーニョ110円をオン。これが意外にマッチする

厳選食材で焼き上げた技ありの一枚を

お好み焼 長田屋
おこのみやき ながたや

平和記念公園周辺 MAP 付録P.10 B-2

平和記念公園すぐそばの店。豚骨スープで炒めて風味を出す生麺や、トマトを増量し、塩分を控えめにした特注のオタフクソースなど、ひとつひとつの食材にこだわったお好み焼を味わえる。

☎082-247-0787
㊟広島県広島市中区大手町1-7-19 重石ビル1F ⏰11:00～20:30(LO20:00)、売り切れ次第終了の場合あり ㊡火曜、第2・4水曜 🚃広電・原爆ドーム前電停から徒歩3分 🅿なし

おすすめメニュー
デラックス 1200円
肉玉そば 750円

長田屋焼 1380円
倉橋島産のネギと三次産の生卵を絡めながらどうぞ。マイルドな風味が新しい

電光石火 1100円
刻んだ大葉を中に加えることで、さっぱりとした風味を楽しめる店の看板メニュー

ふんわり玉子に包まれた新感覚のやわらか食感
電光石火
でんこうせっか

広島駅周辺 **MAP** 付録P.9 D-2

卵2個をふわとろに焼いてオムレツ風に包み込んだ、オリジナリティのあるお好み焼を提供。押さえつけず空気を含みながら焼くことで、球形の見た目も特徴的なふわっとしたお好み焼に仕上がる。

おすすめメニュー
たっぷりチーズ 1210円
牡蠣バターor牡蠣ポン酢 820円

⇧観光客で賑わう活気ある店

☎082-568-7851
所 広島県広島市南区松原町10-1 広島フルフォーカスビル6F
営 10:00~22:00
休 無休
交 広電・広島駅電停から徒歩3分
P なし

⇧全15席で向かいの店も使用可

おいしさの決め手は自家製ソースと大根おろし
そぞ

広島駅周辺 **MAP** 付録P.9 D-2

中に空気を入れてふっくらとドーム型に焼き上げるエアインお好み焼の元祖。瀬戸内産のカキとレモンを使った自家製の結晶ソースは酸味とコクがあり、無料トッピングできる大根おろしとの相性もよい。

☎082-568-7843
所 広島県広島市南区松原町10-1 広島フルフォーカスビル6F
営 11:00~23:00
休 不定休
交 広電・広島駅電停から徒歩3分
P なし

おすすめメニュー
入れすぎチーズ 1150円
うねスペ 1300円

そぞ焼き 1450円
イカ天、生イカ、生エビを加えて焼き上げ、大盛りネギと大根おろしをオン

独創的なトッピングが際立つ

気軽に味比べするならばこちらへ！
テーマパークでお好み焼を満喫する

お好み焼店が集まったビルや関連工場の見学まで、お好み焼は奥が深い。

オタフクソースの工場見学も
Wood Egg お好み焼館
ウッドエッグ おこのみやきかん

井口 **MAP** 付録P.2 B-3

工場の見学と併せ、併設のミュージアムでお好み焼の歴史を学べる。お好み焼作りが体験できるコースもある人気スポット。

☎082-277-7116
所 広島県広島市西区商工センター7-4-5
休 土・日曜、祝日、会社休業日
交 広電・井口電停から徒歩10分
P あり(予約制)
工場見学
営 9:00~17:00(予約制)
料 無料
お好み焼き教室(鉄板)
営 9:00~17:00(予約制)
料 1500円(ホットプレート使用は1000円)
※コース詳細はHP www.otafuku.co.jpをご確認ください

⇧工場ではソースを詰める工程が見学できる

昭和風のレトロな屋台村
ひろしまお好み物語 駅前ひろば
ひろしまおこのみものがたり えきまえひろば

広島駅周辺 **MAP** 付録P.9 D-2

昭和40年代の屋台村を再現した施設で、店の個性もさまざま。

☎082-568-7890
所 広島県広島市南区松原町10-1 広島フルフォーカスビル6F
営 10:00~23:00(LO22:45)
休 無休
交 広電・広島駅電停から徒歩3分
P なし

活気あふれる屋台が集合
お好み村
おこのみむら

本通り周辺 **MAP** 付録P.11 D-3

戦後の屋台村の雰囲気を今も変わらずに感じられる24店舗が入る。

☎店舗により異なる
所 広島県広島市中区新天地5-13
営 店舗により異なる
交 広電・八丁堀電停から徒歩5分
P なし

こだわりの味を食べ比べ
お好み共和国 ひろしま村
おこのみきょうわこく ひろしまむら

本通り周辺 **MAP** 付録P.11 D-3

ビル一棟まるごと屋台村。個性あふれる店が軒を連ねる。

☎082-243-1661
所 広島県広島市中区新天地5-23
営 11:00~23:00(閉店時間は店舗により異なる)
休 店舗により異なる
交 広電・八丁堀電停から徒歩5分
P なし

味わうたび、どんどんハマる！

冷めん家
れいめんや
十日市町 MAP 付録P.8 A-2

広島冷麺の元祖の店で修業した店主が、約30年前に始めた広島冷麺・つけ麺の専門店。喉ごしのよい中太ストレートの麺に、辛さと甘さの両方を感じるタレを絡めて食べる一杯は、訪れるたびにやみつきになると評判だ。

☎ 082-291-0004
所 広島県広島市中区十日市町2-9-22
営 11:00〜14:00(LO13:50)
17:00〜19:00(LO18:50)
※売り切れ次第終了 休 日曜、祝日
交 広電・十日市町電停から徒歩3分 P なし

⬆清潔感あふれる広々とした店内で、入りやすい

冷めん 普通 990円
深い辛みのなかに甘さがあるタレは、飲み干す人もいるほど。麺も1.5玉と少し多めが特徴

女性にも人気です
辛いからうまい つけ麺 &
ごまとラー油が入った辛いタレが特徴。各店の個性を楽しんで！

廣島つけ麺本舗 ばくだん屋 総本店
ひろしまつけめんほんぽ ばくだんや そうほんてん
本通り周辺 MAP 付録P.11 D-3

多くの著名人も唸る味

広島つけ麺の代表店のひとつ。キャベツやキュウリ、ネギなどがたっぷりのったつけ麺は、ヘルシーで女性も多く訪れる。テレビや雑誌で取り上げられることも多く、地元の人だけでなく著名人にも愛される広島の味。

☎ 082-546-0089
所 広島県広島市中区新天地2-12 トーソク新天地ビル
営 11:30〜24:00(LO23:30) 休 不定休 交 広電・八丁堀電停から徒歩5分 P なし

⬆広島市のなかでも屈指の歓楽街・新天地にある

広島つけ麺(並盛) 839円
辛さは好みで選べ、初心者は2辛くらいがおすすめ

人気急上昇中です
汁なし担担麺

山椒の刺激が食欲をそそる。
辛さは調整可能で食べやすいまろやか系も。
街で評判の味にチャレンジ！

汁なし担担麺のパイオニア

汁なし担担麺 きさく
しるなしたんたんめん きさく
舟入 MAP 付録P.2 A-1

広島の汁なし担担麺ブームを生み出した店。本場、中国四川で学んだ店主が生み出す一杯は、特製ラー油に醤油、ピリッと痺れる山椒が見事にマッチ。混ぜれば混ぜるほど麺にしっかり絡まって、コクが深まっていく。

☎082-231-0317
所 広島県広島市中区舟入川口町5-13佐々木ビル1F
営 11:00～14:00 18:00～19:00 日曜11:00～14:00
休 水曜、祝日の夜
交 広電・舟入幸町電停から徒歩1分　P あり

汁なし担担麺 540円
とにかくしっかりと混ぜて、最後まで麺に具を絡めるのが店主おすすめの食べ方

↑赤をアクセントにしたおしゃれな店内

汁なしブームの火付け役

中華そば くにまつ
ちゅうかそば くにまつ
本通り周辺 MAP 付録P.11 D-2

昼どきは行列が絶えない人気店。積極的な他店へのレシピ提供で、広島に汁なし担担麺ブームを巻き起こした。麺はもちろん、ラー油や甜麺醬などの調味料まで自家製で提供するなど、こだわりが詰まっている。極限の辛さに挑戦したい人はKUNIMAXを。

☎082-222-5022
所 広島県広島市中区八丁堀8-10
営 11:00～15:00 17:00～21:00
※土曜は昼のみ
休 日曜
交 広電・立町電停から徒歩3分　P なし

汁なし担担麺 580円
辛さは4辛までセレクトでき、0辛にも対応。花椒による独特の痺れを体感してほしい

↑スタイリッシュなお店

痺れる！挽きたて中国山椒

汁なし担担麺専門 キング軒
しるなしたんたんめんせんもん キングけん
平和大通り周辺 MAP 付録P.10 B-4

汁なし担担麺のカギとなる調味料のひとつが、痺れをもたらす中国山椒。この店では、その日使いきれる量を毎朝挽いて調合する。ごまを効かせた食べやすい味の一杯に卓上に置かれた調味料を追加し、アレンジを楽しんで。

☎082-249-3646
所 広島県広島市中区大手町3-3-14武本ビル1F
営 11:00～15:00 17:00～20:00
※土曜、祝日は昼のみ　休 日曜
交 広電・中電前電停から徒歩2分　P なし

汁なし担担麺 630円
辛さは0～4辛を用意。一番人気は2辛！土曜限定トッピングのセロリもお試しを

↑昼どきは大行列。夜は中区薬研堀の姉妹店も営業

つけ麺＆汁なし担担麺

中華そば
豚骨、鶏ガラ、野菜を煮込んで作るスープは、時間差で仕込み、いつ食べても変わらない味わい。650円

広島●食べる

お好み焼やカキだけではない、
広島グルメの底力

ソウルフードの深みにはまる

素材の味を生かした広島ラーメンや温かい味わいのうどんは、どこか懐かしさを感じる味。

手軽でも、おいしく

広島ラーメン

戦後の屋台から発展した広島ラーメン。豚骨スープをベースに鶏ガラや野菜のだしが奥深い味わいに。

創業以来変わらぬ味を提供
陽気
ようき
江波 **MAP** 付録P.2 B-3

昭和33年(1958)創業の広島ラーメンの老舗。メニューは中華そばのみで、スープの味が変わるのを防ぐため替え玉や大盛りもなし。まろやかな醤油豚骨スープに魅了され、多くのファンが訪れている名店だ。

☎082-231-5625
所 広島県広島市中区江波南3-4-1 営 11:30〜13:30 16:30〜24:00(土・日曜、祝日は16:30〜)
休 毎月1・12・13・26日
広電・江波電停から徒歩10分 Pあり

⇧⇩ 店内はカウンターとテーブル席がある、シンプルな造り(上)、市街地からは少し離れていても、行列ができる人気店(右)

飲み干したくなる秘伝スープ
つばめ

観音町 MAP 付録P.2A-1

屋台時代から守り続ける素朴で飾らない味の中華そば。豚骨7：鶏ガラ3のベースでブレンドしたスープはあっさりとした飲み口。中細麺との相性も抜群。8種類のおでん各100円やおむすび1皿200円もあり。

☎082-295-6939
所 広島県広島市西区東観音町3-2
時 11:30～22:00 休 日曜
交 広電・天満町電停から徒歩5分 P なし

中華そば
豚骨と鶏ガラをブレンドしたあっさり系のスープに、シコシコとした食感の中細麺がよく絡む。650円

← ラーメンは中華そばのみ。店内にはカウンターとテーブル席がある

ソウルフードの深みにはまる

広島の隠れたソウルフード
「むすびのむさし」
うどん＆むすび

平日は近隣で働く人々で、休日は家族連れで賑わう広島県民が愛する店。花見や紅葉シーズンには、むさしのお弁当を持って行楽地へ行く。

こだわりの俵むすびは必食！
むすびのむさし 土橋店
むすびのむさしどばしてん

十日市町 MAP 付録P.8A-2

芸能人や歌手にもファンが多いことでも知られる、うどんとむすびの店。片栗粉でとろみをつけただしに根野菜、豚肉が入った元気うどんが定番。「むさし」の代名詞・俵むすびとともに注文しよう。

☎082-291-6340
所 広島県広島市中区榎町10-23 時 11:00～20:00(2階17:00～21:00。土・日曜、祝日11:00～) テイクアウト10:00～(日曜、祝日9:00～) 休 水曜(祝日の場合は翌日) 交 広電・土橋電停からすぐ P あり

元気うどん 670円
俵むすび1個 140円
(2個から注文可)

俵むすびは修業期間を経て厳しい試験に合格した「むすび人」と呼ばれる職人が心を込めて握る

← 土橋店は1階が90席、2～4階には宴会場を完備する大型店舗

CAFE & SWEETS
カフェ&スイーツ

ショッピング途中にふと立ち寄りたい

こだわりスイーツ でカフェ時間

広島エリアにはおしゃれカフェが点在。ソファ席やテラス席でゆったりとした時間を過ごして。

広島●食べる

↑袋町公園がすぐ目の前のロケーション。店名には、自分の庭のように使ってほしいとの気持ちが込められている。おひとり様も多い

枡メニューがSNSで話題
使い勝手のいいのんびり空間

HACONIWA
ハコニワ

本通り周辺 MAP 付録P.11 D-3

ロゴ入り枡を器やコースター代わりに使ったスイーツとドリンクで、女性を中心に人気を集めている。カフェだけでなく、昼夜共にしっかり満腹になれる"ごはん屋さん"としても評判。どの時間帯でも、ゆる〜くくつろげる。

☎082-247-8955
所 広島県広島市中区袋町7-11 4F ⏰11:30〜18:00 休水曜 交広電・袋町電停から徒歩6分 Ｐなし

昼ごはんプレート　1078円
メインと小鉢2品、サラダ、ご飯、みそ汁のセット。いろんなおかずを楽しめるのが◎

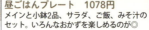

↑盆栽のようなスイーツ、HACO NIWAでござい☑1100円(ドリンク付き)

↑サーモンとアボカドの漬け丼1045円

84

↑インテリアも愛らしく乙女心をくすぐる

**スイーツ&お酒の
マリアージュを楽しんで**

MUSIMPANEN
ムッシムパネン

流川・八丁堀周辺 MAP 付録P.11 F-3

稲荷大橋のたもとにあるパティスリー。「自分らしく、おいしいものを」をモットーに、旬のフルーツなど素材選びからこだわり、遊び心を大切にしたスイーツが揃う。併設のカフェスペースではワインやウイスキーを提供。大人のカフェタイムを過ごして。

☎082-246-0399
予約 可
予算 LD 1000円～
所 広島県広島市中区銀山町1-16
営 10:00～20:00(LO18:00) 土・日曜、祝日は～19:00(LO17:00)
休 火曜ほか不定休 交 広電・銀山町電停から徒歩3分 P なし

←さわやかな風が抜けていくテラス席が人気

ヴァニーユ 540円
バニラ風味のムースが口の中で溶けていく

↑焼き菓子なども豊富でおみやげにもおすすめ

↑木のぬくもりを感じる店内に丸い照明がかわいい

ドーナツソフト 460円
揚げたてのドーナツとソフトクリームが絶妙にマッチ。＋290円でドリンクセットに変更も可能

ドーナツ各130円～
チョコレート180円（左上）、抹茶チョコ200円（右上）、いちごミルキー220円（下）

**国産小麦を100%使用
体にうれしいからす麦**

ドーナツ・クッキー
からす麦専門店
ドーナツ・クッキーからすむぎせんもんてん

流川・八丁堀周辺 MAP 付録P.11 D-3

タンパク質豊富ながらす麦を使用したクッキーとドーナツがいただけるカフェ。国産の無調整豆乳を使用するなど素材にもこだわる。店内はテーブル席のほか、カウンター席も備えている。テイクアウトもあるのでおみやげにもぴったり。

☎082-247-5818
所 広島県広島市中区堀川町5-7
営 10:30～21:00 休 無休 交 広電・八丁堀駅から徒歩3分 P なし

↑手みやげやおやつに最適な、ひとくちサイズのからす麦クッキーもおすすめ

こだわりスイーツでカフェ時間

SHOPPING
買う
広島の味が豊富に揃う

おいしい感動を
おみやげに

瀬戸内海の海の幸・山の幸にアイデアとひと手間を加えてさらにおいしい味みやげに。

地御前かきガーリックオイル
おつまみや料理の隠し味などによい、大粒カキのオイル漬。瓶1188円

やわらかいいか天
尾道産のいか天はやわらかく、大人も子どもも食べやすい。1袋410円

洋酒ケーキ
ラム酒とブランデーをたっぷり含ませた、芳醇な甘みが特徴。5個入り650円

広島●買う

オール広島のみやげ物と各市町村の最新情報が集結
市町村情報センター ひろしま夢ぷらざ
しちょうそんじょうほうセンター ひろしまゆめぷらざ
本通り周辺 MAP 付録P.10 C-3
食品、加工品、工芸品など、約1800点もの広島生まれのアイテムがずらりと並び、多くの人で賑わう。県内の各市町村のパンフレットなども揃うため、観光の際に頼れるスポット。
☎082-544-1122
所 広島県広島市中区本通8-28
営 10:00～18:00 休 水曜
交 広電・本通電停から徒歩3分 P なし

因島のはっさくゼリー
ハッサク発祥の地・因島のハッサクをゼリーにIN。1個172円(右)、5個入り1080円(左)、12個入り2160円

↑広島みやげがずらりと並ぶ

からす麦の焼きたてクッキー(アーモンド)
自社挽きたてアーモンドを使ったクッキーの香ばしさを缶に閉じ込めて。1296円

ザッハトルテ
生チョコレートを入れ、香りや焼き方にもこだわりが。1カット389円

酒のいろいろ物語(6個入り)
酒どころ・広島の銘酒がジュレに変身。それぞれの風味を食べ比べできる。2160円

生メイプルもみじぷりん
地元「砂谷牛乳」を炊き込んだ、大納言入りもみじ形プリン。各324円

地元産の食材が生きた
やさしい味の菓子をみやげに
バッケンモーツアルト 中央通り本店
バッケンモーツアルト ちゅうおうどおりほんてん
本通り周辺 MAP 付録P.11 D-3
広島の人に愛され続けるお菓子の名店。「自然を材に」というテーマのもと、地元産の素材を使ったケーキや焼き菓子を揃える。多くの商品がモンドセレクションに選ばれるなど品質にも定評あり。
☎082-241-0036
所 広島県広島市中区堀川町5-2
営 10:30～21:00(金・土曜は～22:00)
休 無休
交 広電・八丁堀電停から徒歩3分 P なし

➡喫茶ではケーキセットなどを提供

老舗に数多く集まる広島が誇る名品の数々

長崎屋
ながさきや

本通り周辺 MAP 付録P.10 C-3

広島の名産や旬のフルーツを取り扱う、明治25年(1892)創業の老舗。店内には食品、加工品、酒、調味料など広島で誕生した商品が多く集まるほか、契約農家から直送の生レモンといった、希少かつ注目度の高いものも登場する。

☎082-247-2475
所 広島県広島市中区本通6-8
10:00〜19:00 休 無休
交 広電・本通電停から徒歩1分
P なし

↑店内は、商品が見やすく配置され、探しやすい

西条柿ミルフィーユ
コクのあるバターを西条柿で包む。トーストにのせて味わうのがおすすめ。972円

レモンソルト
瀬戸田産レモン使用。一切火を入れないため香りが抜群に良い。432円

大長檸檬酒
さわやかな芳香とすっきりとしたキレが特徴の、大崎下島生まれの酒。500ml瓶1133円

尾道ぐるめ焼
デビラとタコがまるごと入ったせんべい。風味を楽しんで。8枚入り1080円

素朴なおいしさが詰まった小さな銘菓

御菓子処 亀屋
おかしどころ かめや

広島駅周辺 MAP 付録P.9 F-2

広島駅新幹線口から徒歩圏内にある和菓子店。特に「川通り餅」は広島を代表する銘菓のひとつだ。できる限り手作りにこだわり、手作業の工程が多い。大量生産は難しいが、その素朴な味は老若男女を問わず人気がある。

☎082-261-4141
↑昭和21年(1946)創業の老舗
所 広島県広島市東区光町1-1-13
8:30(日曜、祝日9:00)〜17:00
(売り切れ次第閉店) 休 無休
交 JR広島駅から徒歩10分
P あり

安芸路
求肥で包んだこし餡を、薄皮せんべいで挟んだ上品な味わいの一品。123円

もなか
北海道産の大納言小豆の餡を使用。本店と直営店でのみ販売。8個入り960円

川通り餅
求肥にクルミを加え、きな粉をたっぷりまぶした看板商品。7個入り380円

早朝から長蛇の列を生む職人のバターケーキ

バターケーキの長崎堂
バターケーキのながさきどう

本通り周辺 MAP 付録P.11 D-4

カステラ職人だった創業者が、独自の配合で生み出したバターケーキ。濃厚なバターの風味が愛され、半世紀以上にわたり人気を博している。盆・暮れには、この味を求めて店頭に長蛇の列ができる。ていねいに焼かれたケーキは、手みやげの定番だ。

☎082-247-0769
所 広島県広島市中区中町3-24
9:00〜15:30
※売り切れ次第終了
休 日曜、祝日
交 広電・八丁堀電停から徒歩6分
P なし

↑誕生から今も変わらぬ味を守り続けている

バターケーキ
しっとりした食感に感動。レトロな包装が目印。小1000円、中1250円

おいしい感動をおみやげに

店頭に並ぶ熊野筆を実際に手に取って、肌に当てて、その使い心地を確かめたい

熊野筆とは？
広島県の熊野町で作られている筆。約180年の歴史があり、県内で初めて伝統的工芸品の指定を受けた逸品。化粧筆、書筆、画筆、いずれの分野でも全国生産量は日本一。その質の良さから、海外での評価も高い。

広島●買う

広島が生んだ世界に誇る銘品
極上の熊野筆を探す

高品質の筆として世界に知られる熊野筆。市内の専門店やデパートで購入できる。

贈り物にしたいセット商品も充実

熊野筆セレクトショップ広島店
くまのふでセレクトショップひろしまてん

広島駅 MAP 付録P.9 E-2

高品質の毛質と技術で魅力的なメイクを叶える熊野化粧筆や、伝統的な匠の技によって生まれる書筆を約260種取り扱う。アドバイザーと一緒に最適な1本を見つけよう。

☎082-568-5822 ⏎広島県広島市南区松原町1-5 ホテルグランヴィア広島1F ⏰10:00〜19:00 休無休
🚃JR広島駅北口直結 Pなし

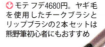
モテフデ4680円。ヤギ毛を使用したチークブラシとリップブラシの2本セットは熊野筆初心者にもおすすめ

パウダーブラシ9950円。高級ラインのSSシリーズ。灰リス毛100%のパウダーブラシは自然な透明感のある仕上がりに

パーフェクション洗顔ブラシ6600円。ヤギ毛を使用した洗顔ブラシでたっぷりふわふわの泡立ちを実現

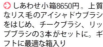
しあわせ小箱8650円。上質なリス毛のアイシャドウブラシをはじめ、チークブラシ、リップブラシの3本がセットに。ギフトに最適な箱入り

熟練の技術が生み出す逸品を
白鳳堂 広島三越店
はくほうどう ひろしまみつこしてん

流川・八丁堀周辺 MAP 付録P.11 E-3

熊野町に本社のある筆メーカー直営ショップ。筆作りには80もの工程を要し、各々のスペシャリストが手間ひまかけて仕上げる。約150種類揃う、匠の技が生きた本格的な化粧筆のなかからお気に入りを見つけて。

☎ 082-242-3488　㊊広島県広島市中区胡町5-1 広島三越1F
㊋10:30～19:30　㊡広島三越に準ずる　㊌広電・胡町電停から徒歩1分　㊐あり（広島三越駐車場利用、有料）

→ フィニッシング斜め1万3860円。仕上げに使うと艶と透明感が出る。上質なヤギ毛を使い、面が広く使いやすい

→ チーク丸平8690円。美しい朱の軸が印象的なシリーズ。ヤギ毛使用。発色良く自然にチークが入る

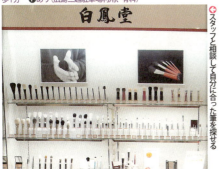

スタッフと相談して自分に合った筆を探せる

→ 楓きのこ筆(中)1万1000円。密度が高く毛量も多いので、肌の細かな部分に密着。かわいらしい見た目も◎

→ スライドフェイス丸平3520円。穂先が収まるスライドシリーズはポーチにそのまま収納できる。キャップ付き

極上の熊野筆を探す

800種以上の筆がずらり！
広島筆センター 広島店
ひろしまふでセンター ひろしまてん

平和記念公園周辺 MAP 付録P.10 B-2

原爆ドーム近く、本通商店街にある専門店。老舗3社の化粧筆と、同店オリジナル商品を扱っている。書道筆や絵筆など幅広いジャンルの熊野筆が揃うので、趣味用にとっておきの1本を購入するのもおすすめ。

☎ 082-543-2844　㊊広島県広島市中区大手町1-5-11　㊋10:00～19:00　㊡月1回不定休　㊌広電・本通電停から徒歩3分　㊐なし

種類豊富な筆が並ぶ

→ フェイスブラシKCP-7、9180円。灰リスの毛100%の高級感あるやわらかい肌ざわり。一度使うと忘れられない！

→ フェイスブラシKCB-FB、8640円。灰リスとヤギの毛を使用。小ぶりサイズでポーチに入れて持ち歩けるのもうれしい

→ フェイスブラシ KCP-14、3456円。淡いピンクとハートにカットされた形が、乙女心をくすぐる人気商品

→ チークブラシKCP-6、5616円。やわらかさのなかにもほどよい弾力があり使いやすいと、世代を問わず好評

熊野筆はこちらにも

→ スライドチークブラシ3850円。「竹田ブラシ製作所」による、筆先を収められ携帯に便利な一本

店で唯一取り扱う、貴重な熊野筆

市町村情報センター ひろしま夢ぷらざ
しちょうそんじょうほうセンター ひろしまゆめぷらざ

→ P.86

本通り周辺 MAP 付録P.10 C-3

89

HOTELS 泊まる

シティビューを楽しむ優雅な夜
絶景ホテル

眼下に広がる広島市街や瀬戸内海の景色を昼も夜も楽しめるホテルをセレクト。

広島駅新幹線口から徒歩1分
Wi-Fiインターネット接続全室無料

シェラトングランドホテル広島
シェラトングランドホテルひろしま

広島駅周辺 MAP 付録P.9 E-2

JR広島駅隣接の便利な立地で、各所へのアクセスに便利。全35㎡の客室と、ウエディング、レストラン、宴会、スパなど快適な施設とサービスを提供。

☎082-262-7111
所 広島県広島市東区若草町12-1
交 JR広島駅から徒歩1分
P なし(隣接駐車場利用) in 15:00 out 12:00
室 238室 予算 1泊朝食付2万円～

広島市の平和大通りに建つ
高層デザイナーズホテル

オリエンタルホテル広島
オリエンタルホテルひろしま

流川周辺 MAP 付録P.11 E-4

インテリアデザイナー・内田繁氏が手がけた内装は、アーバンスタイリッシュな雰囲気。オリジナルのバスアメニティなど、上質な滞在が楽しめる。

☎082-240-7111
所 広島県広島市中区田中町6-10
交 広電・八丁堀電停から徒歩8分
P あり in 15:00 out 11:00 室 227室
予算 1泊朝食付1万6800円～

瀬戸内海を眺めながら
優雅なひとときを過ごす

グランドプリンスホテル広島
グランドプリンスホテルひろしま

宇品 MAP 付録P.2 A-2

広島湾の元宇品公園に隣接する地上23階の三角柱の建物で、客室からは瀬戸内海や市街地の景色を楽しめる。上層階にあるレストランのパノラマも見事。

☎082-256-1111
所 広島県広島市南区元宇品町23-1 交 JR広島駅から広島バス・グランドプリンスホテル広島下車すぐ P あり in 14:00 out 11:00 室 510室 予算 1泊3万5090円～

平和公園まで徒歩5分
快適な滞在をサポート

ANAクラウンプラザホテル広島
エーエヌエークラウンプラザホテルひろしま

平和大通り周辺 MAP 付録P.10 C-4

広島市中心部、平和大通りに面した好立地。スリープ・アドバンテージアメニティや枕、アロマが選べるサービスなど、快適なステイをサポートしてくれる。

☎082-241-1111
所 広島県広島市中区中町7-20 交 広電・袋町電停から徒歩1分 P あり in 14:00 out 11:00
室 409室 予算 日程より異なる

JR広島駅直結
観光拠点に最適

ホテルグランヴィア広島
ホテルグランヴィアひろしま

広島駅周辺 MAP 付録P.9 E-2

アクセスの良さと格調高い館内で人気のハイグレードなシティホテル。2020年10月にリニューアルした広島の味が満載の和洋朝食が好評。

☎082-262-1111
所 広島県広島市南区松原町1-5
交 JR広島駅から徒歩1分
P あり in 14:00 out 12:00 室 407室
予算 1泊朝食付2万2990円～

景色と観光を満喫
大人のくつろぎステイを

リーガロイヤルホテル広島
リーガロイヤルホテルひろしま

広島城周辺 MAP 付録P.10 C-1

各交通機関や商業施設が集中する紙屋町・基町エリアに建つランドマークホテル。原爆ドームや広島城など観光地にほど近く、ショッピングにも便利。

☎082-502-1121
所 広島県広島市中区基町6-78 交 広電・紙屋町東／紙屋町西電停から徒歩3分 P あり(有料) in 14:00 out 11:00 室 491室
予算 1泊朝食付2万6983円～

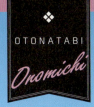

OTONATABI
Onomichi

尾道

しまなみ海道の玄関口。
尾道出身の大林宣彦監督が
映画のロケ地として
登場させたことなどで知られる。
レトロ風情漂う坂道や狭い路地、
高台から望む瀬戸内海の美しさは
何度でも訪れたくなる景色だ。

心地よい
潮風の吹く
映画の街を
歩く

旅のきほん

エリアと観光のポイント
尾道はこんなところです

千光寺公園からの眺めにうっとり。
映画やアート、文学だけでなく、グルメももれなく楽しめる。

尾道を一望できる眺望ポイント
千光寺周辺 ➡ P.96
せんこうじ

尾道に到着したら、千光寺公園の頂上までロープウェイで上がり、風情ある坂道を下っていくのが理想的。眺めの良いカフェなどでひと休みしながら、のんびりと散策したい。

観光のポイント 眺めの良い千光寺公園の頂上へはロープウェイで約3分

↑標高約144mの千光寺山の斜面に建つ千光寺

↑千光寺公園内にある恋人の広場。恋人の聖地として知られている

昔ながらの商店街が続く
尾道本通り周辺 ➡ P.108
おのみちほんどおり

JR尾道駅から西國寺方面に延びるアーケード商店街。昔ながらの店に交じり、尾道オリジナルの商品を扱うオシャレな雑貨店やカフェなども登場し、幅広くおみやげが選べるのも魅力的。

観光のポイント 一本裏の路地などにも尾道グルメの名店がある

↑レトロな昭和の雰囲気漂う商店街。じっくり買い物を楽しみたい

映画のシーンが浮かぶ街並み
西國寺周辺
さいごくじ

ロープウェイ山麓駅の北東側に広がるエリアにも名刹古刹が点在している。映画『転校生』のロケ地のひとつ、御袖天満宮や多くの文化財を所蔵する西國寺など、見どころが多い。

観光のポイント 西國寺の巨大草履や大山寺の五猿像などは必見

↑紅葉で染まる御袖天満宮の参道

歴史ある古刹を訪ねて
浄土寺周辺
じょうどじ

聖徳太子の創建と伝えられる浄土寺は、かつて足利尊氏が戦勝祈願に訪れたという。尾道七佛めぐりのゴールとされている海龍寺を出たら、尾道駅までバスで一直線で旅を締めくくれる。

観光のポイント 浄土寺の願掛け石や海龍寺の経塚などご利益めぐりも

↑聖徳太子が開いたと伝えられる浄土寺

↑ 尾道の日常風景となっている尾道と向島を結ぶ渡船

↑ 2019年にリニューアルオープンした尾道駅。瓦屋根など旧駅舎の雰囲気を残しつつ、魅力的なショップや飲食店が入っている

交通information

周辺エリアから尾道へのアクセス

電車・バス

JR広島駅
↓ 山陽本線で1時間35分
※新幹線利用（三原駅か福山駅乗り換え）の場合 50分〜1時間

広電・広島駅電停
↓ 広電（路面電車）で16分

広電・紙屋町西電停
↓ 広島バスセンター
↓ 高速バスフラワーライナーで1時間35分 ※1

JR尾道駅
↑ 山陽本線で1時間5分

JR倉敷駅

※1 フラワーライナーは2021年2月現在運行停止中。再開時期は未定

車

広島東IC
↓ 山陽自動車道経由 65km
尾道IC
福山西IC
↑ 山陽自動車道経由 56km
倉敷IC

問い合わせ先

観光案内
尾道観光協会 ☎0848-36-5495
尾道の観光案内所 ➡P.95

観光案内
広島バスセンター 総合案内所
☎082-225-3133
広島交通（フラワーライナー）
☎082-238-7755
広電電車バステレホンセンター
（ナビダイヤル） ☎0570-550700
JR西日本お客様センター
☎0570-00-2486
尾道市港湾振興課
☎0848-22-8158

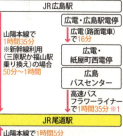

尾道はこんなところです

93

WALKING & SIGHTSEEING
歩く・観る

懐かしい街並みを残す港町・尾道

のんびりと坂道を歩いて絶景に出会う

山沿いに建つ寺社、路地に軒を連ねる昔からの民家、尾道水道の渡船。映画人や文人が魅せられた、どこか懐かしい風景に心惹かれて。

おすすめさんぽルート ➡ P.96

尾道●歩く・観る

◆千光寺境内で絶景を前にくつろぐ猫に遭遇。近年は猫の街としても知られる

海際まで迫る山肌を覆うように家々が密集する情緒豊かな坂の街

尾道三山と瀬戸内海に囲まれ、小さな空間に箱庭のような街並みが広がる尾道。対岸の向島までの距離はわずか200mで、尾道水道と呼ばれる狭い海峡を中心に、海運の拠点として発展してきた。

山側は、斜面に沿って由緒ある寺社や民家が立ち並び、独特の景観を形成。細い石畳の坂道が迷路のように入り組む風景は、多くの文人にも愛された。数々の映画の舞台となった場所でもあり、ロケ地を巡りながら歩くのも楽しい。

一方、海側にはレトロな商店街が続く尾道本通り、潮風が心地よい海岸通りがありこちらも散策にぴったり。渡船に乗れば数分で向島に渡ることができる。

散策のポイント

ロープウェイで山頂へ上がり、千光寺と周囲に多く集まる見どころを巡る

数多くの映画に登場する尾道。観光案内所などでロケ地マップを配布しているので立ち寄ってみよう

お役立ちinformation

尾道エリア内の移動手段

●おのみちフリーパス

千光寺山ロープウェイ往復、おのみちバス1日乗車、おのみち文学の館などの観光施設割引がセットになった乗車券。料金は600円。尾道駅前バスセンター、尾道駅観光案内所、一部ホテルなどで購入が可能。
☎0848-46-4301（おのみちバス）

●千光寺山ロープウェイ

千光寺山の麓〜山頂間を約3分で結ぶ。千光寺公園を訪ねるときに便利。15分間隔で運行。乗車料金は片道320円、往復500円。
☎0848-22-4900

↑千光寺山山頂まで、絶景を望む空中散歩

●渡船

尾道と対岸の向島を結ぶ渡船。尾道側の乗船場は尾道駅の近くにある。料金は各運航会社によって異なるが100円前後で利用できる。
向島運航 ☎0848-22-7154
福本渡船 ☎0848-44-2711
尾道渡船 ☎0848-44-0515

↑尾道で生活する人たちの貴重な足だ

観光案内所／ボランティアガイド

●尾道観光案内所
☎0848-20-0005
所 広島県尾道市東御所町1-1　時 9:00〜18:00
休 無休　交 JR尾道駅構内

●ロープウェイ山麓駅観光案内所
☎0848-37-7821
時 8:30〜17:30　休 無休　交 ロープウェイ山麓内

●尾道商業会議所記念館
☎0848-20-0400
所 広島県尾道市土堂1-8-8
時 10:00〜18:00　休 木曜　交 JR尾道駅から徒歩5分

のんびりと坂道を歩いて絶景に出会う

千光寺新道の坂道。情緒ある家並みの向こうに尾道水道が見える

文学と街並みを楽しむ散歩
千光寺から風情ある小径へ

市街と瀬戸内海を望む千光寺山からの景観は息をのむ美しさ。
家々を縫うように延びる坂道を歩き、文学の世界へ迷い込む。

1 艮神社
うしとらじんじゃ

千光寺周辺 MAP 付録P.15 D-1

社殿を覆う楠が神秘的

大同元年(806)創建の、尾道で最古の神社。境内にそびえる楠の巨木は樹齢900年ともいわれ、天然記念物に指定されている。

☎0848-37-3320 所広島県尾道市長江1-3-5
開休料境内自由 Pなし

↻楠の前で記念撮影を

↻『時をかける少女』などのロケ地としても有名

2 千光寺公園展望台
せんこうじこうえんてんぼうだい

千光寺周辺 MAP 付録P.14 C-1

美しい景色を眺めるならここ

尾道の街並みやしまなみ海道の島々、晴れた日は四国連山も見渡せる。約1500本もの桜が咲き誇る花見スポットのほか夜景スポットとしても人気。

☎0848-38-9184(尾道市観光課)
所広島県尾道市西土堂町19-1 開休料入園自由
Pあり ※2021年1月現在工事のため展望台への立ち入り禁止

↻360度のパノラマビューが楽しめる

↻ロープウェイの山頂駅近くにある展望台

おすすめさんぽルート
所要 ◆ 約1時間～

山麓駅から尾道駅まで、情緒あふれる街並みを眺めながらのんびり歩こう。坂道が多いので歩き慣れた靴がおすすめ。

- 山麓駅
- ↓ 徒歩すぐ
- 1 艮神社
- ↓ 千光寺山ロープウェイ利用
- 2 千光寺公園展望台
- ↓ 徒歩すぐ
- 3 文学のこみち
- ↓ 徒歩すぐ
- 4 千光寺
- ↓ 徒歩4分
- 5 中村憲吉旧居
- ↓ 徒歩5分
- 6 天寧寺海雲塔
- ↓ 徒歩3分
- 7 千光寺新道
- ↓ 徒歩10分
- 8 持光寺
- ↓ 徒歩11分
- 尾道駅

P.98に続く

千光寺から風情ある小径へ

3 文学のこみち
ぶんがくのこみち
千光寺周辺　MAP 付録P.14 C-1

情緒ある散歩道

千光寺公園から千光寺まで続く約1kmの遊歩道。道沿いには、正岡子規や林芙美子など尾道ゆかりの文人たちの文学碑25基が点在している。

所 広島県尾道市東土堂町 千光寺山ロープウェイ山頂駅横～鼓岩付近
休 見学自由　料 なし

↑ゆるやかな坂道が続く

↑十返舎一九の石碑（上）、志賀直哉の石碑には『暗夜行路』の一節が（下）

4 千光寺
せんこうじ
千光寺周辺　MAP 付録P.15 D-1

尾道を象徴する朱塗りの本堂

創建は大同元年(806)と伝えられる。千光寺山の中腹にせり出すように建つ朱塗りの本堂をはじめ、境内にある不思議な巨石や鐘楼など見どころが多い。本堂からの景観も見事。

☎ 0848-23-2310
所 広島県尾道市東土堂町15-1　営 9:00～17:00
休 無休　料 無料　P あり

↑尾道水道や尾道の市街を望む、舞台造りの本堂

↑海を照らし船を見守っていたと伝わる「玉の岩」

97

↑天寧寺海雲塔越しの尾道水道は、「坂道と海の町」尾道を象徴する眺め

↑尾道の街がきらめく夜景も素晴らしい

❻ 天寧寺海雲塔
てんねいじかいうんとう
千光寺周辺 MAP 付録P.15 D-1

市街を見渡す三重塔

天寧寺の境内にある塔で、嘉慶2年(1388)に足利義詮が建立した。国の重要文化財に指定されている。塔越しの眺めは、尾道を代表する景色として有名。

☎0848-22-2078(天寧寺) 所広島県尾道市東土堂町115 開休料境内自由 Pなし

↑著名な文人たちも見舞いに訪れたという

❺ 中村憲吉旧居
なかむらけんきちきゅうきょ
千光寺周辺 MAP 付録P.15 D-1

歌人が最晩年を過ごした離れ

中村憲吉は広島県生まれの歌人。アララギ派に参加し独自の歌風を樹立した。後年この地に転居し、療養生活を送った。

☎0848-20-7514(尾道市役所文化振興課) 所広島県尾道市東土堂町15-10 開10:00～16:00(外観のみ見学可) 休月～金曜(祝日の場合は開館) 料無料 Pなし

↑坂道の道程の崖上には、大正時代の古い民家を改装したゲストハウス(→P.101)もある

尾道●歩く・観る

98

足をのばして訪れたい
市街地東部の古刹

静かな街並みに点在する由緒ある古刹をのんびり巡る。

人形浄瑠璃にちなんだ寺
海龍寺
かいりゅうじ

江戸時代の人形浄瑠璃家、文楽と竹本弥太夫の墓があり、お経塚をなでると技芸が上達すると伝えられている。

浄土寺周辺 MAP 付録P.13 F-2
☎0848-37-6251 所広島県尾道市東久保町22-8 開9:00～17:00 休無休 料無料
交浄土寺下バス停から徒歩5分 Pあり

→鎌倉時代には、浄土寺の曼荼羅堂と呼ばれていた

7 千光寺新道
せんこうじしんみち

千光寺周辺
MAP 付録P.15 D-2

☎0848-36-5495(尾道観光協会)
所広島県尾道市西土堂町
開休料見学自由 Pなし

→古い家が立ち並ぶ坂道

絶好の撮影場所

映画やテレビにもしばしば登場する石畳の坂道。眼下と道沿いには、風情ある街並みが広がっている。

天平年間開創の古刹
西國寺
さいごくじ

行基開創といわれ、建立施主帳には将軍・足利義教ら名将の名が残っている。

→わら草履が目を引くご本尊

西國寺周辺 MAP 付録P.13 D-1
☎0848-37-0321 所広島県尾道市西久保町29-27 開9:30～16:30
休無休 料境内無料、持佛堂500円(特別拝観は別途) 交西國寺下バス停から徒歩5分 Pあり

聖徳太子創建と伝わる
浄土寺
じょうどじ

中世の折衷様式を代表する本堂や和様建築の多宝塔など、貴重な建築物が多い。

→多宝塔と本堂は国宝に指定

浄土寺周辺 MAP 付録P.13 E-2
☎0848-37-2361 所広島県尾道市東久保町20-28 開9:00～16:30
休無休 料境内無料、庭園600円、宝物館400円 交浄土寺下バス停から徒歩5分 Pあり

8 持光寺
じこうじ

千光寺周辺
MAP 付録P.14 B-3

そびえる門が目印

最澄の高弟、持光上人により承和年間(834～848)に創建。国宝の絹本著色普賢延命像など、寺宝も多い。境内には四季にわたり花木が咲いている。

0848-23-2411 所広島県尾道市西土堂町9-2 開9:00～16:30
休無休 料境内無料、拝観300円
Pなし

→アジサイ寺としても有名

→威風堂々たる延命門

→「にぎり仏」の手作り体験も行っている

受験のお地蔵様に祈願
大山寺
たいさんじ

境内に「白限地蔵」があり、受験シーズンは御袖天満宮と並び、多くの受験生が訪れる。

→ユニークな姿が印象的な五猿像

西國寺周辺 MAP 付録P.13 D-2
☎0848-37-2426 所広島県尾道市長江1-11-11 開9:00～17:00
休無休 料無料 交千光寺山ロープウェイ・山麓駅から徒歩10分 Pあり

映画にも登場した神社
御袖天満宮
みそでてんまんぐう

学問の神様菅原道真公を祀るお宮として、受験生の信仰が篤い。

西國寺周辺 MAP 付録P.13 D-2
☎0848-37-1889 所広島県尾道市長江1-11-16 開休料境内自由
交千光寺山ロープウェイ・山麓駅から徒歩5分 Pなし

→映画『転校生』の舞台になった

千光寺から風情ある小径へ

数々の名作の舞台となった港町
映画のなかの尾道

小津安二郎監督や大林宣彦監督など映画人が愛した情趣漂う風景が広がる尾道。スクリーンに登場したあの場所を訪ねる。

懐かしい映画の余韻に浸るロケスポット巡り

山の斜面に建つ古刹や古い家々。細い坂道を歩いた先に広がる、瀬戸内の絶景。古くから文豪に愛されてきた美しい尾道の街並みは、数多くの映画にも登場する。その代表が小津安二郎監督の『東京物語』、そして同市出身の大林宣彦監督による「尾道三部作」と「尾道新三部作」。街には今も、映画そのままの場所が随所に残る。昭和の香りが漂うノスタルジックな街を歩き、懐かしい映画の世界に浸ってみたい。

尾道●歩く・観る

大林宣彦監督と尾道

尾道三部作
『転校生』1982 『時をかける少女』1983
『さびしんぼう』1985

尾道新三部作
『ふたり』1991 『あした』1995
『あの、夏の日』1999

詳しく知りたい！
尾道ゆかりの映画がわかる
おのみち映画資料館
おのみちえいがしりょうかん

『東京物語』にまつわる資料をはじめ、尾道を舞台にした映画のロケ写真などを展示。

○懐かしいポスターもある
尾道本通り周辺 MAP 付録P.13 D-3
☎0848-37-8141 ㊟広島県尾道市久保1-14-10 ㊐10:00〜18:00（入館は〜17:30） ㊡火曜（祝日の場合は翌日） ㊧520円 ㊂千光寺山ロープウェイ・山麓駅から徒歩7分 Ｐなし

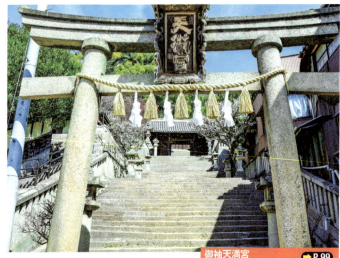

御袖天満宮 ➡P.99
みそでてんまんぐう

『転校生』で一夫と一美が転がり落ちて、入れ替わってしまう重要なシーンが撮影された階段がある。
西國寺周辺 MAP 付録P.13 D-2

金山彦神社
かなやまひこじんじゃ

『時をかける少女』で、原田知世演じる和子がタイムスリップして降り立つシーンが撮影された。
千光寺周辺 MAP 付録P.15 D-1

鼓岩（ポンポン岩）
つづみいわ（ポンポンいわ）

『あの、夏の日』で、主人公の由太とおじいちゃんがこの岩に座り尾道水道を眺めていた。千光寺の境内にある。
千光寺周辺 MAP 付録P.14 C-1

西土堂町の跨線橋
にしつちどうちょうのこせんきょう

『転校生』で、小林聡美演じる一美が家に向かう途中、自転車で上っていた坂道がここ。光明寺下にあるJR山陽本線の跨線橋。
尾道本通り周辺 MAP 付録P.14 C-3

散歩途中に立ち寄りたい、古民家空間で過ごす穏やかな時間

尾道 カフェ 時間

坂道を歩いていると古民家を利用したカフェが現れる。美しい景色を眺め、至福のティータイムを。

THE尾道の景色が広がる絶景カフェでひと休み

尾道ゲストハウス みはらし亭

おのみちゲストハウス みはらしてい

千光寺周辺 MAP 付録P.15D-1

大正時代の別荘建築をゲストハウス兼カフェとして再生。窓が多いのでどの席からも絶景が望める。おすすめは浅めの焙煎で苦みを抑えたコーヒーと、姉妹店・あくびカフェ特製のアメリカンビスケット。宿泊は1泊2800円〜。

☎0848-23-3864
所広島県尾道市東土堂町15-7 営カフェ15:00(土・日曜、祝日11:00)〜22:00 休不定休 交千光寺山ロープウェイ・山麓駅から徒歩7分 Pなし

予約 不可
予算 (L)800円〜

コーヒー 550円
アメリカンビスケット（レモンバター）380円
ドリンクとフード同時注文で50円引き。コーヒー豆は尾道の焙煎所「クラシコ」でオリジナルをオーダー

→窓からは尾道水道の美しい景色が広がる

明治初期の立礼の茶席 地産地消の手作り甘味処

帆雨亭

はんうてい

千光寺周辺 MAP 付録P.15D-2

旧出雲屋敷の跡地を利用した和カフェ。畳敷きの室内から尾道水道・向島が望め、亭内には築150年以上の茶室や志賀直哉初版本を集めた尾道文庫がある。尾道帆布や尾道の紅茶など、おみやげも販売。

☎0848-23-2105
所広島県尾道市東土堂町11-30 営10:00〜17:00 休不定休 交千光寺山ロープウェイ・山麓駅から徒歩5分 Pなし

←石段の途中に、ひっそりと佇む

映画のなかの尾道／尾道カフェ時間

予約 不可
予算 (L)800円〜

黒糖寒天とお抹茶セット アイスクリーム添え 800円
ドリンクはコーヒーか紅茶に変更できる

→外の席では春には桜、秋には紅葉の美しい景色が見られる

GOURMET ◆ 食べる

会席料理 3850円～
先付けは、秋らしい柿の白和え。穴子の薄造りは甘く歯ごたえがある

予約 昼は要、夜は望ましい
予算 L 3780円～ / D 5400円～

一年を通じてさまざまな魚が楽しめる
旬を感じる極上の魚料理

穴子にアジ、オコゼなど瀬戸内の魚料理を高級店で味わう。鮮度抜群の魚を使った多彩な料理は、一品一品が贅沢な味わい。

尾道らしいコース料理
瀬戸内の四季を五感で堪能

郷土味 かけはし
きょうどあじ かけはし

尾道本通り周辺 MAP 付録P.14 B-4

瀬戸内海産の食材を使用した会席料理は好みに合わせて献立を考えてくれ、アコウなど地の食材を尾道ならではの料理法で味わえる。季節感あふれる先付けには、さりげなく俳句が添えられ、素材を生かした味と器も心地よい。尾道の素晴らしいお店として紹介される「ええみせじゃん尾道」の入賞店でもある。

☎ 0848-24-3477
所 広島県尾道市東御所町3-12　営 11:30～14:00 18:00～22:00　休 月曜、火曜の昼(夜は営業)　交 JR尾道駅から徒歩3分　P あり

◎ 明るい室内に季節の花が生けてあり心が和む

◎ アーケード街の入口、林芙美子の銅像前に店を構える

102

瀬戸内で獲れた魚を厳選
専門漁師から毎朝仕入れる

鮨と魚料理 保広
すしとさかなりょうり やすひろ

尾道本通り周辺 MAP 付録P.14 C-4

「鮮度と仕入れ第一主義」をモットーに、瀬戸内の地魚・地野菜を使用し、季節を大事にしながら、地産地消を目指している。潮の流れが速い漁場で獲れる足が太いタコは特にうまい。京都・祇園の割烹で修業した2代目が腕をふるう。

☎ 0848-22-5639
所 広島県尾道市土堂1-10-12
営 11:30～14:00 17:00～21:00
休 月曜(祝日の場合は翌日)
交 JR尾道駅から徒歩5分 P あり

予約 可
予算 L 1700円～
D 5000円～

▶ 地魚特上にぎり 3500円
大島で獲れた濃厚な味わいのウニや布刈の新鮮な鯛。香ばしく焼かれた穴子を堪能

▶ 活きのいい魚介類が並ぶカウンター

▶ 生ダコの刺身 1700円
潮の流れが速い瀬戸で獲れたタコは、流されないように踏ん張るため足が太く、身が張りコリコリ。食べ応え抜群

旬を感じる極上の魚料理

料亭旅館 魚信
りょうていりょかん うおのぶ

数寄屋造りのたたずまい
魚をメインにオコゼ会席

予約 要
予算 L 5100円～
D 5100円～

尾道本通り周辺 MAP 付録P.13 E-3

築約100年余の木造3階建て、数寄屋造りの料亭旅館。凛としたたたずまいで、大林宣彦監督作品の撮影場所として何度も映画に登場。ミシュラン(広島2013特別版)におすすめの店として紹介された。尾道水道を行き交う船や尾道大橋と新尾道大橋を眺めながら瀬戸内の魚料理が味わえる。

☎ 0848-37-4175
所 広島県尾道市久保2-27-6
営 11:30～14:00 17:30～21:00(LO19:30)
休 不定休 交 千光寺山ロープウェイ・山麓駅から徒歩7分
P なし

▶ オコゼ薄造り 2160円
皮と肝までセットになった豪華な一品。身は淡白ながらも、旨みがしっかりとして美味

◀ 船底天井・かけ込み天井が見事な3階の「初音」

▶ オコゼ唐揚げ 2160円
身はふんわり、骨はパリッとすべて食べられる。揚げることでオコゼの旨みがギュッと凝縮

魚介のだしが効いた 尾道ラーメン

醤油味のスープに細麺が絡んで美味。
具材に店の個性が光る。

中華そば 550円(並)、650円(大)
脂身の少ないチャーシューとやわらかめの細麺、豚骨、いりこだしの特製スープが絶妙に合う

カウンター11席の老舗店

つたふじ本店
つたふじほんてん
尾道本通り周辺　MAP 付録P.15 F-2

尾道ラーメンといえば濃口の醤油味スープが多いが、ここは薄口で魚系のだしが効いている。プチプチした食感の背脂のまろやかさが加わり、旨みも増し、スープとストレート麺の絡みもよい。

☎0848-22-5578
所 広島県尾道市土堂2-10-17　営 11:00～16:00(売り切れ次第閉店)
休 月・火曜　交 千光寺山ロープウェイ・山麓駅から徒歩10分
P なし

↑旅行者、地元客ともに人気

やさしい味わいの透明スープ

めん処みやち
めんどころみやち
尾道本通り周辺　MAP 付録P.15 D-3

☎0848-25-3550
所 広島県尾道市土堂1-6-22　営 11:00～18:00(売り切れ次第閉店)
休 第2水・木曜　交 JR尾道駅から徒歩10分　P なし

アーケード商店街と浮御堂小路の角に店を構える。尾道ラーメンの特徴といわれる背脂はなく、一番人気の「天ぷら中華そば」は、午後になると売り切れることがある。

↑入口もレトロ感たっぷり

↑質素でも人気は上々

天ぷら中華そば 680円
小エビのかき揚げ天ぷらにチャーシューが2枚、メンマ、刻みネギとシンプルな中華そば

砂ズリの食感が楽しい
&尾道焼き

コリコリとした砂ズリの食感と
イカ天の旨みがベストマッチ。

お好み焼き 手毬
おこのみやき てまり
尾道本通り周辺 MAP 付録P.13 D-2

地元のファンが通う店

定番の尾道焼きは、コリコリの砂ズリと、たっぷり入ったイカフライ。麺はそばとうどんが選べるが、おすすめはそば。魚介も冷凍ものは使わず、生きたエビを調理するので旨みが違う。常連客が多く、冬季限定「広島産カキ入り」1200円もおすすめ。

☎0848-37-1491
所 広島県尾道市久保1-8-2 営 11:30〜15:00
休 木曜 交 千光寺山ロープウェイ・山麓駅から徒歩3分 Pなし

特選手毬焼 1000円
エビと貝柱、砂ズリが入り、野菜もたっぷりボリューム満点。仕上げはオタフクソースで

↑中央の鉄板で、手際よく焼いてくれる若女将

↑持ち帰る場合は、食べる時間に合わせて焼きを調整してくれる

いわべえ
尾道本通り周辺
MAP 付録P.15 F-1

焼き方は尾道風だが、ヘラで押さえず広島風に蒸し焼きにする。クレープ状の生地の上にキャベツと具をのせ、ラードと生地を少し。ソースは濃厚コクうま「カープソース」、お好み焼との相性もよい。うどんかそばを選んで、目の前で焼いてくれるアツアツを食べる。

☎0848-37-2325
所 広島県尾道市十四日元町1-23
営 11:30〜14:00 17:00〜18:30(LO)
休 木曜(祝日の場合は営業)、第3水曜
交 千光寺山ロープウェイ・山麓駅から徒歩3分
Pなし

尾道焼 850円
コリコリした食感の砂ズリと旨みたっぷりのイカ天が入る。蒸されたキャベツが甘い

店主の華麗なヘラさばき

尾道ラーメン&尾道焼き

SHOPPING 買う

やまねこラテ
キャラメルソースで描くかわいい猫は、描くスタッフによって表情さまざま。495円

尾道プリン
なめらかで濃厚なプリン、レモンソースを加えるとさわやかな酸味が味を締める。385円

やまねこランチ
ご飯は白米か玄米を選ぶことができ、たっぷりのサラダが添えられる。1100円

ランチ&手作りスイーツ
やまねこカフェ

尾道本通り周辺 MAP 付録P.15 F-2

入口のステップには貝殻が埋められ、古い黒板に本日のランチメニューが手書きされている。レトロなディスプレイの店内では、オリジナルマグカップ1100円などを販売。統一感のない椅子やソファが個性的なカフェ。

☎0848-21-5355
⌂広島県尾道市土堂2-9-33
⏰11:00～18:00(LO17:30) 休月曜(祝日の場合は翌日) 交JR尾道駅から徒歩12分 Pなし

イートイン OK
テイクアウト OK(一部除く)

↑店内の壁には、アーティストの作品が月替わりで展示される

広島の味が豊富に揃う
ご当地おやつで
ひと休み

街の小さなお店に並ぶおいしそうなスイーツやパン。
できたてをイートインスペースで、外のベンチでパクリ。

ブルーベリーアイスクリームワッフル
甘いバニラアイスに甘さ控えめのブルーベリー、ワッフルとの相性が抜群。650円

焼きたてのワッフルをいただく
茶房こもん
さぼうこもん

イートイン OK
テイクアウト OK

尾道本通り周辺 MAP 付録P.15 E-1

千光寺山ロープウェイ・山麓駅前にあり、大林宣彦監督の映画『転校生』に登場した人気のワッフル専門店。カリッと焼けたワッフルと甘いメープルシロップが好相性。瀬戸内産の柑橘類を使った季節限定のジュースも。

☎0848-37-2905
⌂広島県尾道市長江1-2-2 ⏰11:00～18:00(LO17:30) 休火曜(詳細はHPを確認) 交千光寺山ロープウェイ・山麓駅から徒歩1分 Pあり

テイクアウトワッフル
季節限定！夏は桃、冬はリンゴなど8種。180円～

家族が笑顔になるドーナツ
夕やけカフェドーナツ
ゆうやけカフェドーナツ

`イートイン NG` `テイクアウト OK`

尾道本通り周辺 **MAP** 付録P.15 D-3

個性的な看板とかわいらしい店構えが特徴。商品カウンターには、ハート形の自然派ドーナツが10種類ほど並ぶ。素材にこだわり、純国産小麦粉などを使用。豆腐ドーナツならではのモッチリした食感がある。

☎0848-22-3002
所 広島県尾道市土堂1-15-21
時 10:00～18:30　休 火・水曜
交 JR尾道駅から徒歩5分
P なし

有機きなこドーナツ
やさしい風味のきな粉がほどよくかかる。190円

瀬戸の塩生キャラメルドーナツ
懐かしい味のキャラメルにほのかな塩味。210円

はちみつバタードーナツ
国産純粋はちみつにバターの風味。180円

アイスモナカ
パリパリのモナカの皮に、卵がたっぷり入ったアイスクリームを挟む。150円

`イートイン OK` `テイクアウト OK`

クリームぜんざい
北海道産の小豆をじっくり煮込み、ほどよい甘さに。350円

懐かしい味とスタイル
からさわ

尾道本通り周辺 **MAP** 付録P.15 D-3

目の前の波止でNHK連続テレビ小説『てっぱん』のロケが行われた。窓から入る潮風が心地よく、壁に掛かる古い振り子時計は正八角形でアイスモナカと同じ。外観は昭和初期に創業したときの写真やオーナーの記憶を頼りに復元したものだ。

☎0848-23-6804
所 広島県尾道市土堂1-15-19
時 10:00～19:00（10～3月は～18:00）　休 火曜（祝日の場合は翌日）、10～3月の第2水曜
交 JR尾道駅から徒歩10分
P あり

小さな店に人気のパンが並ぶ
パン屋航路
パンやこうろ

`イートイン NG` `テイクアウト OK`

尾道本通り周辺 **MAP** 付録P.14 C-3

ガラス越しに見える店内では、手前に並べられたパンの奥でパン作りに励む職人たちが見える。生地の発酵と熟成にこだわり、おいしい粉の滋味を感じられるパンを毎日ていねいに焼く。惣菜パン、バゲットも人気。

☎0848-22-8856
所 広島県尾道市土堂1-3-31
時 7:00～18:00（売り切れ次第閉店）　休 月・火曜
交 JR尾道駅から徒歩5分
P あり

クロワッサンオザマンド
スライスアーモンドたっぷり、香ばしさとほどよい甘み。360円

ずんだペッパーチーズベーグル
枝豆と北海道産チーズに胡椒のアクセント。330円

あんバター
化学肥料、添加物不使用の有機餡と塩バター。220円

細い坂道の小さなパン工場
ネコノテパン工場
ネコノテパンこうじょう

`イートイン NG` `テイクアウト OK`

千光寺周辺 **MAP** 付録P.14 C-2

光明寺の境内からも行くことができる。買い物スペースは約4畳。大人が1人入ると満杯になるので先客がいるときは外に並んで待つのがルール。正面に小窓があり奥が工場、パンは右の窓辺に並んでいる。

☎050-6864-4987
所 広島県尾道市東土堂町7-7
時 10:00～夕暮れ
休 火・水曜
交 JR尾道駅から徒歩10分
P なし

で整理整頓された明るい工房パン作り

⬆ トレイにメロンパンやクロワッサン、引き出しの中にはビスコッティが並ぶ

ご当地おやつでひと休み

107

昭和レトロな店で手作り感満載のアイテムを発見!
商店街でおみやげ探し

尾道育ちのミカンを小瓶に

せとかマーマレード
高根島産せとかを使った一番人気のマーマレード。
486円

八朔&アールグレイ
因島特産のハッサクの風味と紅茶の香りがマッチしている。432円

みかんマーマレード
太陽と潮風に育てられた向島産ミカンを使用。
378円

創作ジャム工房おのみち
そうさくジャムこうぼうおのみち
尾道本通り周辺 MAP 付録P.14 C-4

尾道の島々で採れる果物や野菜で作ったジャムを販売。素材のおいしさと食感も楽しめるのが特徴。オーナーが自ら手作りしたジャムは、瓶を開けたときの香りが違う。
☎0848-24-9220
所 広島県尾道市土堂1-3-35　営 11:30〜17:30
休 水・木曜　交 JR尾道駅から徒歩5分
P なし

↑アンティークの家具や棚にジャムが並ぶ

尾道●買う

工房尾道帆布
こうぼうおのみちはんぷ
尾道本通り周辺 MAP 付録P.15 E-2

向島で織られた帆布で作ったバッグや生活小物を販売。しっかりした縫製とカラフルなデザイン、手作りで仕上げた温かみのある風合いが特徴。色を指定してのオーダーも可。
☎0848-24-0807
所 広島県尾道市土堂2-1-16　営 10:00〜18:00
休 木曜　交 JR尾道駅から徒歩12分
P なし

厚手の生地に豊富な色合い

↑帆布の白を思わせるシンプルなかわいい外観

ショルダートート
厚めのA4ファイルなど、大きな書類を持ち運ぶのにもおすすめ。1万780円

プチショルダー
ファスナー付きなので横掛けしても中身が落ちない、手持ちもできる。
7700円

プリントポーチ
化粧品など、何でもザックリ入るかわいいポーチ。770円

JR尾道駅から約1.6km続くアーケード商店街。タイムスリップしたかのようなレトロな店と今風の店が混在。地元の産物を生かした加工品や小粋な雑貨など、さまざまな商品が並び、見ているだけでも楽しい。

尾道ええもんや
おのみちええもんや
尾道本通り周辺 MAP 付録P.15 F-1

「ええもん」とは尾道の言葉で良質な商品という意味。明治時代の商家をリノベーションした尾道観光土産品協会の直営店舗。尾道ラーメンや銘菓、海産加工品などの尾道みやげが揃う。
☎0848-20-8081
所広島県尾道市十四日元町4-2 営10:00～18:00 休不定休 交千光寺山ロープウェイ・山麓駅から徒歩2分 Pなし

尾道手拭
尾道をモチーフに大学生がデザイン。渡船、石段など8種。各770円

ズラリと並ぶおすすめ商品

さくらの香り香水
さくら名所百選に選ばれた千光寺公園の桜の香り。2675円

尾道紅茶
レモン(左)・八朔(右)
瀬戸田産の完熟レモン、しまなみ因島産のハッサク。各756円

さくらハンドクリーム
さらさらパウダーがべとつかず、シルキーな肌を演出。765円

⇒尾道最大級のみやげ店、豊富な品揃えだ

商店街でおみやげ探し

豆餅
塩味だが食べると餅の甘さが口の中に広がる。600円(450g)

八朔大福
さっぱりした味わいが特徴、売り切れ必至の商品。白餡(左)とこしあん(右)がありどちらも1個150円

地元で愛される甘味処

昇福亭長江店
しょうふくていながえてん
尾道本通り周辺 MAP 付録P.15 F-1

人気の八朔大福は、ハッサクのほどよい苦みと餡の甘みが絶妙な味わいの一品。それを包む求肥にもハッサクが練り込んである。懐かしいかしわ餅や赤飯、おこわなどが店頭に並ぶ。
☎0848-37-2299
所広島県尾道市十四日元町2-17 営9:00～17:00(品切れ次第閉店) 休木曜 交千光寺山ロープウェイ・山麓駅から徒歩3分 Pなし

もっちりだんご
米粉ともち粉をブレンド、餡は十勝産の小豆を昔ながらの製法で作る、つぶ餡のヨモギとこし餡のシロ。120円(1本)

⇒レトロなたたずまいのテイクアウト専門店

尾道から足をのばして

尾道からのアイランドホッピング
しまなみ海道

尾道から愛媛県・今治を結ぶ海の道。絶好のドライブルートとして、サイクリングコースとして人気急上昇中。

大島（愛媛県）の亀老山展望公園からの見事な眺望

サイクリング、ドライブ、船…美しい島々を好きなスタイルで巡る

尾道～今治間に浮かぶ6つの島を結ぶ「しまなみ海道」は自動車専用道路にサイクリング用レーンが併設されている。沿線には、自転車のレンタル施設・サービスが充実していて、乗り捨ても可能なので、好きな区間のみ走行することができる。それぞれの島々にも見どころは多く、柑橘類や塩など、さまざまな特産品がある。

しまなみ海道出発点
向島 (むかいしま)　広島県尾道市

本州からの玄関口で、尾道市街とは橋と渡船でつながっている。温暖な気候を生かして洋ランやミカンが栽培され、マリンスポーツやマリンレジャーも盛ん。国立公園の高見山も有名。

立ち寄りスポット
向島洋らんセンター ➡ P.112

尾道市役所向島支所しまおこし課
☎ 0848-44-0110

村上水軍ゆかりの地
因島 (いんのしま)　広島県尾道市

因島水軍城など、南北朝から戦国時代にかけて活躍した因島村上海賊の史跡が点在。約700体の石仏が並ぶ白滝山の山頂からは美しい夕日が眺められる。ハッサクの発祥地としても知られる。

立ち寄りスポット
因島水軍城 ➡ P.112

(一社)因島観光協会
☎ 0845-26-6111

アートにふれる島
生口島 (いくちじま)　広島県尾道市

日本画家・平山郁夫の出身地で、平山郁夫美術館をはじめ芸術的な見どころがいっぱい。平坦な道が多いので、サイクリングにも最適。香り高い瀬戸田レモンは、全国に誇るブランドレモン。

立ち寄りスポット
平山郁夫美術館 ➡ P.113
耕三寺博物館(耕三寺) ➡ P.112

尾道市瀬戸田支所しまおこし課しまおこし係
☎ 0845-27-2210

お役立ちinformation

高速バスを使って移動する
高速バスと路線バスを使って各島へ向かう。

◉尾道方面から向島、因島、生口島へ
尾道駅前からおのみちバス尾道因島線で向島、因島へ(因島までは本四バス因島土生港行きでもアクセス可能。生口島まではおのみちバス瀬戸田線が運行している。

◉尾道方面から大三島、伯方島、大島へ
尾道駅から高速バス・しまなみサイクルエクスプレスで各島へ(1日3便)。尾道駅からおのみちバスに乗り、因島大橋バス停で高速バス・しまなみライナーに乗り換えて各島へ向かうこともできる。

◉今治方面から向島、因島、生口島へ
今治駅からしまなみサイクルエクスプレス(1日3便)またはしまなみライナーで各島へ。

◉今治方面から大三島、伯方島、大島へ
今治駅からせとうちバスで各島へアクセス可能。

船を使って移動する
島々を結ぶ航路は多いが、旅行者にとって便利な航路は以下のとおり。

◉尾道駅前から向島へ
尾道駅前付近の桟橋から複数の渡船が出ており、便数も多い。車の乗船が可能な渡船もある。

◉尾道駅前から因島、生口島へ
尾道駅前の桟橋から乗船し、重井港(因島)などを経由して瀬戸田港(生口島)へ向かう「尾道～瀬戸田航路」を利用(1日8便の運航)。

高速道路を使う場合の注意
瀬戸内しまなみ海道(西瀬戸自動車道)はハーフインターとなっているインターチェンジがあるので注意が必要。尾道大橋出入口、因島、生口島、大島の各IC、今治北ICは出入りする方向が制限されている。目的地への経路を事前に調べて向かうようにしたい。

サイクリングルート ➡P.116

しまなみ海道

神聖なパワースポット　愛媛県今治市
大三島
おおみしま

島に鎮座する大山祇神社は、日本建立の大神とされる大山積大神を祀る由緒ある神社で、パワースポットとしても名高い。美術館や温泉・海水浴場など、観光スポットも充実している。

立ち寄りスポット
大山祇神社 ➡P.113
伯方塩業 大三島工場 ➡P.113

今治地方観光情報センター
☎0898-36-1118

塩グルメを満喫　愛媛県今治市
伯方島
はかたじま

製塩業と海運業の歴史が古い島で、「伯方の塩」で有名。開山公園は桜の名所で、春には約1000本の桜が園内に咲き乱れる。島内では、伯方の塩を使ったラーメンやスイーツも楽しめる。

立ち寄りスポット
開山公園 ➡P.113

今治地方観光情報センター
☎0898-36-1118

四国に最も近い島　愛媛県今治市
大島
おおしま

能島村上海賊の本拠地だった島。村上海賊ミュージアムではゆかりの品々を展示している。来島海峡大橋を望む亀老山展望公園からの眺めは、しまなみ海道のなかでも屈指。

立ち寄りスポット
亀老山展望公園 ➡P.113
能島水軍 ➡P.113

今治地方観光情報センター
☎0898-36-1118

しまなみ海道の見どころ
瀬戸内海に輝く島文化を知る

瀬戸内海に浮かぶ島々の美しい景色は、しまなみ海道ならでは。サイクリングやドライブのなかでお気に入りの景色を見つけたい。

因島水軍城
いんのしますいぐんじょう
因島 MAP 付録P.18 B-3

↑白紫緋糸段威腹巻は県の重要文化財に指定

村上海賊の資料館
瀬戸内海で活躍した村上海賊の武具や甲冑、戦法を記した古文書など、数々の貴重な資料を展示している。

☎0845-24-0936
所広島県尾道市因島中庄町3228-2
開9:30〜17:00 休木曜 料330円
交因島北ICから車で5分 Pあり

↑タイムスリップした気分になれる資料館

↑さまざまな洋ランが栽培されている

向島洋らんセンター
むかいしまようらんセンター
向島 MAP 付録P.18 C-2

一年を通じて洋ランを販売
向島で栽培された洋ランを販売している。芝生広場や高見山展望台に続く遊歩道もあり、のんびり過ごせるスポット。

↑洋ランの育て方の疑問にも答えてもらえる

☎0848-44-8808 所広島県尾道市向島町3090-1
開9:00〜17:00 休火曜(祝日の場合は翌日)
料無料 交向島ICから車で5分 Pあり

耕三寺博物館(耕三寺)
こうさんじはくぶつかん(こうさんじ)
生口島 MAP 付録P.18 A-3

母への感謝を込めた「母の寺」
鋼管溶接のパイオニア・耕三寺耕三が建立。有名寺院を手本にした堂塔伽藍が目を引く。大理石庭園の「未来心の丘」も必見。

☎0845-27-0800 所広島県尾道市瀬戸田町瀬戸田553-2 開9:00〜17:00(入場は〜16:30) 休無休 料1400円、シニア1200円 交生口島北ICから車で10分 Pあり

↓杭谷一東(くえたにいっとう)氏制作の大理石の庭園

↑日光東照宮の陽明門を参考にした孝養門

尾道●尾道から足をのばして

↑平山芸術の原点にふれることができる

平山郁夫美術館
ひらやまいくおびじゅつかん
生口島 MAP 付録P.18A-3

生口島出身画家の偉業を知る
現代日本を代表する日本画の巨匠・平山郁夫の偉業を紹介。幼少期の作品やスケッチ、さらに後年のシルクロードの大作まで幅広い展示。
☎0845-27-3800
所広島県尾道市瀬戸田町沢200-2
時9:00～16:30 休無休 料920円
交生口島北ICから車で10分 Pあり

能島水軍
のしますいぐん
大島 MAP 付録P.3F-4

渓流のような潮流を体感
船上から潮流の速い宮窪瀬戸が見学できる。間近に見る潮流は迫力満点。乗船は村上海賊ミュージアム前。
☎0897-86-3323 所愛媛県今治市宮窪町宮窪1293-2 時9:00～16:00(1時間ごと、2名以上で運航) 休月曜(祝日の場合は翌日) 料潮流体験1200円 交大島北ICから車で5分 Pあり

↑船に乗って水軍の気分を味わって

亀老山展望公園
きろうさんてんぼうこうえん
大島 MAP 付録P.3F-4

海道屈指の絶景
大島の南端に位置。世界初の三連吊橋である来島海峡大橋が一望でき、晴れた日には四国の石鎚山も見える。

大山祇神社
おおやまづみじんじゃ
大三島 MAP 付録P.3F-3

神の島を象徴する場所
天照大神の兄神である大山積大神を祀る。国宝や国の重要文化財である武具などの収蔵品数百点は、歴代の武士や朝廷が奉納した貴重なもの。
☎0897-82-0032 所愛媛県今治市大三島町宮浦3327 時境内自由、宝物館8:30～16:30 休無休 料宝物館1000円 交大三島ICから車で10分 Pなし(近隣駐車場利用)

↑室町時代に再建された拝殿

↑樹齢約2600年という楠の巨木

伯方塩業 大三島工場
はかたえんぎょう おおみしまこうじょう
大三島 MAP 付録P.3F-4

こだわりの塩作りを知る
輸入天日塩田塩と日本の海水を原料とした「伯方の塩」の製造工程を見学できる。
☎0897-82-0660 所愛媛県今治市大三島町台32 時9:00～16:00(受付は～15:30) 休不定休 料工場見学は無料(最新情報はHPを確認) 交大三島ICから車で15分 Pあり

↑敷地内には昔の塩田を再現

開山公園
ひらやまこうえん
伯方島 MAP 付録P.18A-4

桜と海を眺める名所
桜の名所として知られ、春には多くの花見客が訪れる。展望台をはじめ、すべり台やジャングルジムなどの遊具も配置。
☎0897-72-1500(今治市伯方支所住民サービス課) 所愛媛県今治市伯方町伊方開山 休入園自由 交伯方島ICから車で10分 Pあり

↑桜と青い海とのコントラストが美しい

☎0897-84-2111(今治市役所吉海支所)
所愛媛県今治市吉海町南浦487-4
時休入園自由 交大島南ICから車で10分 Pあり

→ライトアップされる橋や夜景も見もの

瀬戸内海に輝く島文化を知る

アクティブに過ごす心地よい休日

潮風を感じて プチ・サイクリング
生口島から伯方島へ

しまなみ海道は心地よいサイクリングが楽しめる「サイクリストの聖地」。初心者でも気軽にトライできるので、さわやかな瀬戸の風景とともに旅のアクティビティを楽しんで。

尾道●尾道から足をのばして

短い距離でもOK! 気軽に島めぐりを

たくさんの島が連なる美しい瀬戸内海。車もいいけれど、一瞬で通り過ぎてしまうのはもったいない。自転車のゆるやかなスピードでしか体感できない空気や風景など、サイクリングには新発見がちりばめられている。

「サイクリストの聖地」といわれるだけあり、周辺環境は抜群。自転車は乗り捨て可能だから、無理のない距離を走れて便利。ところどころにコインロッカーやシャワー、温泉施設、フリーWi-Fiスポットも設置されている。

海風を感じられる海岸沿いのコース

尾道からフェリーで生口島の瀬戸田港へ。徒歩10分ほどで、自転車がレンタルできる瀬戸田観光案内所へ到着。ここからサンセットビーチを通り、生口島を半周。多々羅大橋の上で広島県と愛媛県をまたぎ、大三島橋までは海岸沿いの道がずっと続く眺めの良いコースを走る。

しまなみ海道のなかでも形が美しいといわれる2つの橋を渡るのもこのコースならでは。塩で有名な伯方島のレンタサイクルターミナル「道の駅 マリンオアシスはかた」まで、無理なく楽しむことができる。

大三島にある多々羅しまなみ公園でひと休み

高台にある鼻栗瀬戸展望台。瀬戸の多島美を眺めてしばし時を忘れる

海が見渡せる多々羅しまなみ公園のレストランで休憩&ランチ

生口島の多々羅大橋入口にあるレモンベンチ

自転車は現地でレンタル可能。尾道のメーカーが作った「凪」BIKEの「はっさく号」もある

潮風を感じてプチ・サイクリング

海も空も広く心地よい瀬戸田サンセットビーチ

レンタサイクル information

しまなみ海道の各島にレンタサイクルターミナルがある。各ターミナルでは予約を受け付けていないので注意。予約はしまなみジャパン(広島県側)☎0848-22-3911 shimanami-cycle.or.jp/サンライズ糸山(愛媛県側)☎0898-41-3196 www.sunrise-itoyama.jp

↑試乗して自分がいちばん乗りやすい自転車を選ぶ

主なレンタサイクルターミナル

●尾道
尾道港(駅前港湾駐車場)
所 尾道市東御所町地先 ☎7:00～19:00(12～2月8:00～18:00) 休 無休

●生口島
瀬戸田町観光案内所 ➡P.116
瀬戸田サンセットビーチ ➡P.117
☎9:00～17:00

●大三島
上浦レンタサイクルターミナル
(道の駅 多々羅しまなみ公園) ➡P.117

●伯方島
伯方レンタサイクルターミナル
(道の駅 マリンオアシスはかた)
➡P.116

レンタル料金など

自転車種類	料金	乗り捨て	保障金
電動アシスト自転車	6時間以内1600円	不可	1台1100円(乗り捨ての場合は返金なし)
タンデム自転車	1日1300円	不可	
その他の自転車	1日1100円	可	

※電動アシスト自転車は貸し出しのないターミナルもある。タンデム自転車(2人乗り用自転車)は尾道市瀬戸田サンセットビーチなどで貸し出しを行っている。

115

生口島から伯方島へ
サイクリングルート

広島県の生口島を半周し、愛媛県の大三島、伯方島の3島、2つの橋を巡り、海を身近に感じることができるコース。

所要◆約2時間

自転車は車両扱いになるので左側通行で。ほかの自転車と並んで走ったり、歩行者の妨げにならないよう注意しよう。また安全のためにヘルメットを着用するのがおすすめ。

瀬戸田町観光案内所
せとだちょうかんこうあんないじょ

↓ 県道81号
3.7km・約15分

1 瀬戸田サンセットビーチ
せとださんせっとビーチ

↓ 国道317号、しまなみ海道
4.6km・約18分

2 多々羅大橋
たたらおおはし

↓ しまなみ海道、国道317号
1.7km・約7分

3 道の駅 多々羅しまなみ公園
みちのえき たたらしまなみこうえん

↓ 国道317号
5.6km・約22分

4 鼻栗瀬戸展望台
はなぐりせとてんぼうだい

↓ しまなみ海道
1.0km・約4分

5 大三島橋
おおみしまばし

↓ しまなみ海道、国道317号
3.4km・約14分

道の駅 マリンオアシスはかた
みちのえき マリンオアシスはかた

瀬戸田町観光案内所
MAP 付録P.18A-3
☎0845-27-0051 ⊕広島県尾道市瀬戸田町沢200-5 ⊕9:00~17:00 ⊕無休 ⊕瀬戸田港から徒歩13分／平山郁夫美術館バス停から徒歩1分 ₱あり

道の駅 マリンオアシスはかた
MAP 付録P.3 F-4
☎0897-72-3300 ⊕愛媛県今治市伯方町叶浦1668-1 ⊕9:00~17:00、レストラン11:00~14:00 ⊕無休 ⊕伯方島ICから車で3分 ₱あり

尾道●尾道から足をのばして

START
瀬戸田町観光案内所
しまなみドルチェ本店
平山郁夫美術館 P.113
島ごころSETODA
P.112 耕三寺博物館(耕三寺)
瀬戸田サンセットビーチ
生口島
観音山
多々羅大橋
大三島IC
道の駅 多々羅しまなみ公園
瀬戸内しまなみ海道（西瀬戸自動車道）
上浦PA
Limone
大三島
開山
鼻栗瀬戸
開山公園 P.113
伯方島
大三島橋
鼻栗瀬戸展望台
道の駅 マリン オアシスはかた
GOAL

---

2 多々羅大橋
たたらおおはし
生口島~大三島
MAP 付録P.18A-4

眺めても渡っても美しい橋

鳥が羽を広げたような美しい形で、完成当時は世界最長の斜張橋。橋長1480mの海上の風を感じて。
☎0848-44-3700(本州四国連絡高速道路しまなみ尾道管理センター)
㊧軽車両無料(しまなみサイクリングフリー期間中の場合。通常料金100円)

↑主塔下の「鳴き龍」は自転車道のみで体験できる

---

4 鼻栗瀬戸展望台
はなぐりせとてんぼうだい
大三島 MAP 付録P.18A-4

アーチ橋を真横から望む

すぐ近くに迫る島々の景色、海峡を行き来する船を小高い丘から一望できる。
☎0897-87-3000(今治市役所上浦支所住民サービス課) ⊕愛媛県今治市上浦町瀬戸4658-2 ⊕⊕⊕見学自由 ₱なし

↑展望台には天皇陛下の来島記念句碑も

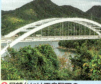

---

5 大三島橋
おおみしまばし
大三島~伯方島
MAP 付録P.18A-4

きれいな弧を描く白い橋

全長328mのしまなみ海道で唯一のアーチ型の橋。地元の人が行き来する生活道路でもある。
☎0898-23-7250(本州四国連絡高速道路しまなみ今治管理センター)
㊧自転車無料(しまなみサイクリングフリー期間中の場合。通常料金50円)

↑白い橋が、島々の緑と海の青に映えて美しい

⊕道の駅 マリンオアシスはかたでは、おみやげのほか「釜あげしらす丼」900円や「伯方の塩ソフト」S250円なども

1 瀬戸田サンセットビーチ
せとだサンセットビーチ

生口島 MAP 付録P.18A-3

日本の水浴場88選にも選ばれた海岸
約800m続く砂浜に沿って走ると、海も空も間近に感じられて爽快な気分に！

↑キャンプや、夏にはシーカヤック体験も可能

☎0845-27-1100
所 広島県尾道市瀬戸田町垂水1506-15
営休 入場自由
P あり

3 道の駅 多々羅しまなみ公園
みちのえきたたらしまなみこうえん

大三島 MAP 付録P.18A-4

サイクリストの聖地
生け簀のある大きなレストランやおみやげ店がある。地元の特産品も充実。

☎0897-87-3866
所 愛媛県今治市上浦町井口9180-2
営 9:00〜17:00、レストラン11:00〜14:00(LO)
休 無休(冬季休業あり) P あり

↑世界有数の斜張橋「多々羅大橋」のたもとにある、サイクリストの聖地として親しまれる道の駅

立ち寄りスポット

しまなみドルチェ本店
しまなみドルチェほんてん
MAP 付録P.18 B-3

フレッシュで種類豊富なフレーバー。選ぶのに迷いそう！

☎0845-26-4046 所 広島県尾道市瀬戸田町林20-8 営 10:00〜17:00 休 無休 交 海岸センター前バス停から徒歩5分 P あり

島ごころSETODA
しまごころセトダ
MAP 付録P.18A-3

香り高い瀬戸田レモンの風味を味わえるお菓子が並ぶ。

☎0845-27-0353 所 広島県尾道市瀬戸田町沢209-32 営 10:00〜17:00 休 無休 交 瀬戸田港から徒歩10分 P あり

果皮を練り込んだレモンケーキ「島ごころ」シリーズ

Limone
リモーネ
MAP 付録P.18A-4

自家農園の無農薬柑橘で作るオリジナル商品が人気の店。

☎0897-87-2131(問い合わせのみ) 所 愛媛県今治市上浦町瀬戸2342 営 11:00〜17:00 休 火・金曜 交 大三島ICから車で7分／上浦バス停から徒歩16分 P あり

リモンチェッロを使ったアイス最中も人気商品

しまなみ海道サイクリングや尾道旅行の拠点にしたい！

尾道の潮風を感じながら過ごしたい

ONOMICHI U2
オノミチ ユーツー

尾道駅周辺 MAP 付録P.12A-4

瀬戸内のカルチャーの新たな発信拠点となるサイクリストフレンドリーな複合施設。ホテル、レストラン、カフェ、ショップが揃い、尾道でのゆったりした時間を楽しめる。

☎0848-21-0550
所 広島県尾道市西御所町5-11
営休 ショップにより異なる
交 JR尾道駅から徒歩5分 P なし

↑洗練された建物は建築家・谷尻誠氏、吉田愛氏の設計

気になるスポットをクローズアップ

瀬戸内の食材や島の幸を堪能
The RESTAURANT・KOG BAR
ザレストラン・コグバー

店内はオープンキッチンのある開放的な空間。尾道の地魚や県内産地鶏の「広島赤鶏」など、新鮮な食材の炭火焼き料理が味わえる。オリジナルカクテル、世界各地から集めたカジュアルワインも。

☎0848-21-0563
営 7:00〜21:30(LO21:00)
休 無休

予約 望ましい
予算 B 1320円〜 L 1760円〜 D 3000円〜

↓広島県産熟成鶏の炭火焼き

↑明るく開放的な店内

↑隣接するButti Bakeryのパンを提供

サイクリストにうれしい
HOTEL CYCLE
ホテルサイクル

アメニティが充実しているので、身軽な自転車旅行でも心強いホテル。

☎0848-21-0550(ONOMICHI U2) 料 ツイン1万9000円〜(1泊素泊まり) 休 無休

↓自転車ごと宿泊できる

自転車のプロが常駐
ジャイアントストア尾道
ジャイアントストアおのみち

プロのスタッフに安心して愛車のメンテナンスを頼めるのが魅力。

☎0848-21-0068 営 9:00〜19:00 休 無休
↓レンタサイクル・レンタルウェアも利用可

潮風を感じてプチ・サイクリング

尾道から足をのばして

古き良き時代に帰れる場所
鞆の浦 とものうら

潮待ちの港として栄えた鞆の浦。江戸時代の建造物が数多く残る港町の風景が郷愁を誘う。

散策のポイント
- 高台に建つ寺や史跡から、瀬戸内海の大パノラマを一望
- 坂本龍馬にまつわるスポットで「いろは丸事件」を学ぶ
- 仙酔島に渡り、大自然のなかでハイキングや海水浴を楽しむ

鞆の浦のシンボルである常夜燈と斜面に沿って広がる街並み

『崖の上のポニョ』のイメージを膨らませた古い街並みと風光明媚な景観が溶け合う港町

瀬戸内海のほぼ中央、沼隈半島の先端に位置する鞆の浦。潮の分かれ目となる地点にあり、古くから潮待ちの港として賑わってきた。港周辺には、江戸時代に築かれた港湾施設や古い商家など、往時の繁栄を物語る史跡が点在。近年は宮崎 駿 監督がアニメ『崖の上のポニョ』の構想を練った街としても知られ、情緒ある風景が注目を集めている。

あたり一帯は日本初の国立公園に指定された景勝地で、瀬戸内海の眺めは格別。少し足をのばせば、自然豊かな仙酔島の散策も楽しめる。2018年5月には、日本遺産に認定された。

江戸情緒香る港の風景

近世の港の姿を残す鞆港。江戸時代の常夜燈、雁木、波止、焚場跡、船番所跡がすべて現存するのは国内唯一とされる。

常夜燈 じょうやとう

MAP 付録P.19 D-2

安政6年(1859)に建造された鞆の浦のシンボル。基礎部分を含む高さは約10mで、港の常夜燈としては日本最大級。

お役立ちinformation

鞆の浦へのアクセス

●バスでのアクセス
尾道、倉敷からはJR山陽本線で福山駅までアクセスし、路線バスに乗り換える。

●各地からJR福山駅へ
JR尾道駅から山陽本線で約19分。
JR倉敷駅から山陽本線で約40分。

●JR福山駅から鞆の浦へ
JR福山駅から鞆の浦バス停まではトモテツバス・鞆線鞆港行きで約30分(終点鞆港バス停までは32分)。

➡ JR福山駅から出発

●車でのアクセス
山陽自動車道の最寄りICは福山西IC。

●福山西ICへ
尾道ICから山陽自動車道で6km・約6分。
福山西ICから鞆の浦までは国道2号、県道22号経由で25km・約45分。

●船でのアクセス
土・日曜、祝日は尾道駅前桟橋〜鞆の浦間を渡船が運航している(1日2便)。所要は約1時間。冬季は運航なし。荒天時欠航の場合あり。
☎0848-36-6113(瀬戸内クルージング)
営9:00〜17:00 料片道2500円

➡ 瀬戸内の旅情あふれるクルージングが楽しい

鞆の浦観光情報センター

観光に便利な地図やパンフレットが揃う。また60以上の観光スポットを音声ガイドで案内してくれる端末の貸し出し(1回1台500円)も行っているので、鞆の浦に着いたら最初に立ち寄るのがおすすめ。地元のボランティアによるガイド2時間2500円〜(3日前までに要予約)など豊富なサービスを提供している。
☎084-982-3200
所広島県福山市鞆町鞆416 営9:00〜18:00
休無休 交鞆の浦バス停下車すぐ
Pあり(有料)

レンタサイクルで街を巡る

鞆の浦の見どころのほとんどは徒歩や自転車でまわることができる。市営渡船場横の入江豊三郎本店渡船場店で自転車を借り、さわやかな風を感じながら郷愁の街めぐりを楽しむのもよい。

レンタサイクル福山鞆の浦
☎084-970-5225(入江豊三郎本店渡船場店)
所広島県福山市鞆町鞆623-6 市営渡船場横
営10:00〜17:00(受付は〜16:00)
休無休 料1日500円
交鞆港バス停下車すぐ Pなし

鞆の浦

雁木
がんぎ
MAP付録P.19 D-2
船荷の積み下ろしに用いられた船着場の石段。約150mもの雁木が残る港は全国でも珍しい。

波止
はと
MAP付録P.19 D-2
波を防ぐため、江戸時代から幾度も造営が繰り返されてきた。自然石を積み上げた構造が美しい。

船番所跡
ふなばんしょあと
MAP付録P.19 E-2
高台から港を出入りする船を監視、監督をするための施設。遠見番所とも呼ばれた。石垣は、江戸時代のものが今も残る。

119

鞆の浦の見どころ

穏やかな海と
江戸風情漂う家並み

街のシンボル・常夜燈がある鞆港周辺に、
歴史ある商家の屋敷跡や寺院などが点在する。

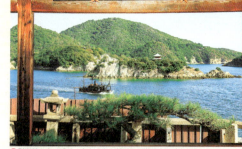

⇨ 對潮楼からの眺め。大小の島々が浮かぶ瀬戸内海が広がる

いろは丸展示館
いろはまるてんじかん
MAP 付録P.19 D-2

衝突事故の痕跡を伝える

慶応3年(1867)、坂本龍馬ら海援隊が乗った船「いろは丸」が、鞆沖合で紀州藩船と衝突し沈没。その後の潜水調査で引き揚げられた遺物を展示する。

☎084-982-1681
所 広島県福山市鞆町鞆843-1
時 10:00～16:30 休 無休 料 200円
交 鞆港バス停から徒歩5分 P なし

⇨ 登録文化財の蔵を利用
⇨ 龍馬らが身を隠した部屋をリアルに再現

對潮楼
たいちょうろう
MAP 付録P.19 E-2

絶景を見渡す迎賓館

福禅寺の本堂に隣接する客殿。抜群の眺望を誇り、朝鮮通信使の高官が「日東第一形勝」と絶賛したという。いろは丸事件の際、龍馬と紀州藩との談判場所にもなった。

⇨ 元禄年間に建てられ、福山藩の迎賓館として使用された

☎084-982-2705(福禅寺)
所 広島県福山市鞆町鞆2
時 8:00～17:00 休 無休
料 200円 交 鞆港バス停から徒歩3分 P なし

医王寺
いおうじ
MAP 付録P.19 D-2

港を見下ろす真言宗の古刹

鞆の浦で2番目に古い寺。山の中腹に位置し、鞆の浦全景が一望できる。特に、本堂から石段を上った途中にある太子殿からの眺めは素晴らしい。

⇨ 空海の開基と伝わる寺

☎084-982-3076
所 広島県福山市鞆町後地1396
時・休 拝観自由
交 鞆港バス停から徒歩10分 P なし

桝屋清右衛門宅
ますやせいえもんたく
MAP 付録P.19 E-1

龍馬の隠れ部屋を公開

いろは丸事件の際、坂本龍馬をはじめ海援隊が宿泊した屋敷。命を狙われていた龍馬は、才谷梅太郎という変名を使って屋根裏の隠し部屋に身を潜めたという。

☎084-982-3788
所 広島県福山市鞆町鞆422
時 9:00～16:30
休 火～木曜(祝日の場合は開館)
料 200円、小学～高校生100円
交 鞆の浦バス停から徒歩5分 P なし

⇨ 海運業で栄えた商家

⇨ 龍馬が隠れた屋根裏部屋が現存。龍馬が書いた手紙の複製なども展示している

仙酔島
せんすいじま
MAP 付録P.19 F-1

神秘的な小島

周囲約6kmの小さな島。太古の自然が残り、仙人が酔うほど景色が美しいことから名がついたといわれる。遊歩道が整備され不思議な形の奇岩や植物を観察できる。
☎084-928-1042(福山市観光課)
🚌鞆の浦から市営渡船で5分

↑夏は海水浴客で賑わう田ノ浦海岸

↑鞆の浦から市営渡船で約5分の場所にある

太田家住宅
おおたけじゅうたく
MAP 付録P.19 D-2

保命酒の蔵元として繁栄

江戸時代から保命酒の製造販売で栄えた中村家の邸宅。主屋や酒蔵など9棟からなり、国の重要文化財に指定。三条実美ら七卿が滞在したことでも知られる。
☎084-982-3553
所 広島県福山市鞆町鞆842 営10:00～17:00(入場は～16:30) 休火曜(祝日の場合は翌日) 料400円 交鞆港バス停から徒歩5分 Pなし

↑丁字や葛根など、保命酒の原料となる生薬がずらりと並んでいる

↑明治時代に太田家の所有となった

鞆の津の商家
とものつのしょうか
MAP 付録P.19 E-2

典型的な町家建築

江戸時代末期築の主屋と土蔵からなる。主屋は、通り庭に面して店の間、中の間、奥の間が一列に並ぶ古い商家の間取りが特徴。毎週土・日曜と祝日は内部を見学できる。

↑市の重要文化財に指定

☎084-982-1121(福山市鞆の浦歴史民俗資料館)
所 広島県福山市鞆町鞆606 営10:00～16:00 休月～金曜(祝日の場合は開館) 料無料 交鞆港バス停から徒歩5分 Pなし

鞆の浦の特産品
保命酒を味わう

保命酒は、江戸時代初期に医師が考案した薬味酒。みりん酒をベースに16種類の生薬を漬け込んで造られる。現在は4軒の酒蔵で製造している。

保命酒屋
ほうめいしゅや
MAP 付録P.19 D-2

4軒の蔵元のなかで最も古い明治12年(1879)創業。店主が焼いた徳利入りの保命酒も人気がある。
☎084-982-2011(代表)
所 広島県福山市鞆町鞆841-1 営10:00～17:00 休無休 交鞆港バス停から徒歩5分 Pなし

入江豊三郎本店
いりえとよさぶろうほんてん
MAP 付録P.19 E-1

明治時代から変わらず、蒸米から麹作りまでほぼ手作業。店内には展示コーナーもある。
☎084-982-2013
所 広島県福山市鞆町鞆534 営9:00～17:00 休無休 交鞆の浦バス停から徒歩3分 Pあり

↑保命酒900mℓ瓶 1730円

↑保命酒300mℓ豆徳利2700円

圓福寺・大可島城跡
えんぷくじ・たいがしまじょうあと
MAP 付録P.19 E-2

眺望抜群の城跡に建つ寺

慶長年間(1596～1615)に鞆城が築かれて陸続きとなった大可島。その城跡にある圓福寺は、いろは丸事件で坂本龍馬の談判相手となった紀州藩の宿舎としても使われた。

↑朝鮮通信使の定宿でもあった

☎084-982-2508 所 広島県福山市鞆町鞆10 営10:00～16:00(要予約) 休無休 料200円 交鞆港バス停から徒歩5分 Pなし

穏やかな海と江戸風情漂う家並み

121

歴史 尾道、鞆の浦…。瀬戸内の港町の記憶をたどる
海賊も庶民も往来した海の道

海外交通の大動脈として、古来より多くの人や物資が瀬戸内海を往来した。
瀬戸内の穏やかな海の風景は、いつの時代にも訪れた人々の心を魅了し続けている。

7世紀〜8世紀（飛鳥〜奈良時代） 瀬戸内の風景に魅了される
『万葉集』と鞆の浦

古代の人々が船旅の途上で目にした鞆の浦
旅人は美しい海の情景を和歌や漢詩に表した

　瀬戸内海の中央に位置する鞆の浦は、古くから「潮待ちの港」として栄えた。満潮時に潮は東と西から鞆の浦に流れ込み、逆に干潮時には鞆の浦から東西へ流れ出す。潮の流れに乗って航行した時代には、鞆の浦で潮流の変化を待つ必要があった。大宰府へ赴く官吏や防人、遣唐使らが、潮待ちのために鞆の浦に滞在し、波間に島々の浮かぶ絶景を楽しんだ。奈良時代の『万葉集』には、旅人らが鞆の浦を詠んだ8首の歌が収められている。大宰帥・大伴旅人も、鞆の浦の情景に亡き妻を偲ぶ歌を詠んでいる。
「我妹子が　見し鞆の浦の　むろの木は　常世にあれど　見し人ぞなき（妻があの日に眺めた鞆の浦のムロの木は今も変わらないのに、それを見た妻はもういない）」
　鞆の浦の景勝に心を動かされたのは日本人だけではない。江戸時代には、李氏朝鮮から派遣された朝鮮通信使が、官舎のあった鞆の浦の福禅寺に滞在。客殿「對潮楼」からの海の眺望を「日東第一形勝」（日本一の景勝）と称賛した。

村上海賊　瀬戸内で活躍した海賊

南北朝時代から、広く勢力を握ったのが村上海賊。能島、来島、因島の3家からなるため三島村上氏と呼ばれる。普段は輸送船から通行料を取って海上警護や水先案内をし、戦時には大名らと手を組み、小船を操って海上戦に参加した。海の武士として活躍した彼らも、天正16年（1588）に豊臣秀吉が発布した海賊禁止令によって、徐々に衰退していった。

因島水軍城 ◆ P.112
いんのしますいぐんじょう
因島 MAP 付録P.18 B-3

12世紀〜19世紀（平安末期〜江戸時代） かつての海上輸送の重要ルート
交易ルートとしての海

平清盛が瀬戸内海に海外交易の航路を築き
江戸時代に大型帆船の北前船が行き交った

　広島県呉市と倉橋島の間にある狭い海峡「音戸の瀬戸」は、平清盛が平安末期に開削したと伝えられる。清盛が沈みゆく夕日を金の扇で戻し、一日で開削したとの「日招き伝説」が残る。安芸守だった平清盛は、音戸の瀬戸の開削のほか瀬戸内沿岸の港を整備し、それまで北九州止まりだった宋の貿易船を瀬戸内海経由で大坂の港まで引き入れた。宋から陶磁器などの舶来品や文化が瀬戸内に流入し、清盛は貿易で蓄財を増やし、沿岸寄港地も繁栄を享受した。
　江戸時代に瀬戸内海の海運業は最盛期を迎える。江戸初期に日本海沿岸と瀬戸内海、大坂を結ぶ西廻り航路が河村瑞賢らにより考案された。同じ頃、陸地の目標物を頼りに沿岸部を航行した地乗りから、沖合を進む沖乗りが始まった。これにより、北陸・東北方面から北前船と呼ばれる大型商船が瀬戸内海に頻繁に来航するようになり、各地の港町は活況を呈した。

↑呉市にある音戸の瀬戸

北前船の一大交易地として発展した尾道
豪商たちの築いた街の面影が今も残る

　瀬戸内海の北前船の寄港地で、特に賑わったのが尾道だ。北前船は、船頭が積み荷を仕入れ、各港で売りさばく「買い積み」が基本。日本海側からは米や水産物が持ち込まれ、尾道では特産の備後畳表や塩、綿などが買い取られた。港には船頭や豪商たちの邸宅や蔵が立ち並び、街は船乗りや商人たちで賑わった。豪商は街の整備を行い、船頭らも海を望む山腹に安全祈願の寺社を建て、尾道の街の基礎を築いた。北前船で賑わった瀬戸内海の海運業も、明治以降の鉄道の整備などで徐々に衰退していく。

↑江戸時代の港湾施設を残す鞆の浦

尾道・しまなみ海道・鞆の浦 歴史年表

西暦	元号	事項
B.C.6000頃		瀬戸内海の海域が形成される
730	天平2	万葉歌人・大伴旅人が鞆の浦の地で亡き妻を偲び、歌を詠む
934	承平4	瀬戸内海などに海賊が横行したため、朝廷が追捕海賊使を置く
1164頃	長寛年間	平清盛が呉市と倉橋島を結ぶ「音戸の瀬戸」開削工事に着手
1169	嘉応元	尾道が公認の港となり年貢米の積み出しが行われるようになる
1172	承安2	平清盛は日宋貿易振興のため、兵庫県神戸市に大輪田泊を築港し、音戸の瀬戸の修理などを行う
1349	正平4貞和5	能島村上氏が、東寺領の弓削庄（現在の愛媛県上島町）付近で海上警護を請け負う
1434	永享6	室町幕府が村上氏に遣明船の海上警固を命じる
1555	弘治元	厳島の戦いで村上海賊を味方につけた毛利元就が、厳島で陶晴賢を討つ
1588	天正16	豊臣秀吉が海賊禁止令を発布する
1597	慶長2	朝鮮出兵の際、尾道の豪商、渋谷与右衛門が軍需品などの海上輸送に携わる
1672	寛文12	河村瑞賢が日本海を経て瀬戸内海へ入り、大坂や江戸へ向かう西廻り航路を開き、北前船の尾道来航が始まる
1690頃	元禄年間	鞆の浦にある福禅寺の本堂に隣接した客殿（のちに朝鮮通信使によって對潮楼 ◯ P.120 と命名）が創建される
1711	正徳元	朝鮮通信使の李邦彦が福禅寺の客殿（對潮楼）を「日東第一形勝」と称賛する
1867	慶応3	大坂への航海中であった坂本龍馬が乗った「いろは丸」が、鞆沖にて紀州の軍艦「明光丸」と衝突し、沈没。鞆の浦で賠償交渉を行う
1884	明治17	瀬戸内海航路を主力航路とした大阪商船開業
1912	明治45	大阪商船により、大阪と別府温泉を結ぶ貨客船「紅丸」が運航され、瀬戸内海がより賑わう
1934	昭和9	「瀬戸内海国立公園」が日本初の国立公園のひとつとして指定される
1988	昭和63	本州と四国を結ぶ瀬戸大橋が開通
1999	平成11	西瀬戸自動車道（しまなみ海道）が開通し、本州四国連絡橋の3ルートが揃う

18世紀〜（江戸後期〜）

風光明媚な観光の海
瀬戸内を旅する人々

**移動・輸送のための航路から観光航路へ
多島と橋の魅せる風景が新たな人気を呼ぶ**

江戸時代に瀬戸内海を往来したのは物資を運ぶ輸送船だけではない。庶民の旅行熱が高まっていった江戸後期には、寺社の参詣や湯治に行く人々を乗せた船が、瀬戸内海を行き交うようになる。

安芸の宮島の厳島神社は、すでに日本三景のひとつとして知られていたため、観光を兼ねた参詣客で大いに賑わった。金毘羅詣でも定期便の金毘羅船が瀬戸内海を往来する人気ぶりだった。

明治に入ると、大坂と九州の温泉地・別府を結ぶ湯治船の航路が開設された。明治45年（1912）に1000t級の大型貨客船「紅丸」が就航し、瀬戸内方面から温泉観光地・別府へ向かう定期航路が人気を博した。

昭和9年（1934）、瀬戸内海と沿岸一帯が日本初の国立公園「瀬戸内海国立公園」に制定されると、風光明媚な保養地として注目を集め、観光開発も進められた。昭和63年（1988）には、本州・岡山と四国・香川を結ぶ、道路鉄道併用の瀬戸大橋が開通。鉄道を海上でつないだ宇高連絡船はのちに廃止され、自動車や鉄道が海上を渡るようになる。

1999年には、3つの本州四国連絡橋がすべて開通。二十余の橋が架けられ、瀬戸内海に新たな風景の魅力が加わった。なかでも、芸予諸島の島々を結ぶしまなみ海道は、多島美を堪能できるドライブコース、サイクリングコースとして人気を呼んでいる。

海賊も庶民も往来した海の道

↑海外からも大勢の旅行者が訪れるしまなみ海道

←北前船の寄港地として栄えた尾道

HOTELS 泊まる

尾道、しまなみ海道、鞆の浦周辺
瀬戸内の旅情に浸る宿

文人が愛した宿や映画の撮影地になった宿に、瀬戸内海の美しい景色と新鮮な海の幸…。欲張りで贅沢な旅館をご紹介。

全室オーシャンビューの温泉露天風呂付き
汀邸 遠音近音
みぎわてい をちこち

1. 瀬戸内の海や島々を借景にロビーでゆっくり過ごすのもおすすめ 2. 24時間いつでも楽しめる露天風呂 3. 眺望も魅力のアッパースイート

鞆の浦 MAP 付録P.19 E-2

江戸時代に創業し、十返舎一九や井伏鱒二などに愛された「宿屋籠藤」が前身。モダンな客室は豪華で、ロビーラウンジからは弁天島や仙酔島を望む。全室に露天風呂が付くほか、エステルームも充実している。

☎084-982-1575
所 広島県福山市鞆町629 交 JR福山駅から鞆鉄バス・鞆港バス停下車すぐ（無料送迎バスあり）P なし（ホテル鴎風亭の駐車場利用可）in 15:00 out 11:00 室 17室 予約 1泊2食付2万9700円（別途入湯税150円）〜

瀬戸内の多島美を一望 屋上露天温泉から絶景を
ホテル鴎風亭
ホテルおうふうてい

1. ガラス張りのジャクジーを備えたビューバススイート 2. 展望露天風呂から絶景が望める 3. 瀬戸内の幸たっぷりの会席料理

鞆の浦 MAP 付録P.19 E-1

三方を海に囲まれ、オーシャンフロントの客室や露天風呂からは瀬戸内海に浮かぶ島々を一望できる。「瀬戸内和モダン」をテーマとしたジャクジー付きビューバススイートやプレミアムフロアなど多彩な客室が用意されている。

☎084-982-1123
所 広島県福山市鞆町鞆136 交 JR福山駅から鞆鉄バス・鞆の浦バス停下車、徒歩5分（無料送迎バスあり）P あり in 15:00 out 10:00 室 43室 予約 1泊2食付2万2000円〜

木のぬくもりに癒やされる登録有形文化財の宿
西山本館
にしやまほんかん

1. 木のぬくもりと懐かしさを感じさせる古き良き昭和のたたずまい 2. 尾道の食材を料理長が厳選

尾道 MAP 付録P.15 F-1

大正時代に建てられた木造3階建てで、宿としては昭和5年（1930）に創業。玄関の吹き抜けは、大林監督の映画の撮影にも使用されたこの宿のシンボル。瀬戸内の新鮮な魚介を使った会席料理が味わえる。

☎0848-37-2480
所 広島県尾道市十四日元町3-27 交 JR尾道駅から徒歩15分 P あり in 16:00 out 10:00 室 5室 予約 1泊2食1万2000円〜

瀬戸内海に浮かぶ離島で絶景と温泉を楽しむ
ホテル清風館
ホテルせいふうかん

1. 瀬戸内海の大パノラマが広がり晴れた日にははるか石鎚連峰を望む 2. 潮騒と潮の香りに包まれる

大崎上島 MAP 付録P.3 E-4

多島美を誇る大崎上島の岬に建つ。絶景露天風呂温泉と海の幸をふんだんに使った料理が自慢。名物バーテンダーが作る創作カクテルと星月夜は、忘れられない時間になるはず。瀬戸内海を一枚の絵にしたデラックスルーム陽光もある。

☎0846-62-0555
所 広島県豊田郡大崎上島町沖浦1900 交 垂水港から車で20分（無料送迎バスあり、要予約）P あり in 15:30 out 10:00 室 55室 予約 1泊2食付1万7750円〜

OTONATABI
Kurashiki

倉敷

白壁の続く
ノスタルジックな
街並みをゆく

岡山県南部に位置する倉敷には
なまこ壁や格子窓を持つ建物、
大正時代のハイカラな建築が今も残り、
情緒あふれる街並みが散策できる。
特に倉敷美観地区が有名で、
倉敷川の川舟や街を人力車に乗って
見学することもできる。

旅のきほん

エリアと観光のポイント
倉敷はこんなところです

倉敷美観地区と呼ばれる、街の景観を保護している一帯が倉敷観光の中心だ。

↑大原美術館の隣、ツタに覆われた外壁が印象的な喫茶店エル・グレコ（P.150）

素敵なお店に出会える
本町通り周辺
ほんまちどおり

阿智神社のある鶴形山公園は街並みが一望できる。麓に沿うように延びる本町通りは職人や商人の町家をリノベートした個性的な雑貨店などが軒を連ねていて、歩くだけでも楽しい。

観光のポイント おしゃれな雑貨屋やひと休みに最適なカフェなどが多い

↑大正時代から今も現役の銀行である中国銀行

文化的な施設が集まる
倉敷川周辺
くらしきがわ

両岸に柳の枝が揺れる倉敷川をゆったりと川舟が行き交う景色や、白壁の町家が続く美しいエリア。趣向を凝らしたレストランも多く、大原美術館を訪れたあとは、食事を楽しみたい。

観光のポイント 大原美術館以外にも個性的なミュージアムが点在する

↑川の周辺には倉敷物語館など昔の面影が残る建物が並ぶ

↑街の中心を流れる倉敷川。かつては運河として使われていた

↑眺望を求めるなら阿智神社がある鶴形山公園(P.134)へ

交通 information

周辺エリアから倉敷へのアクセス

電車・バス

JR尾道駅
↓ 山陽本線で1時間5分
JR倉敷駅
↑ 中鉄バスまたは下電バスで35分   ↑ JR山陽本線普通で17分
岡山桃太郎空港   JR岡山駅

↑ JR倉敷駅。以前は8階建てのホテル付きだったが、2015年減築工事により3階建ての現在の姿に

↑ JR倉敷駅北口には倉敷チボリ公園のシンボルだった時計塔が置かれている

車

福山西IC
↓ 山陽自動車道経由56km
倉敷IC
↑ 山陽自動車道経由16km
岡山IC

問い合わせ先

観光案内
倉敷観光コンベンションビューロー ☎086-421-0224
倉敷駅前観光案内所 ☎086-424-1220
倉敷美観地区の観光案内所 ➡P.129

観光案内
下電バス(興除営業所) ☎086-298-9011
中鉄バス(岡山営業所) ☎086-222-6601
JR西日本お客様センター ☎0570-00-2486

倉敷はこんなところです

127

WALKING & SIGHTSEEING
歩く・観る

川沿いに柳の揺れる蔵の街を歩く
倉敷美観地区 くらしきびかんちく

倉敷川沿いに並ぶ土蔵の白壁と、柳並木との美しいコントラスト。江戸時代に商人の街として栄え、当時の面影を今に残している。

MAP 付録P.16-17

新旧の魅力が共存する美観地区
美術館などの文化施設も訪れたい

　江戸幕府直轄の天領として栄えた倉敷は、倉敷川の水運に恵まれた商業都市。観光の中心となる美観地区には、江戸から明治時代に建てられた町家や土蔵が今も残り、往時の繁栄を伝えている。

　最近は、古い建物を改修・再生したショップやレストランなどが増え、伝統とモダンが見事に融合。川沿いに続く柳並木との調和も美しく、夜はライトアップされ、幻想的な雰囲気を漂わせる。

　芸術の街としても知られ、実業家・大原孫三郎(おおはら まごさぶろう)が設立した大原美術館は、世界的名画の宝庫。日本で2番目に古い民藝館もあり、膨大なコレクションを通して多彩な芸術にふれることができる。

↰美観地区の中核のひとつ、大原美術館。イオニア式の柱が特徴的

散策のポイント

江戸情緒たっぷりの街並みの独特な建築様式にも注目

素晴らしいコレクションを持つ大原美術館はぜひ訪れたい

本町通り周辺はグルメや雑貨など注目のお店が目白押し

倉敷●歩く・観る

小舟や人力車で巡る美観地区　徒歩では見えない、新しい風景が広がる。

くらしき川舟流し
くらしきかわぶねながし
MAP 付録P.17 D-3

風情ある倉敷の街並みを川舟でゆったりと楽しめる倉敷川の観光川舟。船頭のガイド付きで今橋と高砂橋を20分ほどの乗船時間で往復する。

☎086-422-0542(倉敷館観光案内所)
所 岡山県倉敷市中央1-4-8
9:30(始発)～17:00(最終)　休 第2月曜、12～2月は月～金曜　料 乗船料500円
交 JR倉敷駅から徒歩10分　P なし

↰美しい景観を川舟から楽しむ

えびす屋 倉敷
えびすやくらしき
MAP 付録P.16 C-3

美観地区の魅力を俥夫からじかに聞きながら巡る観光人力車。倉敷物語館から本町、東町をまわるコースなら30分ほどで一周できる。

☎086-486-1400
9:30～日没(季節により変動あり)
休 無休　料 1名3000円～(2名の場合は1名2000円～)　交 倉敷物語館前(乗車場)は、JR倉敷駅から徒歩9分　P なし

↰おすすめを紹介しながら街を案内してくれる

倉敷美観地区

お役立ちinformation

倉敷美観地区の移動手段
JR倉敷駅から美観地区の中央、観光案内所がある倉敷館までは徒歩10分ほど。地区内も散策できる範囲なので、移動は徒歩が基本。

夜間ライトアップ
倉敷川沿いの建物が日没〜22:00(10〜3月は〜21:00)の間、ライトアップされる。

観光案内所／ボランティアガイド
●倉敷館観光案内所
☎086-422-0542
㊟岡山県倉敷市中央1-4-8　⏰9:00〜18:00
休無休　交JR倉敷駅から徒歩10分

●倉敷地区ウェルカム観光ガイド連絡会
所要1時間30分の、徒歩による無料観光ガイドツアーを実施。倉敷館に集合、出発。英語でのガイドツアーも行っている。
☎086-436-7734(受付時間9:00〜12:00)
⏰9:30、13:30の1日2回催行、予約不要(有料の予約も可能)　休無休

↑倉敷の文化を詳しく案内してくれる

1 大戸	**2 倉敷格子**	**3 倉敷窓**	**4 なまこ壁**
↑主屋入口や長屋門などに設けられる戸。夜間のみ用いられる	↑親竪子の間に、上端を切り詰めた細い子が3本入るのが特徴	↑2階正面に開かれた窓で、木地の竪子が3本または5本入る	↑正方形の平瓦を並べ、目地を漆喰で盛り上げて埋めた外壁

倉敷●歩く・観る

美観地区の街並みと名建築

情緒あふれる暮らしの風景

白壁土蔵が印象的な町家など伝統的な建築物が多く残る。人々の暮らしに思いを馳せ、風情ある街並みを散策。

倉敷の町家建築を知る

大橋家住宅
おおはしけじゅうたく
倉敷川周辺 MAP 付録P.16 C-3

倉敷町家の特徴が随所に見られる江戸時代に栄えた豪商の屋敷

江戸時代に水田・塩田開発や金融業で財を成した大橋家の邸宅。代官所の許可なくしては建てられなかった長屋門を構え、その奥に主屋が配置されていることからも、格式の高さがうかがえる。主屋、長屋門、米蔵、内蔵が国の重要文化財に指定。

☎086-422-0007 所岡山県倉敷市阿知3-21-31
開9:00～17:00(4～9月の土曜は～18:00) 休12～2月の金曜
料550円 交JR倉敷駅から徒歩12分

注目ポイント

採光や通風に配慮した設計
すべての部屋から庭が見えるつくり。風流な坪庭が配され、広い建物の奥まで風や光が通るよう工夫されている。

> いろりの部屋
> 年2回開催する企画展の会場。奥に畳と囲炉裏が配されている。

美観地区の街並みと名建築

上質な暮らしの風景
倉敷民藝館
くらしきみんげいかん
倉敷川周辺 MAP 付録P.17 D-4

人々の暮らしのなかで生み出された古今東西の民芸品が一堂に集まる

江戸時代後期の米倉を改装して昭和23年(1948)に開館。陶磁器、ガラス、木工品、漆器など、約1万5000点におよぶ国内外の民芸品を所蔵する。その大半は初代館長・外村吉之介が集めたもので、衣食住に関わる生活用具の美しさが伝わる。売店は入場無料。

☎086-422-1637　⑰岡山県倉敷市中央1-4-11
⏰9:00～17:00(最終入館16:30)　休月曜(祝日の場合は開館)　料1000円　交JR倉敷駅から徒歩15分

↑真っ白な外壁に黒い貼り瓦が映える

> かごの部屋
> かご好きだった初代館長が集めた世界各国のかごを展示。

> 李朝の部屋
> 李氏朝鮮時代の焼物や家具が並ぶ。優美な白磁が見どころ。

> 岡山の民藝品
> 備中和紙・倉敷ガラスなど県内の民藝品を展示。

> 特設ギャラリー
> 展示即売会の会場として使用。通常は民芸品を常設展示。

> 注目ポイント
> 著名な詩人も愛した中庭
> 英国詩人エドモンド・ブランデンはこの中庭を絶賛し、感動を詩に残した。

美観地区の街並みと名建築

↑古い米蔵を利用した堂々たるたたずまい

日本郷土玩具館
にほんきょうどがんぐかん
倉敷川周辺 MAP 付録P.17 D-4

地方色豊かな玩具
江戸時代から現代までの郷土玩具やおもちゃを約3万点展示。独楽や凧、人形など昔懐かしい品々が並ぶ。中庭を囲むショップやギャラリー、カフェも併設。
☎086-422-8058
所岡山県倉敷市中央1-4-16 営10:00〜17:00（ショップは〜17:30）休無休 料500円 交JR倉敷駅から徒歩15分

↑日本全国に伝わる多彩な郷土玩具がずらり

倉敷考古館
くらしきこうこかん
倉敷川周辺 MAP 付録P.17 D-3

吉備の歴史を物語る遺物が多数
岡山県下で発掘された考古資料を中心に展示。旧石器時代から中世にいたるまでの土器や石器など約300点が並ぶ。米蔵を改装した建物にも注目したい。
☎086-422-1542 所岡山県倉敷市中央1-3-13
営9:00〜17:00（入館は〜16:30）
休月・火曜（祝日の場合は開館）料500円（特別展等は別途）交JR倉敷駅から徒歩15分

↑→貴重な出土品を陳列している（展示品は特別展の場合や時期により異なる）

↑建物の側面を覆うなまこ壁。白と黒が織りなす幾何学模様の美しさに目を奪われる

倉敷物語館
くらしきものがたりかん
倉敷川周辺 MAP 付録P.16 C-3

長屋門や土蔵は必見
東大橋家の住宅を整備。江戸時代の長屋門や土蔵をはじめ、歴史的な建造物が残る。館内には倉敷の街並みを伝える展示コーナーやカフェなどがある。
☎086-435-1277
所岡山県倉敷市阿知2-23-18
営9:00〜21:00（12〜3月は〜19:00、入館は各15分前まで）休無休 料無料 交JR倉敷駅から徒歩10分

↑江戸時代から昭和初期の建物群が並ぶ

◯日本庭園を望む
離れ屋敷

語らい座 大原本邸
かたらいざ おおはらほんてい
倉敷川周辺 **MAP** 付録P.17 D-3

倉敷を代表する町家

国指定重要文化財の大原家当主の屋敷。邸内には、石畳に連なる倉群、静寂の日本庭園と、外からは想像できない景色が広がる。加えて大原家の所蔵品、また斬新な展示内容で、その歴史を体感することができる。

☎086-434-6277
⬛岡山県倉敷市中央1-2-1 ⬛9:00〜17:00(入館は〜16:30) ⬛月曜 ⬛500円
⬛JR倉敷駅から徒歩12分

◯倉敷川に面して建つ重厚な町家建築

有隣荘
ゆうりんそう
倉敷川周辺 **MAP** 付録P.17 D-3

瓦屋根が際立つ大原家旧別邸

昭和3年(1928)、大原孫三郎が夫人のために建てた別邸。緑色に光る屋根瓦が印象的で、「緑御殿」の呼び名で親しまれる。春と秋に内部を特別公開。

☎086-422-0005(大原美術館)
⬛岡山県倉敷市中央1-3-18 ⬛⬛外観のみ見学自由
⬛JR倉敷駅から徒歩12分

◯迎賓館としても使用され、昭和天皇も宿泊した

美観地区の街並みと名建築

美観地区の散歩ではここに注目
江戸時代から残る遺構などに水運の街の風情を感じる。

ひさやい
美観地区でよく見かける狭い路地のこと。両側には風情ある蔵が連なり、のんびり歩くだけでも十分楽しい。

雁木
荷物の積み下ろしに利用された船着場の石段。美観地区内には、江戸時代に築かれたとされる雁木が5つある。

今橋
大正15年(1926)、皇太子だった昭和天皇の行啓に合わせて架け替えられた。児島虎次郎による龍の彫刻が見事。

常夜灯
川灯台として寛政3年(1791)に設置。かつて多くの船が往来した倉敷川の歴史を伝える貴重な遺構となっている。

長い歴史と新たな感性が交錯
好奇心を満たす倉敷の重要スポット

古刹や歴史的建造物を守り、新たな観光スポットを生み出している倉敷の見どころをさらにご紹介。

倉敷美観地区に鎮まる社
阿智神社
あちじんじゃ

鶴形山の頂上に鎮座し、宗像三女神を祀る。境内には、日本一の樹齢を誇るアケボノフジの藤棚、阿知の藤がある。

本町通り周辺 **MAP** 付録P.17 E-3
☎ 086-425-4898
所 岡山県倉敷市本町12-1
開休料 拝観自由
交 JR倉敷駅から徒歩20分 Ｐあり

↑2本を束ねた太い注連縄(上)、県指定天然記念物・阿知の藤(下)

桜や藤の名所として有名
鶴形山公園
つるがたやまこうえん

阿智神社周辺に整備された公園。約120本の桜や、「阿知の藤」と呼ばれる天然記念物の藤など、季節の花が美しい。

本町通り周辺 **MAP** 付録P.17 E-2
☎ 086-426-3495(倉敷市公園緑地課)
所 岡山県倉敷市本町12-1
開休料 入園自由
交 JR倉敷駅から徒歩20分 Ｐなし

↑「阿知の藤」はアケボノフジという珍種で、薄紅色の花が咲く

レトロな紡績工場を再生
倉敷アイビースクエア
くらしきアイビースクエア

明治22年(1889)に建設された倉敷紡績所の本社工場を改修した複合文化施設。かつて倉敷の経済を支えた元工場の広大な敷地内に、ホテルやレストラン、記念館、体験工房などが集まる。

倉敷川周辺
MAP 付録P.17 E-4
☎ 086-422-0011(代表)
所 岡山県倉敷市本町7-2
開休料 施設により異なる
交 JR倉敷駅から徒歩15分 Ｐあり

↑ツタに覆われた赤レンガの建物。中央の広場は憩いのスペース

↑工場の面影が残るノコギリ屋根

倉敷アイビースクエア内の見どころ

倉紡記念館
くらぼうきねんかん

繊維メーカーのクラボウの史料を明治から年代順に紹介。日本の繊維産業の歩みがわかる。

☎ 086-422-0011(代表)
開 9:00～17:00
休 無休
料 300円

↑原綿倉庫を再利用した建物は、登録有形文化財にも指定されている
©クラボウ

愛美工房
あいびこうぼう

絵付け体験など、さまざまな陶芸体験ができる工房。売店では県内の民芸品を販売。

☎ 086-424-0517(倉敷アイビースクエア陶芸教室) 開 9:00～17:30(体験は要予約) 休 無休
料 絵付けコース1100円～ほか

↑備前焼作りをはじめ、さまざまな種類の貴重な体験ができる

歴史

江戸時代から未来へと続く、美しい街並み

倉敷、美観地区の歴史をたどる

臨海部は工業都市としての顔も持ち、中国地方で3番目の人口を誇る大都市・倉敷市にあって、美しい歴史的景観を誇る倉敷美観地区。倉敷川沿いに栄えた街の歴史を振り返ってみよう。

江戸時代
水運を生かした物資の集積地
天領として栄える

江戸幕府の庇護のもとで発展した商都。倉敷川を多くの船が行き交い、有力な豪商も現れた

かつては高梁川河口の干潟に面した港町だった倉敷。江戸時代初期から干拓による新田開発が進められ、現在のような内陸の街となった。

寛永19年(1642)、江戸幕府直轄の天領となって代官所が置かれると、倉敷川を利用した物資輸送の拠点として繁栄。川沿いには米や綿を扱う商家や土蔵が立ち並び、風情ある街並みが形成された。江戸時代中期には、大原家、大橋家といった豪商が誕生し、商業都市として隆盛を極めた。

↑明治末〜大正半ばの倉敷の様子。右手に倉敷紡績所の煙突が見える〈写真提供：倉敷市文化振興課〉

明治時代〜現代
近代は紡績の街として再興
紡績所誕生が契機に

紡績業により再び繁栄の時代が到来 歴史的街並みは、貴重な観光資源に

明治時代になると、天領としての役目を終えた倉敷は、急速に活気を失って衰退。そのうえ、鉄道の開通で陸路の物流が発達し、水運の需要は激減した。そんな状況を打破したのが、明治21年(1888)、大原家によって創業された倉敷紡績所(現クラボウ)。以後、紡績業は倉敷の経済を支える主要産業となり、地域の近代化に大きく貢献した。さらに、2代目社長の大原孫三郎は、盟友の児島虎次郎とともに世界的名画を収集し、大原美術館を設立。ほかにも、病院や研究所の創設など、さまざまな社会事業に財を投じ、後世に多大な功績を残した。

孫三郎の後を継いだ大原總一郎は、時代に先駆けて景観保存の重要性を提唱。その理念はのちの街並み保存運動のきっかけとなり、荒廃しつつあった土蔵や町家は再生が進められた。昭和54年(1979)、倉敷川周辺が国の重要伝統的建造物群保存地区に選定される。現在、倉敷美観地区として保護されている美しい街並みには、景観の保存に取り組んだ先人の知恵と努力が秘められている。

↑大正11年(1922)に建てられたルネサンス様式の建造物。中国銀行倉敷本町出張所として利用されてきたが、2016年に大原美術館に寄贈された。倉敷には町家建築だけでなく、洋館も数多く点在する

↑水運で栄えた時代の遺構が街の随所に残る。写真は「雁木」と呼ばれる、船着場の石段で、江戸時代に造られたもの

倉敷 歴史年表

西暦	元号	事項
1642	寛永19	倉敷が江戸幕府の直轄地になる
1889	明治22	倉敷紡績工場が操業開始
1891	24	山陽鉄道・倉敷駅が開業する
1930	昭和5	**大原美術館**開館 ➡ P.136
1969	44	倉敷市条例に基づき、美観地区制定される
2000	平成12	倉敷市美観地区景観条例が制定される

ギャラリーコンサートなど、イベントも頻繁に開催

圧倒的な存在感を放つ
珠玉の名画を数多く収蔵

実業家・大原孫三郎が、昭和5年(1930)に設立した日本最初の私立西洋美術館。孫三郎の支援を受けた洋画家・児島虎次郎がヨーロッパで収集した西洋絵画を中心に、約3000点を収蔵する。エル・グレコやモネといった世界的に知られる巨匠の名作は必見。すべてをじっくり見てまわると3時間ほどかかるため、事前に鑑賞したい作品を絞っておくとよい。

倉敷川沿い MAP 付録P.17 D-3
☎086-422-0005
所 岡山県倉敷市中央1-1-15
時 9:00～17:00(ミュージアムショップは～17:15) 休 月曜(祝日の場合は開館)、冬季休館あり。夏休み期間は無休
料 1500円、音声ガイド600円
交 JR倉敷駅から徒歩12分 P なし

世界の美しい芸術と出会う
大原美術館
おおはらびじゅつかん

→ 赤塗りとなまこ壁の組み合わせが斬新な印象を与える工芸・東洋館

画壇を代表する画家の名画から現代美術まで。
風格ある建物とモネの睡蓮が咲く庭に誘われ、極上のアート鑑賞を。

見学 information

音声ガイドを利用する
美術館の歴史や本館の主要作品に関する詳しい解説が聞ける。料金600円。本館入口で申し込める。

ギャラリーツアーに参加
入館料のみで参加できる館内ツアーがおすすめ。2種類のツアーがあり、毎週土・日曜に開催される。

美術館の礎を築いた2人の人物

生涯の親友でもあった孫三郎と虎次郎。彼らの高い志が、世界に誇るコレクションを実現した。

大原孫三郎
おおはらまごさぶろう
明治13年～昭和18年(1880～1943)

倉敷を基盤に広く活躍し、多くの社会事業に尽くした実業家。「日本の芸術界のために、優れた西洋美術を紹介したい」という児島虎次郎の熱意に惚れ込み、多額の私財を投じて美術品収集を支援した。

児島虎次郎
こじまとらじろう
明治14年～昭和4年(1881～1929)

岡山県生まれの洋画家。大原孫三郎の援助で3度にわたり渡欧し、制作に励むかたわら西洋美術作品の収集に尽力。多数の名画を持ち帰り、日本の美術界の発展に貢献した。

→ 敷地内の3館からなる

不朽の名作を間近で鑑賞

本館

ギリシャ神殿風の建物と新展示棟からなる。児島虎次郎が収集した世界的名画をはじめ、ヨーロッパやアメリカの現代美術などを展示する。

作品 受胎告知
じゅたいこくち

作家 エル・グレコ
1590年頃～1603年

聖母マリアが、天使ガブリエルからキリストの受胎を告げられる場面を描いたもの。大胆な構図と鮮烈な色彩が印象的で、臨場感に満ちている。

本館案内図

作品 睡蓮
すいれん

作家 モネ
1906年頃

有名な『睡蓮』の連作のひとつ。明るい陽光や反射、風によるさざ波など、刻々と移りゆく水面の様子が繊細なタッチで表現されている。

大原美術館

作品 かぐわしき大地
かぐわしきだいち

作家 ゴーギャン
1892年頃

タヒチの少女をモデルに、エデンの園のイヴを描いた作品。イヴをそそのかすヘビの代わりに、赤い翼を持つ怪鳥が描写されている。

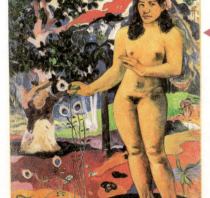

作品 和服を着た
ベルギーの少女
わふくをきたベルギーのしょうじょ

作家 児島虎次郎
こじまとらじろう
明治44年(1911)頃

虎次郎がベルギー留学中に制作したもので、パリのサロンに出品し初入選を果たした。豊かな色彩や勢いのある筆遣いが目を引く。

137

東洋の美意識が宿る工芸品
工芸・東洋館

江戸時代の米蔵を利用した展示室。工芸館には民芸運動で活躍した6人の作品が展示され、東洋館には虎次郎が集めた東アジアの古美術が並ぶ。

作品 一光三尊仏像
いっこうさんそんぶつぞう

作家 作者不明
北魏時代(386～534年頃)

中国の北魏時代に制作された高さ2.5mの石仏。中央に本尊、左右に菩薩が配され、ほっそりとした体躯が特徴。かつては光背が完全な形であったという。

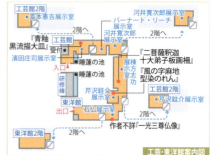

工芸・東洋館案内図

作品 青釉黒流描大皿
あおゆうくろながしがきおおざら

作家 濱田庄司
はまだしょうじ
昭和31年(1956)頃

直径54.8cmもの大皿を、電動や蹴ろくろを使わず、手ろくろだけで作り出したという傑作。釉薬を流しかけて描いた躍動的な紋様が素晴らしい。

作品 風の字麻地型染のれん
かぜのじあさじがたぞめのれん

作家 芹沢銈介
せりざわけいすけ
昭和52年(1977)

文字の図案化を得意とした芹沢の特質を示す作品。シンプルなデザインながら味わい深く、さわやかな風のイメージを想起させる。

作品 二菩薩釈迦十大弟子板画柵
にぼさつしゃかじゅうだいでしはんがさく

作家 棟方志功
むなかたしこう
昭和14年(1939)頃

釈迦の主要な弟子10人に、普賢・文殊の2菩薩を加えた12体の仏画。ヴェネツィア・ビエンナーレで最高賞を受賞し、これを機に「世界のムナカタ」の地位を確立した。

倉敷●歩く●観る

建物の意匠・デザインに注目してみよう

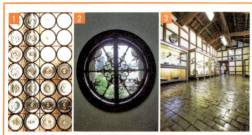

1. 倉敷ガラスの創始者・小谷真三が手がけたステンドグラス
2. 本館2階の美しい丸窓。この窓から大原家住宅が見渡せる
3. 栗の木で作った木レンガの床。歩くとポクポクと音がする

ミュージアムショップで記念品探し

収蔵作品をモチーフにした多彩なオリジナル商品を販売。美術館に入館しなくても利用できる。

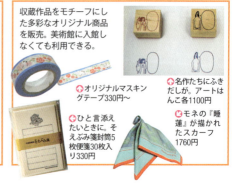

↑オリジナルマスキングテープ330円～

↑名作たちにふきだしが。アートはんこ各1100円

↑ひと言添えたいときに。そえぶみ箋封筒5枚便箋30枚入り 330円

↑モネの『睡蓮』が描かれたスカーフ 1760円

138

近現代の日本洋画に注目
分館

明治時代から現代までの日本洋画や彫刻が展示されている。近代日本洋画を代表する作品はもちろん、最先端の現代アートも一見の価値がある。

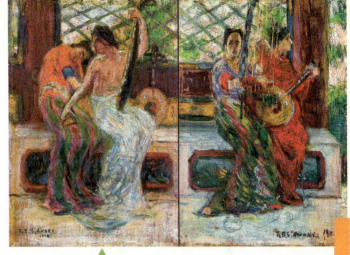

作品　享楽
きょうらく
作家　青木繁
あおきしげる
明治36〜37年（1903〜1904）

天平時代の女性が楽器を持つ姿を描写したもので、多くの色彩を用いた女性の衣服が美しい。古き良き時代への郷愁が見てとれる。

作品　童女舞姿
どうじょまいすがた
作家　岸田劉生
きしだりゅうせい
大正13年（1924）

長女麗子を描いた一連の作品のうちのひとつ。扇を持ち赤い着物をまとった立ち姿には、岸田の東洋趣味が反映されている。

作品　信仰の悲しみ
しんこうのかなしみ
作家　関根正二
せきねしょうじ
大正7年（1918）

20歳で夭折した関根の、19歳のときの作品。病気で衰弱していた彼が見た幻覚を描いたものだという。鮮やかな朱色が幻想的効果を高めている。

前庭にはロダン、ムーアらの彫刻が並ぶ

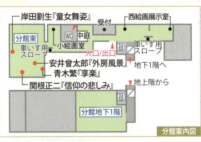

分館案内図

- 岸田劉生『童女舞姿』
- 安井曾太郎『外房風景』
- 青木繁『享楽』
- 関根正二『信仰の悲しみ』

分館東／分館地下1階／受付／中庭／小絵画室／西絵画展示室／入口/出口／車いす用スロープ／地下1階へ／地上階から

大原美術館

作品　外房風景
そとぼうふうけい
作家　安井曾太郎
やすいそうたろう
昭和6年（1931）

房総半島の旅館から眺めた風景を、横長の画面に描いた大作。白を多用した色調や、手前の松の木と遠くに広がる山々とのコントラストが見事。

※展示場所は一部変更の場合あり

SHOPPING
買う

シンプルながらもどこかかわいらしい
ライフスタイル商品が揃う(shop 三宅商店)

倉敷から魅力あるライフスタイルを提案

林源十郎商店で見つける
豊かな暮らし

倉敷のライフスタイルのトレンドを知るならここ！
感度の高い人々の注目を集める衣食住の店が集う。

こだわりあるハイセンスなセレクトに注目！
林源十郎商店
はやしげんじゅうろうしょうてん

「豊かな暮らし」をテーマに、ライフアイテムを扱う8店舗が集まる複合ショップ。江戸時代から続く製薬会社の歴史ある建物を、屋号を引き継いで再建。雑貨からデニム、フードまで、ぬくもりあふれる個性的なショップめぐりを楽しんで。

本町通り周辺 MAP 付録P.17 D-3
☎ 086-423-6010(代表)
所 岡山県倉敷市阿知2-23-10　営休 店舗により異なる
交 JR倉敷駅から徒歩12分　P なし

【 気になるお店をクローズアップ 】

➜ センスが光る小物が多く並ぶ

静かな個性が光る日用品の数々
倉敷意匠アチブランチ
くらしきいしょうアチブランチ

`本館1階` `雑貨`

身の回りにあったらうれしくなるような上質で使いやすい日用品が並ぶ。店内のほぼすべてが職人や作家と作ったオリジナル商品で、展覧会やワークショップも行われている。
☎086-441-7710
🕙10:00〜18:00　休月曜(祝日の場合は翌日)

陶製の置物
多くの工程を重ねて、ていねいに手作り。1836円

ご祝儀袋
備中和紙と天賞堂祝儀店とのコラボ。各1650円

自家製ジャム
近隣の契約農家の果物を使用。大1188円(左)、小540円(右)

暮らしを豊かにする良品を一堂に
shop 三宅商店
ショップ みやけしょうてん

`本館2階` `雑貨`

イッタラやアラビアの食器のほか、倉敷発信の暮らしにまつわる良品を集めたショップ。
☎086-423-6080
🕙10:00〜18:00
休月曜(祝日の場合は翌日)

一言カード
消しゴム版画家ナンシー関さんのもの。670円

タオルマフラー
今治の杉綾織ガーゼ。肌ざわり抜群。2441円

印判手の皿
明治の手工業的印刷絵付で味がある。1080円

➜ 倉敷発の独創的な商品のほか、世界の有名デザインのものもある

白桃のピクルス
カレーやワインなどによく合う。540円

koji100(ギフト用)
米麹100%の甘酒はすっきりとした甘さ。972円

林源十郎商店で見つける豊かな暮らし

薪窯で焼く本格ピッツァを
pizzeria CONO foresta
ピッツェリア コノ フォレスタ

`母屋` `ピザ&パスタ`

イタリア産の粉と塩を使って長時間発酵させた生地をナポリ製の薪窯で焼き上げたピッツァは絶品。趣ある日本家屋と緑に囲まれたパティオで優雅な時間を。
☎086-423-6021
🕙9:00〜11:00 11:30〜18:00
金〜日曜は〜21:00(LO20:30)
休月曜(祝日の場合は翌日)、第2火曜

➜ メインをピッツァとパスタから選べるランチセット1350円〜。地元食材をふんだんに使用

予約 可
予算 L 1350円〜
　　 D 2000円〜

➜ ひときわ目を引く薪窯

141

豆本や文香、キャンドルなど、ここでしか出会えないアイテムも多数

倉敷●買う

楽しい暮らし、上質な時間
感性が輝く雑貨&インテリア

デザイン性が高く、使い勝手も良いアイテムは、こだわり派のあの人にも自信を持ってプレゼントできそう。大切な人へのおみやげにもぴったり。

如竹堂
にょちくどう

本町通り周辺 MAP 付録P.17 F-3

かわいい「マステ」が豊富に揃う

大正7年（1918）創業。マスキングテープをメインに、全国から取り寄せたかわいい紙小物や雑貨を販売。一番人気は850種類以上を取り揃えるマスキングテープ。定番はもちろん、ユニークな柄や新作も続々登場。

1. 猫モチーフがかわいい。ネコテープ432円
2. 美観地区に軒を連ねる町家をプリント。倉敷町家テープ432円
3. キュートな紙風船ペンギン170円
4. 遊び箋のなかで一番の人気を誇る桃太郎320円

☎086-422-2666
所岡山県倉敷市本町14-5
営10:00〜17:30（夏季は延長あり）
休無休 交JR倉敷駅から徒歩17分 Pなし

🔶紙袋・うちわをデコレーションできる無料体験も◎。土・日曜は缶バッジや段ボール箱（数量限定）も体験可

142

➡ ポストカードは外国人にも人気

☎ 086-424-3559
所 岡山県倉敷市本町14-2
営 11:00〜17:00
休 火・水曜
交 JR倉敷駅から徒歩17分
P なし

倉敷クラシカ
くらしきクラシカ

本町通り周辺 MAP 付録P.17 F-3

昭和時代の倉敷を垣間見て

昭和40年代の倉敷の街や鉄道を撮り続けた写真家・天野正雄氏の、ノスタルジックなモノクロポストカードが人気。店内のアンティーク机では手紙を書くことも可能。旅の思い出をつづってみては。

1. お坊さんのマスキングテープ540円。入荷後すぐに完売するほど大人気
2. 小物やアクセサリー入れにも◎。桐ケース2000円〜
3.4. 天野氏が撮り続けてきた昭和40年代の風景がポストカードに。1枚210円〜

1

2

1

2

3

4

蟲文庫
むしぶんこ

本町通り周辺 MAP 付録P.17 E-3

本との一期一会を楽しんで

美観地区の外れにたたずむ古書店。宇宙や植物、昆虫などの自然科学をはじめとしたオールジャンルの本がお店を賑わせている。その数なんと約6000冊。お気に入りの一冊を探しに訪れてみては。

☎ 086-425-8693
所 岡山県倉敷市本町11-20
営 11:00頃〜18:00頃
休 不定休
交 JR倉敷駅から徒歩17分
P なし

➡ 古本以外に新刊や雑貨、CDも販売

1. 読めば苔の魅力が伝わるはず！店主著『苔とあるく』1720円
2. 苔などがデザインされたしおりセット4枚入り200円

感性が輝く雑貨＆インテリア

MUNI CARPETS
ムニ カーペット

本町通り周辺 MAP 付録P.17 F-3

手仕事の美が際立つ絨毯

幻のチャイニーズ・ラグを再現し、天然素材で織り上げるオリジナルカーペット。伝統文様を用いつつ現代の暮らしにもなじむ、洗練されたクラシカルモダンなデザインが魅力。一枚ごとに異なる表情や肌ざわりを確かめて。

☎ 086-426-6226
所 岡山県倉敷市東町2-4
営 10:00〜18:00
休 火曜
交 JR倉敷駅から徒歩17分
P あり

➡ 建物も味わい深い

サイズ展開や柄も多彩。暮らしに合った商品を提案

1

2

3

1. 鮮やかな水色に浮かぶ中国古来の吉祥図。22万8690円（正式名称：歳寒三友四君子文氈／61cm×91cm)
2. ムーンライトブルーの牡丹の花が高貴な印象。68万3100円（正式名称：牡丹文辺萬字繁地文氈／91cm×183cm)
3. 深い藍と伝統意匠が特徴。洋にも和にも合う。21万7800円（正式名称：藍地明式草龍文氈／61cm×91cm)

143

お気に入りがきっと見つかる
ハイセンスな おしゃれアイテム

見れば作り手の繊細な仕事がよくわかる！
シンプルで高品質、飽きずに長く使える
愛すべきファッションアイテムとの出会い。

→アンティークの家具が並ぶ店内。落ち着いた空間でゆっくりお買い物を

女心をくすぐる、華奢で素敵なアイテムがいっぱい

呂舎
ろしゃ

本町通り周辺 MAP 付録P.17 F-3

☎090-5700-6652
所 岡山県倉敷市本町14-5 1F
営 12:00～17:00
休 不定休
交 JR倉敷駅から徒歩17分
P なし

アトリエ併設でオリジナルのアクセサリーとジュエリーを販売。年代やスタイルを選ばないシンプルなデザインで、日常づかいに最適。重ね付けやトータルコーディネートもしやすいものが揃っている。

→指先を美しく見せてくれる繊細なデザイン。ワイヤーリング 淡水パール2700円(上)、ワイヤーリング K10ミラーボール3780円(下)

→1つずつ形の異なるケシパール14Kgfピアス7344円

→縦長ラインで女性らしさが際立つ淡水パール14Kgfピアス7344円

世界でひとつだけのオリジナル帽子がオーダーできる製帽所

襟立製帽所 倉敷本町店
えりたてせいぼうしょ くらしきほんまちてん

本町通り周辺 MAP 付録P.17 E-3

老舗帽子メーカーのファクトリーショップとして誕生。季節に合わせた素材を用い、常に新しいデザインを取り入れた帽子は男女問わず愛されている。ブレード帽子は色やサイズが選べるフルオーダーも可能。

☎086-422-6544
所 岡山県倉敷市本町11-26
営 10:00～18:00
休 不定休
交 JR倉敷駅から徒歩15分
P なし

→型崩れしにくいので、カバンに入れても安心。ハット1万6500円

→バックのリボンがキュート。麻ブレードカサブランカ1万6500円

→インディゴ染め刺子ハンチング9350円

ずっと使い続けたい味わいある帆布アイテム

倉敷帆布 美観地区店
くらしきはんぷ びかんちくてん

本町通り周辺 MAP 付録P.17 E-3

倉敷帆布の織物会社である機屋の直営店。バッグから小物まで多彩なアイテムを揃え、飽きがこないシンプルなデザインが幅広い世代に人気。

☎086-435-3553
所 岡山県倉敷市本町11-33
営 10:00～18:00
休 無休
交 JR倉敷駅から徒歩15分
P なし

→帆布グッズは、軽くて丈夫

→A4サイズがすっぽり収まる大容量のタテ型トート7700円

→帆布と牛革の上品なバッグ1万8700円

→使い込むほどに味が出る帆布のポーチ1650円

→荷物の少ない日のおでかけに最適。ギボシトート1万4850円

全国にファンを持つ
個性豊かな食みやげ

定番人気！
食の銘品

わざわざ足を運んででも買い求めたい
老舗の味、選び抜かれた味の逸品。

↑個性あるお気に入りの逸品を求めて、
何度も足を運ぶ美食ファンも多いそう

食のコレクターが厳選！
1700種類もの美食がずらり

平翠軒
へいすいけん

本町通り周辺 MAP 付録P.17 E-3

世界中の「うまいもん」が集まった食のセレクトショップ。オーナーが自ら選び抜いた、体にやさしいこだわりの逸品が並ぶ。調味料やお菓子など、目移りする品揃え。

☎0120-334-833
所 岡山県倉敷市本町8-8
営 10:00～18:00 休 月曜
交 JR倉敷駅から徒歩15分 P あり

VIVA GARLIC
ビバガーリック
青森産にんにくを刻みオリーブオイル煮に。料理に深みを出してくれる。1458円

スティックピクルス
地元の主婦・福田ますみさんが作る、彩り華やかな季節野菜のピクルス。1782円

吉田牧場 ラクレットチーズ
全国区で人気の高い「吉田牧場」のチーズ。溶かして食べると美味。100g860円

カファレル チョコラティーノ 缶 てんとう虫
イタリアのチョコレート。毎年新しくなるパッケージにも注目。1404円

おしゃれアイテム／食の銘品

↑ようかんなどの和菓子のほか、パンや洋菓子や惣菜も販売

素朴で懐かしい味わい
地元で長年愛される和菓子

倉敷ねぼけ堂
くらしきねぼけどう

倉敷駅周辺 MAP 付録P.16 C-1

創業70年余の和菓子店。添加物は一切使わず、すべての商品を店でていねいに手作りしている。濃厚なカスタードクリームがたっぷり入った、クリームパンが評判。

☎086-422-1657
所 岡山県倉敷市阿知2-4-2
営 9:30～18:00
休 木曜、ほか不定休
交 JR倉敷駅から徒歩5分
P なし

↑民家のような建物に歴史を感じる看板がかけられている

アーモンドフリアン
バターとアーモンドの風味が広がる焼き菓子。180円

あんぱん
桜の塩漬けがアクセント。甘さ控えめのあんぱん。150円

145

GOURMET
食べる

旅館くらしき御膳 2700円(要予約)
山海の幸を彩り豊かに盛り込んだ、お造りや替わり鉢など料理長厳選の9品。季節ごとの献立で、四季を感じられる

日本庭園を眺めながら情緒ある優雅なひととき

旅館くらしき
りょかんくらしき

日本料理

倉敷川周辺 MAP 付録P.17 D-3

美観地区の中心部にある老舗料理旅館。個別に仕切られたテーブル席で風情ある日本庭園を眺めながら、ゆったりと食事が楽しめる。季節限定メニューのほか、そばやカレー、ティータイムには和菓子付きの抹茶やスイーツなどもあり、喫茶としての利用もできる。

☎086-422-0730
所 岡山県倉敷市本町4-1　営 11:00～14:00(LO)　14:00～17:00(ティータイム)　休 月曜(祝日の場合は営業)　交 JR倉敷駅から徒歩15分　P なし(宿泊者のみ利用可)

予約 11:00入店のみ可
予算 (L)2000円～

↑中庭の日本庭園に面したテーブル席

倉敷●食べる

落ち着いた和の空間で旬の味覚をいただく
風情ある町家でとっておきランチ

古い町家を改装したおしゃれなレストランやカフェ。
磨き上げられた床や柱、手の込んだ料理に、もてなしの心を感じて。

築220年余の米蔵を改装
本格フレンチに舌鼓

レストラン八間蔵
レストランはちけんぐら

倉敷川周辺 MAP 付録P.16 C-3　**フランス料理**

予約 望ましい
予算
(L)2200円～
(D)4180円～

寛政8年(1796)、江戸時代中期に建築された重要文化財・大橋家住宅の米蔵を改装したレストラン。梁がそのまま残った高い天井が特徴的で、和の情緒あふれるシックな雰囲気のなかでいただく本格フレンチは格別。美食とともに特別な時間を過ごしたい。

☎086-423-2122(9:00～19:00)
　086-423-2400(19:00～9:00)
所 岡山県倉敷市阿知3-21-19 倉敷ロイヤルアートホテル内
営 11:30～14:30(LO13:30)　17:30～21:30(LO20:30)　休 無休(貸切利用による休業あり)　交 JR倉敷駅から徒歩12分　P あり

シェフのおすすめランチ 2200円
季節の食材を使用したシェフおすすめのランチ。月替わりの内容で、アミューズからデザートまでゆっくりと堪能したい
※写真はイメージです

↑和モダンなたたずまいが大人時間を演出

選び抜いたこだわりの
地元食材を、最高の一品に

くらしき 窯と南イタリア料理 はしまや
くらしき かまとみなみイタリアりょうり はしまや
　　　イタリア料理

本町通り周辺 MAP 付録P.17 F-3

古民家を改装した南イタリア料理の店。ここでしか食べられないものをとの思いから、豊富な地元食材のなかから厳選し提供。また、ソムリエが選び抜いたワインを各料理に合わせて提供してくれる。

☎086-697-5767
所 岡山県倉敷市東町2-4
営 11:30～13:30(LO) 18:00～21:30(LO)
休 火曜　交 JR倉敷駅から徒歩20分
P あり

予約 要予約
予算 L 3500円～
　　 D 6000円～

↑特別な日にもぴったりな空間

はしまやランチ 3500円～
オードブルや魚介の1品と、メインはパスタやお肉料理から選べる。食後にはデザート・コーヒーが付き食後は優雅に過ごせる
※写真はイメージ

予約 可
予算 L 1500円～
　　 D 3800円～

盛り付けも美しい和食膳
古民家で気軽に味わえる

倉敷 和のうまみ処 桜草
くらしき わのうまみどころ さくらそう

本町通り周辺 MAP 付録P.17 D-3　日本料理

約100年前に建てられた古民家を改装した和処。瀬戸内の魚など岡山県産の新鮮な食材をふんだんに使い、手間ひまかけた繊細な味わいの品々が並ぶ。

料理に合う地酒も豊富で、近所にある森田酒造をはじめ県内のさまざまな味を揃えている。

☎086-426-5010
所 岡山県倉敷市本町3-11
営 11:30～14:00 17:30～22:00　休 月曜、月1回日曜
交 JR倉敷駅から徒歩12分　P なし

↑座敷のほか、テーブル席やカウンター席も用意

公花堂弁当 1500円
毎月替わる、バラエティ豊かな季節の献立が手ごろに味わえる人気メニュー。数量限定なので予約を入れたい

時間が止まったような懐かしさ
ほっこりできる人気カフェ

三宅商店
みやけしょうてん
　　　洋食

本町通り周辺 MAP 付録P.17 D-3

江戸時代後期に建てられた町家を、使えるところはそのまま残した趣のある建物。カフェ工房で作った自家製ジャムや焼き菓子などのオリジナル商品、地元発の雑貨の販売も。

☎086-426-4600
所 岡山県倉敷市本町3-11
営 11:30(日曜8:30)～17:30 土曜11:00～20:00(12～2月、7～9月は変動あり)
休 無休　交 JR倉敷駅から徒歩12分　P なし

↑まるで家にいるようにくつろげる

予約 可(季節により不可の場合あり)
予算 L 1045円～
　　 D 4950円～

↑年8種類、約1カ月半ごとに変わる季節限定パフェ

三宅カレー 1045円
四季で変わる季節のカレーとスープ、浅漬け付きの単品カレー。平日限定でお得なセットも

風情ある町家でとっておきランチ

白を基調としたおしゃれな店内

厳選食材を最高の味わいに
贅沢な一皿。
優雅な時間

昔ながらの味を守り続ける老舗、仕入れに合わせてメニューを組む名店。どちらも食材の良さを生かした料理。

オードブルの盛り合わせ 1320円
バラエティ豊かな味が楽しめる。コースメニューとしても提供

予約 望ましい
予算 L 2000円〜 D 4000円〜

マテ貝のサラダ 330円
下津井産の新鮮なマテ貝を使用。アミューズのひとつとして

牛ヒレのステーキ 1620円
ポルチーニ茸の芳醇なソースがやわらかなヒレ肉によく合う

彩り豊かな山海の幸たっぷり
本格派フレンチを気軽に堪能

Premier
プルミエ

フランス料理

倉敷川周辺 MAP 付録P.17 D-4

オーナーシェフの地元・下津井産の魚介や近隣農家の野菜を中心に、厳選した食材を生かしたフレンチをていねいにサーブしてくれる。農家と相談して食材を選定したり、自家菜園の野菜や獲れたてのジビエがメニューにのぼることも。人気店なので予約を入れておきたい。

☎086-422-3600
所 岡山県倉敷市中央1-5-13
営 11:30〜14:30(LO) 17:30〜21:00(LO)
休 水曜 交 JR倉敷駅から徒歩15分
P あり

変わらぬ味を守り続ける
夫婦で営むビストロ

みやけ亭
みやけてい

予約	可（土・日曜、祝日のランチは不可）
予算	LD 1080円～

本町通り周辺 MAP 付録P.17 D-3　洋食

昭和52年（1977）のオープンからメニューはほとんど変わらないという昔ながらの洋食店。人気の牛タンシチューのほか各種肉料理から魚料理まで、よく吟味した近隣の食材でのメニューを取り揃えている。カウンター席があるので一人で気軽に立ち寄れるのもうれしい。

牛タンシチュー 2900円
ほろりとやわらかくなるまで6時間以上煮込んでいる。スープ、ミニサラダ、パンのセットはプラス500円

↑レンガ造りの建物の中にレトロな空間が広がる

エビと貝柱のグラタン 900円
スープのようにとろりとして、魚介の旨みがたっぷり

☎086-421-6966
所 岡山県倉敷市阿知2-23-8
営 11:30～13:50(LO) 17:30～20:50(LO)
休 月曜（祝日の場合は翌日）
交 JR倉敷駅から徒歩15分　P なし

地元の人に交じって
地酒とともに炭火焼きを

やき鳥
くらしき高田屋
やきとりくらしきたかたや

本町通り周辺 MAP 付録P.17 E-3　日本料理

炭火で焼いた香ばしい焼き鳥がリーズナブルにいただける。良い素材が本来持つ旨みをそのまま味わえるよう、基本的な味付けは塩で。店の向かいにある醸造所、森田酒造のお酒を中心とした地酒も一緒に楽しめる。

←酒蔵を改装した民芸調の店

☎086-425-9262
所 岡山県倉敷市本町11-36
営 17:00～22:00　休 月曜
交 JR倉敷駅から徒歩15分
P なし

予約	要
予算	D 1600円～

元気丼650円、アスパラ巻き220円、
ちそ巻き160円 ※左上から
「元気丼」は、にんにくの芽を豚肉で巻いた人気メニュー「元気の出る串」190円の丼バージョン

元米蔵の風情ある店で味わう
こだわりの郷土料理

ままかり寿司 1080円
岡山県を代表する魚のママカリの酢〆を使った握り

浜吉 ままかり亭
はまよしままかりてい

倉敷川周辺 MAP 付録P.17 D-3　日本料理

店名にもあるママカリのほか、瀬戸内で獲れた活きタコやサワラなど旬の幸をさまざまな調理法で楽しめる。たまり醤油は地元のものをベースに調合し、料理に合う味を追求。日本酒もすべて地酒で揃え、地元ならではの味を心ゆくまで堪能できる。

予約	望ましい
予算	L 2000円～ D 4000円～

☎086-427-7112
所 岡山県倉敷市本町3-12
営 11:00～14:00 17:00～22:00
休 月曜（祝日、年末年始は営業）
交 JR倉敷駅から徒歩15分
P なし

↑約180年前の米蔵の面影が残る

贅沢な一皿。優雅な時間

CAFE & SWEETS
カフェ&スイーツ

一人でも仲間とでも くつろげる大人の空間

カフェ&スイーツ

おいしいコーヒーと
とっておきのスイーツで
心豊かな時間が過ごせる。

2階はエミール・ガレのガラス作品の展示も〈くらしき桃子 倉敷本店〉

倉敷／食べる・泊まる

美術館の隣で、タイムスリップ
エル・グレコ

倉敷川周辺 MAP 付録P.17 D-3

ツタに覆われた趣ある建物は、大正末期に大原美術館と同じ設計者が手がけ、昭和34年(1959)に喫茶店として改装された。店内もメニューも古き良き時代を感じさせる。美術鑑賞後の余韻を妨げないよう、BGMをかけない心遣いも。

☎086-422-0297
所 岡山県倉敷市中央1-1-11
営 10:00～17:00
休 月曜(祝日の場合は営業)
交 JR倉敷駅から徒歩12分
P なし

↑高い天井に広い格子窓がすがすがしい

↑NYで食べた味を再現した、ブルーベリーソースのレアチーズケーキ550円

↑コーヒー600円のほか、平飼いの鶏の卵を使ったミルクセーキも人気

果物王国のフルーツたっぷり！
くらしき桃子 倉敷本店
くらしきももこくらしきほんてん

倉敷川周辺 MAP 付録P.17 D-4

名物の白桃をはじめ、季節によって変わる旬のフルーツメニューが楽しめる。1階はフルーツを使ったおみやげにフレッシュジュースやジェラートのテイクアウト、2階はフルーツパフェなどが楽しめる喫茶スペースになっている。

☎086-427-0007
所 岡山県倉敷市本町4-1
営 10:00～18:00(11～2月は～17:00) カフェLOは各30分前
休 無休
交 JR倉敷駅から徒歩15分
P なし

↑国産イチゴ使用のいちごパフェ1760円(11月下旬～6月中旬頃限定)

↑ミックスジュース486円

↑岡山県産の果物を使ったスティックゼリー7本セット669円

↑いちじくパフェ1620円(9月上旬～10月中旬頃限定)

HOTELS 泊まる

⬆腕によりをかけた四季折々の料理を味わえる

⬆和室とフローリングのベッドルームを備えた和モダンの「巽の間」

歴史を感じながら過ごしたい
倉敷の名宿

趣のある街並みが旅情をそそる倉敷美観地区。かつての文人や志士も訪れた由緒ある宿へ。

倉敷美観地区内に建つ文人墨客に愛された宿

旅館くらしき
りょかんくらしき

倉敷川周辺 **MAP** 付録P.17 D-3

築160年余の旧砂糖問屋の屋敷と蔵を改装。棟方志功や司馬遼太郎が愛した「巽の間」をはじめ、2世帯向けのゆったりとした「奥座敷」、メゾネットタイプの「蔵の間」など、客室はすべてスイート仕様。夕食は彩りも鮮やかな瀬戸内の旬の味覚が楽しめる。

📞086-422-0730
所 岡山県倉敷市本町4-1　交 JR倉敷駅から徒歩15分　P あり　in 15:00　out 11:00　室 8室
予算 1泊2食付3万6800円～

⬆倉敷川のほとりに建ち、天領の名残をとどめる老舗料理旅館

⬆江戸時代の建物や蔵など改築した老舗割烹旅館。倉敷のおもてなしの心を4代目の女将が守る

白壁と格子戸の伝統的な建築で坂本龍馬も訪れた町家旅館

吉井旅館
よしいりょかん

本町通り周辺 **MAP** 付録P.17 E-3

江戸時代後期に建てられた民家を明治22年(1889)に旅館として創業。6室ある客室は、茶室風の部屋や民芸調の部屋など、部屋ごとに趣向が異なり、檜風呂と高野槙風呂の2つある貸切風呂は、家族連れにも好評。

📞086-422-0118
所 岡山県倉敷市本町1-29　交 JR倉敷駅から徒歩15分　P あり　in 15:00　out 10:00　室 6室
予算 1泊2食付2万8080円～

⬆料理長の心づくしの懐石料理を堪能できる

⬆結納や祝い事、披露宴などにも利用できる

⬆坂本龍馬が宿泊した「かえでの間」

カフェ&スイーツ　倉敷の名宿

歴史を刻む由緒ある旧商家
山海の旬の幸を会席料理で味わう

料理旅館 鶴形
りょうりりょかん つるがた

倉敷川周辺 MAP 付録P.17 D-3

延享元年(1744)に建てられた江戸中期町家の厨子2階造りの風格ある建物。格子窓から倉敷川を望む2階の大広間の太い梁や棟木の重厚さは往時の商家の繁栄を物語る。中庭には樹齢400年余の老木や石灯籠、北山杉などがあり風情豊かだ。

☎086-424-1635
所 岡山県倉敷市中央1-3-15　交 JR倉敷駅から徒歩15分　P あり　in 15:00　out 10:00　室 11室
予約 1泊2食付1万9000円～

↑かつての奥座敷で19畳のゆったりとした「阿知の間」。縁側からは中庭の老松や灯籠を望む

↑夕食は部屋食でいただける

↑木のぬくもりを感じるロビー

ら、倉敷美観地区の中心部にありながら、館内は静寂で凛とした空気が漂う

倉敷●泊まる

ヨーロピアンスタイルの建物で
夕食はフランス料理フルコース

倉敷国際ホテル
くらしきこくさいホテル

倉敷川周辺 MAP 付録P.16 C-3

大原美術館に隣接。建物は倉敷出身の建築家・浦辺鎮太郎氏による設計で、和と洋を融合させた欧風の外観は倉敷の風土に溶け込んでいる。吹き抜けの玄関ロビーには棟方志功の大きな板画が飾られている。

☎086-422-5141
所 岡山県倉敷市中央1-1-44　交 JR倉敷駅から徒歩10分　P あり(有料)　in 14:00　out 11:00　室 105室
予約 1泊朝食付1万2705円～

↑棟方志功の板画が宿泊客を出迎える
↑ラグジュアリーをテーマにエレガントな空間を演出する本館スタンダードツインルーム

↑本格的なフランス料理が食べられる

→日本建築学会賞作品賞を受賞した建物

152

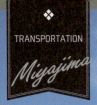

TRANSPORTATION
Miyajima Hiroshima

アクセスと交通

陸路や空路を使い、効率的に観光を楽しもう

高速道路がよく整備されており、山陽新幹線が通っているため便利。宮島や離島へのアクセスに利用するフェリーや高速船などの海路も、瀬戸内ならではの風情。

宮島・広島・尾道・倉敷へのアクセス

出発地や目的地、旅の目的に合わせて選ぶ

山陽エリアの中心である広島、岡山は交通網が発達しており、鉄道や車、飛行機とアクセス良好。
新幹線は便数が多く、利用しやすい。空港からは各地へのリムジンバスも出ており、選択肢は多い。

飛行機でのアクセス

遠方から便利、空港からはリムジンバス

広島空港、岡山桃太郎空港までは札幌、沖縄、東京などから直行便が出ている。空港から各地へはバスが運行。

お役立ち情報
広島空港と岩国錦帯橋空港の発着航空券は相互に利用が可能。行きは羽田空港から広島空港へ、帰りは岩国錦帯橋空港から羽田空港へといった利用方法の場合でも、往復運賃でのチケット購入ができる。

広島空港へ

出発地	便名	便数	所要時間	料金
新千歳空港	ANA／JAL	2便／日	2時間15分	4万9200円〜
仙台空港	ANA（IBX）	2便／日	1時間45分	3万9900円〜
羽田空港	ANA／JAL	17便／日	1時間30分	3万2500円〜
成田空港	SJO	1便／日	1時間40分	5080円〜
那覇空港	ANA	1便／日	1時間45分	3万4500円〜

岡山桃太郎空港へ

出発地	便名	便数	所要時間	料金
新千歳空港	ANA	1便／日	2時間10分	4万7100円〜
羽田空港	ANA／JAL	9便／日	1時間20分	3万2100円〜
那覇空港	JTA	1便／日	1時間50分	3万9100円

岩国錦帯橋空港へ

出発地	便名	便数	所要時間	料金
羽田空港	ANA	5便／日	1時間45分	3万2500円〜
那覇空港	ANA	1便／日	1時間45分	3万4500円〜

空港からの主なアクセス

- 広島空港 → 広島空港リムジンバス 45分／1370円 → 広島駅新幹線口
- 広島空港 → 広島空港リムジンバス 1時間5分／1400円 → JR福山駅
- 岡山桃太郎空港 → 中鉄バス／下電バス 35分／1150円 → JR倉敷駅
- 岩国錦帯橋空港 → いわくにバス 7分／200円 → JR岩国駅

●問い合わせ先

- ANA（全日空）☎0570-029-222
- JAL（日本航空）／JTA（日本トランスオーシャン航空）☎0570-025-071
- 中鉄バス ☎086-222-6601
- 下電バス ☎086-231-4333
- いわくにバス ☎0827-22-1092
- IBX（IBEXエアラインズ）☎0120-686-009
- 広島電鉄広島北営業所（広島空港リムジンバス）☎082-231-5171
- おのみちバス ☎0848-46-4301

車でのアクセス

山陽自動車道をメインルートで各地へ

東京・大阪方面からは中国自動車道の中国吹田IC、神戸JCTを経由し、山陽自動車道へ入り各地へ。倉敷市街へは山陽自動車道・倉敷ICから国道429号を経由して到着。尾道市街へは山陽自動車道・福山西ICから松永バイパス、国道184号などを経由。広島市街へは山陽自動車道・広島東IC、広島高速府中出入口を経由。

●問い合わせ先

- 日本道路交通情報センター（中国地方・広島情報）☎050-3369-6634
- 日本道路交通情報センター（岡山情報）☎050-3369-6633
- 日本道路交通情報センター（最寄り地域情報 携帯短縮）☎#8011
- NEXCO西日本お客さまセンター ☎0120-924-863

広島周辺の主要道路

新幹線でのアクセス

乗り継ぎ簡単、各地への移動もスムーズ

便数が多く、主要駅から各地への乗り継ぎが簡単で便利なのが新幹線。広島、宮島を観光するなら、まずはJR広島駅へ。尾道を観光するならJR福山駅、倉敷を観光するならJR岡山駅へ行き、JR山陽本線に乗り換えを。お得な割引きっぷもあわせて調べておこう（詳細は右下）。

●問い合わせ先
JR西日本お客様センター ☎0570-00-2486
JR東海テレフォンセンター ☎050-3772-3910

宮島へ
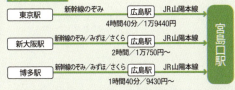

※宮島へはJR宮島口駅から徒歩5分の宮島口桟橋でフェリーに乗り、宮島桟橋で下船（10分／180円）。JR西日本宮島フェリーと宮島松大汽船がそれぞれ15分間隔（多客時は10分間隔）で運航している。

広島へ
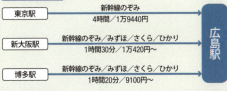

尾道へ
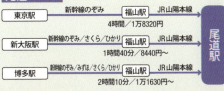

倉敷へ
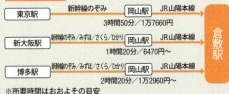

※所要時間はおおよその目安

高速バスでのアクセス

交通費を抑えて旅したい方におすすめ

割安な運賃が魅力。遠方から向かう際に夜行便を利用し、時間を有効活用することもできる。昼行便の本数も多い。

●問い合わせ先
小田急バス予約センター ☎03-5438-8511
中国JRバス電話予約センター ☎0570-666-012
近鉄高速バス予約センター ☎0570-001631
両備バス予約センター ☎0570-08-5050
JR九州バス高速予約センター ☎092-643-8541

広島へ
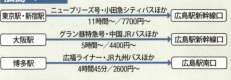

尾道へ

新宿駅	エトワールセト号・小田急シティバスほか 11時間35分／1万1700円	尾道駅前
OCAT(大阪)	びんごライナー・中国バスほか 5時間／4200円	尾道駅前

倉敷へ

新宿駅	マスカット号・両備バスほか 11時間／7000円～	倉敷駅北口
OCAT(大阪)	リョービエクスプレス・両備バスほか 4時間20分／3020円～	倉敷駅北口
博多駅	ペガサス・両備バスほか 8時間／7230円	倉敷駅北口

※ OCATはJR難波駅近くの大阪シティエアターミナル

お得な割引きっぷ

●広島たびパス（広島電鉄株式会社）
広島市内の路面電車と船舶（宮島松大汽船・JR西日本宮島フェリー）や路線バスを自由に乗り降りできる。
料金・有効期間：1dayパス1000円、2dayパス1500円、3dayパス2000円
販売場所：広島駅南口交通案内所、JR広島駅新幹線口1階バスきっぷ売り場(交通案内所)など

●宮島・瀬戸内ぐるりんパス（JR西日本）
広島市内の路面電車、観光船、宮島フェリーなどが3日間乗り降り自由に。発駅(JR西日本エリアの主な駅)からフリーエリアまでの往復は新幹線普通車指定席利用可。広島・宮島エリアの5観光施設の入場券付。2名から利用可。
料金：大阪市内から2万870円（出発駅により異なる）
有効期限：3日　販売場所：JRおでかけネットHP（https://www.jr-odekake.net/）

※飛行機は2021年1月の料金、鉄道は通常期に指定席を利用した場合の料金です。夏休みや年末年始などの繁忙期は料金が異なることがあります。

INDEX

宮島

遊ぶ・歩く・観る

あ 厳島神社 ・・・・・・・・・・・・16・26
　　厳島神社 五重塔 ・・・・・・・・・ 36
　　厳島神社宝物館 ・・・・・・・・・ 36
か 清盛神社 ・・・・・・・・・・・・・・・ 37
　　くぐり岩 ・・・・・・・・・・・・・・・ 34
さ 獅子岩展望台 ・・・・・・・・・・・ 34
た 大願寺 ・・・・・・・・・・・・・・・・ 36
　　大本山大聖院 ・・・・・・・・・・ 36
は 豊国神社（千畳閣） ・・・・・・・ 36
ま 弥山 ・・・・・・・・・・・・・・・・・ 34
　　弥山展望台 ・・・・・・・・・・・・ 34
　　弥山本堂 ・・・・・・・・・・・・・・ 35
　　宮島水族館 みやじマリン ・・・ 37
　　宮島伝統産業会館 みやじまん工房 37
　　宮島歴史民俗資料館 ・・・・・・ 37
　　紅葉谷公園 ・・・・・・・・・・・・ 37
ら 霊火堂 ・・・・・・・・・・・・・・・ 35
　　ろかい舟（宮島遊覧観光） ・・ 33

食べる

あ あなごめし うえの ・・・・・・・・ 44
　　あなごめし 花菱 ・・・・・・・・・ 44
　　お食事処 梅山 ・・・・・・・・・・ 44
か 牡蠣屋 ・・・・・・・・・・・・・・・ 43
　　牡蠣祝 ・・・・・・・・・・・・・・・ 46
　　CAFE HAYASHIYA ・・・・・・・・ 47
　　ぎゃらりい 宮郷 ・・・・・・・・・ 46
　　くらわんか ・・・・・・・・・・・・ 43
　　GEBURA ・・・・・・・・・・・・・・ 47
さ 島田水産 かき小屋 ・・・・・・・ 42
ま 宮島珈琲 ・・・・・・・・・・・・・・ 47
や 焼がきのはやし ・・・・・・・・・ 42
　　宿屋食堂＆バー まめたぬき ・・ 45
　　山代屋 ・・・・・・・・・・・・・・・ 45

買う

あ etto ・・・・・・・・・・・・・・・・・ 16
　　御菓子司 ミヤトヨ本店 ・・・・・ 51
　　おきな堂 ・・・・・・・・・・・・・・ 51
か 菓子処 きむら ・・・・・・・・・・ 50
　　元祖 宮島蒸し饅 ・・・・・・・・・ 49
は 藤い屋 ・・・・・・・・・・・・・・・ 51
ま 宮島工芸製作所 ・・・・・・・・・ 49
　　宮島醤油屋 本店 ・・・・・・・・・ 48
　　宮島ブルワリー ・・・・・・・・・ 48
　　紅葉堂 本店 ・・・・・・・・・・・・ 50
や やまだ屋 宮島本店 ・・・・・・・ 50

泊まる

か 錦水館 ・・・・・・・・・・・・・・・ 56
　　蔵宿いろは ・・・・・・・・・・・・ 56
た 庭園の宿 石亭 ・・・・・・・・・・ 56
ま みやじまの宿 岩惣 ・・・・・・・ 56

岩国

あ 岩国城 ・・・・・・・・・・・・・・・ 54
か 柏原美術館（旧岩国美術館） ・・ 54
　　吉川史料館 ・・・・・・・・・・・・ 54
　　吉香公園 ・・・・・・・・・・・・・・ 54
　　旧目加田家住宅 ・・・・・・・・・ 54
　　錦帯橋 ・・・・・・・・・・・・・・・ 53
　　錦帯橋たもと 平清 ・・・・・・・ 55
ま 紅葉谷公園 ・・・・・・・・・・・・ 54
ら 料亭旅館 半月庵 ・・・・・・・・・ 55

広島

遊ぶ・歩く・観る

あ 相生橋 ・・・・・・・・・・・・・・・ 63
　　Wood Egg お好み焼館 ・・・・・ 79
か 旧広島市民球場跡 ・・・・・・・・ 63
　　原爆死没者慰霊碑
　　（広島平和都市記念碑） ・・・・ 62
　　原爆ドーム ・・・・・・・・・・・・ 64
　　原爆の子の像 ・・・・・・・・・・・ 62
さ 縮景園 ・・・・・・・・・・・・・・・ 66
　　シュモーハウス ・・・・・・・・・ 65
　　世界平和記念聖堂 ・・・・・・・・ 65
　　瀬戸内しまたびライン ・・・・・ 17
は 広島県立美術館 ・・・・・・・・・ 67
　　広島護国神社 ・・・・・・・・・・ 66
　　広島市郷土資料館 ・・・・・・・・ 69
　　広島市現代美術館 ・・・・・・・・ 67
　　広島城 ・・・・・・・・・・・・・・・ 66
　　ひろしま美術館 ・・・・・・・・・ 67
　　広島平和記念資料館 ・・・・ 16・65
　　袋町小学校 平和資料館 ・・・・ 65
　　平和記念公園 ・・・・・・・・・・ 62
　　平和の灯 ・・・・・・・・・・・・・・ 63
ま MAZDA Zoom-Zoom スタジアム 広島 ・・ 67
ら 頼山陽史跡資料館 ・・・・・・・・ 68

食べる

あ いちりん ・・・・・・・・・・・・・・ 73
　　お好み共和国 ひろしま村 ・・・ 79
　　お好み村 ・・・・・・・・・・・・・・ 79
　　お好み焼き 越田 ・・・・・・・・・ 76
　　お好み焼 長田屋 ・・・・・・・・・ 78
　　オリーブオイルとチーズの店 LUCIO ・・ 70

か かき船 かなわ ・・・・・・・・・・ 71
　　Caffè Ponte ITALIANO ・・・・・ 64
　　元祖へんくつや 総本店 ・・・・・ 77
　　胡桃屋 ・・・・・・・・・・・・・・・ 77
さ 四季祭 ・・・・・・・・・・・・・・・ 73
　　汁なし担担麺 きさく ・・・・・・ 81
　　汁なし担担麺専門 キング軒 ・・ 81
　　酔心本店 ・・・・・・・・・・・・・・ 71
　　そぞ ・・・・・・・・・・・・・・・・・ 79
た 貴家。・・・・・・・・・・・・・・・・ 77
　　中華そば くにまつ ・・・・・・・ 81
　　つばめ ・・・・・・・・・・・・・・・ 82
　　電光石火 ・・・・・・・・・・・・・・ 79
　　ドーナツ・クッキー からす麦専門店 ・・ 85
な 日本料理 喜多丘 ・・・・・・・・・ 72
は HACONIWA ・・・・・・・・・・・・ 84
　　Hiroshima Oyster bar MABUI
　　Fukuromachi ・・・・・・・・・・・ 71
　　ひろしまお好み物語 駅前ひろば ・・ 79
　　廣島つけ麺本舗 ばくだん屋 総本店 ・・ 80
ま みっちゃん総本店 八丁堀本店 ・・ 75
　　MILLE ・・・・・・・・・・・・・・・ 72
　　むすびのむさし 土橋店 ・・・・・ 83
　　MUSIMPANEN ・・・・・・・・・・ 85
や 焼くんじゃ ・・・・・・・・・・・・ 78
　　薬研堀 八昌 ・・・・・・・・・・・・ 75
　　陽気 ・・・・・・・・・・・・・・・・・ 82
ら RIVA ・・・・・・・・・・・・・・・・ 73
　　麗ちゃん ・・・・・・・・・・・・・・ 74
　　冷めん家 ・・・・・・・・・・・・・・ 80
　　LOPEZ ・・・・・・・・・・・・・・・ 78

買う

あ 御菓子処 亀屋 ・・・・・・・・・・ 87
か 熊野筆セレクトショップ広島店 ・・・ 88
さ 市町村情報センター ひろしま夢ぷらざ
　　・・・・・・・・・・・・・・・・ 86・89
な 長崎屋 ・・・・・・・・・・・・・・・ 87
は 白鳳堂 広島三越店 ・・・・・・・ 89
　　バターケーキの長崎堂 ・・・・・ 87
　　バッケンモーツアルト 中央通り本店 ・・ 86
　　広島筆センター 広島店 ・・・・・ 89

泊まる

あ ANAクラウンプラザホテル広島 ・・・ 90
　　オリエンタルホテル広島 ・・・・・ 90
か グランドプリンスホテル広島 ・・ 90
さ シェラトングランドホテル広島 ・・ 90
な NIPPONIA HOTEL 竹原 製塩町 ・・ 17
は ホテルグランヴィア広島 ・・・・・ 90
ら リーガロイヤルホテル広島 ・・・・ 90

158

尾道

遊ぶ・歩く・観る

- **あ** 艮神社 ······· 96
  - etSETOra ······· 17
  - おのみち映画資料館 ······· 100
- **か** 海龍寺 ······· 99
  - 金山彦神社 ······· 100
- **さ** 西國寺 ······· 99
  - 持光寺 ······· 99
  - 浄土寺 ······· 99
  - 千光寺 ······· 97
  - 千光寺公園展望台 ······· 96
  - 千光寺新道 ······· 99
- **た** 大山寺 ······· 99
  - 鼓岩（ポンポン岩） ······· 100
  - 天寧寺海雲塔 ······· 98
- **な** 中村憲吉旧居 ······· 98
  - 西土堂町の跨線橋 ······· 100
- **は** 文学のこみち ······· 97
- **ま** 御袖天満宮 ······· 99・100

食べる

- **あ** いわべえ ······· 105
  - お好み焼き 手毬 ······· 105
  - 尾道ゲストハウス みはらし亭 ······· 101
- **か** 郷土味 かけはし ······· 102
- **さ** 鮨と魚料理 保広 ······· 103
- **た** つたふじ本店 ······· 104
- **は** 帆雨亭 ······· 101
  - めん処みやち ······· 104
- **ら** 料亭旅館 魚信 ······· 103

買う

- **あ** 尾道ええもんや ······· 109
- **か** からさわ ······· 107
  - 工房尾道帆布 ······· 108
- **さ** 茶房こもん ······· 106
  - 昇福亭長江店 ······· 108
  - 創作ジャム工房おのみち ······· 108
- **ネ** ネコノテパン工場 ······· 107
- **は** パン屋航路 ······· 107
- **や** やまねこカフェ ······· 106
  - 夕やけカフェドーナツ ······· 107

泊まる

- **な** 西山本館 ······· 124
- **ら** LOG ······· 17

しまなみ海道

- **あ** 因島水軍城 ······· 112

- 大三島橋 ······· 116
- 大山祇神社 ······· 113
- ONOMICHI U2 ······· 117
- **か** 亀老山展望公園 ······· 113
  - 耕三寺博物館（耕三寺） ······· 112
- **さ** The RESTAURANT・KOG BAR ······· 117
  - 島ごころSETODA ······· 117
  - しまなみドルチェ本店 ······· 117
  - ジャイアントストア尾道 ······· 117
  - 瀬戸田サンセットビーチ ······· 117
  - 瀬戸田町観光案内所 ······· 116
- **た** 多々羅大橋 ······· 116
- **な** 能島水軍 ······· 113
- **は** 伯方塩業 大三島工場 ······· 113
  - 鼻栗瀬戸展望台 ······· 116
  - 開山公園 ······· 113
  - 平山郁夫美術館 ······· 113
  - HOTEL CYCLE ······· 117
  - ホテル清風館 ······· 124
- **ま** 道の駅 多々羅しまなみ公園 ······· 117
  - 道の駅 マリンオアシス はかた ······· 116
  - 向島洋らんセンター ······· 112
- **ら** Limone ······· 117

鞆の浦

- **あ** 医王寺 ······· 120
  - 入江豊三郎本店 ······· 121
  - いろは丸展示館 ······· 120
  - 圓福寺・大可島城跡 ······· 121
  - 太田家住宅 ······· 121
- **か** 雁木 ······· 119
- **さ** 常夜燈 ······· 118
  - 仙酔島 ······· 121
- **た** 對潮楼 ······· 120
  - 鞆の津の商家 ······· 121
- **は** 波止 ······· 119
  - 船番所跡 ······· 119
  - 保命酒屋 ······· 121
  - ホテル鴎風亭 ······· 124
- **ま** 桝屋清右衛門宅 ······· 120
  - 汀邸 遠音近音 ······· 124

倉敷

遊ぶ・歩く・観る

- **あ** 阿智神社 ······· 134
  - えびす屋 倉敷 ······· 128
  - 大橋家住宅 ······· 130
  - 大原美術館 ······· 136
- **か** 語らい座 大原本邸 ······· 133
  - 倉敷アイビースクエア ······· 134
  - くらしき川舟流し ······· 128
  - 倉敷考古館 ······· 132
  - 倉敷民藝館 ······· 131

- 倉敷美観地区 ······· 128
- 倉敷物語館 ······· 132
- 倉紡記念館 ······· 134
- **た** 鶴形山公園 ······· 134
- **な** 日本郷土玩具館 ······· 132
- **や** 有隣荘 ······· 133

食べる

- **あ** エル・グレコ ······· 150
- **か** くらしき 窯と南イタリア料理
  - はしまや ······· 147
  - くらしき桃子 倉敷本店 ······· 150
  - 倉吉 和のうまみ処 桜草 ······· 147
- **は** 浜吉 ままかり亭 ······· 149
  - pizzeria CONO foresta ······· 141
  - Premier ······· 148
- **ま** 三宅商店 ······· 147
  - みやけ亭 ······· 149
- **や** やき鳥 くらしき高田屋 ······· 149
- **ら** 旅館くらしき ······· 146
  - レストラン 八間蔵 ······· 146

買う

- **あ** 愛美工房 ······· 134
  - 襟立製帽所 倉敷本町店 ······· 144
- **か** 倉敷意匠アチブランチ ······· 141
  - 倉敷クラシカ ······· 143
  - 倉敷ねぼけ堂 ······· 145
  - 倉敷帆布 美観地区店 ······· 144
- **さ** さんすて岡山 ······· 16
  - shop 三宅商店 ······· 141
- **な** 如竹堂 ······· 142
- **は** 林源十郎商店 ······· 140
  - 平翠軒 ······· 145
- **ま** 蟲文庫 ······· 143
  - MUNI CARPETS ······· 143
- **ら** 呂舎 ······· 144

泊まる

- **か** 倉敷国際ホテル ······· 152
- **や** 吉井旅館 ······· 151
- **ら** 料理旅館 鶴形 ······· 152
  - 旅館くらしき ······· 151

159

STAFF

編集制作 Editors
(株)K&Bパブリッシャーズ

取材・執筆・撮影 Writers & Photographers
大田亜矢　住田茜　戸田千文　森本記子　平谷尚子
藤本珠美　太田裕子　植田敬太郎　篠原ゆき
ながおたかあき　貴島稔之　内田和宏　早田梨津子
西田英俊　石原慎太郎　キクイヒロシ　石川達司
TJ Hiroshima編集室

執筆協力 Writers
遠藤優子　伊藤麻衣子　森合紀子　成沢拓司
田中美和

本文・表紙デザイン Cover & Editorial Design
(株)K&Bパブリッシャーズ

表紙写真 Cover Photo
アフロ

地図制作 Maps
トラベラ・ドットネット(株)
DIG.Factory

写真協力 Photographs
関係各市町村観光課・観光協会
関係諸施設
PIXTA

総合プロデューサー Total Producer
河村季里

TAC出版担当 Producer
君塚太

TAC出版海外版権担当 Copyright Export
野崎博和

エグゼクティヴ・プロデューサー
Executive Producer
猪野樹

おとな旅 プレミアム

宮島・広島 尾道・倉敷　第3版

2021年4月1日　初版　第1刷発行

著　　　者	TAC出版編集部
発 行 者	多田敏男
発 行 所	TAC株式会社　出版事業部
	（TAC出版）

〒101-8383 東京都千代田区神田三崎町3-2-18
電話　03(5276)9492(営業)
FAX　03(5276)9674
https://shuppan.tac-school.co.jp

印　　　刷	株式会社　光邦
製　　　本	東京美術紙工協業組合

©TAC 2021　Printed in Japan　　ISBN978-4-8132-9463-4
N.D.C.291　　　　　　　　　落丁・乱丁本はお取り替えいたします。

本書は，「著作権法」によって，著作権等の権利が保護されている著作
物です。本書の全部または一部につき，無断で転載，複写されると，
著作権等の権利侵害となります。上記のような使い方をされる場合に
は，あらかじめ小社宛許諾を求めてください。

本書に掲載した地図の作成に当たっては，国土地理院発行の数値地図
(国土基本情報)電子国土基本図(地図情報)，数値地図(国土基本情報)
電子国土基本図(地名情報)及び数値地図(国土基本情報20万)を調整し
ました。

PHILIPPINES CONTENTS

16 特集1
急速な発展を遂げるフィリピン
エリア別最新情報
マニラ ……………………… 16
セブ ………………………… 20
ボラカイ島 ………………… 24
エルニド …………………… 26
シアルガオ島 ……………… 28
ルソン島北部 ……………… 29

30 特集2
フィリピンで何して遊ぶ？
フィリピン完璧モデルプラン
マニラ ……………………… 30
セブ＆ボホール島 ………… 32
ボラカイ島 ………………… 34
エルニド …………………… 35
バナウェ＆バギオ ………… 36
ダバオ ……………………… 37

38 特集3
自分好みの一品を見つけよう
おみやげ大集合

42 特集4
モダンなレストランも続々登場！
知られざるフィリピン料理の世界

72 エリア特集
マニラきっての観光スポット
アヤラ・センターを徹底解剖！

基本情報	歩き方の使い方	6
	ジェネラルインフォメーション	8
	旅のガイダンス	
	①フィリピンひとめ早わかり	12
	②シーズンで見るフィリピン	14

49 マニラ

マニラ オリエンテーション	50
メトロ・マニラ	52
空港から市内へ	53
市内交通入門	56
早わかりエリアナビ	68
マニラの歩き方	70
エリア① マカティ市	70
エリア② パサイ市&エンターテインメント・シティ	76
エリア③ マニラ地区	79
エリア④ キアポ&チャイナタウン	84
エリア⑤ ボニファシオ・グローバル・シティ	91
エリア⑥ オルティガス・センター	93
エリア⑦ エルミタ&マラテ地区	95
エリア⑧ ケソン市	101
エリア⑨ マニラ郊外	103
レストラン	105
ショップ	114
スパ＆マッサージ	119
ホテル	121

131 ルソン

ルソン オリエンテーション	132
マニラ近郊	134
パグサンハン	135
バタンガス	139
アニラオ	141
タガイタイ	143
カラバルソン	149
コレヒドール島	153
サン・フェルナンド（パンパンガ）	156
アンヘレス（クラーク）	157
バランガ	161
スービック	164
プエルト・ガレラ	169
ルソン島北部	174
バギオ	175
バナウェ	185
ボントック	191
サガダ	194
ハンドレッド・アイランズ	198
サン・フェルナンド/サン・ファン	201
ビガン	203
ラワグ	206
トゥゲガラオ	210
ルソン島南部	212
レガスピ	213
ナガ	219
タバコ	222
カタンドゥアネス島	223

出発前に必ずお読みください！	必読！ フィリピンでのトラブル例 ①	67
	テロ事件には十分に注意を	351
	旅のトラブルと対策	420
	必読！ フィリピンでのトラブル例 ②	423

225 セブとビサヤ諸島

- セブとビサヤ諸島
  オリエンテーション …………226
- **セブ** ……………………………228
  - セブ・シティ …………………230
  - マクタン島 ……………………245
  - モアルボアル …………………262
  - セブ北部 ………………………268
- **ボホール島** ……………………272
  - タグビララン …………………273
  - パングラオ島 …………………284
- **ボラカイ島** ……………………290
  - ボラカイ島 ……………………291
- **サマール島** ……………………303
  - カルバヨグ ……………………304
  - アレン …………………………306
  - カトゥバロガン ………………307
- **ネグロス島** ……………………309
  - バコロド ………………………310
  - ドゥマゲッティ ………………314
  - サン・カルロス ………………320
- **レイテ島** ………………………321
  - タクロバン ……………………322
- **パナイ島** ………………………325
  - イロイロ ………………………326
  - ロハス …………………………331
  - カリボ …………………………332

335 ミンダナオ

- ミンダナオ
  オリエンテーション …………336
- **ミンダナオ島** …………………338
  - ダバオ …………………………339
  - シアルガオ島 …………………345
  - ディポログ ……………………349
  - サンボアンガ …………………350

353 パラワン

- パラワン オリエンテーション 354
- **パラワン島中央部** ……………356
  - プエルト・プリンセサ ………357
  - サバン …………………………363
- **エルニド** ………………………366
  - エルニド・タウン ……………367
  - エルニドの島々 ………………373
- **カラミアン諸島** ………………377
  - コロン・タウン ………………378
  - カラミアン諸島の島々 ………381

4

385 旅の準備と技術

- 出発前の手続き ……………386
- 旅の情報収集 ………………391
- 旅のルート作り ……………392
- 旅の服装と道具 ……………394
- 旅の予算 ……………………395
- フィリピンへの道 …………396
- 日本の出入国 ………………398
- フィリピンの入出国 ………400
- 飛行機旅行入門 ……………404
- バス旅行入門 ………………407
- 船旅入門 ……………………411
- 通貨と両替 …………………415
- 通信事情 ……………………416
- フィリピンのホテル ………417
- 食事について ………………418
- 旅のトラブルと対策 ………420
- 病気と対策 …………………424

429 フィリピン百科

- 地理 …………………………430
- 自然と動植物 ………………431
- 歴史 …………………………432
- 政治 …………………………434
- 経済 …………………………435
- 信仰とアイデンティティ …436
- 文化 …………………………437
- タガログ語入門 ……………438

索引 ……………………………440

コラム

ちょっとひと息コラム
- フィリピンは"ファストフード天国"！………48
- 便利な配車アプリ ……………………………55
- 必読！ フィリピンでのトラブル例① ……67
- ニューハーフ・エンターテインメントを堪能しよう！ ………………………………67
- 新たなバックパッカーの拠点 ………………71
- ウイークエンドマーケットへ出かけよう！ …75
- 大開発の進むエンターテインメント・シティ……77
- チャイナタウンの楽しみ方①〜エスコルタ通り〜 …………………………85
- チャイナタウンの楽しみ方②〜食べ歩き〜 …………………………………86
- フィリピンの現実、「パヤタス」 ……………89
- 商品を買ってフィリピンをサポートしよう！ …90
- エルミタ＆マラテの治安 ……………………96
- フィリピンのアートシーンに触れる ………100
- 軍隊伝統の食事法ブードルファイトって？ ……………………107
- シーフードを楽しむならダンパへ …………108
- 1日5食⁉ フィリピンのメリエンダ文化 …108
- マニラのナイトライフ ………………………129
- フィリピンで温泉リゾートはいかが？ ……136
- 迫力あるパグサンハン川の急流下りに挑戦 …137
- 本格的な自然派スパリゾートで体質改善 …139
- 自然あふれる環境で癒やしのスパを体験 …144
- ご当地フードを食べよう！ …………………146
- 旅を通して社会がよくなる"持続可能"な観光を …159
- 「死の行進」の跡をたどる ……………………163
- 先住民の手織りと手工芸品に出合えるところ …177
- バギオのアートスポットを巡る！ …………179
- ミイラのある町 カバヤン …………………181
- 世界遺産の棚田でトレッキング、ホームステイ体験 …188
- 日系人の足跡をたどって ……………………196

- 白砂のビーチが広がるパグドゥプッドゥ …208
- レガスピゆかりの日本人、明治の女傑（ぜけつ）村岡伊平治 …………215
- ジンベエザメで有名なドンソルへ …………218
- セブで最もおすすめのナイトマーケット …237
- フィリピンのおいしいお菓子を召し上がれ …238
- セブから2時間 素朴なカモーテス諸島へ …248
- セブのナイトエンターテインメント ………253
- 柔軟な対応がうれしいJRエクスプレス ……258
- ジンベエザメに出合いに行こう！ …………267
- ボホール島最大の見どころ、チョコレート・ヒルズ ……………………276
- ロボック川でクルーズ体験 …………………279
- 世界でいちばん小さなメガネザル「ターシャ」…283
- クジラ漁から観光業へ ………………………285
- ホタルの乱舞に圧倒される！ ………………289
- 格安でリゾートを楽しめる黒魔術アイランド …313
- 世界のダイバーたちを魅了するネグロス島の南部に浮かぶ島々 …………317
- ドゥマゲッティを拠点にしたツアー ………319
- 生態系の維持と伝統工芸の行方 ……………333
- 日本人とダバオ ………………………………344
- テロ事件には十分に注意を …………………351
- ミンダナオ島の少数民族を訪ねて …………352
- 先住民族パタック族が暮らす村へ …………360
- 神秘的な光景が広がる地底川を散策 ………364
- 島巡りツアーに参加しよう …………………373
- コロン湾に沈む日本船 ………………………382
- パラワンのそのほかの島々と見どころ ……384
- スペイン植民地支配に反抗した英雄ラプラプ ………………………………389
- フィリピン国内を移動する際の注意点 ……406
- 珍味バロットを試そう！ ……………………419
- 必読！ フィリピンでのトラブル例② ……423
- スマホユーザーのためのお役立ちアプリ紹介 …427

ダイビングコラム
- 日本人経営のアットホームなダイバー宿 …141
- ダイバーに人気のセブ西部と南部 …………264
- ダイビングのための基礎知識 ………………271
- ボホール島周辺のダイビングスポット ……288
- 初心者から上級者までを魅了するボラカイ島 …299
- 年間をとおして楽しめるエルニド …………376

役立つコラム
- 機内への液体物持ち込み制限 ………………398

略号と記号について

本文中および地図中に出てくる記号は以下のとおりです。

ガイド部

ACCESS 行き方
- ✈ 飛行機
- 🚢 ボート、フェリー、高速船
- 🚌 バス、ジプニー、車
- ✉ 読者からの投稿
- H ホテル
- R レストラン
- S ショップ
- D ダイビングサービス
- 住 住所
- St. : Street
- Ave. : Avenue
- Rd. : Road
- Dr. : Drive
- Sq. : Square
- Bldg. : Building
- Blvd. : Boulevard
- Cor. : Corner
- Hwy. : Highway
- Brgy. : Barangay
- TEL 電話番号
- Free 無料通話
- FAX ファクス番号
- URL ホームページアドレス
- Mail 電子メールアドレス
- 開 開館時間
- 営 営業時間
- 休 定休日、休館日
- 料 料金 ₱ フィリピン・ペソ
  - ¢ センタボ
  - US$ アメリカドル
- CC クレジットカード
- 他 他店舗

ホテル、レストラン、ショップ、スパ&マッサージ、ダイビングサービス

- ホテル — Hotels
- ダイビングサービス — Diving
- スパ&マッサージ — Spa
- ショップ — Shops
- レストラン — Restaurants

地図の記号

🅷	観光局、観光案内所		
🅱	銀行	🆂	両替所
✉	郵便局	🕀	電話局
🎥	映画館	✚	病院
🅇	学校	♟	教会、大聖堂
☪	モスク	🏛	博物館
🚌	ジプニー乗り場		ビーチ
🚌	バス乗り場		
🚕	タクシー乗り場		
⚓	フェリー＆ボート乗り場		
✈	空港		
⛽	ガソリンスタンド		
🄷	ホテル		
🆁	レストラン、ファストフード		
🆂	ショップ		
🄳	ダイビングサービス		
☕	カフェ		
🍸	バー、ナイトクラブ、ディスコ		
@	インターネットカフェ		

ホテルについて
掲載しているホテルの料金には税金(宿泊料の10〜20％、ホテルの規模と地方によって異なる)、およびサービスチャージ(10％)がかかる場合があります。

見どころについて
掲載している見どころにはおすすめ度を★マークでしるしてあります。
★★★→ぜひ訪れたい
★★→できれば訪れたい
★→時間があれば訪れたい

ホテルの記号
Dm ドミトリー　S シングルルーム
D ダブル、ツインルーム　Tr トリプルルーム
F ファミリールーム　C コテージ　Su スイート

ホテル室内設備
冷房　ファン　トイレ
水シャワー　温水シャワー　バスタブ
テレビ　ミニバー　冷蔵庫
ネットフリー　朝食　日本人スタッフ
※共と記してある場合は、共同となります。例えひと部屋でも設備を備えた部屋があれば、「設備あり」として記号を入れてあります。

ホテル割引と記号
長期割引 長期滞在の際の割引

■本書の特徴
本書は、フィリピンを旅行される方を対象に、個人旅行者が現地でいろいろな旅行を楽しめるように、各都市へのアクセス、おもな見どころの説明、ホテルやレストランなどの情報を掲載しています。もちろんツアーで旅行される際にも十分活用できるようになっています。

■掲載情報のご利用に当たって
編集部では、できるだけ最新で正確な情報を掲載するよう努めていますが、現地の規則や手続きなどがしばしば変更されたり、またその解釈に見解の相違が生じることもあります。このような理由に基づく場合、または弊社に重大な過失がない場合は、本書を利用して生じた損失や不都合について、弊社は責任を負いかねますのでご了承ください。また、本書をお使いいただく際は、掲載されている情報やアドバイスがご自身の状況や立場に適しているか、すべてご自身の責任でご判断のうえご利用ください。

■現地取材および調査期間
本書は2019年8〜11月の調査を基に編集されています。しかしながら時間の経過とともにデータの変更が生じることがあります。特にホテルやレストランなどの料金は、旅行時点では変更されていることも多くあります。したがって、本書のデータはひとつの目安としてお考えいただき、現地では観光案内所などでできるだけ新しい情報を入手してご旅行ください。

■発行後の情報の更新と訂正について
本書に掲載している情報で、発行後に変更されたものや、訂正箇所が明らかになったものについては『地球の歩き方』ホームページの「更新・訂正情報」で可能なかぎり最新のデータに更新しています(ホテル、レストラン料金の変更などは除く)。出発前に、ぜひ最新情報をご確認ください。
URL book.arukikata.co.jp/support

■投稿記事について
投稿記事は、多少主観的になっても原文にできるだけ忠実に掲載してありますが、データに関しては編集部で追跡調査を行っています。投稿記事のあとに(東京都　○○　'18)とあるのは、寄稿者の居住地と氏名、旅行年度を表しています。ただし、ホテルなどの料金を追跡調査で新しいデータに変更している場合は、寄稿者のデータのあとに調査年度を入れ['19]としています。

General Information

フィリピンの基本情報

▶ 地理→ P.430
▶ 政治→ P.434
▶ 信仰とアイデンティティ→ P.436
▶ タガログ語入門→ P.438

国 旗
青は平和、真実、正義、赤は愛国心と勇気、白は平等に対する希望を象徴し、太陽は自由を意味する。3つの星は、おもな島であるルソン島、ミンダナオ島、ビサヤ諸島を象徴。太陽から出ている8つの光は、戦争時にスペインに対して最初に武器を取った8州を表す。

正式国名
フィリピン共和国
Republic of the Philippines

国 歌
最愛の地 Lupang Hinirang

面 積
29万9404㎢（日本の約8割の広さ）、7109の島で成り立っている。

人 口
約1億665万人（2018年 世界銀行）

首 都
メトロ・マニラ（通称マニラ）
Metro Manila

元 首
ロドリゴ・ドゥテルテ大統領
Rodrigo Duterte

政 体
立憲共和制

民族構成
マレー系95%、中国系1.5%、ほか3.5%
※ただし、言語的に見ると100以上の民族グループに分けられる。

宗 教
カトリック83%、そのほかのキリスト教10%、イスラム教5%ほか。国民のほとんどがカトリック系キリスト教徒だが、ミンダナオ島の一部ホロ諸島などはイスラム教徒が多数を占める。

言 語
国の公用語はタガログ語。ただし、ビサヤ諸島のビサヤ語など、地方によってはタガログ語以外の言葉が使われている。マニラ近郊のカビテ州の一部やミンダナオ島の一部では、スペイン語を多く含むチャバカノ語も話されている。英語は共通語で、アジアで一番通用度が高い。ほかにもイロカノ、ワライなどフィリピンには80前後の言語がある。

通貨と為替レート

▶ 通貨と両替→ P.415

単位はフィリピン・ペソ（₱）。補助通貨はセンタボ（¢）。₱1＝100¢。
2019年11月14日現在
₱1≒2.14円　US$1≒₱50.85
紙幣の種類は₱1000、500、200、100、50、20、10、5（₱200、10、5はあまり見られない）。硬貨の種類は₱10、5、1、¢50、25、10、5、1の8種類（¢50、10、5、1はあまり見られない）。

1000ペソ　500ペソ　100ペソ　50ペソ
20ペソ　新硬貨　10ペソ　5ペソ　1ペソ　25センタボ
旧硬貨

※2017年末から新硬貨の流通が開始されている。旧硬貨の使用期限は未定で、当面は並行して流通する。

電話のかけ方

▶ 通信事情→ P.416

日本からフィリピンへの国際電話のかけ方　　（例）フィリピンマニラ (02)8234-5678 にかける場合

国際電話会社の番号		国際電話識別番号		フィリピンの国番号		相手の電話番号※市外局番最初の0は取る
001（KDDI）※1 0033（NTTコミュニケーションズ）※1 0061（ソフトバンク）※1 005345（au携帯）※2 009130（NTTドコモ携帯）※3 0046（ソフトバンク携帯）※4	＋	010	＋	63	＋	2-8234-5678

（※1）「マイライン」の国際区分に登録している場合は不要。詳細は、URL www.myline.org　（※2）auは005345をダイヤルしなくてもかけられる。　（※3）NTTドコモは事前にWORLD WINGに登録が必要。009130をダイヤルしなくてもかけられる。　（※4）ソフトバンクは0046をダイヤルしなくてもかけられる。　※携帯電話の3キャリアは「0」を長押しして「＋」を表示し、続けて国番号からダイヤルしてもかけられる。

ジェネラルインフォメーション

両替

両替は、ホテル、市内の銀行、両替所、空港内の銀行で、USドルまたは日本円からフィリピン・ペソへの両替ができる。交換レートが一番いいのは両替所、悪いのはホテル。銀行では、日本円の両替を受け付けないこともある。両替の際もらうレシートは、再両替の際に提示を求められることがあるので、最終日まで保管しておくこと。また、銀行や両替所では日本円のおつりを用意していないことが多いので、日本から1000円札を多めに持っていくと、余分な両替をしなくてすむ。さらに、地方に行くときは、マニラやセブ・シティなどで日本円からペソへの両替を済ませておいたほうが無難。

▶ 通貨と両替→P.415

祝祭日（おもな祝祭日）

キリスト教にかかわる祝日が多く、年によって異なる移動祝祭日（＊印）に注意。祝祭日には商店や銀行、郵便局などは休みとなる。このほか特別の休日あり。

1月1日	元日
1月下旬～2月中旬＊	チャイニーズ・ニュー・イヤー
2月25日	エドゥサ革命記念日
3月末～4月中旬＊	イースター・ホリデイ
4月9日	勇者の日
5月1日	メーデー
6月12日	独立記念日
8月21日	ニノイ・アキノ記念日
最終月曜日＊	国家英雄の日
11月1日	万聖節
30日	ボニファシオ誕生記念日
12月8日	聖母マリアの日
25日	クリスマス
30日	リサール記念日
31日	大みそか

ナガのペニャフランシア・フェスティバル

キリスト教徒が集うマニラ大聖堂

▶ シーズンで見るフィリピン→P.14

ビジネスアワー

銀行
一般的に月～金曜が9:00～15:00で、土・日曜、祝祭日は休み。

商店
スーパーマーケットやショッピングセンターなどは毎日営業、10:00～21:00が目安。小さな商店なら21:00頃まで開いているところもある。ショッピングセンターの多くは、週末は長めに営業。

レストラン
早朝～24:00頃、各店によって異なる。マニラやセブ・シティ、ダバオなどの大都市では、24時間営業のところも多い。

※イースター・ホリデイ（3月末～4月下旬。年によって異なる）はほとんどの店が閉店し、交通機関も多くが運休となる。

▶ **フィリピンから日本への国際電話のかけ方** （例）東京（03）1234-5678 にかける場合

国際電話識別番号 **00** ＋ 日本の国番号 **81** ＋ 市外局番と携帯電話の最初の0を取る **3** ＋ 相手の電話番号 **1234-5678**

▶ **マニラの電話番号が8ケタに**
2019年10月より、市外局番が（02）の地域（マニラを含む）の電話番号が7ケタから8ケタに変更。従来の番号の頭に、PLDTは8、Globeは7というように、通信会社により、番号が追加されている。

▶ **フィリピンでの電話のかけ方**
国内・国際電話ともに空港やデパートなどの公衆電話、ホテル客室内の電話、電話局（PLDT社）などからかけられる。

▶ **フィリピンの市内通話**
カード式公衆電話の場合、3分₱2程度で話すことができる。また、サリサリストア（雑貨店）などでは、店頭に電話機があり、3分₱5程度で貸してもらえる。ただ、サリサリストアの電話では相手が携帯電話の場合、使用できない。その場合、カード式公衆電話を使用するか、携帯電話販売店兼質屋（Pawn Shop）などで携帯電話を借りてかけることもできる。

電圧&ビデオ

電圧とプラグ
220V、60Hz。プラグは日本と同じAタイプがほとんど。まれにB3、C、Oタイプも見られる。100-240V対応でない電気製品を使うためには変圧器が必要。

ビデオ方式
フィリピンのビデオ方式は日本と同じNTSC式なので、一般的な日本国内用ビデオデッキでの再生が可能。フィリピンのDVDソフトは地域コードRegion Codeが「3」で、日本の「2」とは異なるが、「2」と表示されていれば、DVDソフト内蔵パソコンで再生することができる。

チップ

空港やホテルのポーターには荷物1個につき₱10～20、レストランで伝票にサービス料が含まれていない場合やタクシーは請求額の10%程度。

飲料水

高級ホテルのなかには客室の水道水が飲めるところもあるが、この場合も市販のミネラルウオーターを飲用するのが安心。1.5ℓで₱40程度。

年齢制限

レンタカーの年齢制限は会社によって異なるが、フィリピンでは日本と比較できないほど運転が荒いので、免許証があってもなるべく運転はしないように。

気候

▶ 旅の服装と道具
→ P.394

▶ シーズンで見るフィリピン
→ P.14

熱帯性気候。年間を通じて暖かく、年平均気温は26～27℃。6～11月が雨季、12～5月が乾季と一応分かれているが、地域によってかなり差がある。

服装については、年間を通じて日本の夏の服装でOK。ただし、機内、夜行バス車内、ホテル、デパートなどでは冷房が強く効いていることがあるので、上に羽織るものがあるといい。日差しが強いので、サングラスや帽子もあると便利。

マニラと東京の気温と降水量

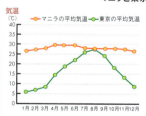
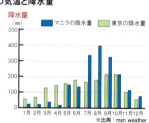

※出典：msn weather

度量衡

ヤード・ポンド、メートル法。一般的に長さにはフィート、速度はメートル、重さなどは日本と同じキログラムやトンが使われる。

税関

CUSTOMS

アルコールはレギュラーサイズ（1ℓ）2本まで、たばこは紙巻き400本、葉巻50本、刻みたばこ250gのいずれかまで、非消耗品（日本の空港で買った免税品など）はUS$200相当額まで無税で持ち込める。フィリピン・ペソの持ち込み、持ち出しは₱5万まで。外貨は、US$1万以上は要申告。

General Information

入出国

パスポート
フィリピン出国日まで有効であることが条件。

ビザ（査証）
30日間以内の滞在ならビザは不要。31日以上の滞在を希望する場合、59日間有効のツーリストビザを日本のフィリピン大使館や総領事館で取得できる。また、現地で滞在延長手続きをすることもでき、1回目は29日間まで延長できる。

10年間有効のパスポート　5年間有効のパスポート

▶ビザ(査証)について → P.387

▶フィリピンの入出国 → P.400

郵便

日本までの封書は20gまで₱45、はがきは₱15で、所要5〜10日。切手の購入と投函はホテルのフロントでも可能。

マニラの郵便局

安全とトラブル

旅行者がよく遭うトラブルは、スリ、置き引き、引ったくり、詐欺など。メトロ・マニラにおいては旅行者を標的とした睡眠薬を飲ませて所持品を奪う「睡眠薬強盗」が起きている。人から飲み物や食べ物をもらうときは十分注意すること。
また、武装ゲリラが活動を続けている地域もあるので、最新の情報を常に把握しておくこと。

緊急連絡先
在フィリピン日本国大使館 ……(02)8551-5710
邦人援護ホットライン ………(02)8551-5786
●マニラ
警察（救急車の要請も可）……911、177
消防（マニラ地区）…………(02)8527-3653
　　（マカティ市）…………(02)8818-5150
　　（パサイ市）……………(02)8843-6523
　　（ケソン市）……………(02)8928-8363
マニラ日本人会診療所 ………(02)8818-0880
●セブ
警察 …………………………………166
救急車 ………………………………161
消防 …………………………………160
日本国大使館セブ領事事務所 (032)231-7322
セブ・ドクターズ病院 ………(032)255-5555
●ダバオ
警察・救急車・消防 ………………911
日本国大使館ダバオ総領事館 (082)221-3100

▶外務省危険情報 → P.351、357

▶必読！フィリピンでのトラブル例 → P.67、423

▶旅のトラブルと対策 → P.420

日本からのフライト時間

東京、大阪、名古屋、福岡、札幌からマニラへ、東京、大阪、名古屋からセブへの直行便が出ている。所要4〜6時間。

▶フィリピンへの道 → P.396

時差とサマータイム

日本との時差はマイナス1時間。日本が12:00のとき、フィリピンは11:00。なお、フィリピンでサマータイムは導入されていない。

そのほか

予防接種
日本出発の場合は不要。

インターネット
マニラはもとより、フィリピン各地の拠点都市には、必ずといっていいほど中心部にインターネットカフェがある。地方などでは1時間₱15〜30前後が目安。マニラ市内はやや割高(₱15〜120)。また、日本語の環境は、あまり整っていない。

食事
主食は米。フィリピン料理は、ご飯と混ぜ合わせて食べるため、濃いめの味つけになっている。甘いもの、しょっぱいもの、すっぱいものが多く、ルソン島南部ビコール地方の料理などを除いては、からいものはない。また、フィリピンには各国から伝わったものも多い。なかでもスペインの影響を大きく受けている。ファストフード店もたくさんある。

物価
日本の値段の6〜7割程度だと考えればいい。ただし、これは日本並みの快適さを求めた場合で、フィリピン人たちと一緒にジプニーを使い、食事は屋台などで済ませれば、半分以下に抑えることもできる。

▶通信事情 → P.416

▶食事について → P.418

▶フィリピン料理の世界 → P.42

旅のガイダンス① フィリピンひとめ早わかり

フィリピンってどんな国？

フィリピン
ひとめ
早わかり

日本からマニラまで直行便でわずか約5時間。フィリピンには、ビーチリゾートや山岳の避暑地、歴史的な町並みなど、魅力的な場所が多い。だが、それらすべてを網羅するのは至難の業。まずは、自分がどこへ行きたいのかを考えてみよう。

フィリピンを知るためのキーワード

● **7109もの島々からなる群島国家**
インドネシアに次ぐ世界第2位の群島国家。そのうち名前がある島は約4600、人が住むのは1000ほど→P.430

● **100以上の民族グループで構成**
大きく分けるとマレー系が95%だが、民族グループは100を超える多民族国家。各グループで言葉も違い、文化や民俗も異なる→P.436、437

● **多様な文化を受容した国**
1521年にマゼラン一行が上陸してからの約350年に及ぶスペイン統治、その後のアメリカによる統治の影響が色濃く残っている→P.432、437

さまざまな魅力がひしめく大都会
マニラ ▶ P.49

フィリピンの首都で最大の都市、マニラ。高級ホテルやショッピングセンターが建ち並び、ひっきりなしに車や人々が行き交う。ここでは、そんな大都会のさまざまな魅力に出合えることだろう。また、マニラのオリジンともいえるイントラムロスには歴史的建造物が点在する。

高層ビルが建ち並ぶマカティ市の町並み

避暑地として人気のエリアが点在
マニラ近郊 ▶ P.134

マニラから車で2～3時間のエリアには、避暑地として人気の町や村が多い。とりわけ緑あふれる高原が広がるタガイタイをはじめ、素朴なビーチリゾートが点在するカラバルソンなどは人気がある。急流下りで知られるパグサンハンがあるのもこのエリア。

避暑地として人気のタガイタイ

"最後の秘境"といわれるリゾート地
パラワン ▶ P.353

北部のエルニドには、ワンアイランドワンリゾートといわれる隠れ家的なリゾートが点在。手つかずの自然と真っ青に透き通る海、奇岩が切り立つ幻想的な光景が広がっている。また、パラワンには珍しい動植物が多く生息し、色鮮やかな花々が咲き誇っている。

黒い石灰岩が独特な海の色に映える

※地図注記: ビガン、バナウェ、バギオ、Luzon Is. ルソン島、Manila マニラ、コロン・タウン、エルニド・タウン、Palawan Is. パラワン島

世界遺産の棚田とスペイン統治時代の町並み

ルソン島北部 ▶ P.174

フィリピンで最も山深いエリア。その中央のコルディレラ地方には標高2000m級の山々が連なり、避暑地として知られるバギオ、空へそびえるように棚田が広がるバナウェ、スペイン統治時代の建造物が建ち並ぶビガンなど見どころが多い。

世界遺産に登録されている棚田

地方独特の文化圏を形成する

ルソン島南部 ▶ P.212

日本人で訪れる人はあまりいないが、変化に富んだ半島や火山、湖が多く、豊かな自然が息づいている。また、田舎の風景が多く残っている地域でもある。サーフィンのメッカとして知られるカタンドゥアネス島、ジンベエザメが見られるドンソルがあるのもこのエリア。

富士山のようなマヨン火山

白砂と真っ青な海が広がる楽園の島々

ビサヤ諸島 ▶ P.225

フィリピン随一のリゾート地が広がるエリア。なかでもセブは、アジアの代表的なビーチリゾートのひとつとして知られ、豪華リゾートから素朴なゲストハウスまで滞在スタイルもバラエティ豊か。周辺には世界的に有名なダイビングスポットも点在する。

白砂のビーチが続くボラカイ島

昔ながらの素朴なフィリピンの魅力に出合える

ミンダナオ ▶ P.335

ダバオは、フィリピン第3の都市。戦前には1万人以上の日本人がこの地でマニラ麻の生産に従事していた。町全体にのんびりとした空気が漂い、人々の明るい笑顔に出会うことだろう。一方で、いまだフィリピンからの独立紛争の問題を抱えているという事実もある。

ドリアンはダバオの名産品

歴史遺産　自然　ビーチ　エンターテインメント

13

旅のガイダンス② シーズンで見るフィリピン

ベストシーズンは目的地によって異なる

スケジュール作りのポイント

● **地域によって多様な気候**
　南北に細長く、経度も15度以上に広がり、高い山々も多いことから、地域によってかなり気候が違う。年中温暖ではないということを念頭に。

● **台風到来シーズンに注意！**
　フィリピンを襲う台風の85％以上はサマール島以北を通過する。特に7～9月はビサヤ諸島、ルソン島南部、ミンダナオ島北東部が台風の通り道になることが多い。

● **雨季にはスコールにも注意！**
　激しい雨が降ると、排水設備の整っていない町の道路は川と化し、それにともなって土砂崩れや洪水、交通機関のまひなど、さまざまな災害も発生する。

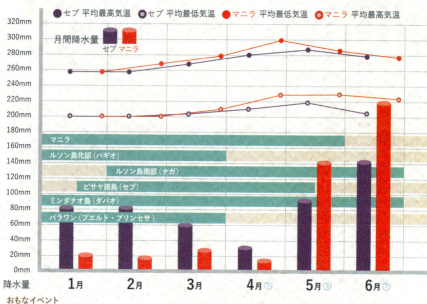

おもなイベント

1月　January
賢者祭り　Feast of Three Kings
ブラック・ナザレ
Feast of the Black Nazarene（マニラ・キアポ教会）
シヌログ　Sto. Ninño de Cebu（セブ島）
アティアティハンの祭り　Ati-Atihan（パナイ島カリボ）
ディナギャン　Dinagyang（パナイ島イロイロ）
旧正月　Chinese New Year（マニラ・チャイナタウン）

2月　February
フラワー・フェスティバル　Flower Festival（バギオ）

3月　March
アラワ・ナン・ダバオ　Araw ng Dabaw（ダバオ）
モリオネスの祭り　Moriones Festival（マリンドゥケ島）
イロイロ・レガッタ・レース　Iloilo Regatta（パナイ島イロイロ）
シヌログ・フェスティバル　Sinulog Festival（ネグロス島イログ）

4月　April
トゥルンバ祭　Feast of Virgin de Turumba（ラグーナ州パキル）
マゼラン上陸記念祭　Magellan's Landing

5月　May
サンタクルーサン　Santacruzan
平和と航海の聖母マリア祭り
Feast of Our Lady of Peace & Voyage（リサール州アンティポロ）
水牛祭り　Carabao Festival（ブラカン州プリラン、ヌエバ・エシハ、リサール州アンゴノ）
収穫祭　Harvest Festival (Pahiyas)
ファーティリティ・ライツ　Fertility Rites（ブラカン州オバンド）
セブ・マンゴー・フェスティバル　Cebu Mango Festival（セブ島）

6月　June
聖ヨハネ水かけ祭り
Feast of St. John the Baptist（リサール州サン・フアン）

フィリピンを旅する際に、十分に気をつけなくてはならないのが天候。平均26〜27℃と年間を通じて暖かく、ルソン島北部などの高地を除いては季節によってそれほど違いはない。つまり、最もやっかいなのは、雨と台風ということになる。

■ 雨季（5〜10月）と乾季（11〜4月）がはっきりと区別される
■ 乾季がなく、11〜1月に大雨にみまわれる
■ 雨季と乾季の明確な区別はないが、だいたい1〜3月が乾季となる
■ 年間を通してかなりの雨が降る地域

夏の季節風 → 冬の季節風 → 台風 →

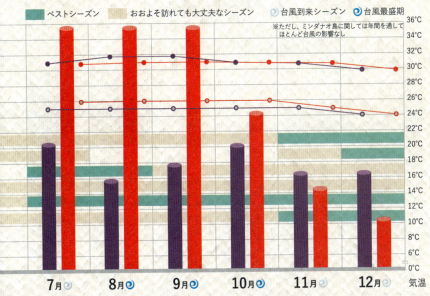

| レチョン・パレード | Lechon Parade（バタンガス州バラヤン） |
| ピリ・フェスティバル | Pili Festival（ソルソゴン） |

7月 July
ボカウエ川祭り　Bocaue River Festival（ブラカン州）

8月 August
アエタ族の祭り　Dance of the Aetas（ヌエバ・エシハ州バヨンボン）
バリンタワクの叫び　Cry of Balintawak
カガヤン・デ・オロ市の祭り　Cagayan de Oro City Festival（カガヤン・デ・オロ）

9月 September
ペニャフランシア・フェスティバル　Peñafarancia Festival（ルソン島南部ナガ）
アン・シヌログ　Ang Sinulog

10月 October
ピラール神殿の聖母マリア祭り　Feast of Our Lady of Pilar（ミンダナオ島サンボアンガ）
マスカラ　Masskara（ネグロス島バコロド）

11月 November
ヒガンテス　Gigantes（リサール州アンゴノ）
グランド・カニャオ　Grand Canao（バギオ）

12月 December
タール火山フェスティバル　Taal Fluvial Festival（タール火山）
パグサンハン・フィエスタ　Pagsanjan Town Fiesta（パグサンハン）
クリスマス開始の日　Simbang Gabi
ランタン・フェスティバル　Lantern Festival（パンパンガ州サンフェルナンド）

エリア別最新情報
マニラ MANILA

リゾート・ワールド一帯はニューポート・シティとも呼ばれている

TOPIC 進化するリゾート・ワールド
Developing Resorts World

ニノイ・アキノ国際空港ターミナル3そばに位置するリゾート・ワールド・マニラ。フィリピンの大手デベロッパー、メガ・ワールドが開発するエリアで、2019年にシェラトン・マニラ（→P.124）、ヒルトン・マニラが開業。2020年にはホテル・オークラ、リッツカールトンも開業予定。これでニューポート・シティの高級ホテルは計7軒となり、マニラで最も高級ホテルが集まるエリアとなる。敷地内のニューポート・モールにはショップやレストラン、カジノなどが揃い、エリア内から出ることなく、快適なシティリゾート滞在を楽しむことができる。

シェラトン・マニラの客室は最低でも44㎡と広々

[地図]
ターミナル3
ランウェイ・マニラ
シェラトン
ホリデイイン
オークラ
ヒルトン
ベルモント
ニューポート・モール
リッツ・カールトン
マリオット

2017年には空港ターミナル3（4階）とリゾート・ワールド・マニラを結ぶランウェイ・マニラRunway Manilaが完成

フルーツティーが有名なイーファン（一芳）Yi Fang（MAP P.60-B3）

TOPIC フィリピンでもタピオカブーム！
Tapioca Boom in Philippines

日本で大人気のタピオカドリンク。実はフィリピンでもここ数年大ブーム。台湾から人気店が上陸するなど、日本に勝るとも劣らない勢いで店舗数が増えている。本格的なタピオカドリンクを日本の半分以下の値段で楽しめるのでお得。日本未上陸の店もあるのでチェックしてみよう。

日本にも出店しているタイガー・シュガー Tiger Sugar（MAP P.64上）

TOPIC 海外の有名店が続々オープン！
Famous Restaurants are Opening!

商業施設の開業に伴い、各種レストランが続々オープンしているが、最近目立つのが海外の有名店の出店。ミシュラン1つ星を獲得した香港発のティム・ホー・ワン（→P.110）、台湾の超有名店ディンタイフォン（鼎泰豊。MAP P.60-B3）などがメトロ・マニラ各地にオープンしている。いずれもメトロ・マニラ内に数店舗展開しているので、とても便利。値段も日本で食べるよりかなりリーズナブルだ。そして、2018年には、屋台として世界で初めてミシュランの星を獲得したシンガポールのホーカー・チャンがオープン！ グルメシティとしての充実度は増すばかりだ。

ホーカー・チャン
Hawker Cahn
MAP P.62-A2
住 GF, Entertainment Mall, SM Mall of Asia, Mall of Asia Complex (MOA), Pasay City
営 11:00 ～ 22:00
休 なし
CC A D J M V

チャーシューヌードル（P188）

16

TOPIC
スターシェフが手がける創作料理レストランが話題！
Restaurants by Star Chef are Booming!

知られざるグルメ大国のフィリピン。特にマニラでは、フィリピン料理をはじめ世界各国の本格的な料理が楽しめる。そんなマニラでいま注目されているのが、有名シェフによる創作料理レストラン。有名シェフが手がけるレストランは数あるが、ここではフィリピンにインスパイアされた料理が評判の2軒を紹介。

左がナバラ氏。
日本が好きで和食もメニュー作りに取り入れている

マニラのグルメシーンを垣間見る
トーヨー・イータリー
TOYO EATERY

ジョーディ・ナバラ氏がオーナーシェフを務めるレストラン。数々のメディアに取り上げられる、マニラのグルメシーンを語るうえでなくてはならない名店だ。ここで味わえるのがフィリピンの創作料理。原形をとどめないアレンジに驚くが、どれも絶品。2019年にはアジアのベストレストラン50にもランクインしている。
DATA ▶ P.106

キッチンとテーブルに境界がないのも特徴

ここに注目！
シックな内装ながらも店はカジュアルな雰囲気。スタッフも20代の若者が目立つ。そして料理は見た目も味も革新的。さまざまな面でエネルギッシュさが感じられ、鮮烈な印象を受ける。

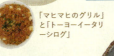

「マヒマヒのグリル」と「トーヨーイータリーシログ」

上／ティノーラマノックというチキンのスープをアレンジしたメニュー
右／カリッと揚げた豚肉とバゴオン（小エビの塩辛）を合わせた一品

"フィリピン"を追求するスペイン人シェフ
ギャラリー・バイ・チェレ
GALLERY BY CHELE

こちらはフィリピンを愛するスペイン人シェフ、チェレ・ゴンザレス氏が手がける店。フィリピン各地を歩き、そこで得たローカル食材や食文化を料理に取り入れるという"実験的"なメニュー作りを行っている。出身地であるスペインはもちろん、各国の調理法まで取り入れ、ここでしか味わうことのできない唯一無二の味を作りだしている。
DATA ▶ P.111

左／器にもこだわっている
上／ホタテにカシューナッツとライムを合わせた「パールズ」

食事の順序
まずはカクテルラウンジに座りカクテルを。しばらくするとスタッフがまるで実験室のようなキッチンに案内してくれ、シェフが調理している姿を見学する。最後にテーブルに案内され、コース料理をいただく。

上／カクテルラウンジ。まずはここで1杯　左／左がチェレ・ゴンザレス氏

アラマットのカウンター

TOPIC
ポブラシオンの バー&パブ巡りがアツい!
Crawling Bar & Pub is Popular in Poblacion

マカティのCBD（Central Business District）からもほど近い、歓楽街ポブラシオン。元々ブルゴス通りにバーが集まるエリアだったが、若者向けのおしゃれなホステルやレストラン、カフェなどが続々オープンし、旅行者の新たな拠点となっている。このエリアでいま注目されているのがバー&パブ巡り。モダンながらもフィリピンを感じられるスポットでアツいマニラの夜を過ごしたい。

バー以外の店も充実
ポブラシオンには、深夜まで若者でにぎわうコミューン・カフェ（→P.112）やスペイン料理の名店アルバ（→P.109）など、おすすめの店が多い。近くには高級ショッピングモールのパワー・プラント・モール（→P.115）もある。

フィリピンにこだわり尽くした必訪店!
Ⓐ アラマット・フィリピノ・パブ&デリ
ALAMAT FILIPINO PUB & DELI

ポブラシオンのパブといえばまずはこの店。ビールはローカルのクラフトビールをタップから直接注いでくれ、カクテルはフィリピン産のジンやウオッカを使ったメニューが楽しめる。店内もフィリピンの伝統的な装飾があしらわれ、まさにフィリピン尽くし。料理はフィリピン料理をモダンにアレンジしたもので、味もすばらしく、ビールが進むこと間違いなしだ。屋外席は雰囲気もよくとても気持ちがいい。

DATA ▶ P.113

フィリピン産のリキュールを持つスタッフ

魚をビネガーであえた「キニラウ」

屋外席もいい雰囲気

野菜料理の「ピナクベット」も串になってカジュアルに

ホルモンの串焼き「イサウ」をモダンにアレンジ

しっとりと大人の時間を過ごすなら
Ⓐ ギマト・フォレージング・バー&グリル
AGIMAT FORAGING BAR & GRILL

"液体のマエストロ"と呼ばれるカレル・デメトリオ氏とシェフのニーニョ・ラウス氏によるタパスバー。店のコンセプトはフィリピンのフォークロアからインスパイアされたもの。上記アラマットと同経営だ。アラマットが、若者が集うパブだとしたらこちらはもう少し大人向け。食材はローカル100％にこだわるなど、こちらもフィリピンをフィーチャーしている。

MAP P.61-D1　住 2F 5972 Alfonso Cor. Fermina St.　TEL 0917-890-4039
営 18:00～翌2:00　休 日

上／大人でも落ち着いてお酒を楽しめる　右／スタッフのユニフォームにはフィリピンの古代文字があしらわれている

広域図 P.60-B1

ポブラシオン MAP

City Garden Grand
ファイアフライ・ルーフデッキ・バー

Zホステル
アラマット・フィリピノ・パブ&デリ
アギマット・フォレージング・バー&グリル
ペドロ・タップ・ハウス

フライドチキンとビール飲み比べセット

2階席もあって広々

クラフトビールを気軽に楽しむ
ペドロ・タップ・ハウス PEDRO TAP HOUSE

ビールを愛するオーナーが2014年にブリュワリーを立ち上げ、2018年にこの店をオープン。店内はコンクリート打ちっぱなしで、ガレージ風のハードな雰囲気。タップから直接注いでくれる新鮮なビールが人気で、コーヒーフレーバーを加えたものなど変わり種もあり、飲み比べも可能。シーズンによりラインアップが変わる。隔週でイベントを行っており、現地の若者と仲良くなることもできる。

DATA ▶ P.113

すばらしい夜景を眺めながら
ファイアフライ・ルーフデッキ FIREFLY ROOFDECK

シティ・ガーデン・グランド・ホテルの最上階にあるバー。マニラ随一の繁華街であるマカティを中心に、壮大なマニラの夜景を楽しむことができる。夜景を楽しみながら1杯というときにおすすめ。 **DATA ▶ P.113**

ホステルの滞在ゲストがカジュアルな服装で楽しむ

カジュアルな雰囲気で入りやすい
Zホステル Z HOSTEL

ポブラシオンのブティックホステルの先駆けともいえるZホステル。屋上がルーフトップバーになっており、毎日若い旅行者でたいへんなにぎわいを見せる。食事メニューはなく、ドリンクのみ。サンミゲルが₱100とリーズナブル。

DATA ▶ P.126

マニラでも指折りのルーフトップバー

TOPIC
3店舗がアジアのベストバー50にランクイン！
3 Bar in Manila are Ranked in Best Bar 50 in Asia

マカティのサルセドにある「キュレーター（→P.112）」、BGCのシャングリ・ラ（→P.121）内にある「ザ・バック・ルーム（MAP P.64上）」、ポブラシオンの「オト（MAP P.61-D1）」の3軒がアジアのベストバー50にランクインしている。いずれも内装、メニュー、サービスにこだわったすばらしいバーばかり。進化しつつあるマニラのナイトシーンから目が離せない！

サルセドの一角にあるキュレーター。昼間はカフェとして営業しており、豆にこだわったおいしいコーヒーが飲める

シックで落ち着いた雰囲気のオト

19

エリア別最新情報

セブ
CEBU

TOPIC
マクタン島に新たな5つ星リゾートが誕生！

Dusit Thani Mactan Cebu Resort is Open!

上／シービューデラックスルーム　左下／朝食ビュッフェ「シー・ブリーズ・カフェ」にて　右下／子供向け施設も充実している

マクタン島の北東にニョキッと突き出たプンタ・エンガニョ地区。開発の進むこのエリアに、2019年3月、タイ発の豪華ホテル、デュシタニ・マクタン・セブ・リゾートがソフトオープンした。2020年のグランドオープンに向け、順次工事が進められている。グランドオープンする際には、空港そばの船着き場からリゾートにボートで快適にアクセスできるようになる予定だ。特徴は何といってもサンセ

海へと続くプロムナード

ット。マクタン島のリゾートで唯一西側を向いているため、客室やプール、ビーチから美しいサンセットを眺めることができる。また、100mにも及ぶ巨大なインフィニティプールもこのホテルのハイライト。広いプールでゆったりと楽しんで、フォトジェニックな写真を撮ることができる。

ほかにも、クラブルーム滞在者専用のクラブラウンジ、カップル対応トリートメントルームを備えたスパ、500㎡にも及ぶキッズ向けの施設など、充実のリゾート設備を誇る。飲食施設は景色がすばらしいロビーラウンジの「ザ・ビュー」、オールデイダイニングの「シー・ブリーズ・カフェ」などがあるが、なかでもタイ料理レストランの「ベンジャロン」はタイの宮廷料理が味わえる名店。2020年のグランドオープンが待ち遠しい。

DATA ▶ P.260

マクタン島ではここでしか味わえないサンセットを、100mのインフィニティプールから望む

TOPIC
さらなるリゾートが開業予定
More Resorts are Opening in Mactan Is.

2019年にデュスタニがオープンしたマクタン島のプンタ・エンガニョ地区に、2019年現在、ふたつの大型リゾートが建設中。ひとつは**シェラトン・セブ・マクタン・リゾート**Sheraton Cebu Mactan Resort。近年フィリピンに相次いで開業しているシェラトンはマリオット・インターナショナルの高級リゾート。250室のリゾートに加え、住居用のヴィラやコンドミニアムも建設中だ。リゾートのオープンは2020年6月の予定。もう一軒は**エメラルド・リゾート＆カジノ**The Emerald Resort and Casino。こちらはカジノを併設した巨大リゾート。こちらも2020年に開業予定だ。周辺にはすでに商業施設もオープンし、この2軒が開業することで、プンタ・エンガニョ地区が新たなリゾートエリアとして発展していくことだろう。

レジデンスも開発中（シェラトン）

TOPIC
Renovation has Finished in Be Resorts.
ビー・リゾートの改装が終了

5つ星ホテルが並ぶマクタン島で、リーズナブルに泊まることができると人気のあったカジュアルホテル、ビー・リゾート・マクタンが、2019年に大改装を終了。客室やビーチ、レストランがより快適＆おしゃれになって利用しやすくなっている。リーズナブルながらもリゾート感を味わえるようモダンに生まれ変わっているため、"SNS映えする"中級ホテルとして、観光客に人気となっている。
DATA ▶ P.261

客室棟からビーチを望む

生まれ変わったビー・リゾートへようこそ！

左／フォトジェニックなスポットが点在　中央／プールサイドのビーチベッド　右／カジュアルな色遣いの客室

TOPIC
New Coming Spas
新スパが続々オープン

あちこちで開発の進むマクタン島。リゾートやレストランに加え、スパも続々オープンしている。特に韓国人経営のデイ・スパが急激に増えており、各地に大規模な建物のスパが開業している。

ブリス・スパのレセプション。清潔さと親切サービスを心がけている

〜 ニューオープンのおすすめスパ 〜

ブリス・スパ
BLISS SPA DATA ▶ P.256

ロビーや施術室など、高級感があるのに値段はリーズナブルと話題になっている。経験豊富なテラピストが多く、いちばん大事な施術のレベルが高いのもポイント。満足できなければ、始めて10分以内ならテラピストの交代も可能だ。

キャビンも清潔で居心地がよい

グランド・スパ
GRAND SPA

2019年オープン。日本でいう健康ランドで、入場料に1時間のマッサージ、韓国料理の食事、サウナやスチームサウナの施設利用が含まれている。韓国人の経営なので、韓国料理の食事もおいしい。2階では日本人経営のカフェが営業していて、おいしいコーヒーが飲める。

小皿も付いてくる

MAP P.246-1　住 Sitio Dapdap, Casanta Soong, Lapu-Lapu City　TEL (032)493-6335
営 24時間　料 P1800

TOPIC
セブ・シティで最も旬なグルメスポット、ITパーク
IT Park - Hottest Gourmet Spot in Cebu City

いまセブ・シティで最も開発・整備が進んでいるエリアのひとつがITパーク。オフィスビルやコンドミニアムなど、高層ビルが建ち並び、外国企業がオフィスやコールセンターを構えていることでも知られている。治安も良好なこのエリアに、近年続々とグルメスポットが誕生している。居心地のいいカフェもたくさんあるので、セブ・シティで飲食店を探すならITパークに来れば間違いない！

スモークした豚バラ肉のロースト（₱138）

エビのガーリック炒め乗せご飯（₱200）

行列のできるマンゴーシェイク（₱90）

⚠ 注意点
● テーブルは常に満席だが、午後9時頃など早めに行くと空いていることも。もちろん持ち帰ることもできる。
● ITパークはクリーンな町づくりをしているエリア。ごみはきちんと処理しよう。

スグボ・メルカド
SUGBO MERCADO

近年、セブでもナイトマーケットが盛んだが、人気No.1のマーケットがここ。ITパークの敷地内に50店舗もの屋台が並び、気軽にセブグルメを味わうことができる。語学留学生にも人気だが、いまや観光客も必訪のスポットとなっている。人気の秘密は料理の豊富さと、コストパフォーマンスのよさ。屋台の料理は韓国、日本、イタリア、タイ、ベトナムなどバリエーション豊かで、味のレベルも高い。味にうるさい日本人でも十分満足できるメニューがめじろ押しだ。

DATA ▶ P.237

🍴 そのほかのおすすめグルメスポット 🍴

料理もなかなかおいしい
ピラミッド
PYRAMID

その名のとおりピラミッドの形をした建物でおなじみ。夜はライトアップされ、ITパークのシンボルにもなっている。

MAP P.230-B1
🏠 Cebu IT PARK　**TEL** (032)516-0254
営 10:00～翌2:00　休 なし　**CC** MV

スグボ・メルカドのすぐそばにある
バギオ・クラフト・ブリュワリー
BAGUIO CRAFT BREWERY

バギオの人気店がセブに進出。10種類以上のクラフトビールを揃え、なかにはコーヒーやフルーツフレーバーのものも。

MAP P.230-B1
🏠 Garden Bloc, Inez Villa St., Cebu IT Park　**TEL** (032)324-7929　営 16:00～翌1:00（木～日17:00～翌2:00）
休 なし　**CC** MV

ハイクオリティのメキシカン！
レッド・リザード
RED LIZARD

アバカグループが手がけるメキシコ料理店。オーガニックでサスティナブルな素材を使用したおいしいメキシコ料理が食べられる。

MAP P.230-B1
🏠 Filinvest Cyberzone IT Park, Cebu City
TEL (032)233-9879
営 11:00～翌3:00
休 なし　**CC** MV

TOPIC
少し足を延ばして
フォトジェニックスポットへ
Short Trip to Photogenic Spot

いまセブ郊外に続々オープンしているのがSNS映えの写真を撮るために作られたフォトジェニックスポットの数々。セブを望む高台やセブ島中心部の山の中に造られ、週末は撮影好きのフィリピン人でいっぱいになる。写真をとるのもいいが、どの場所も山の中で空気がおいしい場所ばかりなので、ゆっくりと散歩するのも楽しい。

A ネリズヴィル・セルフィー・コーナー
Neri'sville Selfie Corner MAP P.228-B1

2018年9月オープン。元CAのオーナーの別荘だったところで、一般に開放し、少しずつSNS映えの装飾を作り上げていった。アクセスは悪いが、山の中にあり自然豊か。

住 Lusaran, Cebu City
TEL なし
営 8:00 ～ 17:00
休 なし 料 ₱50
交 セブ・シティからピットオスPit-Osまでジプニーで行き、そこからハバルハバル(バイクタクシー)で₱200程度。所要約2時間。

B シラオ・ガーデン&リトル・アムステルダム
Sirao Garden & Little Amsterdam MAP P.228-B2

セブ・シティから17km。花畑が美しいシラオ・ガーデンとオランダの景観をイメージして作られたリトル・アムステルダム。周囲には屋台も出ているので休憩もできる。

住 Canadian Dr., Tawagan, Sirao
TEL 0943-706-3437(携帯)
営 6:00 ～ 18:00 休 なし
料 それぞれ₱60、₱100
交 セブ・シティから車で約1時間。タクシーだと₱1500程度。

C テンプル・オブ・レア Temple of Leah MAP P.230-B1外

フィリピン人の実業家が妻をしのんで建造したというギリシア風の建物が立つ。建物の前は広場になっていて、セブ・シティを望む展望スポットとしても有名。

住 Roosevelt, Busay TEL なし
営 6:00 ～ 20:00(土・日 ～ 22:00)
休 なし 料 ₱75
交 セブ・シティから車で約40分。タクシーだと₱1000は請求される。ハバルハバルだと₱150が相場。

D シマラ教会 Simala Church MAP P.228-A2

セブ島では2番目に重要な教会。願いを叶えてくれるというマリア様をお参りに周辺から多くの人々が訪れる。ほんの小さな教会だったが、信者の寄付により巨大な教会になった。

住 Marian Hills, Lindogon, Simala TEL なし 営 8:00 ～ 18:00 休 なし 料 無料
交 セブ・シティから車で約2時間。タクシーだと往復₱4000程度。

TOPIC
セブに新たな見どころが誕生！
New Sights in Cebu Is.

2018年にグランドオープンしたセブ・サファリ&アドベンチャー・パーク。セブ初の本格的なサファリで、敷地面積は170ヘクタール。トラムに乗って動物を見て回ることができる。ジップラインなどそのほかの施設も建設中。また、2019年にはセブ・オーシャン・パークがオープン。フィリピン最大規模の水族館で、魚を中心に200種類もの生き物を観察することができる。水中トンネルなどの見どころもたくさんで、時間があればぜひ訪れたい。

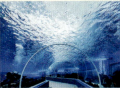

セブ・サファリ&アドベンチャー・パーク
Cebu Safari & Adventure Park MAP P.228-B1
住 Toril, Corte, Carmen, Cebu
TEL (032)344-1095
URL cebusafari.ph
営 9:00 ～ 17:00(最終入場は13:30)
休 月・火
料 大人₱800、子供₱400

セブ・オーシャン・パーク
Cebu Ocean Park MAP P.230-A2外
住 Cebu Ocean Park, Cebu City
TEL (032) 888-5288
URL www.cebuoceanpark.com
営 9:00 ～ 18:00 休 なし
料 ₱800

左/動物との触れ合いも楽しめる 右/オーシャン・パークのハイライト、水中トンネル

エリア別最新情報
ボラカイ島
BORACAY IS.

以前のにぎわいを取り戻したホワイト・ビーチ

TOPIC
生まれ変わってさらに楽しく！
Boracay has been Reborn.

●再開後の状況

進む観光汚染に歯止めをかけるため、2018年4月26日から観光客の受け入れが禁止されていたボラカイ島。半年後の同年10月26日に人数制限しながら受け入れを再開しているが、その後も道路の拡張工事や下水の整備などが進行。2019年10月現在、ステーション1〜3間のメインロード拡張工事はほぼ終了したものの、ステーション1以北においてまだ工事が進んでいる。

上／道幅が広くなったメインロード。トライシクルに替わり、Eトライク（電気トライシクル）が大活躍 下／さらに店舗が充実して再開したディー・モール

認可ホテルの予約が必要

2019年9月現在、ボラカイ島に入るには政府の認証を受けたホテルの予約が必要。カティクランのボート乗り場でチェックされる。ホテルのリストはフィリピン観光省のサイト（随時アップデートされる）で確認できる。

フィリピン政府観光省
URL www.tourism.gov.ph/files/BIATF%20Accreditation_July%2010%202019.pdf
（2019年7月現在のリスト）

ホワイト・ビーチの波打ち際で遊ぶ観光客

ホワイト・ビーチでの禁止事項

ゴミのポイ捨て、喫煙、立ち小便、ビーチの砂の持ち出し、飲食、ペットの立ち入り、ファイアーダンス、違法ツアーガイドの営業、マッサージ、チラシの配布

●より美しく、より楽しく

2019年10月現在、すでに多くの観光客がボラカイ島を訪れ、生まれ変わった美しい姿を目の当たりにしている。ホワイト・ビーチは、禁止事項が増えたが、かつての美しい姿を取り戻している。メインロードは前述のとおり、道幅が拡張され、より快適に移動でき、ディー・モール（→P.293）はおしゃれなショップやレストランが増えてさらに便利になっている。

●ボラカイ・ニューコーストが開発中

大手デベロッパーのメガ・ワールド（マニラのリゾート・ワールドを開発）により、ボラカイ・ニューコーストと銘打たれ、閉鎖前から開発中だった島の北東部。2019年にはベルモント・ホテル（→P.301）、サヴォイ・ホテル（MAP P.290-A1）が相次いで開業し、ボラカイ島のニュータウンとしての開発が進んでいる。今後、よりラグジュアリーなチャンセラー・ホテルChancellor Hotelや商業施設もオープン予定。

左／ボラカイ・ニューコーストのビーチ　右／ベルモント・ホテルの客室

TOPIC
島北西部の好立地に
クリムゾンがオープン
Crimson is Open.　DATA ▶ P.300

マクタン島の5つ星リゾートで知られるクリムゾンが、2017年にボラカイ島で1、2を争う好立地にオープン。その後まもなくボラカイ島が閉鎖されるが、その間にさらに整備を進め、ボラカイの再開後はボラカイ屈指の5つ星リゾートとして人気を集めている。モダンな建築デザインに加え、ビーチの景観もすばらしい。リゾート施設も一級のものを揃えている。カティクランのボート乗り場から専用ボートで直接リゾートにアクセスできるのもうれしいポイント。

独特の景観が印象的

TOPIC
リゾート気分を盛り上げてくれる最新の人気レストランを紹介！
Trendy Restaurants That Makes Your Resort-Life Wonderful !

ボラカイ島で、2017年頃から相次いでおしゃれなカフェやレストランがオープンしている。ニューオープンの店で特徴的なのが、リゾート気分を盛り上げてくれる、フォトジェニックでハイセンスな店が多いこと。環境汚染で閉鎖された経緯もあり、ローカルやオーガニック食材にこだわった、サスティナビリティを心がける店舗も増えてきている。

ノニーズへようこそ！

おすすめレストラン4選

味、見た目、素材。すべてにこだわる名店
ノニーズ NONIE'S

おすすめ！

ローカルの農園から新鮮な野菜を仕入れ、コミュニティをサポートするなど、"ローカル"と"サスティナブル（持続可能）"がテーマのレストラン。野菜は新鮮、ていねいに調理された料理はたいへん美味で、見た目にも美しい。メニューはスムージーボウルなどの朝食にうれしいものから、カフェ風の軽食、モダンにアレンジされたフィリピン料理など。何を食べても抜群においしく、つい何度も足を運んでしまうほど。 **DATA ▶ P.296**

左／フィリピン人カップルの経営で、店名は旦那さんのお母さんの名前から　上／マルンガイ（モリンガ）スムージーボウル（₱300）　右／アドボチキンの乗ったチキンサラダ（₱380）

おいしい朝食ビュッフェを
チャチャズ・ビーチ・カフェ
CHACHA'S BEACH CAFÉ

ビーチに開けた開放的な気持ちのよい空間と、おいしい料理が自慢のカフェ。コースト・ボラカイというホテルのレストランだが、朝食ビュッフェ（税込₱703）が有名で、外部のゲストも利用できる。もちろんランチにもおすすめだ。少し高めだが、ヘルシーなスムージーもあるし、料理はどれもおいしいので満足感は高い。特にウベのチャンポラード（甘いお粥）はぜひ試してほしい。 **DATA ▶ P.297**

左／屋内のテーブル。セミオープンの席もある　右上／スタッフの応対も親切で、気持ちよく食事ができる　右中／ウベ（ベニムラサキイモ）のチャンポラード　右下／朝食ビュッフェにはデザートもある

オールデイブレックファーストの人気カフェ
サニー・サイド・カフェ
SUNNY SIDE CAFÉ

一日中気軽な朝食メニューが食べられる人気カフェ。特にしっとりとボリューミーな巨大パンケーキが人気で、味もなかなかおいしい。フィリピンならではのウベのパンケーキがおすすめだ。 **DATA ▶ P.297**

大人気のウベのパンケーキ（₱495）。ひとりならハーフで十分

夜はこちらへ。常に満席の人気店
ロス・インディオス・ブラボース
LOS INDIOS BRAVOS

欧米人に人気のレストランで、ステーキやソーセージ、クラフトビールがおいしいと評判。口コミサイトでも常に上位につけている。

MAP P290-A1　**住** White House Beach Resort, Station 1
TEL (036) 288-2803　**営** 11:00 ～ 23:00　**CC** AMV

人気メニューのソーセージ

エリア別最新情報
エルニド
EL NIDO

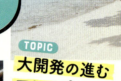

タイタイ・エルニド・ハイウェイとビーチの間で開発が進む「バニラ・ビーチ」

ヴィラだけでなく客室棟も建設中

TOPIC
大開発の進む
マレメグメグ（ラス・カバナス）・ビーチ
Maremegmeg (Las Cabanas) Beach is Developing

西洋人に人気のマレメグメグ・ビーチ

●**大型複合施設がオープン**

エルニド・タウンからトライシクルで約10分とアクセスのしやすいマレメグメグ・ビーチで、大開発が進んでいる。ボラカイやカラミアン諸島でリゾートを展開するディスカバリー・ワールドが工事を進めているのが、「バニラ・ビーチ Vanilla Beach」と呼ばれる複合施設。レストラン、マッサージ、カフェ、ショップなど、5ヘクタールの敷地に、次々に新たな商業施設が誕生している。人気レストランのローカル・プロビジョン（→P.27）も入っている。　**DATA** ▶ P.369

●**ビーチ沿いに新リゾートも**

また、ビーチ沿いでも新リゾートがオープンし、2019年10月現在も別のホテルが建設中。ビーチを望む絶好の立地にあるのが**マレメグメグ・ビーチ・クラブ Maremegmeg Beach Club**。2019年2月にオープンしたばかりで、地元の政治家がオーナー。ビーチを望む崖にモダンなデザインのヴィラが立ち、その下にインフィニティプール。さらに下にビーチカフェがあり、これまでできなかった優雅な過ごし方もできるようになっている。　**DATA** ▶ P.371

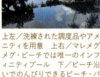

上左／洗練された調度品やアメニティを用意　上右／マレメグメグ・ビーチでは唯一のインフィニティプール　下／ビーチ沿いでのんびりできるビーチ・バー

●**バードハウスでヨガとレストランが人気**

マレメグメグ・ビーチの高台にある隠れ家宿バードハウス（→P.372）。レストランの**ネスティング・テーブル The Nesting Table**を外部のゲストにも開放し人気となっている。また、ヨガ教室も開始。マレメグメグに滞在し、夕方はバードハウスで**ヨガ**に参加して……なんて過ごし方もおすすめ。ここではグランピングが人気だが、客室棟も建設中で、今後の展開が楽しみだ。

左上／素材にこだわったおいしい料理が食べられる
左下／グランピングテントの内部。トイレは外にある
右上／レストランの外にはビーチを望む絶景が広がっている
右下／サンセットヨガも行っている

少し中心を離れるとまだまだ素朴な雰囲気

おしゃれなビーチタウンへ変貌するエルニドをのぞいてみよう

TOPIC
エルニド・タウンも進化中！
El Nido Town is also Developing

ここ数年、大開発が進んでいるエルニド。その中心であるタウンも、外資の流入や行政による開発で日々進化を続けている。そこにはもはや"最後の秘境"の姿はない。おしゃれなショップやレストラン、中層ホテルが建ち並び、まさにリゾートタウンへの進化を遂げつつある。

エルニドでも観光への規制を開始

環境汚染が進んでいたのはボラカイだけでなく、エルニドも同じ。2019年からは、アイランドホッピングやダイビングツアーに参加するのに環境税が必要になり、ビッグ＆スモール・ラグーンの入場者数を制限するなど、環境保全への取り組みが始まっている。

スムージーボウルなどのおしゃれな朝食が食べられる店も

上／イスラエル人経営のハピネス・ビーチ・バー（→P.371） 左／おしゃれなブティックもオープン！ 中上／日本食店も登場（大阪城→P.371） 中下／道路が拡張され、広々として歩きやすくなった 右／かわいらしいアイスキャンディ店

TOPIC
ニューオープンのおすすめレストラン
New Restaurant

上左／グリルチキンのペンネ（P355）
上右／魚介類は地元の漁師から直接仕入れている
右／落ち着いた雰囲気の店内も◎

地産地消と技術にこだわる
ローカル・プロビジョン LOCAL PROVISION

カナダで料理人として経験を積んだバーブラ＆カートさん夫妻が、これまで学んだ調理技術を生かし、ローカルの食材でおいしい料理を作りあげる。2019年にオープンしたばかりだが、新鮮な素材と確かな味ですでに話題になっている。こだわっているわりに値段はリーズナブルで、マレメグメグ・ビーチでの食事はこちらがおすすめ！

DATA ▶ P.370
©Nacpan Beach Glamping

TOPIC
ナクパン・ビーチにグランピングがオープン
Glamping is Open in Nacpan Beach

エルニドから車で1時間かかるナクパン・ビーチ（→P.369）。英テレグラフ紙にて「世界の夢のビーチ29」に選ばれているすばらしいビーチだ。数年前まで未開発の静かなビーチだったが、近年次々とホテルが開業。こちらでもエルニドと同様、観光開発が急激に進んでいる。まだまだ若いバックパッカーに人気の隠れ家的な雰囲気があるが、数年後にはエルニド周辺のように観光客でおおいににぎわうのは間違いないだろう。そんなナクパン・ビーチに、2019年には、豪華な設備のグランピングがオープン。環境にも配慮しているので、安心してゴージャスなリゾートライフを過ごすことができる。

©Nacpan Beach Glamping
エアコンと冷蔵庫を完備

たくさんのヤシの木と美しいビーチに囲まれた理想的なロケーション

ナクパン・ビーチ・グランピング
Nacpan Beach Glamping MAP P.366-B1 外
URL nacpanbeachglamping.com 料 ₱7500～

エリア別最新情報

シアルガオ島
SIARGAO IS.

TOPIC
人気急上昇！
サーファーの聖地 シアルガオ島
Siargao Is. is So Popular Now

クラウド9と呼ばれるサーフスポットでサーフィンの世界大会が行われるシアルガオ島。2016年頃から外国人経営のホテルやレストランが急激に増え始め、それにともない観光客の数も急増している。シアルガオ島がフィリピンのほかの島と異なるのが、エコへの取り組みが盛んなこと。そして洗練されたホテルやレストランが多いことだ。これはこの地でビジネスを行うヨーロピアンによるところが大きいが、ローカルの人々もさまざまな面でそれに影響を受けている。2018年9月には、『コンデナスト・トラベラー』による「アジアのベストアイランド」のひとつに選出されている。

上／ヤシの木に囲まれた道が印象的 下／朝のクラウド9。大会時には世界中からサーファーが集まる

映画の舞台に
2017年、シアルガオに帰郷するイケメンの人気ミュージシャンとひとり旅の女性との関係を描いた映画『シアルガオ』のロケ地になっている。劇中でシアルガオの美しい景観が印象的に使われているので一度見てみるのもいいだろう。フィリピンの映画祭でも数々の賞に輝いている。

●おしゃれなビーチタウンへようこそ！

ジェネラル・ルナからクラウド9を結ぶ海岸線は、ホテルやレストラン、カフェ、バーが点在するビーチタウン。ホテルはフィリピンでも指折りのおしゃれなデザインのものが多く、とても快適。敷地内でのヨガも盛んだ。レストランは、ホテル併設のものも含め、世界各国の本格的な味が楽しめる。海を望むまったりカフェなど、雰囲気抜群のカフェやバーも多い。飲食店ではプラスチックのストローは見られず、バンブーストローが浸透している。

左上／南国風のすてきなリゾートが揃っている
右上／デザインも料理も洗練されたレストランが多い
左下／スムージーボウルなどのカフェメニューが人気
右下／自らブランドを立ち上げるホテルやショップも

●見どころも盛りだくさん！

サーフィンの島として知られるが、美しい自然も魅力。スグバ・ラグーン（→P.346）やジェネラル・ルナ沖に浮かぶ島々のアイランドホッピング（→P.347）、マグププンコ・ロック・プール（→P.346）など、絶対に訪れたい見どころであふれている。

左／アイランドホッピングで訪れるグヤム島
右／シアルガオの絶景、スグバ・ラグーン

28

エリア別最新情報
ルソン島北部
NORTHERN LUZAN IS.

サン・フアンへようこそ！

TOPIC
サン・フアンの人気コーヒー店「エル・ウニオン」
Popular Coffee Shop -El Union

何の変哲もない田舎町に有名バリスタのいるコーヒー店エル・ウニオンEL Unionができて、サン・フアンはマニラからのおしゃれな若者が押し寄せる人気スポットに変貌を遂げた。ていねいに抽出された本格的アイスコーヒーは、ほかでは味わえない逸品だ。ボードレンタル付き₱500で手頃にサーフレッスンが受けられるのもサン・フアンの人気の秘密。フロットサム＆ジェットサム（→P.202）などの個性的な宿も続々登場している。

エル・ウニオン
El Union　　　　　　MAP P.201-1外
住 Urbiztondo, San Juan　TEL 0917-842-4849
営 9:00〜21:00（土7:00〜、日7:00〜21:00）
休 なし

上／サーフレッスンを受ける日本人も多い　中左／エル・ウニオンのカウンター　中右／人気バリスタのスライ　下左／ビーチに近くて開放的な店内　下右／フロットサム＆ジェットサムは満室のことが多い

左／イカット（絣）織りのデモンストレーション　右／織り手たちもモダンなデザインも創作している

TOPIC
バナウエに決して負けない棚田の村、マリコンで民泊トレッキング
Trekking and Staying at B&B in Maligcong

サガダやバナウエに行くときの中継点として通り過ぎることの多いボントックが熱い。町の中心部からジプニーで30分ほどのマリコン村には、バナウエ以上の壮大なる棚田が広がる。村人経営の小さな民宿もいくつかオープンし、ローカルガイドとのトレッキングを楽しみやすくなった。ボントックの中心部にも、料理自慢の快適なホステル、ボントック・ベッド＆ビストロ（→P.193）がオープン。チコ川の涼やかな風が気持ちいいカハ・ピッツァ（→P.193）の地元食材を使ったピザもはずせない。

TOPIC
草木染め手織り布の資料館オープン
New Museum is Open

第二次大戦末期にフィリピン戦を率いた山下大将が投降した町として知られるキアンガンで、草木染めの復興プロジェクトが始まり、女性たちが織った布を展示するイフガオ先住民族教育センター IPED Center（→P.189）が本格オープンした。手織り布の展示のほか、先住民族たちの生活民具の展示も。運がよければ手織りのデモンストレーションを見ることができる。伝統工芸品をインテリアに効果的に使っているB&Bイブラオ・イブラオ（→P.190）の心尽くしの手料理も味わいたい。

上／トレッキングでは棚田のあぜ道も歩く　下左／カハの豆と干し肉を使ったピザ　下右／ボントックのベッド＆ビストロではクラフトビールも提供

フィリピン完璧モデルプラン

モデルプラン ❶

生まれ変わりつつあるリゾートシティ

マニラ
MANILA

経済発展著しいフィリピンの首都マニラ。国中からさまざまなものが集まるマニラには、ここにしかない魅力が盛りだくさん！躍進する大都市を楽しみ尽くそう。

観光のアドバイス　TIPS FOR SIGHTSEEING

❶ 移動し過ぎない
広大なメトロ・マニラだが、交通システムは成熟しているとは言い難い。道路は慢性的に渋滞しており、鉄道もそれほど便利ではない。移動は最小限にして、できるだけ同一エリア内で過ごすようにプランニングしよう。

❷ タクシーはアプリを利用
上記の理由から、移動はタクシーを使うことが多くなる。まだまだ一般のタクシーは問題が多いので、配車アプリのグラブ（→P.55）を利用してスマートに移動しよう。

❸ トイレに注意
マニラにかぎらず、フィリピンのトイレ事情はあまりよくない。たとえショッピングセンターでも、紙がなかったり、便座がなかったりする。また、紙を便器に流してはいけないところがほとんど。

❹ 危険エリアを把握
マカティやBGCなど、安全に歩ける街は確実に増えてきている。しかし、まだまだ危険なエリアが多いのも事実。事前に危険エリアは把握しておこう。

Day 1　アヤラ・センターで丸1日遊び尽くす

モダンマニラの象徴アヤラ・センターで、マニラならではのショッピングやグルメを楽しもう。

10:00　ピノイブランドをチェック
at GLORIETTA ➡ P.114

グロリエッタにはフィリピンでしか手に入らないローカルブランドが勢揃い。

徒歩約10分

12:00　フードコートで指さしランチ
at LANDMARK ➡ P.115

ランドマークのフードコートは店のバリエーションが豊富。ハロハロの人気店もある。

徒歩約10分

15:30　フィリピンいち高いハロハロ？ ➡ P.122
at THE PENINSULA MANILA

ペニンシュラのロビーラウンジでは、手作りの具材が自慢の高級ハロハロが食べられる。

徒歩約10分

16:30　憧れの高級スパでリラックス
at THE SPA AT SHANGRI LA'S

マカティのシャングリ・ラ（→P.122）で一流のサービスを体験しよう。

徒歩約10分

19:00　"モダンフィリピノ"に舌鼓
at GREENBELT ➡ P.114

グリーンベルトにはモダンなフィリピン料理店が揃う。

Day 2 新旧2都市を巡る BGC & イントラムロス

最先端が集まる町と、マニラのオリジンでもある要塞都市でマニラのいまを目撃!

10:00 マニラ唯一の世界遺産を見学
at SAN AGUSTIN CHURCH ➡ P.82

イントラムロス観光の目玉のひとつが世界遺産のサン・オウガスチン教会。

11:00 日本にも関わりのある史跡を歩く
at FORT SANTIAGO ➡ P.81

徒歩約10分

サンチャゴ要塞はイントラムロス最大の見どころ。

13:00 南国フルーツを味わう ➡ P.91
at MARKET! MARKET!

BGCへ車で約40分

新鮮な南国フルーツを買って、その場で食べることができる。

15:00 日本未上陸のブランドをチェック!
at BONIFACIO HIGH STREET ➡ P.91

徒歩約10分

マニラの表参道ともいわれるハイストリートには、おしゃれなショップが続々オープン。

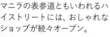

19:00 おしゃれなスペイン料理に感激!
at DONOSTI PINTXOS Y TAPAS ➡ P.109

徒歩約10分

BGCでは洗練されたおいしいスペイン料理を味わいたい。

Day 3 高原の避暑地 タガイタイへ

マニラの暑さに疲れたら、おいしいものがいっぱいのタガイタイ(→P.143)へ。

10:00 タール湖の絶景を見に行く
at TAGAYTAY PICNIC GROVE ➡ P.146

タガイタイには世界一小さな火山、タール火山がある。湖に囲まれた火山の景色は壮観。

車で約15分

12:00 オーガニック野菜のビュッフェランチ!
at SONYA'S GARDEN ➡ P.147

誰もが立ち寄る人気スポット。ヘルシーなランチでおなかいっぱい。

車で約20分

14:00 人気のハチミツコスメをゲット!
at ILOG MARIA HONEY BEE FARM ➡ P.147

マニラ在住の日本人にも人気のハチミツコスメショップ。

マニラへ車で約2時間

18:00 フィリピンみやげをまとめ買い
at KULTURA ➡ P.116

おみやげ選びはここで決まり!フィリピンならではのモダンな商品がリーズナブルに揃う。

フィリピン完璧モデルプラン

モデルプラン❷

カップルでも家族でも楽しめる定番リゾート

セブ&ボホール島
CEBU & BOHOL IS.

施設の整ったトロピカルリゾートが揃い、周囲には自然を楽しむ見どころが盛りだくさん！海に山にとアクティブな休日を過ごそう。

観光のアドバイス
TIPS FOR SIGHTSEEING

❶ 1日ツアーを上手に利用する
周辺に見どころが多いセブでは、1日ツアーパッケージを利用して観光する人が多い。個人で手配すると格安で済むが、手続きが面倒だったり、すべてを回り切れなかったりすることも。ツアーは安宿からリゾートまで、たいていのホテルで申し込むことができる。もちろん旅行会社に相談するのもいい。

❷ タクシーはアプリを利用
マクタン島内でタクシーをつかまえると必ずといっていいほどチップを要求される。配車アプリ（→P.55）を利用したほうがトラブルは少ない。

❸ フリーペーパーを活用
日本からの観光客や留学生の多いセブには、日本語のフリーペーパーも充実。日系のレストランやダイブショップなどで手に入るので、最新情報をチェックしよう。クーポン付きのフリーペーパーもある。

❹ セブ・シティの町歩きに注意
マクタン島は比較的治安が安定しているが、セブ・シティでは、カルボン・マーケット（→P.234）周辺など治安に不安のあるところも。見どころの集まるダウンタウンを観光する際は、くれぐれも注意を怠らないようにしよう。

Day 1
5つ星リゾートでゆったり過ごす

フィリピンは5つ星ホテルもリーズナブル。シャングリ・ラで1日ゆったり過ごそう！

9:00 豪華な朝食ビュッフェを堪能 →P.259
at SHANGRI-LA'S MACTAN RESORT & SPA, CEBU

ゆっくり起きたら、さっそく朝食ビュッフェへ。

10:00 ビーチでゆったり
at SHANGRI-LA'S MACTAN RESORT & SPA, CEBU

好きな本を片手にビーチへ。あまりの気持ちよさにうとうと。

14:00 チョコレート・ガーデンへ
at CHOCOLATE GARDEN

フィリピンの知られざるカカオ文化に触れよう！

16:00 一流のスパを体験
at CHI SPA →P.255

せっかくなのでフィリピンならではの伝統マッサージ、ヒロットを体験してみよう。

19:00 ブコ・バーで伝統舞踊を鑑賞
at BUKO BAR →P.253

シャングリ・ラでは週4で伝統舞踊ショーを開催。

フィリピン完璧モデルプラン

Day 2 ボホール島へ 1Dayトリップ

ボホール島は大人気のツアーデスティネーション。夜は最先端のおしゃれなレストランへ。

12:45 ジャングルリバークルーズ！
at LOBOC RIVER ➡ P.279

両岸にヤシの木茂るロボック川をクルージング＆船上ランチ。

車で約10分

14:20 かわいいメガネザルに出合う
at BOHOL TASIER PERMITTEES CORPORATION ➡ P.283

ボホール島観光のハイライトのひとつ。ぎょろりとした目玉がキュートなターシャを観察。

車で約30分

15:15 フィリピン随一の絶景に感動
at CHOCOLATE HILLS VIEWING DECK ➡ P.276

フィリピンを代表する奇観チョコレート・ヒルズ。ここでしか見られない絶景を背にみんなで記念撮影！

車で約40分

16:40 バクラヨン教会を見学
at BACLAYON CHURCH ➡ P.277

フィリピンで最も古い教会のひとつ。

マクタン島へフェリー＆車で約3時間

21:00 人気店でロマンティックディナー
at ABACA ➡ P.251

不動の人気を誇る名店で洗練されたおいしい地中海料理を。

Day 3 ジンベエザメを見にオスロブへ

最終日はセブ東南部のオスロブへ。ジンベエザメと泳いだあとはスミロン島でスノーケリング。

9:00 ジンベエザメと泳ぐ！
at OSLOB ➡ P.267

セブ島南部の静かな漁村がいまや世界的にも注目を集める観光地に。

ボートで約10分

12:00 珊瑚礁で魚と戯れる ➡ P.264
at SUMILON ISLAND

オスロブ沖に浮かぶスミロン島も、美しい珊瑚礁が残る島のひとつ。

セブ・シティへ車で約4時間

17:00 人気店でおみやげ探し
at KULTURA ➡ P.116

SMシーサイド・シティやSMシティ・セブ（ともに→P.240）に入っている人気のおみやげショップで最後のショッピング。

車で約1時間

20:00 ニューハーフショーを楽しむ ➡ P.253
at AMAZING SHOW

評判のアメージング・ショーで美しいニューハーフや伝統ダンスに感動。

33

モデルプラン❸

生まれ変わった人気リゾート

ボラカイ島
BORACAY IS.

世界中の人が憧れる美しいビーチを擁するボラカイ島。きれいな海を眺めて、ホテルでリラックス。のんびりするのに飽きたらホワイト・ビーチに繰り出そう！ アイランドホッピングも楽しい。

Day 1 何でも揃うホワイト・ビーチを堪能

遠浅の美しい海とパウダーサンドのビーチが広がるホワイト・ビーチ。買い物や食事はディー・モールへGo！

10:00 きれいな海をぼんやりと眺める
at CRIMSON RESORT & SPA BORACAY ➡P.300

ビーチが最高にきれいで、優雅な休日を過ごすことができる。

トライシクルで約10分

12:00 おなかがすいたらディー・モールへ
at D' MALL ➡P.293

ディー・モールには、イタリアンからギリシャ料理まで、バラエティ豊かなレストランが揃う。

引き続きディー・モールでショッピング。淡水パールに、ノニやマンゴーのナチュラル石鹸など、フィリピンならではのおみやげを探そう。

トライシクルで約10分

16:00 ホテルでマッサージ ➡P.300
at CRIMSON RESORT & SPA BORACAY

リゾートに戻ってリラックス。プールサイドでも施術を受けることができる。

Day 2 周辺の海を探検！

2日目はアイランドホッピングツアーに参加して、ボラカイ島の海をひたすら満喫。夕暮れ時は世界に誇る美しいサンセットを観賞。

10:00 アイランドホッピングに参加してスノーケリングに挑戦！

美しい珊瑚礁の残るスポットでスノーケル三昧！

ボートで約10分

13:00 ボラカイ島いちの美しさを誇るビーチへ
at PUKA SHELL BEACH ➡P.294

北端にあるプカシェル・ビーチはボラカイで最も美しいビーチ。

ボートで約30分

16:00 人気のマンゴーアイスを食べる
at D' MALL ➡P.293

再びのディー・モール。フィリピンマンゴーをふんだんに使ったアイスでひと休み。

徒歩約5分

18:00 夕焼けに染まるビーチを散歩
at WHITE BEACH

ボラカイ島は美しい夕焼けでも有名。

モデルプラン❹
進化する最後の秘境を楽しむ
エルニド
EL NIDO

最後の秘境から定番の人気ビーチタウンへと進化を遂げつつあるエルニド。おしゃれなホテルやレストランが増え、タウンを拠点にさまざまな過ごし方ができるようになっている。

フィリピン完璧モデルプラン

Day 1　エルニド・タウン周辺で遊ぶ

急速に開発が進んでいるエルニド・タウンを中心に、のんびりとビーチライフを楽しもう。

10:00　ビーチでのんびり
at MAREMEGMEG BEACH　P.369
タウンからトライシクルで約10分の人気ビーチへ。

徒歩約5分

12:00　人気レストランでランチ
at LOCAL PROVISION　P.370
開発エリアにオープンした評判のレストランへ。地元の食材にこだわった料理が自慢。

トライシクルで約10分

14:00　タウンを散策
at EL NIDO TOWN　P.368
おしゃれなショップやカフェが続々オープン！

徒歩約5分

18:00　おいしいイタリアンディナー
at TRATTORIA ALTROVE　P.371
かつて秘境と呼ばれたエルニドだが、開発が進み、おいしいレストランが増加中。

徒歩約5分

20:00　ビーチバーで乾杯！
at SAVA BEACH BAR　P.371
ビーチに面した洗練されたバーで1日の締めくくり。

Day 2　アイランドホッピングツアーへ！

エルニドに来たら絶対に参加しておきたいアイランドホッピング。世界に誇る美しい海を楽しみ尽くそう。

9:00　アイランドホッピングツアーへ出発
エルニドといえばバクイット湾に浮かぶ島々を巡るアイランドホッピング！

ボートで約45分

10:00　必訪のラグーンへ
at SMALL LAGOON　P.374
島巡りのハイライトのひとつがスモールラグーン。カヤックでラグーンを散策！

ボートで約15分

11:00　スノーケリングスポットへ
珊瑚礁が残るエリアで色とりどりのトロピカルフィッシュと戯れる。

ボートで約10分

12:00　シミズ島でランチ
at SHIMIZU IS.
きれいなビーチがある島でランチタイム。船で調理してくれる絶品のフィリピン料理を堪能。

19:00　ビーチのシーフード屋台で夕食
エルニド・タウンのビーチ沿いには、オンザビーチでシーフードが楽しめるレストランが並ぶ。

35

モデルプラン ❺

世界遺産の棚田とアートの町を楽しむ

バナウェ＆バギオ
BANAUE & BAGUIO

ルソン島北部イフガオ州にある世界遺産「コルディレラの棚田群」の絶景を見にバナウェへ。景観を楽しんだら、棚田トレッキングに挑戦しよう。アーティストが集う高原の避暑地バギオも同時に楽しむ！

Day 1　世界遺産の棚田でトレッキング

ルソン島北部観光のハイライト！
美しい緑の絶景の前にただただ言葉を失うのみだ。

6:00　バナウェに到着！ ➡P.185
at BANAUE TOWN

マニラから夜行バスで約9時間。ようやく山あいに広がるバナウェの町に到着。ひんやりとした空気がとても気持ちよい。

トライシクルで約20分

8:00　イフガオ族と記念撮影 ➡P.187
at BANAUE VIEW POINT

ビューポイントで絶景をしっかり写真に収めたら、民族衣装を着た素朴なイフガオ族の人々と記念撮影。

トライシクルで約1時間

10:00　ハパオの棚田トレッキングに出発
at HAPAO　➡P.188、189

野趣あふれる温泉までガイドと一緒に棚田トレッキングに挑戦！　素朴な村人との触れ合いも楽しい。2、3泊するのもおすすめ。

トライシクルで約1時間

17:00　山小屋風のロッジでゆっくり
at SANAFE LODGE　➡P.190

人気の山小屋風ロッジにチェックイン。早めに就寝して疲れを癒やしたい。朝起きたら、窓の外に広がるライステラスの景色が美しい。

Day 2　アートの町バギオを満喫

標高1500mに位置する"天空都市"バギオ。
芸術家の集まる町ならではのアートなスポットを訪ね歩こう。

15:00　ベンカブ美術館でアート鑑賞 ➡P.180
at BENCAB MUSEUM

バナウェからバギオは、乗合ワゴンで約7時間！少し強行スケジュールだが、さっそくフィリピンを代表するアーティストの美術館へ。

タクシーで約20分

17:00　アート村でティータイム ➡P.179
at ILI LIKHA

大胆な建築自体がアート作品のアート村「イリ・リカ」。バギオ名物の絶品イチゴシェイクでひと休み。

タクシーで約20分

19:30　山岳地方の特産料理で夕食
at CAFÉ YAGAM　➡P.184

コルディレラ地方のコーヒーや名物料理を味わえる人気のカフェへ。趣向を凝らしたインテリアも要チェック！

タクシーで約15分

21:00　ナイトマーケットへGO！ ➡P.181
at NIGHT MARKET

バーンハム公園脇で毎晩開かれるにぎやかなナイトマーケットへ。古着ブースで掘り出し物やみやげ物をチェック！

モデルプラン ❻

魅力的な見どころがいっぱい！
ダバオ
DAVAO

フィリピン完璧モデルプラン

日本人にもゆかりのあるダバオは、フィリピンイーグルに出会えるスポットや人気リゾートアイランドなど、さまざまな見どころであふれている。親切な人々との触れ合いも楽しい。

Day 1　郊外の見どころを回る

ダバオは郊外に見どころが点在。興味深いものが多いので車をチャーターして出かけよう。 ➡P.342

10:00 日本ゆかりのスポットへ
郊外にある日本人にゆかりのある見どころで歴史を学ぶ。

車で約30分

13:00 人気のバードショーへ
at MALAGOS GARDEN RESORT ➡P.343

ほかにもチョコレート博物館やバタフライ・ガーデンなど見どころ盛りだくさん。

車で約10分

14:00 フィリピンイーグルと出合う
at PHILIPPINES EAGLE FOUNDATION ➡P.341

絶滅危惧種に指定されている貴重な固有種。

車とボートで約1時間

17:00 サマール島へ
at PEARL FARM BEACH RESORT ➡P.343

宿泊はダバオが誇るビーチリゾートのサマール島で。島まではボートでわずか10分。

Day 2　サマール島を満喫

人気の高級リゾートで羽を伸ばしたら、夜はダバオのナイトマーケットへ。

10:00 極上スパを体験
スパ施設も充実しているので、朝からスパでリラックスタイム。

11:00 ビーチでのんびり
サマール島はビーチの美しさも格別。プールやビーチでゆっくり過ごしたい。

12:00 リゾートのレストランでランチ
シーフードとフルーツが自慢のレストランで、おいしいフィリピン料理を。

19:00 ナイトマーケットでシーフードを堪能
ロハス通りで行われるナイトマーケットはダバオでははずせない見どころ。

37

自分好みの一品を見つけよう
フィリピンの おみやげ大集合

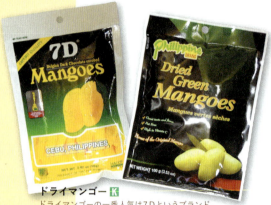

チチャロン
ブタの皮を揚げたスナック菓子。ビネガーにつけて食べるのが定番で、とてもおいしいので一度試してみて！

ドライマンゴー K
ドライマンゴーの一番人気は7Dというブランド。グリーンマンゴーもさわやかでおすすめ！ そのほかさまざまなドライフルーツがある

FOODS

フィリピンみやげの定番といえばドライマンゴーだが、実はそれ以外にもおいしいおみやげがたくさんある。特に甘いものがおすすめ。あまり知られていないが、実はカカオも名産品でチョコレートも有名だ。すべてスーパーで購入可。

ハーブティー K
血糖値を下げるなど健康効果のあるバナバ茶(左)と、伝統ハーブを7種類ブレンドしたピトピト茶(右)

チョコレート K
ミンダナオ島のダバオを中心にカカオは広く生産されており、フェアトレードのおしゃれなチョコレートがよく売られている

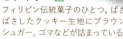

ピアヤウベ K
フィリピン伝統菓子のひとつ。ぱさぱさしたクッキー生地にブラウンシュガー、ゴマなどが詰まっている

ポルボロン K
スペイン発祥のお菓子。サクサクほろほろの食感がクセになる。ゴルディロックスのものが有名

おすすめ♪

バナナチップ K
人気なのがアウル・ツリーのもの。手頃な値段で味もおいしくておすすめ

フィリピンといえばマンゴーなどのドライフルーツが定番だが、
南国ならではの貝殻や木の実、バナナの繊維を使ったアクセサリーなど、
かわいらしい小物もたくさんある。自分好みの一品を探しに、さぁ出かけよう！

マンゴーチョコ K
ふたつの名産品のコラボレーション。意外と相性がよく、食べ出したら止まらなくなってしまう

ココナッツワイン K
名産のココナッツを発酵させたワイン。芳醇な香りとココナッツの甘みがフィリピンを思い出させてくれる

おすすめ！

おすすめ！

インスタント麺
代表的な麺料理のパンシット・カントンを日本でも。₱10程度と格安だが、意外においしい。バラマキみやげにぜひ

マンゴスチンコーヒー
薬局でも取り扱っている、マンゴスチンの外皮の成分が入ったヘルシーコーヒー。ビタミンCとカルシウムを多く含む

シベットコーヒー（コピルアク）K
ジャコウネコの体内で発酵され、排出されたコーヒー豆。希少価値が高く"幻のコーヒー"ともいわれている

オタップ K
伝統的なパイ菓子。薄い生地を何層にも重ね、砂糖をまぶして焼き上げたもの。サクサクとした歯触りがクセになる

モリンガのパウダー

モリンガのティーバッグ

モリンガの石鹸

スーパーフード！モリンガ（マルンガイ）

フィリピンではたびたび目にするモリンガ。実はこのモリンガ、栄養価の高い植物として世界的にも注目されているスーパーフード。ビタミンCやビタミンA、カリウム、カルシウムなど、必要な栄養素がバランスよく含まれている。アフリカでは栄養失調防止に取り入れられ、人々の健康状態の改善が認められるという。

モリンガの食用の歴史は古く、その発祥は古代インドのアーユルヴェーダ。ワサビノキ科ワサビノキ属の植物で、おもに熱帯、亜熱帯地域で自生、あるいは栽培されている。日本では沖縄や鹿児島などで流通している。生育が早く干ばつにも強いのも特徴で、これもアフリカで注目されているゆえんだ。葉、果実、根などほとんどの部位を食べることができ、国によってさまざまに利用されている。

フィリピンではスーパーに行けばさまざまな加工食品が売られており、とても身近な存在。その辺に自生しており、葉をちぎってそのまま熱湯に入れモリンガティーを飲む、なんてこともある。クルトゥーラ（→P.116）にはモリンガコーナーがある店舗もあり、モリンガのお茶やパウダー、石鹸などが手に入る。おみやげにもおすすめだ。

ナチュラルコスメ
NATURAL COSMETICS

自然素材にこだわったナチュラルコスメを販売するブランドがたくさんあり、格安で購入できるのでおみやげにも最適。ココナッツやパパイヤ、ピリナッツなどフィリピンならではの素材が使われている。

ピリナッツのコスメ K
ルソン島南部でとれるピリナッツと呼ばれる木の実。近年健康への効果が注目され、さまざまな商品が販売されている

ココナッツオイル K

フィリピンはココナッツオイルの生産量が世界いち。高品質のバージンココナッツオイルが格安で手に入る

おすすめ！

グゴシャンプー K
グゴの木の皮から抽出したエキスが入った天然育毛シャンプー。頭皮を清潔に保ってくれる

オーガニック石鹸 K
パパイヤなど、南国ならではの植物から作ったナチュラル石鹸は体に優しく大人気

FABRIC PRODUCTS 布製品

少数民族による伝統的な柄の入ったものはフィリピンらしくておすすめ。また、マニラを中心にローカルブランドが充実し、日本でも普段使いできそうな衣服がリーズナブルに手に入る。

バロンタガログ K
おすすめ！
男性の伝統衣装。本来はバナナやパイナップルの葉の繊維から作られる薄い生地で織られるが、化学繊維のカジュアルなものもある

ローカルブランドのTシャツ
モダンでおしゃれなデザインのファッションアイテムが豊富に揃っている。チーム・マニラ（→P.118）やアートワーク（→P.118）で手に入る

伝統柄のコインケース K
ルソン島やミンダナオ島などに暮らす少数民族が作ったもの。近年はフェアトレードへの取り組みも盛ん

GENERAL GOODS 雑貨

近年はフィリピンらしさとモダンさを併せもつおみやげが充実しつつある。デザインや素材にこだわった雑貨も豊富にあるので、いろいろと店を巡ってみよう。

カレッサのミニチュア
かつてスペイン人が利用し、フィリピン人が憧れたという馬車カレッサ。フィリピンのシンボルのひとつともいえる。ルスタンズ（→P.114）などで手に入る

ジプニーの置物 K
フィリピンのシンボルでもあるジプニーの模型は定番のおみやげ。さまざまな種類の模型が売られている

淡水パールのイヤリング K
フィリピンは真珠がとれる国でもあり、特に淡水パールは各地でかなり安く手に入る

おすすめ！

伝統柄のバッグ
少数民族の伝統的なパターン（柄）をデザインに取り入れたエキゾチックなバッグ。ロビンソンズ（→P.115）で手に入る

ジプニーが描かれた枕
近年、フィリピンのモチーフを取り入れたおしゃれな商品が増えつつある。写真の商品はグリーンベルト（→P.114）で手に入る

リサイクルバッグ K
ジュースのパックを再利用して作った買い物バッグ。ほかに空き缶のリサイクル商品などもある

カラバオに乗る少年の置物 K
カラバオ（水牛）はフィリピンの隠れた愛すべきシンボル

おみやげといえばクルトゥーラ

クルトゥーラはマニラ、セブ、ダバオに店舗を構える大人気のおみやげショップ。大企業SMグループの経営だけあって、質の高い商品をリーズナブルに販売している。食品から雑貨、衣料品、コスメに至るまで、フィリピンのみやげ物なら何でも揃っているので、おみやげ探しの際に一度は訪れたい。

K →クルトゥーラで手に入る商品
マニラ
SMマカティ（→P.114）
SMモール・オブ・アジア（→P.114）
SMアウラ・プレミア（→P.115）
SMメガ・モール（→P.115）
セブ
SMシティ・セブ（→P.240）
SMシーサイド・シティ（→P.240）
ダバオ
SMラナン・プレミア

料理カタログ
知られざる フィリピン料理の世界

近年、マニラやセブを中心におしゃれなレストランが続々オープンし、洗練されたおいしいフィリピン料理を食べられるようになっている。知られざるフィリピン料理の世界にようこそ！

前菜

ルンピア Lumpia
フィリピン風生春巻き。エビや豚を薄いクレープのような生地で巻いたもの

ルンピア・シャンハイ Lumpia Shanghai
フィリピン風揚げ春巻き。日本で見かける春巻きに近い

フライド・ケソン・プティ Fried Kesong Puti
フィリピン独特の水牛のチーズに衣をつけて揚げたもの

野菜

海ブドウサラダ Seaweed Salad
海ブドウのサラダ。トマト、刻みタマネギ、カラマンシー、酢をかけて食べる

ライン Laing
タロイモの葉をココナッツミルクで煮込んだ料理

ギシンギシン Gising Gising
いんげんを細かく刻み、多めの唐辛子とココナッツオイルで和えたもの

ベジタブル・ポプリ Vegetable Potpourri
バゴオン（エビの塩辛）で味付けしたニガウリやカボチャなどのごった煮

アドボ・カンコン Adobo Kangkong
空芯菜（カンコン）を酢や醤油ベースのたれで炒めたもの

パコサラダ Paco Salad
パコと呼ばれる、フィリピンではポピュラーなシダ科の植物を使ったサラダ

麺

パンシット・カントン
Pancit Canton

中国風の焼きそば。キャベツ、ニンジン、豚肉などの具材が入っている

パンシット・ビーフン
Pancit Bihon

魚介や肉、野菜が入ったフィリピン風ビーフン。カラマンシーをかけて食べる

パンシット・パラボク
Pancit Pakabok

ビーフンにも似た米粉の麺。エビやゆで卵をトッピングすることが多い

マミ
Mami

鶏や牛のだしがきいたスープに中華麺が入った汁そば。基本は醤油味

スープ

ティノーラ・マノック
Tinola Manok

ショウガの効いた鶏のスープ。タマネギなどの野菜もたっぷり

シニガン Sinigang

魚介や肉類を具とした伝統的な酸味のあるスープ。フィリピンの味噌汁的存在

カレカレ
Kare-Kare

牛のテール肉や鶏肉を野菜と一緒にピーナッツソースで煮込んだもの

ブラロ
Bulalo

トウモロコシなどの野菜が入った牛骨スープ。タガイタイ名物

チキン・ビナコル
Chicken Binakol

鶏を長時間じっくり煮込んだ非常に味わい深いスープ

おすすめ

43

肉

シシグ Sisig
炭火で焼いた豚の耳や顔の部分を刻み、ガーリックやオニオンで炒めたもの

ポーク・アドボ Pork Adobo
豚肉をニンニク、酢、醤油に漬け込み、軟らかくなるまで煮込んだもの

カルデレータ Caldereta
フィリピン風ビーフシチュー。スパイシーなトマトソースで肉を煮込む

おすすめ

チキン・イナサル Chicken Inasal
チキンをグリルしたバコロド名物。おいしいたれに漬け込んで焼くので美味

おすすめ

チキン・パンダン Chicken Pandan
スパイスに漬け込んだ鶏肉をパンダンで包んでカラリと揚げたもの

ビコール・エクスプレス Bicol Express
ココナッツミルクとトウガラシで豚肉を煮込んだ、スパイシーなビコール地方の料理

チキン・アドボ Chicken Adobo
鶏肉をニンニク、酢、醤油に漬け込み、煮込んだもの。酸味が食欲をそそる

おすすめ

クリスピー・パタ Crispy Pata
豚の脚を煮込んだものを、じっくりとカリカリになるまで揚げた料理。カロリー高め

おすすめ

レチョン・バボイ Lechon Baboy
内臓を取り出し、香草を詰めて回転させながら焼き上げた子豚の丸焼き

レチョン・カワリ Lechon Kawali
豚肉を軟らかく煮たあと、カリカリになるまで揚げたもの

おすすめ

44

魚介

ミルクフィッシュのから揚げ
Fried Milk Fish

フィリピン全土でよく食べられるバンゴスBangusとも呼ばれる魚。味がよく人気

おすすめ

カニのオーブン焼き
Garlic Crab

カニをニンニクで風味づけし、オーブンで焼いたもの。シーフード料理店で食べられる

イニハウ・ナ・イスダ Inihaw Na Isda
炭火で焼いた魚。醤油、カラマンシーのたれに漬け込んで焼いたものも

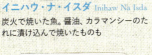

キニラウ（キラウィン）
Kinilaw (Kilawin)

マリネした新鮮な魚をキュウリやトマト、タマネギと混ぜ、カラマンシーを絞ったもの

おすすめ

ホタテのグリル
Grilled Scallops

フィリピン料理店でよく見る料理。ニンニクが効いていておいしい

ガーリック・シュリンプ Garlic Shrimp
エビをニンニクや醤油などで炒めた風味豊かな一品。ニンニクの香りがたまらない

イカのグリル
Grilled Squid

イカにトマトやタマネギを詰めてグリルした料理。刻みトウガラシの入った醤油につける

ソフトシェルクラブのから揚げ
Fried Soft Shell Crab

脱皮直後の殻の軟らかいカニをさっと揚げる。シーフード料理店で食べられる

フライド・ティラピア
Fried Tilapia

ティラピア（スズキ目）は味がよくとてもポピュラー。姿揚げで供されることが多い

シーフードのグリル Grilled Seafood
さまざまなシーフードをグリルして一皿に盛ったもの。海沿いの町では安く食べられる

おすすめ

デザート

ハロハロ
Halo Halo

フィリピンデザートの代表格。ハロハロとは"混ぜて混ぜて"という意味。ウベ（紫紅芋）アイスやレチェフラン（カスタードプリン）などが入っている

サゴ・イン・ココナッツ・シロップ
Sago in Coconuts Syrup

ココナッツミルクと砂糖のシロップにサゴ（サゴヤシのでんぷん）を入れたデザート

タホ Taho
豆腐に黒蜜とサゴをかけて混ぜて食べる。路上でよくおじさんが売っている

おすすめ

トゥロン Turon
バナナを春巻きの皮で巻いて揚げたスナック。露店でよく売られている

おすすめ

ブコ・パンダン Buko Pandan
パンダン味のゼリーをココナッツミルクやココナッツの果肉と混ぜ合わせたもの

おすすめ

ホピア Hopia
中国系のお菓子。マニラのチャイナタウンにはホピアを売る店が多い

ブコ・パイ Buko Pie
ブコとはココナッツのこと。果肉をふんだんに入れたパイはタガイタイ名物

プト・ブンボン Puto Bungbong
ウベ（紫イモ）で色づけされた餅菓子。クリスマスのお祝いに食べられる

プト Puto
米粉から作られる伝統的な蒸しパン。もちもちした食感で美味

ギナタアン・ビロビロ
Ginataang Bilo Bilo

ジャックフルーツやサツマイモ、タピオカをココナッツミルクで煮込んだデザート

> メインのおかず

朝食

典型的なフィリピンの朝食

- ガーリックライス
- 目玉焼き
- サラダ

ガーリックライスと肉料理がおいしい！
フィリピンの朝食 "シログ Silog"

ガーリックライス、目玉焼き、サラダに、好きな肉料理をのせたプレートが典型的なフィリピンの朝食。肉料理はビーフタパ、トシノ、コーンビーフ、ロンガニサなどが代表的だ。スプーンとフォークで混ぜ合わせ、ビネガーをかけて食べる。ニンニクの風味と酢の酸味がとてもおいしいので一度は試してみよう！

コーンビーフ Cornsilog
コーンビーフもよく食べられるメニューのひとつ

ビーフタパ Tapsilog
牛肉を酢と醤油に漬け込んで甘辛く炒めたもの

トシノ Tosilog
豚バラをスパイス、醤油、砂糖に漬け込んで焼いたもの

ロンガニサ Longsilog
フィリピン風の豚肉ソーセージ

ドリンク

サンミゲル San Muguel
フィリピンを代表するビール。氷を入れて飲むのがフィリピン流

マンゴー・シェイク Mango Shake
フィリピン名産のマンゴーを牛乳などとミキサーに。安くておいしいのでおすすめ

グラマン・ジュース Gulaman Juice
寒天ゼリーの入った黒糖味のジュース。露店でよく売られている

ココナッツ・ジュース Coconuts Juice
ココナッツに穴をあけてストローを刺し、そのまま飲ませてくれる

カラマンシー・ジュース Calamansi Juice
さまざまなフィリピン料理に使われるカラマンシーを絞った100%ジュース

フィリピンは"ファストフード天国"！

フィリピンではファストフードチェーンが独自の進化を遂げている。フィリピン独自のものからメキシコ料理まで、バリエーションも豊かだ。値段もローカル食堂と同じくらいで食べられるが、より利用しやすいので観光客にもおすすめ。ここではおすすめのファストフード店を紹介。

●ジョリビー

フィリピンに1000店舗展開し、アメリカや中東など世界にも進出している。バーガーやチキンのほか、ご飯とおかずのセットなど、フィリピン人好みのメニューと味で国民に絶大なる人気を誇る。

ジョリビーのマスコットキャラクター

●マン・イナサル

おいしいグリルチキンが食べられるのがマン・イナサルMang Inasal。こちらはジョリビーと同グループで、フィリピン全土に450店舗展開。チキンのクセになる味付けにはまってしまう人が多い。1食₱200円程度で食べられるリーズナブルさもありがたい。

独自の味付けがクセになる

●アーミー・ネイビー

アーミー・ネイビー Army Navyはほかと比べやや高めだが、本格的なメキシコ料理が人気。サクサクのタコスや、各店舗でブレンドしているアイスティー、ボリューミーなハンバーガーなどおすすめのメニューが多い。

フィリピンではメキシコ料理も一般的

●アンドックス

各店舗でチキンをじっくりローストしているアンドックスAndoksは、ローストチキンやミルクフィッシュなどがたいへん美味。持ち帰りがほとんどで、店舗に席があるところは少ない。

チキンは各店舗でグリルしている

●マクシズ

マクシズ Max'sはファストフードというよりもファミリーレストランに近い。独自のソースに漬け込んでローストしたチキンは、皮がパリパリで絶品。フィリピン全土はもちろん、アメリカにも進出している。

おすすめのローストチキン

●チョウキン

チョウキンChowkingはジョリビーやマン・イナサルと同じグループの経営。麺類や酢豚のライス付きミールなど、日本人の口にもよく合いリーズナブル。ファストフード店の中ではここのハロハロが人気だ。

焼きそばと酢豚のコンボ

さまざまな魅力がひしめく大都市へ

☀ MANILA
マニラ

ポブラシオンの高層ホテルからの景色

メトロ・マニラ ･････････････････････････ P.52
空港から市内へ ･････････････････････････ P.53
市内交通入門 ･･･････････････････････････ P.56
早わかりエリアナビ ･････････････････････ P.68

〈エリア別ガイド〉
 1 マカティ市 ･････････････････････････ P.70
 2 パサイ市＆エンターテインメント・シティ ･･ P.76
 3 マニラ地区 ･････････････････････････ P.79
 4 キアポ＆チャイナタウン ･････････････ P.84
 5 ボニファシオ・グローバル・シティ ･･･ P.91
 6 オルティガス・センター ･････････････ P.93
 7 エルミタ＆マラテ地区 ･･･････････････ P.95
 8 ケソン市 ･･･････････････････････････ P.101
 9 マニラ郊外 ･････････････････････････ P.103

レストラン ･････････････････････････････ P.105
ショップ ･･･････････････････････････････ P.114
スパ＆マッサージ ･･･････････････････････ P.119
ホテル ･････････････････････････････････ P.121

　マニラと聞いて何を思い浮かべるだろうか。貧困と混沌、退廃と危険……。日本のマスメディアが報じるこれらの姿は、決してうそとはいえないが、それだけが真実でもない。よくも悪くも、すべては家族や友達や、愛する人のために一生懸命に生きる人々が生み出したもの。それぞれの町が放つさまざまな魅力は、その町で生きる人々によるものなのだ。何よりの証拠に、人々の見せる笑顔は感動的に美しい。必要以上におびえることなく、しかし、最低限の注意を払いながら、じっくりとマニラを歩いてみてほしい。人々との交流がごく自然に生まれたとき、マニラはきっと身近なものになるだろう。

1 マニラ大聖堂の前で客待ちするカレッサ（馬車）　2 オカダ・マニラのゴージャスなロビー　3 マカティにあるショッピングセンター、グリーンベルト　4 キアポ教会はマニラでも指折りの美しい教会　5 マラテ地区にあるマラテ教会　6 開発の進むアップタウン

マニラとは

正式な首都名は「メトロ・マニラ（マニラ首都圏）」。通常「マニラ」という場合はメトロ・マニラを指し、マカティ、パサイ、ケソンなど17の行政地域（市や町）の集合体を意味する。例えば、日本の首都は東京なのだが、東京という都市は存在せず、23区の集合体であるのと同じ、と考えればわかりやすいだろう。メトロ・マニラの中心に位置する「マニラ市」は、その集合体のなかのひとつでしかなく、「メトロ・マニラ」と区別して表現したいときは「マニラ」ではなく「マニラ市Manila City」といっている。

マニラは、スペイン植民地時代が始まった16世紀末から、フィリピンの首都として政治・経済・文化、および交通などすべての中枢を担ってきた。1976年に、メトロ・マニラという広域都市が確立してからは、従来の区域を越えて、さらに大きく拡大。面積636km^{2}の土地に、フィリピンの人口約1億665万人（2018年）の約12％にあたる約1287万人（2016年）が暮らす、世界でトップ15に入る大規模都市のひとつでもある。

ちなみに「マニラ」という名前は、タガログ語で「マイニラ」（ニラッドの生える場所）を意味するそうだ。ニラッドとは、地面に生える植物の名前である。町なかでもまれに「Maynila」という表記を見かけることがある。

メトロ・マニラ行政区分図

地理

フィリピンの島々のなかで、最大の面積を誇るルソン島のほぼ中央部に位置。

西はマニラ湾Manila Bay、東はラグーナ湖Lake Lagunaに面し、このふたつに挟まれた細い地峡のような場所に細長く開けている。その幅は、最も狭い所で10kmにも満たない。

一方、北はマニラ湾に注ぎ込むパンパンガ川Panpanga Riverによって造られた広大な扇状地へと続き、南は大小さまざまな火山が連なるビコールBicol（ルソン島南部の総称）へ、ビコールの先は小さな島々が連なるビサヤ諸島Visayan Groupへと続いている。

気候

マニラは年間をとおして気温が高く、一番下がる12〜1月でも、平均気温25℃ほど。だが、雨季と乾季が明確に分かれているため、6〜10月（特に7〜9月）には多量の雨が降る。排水の設備が十分に整っていないため、一度に大雨が降ると町中が水であふれ返り、交通機関が完全に麻痺するといった光景も珍しくはない。

また、毎年台風の通過点となっている地域でもある。特に7〜10月に旅行する際には飛行機や船の便の欠航だけではなく、洪水や土砂崩れなどの危険もある。旅先で思わぬ災害に巻き込まれないためにも、天気予報やニュースには十分に気を配りたい。

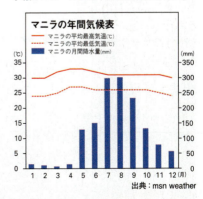

メトロ・マニラ

　メトロ・マニラ（通称マニラ）はフィリピンの首都。マニラ市Manila Cityをはじめとする、17の行政地域（市や町）の集合体だ。タコのような形をしたフィリピン最大の島、ルソン島のほぼ中央、ちょうど首の部分に位置する。人口約1287万人からなるこの首都に、フィリピンの政治・経済・文化のすべてが詰まっているといっていいだろう。マニラのある場所は、かつては名も知られない小さな漁村に過ぎなかった。16世紀に入り、スペインがフィリピンを占領すると、ここに支配の拠点としての城塞が築かれる。それが現在のイントラムロスである。これ以降、マニラは都市としての歴史を歩み始めることになる。ほかのアジアの大都市の多くがそうであるように、マニラもあまりに急激に発展した町であり、肥大化という表現がよく似合う。秩序より先に都市が大きくなってしまった。全国からここへ人々が流入してくることによって生まれる貧困と、そこから自然発生してしまう退廃。経済発展によって増え続ける車の日常的な大渋滞と、吐き出される排気ガスによる汚染。マニラが抱える数多くの苦悩は、外から訪れた者にも強烈に伝わってくる。しかし、だからといってむやみにこの町におびえる理由はどこにもない。ここもまた、穏やかで堅実な生活を送る人々の暮らす町なのだ。

　エルミタやマラテ界隈の猥雑ともいえる混沌、マカティ市の日本と違和感ない現代性、ともすれば殺伐とすら見えるケソン市の計画的な整然……。確かにその表情はさまざまだ。しかし、マニラをじっくりと歩いてみると、この都市がさらに豊かな表情をもっていることがわかる。エルミタやマラテ地区は、昼と夜ではまったく違う表情を見せ、その少し北の、渋滞する幹線道路に囲まれたイントラムロスの城壁都市のなかでは、時が止まったかのような緩やかな印象を受ける。さらにパッシグ川を渡ってチャイナタウンまで歩けば、その町並みはどこか懐かしく、一方で中国系の人々のパワーあふれる姿に圧倒させられたりする。歩くだけでも、マニラは鮮やかにその表情を変えていくのだ。これだけの魅力を多様に秘めた都市は、世界でも数少ないであろう。

1 マニラで歴史的な見どころといえばイントラムロス　**2** マニラの悪名高い交通渋滞。近年、さまざまな渋滞対策がとられている　**3** メトロ・マニラの町並み

空港から市内へ

Airport → Manila

メトロ・マニラ / 空港から市内へ

マニラの国際空港は、エルミタ＆マラテ地区から約10km南のパサイ市とパラニャーケ市にまたがっている。ニノイ・アキノ国際空港Ninoy Aquino International Airport（NAIA）が正式名称だが、通称はMIA（Manila International Airportの略）。敷地内に4つのターミナルがあり、それぞれ車で10～40分程度の距離にある。いずれのターミナルに到着した場合も、到着ロビー出口周辺にクーポンタクシーのカウンター、ホテル案内所、観光局などを見つけられる。空港内で当面の両替もしておいたほうがいいだろう。

ニノイ・アキノ国際空港周辺

空港ターミナルについて

ニノイ・アキノ国際空港のターミナルは4つあり、航空会社によって発着するターミナルが変わってくる。
T1：T3に発着する国際線以外の国際線（一部フィリピン航空の国際線を含む）
T2：フィリピン航空の国際線と国内線
T3：一部のフィリピン航空の国内線、ANA、キャセイパシフィック、セブパシフィック、エミレーツ航空、KLMオランダ航空、シンガポール航空、ターキッシュエアラインズ、カタール航空、カンタス航空、ユナイテッド航空、フィリピン・エアアジアの国際線
T4：セブゴー、フィリピン・エアアジアの国内線、スカイジェット、エア・スウィフト

ターミナル間の移動

ニノイ・アキノ国際空港の各ターミナル間の移動には、ターミナル間を約30分おきに巡回しているシャトルバスを利用すると便利。いずれのターミナルも到着出口を出て目につく場所に張り紙が張ってあるのでわかりやすい。料金はP20。また、フィリピン航空同士の乗り継ぎの場合、無料シャトルがある。

ターミナル間を巡回するシャトルバス

ニノイ・アキノ国際空港からマニラ市内へ行くには、ホテルなどの迎えがないかぎり、タクシーを利用するのが一般的。そのほかに、バスやジプニー、高架鉄道を乗り継いで行く方法もあるが、宿泊先まで大きな荷物を持って歩くことを考えるとかなり面倒だ。

安心できるクーポンタクシー

ニノイ・アキノ国際空港から市内へは、クーポンタクシーCoupon Taxiが便利だ。クーポンタクシーとは、あらかじめ行き先ごとに運賃が決められていて、その運賃が記入されたチケット（クーポン）に基づいて料金を支払うというシステムのタクシー。少々割高だが、**エリアごとに設定された料金をドライバーに払えば、それ以上を払う必要はない**ので安心だ。

どのターミナルを利用した場合でも、到着ターミナルを出るとクーポンタクシーと書かれたカウンターがあるので、そこで行き先を告げるとチケットが渡される。それを持って指示された車に乗り、ホテル名など具体的な行き先をドライバーに告げればいい。運賃は、降車時にドライバーに直接支払う。なお、運賃はカウンターの背後にあるボードに、行き先ごとにわかりやすく明記されている。チケットには、乗車タクシーのプレートナンバーなどもメモされているので、トラブルに遭った際などにも心強い。

クーポンタクシーには行列ができることも

空港からのクーポンタクシーの運賃
● マラテ　P530～
● エルミタ　P530～
● キアポ、チャイナタウン　P610～
● マカティ　P330～
● パサイ　P150～
● ケソン、クバオ　P610～

53

新マニラ国際空港
→P.401

空港での両替
　各ターミナルに両替所があり、日本円からペソへの両替が可能だ。ただし、空港内の銀行はレートが若干悪いので、ここでの両替は必要最低限に抑えておくのがコツだ。

**空港からの
メータータクシーの料金**
　それぞれ初乗りとメーター単位の料金が決められている。レギュラータクシーの料金はマニラ市街地まで₱120～300程度。
●**レギュラータクシー**
初乗り₱40
1kmにつき₱13.50 + ₱2/分
●**イエロータクシー**
初乗り₱70
300mにつき₱4 + ₱2/分
※イエロータクシーのみのターミナルもある。

タクシー利用時の注意
　到着ロビーから外に出ると料金表を持ったスタッフが近づいてくることがある。市内まで₱1000以上などという高額料金に思わず警戒してしまうが、彼らはレンタカー（運転手付き）のスタッフ。まれにクーポンタクシーと間違えてこちらを利用してしまう人がいるので注意しよう。

■**ウベ・エクスプレス**
UBE Express
URL www.ubeexpress.com

配車アプリで車を手配
　マニラでは配車アプリのグラブGrabで車を手配することが一般的になりつつある。あらかじめアプリをダウンロード、登録しておけば、空港からでも利用できる。各ターミナルにスタンドを設けており、アプリがなくてもスタッフが車の手配が可能。比較的トラブルも少ない。グラブの各スタンドはP.401、402地図を参照。

ターミナル3にあるグラブのスタンド

メータータクシーを利用する
　やや高めのクーポンタクシー以外に、メータータクシーを利用する方法もある。レギュラーと黄色い車体のイエローの2種類があり、イエローは空港を起点に運行している。前者は料金が安く、地元の人の利用が多いので乗り場には長い列ができているが、後者は少し高めのため、あまり待たずに乗ることができる。急いでいるときや時間短縮のために利用するのもいいだろう。
　両者とも、乗り場に初乗り運賃やメーター単位の運賃を明記しているので、それほど心配することはない。近年は改善されつつあるが、**なかにはメーターを使用せずに、法外な料金を要求してくるドライバーもいるので十分に注意すること**。また、たとえメーターを使用したとしても、メーターに細工がしてある場合もあるので気をつけよう。

イエロータクシー乗り場

ルートが再編されたプレミアムバス
　2016年に登場したプレミアムバス。かつてはマカティやエルミタ行きがあったが、2019年にルートが再編され、旅行者には使いにくくなっている。おもな行き先はケソン市のクバオ（アラネタ・シティ）やオルティガス・センターのロビンソンズ（→MAP P.65下右）、アラバンなど。料金は行き先により₱70～190で、1～4時間に1本の運行。

高級感のあるウベ・エクスプレス

ツアー参加の場合

　日本の旅行会社のツアーに参加している人は、ホテルまでの送迎の車が用意されているので安心だ。到着ロビーを出た所に現地添乗員、もしくはホテルスタッフが迎えにきてくれている。たいがい自分の名前とホテル名が書かれたプレートを掲げて待っていてくれるが、なかには現地係員を装って別のバスに乗せようとする者もいるので、送迎車が本物かどうかの確認は怠らないようにしよう。

それでも安くという人は

　ターミナル3からパサイ市にある高架鉄道駅との間を6:00〜23:00の間、20〜30分おきにエアポートシャトルが巡回している。1乗車につき₱20。ジプニー乗り場のあるバクラランン教会Baclaran Church（→MAP P.62-A3）を経由して、それぞれ高架鉄道Line 1のエドゥサ駅Edsa Sta.とLine 3のタフト・アベニュー駅Taft Ave. Sta.があるトラモTramo（→MAP P.62-B2）との間を行き来している。乗り場は到着ロビーを出て右に進んだ所。

ターミナル3から出ている市内へのシャトルバス

空港から市内へ

メトロ・マニラ

ちょっとひと息コラム

便利な配車アプリ

※2019年10月現在の情報。配車アプリの状況は流動的なので、現地で最新情報を確認のこと。

　マニラではグラブなどの配車アプリが人気で、スマートフォンの普及にともない利用者はますます増えている。マニラでは通常のタクシーを利用する際のトラブルが絶えないので、アプリを利用してスマートに市内を移動しよう。ただし、使用にはインターネット接続が必須となる。

グラブGrab

　グラブは空港をはじめ、マカティやBGCなどにスタンドを設置しており、端末を持っていない人でも利用できるようになっている。ちなみに一般的なメーターで走るグラブタクシーのほかに、混雑具合や天気によって料金が変動するグラブカー、大型車の手配も可能。グラブタクシーは呼び出し料金として₱50〜かかる。

　自分で手配する場合、まずはアプリをダウンロードし（初回は個人情報の登録が必要）、現在地、目的地を入力。どのサービスを利用するかを選んだら、Bookボタンを押して予約完了。車の到着予定時間が表示されるのであとは待つだけ。場所がわかりにくい場合、ドライバーからメッセージがくる。タクシーは推計メーター料金が画面に示される。最終的なメーター料金に、呼び出し料を足した料金を支払おう。カーの場合は算出された料金が表示されるので、それがそのまま支払額になる。クレジットカード情報を登録していれば、その場で支払う必要はない。

　スタンドで手配してもらう場合、紙に名前、目的地、電話番号を記入し、どのサービスを利用するかを伝えるとスタッフが車を手配してくれる。

アプリ利用の利点

・車の現在地を把握できる。
・ドライバーの記録が残ったり、評価システムがあったりするためトラブルが比較的少ない。
・その場で支払う必要がない（クレジットカードを登録している場合）。

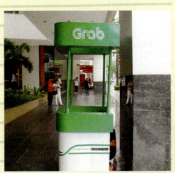

BGCにあるグラブのスタンド

市内交通入門　Transports

　メトロ・マニラの交通システムは、旅行者にはとても理解しにくい。網の目のように張り巡らされたバスやジプニーの路線網は複雑すぎて把握するのが難しい。移動の基本は高架鉄道とタクシーが中心になってくる。高架鉄道は料金も安く、時間も正確。タクシーは、タクシードライバーのなかに悪質な者もいて、法外な料金を要求されるなどさまざまなトラブルに巻き込まれるという不安は拭いきれない。ここでは、少しでも効率的に市内を動き回れるように、各種交通機関の特徴を紹介しよう。

ICカードが便利
　2015年、マニラの高架鉄道でビープ・カードBeep Cardと呼ばれるICカードの運用が開始された。使い方は日本のSuicaなどと同じで、カードを購入しチャージ（入金）して、自動改札にタッチするだけ。カードは各駅の窓口か自動券売機で購入可能。金額は₱100（カード代₱20）。チャージは各駅にある券売機にて。最大チャージ可能額は₱1万。カードの有効期限は発行から4年。

高架鉄道
● ライト・レイル・トランジット・オーソリティ
Light Rail Transit Authority（Line1 & 2）
URL www.lrta.gov.ph
● メトロ・レイル・トランジット・コーポレーション
Metro Rail Transit Corporation（Line3）
URL www.dotcmrt3.gov.ph

料金体系
　料金は、乗車駅からいくつ目の駅で降りるかで決まる。
● Line1
₱15～30
● Line2
1～3つ目　₱15
4～7つ目　₱20
8～10つ目　₱25
● Line3
1～2つ目　₱13
3～4つ目　₱16
5～7つ目　₱20
8～10つ目　₱24
11つ目～　₱28

東西を結ぶ高架鉄道Line2

高架鉄道　Rapid Transit Line

　初めての利用者でも比較的違和感なく乗れるのが高架鉄道。合わせて3つの路線があり、それぞれ別の料金体系となっている。最初はいくつ目の駅で降りるのかを考えてから、乗車券（カード）を買わなくてはならないが、慣れてしまえばそれほど面倒ではない。駅の窓口で行き先を告げてチケット代を手渡す。駅によっては自動券売機があるところもある。**乗車券を購入したら、改札口でそれを投入口に通し、降りるまでなくさないように持っている。**そして、出るときにはその乗車券を再び投入すればいい。

　いずれのラインも、5:30～22:30頃の間、3～8分おきに来る。ただし、土・日曜は減便。朝や夕方のラッシュ時には、東京と同様かなりの混雑を覚悟しなくてはならないが、2008年には時間にかかわらず、女性専用車両が登場した。女性にとってはうれしいが、男性の方々は間違って乗ってしまわないように気をつけたい。

ケソン市を走るMRT（Line3）

ジプニー　Jeepney

　フィリピンを代表する独自の乗り物で、昔、米軍の使っていたジープを、15人ほど乗れる乗合バスに改造したもの。細かい網の目のように路線を張り巡らしていて、バスの通らないような狭い道でも24時間走っている。路線内であれば乗りたい所で乗せてくれ、降りたい所で降ろしてくれる、使い慣れれば実に便利な乗り物である。ただし、車中での荷物の管理はしっかりとしよう。

　乗り方は、まずジプニーのフロント、または車体の脇に書かれた目的地（走行区間）を素早く察知し、それと自分の目的地、さらに車の進行方向とがほぼ一致していれば手を挙げて停める。

　車体には通り名や高架鉄道などの駅名が使われていることが多い。これらと自分の目的地との位置関係を地図で確認すれば、おのずとどのジプニーに乗ればよいかの見当がつく。ジプニーに乗ったら、隣の人やドライバーに自分がどこへ行きたいかを告げよう。目的地が迫ったときに、教えてくれるはずだ。

　乗り込んだら空いている席に座ろう。運賃は、運転手の近くに座ったなら直接運転手に「バヤッド！（お勘定！）」と言って払えばいいし、運転手から遠い席だったら運転手に近い席の人にお金を回してもらおう。運賃は距離によって変わるが、₱10が基本。

　一方、降りるときは天井をたたいたり、「パーラ・ポ！（停めてください！）」と叫べばいい。運転手は車を停めるやすぐにまた出発するので、停まったら素早く降りるようにしよう。

マニラに地下鉄が走る？
　慢性的な交通渋滞を抱えるマニラに、地下鉄「メガマニラ・サブウェイ」の敷設計画が持ち上がっている。ルートはケソン市からニノイ・アキノ国際空港ターミナル3に渡る約25km。2019年に着工、2022年の運行開始を目指している。

スリに注意！
　混雑している乗り物、例えばラッシュ時に繁華街を走るジプニーの中ではスリもたまに出没する。特に空港周辺、バクラララン駅周辺、キアポ周辺から乗るジプニーには気をつけたほうがいい。

マニラの交通アプリ「サカイSakay」
　ジプニーやメガタクシー、バスなど、地元の人々が利用する交通機関のルート案内アプリが登場！まだまだ正確とはいいがたいが、安く移動するときの参考にはなる。

渋滞のおもな原因であるジプニーは規制されつつある

メトロ・マニラ　市内交通入門

雨天時のメトロ・マニラ

メトロ・マニラの慢性的な渋滞は有名。特にラッシュ時の混雑ぶりは驚異的だ。この時間帯に雨が降り出した場合は、身動きが取れなくなる。タクシーもメーターを使用しなくなることが多い。夕刻ラッシュ時の雨には十分注意したい。

乗車拒否の多いタクシー

何かと問題の多いマニラのタクシー。乗車拒否をされることもしばしばで、特に渋滞の時間帯や、市をまたいで移動する場合などに多い。慢性的に渋滞が起こっているマニラでは、渋滞にはまれば相当に時間をとられるためだ。その場合は高架鉄道と併用するなどしよう。

■フィリピン国有鉄道（PNR）
TEL (02) 8319-0041
URL pnr.gov.ph

交通機関電動化の一環で、イントラムロスで運行を開始したEトライクE-Trike (→P.80)

ベイ・エリアでは電動トゥクトゥクが走っている

タクシー　Taxi

すべてメーター制で、ほとんどがエアコン付き。初乗りはレギュラータクシーが₱40、イエロータクシーが₱70。以降レギュラータクシーは1kmごとに₱13.50+₱2/分、イエロータクシーは300mごとに₱4+₱2/分が加算される。なお、タクシーは土地勘のない旅行者には強い味方だが、メーターを使いたがらない運転手も少なくない。タクシーに乗ったらすぐに鍵をしよう。まれにタクシー強盗が起きている。ちなみにホテルに待機しているタクシーは「ホテルタクシー」と呼ばれ、メーターではなく区間ごとに料金が決められている。やや割高だが安心して乗ることができる。

タクシー使用の際は注意

国有鉄道　Philippine National Railways

トンド地区にある**トゥトゥバンTutuban**駅から、メトロ・マニラ南部の**アラバンAlabang**駅まで、パサイ市とマカティ市の間を南北に走るJ.Pリサール・ハイウエイに沿って、フィリピン国有鉄道（PNR）の近郊列車（メトロコミューターライン）が5:00頃〜21:00頃の間、約30分おきに走っている（1日1便カランバまでの便もあり）。アラバンまでの所要時間は約1時間、運賃は₱30。ただし、途中で駅に停車しても、車内アナウンスは一切ないので注意が必要だ。ちなみに、車両は日本のJRの中古の客車を使用。だが、保線状態が悪く、脱線事故が頻繁に起きている。

メガタクシー（FX）　Mega Taxi

メトロ・マニラ圏内の幹線道路を走るメガタクシーは、地元の人が通称「FX」と呼んでいる乗合タクシー。10人程度が乗れ、エアコン付きで快適な移動が可能。メーターは付いておらず、運賃は距離によって変わってくるが、₱20くらいから。例えば、マラテ地区からケソン・メモリアル・サークルあたりまで乗ると、₱50前後になる。乗り方はタクシーをひろうときと同じだが、フロントガラスにジプニーと同じように行き先を示す表示がある。自分が行きたい方面に行くかどうか、そして運賃はいくらかを聞いて乗り込めばいい。

ワゴンタイプのFX

バス Bus

いつも混雑しているので、とりわけラッシュ時には心して乗ろう。乗り方は、まずバス停で待ち、目的のバスが来たら乗り込む。車掌が乗っているので目的地を告げてお金を払いチケットをもらう。ただし、バス料金は同じ区間でも会社やバスの快適さによっても異なるので、そのつど車掌に聞くしかない。

走るルートも把握しにくいが、やってきたバスのフロントの行き先表示を素早く読み取り、乗り込む。車掌はおもだったバス停に近づくと、地名または通りの名やその近辺の通称を叫ぶので、降りる際には、叫んだり、壁をたたいたりして意思表示をしよう。

バスはエドゥサ通りなどの幹線通りを走る

バス料金の目安
● パサイ〜ケソン
₱30程度
● パサイ〜アヤラ・センター
₱10程度

レンタカー Rent-a-Car

交通マナーが悪く大渋滞が日常茶飯事のマニラでは、運転手付きで利用するのが一般的。もちろん自分で運転することもできるが、料金はほぼ同じ。1日US$70〜100が目安だ。

レンタカーの問い合わせ先
● ハーツ Hertz
TEL (02) 8892-0274（マカティ）
URL www.hertzphilippines.com
● エイビス Avis
TEL (02) 8462-2881
URL avis.com.ph
● ニッサン Nissan
TEL (02) 8886-9931（パサイ）
URL www.nissanrentacar.com

トライシクル Tricycle

オートバイにサイドカーを付けた3輪の乗り物。料金は交渉制で、最低料金がひとり₱10〜。ただ、観光客はマニラではなかなか最低料金で乗ることができない。ひとりで乗ると₱20〜40くらいから。座席が空いていると、そのぶんの負担も必要になる。

また、自転車にサイドカーを付けたものは通称ペディキャブPedicabと呼ばれ、エルミタやマラテで見かける。こちらは観光客用といった性格が強く、最低₱50は要求される。

地方でよく見るトライシクル

カレッサは高い乗り物!?
カレッサは、いかにもフィリピンの乗り物といった感じだが、料金はけっこう高い。交渉制とはいえ、観光客を破格な安さで乗せることはまずないし、もともと地元の人にも割高なものなのだ。移動の手段としてではなく、あくまでも観光のひとつとして利用するものと考えよう。

カレッサ Calesa

カレッサとは馬車のこと。おもにチャイナタウンとキアポで、地元の人々の足として活躍している。料金は交渉制だが意外と高く、気軽に歩けるような短い距離を利用しても最低₱100はする。これ以外の地区、特にエルミタやリサール公園、イントラムロスなどでも見かけるが、こちらはおもに観光客用で、時間決めの貸し切りで利用する。1時間₱1000。イントラムロス周辺には悪質な御者も多いので、最初に交渉をしっかりとしてから利用しよう。

旅情を誘うカレッサ

メトロ・マニラ　市内交通入門

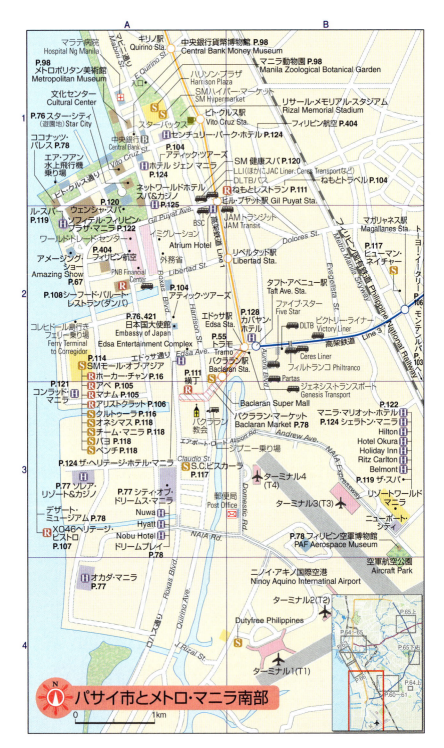

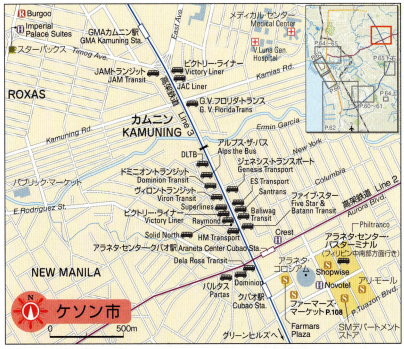

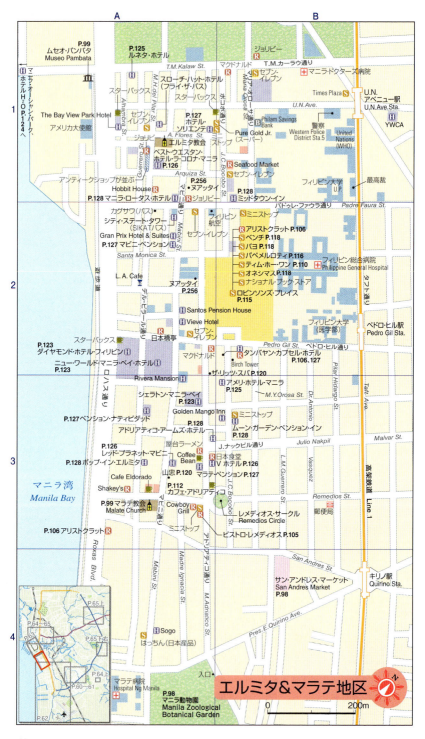

必読！フィリピンでのトラブル例①

※トラブル例②→P.423

美人局の手口と対策

在フィリピン日本大使館は、買春絡みの恐喝などへの注意喚起している。これはいわゆる美人局（つつもたせ）だが、そのパターンはいろいろだ。

●日中、ショッピングモールでふたり組の女性から「日本人ですか」と声をかけられ、誘われるままそのうちのひとりの女性の家に行った。もう一方の女性が買い物に行くと言って部屋を出ると、残った女性が男性に積極的に誘いをかける。淫らな行為に及ぼうとしたところ、女性の兄と名乗る人物が現れ、「婚約者がいる妹を傷物にされた」と騒ぎ、医師と救急車が呼ばれ、手術代として数百万ペソを要求された。

●夜の繁華街で知り合った姉妹から「あなたの部屋に行こう」と誘われ、一緒に部屋に戻った。姉妹が服を脱ごうとしたとき、彼女たちの母親をともなった警察官が現れ、未成年者に対する強制わいせつ容疑で逮捕すると言い、示談金として20万ペソを要求された。

●ホテルの部屋に「マッサージを受けないか」と電話があり、それに応じた。バスタオル姿の女性ふたりからマッサージを受けたあと、警察官が現れ、女性たちは実は未成年であり、「淫らな行為を強要された」旨の訴えがあったとして、強制わいせつの容疑で拘束された。釈放と引き替えに数百万円を要求されたが拒否したところ、警察署に連行され、結局示談で済ますこととなった。

いずれの事例も、大がかりな恐喝で、警察官もグルなので信用できない。甘い誘いにはのらない、女性の家に行かない、女性を部屋に入れないなど、毅然とした態度で理性を保つことだ。フィリピンにおいては、未成年（18歳未満）者に対するわいせつ行為はもとより、成年女性に対する買春行為も重大な犯罪だ。被害に遭わないためにも、滞在国の法律を遵守し、買春ないしそれに類する勧誘には応じないこと。

そのほかのトラブル

いくら慎んだ行動をしていても、危険に巻き込まれることはある。悲しいことだが、すぐに他人を信用しない、まずは疑うといった態度もときには必要だ。ここでは、そのほか多く聞かれたトラブル例を挙げておく。

●知り合いのふりをして近づき、お金を取る

エルミタ、マラテ地区の路上やショッピングセンターなどで、突然、「あなたのホテルの従業員だよ」などと声をかけてくる。「非常事態なのでお金を貸してほしい。ホテルに戻ったら返すから」と言われ、お金をだまし取られる。

●コイン・ドロップ盗

混雑する場所で、小銭などをわざと落とし、旅行者が気を取られているところを見計らって、バッグなどを引ったくる。

●ジプニー、バス、高架鉄道でのスリ

刃物でバッグを切られ、財布を抜かれる。

ニューハーフ・エンターテインメントを堪能しよう！

フィリピンでは、ニューハーフによるエンターテインメントショーをあちこちで観ることができる。興味はあるけどどこに行けばいいのかわからない……という人におすすめなのが、「アメージング・ショー Amazing Show」。世界各国のさまざまな文化や伝統を取り入れて演出した、ニューハーフによる健全なミュージカル風エンターテインメントショーだ。セブ、ボラカイ島にもある。※2019年11月現在閉鎖中。

■アメージング・ショー Amazing Show
MAP P.62-A2　住 Film Center, CCP Complex, Roxas Blvd., Pasay City　TEL (02) 834-8870
営 20:00〜21:10　休 日　₱1500

華やかなショーは一見の価値あり

マニラ 早わかりエリアナビ

広大なメトロ・マニラはいくつもの市によって構成され、すべてを把握するのは困難。ここでは旅行者に必要と思われるエリアを8つに分けて紹介してみよう。

1 キアポ＆チャイナタウン QUIAPO & CHINATOWN P.84

隠れたグルメスポットが多い

世界最古の中国人街として知られ、独特の古い町並みが残されている。近年はグルメやアートスポットとしても注目されている。

チャイナタウンの入口にある親善門

2 マニラ地区 MANILA AREA P.79

マニラ随一の観光地を擁する

要塞都市イントラムロスはマニラのオリジンともいえる地で、歴史的見どころが点在している。リサール公園も旅行者に人気の場所だ。

要塞内を走るカレッサ

3 エルミタ＆マラテ地区 ERMITA & MALATE P.95

下町風情を感じる

エルミタはかつての歓楽街で、現在も多くの観光客が集まる。ホテル、レストラン、両替所など旅行者に必要なものが揃っている。

ノスタルジックな建物が多い

4 パサイ＆エンターテインメント・シティ PASAY & ENTERTAINMENT CITY P.76

長距離バスターミナルもある

ニノイ・アキノ国際空港やSMモール・オブ・アジアがあり、旅行者にはなじみのエリア。パラニャーケ市のマニラ湾沿岸は一大開発地区。統合型カジノリゾートが次々に建設されつつある。

シティ・オブ・ドリームス・マニラ

ケソン・メモリアル・サークル

広大な敷地をもつエリア
⑤ ケソン
QUEZON P.101

1976年にメトロ・マニラに統合移行されるまでは、フィリピンの首都だった市。近年は開発が進み、最新のショッピングエリアもある。

巨大なSMメガ・モール

マンダルーヨン市きっての繁華街
⑥ オルティガス・センター
ORTIGAS CENTER P.93

1990年代から、新興ビジネス地として急速に発展。SMメガ・モールという巨大なショッピングセンターがあり、ホテルも充実している。

ショッピングモールがウオークウエイでつながれている

"グローバル"な雰囲気漂う計画都市
⑦ ボニファシオ・グローバル・シティ（BGC）
BONIFACIO GLOBAL CITY P.91

膨張するマカティの代替地として開発が進む。快適に歩ける商業エリアが整備され、今や旅行者に人気のスポットになりつつある。

マニラで最も治安のよいエリア

商業・経済の中心地
⑧ マカティ市
MAKATI CITY P.70

高層ビルが建ち並び、アヤラ・センターには巨大なショッピングセンターや高級ホテルが集まる。治安もよいため旅行者も多く訪れる。

MANILA AREA NAVI

69

●エリア別ガイド

マカティ市

Makati City

　マカティ市は高層ビルが建ち並ぶ現代的な町。商業の中心地として知られ、日本企業も多数進出している。スーツを着たビジネスウーマンを見かけることもよくあり、マニラのほかの地区とは違った印象だ。また、フィリピンで最も裕福な人々が住むエリアで、町並みもよく整備されている。巨大なショッピングセンターもあり、フィリピンで一番豊かな場所といえるかもしれない。また、高級ホテル、銀行、航空会社など旅行者に必要なものも集中している。現在はエルミタから移動してきたバーやクラブも増え、夜もにぎやかだ。

マカティ市の歩き方　GETTING AROUND

マニラ最大のショッピングセンター街へ

　中心は**アヤラ・センター Ayala Center**。**アヤラ通りAyala Ave.**、**マカティ通りMakati Ave.**、**エドゥサ通りEdsa Ave.**（エピファニオ・デ・ロス・サントス通りEpifanio de los Santos Ave.）に三方を囲まれたモダンなショッピング街だ。
　中心部にはレストランや映画館までが入った巨大ショッピングスクエアの**グロリエッタGlorietta**（→P.114）が立ち、ここだけでも1日遊べそうなほど。アヤラ通りの近くには、欧米ブランドめじろ押しの**6750アヤラ・アベニュー 6750 Ayala Avenue**と高級デパートの**ルスタンズRustan's**（→P.114）が軒を並べ、マカティ通りの西側にはモダンな造りの**グリーンベルトGreenbelt**（→P.114）が立っている。モール内にはレストランやカフェはもちろん、映画館も入っていて、1日楽しめる規模だ。計5つの建物の中央には、遊歩道を備えた池や花壇などもあり、オープンエアのカフェでひと休みするにもぴったり。
　アヤラ・センターの西から北にかけては、**レガスピLegaspi**や**サルセドSalcedo**などのエリアが広がっており、アヤラ通りやマカティ通りを中心に多くの企業ビルや病院、経済関係の建物が建ち並び、裏通りにはおしゃれな物件も続々オープンしている。

イベント情報

　マカティの下町サルセド、レガスピ地区では毎週土日にウィークエンドマーケットが開催されている（→P.75）。また、グロリエッタ4前のドルフィン・パークではメルカート・セントラルというマーケットが開かれる。フィリピン、日本、イタリアなど各国料理の屋台が出店し、ベンチも設けられ地元の人々でおおいににぎわう。通常の屋台に比べおしゃれな印象。オーガニック石鹸などを販売する店もある。BGCでも開催されている（→P.91）。

●**メルカート・セントラル**
　Mercato Centrale
MAP P.61-C3
🏠 Glorietta 4 Dolphin Park, Makati City
⏰ 水〜金　16:00〜翌2:00
URL www.mercatocentrale.ph

さまざまな屋台が並ぶ

パッシグ川沿いのショッピングコンプレックス

　かつて競馬場があった、マカティ市の最北端、パッシグ川に面した場所にショッピングセンターがオープン。その名も「アヤラ・モール・サーキット（MAP 折込裏-B2）」。周囲にはレーシング場やフットサルコートなども整備されている。

グリーンベルトとランドマークを結ぶウオークウエイ

ポブラシオンのホテルからの景色

マニラらしくない、マニラ

中心部からマカティ通りを北へ歩いていくと**ヒル・プヤット通り** Sen. Gil Puyat Ave. に出る。さらに進むと、歓楽街の**ブルゴス通り** P. Burgos St. があり、中級ホテルや両替所、世界各国料理のレストランなどが多く見られる。夜にはマニラ有数の大歓楽街となり、朝まで外国人観光客などで大にぎわいだ。このエリアは**ポブラシオン** Poblacion と呼ばれ、近年はバックパッカーの拠点としても知られている。

また、手前のジュピター通りを西に曲がると、通り沿いにレストランが点在する。ロムロ・カフェ（→P.105）やコーナー・ツリー・カフェなど評判の店も多い。

東へ行くと、パワー・プラント・モール Power Plant Mall （→P.115）などが立つ新興ビジネスエリア、**ロックウェル・センター** Rockwell Center がある。このあたりは、一見、フィリピンではないと錯覚させるほどに整備されている。

落ち着いた雰囲気のパワー・プラント・モール

日本の味が恋しくなったら

マカティ市の西端、パサイ市との境に近い場所に日本料理店が20店舗近く軒を連ねるリトル東京と呼ばれるエリアがある。中央の野外席を取り囲むように店が並んでいる。ラーメンからしゃぶしゃぶ、寿司、そば、おしるこ、たこ焼きまで何でも揃っている。値段は日本より少し安い程度だが、本格的な和食が食べられると在住日本人も訪れる。
 P60-A3

提灯がどこか懐かしい雰囲気

エリア別ガイド ❶ マカティ市

メトロ・マニラ

新たなバックパッカーの拠点

ちょっとひと息コラム

かつてマニラでバックパッカーが集まる場所といえばエルミタ、マラテ、パサイなどのエリアだったが、近年は事情が少し変わってきている。マカティの歓楽街ブルゴス通り周辺にきれいで格安なバックパッカー向けの宿が増え、新たなバックパッカーの拠点として注目されつつあるのだ。ブルゴス通りはゴーゴーバーなどの集まる夜の町ではあるが、エルミタよりも治安はよく、おしゃれなレストランやカフェ、両替所などもあり観光にはたいへん便利。さらに、アヤラ・センターまでもタクシーやジプニーで簡単にアクセスできる。建設工事は今でも進んでおり、これからますます整備されていくのは間違いないだろう。

おしゃれなバックパッカー宿

アヤラ・センターを徹底解剖！

一大商業エリア、マカティ市で最もにぎわうのがアヤラ・センター。巨大なショッピングセンターが数珠つなぎにつながり、5つ星ホテルも一堂に会している。歩くと意外に広いアヤラ・センターのどこで何が楽しめるのかを徹底解剖！

都会のオアシスとして愛される高級モール
Greenbelt（→P.114）
グリーンベルト

緑あふれるグリーンベルト公園を取り囲むように、グリーンベルト1〜5の建物が並ぶ。レストラン、ショップともにハイグレードのテナントが揃っており、旅行者やマニラの富裕層に人気がある。映画館や博物館など見どころも充実。

グリーンベルト4は高級ブランドが勢揃い

> 落ち着いたレストランを探すならココ！

> 地下のスーパーマーケットはおみやげのまとめ買いにおすすめ！

庶民に愛されるデパートメントストア
Landmark（→P.115）
ランドマーク

ローカルの人々向けの生活雑貨を扱う庶民派デパート。地下のフードコートはディスプレイされた料理を見て注文できる。人気店が揃っているのでランチにピッタリ。食品や日用雑貨が安く買えるスーパーマーケットも入っている。

格安で食事ができる地下のフードコート

G → グラブタクシースタンド
T → タクシースタンド

最上階の高級
みやげ物店

> 最上階には
> 高品質の
> みやげ物を揃
> えるおすすめ
> 店がある

欧米の高級ブランドが充実
Rustan's (→P.114)
ルスタンズ

ティファニーやカルティエ、サルヴァトーレ・フェラガモ、ダンヒルなど、欧米の一流ブランドが軒を連ねる高級デパート。リーズナブルで人気のアイランド・スパ (→P.119) も入っている。

館内はラグジュアリーな雰囲気

> **5つ星ホテルで
> 優雅な時間を**
>
> マニラでも指折りの高級ホテルが集まるアヤラ・センター。買い物に疲れたらこれらのホテルで優雅な時間を過ごすのもおすすめ。ペニンシュラで高級ハロハロを食べたり、デュシタニのテワラン・スパ (→P.119) で癒やされたり。どのホテルも評判の施設を揃えている。

フィリピンらしい"ごちゃまぜ"モール
Glorietta (→P.114)
グロリエッタ

グリーンベルトとともに、アヤラ・センターを代表するショッピングセンター。グリーンベルトと同様に1～5に分かれ、あらゆるタイプのテナントがごちゃまぜになって入っている。グリーンベルトよりも若干庶民的な印象。

まるで迷路のようにフロアが広がる

> ローカルファッションブランドが充実！

フィリピン各地に展開
SM Makati (→P.114)
SMマカティ

フィリピンの主要都市に展開する全国チェーンの大型デパート。衣服、電化製品、食料品まで何でも揃えている。1階のスーパーマーケットは比較的クオリティが高く人気。スペインのファッションブランドなども入っている。

みやげ物を集めたコーナーも

> 2階にあるクルトゥーラ (→P.116) はおみやげ探しに最適

Check! 歩き方のコツ

1 朝や夕方のラッシュ時、アヤラ・センター周辺ではタクシーを路上でつかまえるのが難しい。地図のタクシー乗り場を参考にしよう。また、グラブタクシー (→P.55) も上手に活用しよう。

2 高架鉄道Line3のアヤラ駅をスタート地点として、いくつものショッピングセンターがウオークウエイでつながれている。たとえ雨の日でも、一度も外に出ることなくショッピングが楽しめる。

マカティ市の見どころ

ATTRACTION

■アヤラ博物館

住 Makati Ave., Cor. De La Rosa St., Greenbelt Park, Ayala Center, Makati City
TEL (02) 7759-8288
URL www.ayalamuseum.org
開 9:00 〜 18:00
休 月・祝
料 大人₱425、学生₱300
※2019年10月現在、改装により閉館中。2020年再開予定。

ミュージアムショップにはハイセンスなグッズが揃う

定期的にモダンアートの展示も企画される

■マカティ博物館

住 J.P. Rizal St., Cor. Mabini St., Poblacion, Makati City
TEL (02) 8896-0277
開 8:00 〜 17:00
休 土・日・祝
料 無料

フィリピンの礼装バロンタガログをオーダーメイド

キング・フィリップは1965年創業の老舗テイラー。スーツやバロンタガログをオーダーメイドで仕立ててくれる。バロンはリネン素材だと₱5000 〜、バナナ繊維だと₱8000 〜。そして最高級素材として知られるピーニャ（パイナップル繊維）は₱2万5000 〜と跳ねあがる。バロンタガログが必要になったら相談してみよう。7 〜 10日間ほどで仕上がる。

S キング・フィリップ
  King Philip
MAP P.60-B3
住 914 A. Arnaiz Ave., beside Unionbank, Makati City
TEL (02)8885-7098
営 10:00 〜 20:00（日 11:00 〜 19:00）
休 なし CC AJMV

■ユーチェンコ博物館

住 RCBC Plaza, Cor. Ayala and Sen. Gil J. Puyat Ave., Makati City
TEL (02)8889-1234
営 10:00 〜 18:00　休 日・祝
料 ₱100

巨大なミュージアム　★★★
アヤラ博物館
MAP P.60-B3
Ayala Museum

アヤラ博物館には、フィリピンの風景を立体模型にした60もの展示が常設されている。ルソン島北部にあるカガヤン州の紀元前の狩猟風景から、1946年の共和国宣言までの歴史が立体的に描かれたものだ。ボートギャラリーと呼ばれる所には船の模型も展示されている。ほかにも考古学的なものや現代的な工芸品まで展示は多岐にわたっている。マカティ市の生みの親、アヤラ財閥の威光が感じられる大きな博物館だ。中には、カフェやミュージアムショップもある。

博物館の外観

小さくてかわいらしい外観が印象的　★
マカティ博物館
MAP 折込裏-B2
Museo ng Makati

マカティ市の中心から少し離れた所にある小さな博物館。マカティ市の成り立ちを紹介した写真の展示のほか、ときおり、美術関連の特別展なども行われる。すぐ前にパッシグ川が流れており、小さな公園もあるので、歩き疲れたらここでひと休みするのもいいだろう。

ちょっと立ち寄ってみたい博物館

落ち着いて作品を鑑賞できる　★★
ユーチェンコ博物館
MAP P.60-A1
Yuchengco Museum

財閥の創始者、国連大使、外交官と、さまざまな顔をもつアルフォンソ T. ユーチェンコのアートコレクションやホセ・リサールに関する品物の数々を展示している。またフィリピン人によるアート作品の展示も行っており、ときには海外のアーティストの作品の展示会も開催される。

ユーチェンコ氏ゆかりの品も展示されている

ウィークエンドマーケットへ出かけよう!

緑豊かな公園で開かれるサルセド・コミュニティ・マーケット

駐在日本人にも人気

マカティ市のサルセド、レガスピなどの地区では、週末にローカルマーケットが開かれている。これは各コミュニティが開催しているもので、土曜はサルセド、日曜はレガスピが会場。内容はどちらも似たようなもので、各国の料理、ハンディクラフト、新鮮なフルーツや野菜、花など。手作り感がありつつも、それぞれが質の高いサービスを心がけており、興味をそそられる店がたくさん出店している。フィリピンならではのみやげ物や伝統料理を販売する店もあり、観光客も十分に楽しめる。

グルメスポットとしても有名

どちらも厳しい審査で出店する店を決めている。また、同じ店ばかりにならないようにバランスよく採用している。このため、出店するレストランはどれもいち押しの店ばかり。オーガニック素材にこだわったり、パッケージがおしゃれだったり。もちろん味はどこも絶品。特にフィリピン料理やスペイン料理はぜひ食べておきたい。

色とりどりの新鮮野菜も手に入る

■ サルセド・コミュニティ・マーケット
MAP P.60-B1
開 土 7:00～14:00
■ レガスピ・サンデー・マーケット
MAP P.60-A3
開 日 7:00～14:00

もち米から作ったお菓子「スマン」

魚に野菜を詰めてグリルしたフィリピン料理

2 ●エリア別ガイド
パサイ市&エンターテインメント・シティ Pasay City & Entertainment City

　マニラの南部、マカティ市の南西に位置するパサイ市。観光名所は少ないが、エドゥサ駅周辺には長距離バスのターミナルが集中していて、地方へ行く人々でにぎわっている。また、マニラ湾方面には広大な埋め立て地があり、国際会議場やワールド・トレード・センターなどが建ち並ぶ。ニノイ・アキノ国際空港もパサイ市南部に含まれる。埋め立て地の南半分はパラニャーケ市。エンターテインメント・シティと呼ばれる、巨大カジノリゾート建設が着々と進むエリアだ。

■日本国大使館
MAP P.62-A2
住 2627 Roxas Blvd., Pasay City
TEL (02) 8551-5710/80
FAX (02) 8551-5785
URL ph.emb-japan.go.jp
開 8:30 〜 17:15
休 土・日、日本およびフィリピンの祝日
■邦人援護ホットライン
TEL (02) 8551-5786 (24時間)

■スター・シティ (遊園地)
MAP P.62-A1　TEL (02) 8832-3249
開 月〜木　　 16:00 〜 22:30
　 金・日・祝 14:00 〜 22:30
　 土　　　　 14:00 〜 23:00
休 なし　料 ₱80 (入場料)
※各アトラクションは別途支払う。乗り放題は₱490

SMバイ・ザ・ベイに立つ観覧車のモア・アイ

ヒル・プヤット駅周辺にはバスターミナルが集まる

パサイ市&エンターテインメント・シティの歩き方 GETTING AROUND

モダンな雰囲気のベイ・エリア
　高架鉄道Line1の**ビト・クルス駅Vito Cruz Sta.**を降りて**ビト・クルス通りVito Cruz St.**を西に歩いていった所は埋立地。まず**文化センター Cultural Center**が目に入る。その先の突き当たりにあるクラシックな建物は**ココナッツ・パレス Coconuts Palace**（→P.78欄外）、いわゆる迎賓館だ。隣には高級ホテルのソフィテル・フィリピン・プラザ・マニラ（→P.122）と黒いガラス張りのモダンな建物の**国際会議場International Convention Center**がある。周辺には週末家族連れでにぎわう遊園地の**スター・シティ Star City**のほか、GSIS美術館GSIS Museum、レストランやホテルもある。また、さらに南へ進んでいくと、右側にマニラ最大級のショッピングモール **SMモール・オブ・アジアSM Mall of Asia**が見えてくる。エルミタ&マラテ地区 (→P.114) からも近いので、心地よい潮風を感じに足を延ばしてみてもいいだろう。海岸沿いには、のんびりと歩くのに最適な遊歩道が整備されている。

SMモール・オブ・アジア周辺

地方へのバスターミナルが集中する庶民の町
　今度は、ザ・ヘリテージ・ホテル・マニラ (→P.124) に面した**エドゥサ通りEdsa Ave.**（**エピファニオ・デ・ロス・サントス通りEpitanio de los Santos Ave.**）を東に行ってみよう。Line1の**エドゥサ駅Edsa Sta.**に突き当たり、周辺には地方へ行くバスのターミナルが集中している。この通りはマカティ市に通じる重要な道路で、特に夕方は渋滞に巻き込まれやすいことでも有名だ。
　Line1終点の**バクララン駅Baclaran Sta.**の周辺には、マニラで一番大きなマーケットがあり、生活用品が安く手に入る。

大開発の進むエンターテインメント・シティ

ちょっとひと息コラム

SMモール・オブ・アジアから南のベイ・エリアはパラニャーケ市。ここは"エンターテインメント・シティ"と呼ばれ、発展するマニラの象徴ともいえる一大プロジェクトが進んでいる。その柱となるのが、4つの統合型リゾート(IR)だ。2013年に開業したソレア・リゾート＆カジノをはじめ、2015年オープンのシティ・オブ・ドリームス・マニラ、2017年オープンのオカダ・マニラがすでに開業している。オカダ・マニラの近くでは4軒目のIR、リゾート・ワールド・ベイショアResort World Bayshoreの建設が進んでいる。

シティ・オブ・ドリームス・マニラ
City of Dreams Manila

2015年にオープンした6.2ヘクタールもの敷地をもつ統合型リゾート。マニラでも随一の規模を誇るカジノを3つの高級ホテルが囲む。カジノはシステマティックで遊びやすく、大規模なビュッフェが楽しめる「ザ・カフェ」など評判のレストランも多い。

黄金に輝く3つのホテルからなる

＜施設案内＞
ホテル…ヌワ、ノブ、ハイアット(全937室)
カジノ…スロット1700基、ゲームテーブル380台
ショップ…ハイブランドを集めた「ザ・ブールバード」
エンタメ…「ドリームプレイ(→P.78)」「ザ・ガレージ」ほか
レストラン…「ノブ」「ザ・カフェ」ほか
＜DATA＞
MAP P.62-A3　住 Roxas Blvd., Entertainment City, Parañaque City　TEL (02) 8800-8080
URL www.cityofdreamsmanila.com

いずれも最先端のカジノ施設が充実

ソレア・リゾート＆カジノ
Solaire Resort & Casino

ゴージャスな客室に泊まりながら、カジノ三昧の贅沢な時間を過ごせる。カジノは充実しているが、ショップやエンタメ施設はほかのIRに比べて見劣りするため、高級カジノを目的に訪れる人がほとんど。マニラのカジノのなかでも指折りの人気を誇る。

マニラ湾沿いに立つので景色もよい

＜施設案内＞
ホテル…2つのタワーに分かれ計800室
カジノ…スロット1200基、ゲームテーブル300台
ショップ…「プラダ」、「ブルガリ」などハイブランドが数店
エンタメ…シアターやカジノでのショーなど
レストラン…「ヤクミ」、「レッド・ランタン」など
＜DATA＞
MAP P.62-A3
住 1 Asean Ave. Entertainment City, Tambo, Parañaque City
TEL (02) 8888-8888
URL www.solaireresort.com

オカダ・マニラ Okada Manila

マニラ初の日本資本IRとして、2017年に華々しくオープン。外観、内装ともきらびやかな装飾が施され、無料で観賞できる巨大噴水ショーなど注目の施設の数々が揃う。日本資本のため、レストランは高級感のある日本料理店が充実している。

贅を尽くした内装のロビー

＜施設案内＞
ホテル…5つのタイプに分かれ計993室
カジノ…スロット3000基、ゲームテーブル500台
ショップ…50軒以上もの世界的ブランドショップ
エンタメ…世界中から40人ものアーティストが集う
　　　　　「ワールド・オブ・ワンダー」
レストラン…「今村」「銀座 長岡」など全21軒
噴水ショーの時間: 18:00、19:00、20:00、21:00、22:00
(金・土は上記に加えて23:00、24:00、日曜は23:00)
＜DATA＞
MAP P.62-A4　住 New Seaside Dr., Entertainment City, Parañaque City　TEL (02) 8888-0777
URL www.okadamanila.com

エリア別ガイド ❷ パサイ市＆エンターテインメント・シティ

メトロ・マニラ

パサイ市＆エンターテインメント・シティの見どころ ATTRACTION

■ドリームプレイ
TEL (02) 8808-0909
URL www.cityofdreamsmanila.com
営 10:00〜20:00(土・日 9:00〜)
休 なし
料 平日₱680、休日₱880

■デザート・ミュージアム
住 Unit 124, 126, 127a, Coral Way, S Maison Mall, Conrad Hotel Manila, Mall of Asia Complex, Pasay City
TEL 0917-300-5966 (携帯)
URL www.thedessertmuseum.com
開 10:00〜22:00 **休** なし
料 ₱799 (オンライン₱699)
CC AMV

綿あめを作ってくれるスタッフ

トロピカルムードたっぷりの迎賓館
ココナッツ・パレスは1981年にローマ法王がフィリピンを訪問した際に建てられた迎賓館で、2016年まで副大統領官邸として使われていた。建物の7割がココナッツでできている。2019年10月現在、以前行われていたガイドツアーは催行を中止している。
● ココナッツ・パレス
　Coconuts Palace
　MAP P.62-A1

■フィリピン空軍博物館
住 Sales St., Villamor Air Base, Pasay City
TEL (02) 8854-6701 (内線6628)
URL www.paf.mil.ph
開 8:00〜17:00 (土〜12:00)
休 日・祝 **料** ₱20

小野田元少尉の展示

子供の遊び場に最適　　　　　　　　　　　　　★★
ドリームプレイ　　　　　　　　**MAP** P.62-A3
Dreamplay

　シティ・オブ・ドリームス・マニラ(→P.77)にある、世界初のドリームワークス公認アミューズメント施設。体を使って思い切り遊べるものや、4Dの映像を見る施設、クッキングクラスなど内容はさまざま。シュレックやカンフーパンダなど、人気のキャラクターグッズを売るショップで買い物もできる。

人気キャラクターが勢揃い！

女性に大人気！　　　　　　　　　　　　　　★
デザート・ミュージアム　　　　**MAP** P.62-A3
Dessert Museum

　2018年、コンラッド・マニラ内にオープンしたアミューズメント施設。ドーナッツ、キャンディ、綿あめなど、さまざまなお菓子をテーマにしたメルヘンチックな部屋が用意され、それぞれの部屋でお菓子がもらえる。SNS映えする写真が撮れると女性に人気がある。

フィリピン人のパワーを肌で感じよう！　　　　★★
バクララン・マーケット　　**MAP** P.62-A3〜B2
Baclaran Market

　高架鉄道Line1のバクララン駅を囲む周辺一帯。このあたりがマニラで一番大きいといわれるマーケットで、衣料品や食料品、花、家庭用品ほか何でも揃っている。特にバクララン教会周辺はにぎやかで、水曜市(バクララン・デー)の混雑ぶりはまるでラッシュ並み。ここでは、庶民の生活の一端を垣間見ることができる。ただし、市場周辺はときおりスリも出没するので、注意が必要。できるかぎり明るいうちに訪れよう。

フィリピン空軍の歴史がわかる　　　　　　　★★
フィリピン空軍博物館　　　　　**MAP** P.62-B3
PAF Aerospace Museum

　フィリピン空軍のユニフォームやワッペンなど、展示内容はそれほど驚くほどのものではない。しかし、日本人にとって観ておきたいものがひとつだけある。それは、第2次世界大戦後、ルバング島に30年も立てこもり、孤立無援で戦闘を続けた小野田寛郎元少尉が当時携帯していた品々と、小野田氏直筆のフィリピン政府へ宛てた手紙だ。あの戦争とは日本人にとっていったい何であったのか、あらためて考えさせられる展示である。そのほか、近くに空軍航空公園があり、そこにはフィリピン空軍によって実際に使われていた空軍機が16機置かれている。

● エリア別ガイド

マニラ地区

Manila Area

メトロ・マニラ

　マニラ市の中央に位置するのがリサール公園とイントラムロス。リサール公園は、58万m²もの広大な敷地を擁する市民の憩いの場だ。一方、そのすぐ北側にあるイントラムロスは、16世紀にスペイン人がフィリピン統治の根拠地とした城塞都市。周囲には城壁が形成され、かつてはスペイン人とメスチーソ（スペイン人との混血）のみが住むのを許されていた。現在は、サン・オウガスチン教会San Agustin Churchが当時の姿を残すのみだが、その門をくぐり石畳の道を歩いていると、その重厚な歴史を感じないわけにはいかない。

マニラ地区の歩き方　GETTING AROUND

市民の憩いの場、リサール公園

　まず、広大なリサール公園から歩き始めてみよう。公園の中央には、イントラムロスまで続く**マリア・オローサ通り**Maria Orosa St.が走っていて、エルミタからこの通りをリサール公園に向かって歩いてくると、**子供の遊び場**Children's Playground、向かいには地球儀の形をした噴水がある。

　マリア・オローサ通りに戻って今度は左に行ってみよう。公園の中央には池があり、その右にあるのが**中国庭園**Chinese Gardenと**日本庭園**Japanese Garden。

　池の左側にあるのは**国立図書館**National Library。入口はT.M.カーラウ通りT.M. Kalaw St.側で、その裏側はカフェになっている。マリア・オローサ通り側から池の向こう側に見えるのは**リサール・モニュメント**Rizal Monument。この地下に彼の遺体が葬られている。近くには処刑地跡があり、処刑時のリアルな様子が再現されている。そのほか、公園内にはラン園やプラネタリウムなどもある。

　リサール・モニュメントから**ロハス通り**Roxas Blvd.を横切り、マニラ湾の方向に進んでみよう。巨大な**マニラ・オーシャン・パーク**Manila Ocean Parkの建物が見えてくる。週末になると家族連れで大にぎわいの人気の水族館だ。また、海沿いの防波堤のあたりも人々の憩いの場になっている。マニラ湾の夕日を眺めるのに最高のスポットで、訪れる観光客を魅了している。

エリア別ガイド ❸ マニラ地区

リサール公園の中国庭園

■リサール公園
MAP P.63-A〜B4
開 5:30〜24:00
※ビジターセンターで詳しい地図がもらえる。

●ホセ・リサールの処刑地
　The Martyrdom of Dr. Jose P. Rizal
MAP P.63-A4
開 7:00〜21:00
休 なし　料 ₱20

マニラ地区での注意
　マニラ地区、特にリサール公園内でフィリピン人に話しかけられ、彼らと仲よくなった末に何らかのトラブルに巻き込まれるといった事件が多発している。夜間は特に危険なので、十分に注意したい。

リサール公園内にあるリサール・モニュメント

アグリフィナ・サークルにある英雄ラプラプの像

要塞内では庶民の生活を目の当たりにできる

■**中央郵便局**
MAP P.63-B2外　住 Magallanes Dr.
TEL (02) 8527-2751
URL www.philpost.gov.ph
開 8:00 ～ 17:00　休 土・日・祝

■**イミグレーション**
MAP P.63-B1　住 Magallanes Dr.
TEL (02) 8524-3769
URL immigration.gov.ph
開 7:00 ～ 17:00　休 土・日・祝
※観光ビザの申請については
→P.388

イントラムロスをバンブー自転車で散策！
意外に広いイントラムロスだが、レンタル自転車で回るのもおすすめ。竹を用いてできるだけ金属の使用を減らしたエコロジカルな自転車がレンタルできる。ツアーも催行している。
●**バンバイク**
 Bambike
MAP P.63-B2
住 Real St. Cor. General Luna St., Intramuros, Manila
TEL (02) 8525-8289
営 9:00 ～ 18:00　休 なし

電動トライシクルが登場
交通機関電動化の一環としてイントラムロス内で電動トライシクルのEトライク（写真→P.58欄外）の運行がスタート。イントラムロス内の13のスポットを循環している。運行は6:30 ～ 19:30（日曜休み）で、間隔は2 ～ 5分ごと。料金は1ライド₱25だ。ビープカードも使用可能。ツアーも行っており1時間あたり₱800。

スペイン時代の面影を残すイントラムロス

マリア・オローサ通りに戻り、今度は北に進んでみよう。真っすぐ進んでいくと見えるのがイントラムロスの入口だ。城塞都市として、スペイン統治時代には12の教会、大学、病院などがあったといわれるが、第2次世界大戦時、日本軍とアメリカ軍の戦闘でほとんどは破壊されてしまった。だが、石畳や重厚な建物など、スペイン時代の面影がまだあちらこちらに残っている。

イントラムロスのゲートを抜け、**ルナ通りGen. Luna St.**を歩いていくと、左側に重厚な**サン・オウガスチン教会 San Agustin Church**（→P.82）が見えてくる。フィリピン最古といわれる教会で、世界遺産にも登録されている。道を挟んで右側に立つのは、スペイン統治時代の特権階級の暮らしぶりをいまに再現する**カーサ・マニラ博物館Casa Manila Museum**（→P.82）だ。

ルナ通りをそのまま真っすぐ進んでいこう。250mほど歩くと、右側に**マニラ大聖堂Manila Cathedral**（→P.81）が見えてくる。大きな教会で、ドーム状の屋根とベル・タワーは遠くからでもよく見える。さらに真っすぐ行くと、突き当たりに**サンチャゴ要塞Fort Santiago**（→P.81）がある。中には**リサール記念館Rizal Shrine**があり、ホセ・リサールの遺品を見ることができる。

パッシグ川を渡ればチャイナタウン

イントラムロスを北側に出て、**マガリャネス通りMagallanes Dr.**に入ると、まず**イミグレーションBureau of Immigration**がある。さらに東に進むと見える黄色い建物は**中央郵便局Central Post Office**だ。裏には**パッシグ川Pasig River**があり、その向こうに**チャイナタウンChinatown**がある。

リサール公園、イントラムロス、さらにチャイナタウンもエルミタから歩いていける距離だ。散策しながら歩いていくと、マニラのいろんな顔が見えてくるだろう。

サンチャゴ要塞からチャイナタウン方面を望む

サンチャゴ要塞は散歩にも最適

イントラムロスの要塞の上を歩いてみるのもおすすめ

マニラ地区の見どころ　ATTRACTION

リサール記念館にも立ち寄りたい　★★★
サンチャゴ要塞　MAP P.63-A1
Fort Santiago

　パッシグ川に面した、イントラムロスの北西の一番端に位置する。かつてこの城壁都市のなかで、ここが戦略上最も重要な場所としての役割を果たしていた。また、第2次世界大戦中日本軍が占領している間に、多くのフィリピン人が命を失った所でもある。彼らは水面下の地下牢に閉じ込められ、満潮時に水死させられた。

　この中には**リサール記念館Rizal Shrine**もあるが、ここはホセ・リサールが処刑前まで暮らしていた所で、記念館内には彼が使っていた机や服、当時描かれた絵画などが展示されている。記念館の出口から出ると要塞の上まで歩けるようになっており、散歩に最適。

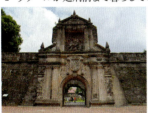
城壁都市の面影を残す要塞

アジア最大のパイプオルガンをもつ　★★
マニラ大聖堂　MAP P.63-B2
Manila Cathedral

　第2次世界大戦で破壊されたが、1954〜1958年に再建された教会で、フィリピンで最も重要な教会とされている。この再建にあたっては、当時の神奈川県知事からの援助があったといわれる。ロマネスク風の建物で、ドーム状の屋根とベルタワーは目を引く。広い内部は厳かな雰囲気で、フィリピン人アーティストによってデザインされたステンドグラスは見もの。また、前方にはオランダ製のパイプオルガンがある。4500本のパイプをもつこのオルガンは、アジアで最も大きいもののひとつだ。

教会前は広場になっており、トライシクルの客引きがたむろしている

■**サンチャゴ要塞**
住 Gen. Luna St., Intramuros
TEL (02)8527-1572
開 8:00〜19:00　休 なし
料 大人₱75、学生・子供₱50

■**リサール記念館**
MAP P.63-A1
TEL 0917-851-9548（携帯）
開 月　　13:00〜17:00
　 火〜日　9:00〜18:00
休 祝　料 無料（寄付）

**イントラムロスにある
もうひとつの要塞**
　サンチャゴ要塞ほど知られてはいないが、イントラムロスにはもうひとつ要塞がある。サン・ディエゴ要塞といって、リサール公園側に位置する。要塞内には整備されたガーデンがあり、景色もよく散歩には最適。
●**サン・ディエゴ要塞**
MAP P.63-A3
TEL (02)8527-4084
開 8:00〜17:00
休 なし　料 ₱75

イントラムロスの穴場

■**マニラ大聖堂**
住 Cabildo Cor. Beaterio, Intramuros
TEL (02)8527-3093
URL manilacathedral.org
開 6:00〜17:30
休 なし　料 無料（寄付）

**かつての教会跡に
新博物館がオープン**
　2019年にイントラムロス内に新たな博物館がオープンしている。「福音伝道Evangelization」をテーマに、キリスト教関連の絵画や美術品を展示している。キリスト教に関心あるなら寄ってみよう。
●**イントラムロス博物館**
Museo de Intramuros
MAP P.63-A2
住 Anda St.　TEL なし
開 9:00〜17:00　休 月・火
料 無料

■カーサ・マニラ博物館
住 Gen. Luna St., Intramuros
TEL (02) 8527-4084
開 9:00 〜 18:00　休 月・祝
料 大人₱75、学生・子供₱50

アンティークの調度品が並べられている博物館内

喫煙者は十分に注意を！
2017年7月、禁煙令が施行され、フィリピン全土において、公共の場での喫煙（指定の場所を除く）が禁止となった。ホテルでも全室禁煙化がすすめられ（喫煙所があるホテルもある）、レストランやロビーでの喫煙も禁止されている。マニラではエリアによって異なるが、違反者には罰金もしくは奉仕活動が科せられるので、愛煙家はくれぐれも注意を。

■菲華歴史博物館
住 Anda St., Cor. Cabildo St., Intramuros
TEL (02) 8526-6796
URL bahaytsinoy.org
開 13:00 〜 17:00　休 月・祝
料 大人₱100、学生₱60

■サン・オウガスチン博物館
住 Gen. Luna St., Cor. Real St., Intramuros　TEL (02) 8527-2746
URL sanagustinchurch.org
開 8:00 〜 17:00
休 なし　料 ₱200（博物館）

18世紀に造られたバロック様式の祭壇

典型的なスペイン風邸宅が見られる　★★
カーサ・マニラ博物館　MAP P.63-B2

Casa Manila Museum

　地震や第2次世界大戦により大きなダメージを受けたイントラムロス。1981年、イメルダ・マルコスによってイントラムロスの中心部に建てられたのがこの博物館だ。ここでは、かつてのスペイン統治時代の特権階級の暮らしぶりをうかがい知ることができる。ダイニングルーム、リビングルーム、寝室にはアンティークの調度品や家具がしつらえてある。博物館内には中庭があり、みやげ物店やカフェなどもあるので立ち寄ってみるのもいい。

フィリピン華僑の発祥から、現代までの歴史がわかる　★★
菲華歴史博物館（バハイ・チノイ）　MAP P.63-B2
Bahay Tsinoy

　フィリピン華僑の歴史・生活をテーマにした博物館。9〜10世紀頃から中国の商人たちがフィリピンへやってきたという。16世紀末以降、スペイン統治下の迫害など多くの苦難を経て、自衛・自治組織が確立され、1904年には華僑社会の中核となる中華商会が成立した。館内では、一連の歴史と生活風景などを人形を使って再現した展示や、中国の商人が持ち込んだ陶器などが見られる。また、第2次世界大戦時の日本軍に対する抗日運動についての展示もある。

世界遺産に登録されたフィリピン最古の石造教会　★★★　世界遺産
サン・オウガスチン教会　MAP P.63-B2
San Agustin Church

　1599〜1606年に建てられた、フィリピン石造建築のなかで最も古い教会のひとつ。そのどっしりとした建物は、1675年からの7回にわたる地震や第2次世界大戦の爆撃にも耐え、そのままの姿を残すことができた。教会内はバロック風のインテリアで、パリから取り寄せられたシャンデリア、イタリア人アーティストによる壁画や祭壇を見ることができる。マニラ大聖堂よりは明るい感じのする教会だ。祭壇左にはスペイン人の初代総督レガスピが眠っている礼拝堂もある。また、教会正面右の**サン・オウガスチン博物館**には、宗教画や礼服、礼拝に使う品々の展示がある。

重厚な造りの教会

多くの信者がお祈りに訪れる

フィリピンの歴史、人々、自然など、多岐にわたる展示品が見もの ★★★
国立博物館　MAP P.63-B3
National Museum

充実した展示が自慢

「国立博物館」の名にふさわしく、フィリピンに関する考古学、人類学、植物学、動物学ほか、ありとあらゆるアカデミズムの世界が一覧できる。展示内容も秀逸なものが多く、全国から集められた古代の出土品や植物標本などが揃っている。国内有名画家たちの絵画を含め、美術に関する展示（→P.100）もあり、さらにリサール公園内には、国立博物館管轄のプラネタリウムもある。

■国立博物館
住 Old Congress Bldg., Padre Burgos St.
TEL (02) 8527-7889
URL www.nationalmuseum.gov.ph
開 10:00 ～ 17:00
休 月・祝　料 無料

フアン・ルナの『Spoliarium（コロシアムの地下）』

さまざまなテーマで文化人類学を学べる ★★★
国立人類学博物館　MAP P.63-B4
National Museum of Anthropology

英雄ラプラプ像を挟んで、国立自然史博物館（→下記）の向かいにある博物館。こちらはフィリピンの歴史や文化人類学などに関する展示が行われている。4つのフロアにそれぞれテーマ別の展示があり、例えば伝統的な織物、民芸品を集めた展示や、ミンダナオのルマド族に関する展示など。興味深いのは、バイバインBaybayinと呼ばれるフィリピンの古い文字のコーナー。じっくり見て2時間程度。

■国立人類学博物館
住 Teodoro F. Valencia Circle, Manila
開 10:00 ～ 17:00
休 月
料 無料

バイバインが刻まれた碑文

2018年にオープン ★★★
国立自然史博物館　MAP P.63-B4
National Museum of Natural History

動植物の標本や模型、フィリピンにおける研究の歴史など、自然史に関わるありとあらゆることが学べる博物館。一つひとつていねいに解説がついていて、フィリピンの生物に興味がある人にはとてもおすすめ。展示もすばらしいが、広々とした巨大な吹き抜けのホールも見どころ。まるで広場のようになっており、現地の学生たちが楽しそうにおしゃべりしている。建物は美しいネオクラシカル様式。オリジナルは1945年にアントニオ・トレドにより設計されたものだ。

■国立自然史博物館
住 Teodoro F. Valencia Circle, Manila
開 10:00 ～ 17:00
休 月
料 無料

アルマジロの精巧な模型

充実した展示を無料で楽しめる

●エリア別ガイド

キアポ＆チャイナタウン　Quiapo & Chinatown

　パッシグ川の北に位置するエリア。南北を走るリサール通りRizal Ave.を境に西がチャイナタウン、東がキアポになる。ビノンドBinondoに広がる一帯がチャイナタウン。スペイン統治時代に中国人を大砲の射程圏内に住まわせた所として知られ、現在その入口にはPhilippino-Chinese Friendship Arch（フィリピン・中国の親善アーチ）と書かれた親善門が立っている。一方、キアポは庶民の活気にあふれる町。1582年にスペイン人によって建てられたキアポ教会を中心に、周辺には店が建ち並んでいる。

トゥトゥバン駅近くで買い物
　フィリピン国鉄（PNR）のかつての敷地に立つショッピングセンター。裏側にはPNRのトゥトゥバン駅があり、西隣には貧民街といわれるトンド地区が広がる。

S トゥトゥバン・センター
　Tutuban Center
MAP P.64下

ビノンドには雑然とした庶民の町並みが広がる

チャイナタウンの親善門

📛 町歩きの注意点
　マニラ市内の歩道はマンホールのふたが開いたままの場合が多く、夜は想像以上に暗くてわかりづらいので、足元に十分に気をつけてください。
（福岡県　森重宏文　'14）['19]

キアポ＆チャイナタウンの歩き方　 GETTING AROUND

イントラムロスから歩いてみよう
　キアポもチャイナタウンも、高架鉄道Line1の**カリエド駅**Carriedo Sta.で下車して行くのが一番近いが、エルミタのマビニ通りでジプニーをひろうこともできる。また、イントラムロスから中央郵便局脇の**ジョンズ橋**Jones Bridgeを渡って行くことも可能。ここでは3つ目の方法で歩いてみることにしよう。
　まず、橋を渡って真っすぐ行くと、中国風の門が見えてくる。これが親善門だ。さらに歩くと突き当たりに見えるのが古いベル・タワーのある**ビノンド教会**Binondo Church。そこから今度は右に行ってみよう。この通りは**オンピン通り**Ongpin St.と呼ばれるチャイナタウンのメインストリート。食料品店や薬局、電気製品やアクセサリーの店が目立つ。また、庶民的な中国料理のレストランもあるので、昼食などをこのあたりで取るのもいいだろう。実はこの周辺は隠れたグルメスポットで、食べ歩きをしながら散歩するのも悪くない（→P.86）。オンピン通りを道なりに歩いていくと、途中ふたつ目の角にフィリピン国立銀行があり、もうひとつの親善門にたどり着く。目の前には**サンタ・クルス教会**Santa Cruz Churchが見え、カリエド駅もすぐそばだ。

歴史を感じるビノンド教会

ブラック・ナザレに祈りを捧げる人々

シンメトリーが美しいキアポ教会

チャイナタウンからキアポへ

　リサール通りRizal Ave.を渡り、今度はキアポを歩いてみよう。通りでは、両側に建ち並んだ店で買い物する多くの人を見かける。突き当たりにあるのが**キアポ教会**Quiapo Church（→P.87）。ブラック・ナザレ像が納められた由緒ある教会だ。毎年1月9日には「ブラック・ナザレ祭 Feast of the Black Nazarene」が行われ、教会に置かれているブラック・ナザレ像（数世紀の歴史をもつ由緒ある黒い十字架像）が山車に乗せられ町を練り歩く。その日のキアポは人で埋め尽くされるほどの盛り上がりを見せる。

庶民の活気にあふれるキンタ・マーケット

　キアポ教会の前にはケソン方面へつながる大通りが走っていて、その通りを渡り東へ行くと**マラカニャン宮殿**Malacañang Palace（→P.89）がある。また、キアポ教会の南には多くの人でにぎわう**キンタ・マーケット**Quinta Marketがある。

エリア別ガイド❹ キアポ&チャイナタウン

メトロ・マニラ

ちょっとひと息コラム

チャイナタウンの楽しみ方① 〜エスコルタ通り〜

　いまビノンドで最もアツい場所が、かつて"マニラのウオール街"と呼ばれたエスコルタ通り。メトロ・マニラ黎明期を支えた通りで、歴史的に重要な建造物が数多く残されている。現在、これらの建物を再利用した見どころが生まれつつある。そのひとつがファースト・ユナイテッド・ビルディングにある**ハブ｜メイクラブ**。98B コラボラトリー 98B COLLABoratoryという団体が立ち上げた複合型施設だ。コンクリート打ちっぱなしのフロアに、アンティークやデザイナーズアクセサリーなどを売るストールが並び、おしゃれなカフェやバーも併設。一歩外に出れば、雑然としたビノンドの町が強烈に迫ってくるが、このコントラストがまたおもしろい。

　ほかに、通りでイベントが開かれたり、古いビルに入った小さな博物館があったりと、興味深い見どころがたくさん。進化するエスコルタ通り。見たこともないマニラの顔を一度見てみるのもいいだろう。

アート作品も展示されている

■**ハブ｜メイクラブ　HUB|MAKE LAB**
MAP P.64下
住 413 Escolta St., Mezzanine Level, First United Building, Manila
URL www.98-b.org
営 11:00～20:00
休 月

駅ビル感覚のデパート

高架鉄道Line1のカリエド駅の改札口から直接デパートに行くことができる。ISETANNとNがふたつつづってあるのが日本の伊勢丹と違うところ。4階建ての建物の中は冷房も効いていて、何でも揃っている。

S アイセタン・デパート
Isetann Department
MAP P.64下

キアポの散策に注意！

このあたりはあまり治安がいいとはいえない。特にキアポ教会やゴールデン・モスク周辺は気をつけるように。

イスラム教徒の多いゴールデン・モスク周辺

ゴールデン・モスク周辺にはイスラム教徒が多く住んでおり、マニラでは珍しいムスリム系の食堂がいくつか営業している。ただし、キアポは決して治安のよい町ではなく、特にゴールデン・モスク周辺は注意する必要がある。このあたりでは、フィリピン人でも銃を突きつけられて強盗にあったなどの事例も報告されている。

キアポ教会そばのマーケット

バスターミナルが並ぶドロテオ・ホセ

次はカリエド駅から北のほうに歩いてみよう。リサール通りを高架鉄道Line1の**ドロテオ・ホセ駅**D. Jose Sta.方面に歩くと映画館がある。その先にはフィリピン・ラビットやジェネシス・トランスポートのバスターミナルがあり、ルソン島北部へ行くバスが並んでいる。**エスパーニャ通り**España Ave.沿いには、フィリピンで最古の大学のひとつといわれる1611年創立の**サント・トーマス大学**University of Santo Tomasが立っている。このあたりは**サンパロック**Sampalocと呼ばれる地域で、大学の周辺には、世界遺産登録の棚田で知られるバナウェ行きの直行バスが出るオハヤミ・トランスやフロリダ・バス、スービック行きのバスが出るビクトリー・ライナーのターミナルがある。

立派な外観のサント・トーマス大学

> ちょっと
> ひと息コラム

チャイナタウンの楽しみ方② 〜食べ歩き〜

チャイナタウンとしては世界一古い歴史をもつビノンドだが、これまであまり注目されることはなかった。しかし、近年ウオーキングツアーなどが催行され、ビノンド地区の見直しが始まっている。ツアーの目玉は隠れたグルメスポット巡り。ビノンドには知られざる中国料理の名店がたくさんあるのだ。例えばカフェ・メザニン（→P.110）は消防団がコンセプトの一風変わったレストラン。歴史も古く、中国料理を中心においしい料理が食べられる。シンセリティ（→P.110）も1956年創業の老舗で、ここでは何といってもフライドチキンを味わいたい。ほかにもフィリピン風春巻き「ルンピア」や、人気のお菓子「ホピア」の名店など、おいしい店がめじろ押し。もちろんひとりでも回れるが、ガイドつきのツアーに参加してみるのもおすすめだ。

左上から時計回り／**S**ホランド（**MAP** P.64下）のホピア／**R**ニュー・ポ・ヘン（**MAP** P.64下）のルンピア／**R**シンセリティのフライドチキン／**R**ドンベイ・ダンプリングの水餃子

キアポ&チャイナタウンの見どころ　ATTRACTION

ブラック・ナザレ像で有名な　★★
キアポ教会　MAP P.64下
Quiapo Church

　キアポの中心、にぎやかな喧騒のなかにある教会。1582年、スペイン人によって建立された。この教会には17世紀にメキシコから持ち込まれたブラック・ナザレ像があるので有名。黒い木で作られた等身大のキリスト像で、教会の後ろに置かれている。左にあるのが横たわったイエス・キリスト、右が十字架にかけられたイエス・キリストだ。このナザレ像の前で信者は十字を切ってお祈りしていたり、キリストの足に手を当ててお祈りしていたりする。そのためか、足の部分だけ色が剥がれてきている。奇跡を起こすというこのキリスト像の前にはお祈りをする人が絶えない。

■キアポ教会
住 A. Mendoza, Quiapo
開 24時間
休 なし
料 無料（寄付）

1月9日には盛大な祭り、ブラック・ナザレ・フィエスタが行われる

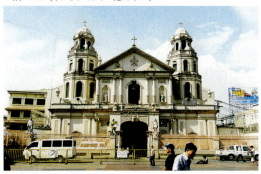
多くの信者が訪れるキアポ教会

マニラに住むイスラム教徒たちの聖地　★
マニラ・ゴールデン・モスク　MAP P.64下
Manila Golden Mosque

　一説にはマニラ周辺に100万人ほどもいるというイスラム教徒の精神的よりどころとして、1976年に建てられたのがこのモスク。もともとマニラは、16世紀後半にスペインに占領されるまではイスラム教徒の土地であった。当時、イスラム勢力の中心人物だったのが、ラジャ・スレイマンRajah Sulaimanで、1571年頃トンド周辺での戦いに敗れ、その後、フィリピンは急速にキリスト教化されていった。初めイスラム教徒たちは各家々で独自にイスラムの教義を守ろうとしたが、スペインの政策により、子供たちがカトリック教会で教化され、数十年たつうちに多くの人々がカトリックに改宗していったのだという。このモスク周辺には、今でもイスラム教徒たちが多く住んでいる。

■マニラ・ゴールデン・モスク
住 Globo de Oro St., Quiapo
開 4:00～20:30
休 なし
料 無料（寄付）
※周辺の治安はよくないので明るいうちに訪れること。また、モスク内に入るときは、肌の露出を避けること。

広々したモスクの内部

黄金に輝くモスク

■UST美術・科学博物館
住 3F College of Science, UST Main Bldg., España
TEL (02) 8781-1815
URL ustmuseum.ust.edu.ph
開 8:30〜17:00（月 13:00〜）
休 土・日・祝
料 大人₱50、学生₱30

緑豊かなキャンパス

■サン・セバスチャン教会
住 R. Hidalgo St., Quiapo
TEL (02) 8734-8908
開 6:00〜19:00（日〜21:00）
休 なし
料 無料（寄付）

味わいのある重厚感を
もつ教会内部

■中国人墓地
住 Rizal Ave. Ext. & Aurora Blvd., Blumentritt
開 7:00〜19:00
休 なし
料 無料
※ガイドは1時間₱1500。タクシーで行く場合、車両入場料₱100が必要。

第2次世界大戦時に戦死した人々
を記念して建てられた塔

サント・トーマス大学にある展示　★★
UST美術・科学博物館　MAP P.64下
UST Museum of Arts and Sciences

サント・トーマス大学は、フィリピンでも古い大学のひとつ。構内の博物館に、考古学、民族学、自然史学、美術に関するさまざまな展示がある。大学構内の中心に位置する象徴的な建物内にある。博物館を見学したあとは、構内の散策を楽しみながら、通りがかりの学生たちに声をかけ、いろいろ質問してみるのもいい。

堂々とした大学の建物

珍しい鉄骨造りの教会　★
サン・セバスチャン教会　MAP P.64下
San Sebastian Church

高架鉄道Line2のレガルダ駅Legarda Sta.のすぐ近くに立つ、19世紀末に鉄骨を使用して造られた教会。当時、鉄骨造りの教会というものはほとんどなく、非常に珍しかった。空に向かってそびえ立つ、その堂々とした姿は、実際に訪れてみる価値がある。

鉄骨造りの教会

いろんな形のお墓がおもしろい　★★
中国人墓地　MAP 折込裏-A1
Chinese Cemetery

キアポの北、高架鉄道Line1のアバト・サントス駅Abad Santosの東側に広がる中国人の墓地群。日本人の常識からはかけ離れたさまざまなスタイルのお墓がある。フィリピン華人たちの裕福さと豪壮さが垣間見える。

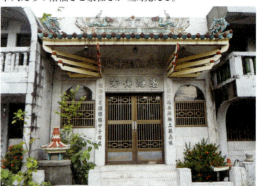
墓とは思えないほど立派な建物

マルコス大統領追放劇の舞台となった ★★★
マラカニャン宮殿
Malacañang Palace
MAP P.65下左

　マラカニャン宮殿といえば、1986年に大勢の市民が押しかけ、マルコス大統領を追い出してしまったというあの宮殿。テレビ中継されたので記憶に残っている人もいるだろう。マラカニャン宮殿は、かつてはスペイン貴族の別荘だった。それから、スペインやアメリカの統治時代には官邸として使われた経緯があり、現在はフィリピンの大統領官邸になっている。マルコス大統領が追放され、その年の2月に就任したアキノ大統領はこの宮殿を一般公開した。

　現在、歴代の大統領の功績や足跡を示した文書、肖像画や写真が展示されている**大統領記念博物館The Presidential Museum**のみが見学可能となっている。

■マラカニャン宮殿
（大統領記念博物館）
住 J.P. Laurel St., San Miguel
TEL (02) 8784-4286
URL malacanang.gov.ph
Mail pml@malacanang.gov.ph
休 土・日・祝
料 無料
〈ツアー催行時間〉
9:00、10:00、13:00、14:00、15:00
※ガイド付きで、大統領記念博物館のみの見学が可能。ただし、3営業日前までに上記ウェブサイトに記載のeメールアドレスを通して予約する必要がある。希望の訪問予定日時、訪問者全員の名前、代表者の連絡先を記入し、外国人はパスポートの写真のページをスキャンして送る。ドレスコードはスマートカジュアル。1グループにつきカメラは1台のみ持ち込みOK。

マニラに来たからにはぜひ訪れておきたい

ちょっとひと息コラム

フィリピンの現実、「パヤタス」

　メトロ・マニラの郊外に「ごみの山」を生活の糧とする人々が住む「パヤタス」という地域がある。一帯はごみから発生する悪臭が鼻を突き、呼吸することすら困難に思われる。また、ダイオキシンも発生している。だが、彼らはそのごみ山に住み、ごみをひろって換金することでしか生活ができない。そこには、結核、破傷風、デング熱とさまざまな病気がまん延し、栄養失調のために風邪や下痢で亡くなる子供も少なくはない。強盗、レイプなどの犯罪も多発している。

　なぜ、そのような環境で過酷な生活を強いられなければならないのか。ここに集まってくる人々には、それなりの事情がある。地方の貧困、都市の雇用機会の少なさ、自然災害、開発による強制立ち退き、国内の内戦などさまざまだ。

　近代的ビルが建ち並び、人々の笑顔であふれる首都マニラ。そのモダンな、明るいイメージと隣り合わせに、この現実が存在することを忘れてはならない。では、私たちに何ができるのか。すでに、この現状を深刻に受け止め、この地で支援活動をしている団体がいくつかある。積極的に参加したい人は、以下のNGOのサイトにアクセスしてみるといいだろう。

すさまじいごみの山

■特定非営利活動法人ソルト・パヤタス
TEL (092) 980-1172(福岡)
URL www.saltpayatas.com

商品を買ってフィリピンをサポートしよう！

ちょっとひと息コラム

首都のマニラを中心に、急速に経済が発展しつつあるフィリピン。各地で大規模な開発が進み、近代的な町並みが整備され、おしゃれや旅行を楽しむ裕福な人々も増えてきている。しかし、少し前までは"アジアの病人"と揶揄されるほど、政治の腐敗や貧困問題に長年苦しんできた。そんなフィリピンの人々を支援しようと、現地で活動を続けている日本のNPO、NGO団体や一般企業が多く存在する。路上で暮らす子供たちに働く場を与えたり、フェアトレードで仕入れた現地の名産品を販売したりと、さまざまな活動を行いこの国を支援している。フィリピンの貧しい人々のために何かできることはないか？　たとえほんの少しでもそんな思いをもっている人には、ぜひ支援団体の商品の購入をおすすめしたい。

コーディリエラ・グリーン・ネットワーク（CGN）はルソン島北部バギオを拠点とするNGO。環境保全と先住民族の暮らしの向上に取り組んでいる。具体的には、山岳地帯の先住民族に森林を焼かずに農作物を栽培するアグロフォレストリー（森林農法）を指導するなどの活動を行っているが、その一環として始まったのが、コーヒーの品質向上事業。コーヒーは栽培のために森林を切り開く必要がないため、環境を守りながら現金収入を得られるのだ。彼らの育てたコーヒー豆を適正価格で買い取ることで、その自立を助けることができる。そうしてできたコーヒーが「カピ・タコKapi Tako」。コクと苦味のバランスがよいアラビカ・コーヒーだ。日本でもフェアトレードブランド"sisam FAIR TRADE+design"からSISAM COFFEEとして販売中。オンライン注文が可能なので、興味があればぜひ一度試してみよう。フィリピンは近年コーヒーブームで、国産のコーヒーを出す店も増え、クオリティも上がってきている。

ユニカセの一画に並べられた商品

このように、フィリピンで活動する団体の商品は日本でもオンラインで購入できることが多い。商品を購入することで現地の貧しい人々の助けになるのであれば、まずはそこから始めてみるのもいいかもしれない。

やはり現地で実際に手に入れたいという人は、それぞれの団体を訪れてみるのもいいだろう。ちなみにマニラには、これらの商品をまとめて扱っている場所がある。マニラの人気レストラン、ユニカセ（→P.111）だ。社会起業家として知られる中村八千代さんが手がける店で、さまざまな団体の商品を委託販売しており、バラエティ豊かなフィリピンならではの商品が揃っている。デザインにこだわったかわいらしい商品が多いので、単にフィリピンみやげとしても最適だ。

編集部のおすすめはソルト・パヤタス（→P.89）が製作するブックカバーやカードケースなどの刺繍製品。サリサリストアやターシャなど、フィリピンのシンボルがかわいらしく刺繍してあり、細部もていねいに仕上がっている。これは貧しい家庭の母親が子供の世話をしながら働けるようにと始められたプロジェクトによるものだ。ほかにも株式会社ココウェルのオーガニックココリップや、株式会社Girls, be Ambitiousのモリンガ（豊富な栄養素をもつ植物）の健康食品などさまざま。この店にはNGO関係者もよく訪れるので、興味があれば中村さんにいろいろと話を聞いてみるのもいいだろう。

■コーディリエラ・グリーン・ネットワーク
Cordillera Green Network
URL cordigreen.jimdo.com
■シサム・コーヒー　Sisam Coffee
（カピ・タコのオンラインショップ）
URL sisam.shop-pro.jp/?mode=cate&cbid=2458277&csid=1&sort=n

サリサリストアが刺繍されたブックカバー　深煎りと中煎りの味が楽しめるシサム・コーヒー

● エリア別ガイド

ボニファシオ・グローバル・シティ Bonifacio Global City

　ボニファシオ・グローバル・シティ（BGC）はCBD（Central Business District）のあるマカティ市の東に位置し、膨張し続ける同市の代替地として、2000年頃から急速な発展を遂げてきた。日本を含め世界各国の企業がオフィスを構え、外国人駐在員らが暮らす高級住宅地も多い。庶民的な雰囲気の残る周辺地区からは一線を画す、まさにグローバルな近未来都市といえる。周辺にも次々と新しい町が築かれ、エリアは日々拡大を続けている。

ボニファシオ・グローバル・シティの歩き方 GETTING AROUND

ハイストリートを中心とした円形の町

　町の中心は、きれいに整備された芝生の両側に近代的なショップやレストランが並ぶ**ボニファシオ・ハイストリート Bonifacio High Street**。常時多くの人々でにぎわう、日本でいう表参道のようなハイソな通りだ。ハイストリートの東は高級コンドミニアムでもある**セレンドラSerendra**。レストランの集まるコンプレックスにはカジュアルなバーなどもあり、夜でも安心して楽しめるスポットとして知られる。レストラン街を抜けると巨大なショッピングセンターの**マーケット！マーケット！Market！Market！**が現れる。ここはバスやジプニーのターミナルが併設されている、いわば町の拠点。アヤラ駅そばにあるバスターミナルからのバスもここに発着している。

　ハイストリートの西に向かおう。Ｈシャングリ・ラ ザ・フォートを過ぎると、エリアで唯一の博物館**マインド・ミュージアム Mind Museum**がある。さらに進むと町の西端**ブルゴス・サークルBurgos Circle**だ。そこから南に延びるフォルベス・タウン・ロードForbes Town Road沿いはまさに高級住宅街といった雰囲気。商業施設やコンドミニアムが建ち並び、レストランやバーも多い。ところで、BGCは"アートの町"を謳っている。巨大なウオールアートがビルの壁面に描かれ、これを求めて町を散策するのも楽しいかもしれない。

BGCへのアクセス

　アヤラ駅の南口から出て、エドゥサ通りを渡った所にBGC行きバスのターミナル、**EDSAアヤラ・ターミナルEDSA Ayala Terminal**（→MAP P.61-C3）がある。マーケット！マーケット！に行くならイースト・ルートEast Routeで（10分ごと）。そのほか、ロワー・ウエスト・ルートLower West Route、アッパー・ウエスト・ルートUpper West RouteもBGC中心部に行く。所要20～30分、₱13。支払いはカウンターでチケットを購入するか、ビープ・カード（→P.56欄外）も利用可能。運行時間はルートにもよるが6:00～22:00頃。マカティからであれば所要10分程度なのでタクシーを利用しよう。

イベント情報

　BGCでは、オーガニックマーケットやメルカート・セントラルなどさまざまなイベントが開かれている。

●メルカート・セントラル（→P.70）
MAP P.64上
住 25th St. Cor. 7th Ave., BGC, Taguig City
URL www.mercatocentrale.ph
開 水～土　18:00～翌3:00

高級コンドミニアムのセレンドラ

メルカート・セントラルの会場

散策にぴったりの
ボニファシオ・ハイストリート

近代的な外観のアップタウン・モール

マッキンリー・ヒルにあるグランド・キャナル・モール

拡大する新興商業地区

円形の道路に囲まれたBGC。町は北に拡大を続け、大きな商業施設の集まる**アップタウンUptown**と呼ばれるエリアが形成されつつある。**S**アップタウン・モールUptown Mallをはじめ、飲食店やショップの入った複合施設が数軒オープンしている。

BGCの南には、市内ツアーにもよく組み込まれる**アメリカ記念墓地American Memorial Cemetery**が広がっており、そのさらに南には**マッキンリー・ヒルMckinley Hill**と呼ばれるタウンシップの開発が進んでいる。BGCと同じく外資系の企業や大使館、インターナショナルスクールなどの集まる国際的な町だ。

■**アメリカ記念墓地**
TEL (02) 8844-0212
開 9:00 ～ 17:00　**休** なし

ボニファシオ・グローバル・シティの見どころ　ATTRACTION

アメリカ側の視点から見た戦況の解説

アメリカ軍人が眠る
アメリカ記念墓地　★★
American Memorial Cemetery　MAP 折込裏-B2

マカティ中心部から約4km東、マニラ・ゴルフ・クラブの南東にある。ここには、第2次世界大戦中、フィリピンで戦死した1万7000人以上のアメリカ人軍人の遺体が眠っている。中央には記念塔が立ち、また太平洋での戦闘の経緯を表す図も描かれている。記念塔の周囲にズラリと並ぶ白い十字架が緑の芝生に映え、美しくも感じられる。

緑豊かな墓地

■**マインド・ミュージアム**
TEL (02) 7909-6463
URL www.themindmuseum.org
開 9:00 ～ 12:00
　　12:00 ～ 15:00
　　15:00 ～ 18:00
休 月
料 大人₱625、1日パス₱750
CC MV
※入場は上記のように3時間ごとに区切られている。例えば11:00に通常チケットで入場する場合、12:00までの1時間のみ入場可。もしくは12:00まで待てば15:00まで3時間入場できる。1日パスであれば時間制限なく楽しめる。

小さくてかわいらしい外観が印象的
マインド・ミュージアム　★
Mind Museum　MAP P.64上

「BGCにアートや科学を」というコンセプトでNPO団体がオープンした博物館。館内は宇宙や地球、テクノロジーなどさまざまなテーマの展示があり、特に子供の教育には最適なスポットだ。プラネタリウムなどのショーもあり、大人も楽しめる。

プラネタリウムも楽しめる宇宙の展示

● エリア別ガイド

オルティガス・センター

Ortigas Center

1990年代から、マカティ市に次ぐビジネスセンターとして急発展を遂げてきたオルティガス・センター。高架鉄道Line3の下を走るエドゥサ通りEdsa Ave.の東側には、この地区の中心となる巨大なSMメガモールSM Megamallをはじめとする、いくつものショッピングセンターが集中し、エドサ シャングリ・ラ マニラやマルコポーロ・オルティガス、マニラなどの高級ホテルも点在する。また、エメラルド通りEmerald Ave.沿いには、モダンな高層ビルが建ち並び、多くのビジネスマンが行き来する。

オルティガス・センターの歩き方

中心は巨大なショッピングモール

オルティガスへは高架鉄道Line3で行くのが便利。**オルティガス駅**Ortigas Sta.(MAP→P.65下右)か**シャウ・ブールバード駅**Shaw Blvd. Sta.(MAP→P.65下右)で降りると、東に高層ビル群が見える。この地域一帯がオルティガス・センターだ。

ふたつの駅の間に、A棟、B棟に分かれたS**SMメガモール**SM Megamall(→P.115)があり、中には映画館、スケート場まである。1日中遊んでいても飽きないくらいの規模だ。

巨大なSMメガモール

エドゥサ教会まで足を延ばす

町の真ん中を東西に通る**ドーニャ・ジュリア・ヴァルガス通り**Doña Julia Vargas Ave.を東へ行くと、**サンミゲル通り**San Miguel Ave.に出る。左に曲がるとショッピングセンターの**ザ・ポディウム**The Podiumがあり、その約600m先にはS**ロビンソン・ギャレリア・コンプレックス**Robinson's Galleria Complexがある。

高層ビルが年々増え続けるオルティガス・センター。周囲には教育機関も多い

高層ビルが林立するエメラルド通り

注目のモール

開発が進んでいるオルティガス・センター。キャピトル・コモンズCapitol Commonsと呼ばれる開発地区に2015年にオープンしたのがエスタンシア・モールEstancia Mall(MAP P.65下右外)。話題のレストランやショップが続々オープンしている。

SMメガモールはマニラでも指折りの巨大さを誇る

評判のレストランが集まるキャピトル・コモンズ

グリーンヒルズで真珠探し?!
フィリピン南部のミンダナオ島は、淡水パールの産地として有名。マニラでもミンダナオ産のパールを扱うところは多いが、質のよい淡水パールをお得に購入できると有名なのがグリーンヒルズ・ショッピングセンター(→P.115)。現地の人々はもちろん、日本人駐在員にもよく知られている。真珠のみを持ち帰ってアクセサリーにするという人も。なかには日本に持ち帰ってより高く売れたという人もいるという。

掘り出し物を探そう!

■ロペス記念館
住 Benpress Bldg., Exchange Rd., Cor. Meralco Ave., Ortigas, Pasig City
TEL (02) 8631-2417
URL lopez-museum.com
開 8:00〜17:00 **休** 日・祝
料 大人₱100、学生₱80
※2018年11月から移転準備のため閉館中。新住所は上記HPで確認のこと。

一見美術館とは思えないロペス記念館

■エドゥサ教会
開 24時間 **休** なし **料** 無料

エドゥサ教会に立つマリア像

グリーン・ヒルズ内にある教会

　その奥にあるのが、あのマルコス元大統領を退陣に追いやったエドゥサ革命を記念して建てられた**エドゥサ教会 Edsa Shrine**。さらにその道を直進すると、**オルティガス通り Ortigas Ave.** へと出る。そこを左に曲がり、200mほど行くと、庶民的な店舗がいくつも入っている**グリーンヒルズ・ショッピングセンター Greenhills Shopping Center**(→P.115)にたどり着く。

オルティガス・センターの見どころ　ATTRACTION

有名芸術家たちの絵画を観る　★★
ロペス記念館　MAP P.65下右
Lopez Memorial Museum

　国内の有名芸術家たちの絵画を中心に展示している。また、大航海時代の古い地図などのコレクションがあり、当時の資料などからスペイン統治下にあったフィリピンの様子を探ることができる。

味のある作品がセンスよく展示されており、人も多すぎず静かに鑑賞できる

革命の聖地として知られる　★★
エドゥサ教会　MAP P.65下右
Edsa Shrine

　「ピープル・パワー」として有名なエドゥサ革命。エドゥサ通りからマラカニャン宮殿(→P.89)へ、人々の行進があったためそう呼ばれる。エドゥサ教会は、1986年に100万人を超える大勢の市民が押しかけ、20年にわたる独裁政権を続けてきたマルコス元大統領を退陣に追いやった。エドゥサ教会は、そのエドゥサ革命を記念し、1989年12月15日に建てられたものだ。アロヨ大統領を生み出した2001年の第2次エドゥサ革命ほか、反体制的なデモが行われる際には、常に中心となる「革命の聖地」となっている。

7 ●エリア別ガイド
エルミタ&マラテ地区
Ermita&Malate

通称「ツーリストベルト」と呼ばれる旅行者の町。リサール公園、タフト通り、ビト・クルス通り、マニラ湾に囲まれたエリアで、ホテルやレストラン、両替所など旅行者に必要なものがすべて揃っている。かつては歓楽街として有名だった北側のエルミタ地区は、1990年代に取り締まりが行われ、ゴーゴーバーやクラブは姿を消した。最近は、新しいカフェやバーの登場で活気を取り戻している。一方、南側のマラテ地区は、マカティ市などに比べると庶民的な雰囲気が強いが、しゃれたカフェやバーが建ち並ぶ。

エルミタ&マラテ地区の歩き方

まずはメインストリートを把握しよう

エルミタとマラテは、高架鉄道Line1に沿って南北に走る**タフト通りTaft Ave.**、そしてマニラ湾に面した**ロハス通りRoxas Blvd.**の間にある。ふたつのエリアに明確な区切りがあるわけではないが、おおよそ**ペドロ・ヒル通りPedro Gil St.**を境に、北側一帯をエルミタ、南側をマラテ地区と呼んで区別している。

ロハス通りは遊歩道も整備された大通りで、ここには旅行会社が入ったビルや高級ホテルが建ち並んでいる。マニラ湾を眺めながら歩くことができる遊歩道には、ジュースバーや屋台なども出て、市民だけでなく観光客の憩いの場にもなっている。

エルミタとマラテのメインストリートとなるのは、このふたつの大通りの間を並行して走る**アドリアティコ通りM. Adriatico St.**、**マビニ通りMabini St.**、**デル・ピラール通りM. H. del Pilar St.**の3本。通り沿いにはホテルやレストランが並ぶほか、24時間営業のコンビニエンスストアやおなじみのファストフード店やカフェも多く、観光の拠点とするのにも最適だ。

マニラの夕日スポット

エルミタのマニラ湾沿いには**ベイウオーク**と呼ばれるウオークウエイが整備されている。夕暮れ時になると人々が集まり出し、散歩をしている姿をよく見かける。そう、ここはマニラでも指折りの夕日スポット。かつて世界3大夕日ともてはやされたマニラの夕日を観賞できる場所なのだ。防波堤に腰かけて、沈みゆく夕日を眺めるのも一興。夕日を楽しんだら、同じく夕日スポットとして名高い**ハーバー・ビュー・レストラン**(→P.107)で夕食を取るのもおすすめ。また、エルミタ、マラテの高層ホテルからも美しい夕日が眺められる。

ほかにベイエリアの高級ホテル、コンラッド(→P.121)の**Cラウンジ**も優雅なサンセットスポットとしておすすめだ。

エルミタのホテルから見るマニラ湾に沈む夕日

窮屈そうに立つ建物の間にある公園では、子供たちがバスケットボールに興じている

ロビンソンズ・プレイスは何でも揃う大型ショッピングセンター

エルミタから歩き始めてみよう

　旅行者に必要なものがほぼすべて揃うエルミタ。どこを歩いてもホテルやレストラン、両替所などにぶつかってしまうという便利なエリアだ。観光スポットにも近く、リサール公園やイントラムロスのあるマニラ地区まで歩いていける距離にある。**U.N.アベニュー駅U.N. Ave. Sta.**とペドロ・ヒル駅**Pedro Gil Sta.**の間に広がる広い敷地にはフィリピン大学（U.P.）の校舎などが立っているため、学生街としても活気づいている。

　では、エルミタ＆マラテ地区の中心に立つ、巨大ショッピングセンター S **ロビンソンズ・プレイスRobinson's Place**（→ MAP P.66-B2）を拠点に歩いてみよう。ショッピングセンター内にはレストランや映画館、衣料品店、スーパーなどもあり、いつも人でにぎわっている。ここでみやげ物探しや買い物をしてみるのもいい。気軽に入れるカフェやファストフード店も多く入っている。

　建物の北側に面する**パドゥレ・ファウラ通りPadre Faura St.**を渡り、そのまま**マリア・オローサ通りMaria Orosa St.**を進んでいくと**T.M.カーラウ通りT.M. Kalaw St.**へと突き当たる。通りの向こうに広がっているのがリサール公園、そしてその先には観光客に人気のイントラムロスがある。

エルミタはレストラン、両替所、ホテル、カラオケなどが混在する昔ながらの繁華街

エルミタ＆マラテの治安

ちょっとひと息コラム

　旅行者が多いにもかかわらず、治安に不安のあるエルミタ＆マラテ。路上生活者が多く、夜の町ならではのトラブルも多い。実際に起こったトラブルを頭に入れ、現地では十分注意するようにしよう。

スリ

📧 少年風の男が右側から体を寄せてきて、左手で物乞い風に手のひらを出してしつこく迫ってくる。100m近く付き合って、道路の反対側に移ったときに離れていった。結局狙いは右側のショルダーバッグ。一番前のチャックを開けて、胃薬とメモ帳を盗まれただけだった。
　　　　　　　　　　　（東京都　yu-ki　'16）['19]

ひったくり

📧 現地カップルの女性が携帯をひったくられて、追いかけ捕まえるまでの一部始終を見ました。
　　　　　　　　　　　（東京都　yu-ki　'16）['19]

両替

📧 マビニ通りを歩いていると、「チェンジマニー?」と話しかけてくる人がいたので、そこで両替をしました。レートは0.52、1万円で₱5200。目の前で紙幣を数えてくれたのですが、あとで確かめたら₱3200しかありませんでした。かなり注視していたのですが……。みなさんも気をつけてください。　（愛知県　YOSHI　'08）['19]

女性のひとり歩きは避けたい

レメディオス・サークル周辺には夜遊びスポットが多い

庶民の町として栄えているマラテ地区

　次に、ショッピングセンターの西側を走るアドリアティコ通りを南へ歩いてみよう。多くのホテル、レストラン、バー、コンビニエンスストアなどがいくつも並んでいる。特に**レメディオス・サークルRemedios Circle**周辺には、生バンドが演奏するバーやレストランなどが点在し、週末ともなると多くの若者たちで夜明けまでにぎわっている。屋外テーブルのあるしゃれたカフェも多い。そのまま進んでいくと、**マニラ動物園Manila Zoological Botanical Garden**（→P.98）へ。高い塀に囲まれた敷地内には、緑の木々や花、水にあふれた都会のオアシスが広がっている。

　南国フルーツをたくさん食べたい人は、**サン・アンドレス・マーケットSan Andres Market**（→P.98）へ。レメディオス・サークルを過ぎた最初の交差点を左に曲がり、約150mでたどり着く。果物の王様ドリアンやマンゴーなど種類も豊富だ。

　また、マニラ動物園の南には**Sハリソン・プラザHarrison Plaza**と**SSMハイパー・マーケットSM Hypermarket**（→MAP P.62-A1）が並んで立ち、周辺は常に多くの人々でにぎわっている。ハリソン・プラザ前の大きな建物が中央銀行。中には**中央銀行貨幣博物館Central Bank Money Museum**（→P.98）がある。銀行の裏側には**メトロポリタン美術館Metropolitan Museum**（→P.98）もあるので、フィリピンのアートに興味がある人は訪れてみるといいだろう。

　なお、エルミタとマラテ地区には両替所が多くあり、なかには日本語の看板を出したり呼び込みをしているあやしそうな店も多いが、どこもレートは銀行よりいい。ただし、レートがいいといって両替しても、あとで数えてみたらお札が足りなかったというトラブルが多発しているので、両替後はその場で必ずお札を数えよう。また、一度に多額を両替せずに、必要なときに必要なぶんだけ両替するのもトラブルに遭わないためのコツだ。

高層ホテルから見たマラテの町並み

エリア別ガイド❼エルミタ＆マラテ地区

サン・アンドレス・マーケットでフルーツを売る男性

外国人観光客の姿はあまり見られないマニラ動物園

祭りの際に市内を練り歩く子供たち

町歩きに疲れたら
メトロポリタン美術館へ

■メトロポリタン美術館
住 Central Bank Complex, Roxas Blvd.
TEL (02) 8708-7828
URL metmuseum.ph
開 10:00 ～ 17:30 休 日・祝
料 ₱100

■サン・アンドレス・マーケット
営 24時間 休 なし

■マニラ動物園
住 M. Adriatico St., Malate
TEL (02) 8523-3014
開 8:00～18:00 (土・日・祝 7:00～)
休 なし 料 大人₱100、子供₱60
※2019年10月現在閉鎖中。2019年12月に再開予定。

入口はアドリアティコ通り側にある

ライオンやトラもいる

■中央銀行貨幣博物館
TEL (02) 8516-7499
開 9:00 ～ 16:00 休 土・日・祝
料 無料
※要パスポート

コインの展示が豊富な博物館

エルミタ&マラテ地区の見どころ　ATTRACTION

フィリピンとアジア各国のアート作品を鑑賞できる　★★
メトロポリタン美術館　MAP P.62-A1
Metropolitan Museum

　フィリピン人のアーティストによるデッサンや油絵、水彩画などを中心に展示されている。2階は絵画だけでなく、インスタレーションや映像作品などもあり興味深い。館内では、ときどき絵の教室も開かれている。フィリピン中央銀行の金製品や陶器のコレクションも見どころのひとつ。

南国のフルーツをたくさん食べたい人におすすめ　★★
サン・アンドレス・マーケット　MAP P.66-B4
San Andres Market

　フィリピン各地のフルーツが揃っているマーケット。ドリアンやマンゴスチン、ランブータンなど種類も豊富だ。このマーケットは高級なことでも知られ、高級車で買い物に来るご婦人たちの姿もちらほら見かける。それでも日本に比べてずっと安いので、日本ではなかなか食べることができないフルーツに挑戦してみよう。

マーケットに並ぶ果物

都会のオアシス、動物園は大人にも大人気　★
マニラ動物園　MAP P.62-A1
Manila Zoological Botanical Garden

　園内に入ると右側が動物園、左側は公園になっており、子供連れでにぎわっている。日本の動物園と比べて動物たちに元気がないのは、暑さのせいかも。サルなどはオリに入っているので、「サル山」を想像していくと物足りないだろう。園内の公園には小さな池があり、ボートに乗ることもできる。

フィリピンの通貨の歴史を知りたいなら　★
中央銀行貨幣博物館　MAP P.62-A1
Central Bank Money Museum

　原始的な通貨である貝殻をはじめ、世界各国の通貨とともに、フィリピン国内で発行されたコイン、紙幣などが展示されている。スペイン、アメリカ統治時代の貨幣や、第2次世界大戦時の日本統治時代に発行された軍票なども見られ、コレクションの質はなかなかのもの。館内は静かでエアコンも効いており、じっくりと鑑賞することができるので、町の喧騒に疲れた人も立ち寄ってみるといい。Sハリソン・プラザ前に中央銀行の入口があり、そこから入って裏側へ回るとこの博物館の建物がある。博物館入口で名前を記入し、入館する。ただし、内部は写真撮影禁止。

子供に人気のムセオ・パンバタ

体験しながら学ぶ博物館
ムセオ・パンバタ　MAP P.66-A1
Museo Pambata

　子供のための博物館。「環境」「昔のマニラ」「世界の子供たち」「クラフトルーム」「将来の仕事」など8つの部屋に分かれていて、見て触って、感じながら、マニラの歴史や自然のほか、科学や地理などが学べるように工夫されている。例えば「将来の仕事」館では、いくつかの職業に焦点が当てられ、その仕事が実際に体験できるようになっている。毎月、音楽鑑賞やダンスパフォーマンス、読書会などのイベントが催行されているので、興味のある人はホームページで確認を。

重厚な建物が歴史を物語る
マラテ教会　MAP P.66-A3
Malate Church

緻密な細工が美しい教会のファサード

　マラテの中心、ロハス通りから1本内側を走るデル・ピラール通りとマビニ通りの間に立つ教会。メトロ・マニラでイントラムロスの外にある教会としては、かなり古い教会のうちのひとつで、1762年にイギリス軍がマニラに上陸したときには、ここをマニラ攻略の拠点としたといわれている。

もともとは墓地だった
パコ公園　MAP 折込裏-A1
Paco Park

　1820年頃、マニラでコレラがまん延し、その犠牲者を弔うために造られた墓地。公園を円形に囲む石壁はかつての墓地の名残でもある。1912年、市民の憩う公園として一般に開放された。
　パコ公園からペドロ・ヒル通りに出て、さらにキリノ通りに出た所にある**プラザ・ディラオ Plaza Dilao**（Philippines-Japan Friendship Park）には、1614年に徳川家康のキリシタン禁教令によって追放されたキリシタン大名、**高山右近の像**がある。このあたりには当時、日本人街があったという。

📧 洪水に注意を！
マニラに着いた日は、地元の人が「歴史に残る大雨」という日でした。いたるところで道路が冠水し、車では通れない道がいくつもありました。こんなときになぜか海沿いのホテルを予約しており、通れる道を探してさまよい回り、やっとたどり着きました。雨季にトランジットでマニラを訪れる場合は、空港近くのホテルに宿泊したほうが無難です。
（大阪府　プアイキ　'13）['19]

■ムセオ・パンバタ
住 Roxas Blvd., Cor. South Dr., Ermita
TEL (02) 8523-1797
URL www.museopambata.org
開 8:00～17:00（日曜は午後のみ）
休 月・祝　料 ₱250

■パコ公園
住 Gen. Luna St., Ermita
TEL (02) 8302-7079
URL pacopark.ph
開 8:00～17:00
休 なし　料 無料

■高山右近像
　パコ公園から東に行った所に高山右近像がある。パコ公園からは少し距離があるので、タクシー（₱60程度）かサンタ・アナ Santa Ana 行きジプニーを利用するといい。
MAP 折込裏-A1
住 Quirino Ave., Paco, Manila

アクセスのよくない場所に立つ高山右近像

落ち着いた雰囲気の公園内

メトロ・マニラ

エリア別ガイド ❼ エルミタ＆マラテ地区

フィリピンのアートシーンに触れる

メトロ・マニラのアートスポット

　近年若い世代のアーティストが盛んに活動を行っているフィリピン。メトロ・マニラやその周辺ではさまざまな美術館が展覧会を開いているので、フィリピンのアートシーンをのぞいてみるのもいいだろう。

　まずはクラシックなフィリピンアートから鑑賞してみよう。**国立博物館**（→P.83）はフアン・ルナ、フェリックス・イダルゴ、ベネディクト・カブレーラ（通称ベンカブ）など、1800年代から1970年代の芸術家の作品を集めたナショナル・アート・ギャラリーを併設している。歴史的なできごとを描いた作品も多くさまざまな意味で興味深い鑑賞となるだろう。

　オルティガス・センターにある**ロペス記念館**（→P.94）は、小さいながらも3万点ものコレクションを誇る美術館。同じくフアン・ルナやイダルゴなどの作品を所蔵しながらも、若いアーティストの作品を集めた企画展なども積極的に行っている。また、展示の仕方にまでこだわっているのもうれしい。

　マカティのビジネス地区にある**ユーチェンコ博物館**（→P.74）では、フィリピンのアーティストの展示会を盛んに行っているし、チャイナタウンの**エスコルタ通り**（→P.85）は若いアーティストの拠点ともいえるスポット。ほかにも、マニラにはさまざまな美術館があるので色々と探してみるのもいいだろう。

ちょっと足を延ばして

　マニラから車で約45分。メトロ・マニラを見下ろす高台の町アンティポロに、若者に絶大な人気を誇る美術館がある。それがピント美術館。「フィリピンアートへの理解を深めたい」というフィリピン人オーナーのコレクションを展示している。山の中腹に広がる敷地に地中海風の白い建物が点在し、絵画、彫刻、インスタレーションなど、それぞれ工夫を凝らした展示を行っている。若いアーティストの作品も多く、フィリピンのモダンアートに触れたいならこちらがおすすめだ。ただ散歩するだけで楽しい緑豊かな空間が広がっている。

■ **ピント美術館 Pinto Art Museum**
マニラ中心部から車で45分〜1時間30分。SMメガ・モールからメガタクシー（FX）でアンティポロ中心部まで行くこともできる。₱50程度。
住 1 Sierra Madre St., Grand Heights Subdivision, San Jose, Rizal　TEL (02) 8697-1015
URL www.pintoart.org
開 9:00〜18:00　休 月　料 ₱200

（左上から時計回り。すべてピント美術館）ピント美術館の敷地内。植物の植え込みなどよく整備されていて、どこを切り取っても絵になる／教会を模した建物に展示されている古い木造の人形／「猿も木から落ちる」と題された彫刻／あらゆる場所に作品が展示されている／キリスト教をモチーフにした作品も多い

●エリア別ガイド

ケソン市

Quezon City

　ケソン市はメトロ・マニラで面積が一番大きな市。マニラ市の北東に位置し、その中心部はエルミタ＆マラテ地区から車で40〜60分の距離だ。政府の省庁が多く、フィリピン大学デリマン校のキャンパスもある。それというのも、この町はかつてフィリピンの首都だった所。1946年の独立後、フィリピン最初の大統領ケソンQuezon氏が造った町であるため、この名がつけられた。第2次世界大戦後の立て直し計画の一環で造られた人工都市のため、他エリアとはまったく違う印象を受ける。

ケソン市の歩き方

すべての起点となるケソン・メモリアル・サークル

　メモリアル・サークルがケソン市の中心となる。サークル内には高さ30mのモニュメントと霊廟が立っている。モニュメントの周囲は緑に包まれ、学生や若者たちが思いおもいにのんびりとくつろいでいる。メモリアル・サークルの周りには政府の官庁が建ち並んでいるが、特に目を引くのは**フィルコアPhilcoa**。正式にはフィリピン・ココナッツ省というフィリピン特有の省だ。その裏側にはスクウォッター（不法占拠）地区が広がる。

　ではここを起点に動いてみよう。ここから延びる大通りは全部で6本。キアポ方面へ通じる**ケソン通りQuezon Ave.**を2kmほど行くと、両側に店が建ち並び、ショッピングエリアを形成している。西へ向かう**北通りNorth Ave.**は途中からエドゥサ（エピファニオ・デ・ロス・サントス）通りになり、高架鉄道Line1のモニュメント駅まで続いている。この2本の通りの間、メモリアル・サークルのすぐ西側には、**ニノイ・アキノ公園Ninoy Aquino Park**がある。ここは地元の人たちの憩いの場だ。

　ケソン通りと直角に交差するエドゥサ通りを南東に行くとあるのが**クバオCubao**。ケソンのなかでもデパートやマーケットが揃う一大ショッピングエリアで、いつも人でにぎわっている。

足を延ばしてフィリピン大学へ

　フィリピン大学（U.P.）はメモリアル・サークルの東にある。ここへ行くには、メモリアル・サークルの北東に隣接して建つフィルコアからU.P.行きのジプニーに乗ればいい。

　フェアビュー行きのジプニーに乗った場合は、途中**イグレシア・ニ・クリスト教会 Iglesia Ni Christo Church**を通る。緑色の屋根の大きな教会だ。その先の**タンダン・ソラ通りTandang-sora Ave.**の交差点でジプニーを降り、そこから再びジプニーかトライシクルに乗るとU.P.に着く。

　広大な構内には旅行者が宿泊できる宿や、ショッピングセンター、博物館もある。移動には構内を巡回するだけのジプニーである**イコットIkot**を利用するといい。

ケソンのナイトスポット
　ケソン市の東、マリキナ市Marikina Cityの近くに、しゃれたレストランやバーが集まるイーストウッド・シティ Eastwood Cityがある（→MAP 折込裏-B1外）。

ケソン市の町並み

歴代大統領の専用車が勢揃い！
　2018年8月、ケソン・メモリアル・サークル内に歴代大統領の専用車を展示する博物館がオープンした。アギナルド、ケソン、ラウレル、ロハスなど、総勢12名の歴代大統領専用車が展示されている。

●**大統領専用車博物館**
Presidential Car Museum
MAP 折込裏-B1
住 Quezon Memorial Circle
開 8:00〜16:00
休 月
料 無料

U.P.の入口にある象徴的な門

ケソン市の見どころ　　ATTRACTION

■ニノイ・アキノ公園
TEL (02) 8924-6031
開 8:00 ～ 17:00
休 なし
料 大人₱30、学生₱15

緑あふれる公園

■ヴァルガス美術館
フィリピン大学構内を走るジプニーに乗っていく。
住 Roxas Ave., U.P. Campus, Diliman, Quezon City
TEL (02) 8928-1927
URL vargasmuseum.wordpress.com
開 9:00 ～ 17:00
休 日・月・祝
料 ₱30

■ケソン記念塔博物館
TEL (02) 692-3332/924-3395、0917-851-9548(携帯)
開 8:00 ～ 16:00
休 月
料 無料(寄付)

空に向かってそびえ立つ
メモリアル・モニュメント

■マリキナ靴博物館
高 高架鉄道 Line2でカティプナン駅Katipunan Sta.まで行き、南口からタクシー(約₱70)かカルンパンKalumpane行きジプニーに乗っていく。
住 J. P. Rizal St., Brg. San Rouque, Marikina City
TEL (02) 8696-6516
開 8:00 ～ 17:00
休 なし
料 ₱50

広大な敷地をもつ　★
ニノイ・アキノ公園　　**MAP** 折込裏-B1
Ninoy Aquino Park

　ケソン・メモリアル・サークルの近くにあるかなり大きな公園。中にはニノイ・アキノの銅像が、またメモリアル・サークル寄りには野生動物救助センター(動物園のようなもの)がこぢんまりと建っている。公園では地元の人たちがのんびり過ごしているのをあちこちで見かける。中に入るときは入場料が必要になる。

フィリピン大学キャンパス内にある　★★
ヴァルガス美術館　　**MAP** 折込裏-B1
Vargas Museum

　ロレンソ・グレロ、サイモン・フローレスほか19世紀後半に活躍した芸術家たちの作品や、ファビアン・デ・ラ・ロサ、フェルナンド・アモルソロなど1930〜1940年代の画家の作

外観も立派な美術館

品ほか、1960年代頃までのフィリピンの有名なアーティストたちの絵画、彫刻作品が勢揃いしている。館内にはカフェもあるので、のんびりと鑑賞するといい。タクシーで行くのがおすすめ。

ケソン市の中央に位置する　★★
ケソン・メモリアル・サークル　　**MAP** 折込裏-B1
Quezon Memorial Circle

　中央にケソン・メモリアル・モニュメント(記念塔)がある大きな公園。このモニュメントは初代大統領のマニュエル・ケソンを記念して建てられたもの。下には関連する資料を展示した**ケソン記念塔博物館Quezon Memorial Shrine Museum**がある。サークル周辺には官公庁などの大きな建物が建ち並んでいる。

あのイメルダ夫人の靴コレクションが見もの　★★
マリキナ靴博物館　　**MAP** 折込裏-B1外
Marikina Shoe Museum

　この博物館のあるマリキナ市は靴産業が有名で、市民の半数近くの人が何らかの形で靴製造に携わるという。市民にいわせれば、イメルダ夫人がこの町の産業を育てたともいう。現在、展示されている靴の多くも彼女によって寄贈されたもの。博物館に来たついでに、市内中心部を流れる緑豊かなマリキナ川を散策するのもいいだろう。

靴がずらりと並ぶ館内

● エリア別ガイド

マニラ郊外

Surrounding Areas

メトロ・マニラ

　マニラ中心部から少し足を延ばすだけで、まったく違った風景に出合える。ここでは、車で約1時間圏内の見どころを少しばかり紹介しよう。これらは、マニラ市内からバスやジプニーに乗り、気軽に行ける場所である。また、ここでは自分の足で巡る人に向けて、エリア別に「歩き方」と「見どころ」を紹介してきたが、一度にさまざまなエリアを訪れたい人や時間がかぎられている人などは、旅行会社が催行している半日ツアーに参加しよう。

マニラ郊外の見どころ　ATTRACTION

かつて日本人が収容されていた白壁の刑務所　★★
モンテンルパ　MAP 折込裏-B2外/P.62-B2外
Muntinlupa

　正式名は、ニュー・ビリビッド New Bilibid 刑務所。この刑務所は第2次世界大戦後、日本人捕虜収容所として使われていた。刑務所の近くには日本人墓地、平和観音像、平和祈念塔などが建てられている。当時、死刑判決を受けていた日本人捕虜が作詞・作曲し、歌手の渡辺はま子が歌った『ああモンテンルパの夜は更けて』が大ヒットしたという。また、戦犯となった日本人捕虜のうち17人が処刑された場所としても有名だ。なお、山下奉文将軍は郊外のロス・バニョスで処刑されている。

芸術家が集住する村　★★
アンゴノ　MAP P.134-B2
Angono

　リサール州 Rizal のラグーナ湖岸にある村。**ネミランダ美術館 Nemiranda Arthouse & Atelier Gallery** など、いくつもの美術館、博物館がある。アンゴノ洞窟やさらに南東へ4km弱行ったビナンゴン Binangon にある先史時代の洞窟壁画も見もの。

竹を使ったパイプオルガンが見もの　★★
セント・ジョセフ教会（ラス・ピニャス教会）　MAP P.134-B2
St. Joseph Parish Church (Las Piñas Church)

　ラス・ピニャスにある教会。スペイン人の修道僧ディエゴ・セラの指導の下、8年ほどかけ1821年に造られた。世界で唯一といわれる竹製のバンブーオルガンがあり、毎年2月に「バンブーオルガン・フェスティバル」が開催されている。

エミリオ・アギナルドがフィリピンの独立を宣言　★★
アギナルド記念館　MAP P.134-A2
Aguinaldo Shrine

　独立運動の闘士、エミリオ・アギナルド Emilio Aguinaldo が1898年6月12日にフィリピン共和国の独立を宣言した町、カビテ州 Cavite カウィット Kawit にある。

■モンテンルパ
　マカティやパサイのエドゥサ通り沿いでアラバン Alabang 行きバスに乗り所要約1時間30分、₱40程度。あるいはアヤラ・センターのグリーンベルト1前から快適なP2Pバスも30分に1本出ている。料金は₱100。アラバンで、カタルンガン Katarungan 行きジプニーに乗り換え、途中下車する。市内からアラバンまで国有鉄道に乗って行くことも可能、₱30～。日本人墓地まではそこからトライシクルで行く。貸し切りの場合は₱50程度。

かつて日本人が収容されていた刑務所

■アンゴノ
🚌 クバオやオルティガス・センター周辺から、バスで約1時間。アンゴノの先にも、芸術家の集住するモロング Morong という村がある。

■セント・ジョセフ教会
🚌 バクララン（→MAP P.62-A3）からカビテ Cavite 方面行きのジプニーで約1時間、₱12程度。教会周辺にジプニー工場がいくつもあり、見学もできる。
🏠 Quirino Ave., Las Piñas
TEL (02) 8825-7190　料 ₱50

■アギナルド記念館
🚌 エドゥサ駅前でBSCトランスポート（→MAP P.62-A2）などのカビテ方面行きバスに乗る。マラテのキリノ通り Pres. E. Quirino St. でバスに乗ることも可能。歴史好きの人は、カウィットに近い町、イムス Imus もおすすめ。
🏠 Kaingen, Kawit, Cavite
TEL (046) 484-7643
開 8:00～16:00　休 月
料 寄付

エリア別ガイド❾ マニラ郊外

マニラからのツアー案内

マニラに到着して間もない人で、おおよその町の様子を把握したい人、または短期間の旅行で時間のない人におすすめなのが観光ツアー。半日観光から郊外への観光まで、目的別にたくさんのツアーがある。これらのツアーは旅行会社で申し込みが可能。また、政府観光局、各ホテル(ゲストハウス)でも受け付けていることが多い。以下の内容や料金はあくまでも一例なので、何社かに問い合わせて確認してみよう。

■ マニラ半日観光

マニラの観光スポットを3～4時間で回るツアー。リサール公園、イントラムロスを通ってサンチャゴ要塞、サン・オウガスチン教会を見学し、次にタギッグ市にあるアメリカ記念墓地に行く。最後にショッピングの時間を取り、ホテルに戻るのが一般的だ。午前発はたいてい9:00からで、ホテルまで迎えにきてくれる。₱3000前後が目安。

■ パグサンハン川急流下りツアー

マニラから南東へ約105km、車だと2時間ほどの距離の所にあるパグサンハン(→P.135)の観光スポット。映画『地獄の黙示録』のロケ地の見学のほか、ボートに乗り、往復1時間30分のエキサイティングな急流下りを楽しめる。所要約8時間。昼食付きで₱4000前後が目安。

■ コレヒドール島ツアー

マニラ湾の入口に浮かぶ太平洋戦争の激戦地、コレヒドール島(→P.153)へのクルージングツアー。SMモール・オブ・アジアの北にある桟橋からサン・クルーズ社のアイランドクルーザーを利用して行く。島内では2時間くらいしか観光できないが、太平洋戦争にまつわる記念碑や史跡をいくつか回ることができる。観光ツアー全体の所要時間は約9時間。昼食付きで₱3000前後。

■ タガイタイ観光ツアー

パグサンハン同様、タガイタイ(→P.143)への観光ツアーも多い。朝出発し、夕方に帰ってくるという1日ツアーが主流だ。コースとしては、タール湖、タール火山をメインに、バンブー(竹製)オルガンで有名なラス・ピニャス教会、ジプニー工場に寄るというもの。昼食付きで₱4000前後が目安。

■ ゴルフツアー

ツアーには送迎からグリーンフィー、キャディフィーが含まれ、所要時間は約6時間。レンタル料金はゴルフコースによって違うが、ゴルフセットでだいたい₱1000～、シューズは₱300～。

■ ディナーショー

フィリピンの伝統的な民族舞踊を観ながら、フィリピン料理を味わうというツアー。夕食後にカジノに行くというコースもある。所要時間は3～4時間。内容にもよるが、₱1500～4000が目安。

日本人常駐の現地旅行会社

● **ねもとトラベル**
Nemoto Travel
MAP P.62-A～B1
住 321 Gil Puyat Ave., Pasay City
TEL (02) 8404-6739
(日本語、24時間)
URL nemototravel.com

● **アティック・ツアーズ**
Attic Tours
＜メインオフィス＞
MAP P.62-A2
住 Unit 203 COKO Bldg. 1 Patio Madrigal 2550 Roxas Blvd., Pasay City TEL (02) 8556-6301
URL www.attic-tours.co.jp
＜ホテルジェン・マニラ内＞
MAP P.62-A1
住 3001 Roxas Blvd., Pasay City
TEL (02) 8984-0566

● **フレンドシップ・ツアーズ**
Friendship Tours
MAP P.61-C3
住 c/o Dusit Thani Manila, Makati City TEL (02) 8840-1060
URL www.friendshipmanila.com

● **ディスカバリー・ツアー**
Discovery Tour
MAP P.61-C1
住 GF, Unit 301 Sagittarius Bldg., H.V. Dela Costa St., Salcedo Village, Makati City
TEL (02) 8818-7716
URL www.discoverytour.ph

バンブーオルガンで有名なラス・ピニャス教会

ラス・ピニャスにあるジプニー工場

レストラン Restaurants

マニラには、さまざまな国の料理店が集まっている。長い間続いた植民地の歴史の影響も大きい。一流の料理を食べたいのなら、5つ星ホテルへ行くといい。少々値は張るが世界レベルの味を堪能できるレストランがいくつもある。また、ショッピングセンター内には各国料理店のほかフードコートがあり、気軽に利用できる。

アベ / Abe $$
BGC MAP P.64上 / フィリピン料理

駐在日本人の間で定評のある絶品フィリピン料理店。メニューはパンパンガ州の伝統料理をアレンジしたもので、人気メニューは豪快な音を立ててサーブされるバンブーライス（₱345）やティラピアの揚げ物（₱445）など。

住 GF Serendra, Retailer Area, BGC, Taguig City　TEL (02) 8856-7696
URL ljcrestaurants.com.ph/abe
営 11:00～15:00、18:00～23:00
休 なし　CC ADJMV
他 SMメガ・モール店→MAP P.65下右、MOA店→MAP P.62-A2

肩の凝らない雰囲気がうれしい

ロムロ・カフェ / Romulo Cafe $$
マカティ市 MAP P.60-B1 / フィリピン料理

白と黒で統一された品のある店内で、名家に伝わるおいしいフィリピン料理が食べられる。メニューはどれもボリュームがあり、見た目はシンプルながらも味は繊細で非常に美味。ロンドンにも支店がある。メイン₱250～。

住 148 Jupiter St., Bel Air Vill., Makati City
TEL (02) 8478-6406
URL romulocafe.com
営 11:00～15:00、18:00～22:00
休 なし
CC AMV

落ち着いた雰囲気のなかで食事ができる

マナム / Manam $$
マカティ市 MAP P.60-B3 / フィリピン料理

ボリュームのある大皿料理で供されるフィリピン料理。ひとりだと注文しづらいことが多いが、ここは大中小とサイズを選べて利用しやすく、味もGood。マニラの主要な町のショッピングモール内に支店がある。

住 GF Greenbelt 2, Ayala Center, Makati City　TEL (02) 8625-0515
URL momentgroup.ph/manam-comfort-filipino
営 7:00～23:00（木～土～24:00）
休 なし　CC AJMV　他 BGC店→MAP P.64上、MOA店→MAP P.62-A2

優しい味付けの料理が多い

セントロ1771 / Sentro 1771 $$
マカティ市 MAP P.60-B3 / フィリピン料理

マニラに3店舗展開。いずれも近代的な複合施設に入っている。シニガン（₱315～）やシズリントーフ（₱119～）など、何を頼んでも繊細な味つけで日本人の口にもよく合う。大きさが選べるのがうれしい。

住 GF Greenbelt 5, Ayala Center, Makati City
TEL (02) 8757-3941/3938
URL sentro1771.com
営 11:00～24:00（金～日 8:00～）
休 なし
CC AMV　他 BGC店→MAP P.64上

家庭的なフィリピン料理を味わおう

ビストロ・レメディオス / Bistro Remedios $$
エルミタ＆マラテ地区 MAP P.66-A3 / フィリピン料理

洗練されたフィリピン料理が食べられる店。見た目も味にもこだわりが見られ、どれを頼んでも間違いがない。個室もあるので、特別な日やおもてなしにもぴったり。週末のディナーは予約がベター。

住 1911 M. Adriatico St., Remedios Circle, Malate　TEL (02) 8523-9153
URL www.ljcrestaurants.com.ph/bistro-remedios
営 11:00～15:00、18:00～23:00（金・土～24:00）
休 なし　CC MV

店内の雰囲気もいい

バルバラス $$
Barbaras
マニラ地区 MAP P.63-B2
フィリピン&スペイン料理

スペイン時代に建てられた建物を改装したレストラン。ここではダンスショーを楽しみながらのディナービュッフェ（₱1002。ドリンク別）を堪能したい。ダンス、料理ともにスペインとフィリピンの伝統的なものだ。

🏠 Gen Luna St., Intramuros
TEL (02) 8527-4086
営 11:30 ～ 16:00、18:30 ～ 21:00
　※ディナーショーは19:15 ～ 20:00
休 なし
CC MV

ランチビュッフェも実施している

カーサ・ロセス $$
Casa Roces
キアポ&チャイナタウン MAP P.65下左
フィリピン&スペイン料理

モダンなフィリピン料理が楽しめる、元邸宅を改装したレストラン。ロセス一族の食卓で出されていたレシピをアレンジして提供している。ふたり用の個室もあるので、ロマンティックなディナーにもいい。

🏠 1153 JP Laurel St., Cor. Aguado St., San Miguel
TEL (02) 8735-5896/8488-1929
URL casaroces.ph
営 8:00 ～ 21:30（土・日 ～ 20:30）
休 なし
CC AJMV

おしゃれをして出かけたい

アリストクラット $
Aristocrat
エルミタ&マラテ地区 MAP P.66-A3
フィリピン料理ほか

ロハス通り沿いにある、カジュアルなレストラン。500席もある大きな店構えで、フィリピン料理やファストフードなど、メニューが豊富に揃っている。安くておいしいと評判だ。エンサイマダなどのパンも人気。テイクアウト可。

🏠 432 San Andres St., Cor. Roxas Blvd., Malate
TEL (02) 8524-7671 ～ 80
営 24時間 休 なし CC ADJMV
🏠 MOA店→P.62-A2、マカティ店
→MAP P.60-B1、ロビンソンズ店→MAP P.66-B2

フルコース2名で₱1000程度

ルーラル・キッチン・オブ・リリウ、ラグーナ $$
Rural Kitchen of Liliw, Laguna
マカティ市 MAP P.60-A2
フィリピン料理

ラグーナ州リリウ出身のシェフが腕を振るう、洗練されたフィリピン料理を味わうことのできる料理店。店は小ぢんまりとしているが、雰囲気がよく、味、盛りつけともに洗練されていておすすめ。

🏠 104 Rada St., HRC Centre, Legaspi Village, Makati City
TEL (02) 8779-8073
URL www.facebook.com/ruralkitchenoflilwlaguna
営 11:00 ～ 22:00（土 ～ 21:00）
休 日 CC DMV

前菜₱130 ～、メイン₱190 ～

タンバヤン $$
Tambayan
エルミタ&マラテ地区 MAP P.66-B2
フィリピン料理

2016年2月、夜の町エルミタにオープンしたおしゃれスポット。気のおけない店内で楽しむ、フィリピンをベースにしたフュージョン料理は絶品。若者たちのたまり場にもなっている。ホテル（→P.127）も営業している。

🏠 1607 J. Bocobo St., Malate
TEL (02) 8521-8850
営 11:00 ～ 翌2:00
休 なし
CC ADJMV

サラダ₱140 ～、メイン₱220 ～

トーヨー・イータリー $$$
Toyo Eatery
マカティ市 MAP 折込裏-B2
フィリピン創作料理

アジアのベストレストラン50（2019年）など、数々のアワードを受けている、注目のフィリピンフュージョンレストラン。8品のコースが₱2900、6品のコースが₱1600と、手の届きやすい価格設定も魅力。一度は試してみたい名店。

🏠 316 Pasong Tamo Extension, Makati 1231
TEL 0917-720-8630（携帯）
営 18:00 ～ 23:30
休 月・日
CC AMV

新たなフィリピンの魅力に出合える

XO46ヘリテージ・ビストロ $$$
XO46 Heritage Bistro
パサイ市 MAP P.62-A3
フィリピン料理

格式高くも、アットホームな雰囲気の名店。上流階級の邸宅のような華やかな店内で、スペインの影響を受けたおいしい伝統料理が食べられる。フィリピンの食文化の奥深さを堪能したい。前菜₱275～、メイン₱375～。

住 Level 2, S Maison, Conrad Manila, Seaside Blvd. Cor. Coral Way, Mall of Asia Complex, Pasay City
TEL (02) 8805-3850
営 11:00～23:00（金～日～22:00）
休 なし CC ADJMV 他 サルセド店
→MAP P.60-B2、BGC店→MAP P.64上

スタッフのサービスも一流

ハーバー・ビュー・レストラン $$
Harbor View Restaurant
マニラ地区 MAP P.63-A4
フィリピン料理

リサール公園近くにある眺めのいいレストラン。桟橋のように張り出したテラス席からはマニラ湾を一望、日中でも涼しい海風を感じることができる。新鮮なシーフード料理が食べられるということで定評がある。

住 South Gate A, Rizal Park, Manila
TEL (02) 8524-1532
営 11:00～24:00
休 なし
CC ADMV

有名人も多く訪れることで有名

ブラックビアード・シーフード・アイランド $$
Blackbeard's Seafood Island
BGC MAP P.64上
フィリピン料理

BGCのマーケット！マーケット！の南側、フィエスタ・マーケット内にある。3～4人、5～6人前などと人数別に10種類以上のブードルファイト（→下記）のセットメニューが揃う。3～4人前の「タリ・ビーチ」は₱1350。

住 Fiesta Market, Market! Market!, BGC, Taguig City
TEL (02) 8889-7321
営 7:00～24:00
休 なし
CC AJMV

豪快に盛り付けられたブードルファイト

ジェリーズ・ジプニー $$
Jerry's Jeepney
ケソン市 MAP 折込裏-B1
フィリピン料理

ジプニーの中で食事ができるユニークなレストラン。6種類のブードルファイト（→下記）セットメニュー（2～4人前₱760～）のほか、フィリピン料理のアラカルトも揃う。家族連れに人気が高い。

住 7B Maginhawa St., UP Village, Quezon City
TEL (02) 8435-6824
営 11:00～23:00
休 月
CC 不可

ジプニーのなかで食べられる

軍隊伝統の食事法　ブードルファイトって？

ちょっとひと息コラム

ブードルファイトとは、フィリピンの軍隊における伝統的な食事法。バナナリーフにご飯、焼き魚、グリルチキン、エビ、豚肉などを豪快に盛りつけ、いっせいにカマヤンスタイル（手づかみ）で食べ始める。仲間意識を確認するため、そして素早く食事をするために生まれた方法だ。現地ではお祝い事がある際に、ブードルファイト形式でご馳走が用意されることが多い。フィリピン発の食事法だが、ニューヨークなど海外でも人気を博している。

ブードルファイトを楽しめる代表的なレストランが、上記のブラックビアードとジェリーズ・ジプニー。特にブラックビアードは、ほかにセブなどフィリピン各地に展開しているので、チェックしておきたい。小さなものだと迫力が出ないので、大人数で挑戦してみてほしい。

ジェリーズ・ジプニーのブードルファイト

シーフードを楽しむならダンパへ

　マニラでシーフードを食べるなら、市場で魚介類を買って周りにあるレストランで調理してもらう、通称ダンパと呼ばれる場所がおすすめだ。ベイ・エリアのマカパガル通りに観光客がよく訪れるシーフード・パルート・レストランというダンパがある。

　まずはずらりと並んだ露店で新鮮なシーフードを購入しよう。売り子は皆親切で強引に迫られることもほとんどない。値段の目安はシャコ1kg₱650、カキ1kg₱250、イカ1kg₱550、海ブドウ1kg₱100程度。それを敷地内にあるレストランに持ち込む。店での調理料は1品₱100〜300程度。そのほかサービスチャージが10％かかる。新鮮なシーフードがお得に食べられるのでぜひお試しあれ。

　また、ケソン市のクバオ駅から近いファーマーズ・マーケットもおすすめ。こちらは野菜、肉、魚などあらゆるものが揃う市場で、同様に魚介類を購入し、市場の一角にあるダンパで調理してくれる。南国フルーツもあるので、デザートに最適だ。

■シーフード・パルート・レストラン
　Seafood Paluto Restaurants
MAP P.62-A2　営 早朝〜深夜
■ファーマーズ・マーケット
　Farmers Market
MAP P.65上
営 6:00〜23:00

売り子はみなフレンドリー

1日5食!?　フィリピンのメリエンダ文化

　フィリピン人は3度の食事の合間にメリエンダと呼ばれる間食を取る。これはもともと旧宗主国スペインの習慣だが、現在では食べることが大好きなフィリピン人の間にしっかりと根付いている。おやつと聞くと軽いスナック程度を想像してしまうが、彼らはファストフード店に繰り出すなどしてけっこう本格的に食事をする。食べるメニューはパンシット（中華麺）、トゥロン（バナナの春巻き）、バナナキュー（揚げバナナ）、シオマイ（シュウマイ）、エンサイマダ（パン）などさまざま。学校の近くにはこれらを販売する屋台が並び、時間が来ると子供たちで大にぎわ

いとなる。オフィスにはお菓子を担いだ売り子がわざわざ売りにくるところもある。

　マニラにあるいくつかのビュッフェレストランでは「メリエンダビュッフェ」と称して15:00〜17:00頃に軽食を食べ放題で提供している。ダッズ・ワールド・ビュッフェのビュッフェはなんと₱238（週末は₱258）でスナック類が食べ放題。メニューはシュウマイや麺類、プトなどのライスケーキ、おなじみのトゥロン、パラボクなど30種類以上！　おもしろいのが、周りのフィリピン人。もうすぐ夕食時だというのに、山盛りによそってはお代わりを繰り返している。フィリピンの食文化の底の深さを実感する体験をすることだろう。

■ダッズ・ワールド・ビュッフェ
　Dads World Buffet
MAP P.61-C3
住 2nd Level, Glorietta 3, Ayala Center, Makati
TEL (02) 8892-8898
URL kamayansaisakidads.com
営 11:00〜14:00、15:00〜17:00、18:00〜22:00
休 なし　CC MV

ビュッフェには人気のフィリピン料理が勢揃い

グレース・パーク $$
Grace Park
マカティ MAP P.61-D1
イタリア料理

マルガリータ・フォレスという著名な女性シェフが手掛けるイタリア料理店。ローカル素材にこだわり、フィリピンのエッセンスを加えたおいしいイタリアンが食べられる。おしゃれでかわいらしい店内も◎。

🏠 GF One Rockwell, Rockwell Dr., Makati City
☎ 0939-934-7223（携帯）
⏰ 11:00～23:00（金～日7:00～）
休 なし
💳 ADJMV

ウニとエビのカルボナーラ（₱395）

ラス・フローレス $$$
Las Flores
BGC MAP P.64上
スペイン料理

マニラのスペイン料理店のなかで最も評判のよい店のひとつ。店内はスタイリッシュで、スペインらしくスタッフもたいへん陽気。料理はカタルーニャテイストで、どれも絶品だ。パエリアは₱775～（2人前程度）。

🏠 GF One Mckinley Place, 25th St., Cor. 4th St., BGC, Taguig City
☎ (02) 8552-2815
🌐 www.bistronomia.ph
⏰ 11:00～翌1:00（金・土～翌2:00）
休 なし
💳 AMV

定番料理エビのアヒージョ（₱595）

ドノスティ・ピンチョス・イ・タパス $$$
Donosti Pintxos y Tapas
BGC MAP P.64上
スペイン料理

スペインのバスク地方の料理を食べられる高級スペイン料理店。ピンチョスやタパスのメニューが豊富に揃っている。高級といっても店内は温かみのある雰囲気で、スタッフも気さくで居心地がよい。

🏠 Nac Tower, 32nd St., BGC, Taguig City
☎ (02) 8856-0206
🌐 donosti.com.ph
⏰ 11:00～23:00
休 日
💳 ADJMV

絶品のシーフードパエリア（₱995）

アルバ $$
Alba
マカティ市 MAP P.61-C1
スペイン料理

老舗スペイン料理店のなかでも変わらぬ人気を誇る。ランチタイムのビュッフェ（毎日11:00～14:00）が人気で、ひとり₱875とリーズナブル。料理はどれも深みのある味わい。18:00～22:00（火～土）にはバンドの演奏も。

🏠 38 Polaris St., Bel-Air, Makati City
☎ (02) 8896-6950、0915-315-3457（携帯）
🌐 alba.com.ph
⏰ 11:00～23:00
休 なし
💳 ADJMV

ランチビュッフェはおすすめ！

タペラ $$
Tapella
マカティ市 MAP P.60-B3
スペイン料理

駐在日本人に人気があり、ステーキやパエリア、サングリアがおいしいと評判。グリーンベルト公園を眺めながら食事ができる。メイン₱400～、サラダ₱200～など。日本語メニューがあるのでありがたい。

🏠 GF Greenbelt 5, Legaspi St., Legazpi Village, Makati City
☎ 0917-712-4546（携帯）
⏰ 11:00～23:00
休 なし
💳 AJMV

センスのよい内装も◎

MEMO　　　なぜスペイン料理？

マゼランの上陸を機に、フィリピンは実に約350年ものあいだスペインの支配下におかれた。その影響は文化や宗教、生活にまで浸透。国内各地に本格スペイン料理店や、スペイン情緒あふれる町並みが残されている。というわけで、フィリピンではスペイン料理が浸透し、味のレベルも高め。日本に比べて、本格的な料理がリーズナブルに食べられると評判だ。特にBGCには洗練されたスペイン料理店が多い。ただし、現地のフィリピン料理店に比べ値段設定は若干高めとなっている。

カフェ・メザニン
Café Mezzanine
$

チャイナタウン MAP P.64下
中国料理

近くの消防署の隊員たちのたまり場だったというチャイナタウンのユニークな名店。消防士をフィーチャーした店内は、昼時になると大勢の人でにぎわう。中国系の料理が揃い、何を食べてもおいしい。飲茶はひと皿₱70〜。

- 650 Onping St.
- TEL (02) 8288-8888
- URL www.cafemezzanine.com
- 営 7:00 〜 22:00
- 休 なし
- CC 不可

壁には消防士のヘルメットがかかっている

ティム・ホー・ワン
Tim Ho Wan
$$

マカティ市 MAP P.61-C3
中国料理

ミシュランで星を獲得したシェフの味を、リーズナブルに堪能できる香港の名店。点心や小皿料理はいずれも味がよく、一番人気のメロンパン風チャーシュー点心（₱158）も絶品だ。マニラに数店舗展開。

- Glorietta 3, Ayala Center, Makati City
- TEL (02) 8729-9367
- 営 月〜木　11:00 〜 22:00
  　　金　　11:00 〜 23:00
  　　土　　10:00 〜 23:00
  　　日　　10:00 〜 22:00
- 休 なし　CC AJMV

ジャスミンティーも美味

シンセリティ
Sincerity
$

チャイナタウン MAP P.64下
中国料理

「誠実さ」という店名をもつフライドチキン（ハーフ₱180、1羽₱360）で有名なレストラン。五香粉の香り漂う、揚げたてフライドチキンはとても美味。ほかにも豊富なメニューが揃う。マニラ各地に支店を展開。

- 497 E. T. Yuchengco St., Binondo, Manila
- TEL (02) 8241-9991
- 営 9:00 〜 21:00（日 〜 14:00）
- 休 なし
- CC 不可

サクサクの衣が美味

ジャスミン
Jasmine
$$

マカティ市 MAP P.60-B3
中国料理

香港の有名シェフによる本格中国料理を味わえる。ここで人気なのが₱988（週末₱1388）で楽しめるランチの飲茶ビュッフェ。スープやお粥、飲茶、チャーハン、デザートが食べ放題だ。どれも手が込んでおりたいへん美味。

- Esperanza St. Cor. Makati Ave., Ayala Center, Makati City
- TEL (02) 8811-6888
- URL manila.newworldhotels.com
- 営 11:30 〜 14:30、18:00 〜 22:30
- 休 なし
- CC ADJMV

飲茶ビュッフェはデザートも食べ放題

ドンベイ・ダンプリング
Dong Bei Dumpling
$

チャイナタウン MAP P.64下
中国料理

漢字だと東北水餃。中国東北部の水餃子や揚げ餃子などが評判で、チャイナタウンツアーでも必ず立ち寄る。狭い店内では、数人のスタッフが客席で餃子を包む姿が見られる。チャイナタウンの有名店。

- Yuchengco (Nueva) St., Binondo, Manila
- TEL (02) 241-8912
- 営 9:00 〜 20:00（日 8:00 〜 18:00）
- 休 なし
- CC 不可

14個入りの水餃子は₱200

トゥアントゥアン
Tuan Tuan
$$

マカティ市 MAP P.61-D1
中国料理

1960年代に香港で誕生。カナダで人気を博し、さまざまな食文化を取り入れながら発展した有名店だ。メロンパン風のチャーシュー点心（₱168）やカレーヌードルなどが人気。店内も極めておしゃれ。

- R3 Level, Power Plant Mall, Rockwell Center, Makati City
- TEL 0906-433-2196（携帯）
- URL tuantuan.com.ph
- 営 11:00 〜 22:00
- 休 なし　CC AMV　他 BGC店→MAP P.64上、SMメガ・モール店→MAP P.65下右

マニラに5店舗展開

稲ぎく $$$
Inagiku
マカティ市 MAP P.60-B3
日本料理

東京の半蔵門にある有名な天ぷらの専門店「稲ぎく」のマニラ店。マカティ シャングリ・ラ（→P.122）内にあり、抜群の高級感。禅をモチーフにしており、日本らしいすっきりとした内装で過ごしやすい。

住 c/o Makati Shangri-la, Ayala Ave., Cor. Makati Ave., Makati City
TEL (02) 8814-2580
URL www.shangri-la.com
営 11:30～14:30、18:30～22:30
休 なし
CC ADJMV

木材を多用した店内

イコマイ $$$
Ikomai
マカティ市 MAP P.60-B1
日本料理

洗練されたハイセンスな店内で、モダンにアレンジされた日本食を堪能できる。メニューは串カツ、刺身、焼き物など。日本人シェフが名古屋出身のため、手羽先（₱360）などの名古屋料理もある。

住 GF ACI Bldg, 147 H.V.Dela Costa St, 1227, Salcedo, Makati City
TEL (02) 8816-4588
URL ikomai.today
営 6:00～22:00
休 日
CC ADJMV

串揚げの盛り合わせ（₱380～）

ねもとレストラン
Nemoto Japanese Restaurant
パサイ市 MAP P.62-A～B1
日本料理

フィリピン在住ウン十年のタイコさんが切り盛りする、格安日本食レストラン。「ネモト弁当」には天ぷら、とんかつ、鳥のから揚げ、刺身が付いて₱310。日替わり弁当やみそラーメンなども人気メニューだ。

住 321 Gil Puyat Ave., Pasay City
TEL (02) 8404-6739（日本語可）
URL www.nemototravel.com
営 10:00～翌2:00
休 なし
CC ADJMV

ボリューム満点のネモト弁当

横丁 $
Yokocho
パラニャーケ市 MAP P.62-A3
日本料理

2017年オープンの和食フードコート。日本食をリーズナブルに味わえると現地の若者に大人気。日本人シェフが指導しているため、味も確か。メニューは焼肉食べ放題（₱399）やラーメン（₱200～）、天ぷらなど。

住 4F Victory Food Market, Beside Baclaran Church, Parañaque City
TEL 0927-642-5779（携帯）
営 10:00～21:00
休 なし
CC 不可

日本風のインテリアもGood

ギャラリー・バイ・チェレ $$$
Gallery by Chele
BGC MAP 折込裏-B2
創作料理

チェレ・ゴンザレス氏による創作料理が楽しめる。フィリピンの素材や調理法を取り入れ、フィリピンの素材を多用するなど、フィリピン愛にあふれたおいしい料理が食べられる。スタッフの洗練されたサービスにも注目。

住 5F Clipp Center, 11th Ave. Cor. 39th St., BGC, Taguig
TEL (02) 8218-3895、0917-546-1673（携帯）
営 18:00～翌1:00（食事は22:15まで）
休 月・日
CC ADJMV

タロイモの葉のソースで食べる牛肉のグリル

ユニカセ →P.90 $$
UNIQUEASE
マカティ市 MAP 折込裏-B2
創作料理

社会起業家の中村八千代さんが2010年にオープンさせた料理店。地産地消を心がけ、オーガニック野菜など、体にやさしい創作料理を提供している。サラダバー（₱290）は新鮮で、誰もが頼む人気メニュー。

住 Unit C #1036 Hormiga Cor. Teresa St., Brgy. Valenzuela, Makati City
TEL (02) 8255-6587、0927-791-5516（携帯）
URL uniquease.net
営 11:00～20:00
休 火 CC 不可

現地在住の日本人も通う

コミューン・カフェ $$
Commune Café
マカティ市 MAP P.61-C1

カフェ

フィリピン産のアラビカ豆のみを使用するというこだわりをもつカフェ。ワークショップやイベントを頻繁に開催し、常に現地の若者でにぎわっている。夜遅くまで営業し、アルコールも置いている。コーヒー₱100〜。

🏠 36 Polaris Cor. Durban St., Poblacion, Makati City
TEL (02) 2275-6324
URL www.commune.ph
🕐 8:00 〜 24:00
　（金・土 〜翌1:00、日 9:00 〜 22:00)
休 なし CC AJMV

夜遅くまで開いているので便利

トビーズ・エステート $$
Toby's Estate
マカティ市 MAP P.60-B1

カフェ

コーヒー大国オーストラリアのコーヒー職人、トビーさんが立ち上げたカフェ。マニラに進出しいまや14店舗を展開している。コーヒー豆を世界各国から仕入れ、独自にブレンド＆ローストしている。

🏠 V Corporate Center, Shop 6, 125 L.P. Leviste St., Salcedo Village, Makati City
TEL 0917-851-9487（携帯)
URL www.tobysestateph.com
🕐 7:00 〜 24:00
　（月・火 〜 22:00、日 8:00 〜 22:00)
休 なし CC ADJMV

ハイセンスなインテリアも◎

ワイルドフラワー・カフェ $$
Wildflour Café
BGC MAP P.64上

カフェ

パン好きにおすすめのパンのおいしいカジュアルなベーカリーカフェ。カウンターには人気のバゲットやタルトなど、さまざまなパンがディスプレイされている。2019年にリニューアルオープンし、メニューより充実。

🏠 4th Ave. Cor. 26th St., Fort BGC, Taguig City TEL (02) 8856-7600
🕐 6:00 〜 24:00（日 8:00 〜 22:00)
休 なし CC AJMV
他 マカティ店→P.60-B2、レガスピ店→P.60-A2、オルティガス・センター店→P.65下右

カフェ飯が絶品！

ヤードスティック・コーヒー $$
Yardstick Coffee
マカティ市 MAP P.60-A2

カフェ

コーヒーマシーンのサプライヤーであるフィリピン人オーナーがカフェを開業。店内でローストするメルボルンスタイルのコーヒー店で、流行に敏感なマニラの若者が楽しそうにコーヒータイムを過ごしている。

🏠 GF Universal LMS Bldg., 106 Esteban St., Legazpi Village, Makati City
TEL (02) 8845-0073
URL www.yardstickcoffee.com
🕐 7:00 〜 23:00（日 8:00 〜 18:00)
休 なし
CC MV

隠れ家的な人気カフェ

カフェ・アドリアティコ $$
Café Adriatico
エルミタ＆マラテ地区 MAP P.66-A3

カフェ

1979年創業の老舗カフェ。かつて文化人が集ったという店内は、古きよき時代を感じさせてくれるすてきな雰囲気。マニラに広く展開する人気レストラングループの経営で、料理の評判もなかなか。コーヒーは₱99〜。

🏠 1790 M, Adriatico St., Remedios Circle, Malate
TEL (02) 8738-8220
🕐 日・月 7:00 〜翌3:00
　火・水 7:00 〜翌4:00
　木〜土 7:00 〜翌5:00
休 なし CC ADJMV

店内は歴史を感じる渋い印象

キュレーター $$
The Curator
マカティ市 MAP P.60-A2

カフェ＆バー

昼はおいしいコーヒーが飲めるカジュアルなカフェ、夜はアジアのベストバー 50にランクインするマニラでも指折りのバーとして知られる。コーヒーは豆にこだわっておりとてもおいしい。バーの雰囲気も洗練されている。

🏠 134 Legaspi Street, Legazpi Village, Makati
TEL 0916-355-4129（携帯)
🕐 カフェ 7:00 〜 22:00（日 〜 19:00)
　バー 18:30 〜翌2:00（日曜休み)
休 なし
CC ADJMV

カフェの内装はとてもシンプル

スカイ・デッキ・ビュー・バー $$
Sky Deck View Bar
マニラ地区 MAP P.63-B2
バー

　ザ・ベイリーフ（→P.124）の屋上にあるバー。グリルやフィリピン料理などのメニューも揃い、夕暮れ時にはイントラムロスやマニラ湾が見渡せる。都会の喧騒を忘れてくつろぎたい時におすすめ。

🏠 Muralla Cor. Victoria St., Intramuros, Manila
TEL (02) 8318-5000
URL www.thebayleaf.com.ph
営 17:00 ～ 24:00
休 なし
CC AJMV

17:30 ～ 21:00はハッピーアワー

ストレート・アップ $$
Straight Up
BGC MAP P.64上
バー

　セダ・ホテル（→P.125）の屋上にある夜景のきれいなルーフトップバー。開発の進むタギッグ市の夜景を楽しむことができる。やや高めの値段設定だが、環境とサービスを考えれば納得。サンミゲルは₱180～。

🏠 30th St. Cor. 11th Ave., BGC, Taguig City
TEL (02) 7945-8888
URL www.sedahotels.com/bgc
営 16:00 ～翌1:00
休 なし
CC ADJMV

都会的な雰囲気のデザイン

スカイ・ハイ・バー $$
Sky High Bar
パッシグ市 MAP 折込裏-B2
バー

　エース・ウオーター・スパなど、人気の施設が揃うエース・ホテル＆スイーツ。21階の屋上に格別なルーフトップバーがある。360度のマニラの夜景を楽しむことができると人気。ロケーションも最高だ。サンミゲルは₱100。

🏠 21F, Ace Hotel & Suites, United Corner Brixton St., Kapitolyo, Pasig City
TEL (02) 8462-8262
URL www.acehotelsuites.com
営 17:00 ～翌1:00（金・土 ～翌2:00）
休 なし
CC MV

値段もリーズナブルな穴場

ファイアフライ・ルーフデッキ $$
Firefly Roofdeck
マカティ市 MAP P.61-C1
バー

　人気の中級ホテルの最上階にある、夜景がすばらしいルーフトップバー。メニューはインターナショナルで、値段もそれほど高くないが、ここではドリンクだけ飲んで景色を楽しむのもいいかも。サンミゲル₱120～。

🏠 City Garden Grand Hotel Makati Cor. Kalayaan Ave., Makati City
TEL (02) 8888-8181
営 10:00 ～翌2:00
休 なし
CC ADJMV

窓際の席がおすすめ

アラマット・フィリピノ・パブ＆デリ $$
Alamat Filipino Pub & Deli
マカティ市 MAP P.61-C1
バー

　バー＆パブ巡りが人気のポブラシオンで、まず訪れるべき人気のパブ。若手のシェフやデザイナーが集まりオープンした店で、ローカルのビールやカクテル（₱200～）、おいしいフィリイン創作料理（₱200～）が楽しめる。

🏠 2F 5666 Don Pedro St., Brgy. Población
TEL 0917-626-6866（携帯）
営 17:00 ～翌2:00（金・土 ～翌5:00）
休 なし CC MV
🏠 近所のアギマット・フォレージング・バー＆キッチン（MAP P.61-D1）も人気

ローカルの若者と触れ合おう！

ペドロ・タップ・ハウス $$
Pedro Tap House
マカティ市 MAP P.61-D1
バー

　2018年にオープンしたガレージ風のバー。フレッシュでおいしいクラフトビールが飲めると評判。見た目にもおいしそうなフードメニューも人気だ。ラインアップは季節によって変わる。ビールは小サイズで₱165～。

🏠 5910 Matilde St., Brgy. Poblacion, Makati City
TEL 0933-851-2861（携帯）
営 17:00 ～翌2:00（金・土 ～翌3:00）
休 なし
CC ADJMV

フードは₱120～

ショップ
Shops

マニラ最大のショッピングエリアといえば、マカティ市の中心にあるアヤラ・センターAyala Center。いくつもの個性的なショッピングセンターが林立し、買い物から映画鑑賞、グルメまで、1日中楽しめるエリアだ。ここではそれらの大型店を中心にいくつかを紹介しよう。

SMモール・オブ・アジア
SM Mall of Asia

パサイ市 MAP P.62-A2
ショッピングセンター

マニラ湾の埋め立て地に2006年に開店した、アジア最大級の規模を誇るショッピングモール。「モアMOA」の愛称で親しまれている。東京ドーム8つ分の広さは、とても1日では回りきれない。グルメ、ショップとも人気の店が揃っている。

- SM Central Business Park I, Island A, Bay City, Pasay City
- TEL (02) 8556-0680
- URL www.smmallofasia.com
- 10:00～22:00
- 休 なし
- CC 店舗により異なる

3階建ての巨大な建物

グロリエッタ
Glorietta

マカティ市 MAP P.60-B3～61-C3
ショッピングセンター

吹き抜けの巨大な中央ホールで連結する1～5号館の中に、世界各国の有名ブランド店、地元で人気のローカルブランド店、レストラン、映画館などが入っていて、1日中いても飽きないほど。グリーンベルトより庶民的な雰囲気。

- Ayala Center, Makati City
- TEL (02) 7752-7272
- URL www.ayalamalls.com.ph
- 10:00～21:00（金・土～22:00）
- 休 なし
- CC 店舗により異なる

いつも大勢の人でにぎわう中央ホール

グリーンベルト
Greenbelt

マカティ市 MAP P.60-B3
ショッピングセンター

アヤラ・センターのすぐ西側、緑あふれるグリーンベルト公園に隣接する、グリーンベルト1～5の5棟から成るショッピングモール。世界各国料理の店が並ぶレストラン街が人気だ。中心にある公園は都会のオアシス。

- Ayala Center, Makati City
- TEL (02) 7757-4853
- URL www.ayalamalls.com.ph
- 11:00～21:00（金・土～22:00）
- ※グリーンベルト1～5で若干異なる。
- 休 なし
- CC 店舗により異なる

マニラでも指折りの高級感のあるモール

ルスタンズ
Rustan's

マカティ市 MAP P.61-C3
ショッピングセンター

アヤラ・センターの一角にある、ティファニーやカルティエ、サルヴァトーレ・フェラガモ、ダンヒルなど、欧米の一流ブランド店が軒を並べる高級デパート。1階にはスーパーマーケットも入っている。

- Ayala Center, Ayala Ave., Makati City
- TEL (02) 8813-3739
- URL rustans.com
- 11:00～21:00（金～日 10:00～21:30）
- 休 なし CC 店舗により異なる

高級感漂う店内

SMマカティ
SM Makati

マカティ市 MAP P.61-C3
ショッピングセンター

フィリピンの主要都市にならたいている、全国チェーンの大型デパート。衣服、電化製品、食料品まで何でも揃えていて、地元の人たちにも人気がある。アヤラ駅に直結しているのでアクセスも便利だ。

- Ayala Center, Makati Ave., Makati City
- TEL (02) 8810-7777
- URL www.thesmstore.com
- 10:00～21:00（金・土～22:00）
- 休 なし
- CC 店舗により異なる

館内は近代的なデザイン

ランドマーク
Landmark

基本的にフィリピンテイストの衣類、コスメなどを扱う、ブランド店が中心の庶民派デパート。地下にはフードコート、食品や日用雑貨が安く買える、大きなスーパーマーケットも入っていて、まとめ買いにも便利。

マカティ市 MAP P.60-B3
ショッピングセンター

住 Ayala Center, Makati Ave., Makati City
TEL (02) 8810-9990
URL www.landmark.com.ph
営 10:00～20:30（金・土～21:30）
※スーパーマーケットは日～木曜は 8:30～21:00、金・土曜は 8:30～21:45
休 なし　CC 店舗により異なる

マカティ通りに面して立つ

ロビンソンズ・プレイス
Robinson's Place

エルミタのペドロ・ヒル通り Pedro Gil St. 沿いにある巨大ショッピングセンター。大学が近いせいか若者が多く、店も彼ら向けの衣料品店や本屋、携帯電話専門店、飲料店などが集まっている。

エルミタ＆マラテ地区 MAP P.66-B2
ショッピングセンター

住 M. Adriatico St., Ermita
TEL (02) 8310-3333
URL www.robinsonsmalls.com
営 10:00～21:00（金・土～22:00）
休 なし
CC 店舗により異なる

中は吹き抜けで開放的

グリーンヒルズ・ショッピングセンター
Greenhills Shopping Center

庶民的なショッピングセンター。電気製品やDVDのコピー商品などを扱うこまごまとした店舗がたくさん軒を連ね、いつも人でにぎわっている。掘り出し物を探したいなら、一度は足を運んでみよう。

サン・ファン市 MAP 折込裏-B1/P.65下右外
ショッピングセンター

住 Ortigas Ave., Greenhills, San Juan City
TEL (02) 8721-0572
URL www.greenhills.com.ph
営 10:00～21:00（金・土～22:00）
休 なし
CC 店舗により異なる

淡水パールの店が多い（→P.94）

パワー・プラント・モール
Power Plant Mall

ロックウェル・センターという新興ビジネスエリアにある。外観、内観ともほかに比べてよりしゃれた雰囲気で、モール内も高級感が漂う。客は欧米系のマニラ駐在員の家族や地元のリッチな人々が多い。

マカティ市 MAP P.61-D1
ショッピングセンター

住 Rockwell Center, Makati City
TEL (02) 8898-1702　URL www.powerplantmall.com
営 月～木　11:00～21:00
　　金　　11:00～22:00
　　土　　10:00～22:00
　　日　　10:00～21:00
休 なし　CC 店舗により異なる

手頃な規模で人気がある

SMメガモール
SM Megamall

メトロ・マニラ近郊からも、多くの人が車を利用してまとめ買いをしに来るほど大きなモール。中には映画館、スケート場のほか、レストランを含む多くの店舗があり、ありとあらゆるものが揃っている。

オルティガス・センター MAP P.65下右
ショッピングセンター

住 Edsa Ave., Ortigas Center, Mandaluyong City
TEL (02) 8633-1769
URL www.smsupermalls.com
営 10:00～22:00
休 なし
CC 店舗により異なる

オルティガス・センターの中心に立つ

SMアウラ・プレミア
SM Aura Premier

マーケット！マーケット！の南東に立つ大型ショッピングセンター。徒歩で10分程度だ。曲線を多用したフォルムが特徴的。SM系列のなかでも高級感があり、レストラン、ショップとも人気の店が揃っている。

BGC MAP P.64上
ショッピングセンター

住 McKinley Pkwy., Taguig City
TEL (02) 8815-2872
URL www.smsupermalls.com
営 10:00～22:00（店舗により異なる）
休 なし
CC 店舗により異なる

ほかのSMよりも高級感がある

クルトゥーラ →P.41
Kultura
パサイ市 MAP P.62-A2
おみやげ

　Tシャツ、各種雑貨、民芸品などを幅広く扱うモダンなショップ。リーズナブルでクオリティもよいので、みやげ物探しに利用する人が多い。SMモール・オブ・アジアなど、SM系のモールに出店している。

- 住 SM Mall of Asia, Pasay City
- TEL (02) 8556-0416
- URL kulturafilipino.com
- 営 10:00～22:00　休 なし
- CC ADJMV
- 他 SMメガモール店→MAP P.65下右、SMマカティ店→MAP P.61-C3

人気のリサイクルバッグ

パペメルロティ
Papemerloti
マカティ市 MAP P.60-B3
雑貨

　マニラ各地のショッピングセンターに出店している、アクセサリーやギフトグッズを扱うショップ。女性らしいデザインのかわいらしい商品や、キリスト教にインスパイアされたデザインの商品などが揃う。

- 住 Glorietta 1, 2F, Makati Commercial Center, Makati City
- TEL (02) 8625-0359
- URL www.papemerloti.com
- 営 10:00～21:00（金・土～22:00）
- 休 なし　CC MV　他 ロビンソン店→MAP P.66-B2、SMメガモール店→MAP P.65下右

商品のディスプレイにもこだわっている

シラヒス・アート＆アーティファクト
Silahis Art & Artifacts
マニラ地区 MAP P.63-B3
民芸品

　各民族の伝統民芸品からローカルアーティストの作品まで、2階建ての店内に豊富に揃う。その充実ぶりはまるで博物館並みで、何時間いても飽きないほど。各民芸品の意味や用途などの説明書きも付いている。

- 住 744 Gen. Luna St., Intramuros
- TEL (02) 8527-2111～4
- URL www.silahis.com
- 営 10:00～19:00
- 休 なし
- CC ADJMV

ツアーにも組み込まれる人気民芸品店

マナンザン・ハンディクラフト
Mananzan Handicrafts
マニラ地区 MAP P.63-A1
民芸品

　イントラムロスのサンチャゴ要塞のそばにあるみやげ物店。いかにもみやげ物屋という感じだが、ちょっとしたアクセサリーから木彫りの小物、貝細工まで、民芸品なども多彩に揃っているのでのぞいてみよう。

- 住 GF UPL Building, Sta. Clara St., Intramuros, Manila
- TEL (02) 8527-7485
- 営 9:00～18:00
- 休 なし
- CC MV

お手頃なみやげ物を探すのにちょうどいい

ザ・マニラ・コレクティブル
The Manila Collectible
マニラ地区 MAP P.63-A1
民芸品

　サンチャゴ要塞内にオープンしたフィリピンメイドの民芸品を扱う店。フィリピン各地の民族が織ったテキスタイルや、フェアトレードのコーヒーなどが人気。デザインもおしゃれなのでぜひ日本に持ち帰りたい。

- 住 Fort Santiago, Sta. Clara St., Intramuros, Manila
- TEL 0918-985-5830（携帯）
- 営 9:00～18:00
- 休 なし
- CC MV

要塞観光の後に立ち寄ってみよう

リチュアル
Ritual
マカティ市 MAP P.60-B3
コスメ＆食品

　オーガニックのコスメや、コーヒー、チョコレートなどフィリピンの名産品をシンプルなパッケージで販売。社会貢献、エコフレンドリーなどをテーマにフィリピン各地から商品を買い付けている。

- 住 2F Languages International Bldg., 926 Arnaiz Ave., Makati City
- TEL (02) 8734-5486
- URL ritualph.myshopify.com
- 営 11:00～20:00（日 10:00～16:00）
- 休 月
- CC AMV

カフェも併設している

エコ・ストア
Echo Store

BGC MAP P.64上

コスメ&食品

手作りのフェアトレード商品や環境に優しい各種商品を扱っているが、コスメが充実しているので、現地在住の日本人女性にも人気。コーヒー、ココア、ハチミツ、バナナチップ、ココナッツオイルなどもある。

住 GF Serendra Piazza, McKinley Parkway, BGC, Taguig City
TEL (02) 8901-3485
URL www.echostore.ph
営 7:00 〜 21:00 休 なし CC MV
他 サルセド店→MAP P.60-B1

値段も手ごろでおみやげにもぴったり

アポセカ
Apotheca

マカティ市 MAP P.60-A3

コスメ&食品

ヘルスケアを含む統合的なサービスを行う薬局で、「オーガニック」「ナチュラル」「ローカル」なコスメや健康食品を揃えている。フィリピンならではのものが多いので、ばらまきみやげ探しにも便利。

住 GF Eurovilla 4, 853 Arnaiz Ave., Legazpi Village, Makati City
TEL (02) 8845-1350
URL www.apotheca.com.ph
営 8:00 〜 18:00(土 〜 12:00)
休 日
CC MV

フィリピン料理の瓶詰もある

S.C.ビスカーラ
S. C. Vizcarra

パサイ市 MAP P.62-A3

レザー、籐製品

1925年創業という古い歴史をもつ高級ブランド。レザーや籐を素材としたバッグを製造しており、多くは欧米や日本に輸出されている。頼めば工房の見学も可能。毎年6月にはマカティで大セールが行われる。

住 737 Roxas Blvd., Pasay City
TEL (02) 8854-6751
URL www.vizcarra1925.com
営 10:00 〜 18:00
休 祝
CC 不可

ディスプレイもおしゃれ

ヒューマン・ネイチャー
Human Nature

マカティ市 MAP P.62-B2

コスメ

天然素材100%をうたう、手頃な値段で人気のコスメショップ。現地のフィリピン人はもちろん、在住日本人の間でも評判。スーパーやショッピングセンターで手軽に買えるのもうれしい。石鹸は₱84 〜。

住 GF Wilcon IT Hub, Chino Roces Ave., Makati Ctiy
TEL (02) 8869-5523
URL humanheartnature.com
営 9:00 〜 18:00
休 日
CC AJMV

フィリピン各地に展開している

ラグズ・トゥー・リッチズ
Rags 2 Riches

ケソン市 MAP 折込裏-B1外

バッグ

パヤタスなどの貧しい地区の人々が職人となり、丈夫で長持ち、そしてハイセンスな織物製品を製作している。山岳民族のトライバル柄などもあり、フィリピンならではの商品が手に入るのでおみやげにもおすすめ。

住 1F, Phase 1 Building, UP Town Center, 216 Katipunan Ave., Diliman, Quezon City
TEL (02) 8281-3162 (本店)
URL www.rags2riches.ph
営 10:00 〜 21:00(金・土 〜 22：00)
休 なし CC MV

値段もリーズナブル

オセロ
Othello

マカティ市 MAP P.60-B3

ファッション

デザイナーはスペイン人とフィリピン人のハーフで、伝統的なパターンや南国柄のシルクドレスがマニラのセレブリティに人気。メディアにもよく取り上げられる。バッグやスマホケースなどもある。

住
TEL (02) 8757-4140
営 11:00 〜 21:00(金・土 〜 22:00)
休 なし
CC AMV
※2019年10月現在、改装のため閉店中。

ドレスはフィリピンならではの色使い

バヨ
Bayo

マカティ市 MAP P.60-B3
ファッション

マニラ内にある多くのショッピングセンターに出店している、フィリピン発のレディスブランド。シックでスタイリッシュなデザインだがとてもリーズナブルなので、現地でもたいへん人気がある。

⌂ GF Glorietta2, Ayala Center, Makati City
TEL (02) 8843-4795　URL bayo.com.ph
営 10:00～21:00（金・土～22:00）
休 なし　CC AJMV
他 グリーンベルト店→MAP P.60-B3、BGC店→MAP P.64上、MOA店→MAP P.62-A2、ロビンソンズ店→MAP P.66-B3

店内のディスプレイもきれい

チーム・マニラ
Team Manila

パサイ市 MAP P.62-A2
ファッション

国民的英雄ホセ・リサールがサングラスをかけたロゴがトレードマーク。これがプリントされたTシャツが人気だ。洗練されたデザインは国内でも評価が高い。ほかにキャップなどのアイテムも手に入る。

⌂ 2F Entertainment Mall, Mall of Asia, Pasay City
TEL (02) 8556-5858
URL teammanilalifestyle.com
営 10:00～22:00　休 なし　CC AMV
※2019年10月現在、改装のため閉店している。

さまざまなラインを展開している

アートワーク
Artwork

マカティ市 MAP P.60-B3
ファッション

ポップなファッションアイテムをプロデュースする人気店。デイビッド・ボウイなどのロックスターをモチーフにしたものをはじめ、店内にはカジュアルなオリジナルデザインのTシャツがずらり。₱150程度からと格安。

⌂ 2F Glorietta1, Ayala Center, Makati City
TEL (02) 2621-5236
URL www.artwork.ph
営 10:00～21:00（金・土～22:00）
休 なし　CC MV
他 BGC店→MAP P.64上

安さとポップさが人気

ホセ
Jose

マカティ市 MAP P.60-B3
ファッション

レザーのハンドバッグや高級感のある南国風のドレス、靴などを扱う、30年以上の歴史を誇る人気ピノイブランド。シューズ産業が盛んなマリキナ発祥のブランドなので、品質にもこだわりがある。

⌂ 2F Glorietta1, Ayala Center, Makati City
TEL (02) 8625-3671
URL jose.com.ph
営 10:00～21:00（金・土～22:00）
休 なし
CC AJMV

クオリティを考えるとリーズナブル

オネシマス
Onesimus

マカティ市 MAP P.60-B3
ファッション

25年以上の歴史をもつ、フィリピンの礼服バロンタガログ（オフィスバロン）を扱う老舗。₱1500くらいからと、とてもリーズナブル。バロンタガログ以外にもシャツや靴などを扱っている。多くのモールに入っている。

⌂ 2F Glorietta2, Ayala Center, Makati City
TEL (02) 8958-6467　URL onesimus.com.ph
営 10:00～21:00（金・土～22:00）　休 なし　CC AJMV
他 BGC店→MAP P.64上、MOA店→MAP P.62-A2、SMメガ・モール店→MAP P.65下右、ロビンソンズ店→MAP P.66-B2

フィリピンの伝統的な衣装を

ベンチ
Bench/

マカティ市 MAP P.60-B3
ファッション

フィリピンで広く認知されているご当地ブランド。創業30年以上を誇り、国内各地はもちろん、世界にも進出している。洋服以外にもコスメもあるなど、幅広い品揃えとリーズナブルな価格で人気。

⌂ GF Glorietta2, Ayala Center, Makati City
TEL (02) 8501-3019
URL www.bench.com.ph
営 10:00～21:00（金・土～22:00）
休 なし　CC AMV　他 MOA店→MAP P.62-A2、BGC店→MAP P.64上、ロビンソンズ店→MAP P.66-B2

最も有名なカジュアルブランド

スパ&マッサージ

ほかのアジア諸国と同様、フィリピンでも町中のマッサージが1時間1000円程度からと格安で受けられる。パッケージやコンボで受けたとしても大変リーズナブルだ。また、最高級ホテルの揃うマニラでは、ラグジュアリーなホテルスパも勢揃い。幅広いバリエーションがフィリピンのスパの特徴といえるだろう。

CHIスパ
CHI Spa

オルティガス・センター MAP P.65下右　ホテルスパ

伝統療法のヒロットや南国ならではの天然素材を生かしたトリートメントがおすすめ。温めたカップで悪い箇所を吸引し血流をよくしていく「ベントーサ」も人気だ。フィリピン・ヒロットは₱4800／1時間30分。

- c/o Edsa Shangri-La, Manila
- TEL (02) 8633-8888
- URL www.shangri-la.com
- 9:00～24:00
- 休 なし
- CC ADJMV

憧れの高級スパ

テワラン・スパ
Devarana Spa

マカティ市 MAP P.61-C3　ホテルスパ

デュシタニ・マニラ（→P.122）内。落ち着いた空間が広がる個室が6つあり、タイ伝統のマッサージをはじめ各種トリートメントが受けられる。おすすめは伝統的なボレヒロット（₱4000／1時間30分）。

- Ayala Center, Makati City
- TEL (02) 8238-8856
- URL www.devaranaspa.com
- 10:00～22:00
- 休 なし
- CC ADJMV

日本人ゲストも多い

ル・スパ
Le Spa

パサイ市 MAP P.62-A2　ホテルスパ

ソフィテル・フィリピン・プラザ・マニラ（→P.122）内にある、フィリピンとフランスの技術が融合したスパ施設。海が一望できるテラス付きのカップルルームは特におすすめ。ヒロット₱3000／1時間）など

- CCP Complex, Roxas Blvd., Pasay City
- TEL (02) 8573-5555
- URL www.sofitelmanila.com
- 10:00～24:00
- 休 なし
- CC ADJMV

ホテルスパでは比較的リーズナブル

ザ・スパ
The Spa

BGC MAP P.64上　デイスパ

BGCのハイストリートにある高級スパ。個室でゆったりとした時間が過ごせ、ジャクージなどの施設も充実している。きれいで料金もそれほど高くないので観光客にも人気がある。ヒロットは₱1430／1時間15分。

- B8, 9th Ave., Bonifacio High Street, BGC, Taguig
- TEL (02) 8856-5858
- URL www.thespa.com.ph
- 13:00～22:30
- 休 なし CC AJMV
- グリーンベルト店→MAP P.60-B3

店内は清潔で高級感がある

アイランド・スパ
Island Spa

マカティ市 MAP P.61-C3　デイスパ

高級感のあるルスタンズ内にあるが、比較的リーズナブル。フットマッサージは₱840／1時間、ホットストーンマッサージは₱1450／1時間30分。リゾート・ワールド・マニラなど、各地に支店あり。

- 5th Level Rustans, Ayala Ave., Makati City
- TEL (02) 8710-8588
- URL www.islandspa.ph
- 10:00～21:00（金・土～22:00）
- 休 なし CC ADJMV
- RWM店→MAP P.62-B3

アヤラ・センターの穴場的デイスパ

SM健康スパ
SM Kenko Spa
パサイ市 MAP P.62-A1

ホテルスパ

ネットワールド・ホテル（→P.125）内。スパ、マッサージだけでなく、スチームバスや日本式のサウナまで楽しめる人気店。1時間のマッサージとサウナが含まれるパッケージが₱980とお得。散髪のサービスもあり。

- 5F Jipang Bldg., Roxas Blvd. Cor. Sen. Gil Puyat Ave., Pasay City
- TEL (02) 8536-7777
- URL jipang-group.com
- 11:00 〜翌2:00
- なし
- CC AJMV

マッサージは指圧、スウィディッシュ、タイなど

ウェンシャ・スパ
Wensha Spa
パサイ市 MAP P.62-A2

健康ランド

ボディマッサージ込みのパッケージ（₱1080）は、6時間滞在可能。ジャクージやサウナでゆっくりしたらフィリピン料理、しゃぶしゃぶの食べ放題。最後に1時間のマッサージを受けられる。空港から近いのも便利。

- Boom na Boom Grounds, CCP Complex Cor., Sen. Gil Puyat Ave., Pasay City
- TEL (02) 8833-9878
- 24時間
- なし
- CC 不可

フライトの待ち時間などにも

アイム・オンセン・スパ
I'm Onsen Spa
マカティ市 MAP P.61-C1

ホテルスパ

ブルゴス通り周辺に立つアイム・ホテル内にあるスパで、インフィニティプールや温水プール、69台ものスパベッドなど、国内最大級のスパ施設を擁する。フィリピン・ヒロットは1時間₱1550〜1950。

- Upper GF, I'M Hotel, 7852 Makati Ave. Cor. Kalayaan Ave., Makati City
- TEL (02) 7755-7877
- 月〜木 12:00 〜翌2:00
  金・土・日 10:00 〜翌3:00
- なし
- CC AMV

高級感のあるキャビン

バーン・クン・タイ
Baan Khun Thai
マカティ市 MAP P.60-B3

マッサージ

タイボディマッサージが₱450／1時間と、町スパのなかでも最も安い店のひとつだが、きれいで施術もなかなか。フィリピンで広くチェーン展開している。アヤラ・センターにあるのでショッピングの休憩にもおすすめ。

- 926 A. Arnaiz Ave., Unit 204 San Lorenzo, Makati City
- TEL (02) 8815-7416
- 12:00 〜 24:00
- なし
- CC 不可

フィリピン各地に展開

ザ・リッツ・スパ
The Ritz Spa
エルミタ＆マラテ地区 MAP P.66-A2

マッサージ

マラテの繁華街に位置するきれいめのスパ。大人数収容可能な戸建てのスパで、料金がリーズナブルなので人気。メニューはマッサージ（₱820／1時間）、フットリフレクソロジー（₱820／1時間）など。

- 1614 M. Adriatico St, Malate, Manila City
- TEL (02) 8523-3333
- 11:00 〜 23:00
- なし
- CC AMV

店内は清潔にされている

山忠
Yamachu
エルミタ＆マラテ地区 MAP P.66-A3

マッサージ

マラテ地区にある日本人に人気のサウナ。入場料₱600を支払えば、ジャクージ、プール、サウナ、フィットネス、ラウンジが5時間使い放題。マッサージ付きのパッケージ（₱850）も用意している。

- 1766 A Mabini st., Malate
- TEL (02) 8354-5035
- 24時間
- なし
- CC 不可

サウナをリーズナブルに楽しめる

ホテル　　　Hotels

マニラにはゲストハウスから豪華ホテルまで、各種宿泊施設が揃っている。ゲストハウスでも1泊3000円も出せば、かなり清潔な部屋に泊まれる。高〜中級ホテルはエアコン、バス、テレビなどが完備されていて居心地がいい。そして、豪華ホテルは、プールやスパ、ショッピングアーケードまでを備えたゴージャスぶりだ。

マニラ・ホテル　$$$
Manila Hotel
マニラ地区　MAP P.63-A3

1912年の開業以来、世界各国のV.I.P.をゲストとして迎え入れてきた格式高いホテル。「世界のベストホテル」をはじめとする数々の賞を受賞したことでも知られていて、ゴージャスかつクラシカルな雰囲気が漂う。

- 1 Rizal Park, Roxas Blvd.
- TEL (02) 8527-0011
- URL manila-hotel.com.ph
- SD ₱6461〜
- 室数 515
- CC AMV

優雅な雰囲気のロビー

シャングリ・ラ ザ・フォート マニラ　$$$
Shangri-La at the Fort, Manila
BGC　MAP P.64 上

2016年にオープンしたBGC随一の高級シティリゾート。全館にわたりモダンさと優雅さを極めたデザインで、レストランなどの施設も一流のものが揃う。特にジム施設の充実度は目を見張るものがある。バー（→P.19）も人気。

- 30th St. corner 5th Ave. BGC, Taguig
- TEL (02) 8820-0888
- URL www.shangri-la.com
- 予約・問合せ シャングリ・ラ ホテルズ＆リゾーツ（日本）Free 0120-944-162
- SD ₱9000〜
- 室数 576
- CC ADJMV

客室棟は18-40階にあり景色もいい

コンラッド・マニラ　$$$
Conrad Manila
パサイ市　MAP P.62-A3

2016年、SMモール・オブ・アジアの隣にオープン。独特のフォルムをした外観、近未来的でスタイリッシュなインテリアが印象的な5つ星ホテルだ。マニラ湾を一望できる最高のロケーションで人気。

- Seaside Blvd. Cor. Coral Way, Mall of Asia Complex, Pasay City
- TEL (02) 8833-9999
- URL conradhotels3.hilton.com
- SD ₱8000〜
- 室数 347
- CC ADJMV

SMモール・オブ・アジアに近いので便利

ラッフルズ・マカティ　$$$
Raffles Makati
マカティ市　MAP P.60-B3

2012年末にオープンした豪華ホテル。外観は30階建ての近代的な高層ビルだが、一歩足を踏み入れるとそこは別世界。伝統的なコロニアル調のインテリアでまとめられ、優雅な滞在を楽しむことができる。

- 1 Raffles Dr., Makati Ave., Makati City
- TEL (02) 7795-0777
- URL www.raffles.jp/makati
- SD ₱1万2250〜
- 室数 32
- CC ADMV

豪華な雰囲気のロビー

フェアモント・マカティ　$$$
Fairmont Makati
マカティ市　MAP P.60-B3

アヤラ・センターの中心部、ラッフルズ・マカティ（→上記）と同建物内にある高級ホテル。6つのレストランにラウンジ、スパ、屋外プールなど施設が充実。機能的で快適な客室で、ビジネス客の利用も多い。

- 1 Raffles Dr., Makati Ave., Makati City
- TEL (02) 7795-1888
- URL www.fairmont.jp/makati
- SD ₱8000〜
- 室数 280
- CC AMV

ビジネス利用に快適な環境

ザ・ペニンシュラ マニラ $$$
The Peninsula Manila
マカティ市 MAP P.60-B2

ロビーは、まるでヨーロッパの宮殿を思わせる雰囲気。客室も広々として、落ち着いたインテリアでまとめられている。財界のVIPなどがよく利用するだけあり、サービスもこまやか。スパ施設もある。

- Cor. Ayala & Makati Ave., Makati City
- TEL (02) 8887-2888
- URL www.peninsula.com
- SDP7400～
- 室数 469
- CC ADJMV

広々としたデラックス・スイートルーム

マニラ・マリオット・ホテル $$$
Manila Marriott Hotel
空港周辺 MAP P.62-B3

空港ターミナル3の目の前にある8階建てのホテル。RWMに隣接しているので、屋外へ出ることなくカフェやレストラン、映画館へもアクセス可。ビジネス客が多いが、トランジットの際の利用にも最適。

- 2 Resorts Drive, Pasay City
- TEL (02) 8988-9999
- URL www.marriott.co.jp
- SDP1万2000～
- 室数 570
- CC ADJMV

ニューポート・シティを代表するホテル

デュシタニ・マニラ $$$
Dusit Thani Manila
マカティ市 MAP P.61-C3

マカティのなかで日本人の宿泊が多いホテルのひとつで、ホテル内設備が充実。周囲にはレストランが多いうえ、マカティの商業地区の中心に位置しているので、ショッピングにも最適だ。テワラン・スパ（→P.119）も人気。

- Ayala Centre, 1223 Makati City
- TEL (02) 7238-8888
- URL www.dusit.com
- SDP5700～
- 室数 500
- CC ADJMV

ツインルームも広々としている

エドサ シャングリ・ラ マニラ $$$
Edsa Shangri-La, Manila
オルティガス・センター MAP P.65下右

買い物を楽しむにはとても便利な立地。タワーウイングとガーデンウイングの2棟ある。客室内はもちろん、ホテル施設もレストラン、スパ、ジム、プールなど完備していて文句なしの豪華さ。憧れのCHIスパ（→P.119）も人気。

- 1 Garden Way, Ortigas Centre, Mandaluyong TEL (02) 8633-8888
- URL www.shangri-la.com
- 予約・問合せ シャングリ・ラ ホテルズ＆リゾーツ（日本） Free 0120-944-162
- SDP1万3000～ 室数 631
- CC ADJMV

タワーウイングのプレミアルーム

マカティ シャングリ・ラ マニラ $$$
Makati Shangri-La, Manila
マカティ市 MAP P.60-B3

ゴージャスなロビー、スタッフのきめ細かなサービス、ホテル内施設の充実ぶりなど、まさに世界のシャングリ・ラの名にふさわしい。ホテル内には8軒のレストランやバーがあり、美食家も満足できる。

- Ayala Ave., Cor. Makati Ave., Makati City
- TEL (02) 8813-8888
- URL www.shangri-la.com
- 予約・問合せ シャングリ・ラ ホテルズ＆リゾーツ（日本） Free 0120-944-162
- SDP1万7000～
- 室数 696 CC ADJMV

柔らかみのあるデラックスルーム

ソフィテル・フィリピン・プラザ・マニラ $$$
Sofitel Philippine Plaza Manila
パサイ市 MAP P.62-A2

きれいなプールと開放感あふれるロビーはトロピカルムード満点で、ここがマニラであることを忘れてしまうほど。マニラ湾に向かって打つゴルフレンジ、テニスコートも完備。リゾート感覚が味わえる。

- CCP Complex, Roxas Blvd., Pasay City
- TEL (02) 8573-5555
- URL sofitelmania.com
- SDP1万3000～
- 室数 609
- CC AMV

マニラ湾を望む豪華な客室

ダイヤモンド・ホテル・フィリピン $$$
Diamond Hotel Philippines
エルミタ&マラテ地区 MAP P.66-A2

ゴージャスで落ち着いたインテリアの客室はまさに快適空間。ロハス通り沿いに位置する好立地で日本人客も多い。最上階のスカイラウンジからはマニラ湾沿いを彩るイルミネーションが見渡せる。

住 Roxas Blvd., Cor. Dr. J. Quintos St., Malate
TEL (02) 8528-3000
URL www.diamondhotel.com
料 SDP1万7000〜
室数 482
CC AMV

日本人観光客に人気が高い

シェラトン・マニラベイ $$$
Sheraton Manila Bay
エルミタ&マラテ地区 MAP P.66-A3

かつてのパン・パシフィックが2019年にマリオットグループのシェラトンブランドに。エルミタ地区でも指折りの高級ホテルで、豪華な施設もそのまま。近くにはおいしいレストランも多いし、ロビンソンズ(→P.115)もある。

住 M. Adriatico St., Cor. Gen. Malvar St., Malate
TEL (02) 5318-0788
URL www.marriott.co.jp
料 SDP5110〜
室数 233
CC ADJMV

広々とした高級感のあるロビー

ニュー・ワールド・マニラ・ベイ・ホテル $$$
New World Manila Bay Hotel
エルミタ&マラテ地区 MAP P.66-A2

Wi-Fiやコーヒーメーカー、DVDプレーヤーなど、室内設備が充実。ホテル内には、626基ものスロットマシンが配置されたカジノもあり、ゲストを飽きさせない施設がめじろ押しだ。客室からの景色もよい。

住 1588 Pedro Gil St., Cor. M.H. del Pilar St., Malate
TEL (02) 8252-6888
URL manilabay.newworldhotels.com/jp
料 SDP1万6000〜
室数 376
CC ADJMV

充実の客室設備を誇る

ニュー・ワールド・マカティ・ホテル $$$
New World Makati Hotel
マカティ市 MAP P.60-B3

おしゃれなバーやレストラン、ブティックが建ち並ぶグリーンベルトに近く、ショッピングに便利。フィリピンの最新トレンドを感じることができる。スパ、レストラン(ジャスミン→P.110)、プールなども完備している。

住 Esperanza St., Cor. Makati Ave., Ayala Center, Makati City
TEL (02) 8811-6888
URL manila.newworldhotels.com
料 SDP1万〜
室数 580
CC ADJMV

緑豊かなグリーンベルト公園の近くに立つ

マルコポーロ・オルティガス、マニラ $$$
Marco Polo Ortigas, Manila
オルティガス・センター MAP P.65下段

2014年春にオープンした高級ホテル。45階建ての高層ビルで、ロビーやバー、客室からマニラの市街を一望できる。屋内プールやスパ、レストランなどの施設も充実している。バーのビューズは有名な夜景スポット。

住 Meralco Ave. & Sapphire St., Ortigas Center, Pasig City
TEL (02) 7720-7777
URL www.marcopolohotels.com
料 SDP1万2500〜
室数 316
CC ADJMV

昼夜ともに眺めのよい24階のロビー

グランド・ハイアット・マニラ $$$
Grand Hyatt Manila
BGC MAP P.64上外

BGCの北に位置するアップタウンにできた高級ホテル。プールやレストランなどのリゾート施設はゴージャスで、特に最上階の「ザ・ピーク」は夜景の楽しめるレストランとして人気。アップタウン・モールへは歩いてすぐ。

住 8th Ave. Cor. 35th St., BGC, Taguig City
TEL (02) 8838-1234
URL www.hyatt.com
料 SDP1万6000〜
室数 461
CC ADJMV

マニラでも指折りのシティリゾート

シェラトン・マニラ・ホテル $$$
Sheraton Manila Hotel
空港周辺 MAP P.62-B3

2019年、リゾート・ワールド・マニラにできたホテル。客室は最低でも44㎡と広々で、防音対策もばっちり。メインレストランではサスティナブルなフードを用意するなど、トレンドを取り入れている。

- 80 Andrews Ave., Pasay City
- TEL (02) 7902-1800
- URL www.marriott.co.jp
- SDP3万～
- 室数 386
- CC ADJMV

ゆったり滞在できる

センチュリー・パーク・ホテル $$
Century Park Hotel
エルミタ＆マラテ地区 MAP P.62-A1

ホテルの住所はマラテ地区だが、周りはわりに静かな地域。ホテル内にある日本料理店「築地」では、寿司から鉄板焼きまで一流の料理が楽しめる。また、マニラ動物園などの見どころにも近いのが魅力だ。

- 599 P. Ocampo St., Malate
- TEL (02) 8528-8888
- URL www.centurypark.com
- SDP7000～
- 室数 465
- CC ADJMV

観光に便利な場所にある

ザ・ヘリテージ・ホテル・マニラ $$
The Heritage Hotel Manila
パサイ市 MAP P.62-A2

1階のレストラン「リビエラ・カフェ」でのインターナショナルビュッフェは、和・洋・中・エスニックなどメニュー豊富。空港から近く、高架鉄道2ラインを利用できるので、立地的にもたいへん便利だ。

- Roxas Blvd., Cor. Edsa Ave., Pasay City
- TEL (02) 8854-8888
- URL www.millenniumhotels.com
- SDP4000～
- 室数 450
- CC ADJMV

高級感漂うスーペリアルーム

ザ・ベイリーフ $$
The Bayleaf
マニラ地区 MAP P.63-B2

2011年にオープンしたイントラムロス内に立つホテル。窓の向こうにはイントラムロスの歴史的な町並みとマニラ湾を眺めることができる。特に屋上のバー（→P.113）からの眺めは最高だ。レストランも評判がいい。

- Muralla Cor. Victoria St., Intramuros, Manila
- TEL (02) 8318-5000
- URL www.thebayleaf.com.ph
- SDP4100～
- 室数 57
- CC AJMV

室内設備も充実している

ホテルH₂O $$
Hotel H₂O
マニラ地区 MAP P.63-A4

マニラ・オーシャン・パーク内にあるデザインホテル。全面ガラス張りの窓からはマニラ湾やパーク内を一望。壁の一部が水槽という造りで、海中にいるような気分が楽しめるアクアルームもある。

- c/o Manila Ocean Park, Luneta, Manila
- TEL (02) 7238-6100
- URL www.manilaoceanpark.com/hotel-h2o
- SDP4100～
- 室数 147
- CC AJMV

アシカのショーなどが見える部屋も

ホテル ジェン マニラ $$
Hotel Jen Manila
パサイ市 MAP P.62-A1

空港にも近く、便利なロケーション。客室は6タイプで、いずれもコンテンポラリーなインテリアでまとめられている。レストランやバー、プールやフィットネスセンターなどホテル内施設も充実。クラブラウンジからの眺めもすばらしい。

- 3001 Roxas Blvd., Pasay City
- TEL (02) 7795-8840
- URL www.hoteljen.com
- 予約・問合せ シャングリ・ラ ホテルズ＆リゾーツ（日本） Free 0120-944-162
- SDP4700～
- 室数 309
- CC ADJMV

スタイリッシュなデラックスルーム

※共と記してある場合は共同となります。

セダ・ホテル $$

Seda Hotel

BGC MAP P.64 上

- 30th St. Cor. 11th Ave., BGC, Taguig
- TEL (02) 7945-8888
- URL www.sedahotels.com
- SDP7936～
- 室数 542
- CC ADJMV

ミンダナオを中心にフィリピンで5軒のホテルをもつセダ・ホテル。セダとは現地の言葉で"シルク"を意味し、その名の通り、高級感のあるデザインを売りにしている。屋上にあるバー（→P.113）も人気がある。

BGCのなかでもかなり便利な立地にある

ピカソ・ブティック・サービス・レジデンス $$

Picasso Boutique Serviced Residences

マカティ市 MAP P.60-B2

- 119 L.P. Leviste St., Salcedo Village, Makati City
- TEL (02) 8828-4774
- URL www.picassomakati.com
- SDP3572～
- 室数 136
- CC ADJMV

マカティのサルセド地区にあるサービスアパートメント。機能的な客室とおしゃれさがうけ、外国人ビジネスマンなどに高い人気を誇り、長期滞在者も多い。ジムやスパなど、付帯設備も充実している。

周囲にもおしゃれなカフェやレストランが多い

ルネタ・ホテル $$

Luneta Hotel

エルミタ＆マラテ地区 MAP P.63-A4

- 414 T.M.Kalaw St., Ermita
- TEL (02) 8875-8921～25
- SDP5600～
- Su P1万
- 室数 27
- CC MV

アメリカ大使館に近いカーラウ通りに、歴史ある建物を改装してオープンした欧風プチホテル。重厚なたたずまいで、全体にしゃれた雰囲気が漂っている。カフェとレストランを併設。眺めのいい庭園もある。

エレガントな雰囲気の室内

アメリ・ホテル・マニラ $$

Amelie Hotel Manila

エルミタ＆マラテ地区 MAP P.66-B3

- 1667 Bocobo St., Malate
- TEL (02) 8875-7888
- URL www.ameliehotelmanila.com
- SDP4200～5400
- 室数 69
- CC AJMV

2015年、マラテ地区にオープンしたブティックホテル。客室はデラックスとエグゼクティブに分かれ、いずれも洗練された雰囲気。プールやジムもあり、ちょっとしたシティリゾート気分を味わえる。

すっきりとしたシックな内装

KLタワー・サービス・レジデンス $$

KL Tower Serviced Residences

マカティ市 MAP P.60-A3

- 1229 Makati, 117 Gamboa St., Legaspi Village, Makati City
- TEL (02) 8845-0084
- URL kltower.ph
- SDP3376～
- 室数 100
- CC AJMV

日本人ビジネスマンもよく利用している設備の整った宿泊施設。客室には電気コンロやレンジ、ケトルなどが完備され、まさに暮らすように滞在することができる。プールやサウナ、ジムもある。

小さなキッチンのついたスタジオデラックス

ネットワールドホテル スパ＆カジノ $$

Networld Hotel Spa & Casino

パサイ市 MAP P.62-A1

- Jipang Bldg., Roxas Blvd., Cor. Sen Gil Puyat Ave., Pasay City
- TEL (02) 8536-7777
- URL www.networldhotel.com
- SDP2900～5500
- 室数 89
- CC ADJMV

日系のホテルなので言葉の心配も不要。日本食レストランや大浴場、サウナ、カジノまで揃い、宿泊者は無料で大浴場と日本式サウナが利用できる。空港の無料送迎サービスがあるのもうれしい。

全室にウォシュレットが付いている

ベスト・ウエスタン・ホテル・ラ・コロナ・マニラ $$
Best Western Hotel La Corona Manila　エルミタ&マラテ地区 MAP P.66-A1

近代的な設備を整えていながらも、リーズナブルに客室を提供しているベスト・ウエスタン。エルミタの雑踏にあるが、ほかの中級ホテルとはひと味違った高級感をもつ。スタッフの応対もよい。

住 1166 M. H. Del Pilar St. Cor. Arquiza St., Ermita
TEL (02) 8524-2631
URL www.bestwesternhotelmanila.com
料 SD ₱3000～
室数 57
CC AJMV

1階にあるレストラン

Zホステル $$
Z Hostel　マカティ市 MAP P.61-C1

ブルゴス通り周辺にあるモダンで清潔なホステル。ドミトリーが₱700～とバックパッカーにはうれしいかぎり。絶景を楽しめるルーフトップバー(→P.19)、おしゃれなカフェなど施設も充実し、セキュリティも万全だ。

住 5660 Don Pedro St., Makati City
TEL (02) 8856-0851
URL zhostel.com
料 SD ₱2200
Dm ₱700～ (女性専用₱799)
室数 30
CC AJMV

ベッドが8台あるドミトリー

レッド・プラネット・マビニ $$
Red Planet Mabini　エルミタ&マラテ地区 MAP P.66-A3

アジアでホテルを展開するレッド・プラネット。客室はシンプルだが清潔に保たれていて、鍵がなくてはエレベーターに乗れないなど、セキュリティも万全なので安心して滞在できる。1階にある飲茶店も美味。

住 1740 A. Mabini St., Malate
TEL (02) 8708-9888
URL www.redplanethotels.com
料 SD ₱1800～
室数 167
CC AJMV

シンプルだが快適な客室

レッド・プラネット・マカティ $$
Red Planet Makati　マカティ市 MAP P.61-C1

中級ホテルの多いブルゴス通り周辺では比較的リーズナブルに泊まれる。そのぶん、若干部屋が狭く感じるが、総合的にコストパフォーマンスはよい。スタッフも親切に応対してくれ好印象。周囲にはレストランなども豊富。

住 E. Mercado Cor. F. Calderon St., Kalayaan Ave., Makati City
TEL (02) 8817-0888
URL www.redplanethotels.com
料 SD ₱1960～
室数 213
CC ADJMV

狭いながらに工夫を凝らしている

ラ・カシータ・メルセデス $$
La Casita Mercedes　マカティ市 MAP P.61-D1

格安宿の多いブルゴス通りとロックウェルの間に位置する、歴史ある建物を改装したペンション。建物は古いが、味のあるおしゃれな内装で、日本人もよく利用している。料金もリーズナブルでおすすめ。

住 5956 Enriquez Cor. Fermina St., Poblacion, Makati City
TEL (02) 8887-4385、0977-720-0440 (携帯)
URL lacasitamercedes.com
料 SD ₱1500～2900
室数 7
CC AMV

スタッフの応対も親切

V ホテル $
V Hotel　エルミタ&マラテ地区 MAP P.66-A3

バジェットルームには男女別にそれぞれ共同シャワーとトイレが付いているが、いずれも広くて清潔。共同のラウンジスペースにはソファとテレビがあり、くつろぐことができる。最上階には屋外プールもある。

住 1766 M. Adriatico St., Malate
TEL (02) 5328-5553
URL www.vhotelmanila.com
料 SD ₱1200～2800
室数 58
CC AJMV

清潔なバジェットルームは重宝されている

マラテ・ペンション $
Malate Pensionne
エルミタ＆マラテ地区 MAP P.66-A3

1974年にオープンして以来、アットホームな雰囲気と風情ある建物、そしてサービスのよさが人気で、世界各国の旅行者たちに親しまれてきた。屋外にはリラックスできるガーデンカフェがある。

- 1771 M. Adriatico St., Malate
- TEL (02) 8523-8304
- URL www.mpensionne.com.ph
- Dm ₱490 S D ₱950〜1200
- S D ₱1100〜2000(🍴) Su ₱4000(🍴)
- 室数 52
- CC MV

リーズナブルなエコタイプの客室

ホテル・ソリエンテ $
Hotel Soriente
エルミタ＆マラテ地区 MAP P.66-A1

ボコボ通りとフローレス通りの交差点にある穴場ホテル。中・高級ホテルの多いエルミタ地区のなかでは割安感がある。室内は木製の家具を使い、あたたかみのある雰囲気で落ち着ける。1階はコンビニ。

- 545 A. Flores & J.C. Bocobo St., Ermita
- TEL (02) 8525-7304
- URL www.hotelsoriente.com
- S D ₱2050
- 室数 54
- CC AJMV

ほかの同級ホテルに比べて客室が広々

マビニ・ペンション $
Mabini Pension
エルミタ＆マラテ地区 MAP P.66-A2

マビニ通り沿いにあるゲストハウス。2階にインフォメーションカウンターがあり、旅の情報を求めて旅行者がよく訪ねてくる。2階のベランダには、宿泊者がくつろげる開放的なスペース（Wi-Fiあり）もある。

- 1337 A. Mabini St., Ermita
- TEL (02) 8523-3930
- Mail reservations@mabinipension.com
- S D ₱680〜880 (🍴)
- S D ₱1100〜1800
- 室数 25 CC 不可

※2019年10月現在、改装につき閉鎖中。

窓も大きく開放的

タンバヤン・カプセル・ホテル $
Tambayan Capsule Hotel
エルミタ＆マラテ地区 MAP P.66-B2

1940年に建てられた古い建物をクラシックに改装したリーズナブルな宿。日本のカプセルホテルにインスパイアされたカプセル型のドミトリーが人気だ。レストラン(→P.106)もたいへん評判がよい。

- 1607 J. Bocobo St., Malate
- TEL (02) 8521-8835
- URL www.tambayanhostel.com
- S D ₱1200〜2850 Dm ₱600〜650
- 室数 19
- CC AJMV

2016年2月にオープン

テンテン・ホテル $
10 10 Hotel
アラバン MAP 折込裏-B2外

2018年、アラバンの中心地にオープンしたネットワールドホテル(→P.125)の姉妹ホテル。ニノイ・アキノ国際空港からは車でわずか20分だ。リーズナブルな価格帯が魅力で、客室はスタンダード、デラックスなど4タイプ。

- South Superhighway Cor. Montillano St., Alabang, Muntinlupa
- TEL (02) 8511-1010
- URL jipang-group.com
- ₱1450〜3500
- 室数 69
- CC ADJMV

格安できれいな部屋に泊まることができる

ペンション・ナティビダッド $
Pension Natividad
エルミタ＆マラテ地区 MAP P.66-A3

ダイヤモンド・ホテルの近く。ドミトリーで安く泊まることもできるし、エアコンとシャワー付きの客室で快適に過ごすこともできる。くつろげるコーヒーショップがあり、宿泊客には日本人も多い。Wi-Fiはロビーでのみ。

- 1690 M.H. del Pilar St., Malate
- TEL (02) 8521-0524
- URL www.pensionenatividad.com
- Dm ₱400 S D ₱1000 (🍴)
- S D ₱1200 S D ₱1700 (🍴)
- 室数 40
- CC MV

冷房付きの客室もある

ホップ・イン・エルミタ $
Hop Inn Ermita
エルミタ&マラテ地区 **MAP** P.66-A3

タイ発のバジェットホテル。ポップでシンプルなデザインとリーズナブルな価格が特徴だ。エルミタの中心地にあり、夕日で有名なベイウォークまでも至近。客室はきれいで値段の割に設備も充実している。

⌂ 1850 M.H Del Pilar St. Malate, Manila 1004
TEL (02) 8528-3988
URL www.hopinnhotel.com
料 SDP2081～
室数 168
CC MV

隣におしゃれなカフェがある

アドリアティコ・アームズ・ホテル $
Adriatico Arms Hotel
エルミタ&マラテ地区 **MAP** P.66-A3

マラテ地区のにぎやかな一角にある中級ホテル。徒歩圏内にレストランやショッピングモールなど、何でもあってとても便利だ。部屋はとてもきれい。昔ながらのコーヒーショップが1階にあるので、忙しい朝にも便利だ。

⌂ 561 J.Nakpil St., Cor. M. Adriatico St., Malate
TEL (02) 8521-0736
料 SDP1950～2700
室数 24
CC ADJMV

1回にある渋い雰囲気のカフェ

ミッドタウン・イン $
Midtown Inn
エルミタ&マラテ地区 **MAP** P.66-B1

ロビンソンズ・プレイスの目の前に位置。周辺はレストランや両替所も多く、とても便利だ。客室は、ベッドが置いてあるだけのシンプルなものだが、清潔でなかなか味がある。昔ながらのダイナーがある。

⌂ 551 Padre Faura St., Ermita
TEL (02) 8525-1403
Mail midtown_inndiner@yahoo.com
料 SP900～1100 DP1000～1200
SP1150～1350(共同)
DP1300～1500(共同)
室数 15 CC 不可

なかなか使い勝手のいい宿

マニラ・ロータス・ホテル $$
Manila Lotus Hotel
エルミタ&マラテ地区 **MAP** P.66-A1

ルームサービス、ツアーのアレンジ、マッサージサービス、空港送迎などサービスが充実している。従業員の感じもいい。

⌂ 1227 A. Mabini St., Cor. Padre Faura St., Ermita
TEL (02) 8522-1515
URL www.manilalotus.com
料 SDP2800～
室数 116
CC AJMV

ホワイト・ナイト・ホテル・イントラムロス $$
White Knight Hotel Intramuros
マニラ地区 **MAP** P.63-B2

スペイン統治時代に建てられた歴史的建造物を改装した趣あるホテル。その石造りの重厚な外観が特徴的で、観光にも便利なロケーション。

⌂ Plaza San Luis Complex, General Luna St., Cor. Urdeneta St., Intramuros, Manila
TEL (02) 8525-2381
料 SDP2625
室数 29
CC AJMV

カバヤン・ホテル $
Kabayan Hotel
パサイ市 **MAP** P.62-B2

各地へのバスターミナルへも歩いてすぐというロケーションに立つので、長距離バスを利用する前後に泊まると便利。セキュリティも万全だ。

⌂ 2878 P. Zamora St., Cor. Edsa Ave., Rotonda, Pasay City
TEL (02) 8702-2700
URL www.kabayanhotel.com.ph
料 DmP1050 SP1599～
DP1999～
室数 276 CC AMV

ムーン・ガーデン・ペンション・イン $
Moon Garden Pension Inn
エルミタ&マラテ地区 **MAP** P.66-B3

アットホームな安宿。夜になると施錠されるなど、セキュリティがしっかりしているので安心。ただ、下にカラオケ店があるので、週末は騒々しい。

⌂ 1718 J.C. Bocobo St., Malate
TEL (02) 8524-9974
料 SDP450～700(共同)
SDP900(共同)
室数 22
CC 不可

ザ・ウイングス・トランジット・ホテル $
The Wings Transit Hotel
空港ターミナル3 **MAP** P.53

ニノイ・アキノ国際空港ターミナル3の4thフロアにオープンしたトランジットホテル。カプセルタイプと個室があり、PCやマッサージ設備もある。

⌂ NAIA Terminal 3, 4th Level Mall Area, Pasay City
TEL (02) 8886-9464
Mail thewings@jipang-group.com
料 DmP1000 DP1800
FP3200
室数 34 CC ADJMV

ユニバーシティ・ホテル $
University Hotel
ケソン市 **MAP** 折込裏-B1

フィリピン大学構内にある宿。近くには、朝早くから開いているU.Pショッピングセンターがあるので、好きなときに買い物ができて便利。

⌂ Guerrero St.,U.P. Campus, Diliman, Quezon City
TEL (02) 8426-0674
URL universityhotel.ph
料 SDP2810～
室数 59
CC AJMV

マニラのナイトライフ

ちょっとひと息コラム

今、ナイトスポットとして注目を浴びているのは、マカティ市のブルゴス通り周辺、ケソン市のケソン通り、クバオ、イーストウッド・シティ、トーマス・モラト通り周辺、マラテ地区のアドリアティコ通り、J.ナックピル通り周辺など。マニラでは、いろいろなナイトライフが堪能できる。ここでは、そのいくつかを紹介しよう。

バーラウンジ
大きなホテルにはバーラウンジがあり、ライブのバンド演奏が楽しめる。ときには地元の有名歌手も歌いに来る。帰るときにはウエートレスに合図をして伝票を持ってきてもらい、テーブルで支払う。たいていショーチャージを取られるが、予算は飲み物を2杯くらい飲んで、₱500～700程度。安心して飲める場所が多い。

ライブハウス
いろいろなタイプがあるが、やはりロックが主流。最近は、ラテンバンドの出演するライブハウスなども人気だ。エントランスフィーは場所によって違うが、₱100～300、ビールは₱100前後だ。一般的にビールは安いが、ほかのアルコール類は高い。地元の人と同じくビールを飲むのが安く上げるコツだ。

カラオケバー
日本の歌をおいてあるところはカラオケバー、英語やタガログ語の歌しかおいてないとミュージックラウンジと呼ばれる。カラオケバーには、たいてい日本語が話せる女の子がいる。通常10～30人くらいの女の子たちのなかの何人かを選んで席に呼ぶというのがパターン。1杯₱300前後なので、₱1000～2000はすぐにいってしまう。

ショー・ナイト・クラブ
ちょっとセクシーなショーを観たければ、ショー・ナイト・クラブへ。ここはハッキリいって高い。さらに、店によってシステムがまったく違う。中央にステージがあり、簡単なストリップを交えたショーがある。店に入るとまず、女の子を選ばされる。実はその女の子たちの飲むドリンクが高いのだ。1杯₱150程度なので、1時間で₱1000はいってしまう。

クラブ＆ディスコ
マニラの若者の遊び場は、やはりクラブやディスコ。ディスコは若者だけでなく、中年層も多いのが特徴だ。エントランスフィーとドリンクで₱300くらいで済む。最近は、欧米系のダンスミュージック（ヒップホップ、ハウス、テクノ）などを主体としたクールなクラブも増えている。

ボール・ルーム（ダンシング・クラブ）
これは俗にいう社交ダンスで、店にインストラクターがいる。カップルやグループで踊りに来ている人も多い。彼らにドリンクをおごって教えてもらうというシステムで、1杯₱300程度。エントランスフィーを取るところもあるが、概して安い。

ゴーゴーバー
マニラで最もポピュラーな夜の遊び場は、ゴーゴーバーだろう。店の真ん中にステージがあり、そこでたくさんの女の子たちが水着姿で踊っている。気に入った女の子を席に呼んでドリンクをおごれば、話し相手になってくれる。1杯₱300くらいだ。しかし、女の子が次々に寄ってきて飲み物をたかるので、気をつけよう。

出会い系カフェ
基本的には入場料もなければ、バーファイン（女性スタッフを外に連れ出す際の料金）もいらないので安く上がる。ただし、店のスタッフが客を管理しているわけではないので、何かと問題が起きる可能性が高い。

カジノ
マニラにあるカジノは、たいてい大きなホテルの中などにあるので安心だ。スロットマシンをはじめ、ルーレットやブラックジャックなどが楽しめる。キャッシャーでお金をチップに交換してもらい、さっそく挑戦してみよう。

ぷらっと、旅に出よう。

もっと気軽に旅をして欲しいという思いを込めて
「地球の歩き方Plat」シリーズが生まれました。
軽くて持ち歩きにも便利なコンパクト版なのに、
とっても中身が濃いのは地球の歩き方が作っているから。
限られた時間の中で効率よく旅するための情報を
「72時間で目一杯楽しむ」ことをテーマに
ギュギュッと詰め込んで一冊にまとめました。

Enjoy Your 72 HOURS

地球の歩き方 Plat [ぷらっと]

- 01 パリ
- 02 ニューヨーク
- 03 台北
- 04 ロンドン
- 05 グアム
- 06 ドイツ
- 07 ベトナム
- 08 スペイン
- 09 バンコク
- 10 シンガポール
- 11 アイスランド
- 12 ホノルル
- 13 マニラ/セブ
- 14 マルタ
- 15 フィンランド
- 16 クアラルンプール/マラッカ
- 17 ウラジオストク
- 18 サンクトペテルブルク/モスクワ
- 19 エジプト
- 20 香港
- 21 ブルックリン
- 22 ブルネイ
- 23 ウズベキスタン [サマルカンド/ヒヴァ/タシケント]
- 24 ドバイ

自分流の気軽な旅に、ちょうどいい地球の歩き方

www.arukikata.co.jp/plat

古今東西の文化が息づく地域へ

✦ LUZON
ルソン

世界遺産に登録されているバタッドのライステラス

マニラ近郊 ······················· P.134
ルソン島北部 ····················· P.174
ルソン島南部 ····················· P.212

棚田のビューポイントで観光客を待つイフガオ族の老人

ルソン島は、政治・経済・文化の発信地マニラを中心に、マニラ近郊、北部、南部に大きく分けることができる。北部では"夏の首都"のバギオ、棚田で有名なバナウェなど、緑あふれる山々が多彩な表情を見せる。ビガンには、スペイン時代の面影が色濃く残る世界遺産がある。南部のマヨン火山はフィリピンのシンボルでもあり、富士山のようにそびえ立つ姿が雄大だ。そして、マニラ近郊には、まだまだ知られざるリゾートが点在する。

Luzon

1 "ルソン富士"とも呼ばれるマヨン火山　2 "北のボラカイ"と呼ばれるバグドゥプッドゥのビーチ　3 サガダでは岩壁に棺を括り付けるという風習が見られる　4 スペイン風の町並みが残るビガン

地理

首都マニラから北と南東に細長く広がるルソン島の面積は、10万4688km²。北海道と岩手、青森県を合わせた大きさで、フィリピン総面積の約3分の1を占める。北部のコルディリラ地方は標高1000m級の高原からなる、フィリピンいち山深い地域だ。

気候

ルソン島は台風の通過点となっていて、場所により気候もだいぶ違ってくる。西側は雨季（5〜10月）と乾季（11〜4月）がはっきりと分かれ、マニラ周辺は6〜10月に多量の雨が降る。内陸は雨季と乾季の明確な区別はないが、1〜3月には雨が少ない。東側やビサヤ海に面した南部は、年間をとおしてかなりの雨が降る地域となっている。

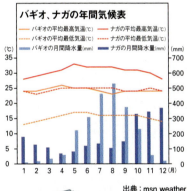

出典：msn weather

特徴

ルソン島の最大の特徴は、古今東西の文化が流れ込み、独特の世界をつくり出しているところ。古くは東南アジアからの民族がこの地に住み着いたことから始まり、イスラム文化の波、スペインの侵略、アメリカ統治時代を経て、ルソン島内でもさまざまな風俗や文化が生まれた。ルソン島北部には、スペイン情緒あふれる町並みが広がるなか、少し山間部へ行けば今もなお昔ながらの伝統を受け継ぐ民族が暮らしている。南部のビコール地方では、ビコール語が話され、独自の文化圏を形成している。

ルート作りのポイント

ルソン島を一度で全部回るのはかなりの時間を要する。特にバナウェやボントックなど、ルソン島北部の山間部へは陸路で行くしか交通手段はなく、さらに険しい道のため、距離以上に時間がかかる。まず、自分はどこへ行きたいのかを決め、的を絞って計画を立てるといいだろう。マニラ近郊であれば、日帰りで行くこともできる。南部へは国内線の飛行機も頻繁に飛んでいるので、陸路移動と上手に組み合わせれば時間短縮で多くを巡ることも可能だ。

Route 1 世界遺産が点在するルソン北部へ

ルソン島北部の山間部は、陸路で行くしかない。じっくり回るなら最低でも1週間は必要だろう。特に雨季は、思った以上に移動に時間を要するため、余裕のあるスケジュール作りが求められる。時間に余裕があるのであれば、世界遺産巡りに加え、個性的な島々が点在するハンドレッド・アイランズのビーチでのんびりするのもいいだろう。

Route 2 変化に富んだルソン南部を巡る

ルソン南部も北部同様、移動に時間がかかる。ナガとレガスピにはマニラからの国内線が飛んでいるので、行きか帰りのどちらかで利用すれば時間を短縮できる。時間に余裕のある人はタバコからカタンドゥアネス島へフェリーで往復してもおもしろい。

マニラ近郊

マニラ近郊には、避暑地として人気のタガイタイやマニラからの日帰りツアーに最適なパグサンハン、リゾート地として注目のカラバルソンやプエルト・ガレラなど見どころが多い。マニラから車で1～3時間ほどの範囲にありながらも、これらのエリアには、どこか遠くの土地に来てしまったような風景が広がっている。ときには農家が飼育しているヤギが道路の真ん中で居眠りをしていることもあるし、鳥小屋の中にいるはずのニワトリが道を横切っていったりする。せっかくなのだから、マニラを飛び出して違った世界をのぞいてみてはどうだろう。多彩な表情をもつフィリピンの等身大の姿に、誰もが心を打たれるに違いない。

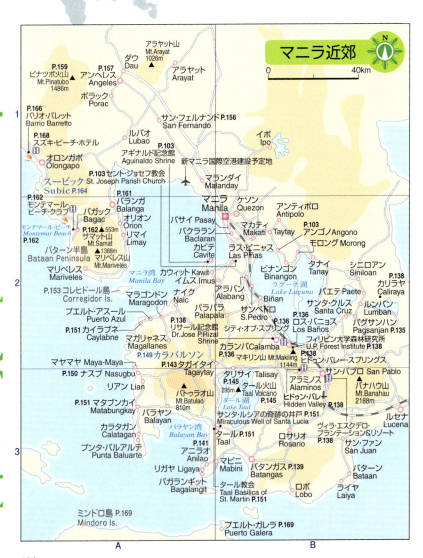

急流下りが人気

パグサンハン
Pagsanjan

MAP 折込表-B2

カリラヤから見たラグーナ湖

　マニラの南東約105kmにあるパグサンハンは、マニラからの日帰り観光コースとして有名な町だ。スリリングな急流下りがその人気の秘密。ここはまた、映画のロケ地に使われることも多く、フランシス・F・コッポラ監督の『地獄の黙示録』や和田勉監督の『ハリマオ』もここで撮影された。パグサンハンは国内最大の湖、ラグーナ湖を挟んでマニラの対岸に位置する町で、ラグーナ湖に沿って約40km南西へ行ったロス・バニョスLos Bañosにはフィリピン大学がある。周辺にあるヒドゥン・バレーHidden Valleyは高級リゾート地だ。また、サン・パブロSan Pablo周辺にも山や湖が多い。

パグサンハンへの行き方　ACCESS

　マニラから、ラグーナ州の**サンタ・クルス Santa Cruz**方面行きのバスに乗り、サンタ・クルスで下車。マーケット前から出ているジプニーに乗り換えて行く。乗り換えの時間も含め、パグサンハンまでは3時間程度で着く。

パグサンハンの市外局番 ☎049

ACCESS
🚌 マニラのパサイからサンタ・クルスへは、LLIのバスが24時間、約15分おき（早朝は30分おき）に出ている。所要約3時間、₱166。サンタ・クルスからパグサンハンまでは、ジプニーで所要約20分、₱10。
　サンタ・クルスからマニラへは2:00 ～ 21:00の間、約15分おきにバス（LLI）が出ている。

● LLI
MAP P.62-A1
TEL（02）8831-3178（パサイ）

■ 観光案内所
MAP P.136
住 Rizal St., Cor. Gen. Taino St.
TEL（049）501-3544
開 8:00 ～ 17:00
休 なし

19世紀に建てられたパグサンハン・アーチ

町なかの移動はトライシクルが便利

自然豊かなパグサンハン川

手つかずのマリンドゥケ島
マニラからのアクセスがいいわりには、旅行者にまだあまりなじみのないマリンドゥケ島Marinduque Is.（→ MAP 折込表-B2/P.212-A2）。「第2のボラカイ島」とも呼ばれるこの島には、白砂の美しいポクトイ・ビーチPoctoy Beachのほか、各所にリゾートが点在し、島の周囲に珊瑚礁に囲まれたいくつかの小島が浮かぶ。旅行者ずれしていない人々の素朴な暮らしの風景もこの島の魅力だ。

マニラからは、ジャック・ライナーがクバオ（→ MAP P.65上）から1日1便（16:00発）を運行。所要約8時間、₱950。

ポクトイ・ビーチには宿泊施設もある

パグサンハンの歩き方　GETTING AROUND

　パグサンハンは小さな町。町の西側にある入口には、1877年に建てられた石造りの立派な町の門がある。そこから始まる**リサール通りRizal St.**を進んでいくと、突き当たりに教会が立っている。このあたりが町の中心地で、広場と観光案内所、ジプニー乗り場がある。リサール通りから1本北へ入った**マビニ通りMabini St.**には小さな市場がある。

　また、パグサンハンからラグーナ湖に沿って北へ数km行くと、木彫品で有名な**パエテPaete**やバロンタガログの産地の**ルンバンLumban**などの町がある。

フィリピンで温泉リゾートはいかが？
ちょっとひと息コラム

　フィリピンには活火山が多いだけあって、温泉があちこちから湧き出ている。実は、日本人と同様にフィリピンの人たちも温泉好き。ゆったり湯船につかる習慣はないが、温泉をもっぱらプール代わりにしている。

　温泉リゾートは、マニラからバスでバタンガスに向かう途中に2ヵ所ある。サウス・スーパー・ハイウエイを降りる地点にある**カランバCalamba**（→ MAP P.134-B2）、そして、そこから3kmほど南へ下った**ロス・バニョスLos Baños**（→ MAP P.134-B2）。パグサンハンからも近く、車で約30分のところにある。これらの温泉リゾートに滞在しながら、日帰りでパグサンハン川の急流下り（→P.137）に参加するのもいい。ラグーナ湖沿いの町は温泉で知られ、多数の温泉リゾートが点在している。お湯は無色透明、臭いもなく、温泉慣れしている日本人には物足りないくらいだが、温かいプールで泳ぐ気分は最高だ。

　プール付きの客室を備えたホテルもある。例えば、ロス・バニョスの町なかにあるシティ・オブ・スプリングCity of Springs。レストランなどの施設も充実しているので、ホテルから一歩も外に出ずに、ゆったりと過ごすこともできる。

H シティ・オブ・スプリング
MAP P.134-B2
住 147 N. Villegas St., Los Baños, Laguna
TEL (049) 536-0731
料 ₱1500～3110
室数 40
CC M

パグサンハンの見どころ　ATTRACTION

花嫁衣装を着た観音像がある ★
慈眼山「比島寺」
Hito-Ji
MAP P.136外

本堂には慈母観音像が祀られ、敷地内には戦没者の遺族によって建てられた慰霊碑が並んでいる。歩いても行けるが、広場からトライシクルで行くといい。

パグサンハンのおしゃれなレストラン、パライ・イロコス（→P.138）

ちょっとひと息コラム

迫力あるパグサンハン川の急流下りに挑戦

「パグサンハン川の急流下り」といえば、フィリピンでも人気のあるアクティビティのひとつ。小さなボートで急流をダイナミックに下る様子は、野性味に富み迫力も満点だ。マニラから日帰りで行くことができ、とても魅力的なスポットとなっている。

ボートは丸太をくり抜いただけの小さなもので、下流の流れが穏やかな所で乗船する。最初はエンジンの付いたボートがグイグイと引っ張ってくれるが、途中の急な上りになるとエンジン付きボートを外し、ボートマンがせっせとこぎ出す。場所によっては狭い所もあり、ボートマンは川へ入りボートを持ち上げるという重労働もする。

上流の終点は高さ約20mのパグサンハン滝。1時間～1時間30分でたどり着く。滝つぼには竹製のいかだがあり、それで滝の真下に行くこともできる。帰りは下りなので、往路の半分の時間で駆け下る。絶景の渓谷美をたっぷり堪能することができ、快適だ。ただし、かなりぬれるので、パスポートなどは携帯せず、着替えやカメラの防水用具も忘れずに用意しておこう。

急流下りをするには、ホテルを訪ねるのがいちばん。パグサンハンのホテルならどこも同じ料金で手配してくれる。公定料金に基づいた相場はひとり₱1250（川への入場料₱100、ボートマンへのチップ₱250程度は別。最低人数2名）。悪質業者だとひとりにつきUS$50くらい要求してくる。料金でトラブルが生じた場合は観光案内所へ相談するといいだろう。

上／上流へ向かう木造のボート　下／いかだに乗り換えて滝の真下まで！

マニラ近郊／パグサンハン

H ヴィラ・エスクデロ・プランテーション&リゾート
Villa Escudero Plantation & Resort
MAP P.134-B3
TEL (02) 8523-0392
URL villaescudero.com
料 S D ₱6500
室数 22　CC AMV
※日帰りはランチ付きで1名₱1100（週末は₱1250）

豊かな自然に囲まれてゆっくりできるヒドゥン・バレー

■ カリラヤ
パグサンハンからジプニーで所要約30分、₱20～30。

カリラヤにある戦没者の慰霊碑

パグサンハン周辺の見どころ　ATTRACTION

　湖に沿って約40km南西へ行った所にある**ロス・バニョス Los Baños**には**フィリピン大学**があり、施設内の**森林研究所 U.P. Forest Institute**（→MAP P.134-B2）に、野生動物や昆虫の博物館、植物園などがある。その先の**カランバ Calamba**には独立運動の英雄、**ホセ・リサールの生家**があり、現在は**リサール記念館 Dr. Jose P. Rizal Shrine**（→MAP P.134-B2）として一般に公開されている。また、湖から離れ、南へ20kmほど行った所の**サン・パブロ San Pablo**には、ヴィラ・エスクデロというココナッツ農園があり、農園主のエスクデロ家が世界から集めた品々を収めた博物館を併設。園内でココナッツに関することを学べる。宿泊することも可能だ。

熱帯雨林の広大な敷地にあるリゾート　★★
ヒドゥン・バレー　MAP P.134-B3
Hidden Valley

　パグサンハン南西の町、アラミノス Aminos の中心から約5kmの所にある高級プライベートリゾート。大小3つの天然プールと宿泊施設があり、週末などに日帰りで利用できる。

戦跡訪問の「聖地」といわれる　★★
カリラヤ　MAP P.134-B2
Caliraya

　パグサンハンから北東へ約10km。日米比3国の戦死者の霊を慰める美しい日本庭園がある。また、途中で見える**カリラヤ湖 Lake Caliraya** の景色も抜群だ。この湖は、ブラックバスの釣りやウインドサーフィンなどでも有名。

ホテル&レストラン　Hotels & Restaurants

パグサンハン・フォールズ・ロッジ&サマー・リゾート　$$
Pagsanjan Falls Lodge & Summer Resort　MAP P.136

　パグサンハン川のほとりにある。静かな環境にあり、スタッフもフレンドリー。急流下りも催行していて、すぐ裏にボート乗り場がある。

TEL (049) 501-4251
URL pagsanjanfallslodge.com.ph
料 S D ₱1760～
室数 31
CC AJMV

ヒドゥン・バレー・スプリングス　$$$
Hidden Valley Springs　MAP P.134-B2～3

　ヒドゥン・バレーにある高級リゾートホテル。熱帯雨林の大自然のなかにあり、宿泊客以外も天然プールを使用することができる。

住 Brgr. Perez, Calauan
TEL (02) 8818-4034（マニラ）
料 S ₱1万600～　D ₱1万4700～
室数 20
CC 不可
※日帰りはランチ付きで1名₱2500

ウィリー・フローレス・ゲストハウス　$
Willy Flores Guest House　MAP P.136

　パグサンハン川の近くにある、民宿スタイルの小さなゲストハウス。あらかじめ連絡しておけば、オーナーが急流下りのガイドをしてくれる。

住 Garcia St.
TEL 0948-601-2086（携帯）
料 S D ₱600～800
室数 4
CC 不可

バライ・イロコス　$
Balai Ilocos　MAP P.136
フィリピン料理

　古い建物を改装した趣のあるレストラン。インテリアなどおしゃれなわりに料金はリーズナブルで味もよい。ランチは₱300程度。

住 760 JP Rizal St.
TEL 0917-581-9041（携帯）
営 10:00～21:00
休 なし
CC 不可

ミンドロ島への玄関口

バタンガス

Batangas

MAP 折込表-B2

バタンガス中心部の町並み

バタンガスの市外局番 ☎043

ACCESS

🚌 JAMトランジット、DLTB、BSCが24時間、パサイから頻繁に運行している。所要2～3時間、₱197～。

● JAMトランジット
JAM Transit
MAP P.62-A～B2
TEL 0917-526-0008（ホットライン）

● DLTB
MAP P.62-A1
TEL (02) 8832-2520（パサイ）

バタンガス州の州都バタンガス市は、ミンドロ島へのアクセスの拠点として知られている。マニラからバスで行く場合、観光客はバタンガスの町を通過してそのまま埠頭に向かってしまうことが多い。マニラを朝出発すれば、その日の午後はもうミンドロ島のプエルト・ガレラ（→P.169）に着く。

📩 ポーターに注意

バタンガス港ではバスを降りると勝手に荷物を運ぼうとする人が多くいますが、あとでチップを請求されたり、チケットを買ってきてやると親切なふりをしておつりを盗んだりするので注意が必要です。
（北海道　TA　'13）['19]

バタンガスへの行き方 ACCESS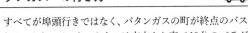

すべてが埠頭行きではなく、バタンガスの町が終点のバスもある。メインバスターミナルは市内から車で10分のバラグタスにあるバタンガス・グランド・ターミナル。

本格的な自然派スパリゾートで体質改善

ちょっとひと息コラム

ザ・ファームは2002年、心身の疲労回復と健康増進のために理想的なリゾートとして、バタンガスのリパ市郊外にオープンした。ヘルスリゾートであると同時に、ヘルスケアと自然療法を中心とした医療施設でもある。

医師、看護師、テラピストからなる専門スタッフチームが、ゲストの健康状態や目的など踏まえ、それぞれのニーズに合ったケアプログラムを作成。メディカルカウンセリングから、血液バイタルチェック、腸内洗浄などによる身体内部からの浄化、虹彩アナリシス、スパトリートメント、メンタルテラピーなどを組み合わせ、より健康で快適な体へと導いていく。

リゾート内には緑あふれる庭園をはじめ、プールやウオーキングコース、ジムなどの施設が充実。決して無理をせず、リラックスしながら正しい食生活と生活習慣を身につけるための空間が広がっている。

🏨 ザ・ファーム　The Farm
MAP P.140-1外　TEL (02) 884-8074、0918-884-8080（携帯）　🏠 119 Brgy., Tipakan, 4217 Lipa City, Batangas　URL www.thefarmatsanbenito.com　💰 ⓈⒹ US$171～

バタンガスの歩き方

バタンガスは、町の南北を走る**ブルゴス通りBurgos St.**と埠頭へ向かう**リサール通りRizal St.**、マーケット前の**シラン通りSilang St.**を中心に広がっている。ブルゴス通りの突き当たりには、17世紀に造られた白壁の**バタンガス教会Batangas Church**がある。**教会内の博物館Monsingor Clemente Yatco Museum**には、16世紀の宗教儀式に使用された文献や18世紀の衣装、銀の聖台などが展示されている。

マーケットのあるシラン通り周辺にはカフェや食堂も多く、ジプニー乗り場もあるので常に人でにぎわっている。州庁舎は町の東側、ラウレル公園脇にある。

パグサンハンへの行き方
マニラへの途中にあるカランバCalambaで降り、サンタ・クルスSanta Cruz方面行きのジプニー、またはバスに乗る。

■郵便局
マビニ公園の近く。州庁舎内にもある。
MAP P.140-2
開 8:00 ～ 17:00
休 土・日・祝

ミンドロ島への船が行き来するバタンガス港

バタンガス教会内の博物館
教会の裏側にあるオフィスに行って見学を申し込む。入館無料。

バタンガスのホテル

マクロ・ロッジ
Macro Lodge
チェックアウトは、12時間後か24時間後か選べる。
MAP P.140-2
住 P. Panganiban St.
TEL (043) 722-1038
料 ⓈⒹ₱650 ～ 1500 (24h)
室数 29
CC 不可

ジ・アルパ・ホテル
The Alpa Hotel
町の中心から北東寄りのラウレル公園近くにある。いろいろなタイプの部屋から選べる。屋外プールもある。
MAP P.140-1外
住 Kumintang
TEL (043) 723-1882
料 ⓈⒹ₱2395 ～ 3350
Ⓕ ₱6650
室数 42
CC AMV

バタンガス港のフェリーターミナル

ダイバーに人気のこぢんまりとしたリゾート地

アニラオ
Anilao

MAP 折込表-B2

アニラオの
市外局番 ☎043

ACCESS

🚌 まずマニラからバタンガス（→P.139）のグランド・ターミナルまでバスで行く。そこからマビニ（アニラオ）行きジプニーが出ている。所要約1時間、約₱40。ジプニーはアニラオ港に着く。各リゾートまでは、トライシクルを利用する。リガヤまで₱100～150、バガランギットまで₱150～200。

バタンガス中心部からマビニ行きジプニー乗り場へ向かう場合は、トライシクルかジプニーで行く。このほかバタンガスからバワンBauanへ行き、マビニ行きジプニーをひろうこともできる。

アニラオのリゾート

リガヤ、バガランギット周辺にあるホテル（→P.142）以外にも、アニラオ中心部に近い所にいくつかのリゾートが建ち並ぶ。

アニラオの海岸線

バタンガス州にあるアニラオはバラヤン湾Balayan Bayに面し、ダイバーに圧倒的人気を誇る、海岸線にぽつりぽつりとホテルがあるだけの小さなリゾート地だ。半内海という環境から大きな波が立たず、さらに潮の流れがよいため、周辺には多くの珊瑚礁が広がっている。フィリピンの著名人も訪れる有名なスポットだ。スノーケリングでも十分楽しめるので、気軽に訪れてみよう。

ダイビングコラム DIVING COLUMN

日本人経営のアットホームなダイバー宿

マニラ近郊にありながら、澄んだ海をもつアニラオ。ここはセブ島が有名になる以前、フィリピンで最も早くスクーバダイビングが始まった場所だ。マニラ在住の日本人もよく日帰りで訪れるとのこと。水中写真の重器材を持った日本からのベテランも通うこのダイバーの楽園に、フィリピン在住30年の日本人夫婦がダイビング宿をオープンした。海の生き物はもちろん、フィリピンの文化・風習などについても教えてくれる。客室は、スタンダードから、海を臨むシービューまで3種類。女性ゲストも多いので、清潔さと明るさを心がけた部屋の造りだ。ダイニングエリアからは海に沈む夕日が見える。

ダイバーをはじめ、海辺でゆったり過ごしたい人にもぴったり。マニラからの送迎サービスもあるので、まずは問い合わせを。

🏨 アニラオ・ヴィラ・マグダレナ
Anilao Villa Magdalena
MAP P.142
TEL 0919-993-3325、0925-300-3255（携帯）
URL divemagdalena.com
料 S₱3600　D₱4300　室数 17

※体験ダイビング（ビーチ2ダイブ）₱3000、ボートダイブ₱1600ほか、マニラからの日帰りパッケージ₱800（日帰り施設、2食付き）＋送迎代₱4500（車1台往復）など。詳細は問い合わせを。

■観光案内所
MAP P.142
TEL (043) 410-0607
営 8:00～17:00
休 なし
※アニラオ港にある

アニラオから各地へ
ジプニーはアニラオ港付近で乗るよりも、トライシクルでクロッシングCrossingまで出て、幹線を行くジプニーをひろうほうが便利。タガイタイ、タール、ナスブへはバタンガス行きジプニーに乗ってマンヒナオManginaoまで行き（約₱20）、そこで各方面行きジプニー、バスに乗り換える。

アニラオの中心部、アニラオ港付近の様子

アニラオの歩き方　GETTING AROUND

　アニラオから半島の西側にかけてリゾートが点々としている。そのいずれかを拠点に、ダイビングやスノーケリングを楽しむといいだろう。アニラオの中心地には観光案内所もあるので、必要な情報はそこで集めるといい。

アニラオでは通年ダイビングが楽しめる

アニラオ周辺概略図

ホテル　Hotels

パシフィコ・アズール・リゾート　$$
Pacifico Azul Resort　MAP P.142

　ダイバーに人気のリゾートホテル。スタッフたちがフレンドリーで親切なのも頼もしい。客室はシンプルだが、清潔感があふれている。

住 Brgy. Ligaya, Mabini, Batangas
TEL 0917-577-9270（携帯）
URL www.pacificblueasia.jp
料 SD₱3300～3500
室数 20
CC 不可
※日本円での支払い可

簡素だが落ち着きのある客室

イーグル・ポイント・リゾート　$$
Eagle Point Resort　MAP P.142

　アニラオで最大規模の本格的リゾート。ダイビング、アイランドツアーなどのサービスから、アミューズメント施設も充実している。

住 Barrio Bagalangit, Batangas
TEL 0917-562-5223（携帯）
URL eaglepointresort.com.ph
料 SD₱3300～
室数 75
CC AJMV

広瀬リゾート　$$
Hirose Resort　MAP P.142

　家族経営の小規模な宿。ベビーシッターサービスあり。ダイビングや魚釣りなども手配してくれる。キッチン付きの部屋では自炊も可。

住 Brgy. Ligaya, Mabini, Batangas
TEL 0928-263-0547、
0919-351-4695（携帯）
URL www.facebook.com/hirosedegin
料 SD₱3000
室数 3　CC 不可
※日本円での支払い可。長期割引あり

フィリピン人に気の避暑地

タガイタイ

Tagaytay

MAP 折込表-B2

マニラ近郊

タガイタイ

タガイタイからタール火山を望む

タガイタイの市外局番 ☎046

ACCESS

🚌 マニラのパサイからDLTB（バタンガス、レメリー行き）のバスが24時間運行している。所要2～3時間、₱100～。タガイタイ中心部にあるオリバレス・プラザで停車し、バタンガス方面に向かう。
●DLTB
MAP P.62-A1
TEL （02）8832-2520（パサイ）

■観光案内所
MAP P.144-A
住 市庁舎内
TEL （046）483-0725

　マニラから南へ約64km、カビテ州Caviteにあるタガイタイは、標高700mの高地にある。ここではタール湖Lake Taalと湖に浮かぶタール火山Taal Volcanoの景色を楽しむことができる。マニラに比べてかなり涼しく、夜になると寒いくらいだ。パグサンハンPagsanjanとともに、マニラからの日帰り観光コースとして人気が高い。タール火山は世界で一番小さいといわれている活火山。ここに登るツアーもある。また、この地域は、パイナップルなどのフルーツの宝庫としても名高い。

タガイタイの歩き方 GETTING AROUND

　タガイタイの町は東西に細長く広がっており、タール湖とタール火山が眺められるビューポイントはいくつもある。有名なのは**タガイタイ・ピクニック・グローブTagaytay Picnic Grove**。ここでは、ピクニックテーブルを借りてランチなどを楽しみながらすばらしい景色を堪能できる。マニラからのバスで来た場合は、大きなマクドナルドの看板が目印のショッピングセンター、**オリバレス・プラザOlivares Plaza**手前にあるオリバレス・ターミナルで下車。そこからピープルズ・パーク行きジプニーに乗り換え、すぐ先の**ロトンダRotonda**と呼ばれるサークルを左折。**タガイタイ・シティ・マーケットTagaytay City Market**を経由して約5分もすれば到着する。

町には花を売る店も多い

道沿いには果物を売る屋台をよく見かける

タガイタイから見たタール湖畔の町

143

■ピープルズ・パーク
MAP P.144-B
開 7:30～18:30
休 なし 料 ₱30

両替について
タガイタイでの両替は、ロトンダ近くのKFC脇にある両替所か、§アヤラ・モール・セリンAyala Mall Serin、または町の西クロッシング・メンデスにある両替所や、その近くにある§SMセイブモア・マーケットSM Savemore Market内の両替所でできる。日本円も可。

さらに、その先にある**ピープルズ・パーク** People's Parkまで足を延ばしてみるのもいい。タガイタイ・ピクニック・グローブからはジプニーで約10分で着く。運賃は₱8程度。タガイタイ周辺では一番高い丘の上にある公園で、園内には展望台やみやげ物店、食堂などもあり、タガイタイの町やタール湖はもちろん、バタンガス州の広い範囲を一望することができる。

オリバレス・プラザでバスを降りず、あるいはナスブ行きジプニーでロトンダを右に折れてしばらく行くと、Hタール・ビスタ・ホテルTaal Vista Hotel (→P.148) がある。ホテルの裏も抜群のビューポイントとなっている。この近くに市庁舎もあり、そこから200mほど進むとロッジや食堂が集まるエリア、**クロッシング・メンデス** Crossing Mendezに着く。

自然あふれる環境で癒やしのスパを体験

ちょっとひと息コラム

ナーチャー・ウェルネス・ビレッジ (→P.148) は、マニラから車で約1時間30分、標高700mの緑あふれるタガイタイにあるスパ。宿泊施設も備えていて、週末の"癒やしの場所"としても人気が高い。スパは、香港の雑誌『アジア・スパ・マガジン』でフィリピンのトップ7のひとつに選ばれたほど。フィリピンならではの素材を生かした多様なメニューやテラピストの技術力には定評がある。なかでもおすすめはNilaibと呼ばれるマッサージ。ホットストーンのフィリピン版といった感じで、温めた石をハーブと一緒にバナナの葉で包んだもので、全身をマッサージしていく。ほかにもアンチエイジングや美しさ増強といったコースも。豪華リゾートホテルのスパとも厳格なヘルスリゾートともひと味違う、素朴で気取らない雰囲気が一番の魅力といえるだろう。

広い敷地内には、スパ施設のほかにレストランや屋外プール、ウエディングパーティにも最適なパビリオン、ハーブガーデンなどがある。計13棟ある宿泊施設のうち4棟は、ルソン島北部のコルディリェラ山岳に住むイフガオ族の高床式住居をそのまま移設したもの。エアコン、バスタブ付きの部屋もある。

上／タガイタイの清涼な空気と豊かな自然の中で
下／客室はモダンなデザイン

タガイタイの見どころ　ATTRACTION

高さ295mの火山に登ってしまおう　★★
タール火山　MAP P.134-B3
Taal Volcano

　世界で一番小さい活火山として知られるタール火山。その山に実際登ってみるのもおもしろい。火山へ行くボートは、タガイタイから約17km東にあるタリサイTalisay（→MAP P.134-B2〜3）のホテルやロッジで手配が可能。山頂のクレーターまでは登り始めて30分ほどで到着するが、足場が悪いので丈夫な靴と軍手を持参したほうがいい。入山料₱100が必要。このときガイドを付けて馬に乗って登るように執拗に迫ってくる者がいるが、自分ひとりで登ることもできるので必要なければきっぱりと断ろう。ほかの観光客について登れば、道に迷うこともないだろう。ちなみにガイド料は₱500、乗馬代は₱500。

タール火山のクレーター

緑に囲まれた癒やしの空間が広がる　★★
カレルエガ教会　MAP P.144-A外
Caleruega Church

　丘の上にたたずむスペイン風の教会。フィリピン人たちの間では、憧れの挙式場としても人気で、週末になるとウエディングドレス姿の花嫁を目にする。広大な敷地内は緑と花々であふれ、ただ散策しているだけでも癒やされる。つり橋を渡ったり、展望台に立ち寄れるトレッキングコースもあるので、挑戦してみるのもいいかもしれない。

敷地内には宿泊施設もある

■タリサイ
トライシクルで行くのが一般的。₱200くらいから交渉してみよう。タリサイ周辺のタール湖畔には数十軒のリゾートが点在しており、各所でボートをチャーターできる。1隻₱1500〜2000が相場。

タリサイの安宿
H ヴィラ・マナロ・ビーチ・リゾート
Villa Manalo Beach Resort
住 Brgy. Zone 8 Pob.Talisay
TEL 0920-498-1568（携帯）
料 SD ₱800〜1000
※タリサイ港の近くにある。6人乗りボート₱2000。

タール湖の魚
　湖では、バンゴスと呼ばれる魚が養殖されており、マリプトMaliputoという珍しい魚も生息している。地元のレストランで味わってみてはいかが？

アツアツがおいしい揚げ魚

■カレルエガ教会
住 Brgy. Kaylaway, Batulao, Nasugbu, Batangas
TEL 0921-830-4226（携帯）
開 7:00〜17:30
休 なし
料 ₱30

教会では毎週日曜にミサが開かれる

■ タガイタイ・ピクニック・グローブ
住 Brgy. Sungay, East End
TEL (046) 483-0346
開 7:00～20:00
休 なし　料 ₱50
※ピクニックテーブルのレンタル₱150～300、乗馬体験1時間₱300～。

■ マホガニー・マーケット
開 6:00～深夜

2階はほとんどが食堂

タガイタイ名物の魚タウィリス

人気No.1のビューポイント　★★
タガイタイ・ピクニック・グローブ　MAP P.144-B
Tagaytay Picnic Grove

　タール湖を望む公園は数あるが、最もポピュラーなのがここ。タール火山を中心としたタール湖の絶景を楽しむことができる。地元の観光客がほとんどで、みな楽しそうに家族や友人との時間を過ごしている。ピクニック用のテーブルがありランチにピッタリ。ほかにジップラインや乗馬などのアクティビティもある。

気持ちよく散歩できる

庶民の生活をのぞきに行こう！　★★
マホガニー・マーケット　MAP P.144-A
Mahogany Market

　1階に乾物、肉、魚、フルーツなどさまざまな食材が売られ、2階ではタガイタイ名物のブラロ（牛骨を煮込んだスープ）の食堂がずらりと並ぶ。寒くなると、現地の人々はここにやってきてブラロを飲んで温まるという。売り子との交流も楽しく、人々の生活を体感しにぜひ訪れてほしい。

フルーツも安く手に入る

ちょっとひと息コラム

ご当地フードを食べよう！

　気候のよいタガイタイはおいしいものであふれている。野菜もおいしいし、タール湖で取れる魚、そして牛肉も有名だ。そう、タガイタイはご当地フードの宝庫。せっかくこの町に来たのなら、食い道楽に徹してみるのもいいかもしれない。
　お菓子で有名なのがブコパイ。ブコとはココナッツのことで、ココナッツの果肉がたっぷり入っていてたいへん美味。道端でも売っているが、アミラズ・ブコ・タルト（→P.147）のパイが絶品だ。ウベやマンゴー味などいろいろあって楽しい。
　マホガニー・マーケット（→上記）でも触れているが、牛の骨をじっくり煮込んだスープ、ブラロもタガイタイの名物。高原の町タガイタイならではの温かいスープだ。スープには牛の骨以外にトウモロコシ、菜っ葉などが入っている。牛骨のだしが出てなかなかおいしい。庶民の味を味わいたければマホガニー・マーケットなどで安く食べられる。

レストランはパマーニャ（→P.147）がおすすめ。
　また、タール湖で取れる珍しい魚タウィリス、マリプトも試したい。ホテルなどで朝食として出されることもあるので、スタッフに聞いてみよう。

マホガニー・マーケットのブラロ

アミラズ・ブコ・タルトのブコパイ

レストラン&ショップ　Restaurants & Shops

高原らしいおしゃれな物件が多いタガイタイは、レストランもまた洗練されている。豊かな自然と優雅な雰囲気を楽しめる店が多くあり、マニラなどからやってくる観光客でにぎわっている。また、ショップも高原ならではのものが多いので、ドライブを楽しみながらいろいろと回ってみよう。

マニラ近郊 / タガイタイ

ソニアス・ガーデン　$$
Sonya's Garden
MAP P.144-A 外
インターナショナル料理

緑と花々に囲まれた広大な敷地にあるレストラン。ガーデンから取れたばかりのオーガニック野菜のサラダ、焼きたてのパン、パスタなどがセットになったビュッフェは、お替わり自由でひとり₱683。

- 住 Brgy. Buck Estate, Alfonso
- TEL 0917-532-9097 (携帯)
- URL sonyasgarden.com
- 営 8:00 ～ 19:00
- 休 なし
- CC ADJMV

体に優しい食材が並ぶ

アントニオス　$$$
Antonio's
MAP P.144-A 外
フュージョン料理

マニラ在住の日本人マダムたち絶賛の店。しゃれた空間のなか、素材にこだわった味も見た目も抜群のフュージョン料理が楽しめる。アギナルド・ハイウェイ沿いには、朝食に特化した系列店がある。

- 住 Purok 138, Brgy. Neogan
- TEL 0917-899-2866 (携帯)
- URL www.antoniosrestaurant.ph
- 営 11:30 ～ 13:30、17:30 ～ 19:30
- 休 月
- CC MV
- ※要予約

開放感のあるおしゃれな店内

パマーニャ　$$
Pamana
MAP P.144-A
フィリピン料理

マニラ、ボラカイなどフィリピン各地に展開。一家に伝わる伝統料理のレシピで作ったおいしい料理を食べさせてくれる。建物は邸宅風で、2階からはタール湖の景色が楽しめる。メインは₱195 ～。

- 住 Tagaytay-Nasugbu Hwy., Tagaytay City
- TEL (046) 413-2461
- URL www.pamanarestaurant.com
- 営 10:00 ～ 22:00 (土・日 9:00 ～)
- 休 なし
- CC MV

店内には古い写真が飾ってある

アミラズ・ブコ・タルト
Amira's Buko Tart
MAP P.144-A
菓子

ヤシの実の果肉が入ったブコパイはタガイタイの名物。町にはブコパイ売りが多く出没する。店もいろいろあるが、観光客に評判なのがこの店。オリパレス・プラザ周辺からジプニーで簡単に行ける。

- 住 Aguinaldo Hwy. Cor. SVD Rd. Brgy. Maitim 2nd East
- TEL (046) 413-4109
- URL www.amirasbucotart.com
- 営 7:00 ～ 19:00
- 休 なし
- CC 不可

さまざまな種類のブコパイがある

イログ・マリア・ハニー・ビー・ファーム
Ilog Maria Honey Bee Farm
MAP P.144-A 外
ハチミツ製品

ハチミツやプロポリスで作ったコスメが評判の養蜂場。マニラ在住の日本人もよく訪れるという。ロイヤルゼリー配合のモイスチャライザーが₱132 / 60g、プロポリスの石鹸が₱60.50 / 45gなど。

- 住 km 47, Lalaan 1, Aguinaldo Hwy., Silang
- TEL (046) 865-0018、0917-503-9156 (携帯)
- URL www.ilogmaria.com
- 営 8:00 ～ 17:00
- 休 月・祝
- CC 不可

養蜂場の一角にあるショップ

ホテル
Hotels

富裕層に人気の避暑地というだけに、おしゃれな雰囲気の宿泊施設やレストラン、カフェが多くある。宿泊施設は一軒一軒が離れているので、事前に予約をしてから訪れたほうがいいだろう。タール湖を見下ろす高台には、小さなゲストハウスから高級ホテルまでさまざまなタイプが点在する。

タール・ビスタ・ホテル $$$
Taal Vista Hotel　MAP P.144-A

タガイタイで有名な老舗ホテルで、マニラからも富裕層の人たちが訪れることで知られている。レストランの屋外テラスから見下ろす景色は抜群で、目の前にはタール湖の絶景が広がっている。

- 住 Kilometer 60, Aguinaldo Hwy.
- TEL (046) 413-1000、0917-809-1254（携帯）
- URL www.taalvistahotel.com
- 料 SD ₱8500～
- 室数 261
- CC ADMV

目の前に広がる景色は圧巻

ナーチャー・ウェルネス・ビレッジ →P.144 $$$
Nurture Wellness Village　MAP P.144-A

日帰りでも訪れられるスパ施設。宿泊施設、レストランなどを併設しているので、ここに滞在しながら心身ともにじっくり癒やしてみるのもいい。素朴で気取らない雰囲気なので、心も癒やされる。グランピングも可能。

- 住 Brgy. Maitim II West
- TEL (02) 710-9786、0918-888-8772（携帯）　予約・問合せ サンヨーインターナショナル TEL (03) 3461-8585
- URL www.nurturewellnessvillage.com
- 料 SD ₱6200～
- 室数 15　CC MV

豊かな自然のなかで癒やされる

アルフォンソ・ホテル $$
Alfonso Hotel　MAP P.144-A 外

日本人経営のアットホームなホテル。客室はデラックスからスイートまで3タイプ。いずれも広々としていて、スイートはバスタブが付いている。外国人に評判の本格イタリア料理レストランを併設している。

- 住 #4 Washington Ave., Royale Tagaytay Estates, Alfonso
- TEL (046) 413-0770
- URL www.alfonsohoteltagaytay.com
- 料 SD ₱2875　Su ₱3500～4095
- 室数 33
- CC JMV

日本人常駐で安心

タガイタイ・カントリー・ホテル $$
Tagaytay Country Hotel　MAP P.144-A

タール湖を眺めることはできないが、町の中心にあり、食事や買い物には便利な立地にある。何でも揃うオリバレス・プラザにも近い。少し歩けばショッピングセンターのアヤラ・モール・セリンもある。

- 住 Olivares Plaza, E. Aguinaldo Hwy.
- TEL (046) 413-3310
- URL www.countryhoteltagaytay.com
- 料 SD ₱2513～
- 室数 68
- CC MV

ロケーションはとても便利

シャトー・ヘスティア $$
Chateau Hestia　MAP P.144-B 外

タガイタイの隣町シランにある、素材にこだわったガーデンレストランが人気の隠れ家的なロッジ。緑豊かな敷地にロッジが点在し、室内はアジアの風情あふれる内装でゆっくりくつろぐことができる。

- 住 J. Hernandez St. Purok 5, Brgy. Bukal, Silang, Cavite
- TEL 0929-711-3289（携帯）
- URL www.chateauhestia.com
- 料 SD ₱3950～
- 室数 5
- CC ADJMV

調度品もおしゃれ

注目のビーチリゾート

カラバルソン

Calabarzon

MAP 折込表-B2

フィリピン人に人気のナスブのビーチ

カラバルソンとは、カビテ州Cavite、ラグナ州Laguna、バタンガス州Batangas、リサール州Rizal、ケソン州Quezonの5州を総称して呼ぶエリア名。なかでも西部の海沿いには、ナスブNasugbu、マタブンカイMatabungkay、カイラブネCaylabneなど、人気のビーチリゾートが点在している。このあたりのリゾートは、カイラブネなど一部の高級リゾートを除いて、宿泊施設などの水準はまだまだ低く、バスタブがないのはもちろん、温水シャワーの出ないところも多い。

それでも、マニラから最も近いリゾートエリアとして、カラバルソン地方に対する注目度は高まりつつある。素朴でのんびりとした雰囲気が漂うこれらのリゾートで、フィリピンらしいゆったりとしたバカンスを過ごすのもいいだろう。

カラバルソンへの行き方   ACCESS

カラバルソンの拠点となるのはナスブの町。マニラから、タガイタイ経由の路線バスが走っている。マタブンカイは、ナスブの南約2kmの所にある**リアンLian**から、さらに南へ約12kmの所にある。ナスブを拠点に移動するといいだろう。ただし、カイラブネなど、なかには公共の交通手段がまったく利用できないところもあるので注意が必要だ。その場合は、マニラで車をレンタルするかリゾートの送迎を頼むしかない。予約の際に問い合わせを。

ナスブとマタブンカイの間にあるリアンの町

カラバルソンの市外局番 ☎046

ACCESS

🚌 マニラのパサイから、ナスブ行きのDLTBのバスが2:45〜22:00の間、約15分おきに運行。所要約3時間30分、₱195〜。

マタブンカイへは、パサイやクバオからJAMトランジットのレメリーLemery行きバス（早朝〜夜の間約30分おきに運行）に乗り、レメリーからはジプニーで。所要3〜4時間、₱213。

ナスブからマタブンカイへは、リアンLianへジプニーで行き、カラタガン行きのジプニーに乗り換えて行く（早朝〜夕方）。

● **DLTB**
MAP P.62-A1
TEL (02) 8832-2520（パサイ）

● **JAMトランジット**
 JAM Transit
MAP P.62-A〜B2
TEL 0917-526-0008
（ホットライン）

フォーチュン島ではギリシアの神殿を模したモニュメントが見られる

ナスブ沖に浮かぶフォーチュン島には白砂のビーチが広がる

ナスブの歩き方

GETTING AROUND

サトウキビのプランテーションで発展してきた**ナスブ Nasugbu**（→MAP P.134-A3, 150左）は、マルコス大統領の時代からマニラ近郊のリゾートとして開発されてきた。ナスブの町の中心は、リゾートが建ち並ぶビーチから1kmほど内陸に入った所、**J.P.ラウレル通りJ.P. Laurel St.**とビーチへ続く**アルバレス通りAlvarez St.**とが交差するあたりだ。この交差点の角には、人々の憩いの場となっている**ロハス公園 Plaza de Roxas**もある。広々としたロハス公園の脇には、**観光案内所**が入っている市庁舎や警察署、消防署などが立つ。近くには大きなマーケットもあり、ナスブの海で取れた鮮度抜群の魚のほか、肉類、野菜・果物類、日用雑貨などを扱う店がところ狭しと並んでいる。

交差点付近はジプニー乗り場にもなっていて、マタブンカイへ行く際に利用するリアン行きジプニーはここでひろうことができる。また、マニラやバタンガス方面から来るバスも交差点の周囲にある各社のバスターミナルに到着する。ここからビーチへは歩いても行ける距離だが、交差点付近に集まっているトライシクルを利用するといい。₱15～20くらいで行ける。

ナスブのビーチには、第2次世界大戦時、アメリカ軍がレイテ島上陸の後、日本軍からマニラやルソン南部を奪還するきっかけとなった「ナスブ上陸作戦」の記念碑が立っている。

ナスブから各地へ
ナスブからマニラへはDLTBが2:30～20:00の間、20分おきに運行している。経由地のタガイタイへは所要約1時間、₱100程度。

ナスブのビーチでは乗馬が楽しめる

地元の人々でにぎわうナスブのマーケット

ナスブの北部にあるピコ・デ・ロロ山

ナスブの見どころ ATTRACTION

　ナスブの沖に浮かぶ**フォーチュン島Fortune Is.**は、ダイビングやスノーケリングで人気のある小島。海流の影響かナスブのビーチ周辺では見られないほど透明度の高いコバルトブルーの海が広がり、真っ白な砂浜と相まって、その美しさは感動的。バンカーボートで約1時間30分で着く。ナスブの各リゾートでバンカーボートを手配できるが、相場は1隻往復₱2500〜3000程度。

　フォーチュン島のほか、ビーチはないが、ナスブからバンカーボートで約30分の**ツイン・アイランズTwin Is.**もスノーケリングにはおすすめの島。また、ナスブの北に位置する**マヤマヤMaya-Maya**周辺にもホワイトサンドのビーチがある。にぎやかなナスブより白砂のビーチでゆったりと、という人には最適だ。マヤマヤへはナスブの浜辺からバンカーボートで約10分程度。

カラバルソンの見どころ ATTRACTION

バルサを借りて、1日中海の上で過ごそう　★★
マタブンカイ　MAP P.134-A3、150左
Matabungkay

　マニラから車で3時間弱。リゾート地として開かれたマタブンカイのビーチ沿いには、数多くのリゾートが建ち並ぶ。リゾートの料金も手頃で、のんびりとして落ち着いた雰囲気なのがいい。遠浅のビーチにはバルサと呼ばれるいかだが浮かんでいて、家族連れやグループで来た滞在者の多くが、このバルサの上でリゾート気分を満喫している。利用料金は交渉次第だが、目安は1日₱1000〜。

太陽と海の中でエレガントなひとときを　★★
カイラブネ　MAP P.134-A2、150左
Caylabne

　おしゃれなリゾートがあり、ひそかな人気を誇るリゾート地。ホテルの料金は高めだが、質の高い滞在を約束してくれる。なかでも H カイラブネ・ベイ・リゾート（→P.152）は有名だ。水上スキーやウインドサーフィンなどマリンアクティビティも充実している。

ナスブから日帰りでタールへ
　バタンガス州にあるタールTaal（→MAP P.134-B3）には、スペイン統治時代から残る家が何軒かあり、東南アジアでも最大級のカトリック教会、タール教会Taal Basilica of St. Martin（→MAP P.134-A3）がある。歴史は古いが、地震などで被害を受け、現在のものは1885年に再建されたものだ。ほかにも、万病に効くといわれ、各地からの来訪者があとを絶たないサンタ・ルシアの奇跡の井戸 Miraculous Well of Santa Lucia（→MAP P.134-B3）など、スペイン統治時代の風情を残すこの町には、いくつかの興味深い見どころがある。ナスブからは、ミニバスで1時間程度。

丘の上に立つタール教会

マタブンカイから各地へ
　リアン行きジプニーはビーチ沿いの H サンシャイン・ホテル Sunshine Hotelの前から出ているが、本数が少ない。幹線道路が通る「クロッシング」までトライシクルで出てジプニーをひろうといい。ジプニーの最終は16:00頃。

フォーチュン島からナスブ方面を望む

海に浮かぶバルサ

マニラ近郊 / カラバルソン

ホテル Hotels

マニラ近郊のリゾートは意外と日本人になじみがないが、いずれもマニラから車で簡単にアクセスできる。エレガントなひとときを過ごしたい人は、マタブンカイ・ビーチ・リゾートなどの高級リゾートがぴったりだ。日頃の疲れを取るには抜群の環境。日帰りでも楽しめるが、せっかくだから1泊はしてゆっくりくつろごう。

カイラブネ・ベイ・リゾート $$
Caylabne Bay Resort　カイラブネ MAP P.150左

緑の森と青い海にたたずむスペイン風のしゃれたホテル。ホテル内施設、客室内設備ともに充実している。マリーナ・バーからの眺望は抜群で、晴れた日にはコレヒドール島やバターン半島を一望できる。

住 Caylabne Bay, Ternate, Cavite
予約・問合せ マニラ
TEL (02) 8813-8519〜20
料 要問い合わせ
室数 90
CC MV
※2019年10月現在、改装のため閉鎖中。

リゾート内のカフェは広々としていて開放的

マタブンカイ・ビーチ・ホテル $$
Matabungkay Beach Hotel　マタブンカイ MAP P.150左

マニラから車で3時間足らず。ニッパヤシの屋根をもつクラブハウスやヤシの林に囲まれた敷地は、トロピカルムード満点だ。レストラン、カフェ、バー、スパなどの設備も充実。ヴィラとホテル棟がある。

住 Brgy. Matabungkay, Lian, Batangas
TEL 0917-834-1269 (携帯)
URL matabungkaybeachhotel.com
予約・問合せ マニラ TEL (02) 7752-5252
料 SD P5500〜 F P8600
Su P6100
室数 99 CC ADJMV

リゾート気分が楽しめる施設が充実

マリーランド・ビーチ・リゾート $$
Maryland Beach Resort　ナスブ MAP P.150左

ナスブのビーチフロントにあるこぢんまりとしたホテル。ゆったりとした室内は清潔感にあふれていて、居心地よい。プールやレストランなどの施設も充実している。コテージタイプとホテルタイプの客室がある。

住 Nasugbu, Batangas
TEL 0917-511-8251 (携帯)
URL marylandbeachresort.com
料 SD P2200〜 F P3500 C P9000
室数 12
CC 不可

広々としたプールもある

コーラル・ビーチ・クラブ $$
Coral Beach Club　マタブンカイ MAP P.150左

マタブンカイ・ビーチの中心にある、オーストラリア資本のホテル。客室は南国ムードあふれるコテージタイプ。プール、スパもある。客室はナチュラルな雰囲気でおしゃれ。設備も充実し、快適に過ごすことができる。

住 Matabungkay Beach, Lian 4216, Batangas
TEL 0917-901-4635 (携帯)
URL coralbeach.ph
料 SD P4200〜5500
室数 25
CC MV

海にあるので潮風が気持ちいい

ラゴ・デ・オロ $$
Lago de Oro　マタブンカイ MAP P.150左

レストランやスパ、プールなど設備が充実。マリンスポーツをはじめ、豊富なアクティビティが揃っている。特にウェイクボードが盛んで、フィリピンでのメッカとなっている。オフシーズンは割安になる。

住 Bo. Balibago, Calatagan, Batangas
TEL (043) 417-4007
URL lago-de-oro.com
料 SD P2500〜3000 F P5500〜
室数 36
CC AMV

客室はシンプル

戦時下の砲台が残る

コレヒドール島
Corregidor Island

MAP 折込表-B2

マニラ近郊 コレヒドール島

コレヒドール戦没者慰霊碑と砲台

コレヒドール島の市外局番 ☎046

ACCESS
サン・クルーズのパッケージツアーに参加する必要がある。詳細は→P.154欄外。

　コレヒドール島は、マニラから南西へ約45km、バターン半島から6kmほど離れたマニラ湾に浮かぶ広さ約9km²の小さな島。マニラ湾の入口にあることから、スペイン統治時代にはここで外国船の入国管理が行われていた。コレヒドールという名も、スペイン語の「厳しく検査する」に由来している。戦略的にも非常に重要な位置にあったため、1902年にはマニラ湾防衛の軍用地としての役割を担っていた。コレヒドールの大砲は、1942年に日本軍が上陸するまで用いられていた。当時の砲台や兵舎跡が今でも残っていたり、記念碑や資料館がいたるところにある。一方でリゾート開発も進められている。

コレヒドール島への行き方　ACCESS

フェリーから見たコレヒドール島

　サン・クルーズ社がコレヒドール・イン（→P.155）などでのランチが付いた1日ツアーを催行している。島に宿泊するツアーもある。マニラのパサイ市にある S SMモール・オブ・アジア近くに、**サン・クルーズ社 Sun Cruises Inc.**（→P.154欄外）の入ったフェリーターミナルがあり、そこからクルーザーに乗る。

島内のあちこちに破壊の跡が残る

かつて路面電車が走っていた場所

島内を走るトラム

1日ツアーに参加
サン・クルーズ社が、ランチ付きの1日トラムツアーを1名₱2500で催行している（週末は₱2650）。光と音のショーは別料金で1名₱200。島に宿泊するツアーもあり、トラムツアー込みで、2人₱6000（週末₱6900）。
コレヒドール島行きフェリー乗り場（MAP P.62-A2）のオフィスで申し込める。下記ホームページでオンライン予約・チケット購入も可能。

●サン・クルーズ社
Sun Cruises Inc.
住 Esplanade Seaside Park (Seaside Blvd., MOA Complex), Pasay
TEL (02) 8834-6857/8354-7005
URL corregidorphilippines.com

〈1日ツアーのスケジュール〉
6:30　チェックイン
7:00　出港
9:15　コレヒドール島着
9:30　ガイド付きツアー（ランチ）
14:30　コレヒドール島出港
15:45　マニラ着

マリンタ・トンネルの入口

日本兵が自決したという穴

コレヒドール島の歩き方　GETTING AROUND

　長さ6km、幅2.4kmほどの小さな島で、島内には観光用の小さなバスが走っている。運賃はすでにツアー料金に含まれていることが多いので、有効に活用して観光スポットを巡るといいだろう。ハイキング用のトレイルも整備されている。

コレヒドール島の見どころ　ATTRACTION

米比連合軍が兵器庫として建設した　★★
マリンタ・トンネル　MAP P.154
Malinta Tunnel

　1922～1932年に造られた長さ250m、幅7mのトンネル。当初は兵器庫と地下病院にする計画だったが、マリンタの丘の下にあり、爆撃から逃れるのに都合がよく、米軍の司令部として使用されていた。1945年、追いつめられた日本軍が爆破。多くの日本兵が犠牲となった。コレヒドール島では、約6000人の日本兵のうち、生き残ったのは26人だけだったという。
　現在はここで「光と音のショー」を観ることができる。このショーは、フィリピンの著名な映画監督であった故ランベルト・アヴェラナ氏が考えたもの。戦時中のできごとを再現したもので、上映時間は約30分。

多くの日本兵が亡くなったといわれるトンネル内部

目の前に広がるマニラ湾に感動
灯台
Lighthouse ★★ MAP P.154

マニラ湾を見下ろす灯台

海抜188mにあるこの灯台からは、マニラ湾、南シナ海、そしてコレヒドール島の全景を一望できる。1836年に初めてスペイン人によって建てられ、その後、1897年に造り替えられたが、第2次世界大戦中に破壊された。現在のものは戦後に再建されたもの。

コレヒドール島に行ったらぜひ訪れたい
太平洋戦争記念館
Pacific War Memorial ★★ MAP P.154

1968年に、アメリカ政府が巨額の費用を投じて建設した記念館。入口から左側には映画館の跡、奥には博物館、右側には駐屯司令部や独身士官用の宿舎の跡がある。

かつての防湾司令部の中心部
マイル・ロング旧兵舎
Mile Long Barracks ★★ MAP P.154

旧兵舎の建物

島の頂上は、かつてアメリカ軍のミルズ駐屯地の中心部だった場所。ここには防湾司令部やマイル・ロング兵舎、病院のほか、スペイン統治時代の灯台などがあった。また、周辺に大砲が配置され、湾の入口を守っていたという。

「戦艦武蔵」をしのんで建てられた
武蔵記念碑
Musashi Shrine ★★ MAP P.154

1944年のレイテ沖海戦の最中に撃沈された「戦艦武蔵」をしのんで建てられた慰霊碑。フェリー乗り場近くに、ひっそりとたたずんでいる。

コレヒドール島に泊まるには
コレヒドール島には、現在、下記の H コレヒドール・インのほかに、キャンプ場などがある。利用に関しては、サン・クルーズ社（→P.154欄外）まで問い合わせを。

太平洋戦争記念館へと続く道

日本平和庭園のみやげ物店に展示されている当時の決意書

マニラ近郊 / コレヒドール島

ホテル　Hotels

コレヒドール・イン $$
Corregidor Inn　MAP P.154

全室エアコン付きのデラックスホテル。客室は、フィリピンの伝統的な家具でまとめられている。レストランに大きなテラスがあるので、ゆっくりとくつろぐのもいい。プールなど設備も充実している。

住 Corregidor Is.
予約・問合せ サン・クルーズ社（マニラ）
TEL (02) 8465-8840、0998-968-3100（携帯）
料 SD P3450～
客室 31
CC MV

落ち着いた造りのホテル

155

復活祭で有名な
サン・フェルナンド（パンパンガ）
San Fernando (Pampanga)　　　　　　　　MAP 折込表-B2

サン・フェルナンドの市外局番 ☎045

ACCESS
マニラのサンパブロック（→MAP P.65下左）やパサイからビクトリー・ライナーのバギオ、オロンガポ行きのバスに乗り、サン・フェルナンドで途中下車。所要約2時間、₱100～。

■市観光案内所
MAP P.156
住 A. Consunji St., St. Rosario
TEL (045) 961-5684
URL cityofsanfernando.gov.ph
開 8:00～17:00
休 土・日・祝

バギオからサン・フェルナンドへ
ビクトリー・ライナーが3:30～16:30の間、1時間30分おきに運行。所要約5時間。ジェネシス・トランスポートのジョイバスは15:30発のバランガ行きに乗り、サン・フェルナンドで途中下車。所要約3時間、₱465。

十字架を背負って練り歩く「マレルド」

　パンパンガPampanga州の州都であるサン・フェルナンドは、マニラの北約50km地点に位置する。この町は、復活祭（イースター）の盛大な行事で名高い町だ。特に聖金曜日Good Friday、つまりキリストの受難日には国内から多くの人々が訪れる。イエス・キリストのような服を着た信仰深い信者たちが、磔のような形で十字架にかかっているのだ。このショッキングな光景は一度目にしたら忘れることができないだろう。これは「マレルド」と呼ばれる儀式で、毎年多くの外国人観光客が訪れる。

サン・フェルナンドの見どころ　　ATTRACTION

　サン・フェルナンドで、毎年12月に行われる**ランタン・フェスティバルLantern Festival**は、フィリピンを代表する祭りのひとつ。造花用のクレープペーパーやセロファンなどで作られた大型のランタン（手提げランプ）は、明かりがともるとまるで万華鏡のように美しい。この祭りの最大のイベントは、深夜過ぎに町の広場で行われるコンテストで、ランタンの美しさを競うもの。しかし、優勝したランタンは次の日には燃やされてしまう。これは、二度と同じようなランタンができないようにするための伝統的習慣なのだ。

"基地の町"から空港のあるビジネス都市に進化中

アンヘレス（クラーク）

Angeles (Clark)

MAP 折込表-B2

SMクラーク以西には整然とした緑豊かな街並みが広がる

マニラの北西90km。アンヘレス市郊外にそびえるピナツボ火山の広大な裾野に、かつて旧クラーク米空軍基地があった。総面積550km²。なんとシンガポールに匹敵する広さだ。

第2次世界大戦時には一時日本軍により占領されたものの、1902年以降、アメリカの海外軍事拠点としてその後も重要な役割を担っていた。ところが、1991年のピナツボ火山の噴火により米軍は基地から撤退。空軍基地クラークと海軍基地スービック（→P.164）はフィリピンに返還され、クラーク特別経済区として再編成されることになった。

アンヘレスも一時は閑散としたが、2012年には米軍が駐留を再開し、歓楽街は活気を取り戻した。基地内の空港は民間のクラーク国際空港として生まれ変わり、アンヘレスは特別経済区に進出する外国企業の玄関口として、国際商業都市としての顔ももち始めている。

アンヘレスの歩き方 GETTING AROUND

アンヘレスの繁華街は、クラーク特別経済区のメインゲート周辺の**バリバゴ Balibago**地区。ナイトライフの中心は、通称ウオーキング・ストリート Walking St.と呼ばれる**フィールズ通り Fields Ave.**にある。20軒以上のバーが連なり、明け方までにぎやかだ。SMクラークもメインゲートのすぐ近く。特別経済区内は、外資系企業の工場が建ち並び、オフィスビルや居住区も次々に建設されている。リゾートホテル、カジノ、ゴルフ場、免税店など大人が楽しめる娯楽も満載だ。特別経済区内にはジプニーやトライシクルでの乗り入れが規制されているため、移動は専用ジプニーかタクシーのチャータ

アンヘレスの市外局番 ☎045

ACCESS

✈ 関西空港からジェットスター・アジアが週3～4便、成田空港からセブ・パシフィックが週4便運航。セブからはセブ・パシフィックが毎日2便運航。所要約1時間20分、₱2000～。

🚌 パサイ（→MAP P.62-B2）やクバオ（→MAP P.65上）からビクトリー・ライナー、フィルトランコ、フィリピン・ラビットなどのバスが、マバラカットのダウ・バスターミナル（→MAP P.158上-1）行き、あるいはダウ経由の北部ルソンに向かうバスを運行しているので、ダウで下車し、バリバゴ地区までトライシクルで向かう（約5分）。所要約2時間30分～4時間、₱150。マーキー・モール（→MAP P.158上-1外）行きのバスもある。

ニノイ・アキノ国際空港ターミナル3からクラーク国際空港行きバスもある。ジェネシス・トランスポートがP2Pというバスを24時間運行。深夜～早朝以外はおおむね1時間ごとに出ている（オルティガスのロビンソン・ギャレリア経由）。ケソン市のSトライノーマ（→MAP 折込裏B1）発の便もある。

ホテル直行バス

マニラのエルミタ地区にある H スローチ・ハット・ホテル Slouch Hut Hotel（→MAP P.66-A1）から、アンヘレスの主要ホテルに直行するフライ・ザ・バスが1日3本（11:30、15:30、19:00）ある。アンヘレスからマニラ行きは H パティオ・イン（→P.160）発8:00、12:00、15:00の3本。₱600。予約はオンラインで。
URL flythebus.com
TEL 0918-928-3550（マニラ）

■イミグレーション
MAP P.158上-1外
住 GF Metro Supermarket, Mar-Quee Mall, Pulung Maragul
TEL (045) 404-0215
開 8:00～17:00　休 土・日・祝

ハブ空港として期待される
クラーク国際空港
　2019年9月現在、大規模なターミナルを建設中。それにともない、国際線、国内線ともに新たな路線が次々に就航している。セブ以外にも国内線はブスアンガ、ダバオ、エルニド、イロイロ、タクロバン、バコロド、バスコなどへも定期便がある。国際線は関空、成田以外はソウル、香港、マカオ、シンガポール、ドーハ、ドバイ便が運航中。

●クラーク国際空港
　Clark International Airport
URL clarkinternationalairport.com

コリアンタウン
　メインゲートから西に3キロほど進みドン・ジュイコ通りDon Juico Ave.とフィリアム・フレンドシップハイウェイFil-Am Friendship Highwayが交差する付近は、通称コリアンタウンと呼ばれ、韓国レストランが軒を連ねる。本場の味を楽しめる。
（茨城県　野口智也　'17）['19]

ーとなる。一方、庶民の暮らしの中心はサント・ロザリオ地区Sto. Rosarioで、地元資本のSネポモールNepo Mall（→MAP P.158上-2外）は連日多くの買い物客でにぎわう。

マバラカットにあるダウ・ターミナル

アンヘレスの見どころ　ATTRACTION

フィリピンを代表する活火山
ピナツボ火山　MAP P.134-A1
Mt. Pinatubo

1991年に20世紀最大と言われたピナツボ火山の噴火。その火口湖に、ガイド付きのトレッキングツアーで行くことができる。申し込みはフィールズ通りの旅行社で行う。4輪駆動車とトレッキングを組み合わせてクレーターまで行くコースなど。

フィリピン最大のウオーターパーク
アクア・プラネット　MAP P.158下-A外
Aqua Planet

2018年、クラーク特別経済区に、フィリピン最大のウオーターパーク、アクア・プラネットAqua Planetがオープンした。流れるプールや波の出るプール、ウォータースライダーや、垂直に100m落下するフリーフォールなどのアトラクションがある。

■ クラーク博物館
  Clark Museum

米軍基地がおかれたクラークの歴史を学ぶことができる博物館。日本占領時代には病院として、アメリカ軍駐留時代には空軍の本部として使われていた建物だ。「日本軍の侵攻」などという展示もあり、日本人には興味深い。クラークの歴史を映像で見られる4Dシアターもある。
MAP P.158下-A外
TEL (045)599-2854　開 9:00～16:00　休 月　料 ₱100

2階に展示されているアメリカ軍の軍服

■ アクア・プラネット
TEL (045) 649-8500
URL www.aquaplanet.ph
開 9:00～17:00
料 ₱950（週末₱1180）
子供₱750（週末₱980）

ちょっとひと息コラム

旅を通して社会がよくなる"持続可能な観光"を

楽しく、誰もが参加できる「旅」から社会をよくしようとしているのが、フィリピンで発足した社会的企業マッドトラベルMAD Travel。先住民族やNGOの支援先のコミュニティを訪れ、リアルでディープな文化体験やホームステイができるツアーを催行している。

サンバレス州サン・フェリペSan Felipeでの「民族＆トレッキングTribes ＆Treks」は、週末に開催される1日ツアー。サークル・ホステルThe Circle Hostelに集合し、地域の環境問題、訪問するアエタ族についての紹介でスタート。ピナツボ火山沿いをトレッキングし、アエタ族の村に到着。家庭料理を味わったり、アエタ族の伝統的なアーチェリーを体験したりする。道中、植林も行い、ツアーの最後は、サン・フェリペのビーチで夕日が沈む美しい景色を眺めてディナータイム。

ツアーを通してコミュニティの人々への雇用創出はもちろん、不平等を強いられた人々との交流を生み出すことで、人々や文化への尊厳が保たれ、互いの壁を取り払うことにもつながる。元々、マッドトラベルが訪問した際には物乞いをしていた先住民族の人々が、いまでは自ら竹を使って旅人にみやげ物を手作りするなど、意識の変化がみえたという。

（大野雛子）

■ マッドトラベル
TEL 0917-713-8607（携帯）
URL madtravel.org/jp/
Mail partnerships@madtravel.org

ホテル   Hotels

経済特区内にあるのはほとんどがカジノを併設した高級リゾート。一方、市内にはバックパッカー向けのゲストハウスからビジネスホテルまで幅広い選択肢がある。フィールズ通りにはゴーゴーバーなどが多いが、SMクラークの中にあるレストランやフードコートでは落ち着いて食事をとれる。

クエスト・ホテル＆カンファレンス・センター・クラーク $$
Quest Hotel & Conference Center Clark   MAP P.158上-1外

プール、フィットネスセンターなど設備が充実。ツアーも扱っている。空港から約3kmの距離にあり、早朝便の前泊に便利。ホテル周辺にはミモザなど7000本以上の木々が生い茂り、森林浴も楽しめる。

- Filinvest Mimosa Leisure City, Clark Freeport Zone
- TEL (045) 599-8000、(02) 8236-5040
- URL questhotelsandresorts.com
- SDP4600～
- 303
- CC ADJMV

6階建ての大きなホテル

クラークトン・ホテル $$
Clarkton Hotel   MAP P.158上-1

ドイツ資本のホテル。旧クラーク基地や国際空港に近く、免税店もすぐそば。プールやフィットネスセンター、バー＆クラブもある。レストランではオーストラリア、ドイツ、スイスの料理が味わえる。

- 620 Don Juico Ave., Clark View, Balibago
- TEL (045) 892-6272/322-3424、0999-465-8899 (携帯)
- URL clarkton.com
- SDP1750～
- SuP3850～4250
- 85 CC MV

豊富な設備で安定した人気を誇る

オーキッド・イン・リゾート $$
Orchid Inn Resort   MAP P.158下-A

清潔感あふれる客室にはエアコン、テレビ、ミニバー、シャワーが完備。屋外には広々としたプールもある。周辺にはバーやディスコなどが建ち並び、夜遊びするには最適だ。各種ツアーも扱っている。

- 109 Raymond St., Balibago
- TEL (045) 887-0287
- URL www.orchidinnresort.com
- SDP1800～4700
- 86
- CC AJMV

プールをはじめ、ホテル内設備が充実

レッド・プラネット・アンヘレス・シティ $
Red Planet Angeles City   MAP P.158上-1

フィリピン全土に展開するレッド・プラネット。内装やサービスはどこも大体同じ。清潔でリーズナブルなシティホテルといったところだ。歓楽街からは少し離れているので静かに過ごしたい人向け。

- Don Juico Ave., Malabanias
- TEL (045) 459-0888
- URL www.redplanethotels.com
- SDP1229～
- 165
- CC AMV

設備は最低限でリーズナブルに

パティオ・イン $
Patio Inn   MAP P.158上-1

オーストラリア資本のホテル。マニラとの間にシャトルバス（フライ・ザ・バス）も運行している（→P.157欄外）。近くに旅行会社を併設。

- S. L. Orosa St., Diamond Subdivision
- TEL (045) 892-0890
- URL www.patioinnhotels.com
- SDP900～1400
- SuP2400～2900
- 25 CC 不可

ウオーク・アバウト・ホテル $$
Walk About Hotel   MAP P.158下-B

通称"ウオーキング・ストリート"と呼ばれる、フィールズ通りの最もにぎわう一角にあり、便利かつ清潔で人気がある。1階にはツアーデスクあり。

- Lot #2, Fields Ave., Balibago
- TEL (045) 625-6154
- URL www.walkabout-hotel.com
- SDP1700～ SuP2200～
- 46
- CC AJMV

戦時の爪痕が残る

バランガ

Balanga

MAP 折込表-B2

市庁舎周辺の町並み

バランガの市外局番 ☎047

ACCESS

🚌 マニラのキアポ地区のドロテオ・ホセ（アヴェニダ）とクバオから、ジェネシス・トランスポートのバスが2:00〜21:00の間、約20分ごとに運行。ほかにドロテオ・ホセからバターン・トランジット、クバオからファイブ・スターやバターン・トランジットのバスも運行している。所要約3時間30分、₱218〜。バギオからはジェネシス・トランスポートのジョイバスが毎日3本運行している。15:00、15:30、17:00発。所要約5時間、₱600。

●ジェネシス・トランスポート
Genesis Transport
MAP P.62-B2、65上、64下
TEL (02) 8551-0842（パサイ）
TEL (074) 422-7763（バギオ）

●ファイブ・スター
Five Star
MAP P.65上
TEL 0927-712-4349
　（ホットライン）

■観光案内所
MAP P.162-2
住 市庁舎内
TEL (047) 237-0719
開 8:00〜17:00
休 土・日・祝

　サマット山Mt. Samatやモンテマール・ビーチMontemar Beachなど、バターン半島への拠点となるのがバランガ。バターン州の州都でもあり、町の規模も比較的大きい。こぎれいなアーケードやドライブスルーのファストフード店などがあり、マニラ近郊の地方都市のなかでは最も洗練されている印象を受ける。

　バターン半島は、第2次世界大戦で死闘が繰り広げられた地で、各地に戦争慰霊碑や記念館が建てられている。1942年の日本軍による「死の行進」は特に有名だ。その事件についてはいろいろな見方もあるが、半島の南端マリベレスからサン・フェルナンドまで捕虜を歩かせ、それによって多数の死者が出たといわれている。今ではその道に、死者を悼むモニュメントが立つ。

バランガの歩き方

GETTING AROUND

　町の中心は、**リサール公園**Rizal Park（→ MAP P.162-2）のあたり。すぐ隣には、市庁舎がある。市庁舎建物の中に、観光案内所が入っているので立ち寄ってみるといいだろう。周辺には、外観の美しい教会やショッピングモールなどもある。南北に走る**マッカーサー・ハイウェイ**MacArthur Hwy.と交差しているのが**キャピトル通り**Capitol Dr.で、バターン州の州庁舎へと続く緑豊かな美しい道路が西に向かって走っている。

白亜の外観をもつ市庁舎

活気あるバランガ・パブリック・マーケット

■バランガ湿地自然公園
Balanga Wetland and Nature Park
2010年にオープンしたバランガの北東部にある11haの自然公園で、バードウオッチングなどが楽しめる。敷地内にはマングローブの森林や展望台、ピクニックエリアなどもあり、ゆったりと散歩を楽しむのにも最適だ。インフォメーションセンターやショップもある。バランガの市内中心からトライシクルで所要約10分。約₱20。
MAP P.162-1外
開 7:00～16:00　休 なし
料 ₱50
問合せ 観光案内所(→P.161)
Mail tourism.coh@gmail.com

■サマット山
サマット山は、バランガと西岸の町バガックを結ぶ道（約23km）の途中にある。カボカボCabog-Cabog行きジプニーに乗り、ディワDiwa で下車。所要約20分、₱20程度。そこからトライシクルで所要約10分、₱200程度。

山頂にある大きな十字架

バガックのホテル
H モンテマール・ビーチ・クラブ
Montemar Beach Club
MAP P.134-A2
住 Sitio Pasinay Brgy., Pag-asa, Bagac
TEL 0917-527-1806（携帯）
URL www.montemar.com.ph
予約・問合せ マニラ
TEL (02) 8811-5496
料 SD₱6800～
室数 89
CC AMV

バランガ周辺の見どころ　　ATTRACTION

十字架がバターンの戦闘を物語る　　★★
サマット山　　MAP P.134-A2
Mt. Samat

　バランガからバガックへ行く道の途中、ひときわ目を引くのが山の上の高さ95mの大きな十字架。周辺でかつて日本軍と米軍が交戦し、数多くの犠牲者が出たことの慰霊のためにサマット山の頂上に掲げられている。十字架の中は空洞で、上まで上ることも可能だ。戦争記念館には日本軍の兵器が展示されている。入場料₱50。

サマット山の頂上には十字架が立つ

遠浅の白砂ビーチと穏やかな海　　★
モンテマール・ビーチ　　MAP P.134-A2
Montemar Beach

　南シナ海に面する西海岸のバガックにあるビーチ。腰から首くらいの深さの遠浅の海が50～60m続き、透明度も高い。ホワイトサンドで海水浴に最適なビーチだ。プール、テニスコート、ミニゴルフ場を完備したリゾートホテルもある。

ホテル&レストラン　Hotels & Restaurants

エリソン・ホテル　$
Elison Hotel
MAP P.162-1〜2

バランガで最もリーズナブルなホテルのひとつだが、プールも付いている。客室も清潔感があり、快適に過ごせる。Wi-Fiが無料で使えるのがうれしい。入口には24時間、警備員がいるので安心だ。

- Aguire St., Poblacion
- TEL (047) 237-2942
- FAX SP1300〜1450　DP2000
- FP3600
- 30
- CC 不可

かわいらしい色でまとめられている

ワナム・レストラン　$
Wanam Restaurant
MAP P.162-2
中国料理

中国人の経営だが、フィリピン人好みのメニューが多い中国料理のレストラン。チャーハンやフライドチキン、春巻きなどを組み合わせた定食があり、ひとりで食事をする場合でもちょうどよい量だ。

- Lerma St.
- TEL (047) 237-3056
- 10:00〜22:30
- なし
- CC 不可

ボリューム満点の定食

ちょっとひと息コラム

「死の行進」の跡をたどる

第2次世界大戦中の1942年4月9日に、日本軍はバターン半島を占領した。バターン半島で捕虜となった米比軍人の数は、日本軍が想定していた2万5000人をはるかに上回る約7万6000人。ターラック州にあるオドンネル基地に護送するため、バターン半島の南に位置するマリベレスと西に位置するバガックからパンパンガ州サン・フェルナンドまで捕虜の半数以上を徒歩で行軍させた。マラリアや赤痢などがまん延したうえ、さらに炎天下での行軍により、1万人余りの捕虜が命を落としたといわれている。これがバターン死の行進である。

マリベレスからサン・フェルナンドまでの道のりは102km。バガックからの道は、途中ピラールで合流する。バガックからサン・フェルナンドまでは87kmだ。マリベレスとバガックには死の行進の始まりを示す0キロポストがあり、サン・フェルナンドの102km地点まで1kmごとに距離標が立っている。4日間の日程で、バガックからサン・フェルナンドまで歩くツアーを催行している旅行会社もある。

バターン半島には、米比兵捕虜が歩いた国道添いに、死の行進を悼むモニュメントが多くある。特にバランガ近郊のサマット山周辺は戦時中、激戦地であったため、頂上に慰霊の十字架が立っている。麓の村には死の行進のキロポストのかたわらに日本兵を弔う英霊塔がある。フィリピンでは4月9日は勇者の日とされ、休日になっている。毎年この日には、アメリカや日本からも多くの人がサマット山に慰霊に訪れる。

ラヤックに立つモニュメント

■ **ラヤック・ジャンクション・モニュメント**
Layac Junction Monument
マニラからオロンガポやバランガ行きバスに乗り、ラヤック・ジャンクションで下車。バランガからラヤックまでバスでP30程度。

■ **バガック0キロポスト**
0km.Death March Marker
バランガからバガック行きジプニーに乗り、ジャパニーズ・フレンドシップ・タワーで下車(約P20)。モンテマール・ビーチに向かって歩くと道がY字路に分かれており、その間にある。

米海軍の基地があった

スービック

Subic

MAP 折込表-B2

スービックの
市外局番 ☎047

ACCESS

マニラのサンロック（→MAP P.65下左）からは4:00〜20:00の間に、30分〜1時間おきに1本、ビクトリー・ライナーがオロンガポまで運行。マニラのクバオ（→MAP P.65上）からは24時間、約1時間おきに運行している。所要3〜4時間。料金は₱228〜。アンヘレスからは、ビクトリー・ライナー、フィルトランコのバスが頻発している。所要約1時間、₱150程度。

●ビクトリー・ライナー
　Victory Liner
TEL (02) 8833-5019（パサイ）
TEL (02) 8727-4534（クバオ）

アンヘレスと結ぶバス

アンヘレスのHパティオ・イン（→P.160）とスービックの間をフライ・ザ・バスが毎日1本運行している。アンヘレス発が10:00、スービック発が12:30。運賃は₱500。

■市観光案内所
MAP P.165下-1
住 コンベンションセンター内
TEL (047) 611-4816
開 8:00〜17:00
休 土・日・祝

■SBMA観光案内所
MAP P.165上-B1
住 2F Subic Bay Exhibition & Convention Center, 18 Efficiency St., Subic Bay Gateway Park
TEL (047) 252-4655
URL www.mysubicbay.com.ph
開 8:00〜17:00
休 土・日・祝

地元の人々でにぎわうスービック・ベイのビーチ

　かつて、世界最大の在外米海軍基地といわれていたスービック基地。陸地の総面積だけで7000haもあったその跡地は、1992年にフィリピンに返還されてから、周辺のオロンガポ市、スービック町、モロン町、エルモサ町とともにスービック・ベイ・フリーポート・ゾーンとして生まれ変わった。台湾をはじめとする多くの外国企業の誘致に成功し、いまやこのエリアは一大産業タウンになりつつある。ここには今もなお、米軍施設として使われたオフィスビルや倉庫をはじめ、将校や軍人のための宿泊施設やビーチなどが残っており、それらを利用した観光開発も盛んだ。

スービックへの行き方

　マニラから、**オロンガポOlongapo**行きのビクトリー・ライナーのバスに乗り、3時間程度で町の北側にあるバスターミナル（→MAP P.165下-1）に着く。バギオからのバスも同ターミナルに到着する。目の前の**リサール通りRizal Ave.**がメインストリートなので、S**SMモールSM Mall**との間を巡回している黄色い車体のジプニーに乗り、スービックへ向かう。バリオ・バレットまでは青いジプニーで行ける。

スービックの歩き方

　マグサイサイ・ゲートを入って左側に、元スービック基地内を走るSBMAバスの乗り場がある。とりあえず広大な敷地内を1周してみたいのならスービック国際空港（通称キュービCubi）行きのバスに乗るといい。

フリーポート・ゾーンの海沿いの景色

フリーポート・ゾーンに残る
スペイン統治時代の門

散歩に最適な
ウオーターフロント通り

スービックの見どころ 　ATTRACTION

マリンスポーツを楽しむなら、**ウオーターフロント通りWaterfront Rd.** 沿いのビーチへ。マグサイサイ・ゲートを背にほぼ正面方向に10分ほど歩いていけばいい。また、オロンガポ市郊外にある**バリオ・バレットBarrio Barretto**（→MAP P.134-A1）のビーチもいい。このあたりには手頃なホテルも多く、ビクトリー・ライナーのバスターミナル脇の乗り場から、青い車体のジプニーに乗って約15分で行ける。

また、スービック国際空港の海岸沿いには、もとは米兵専用だった**オール・ハンズ・ビーチAll Hands Beach**、**ドゥンガリー・ビーチDungaree Beach**などのビーチが点在している。しかし、ここまではバスが通っていないので、マグサイサイ・ゲートからタクシーで行かなくてはならない。ビーチでは休憩用のニッパハットなども借りられる。

そのほか、空港周辺には動物たちと間近で出合える**ズービック・サファリZoobic Safari**のほか、**バタフライ・ガーデンButterfly Garden**などの観光スポットが点在している。また、ロッククライミングなどを楽しめるアドベンチャー・パークなどもある。

■ バタフライ・ガーデン
ガイドがチョウや森林について説明してくれる。広々とした敷地内にはピクニックエリアもある。
MAP P.165上-A2
TEL (047) 250-6900
開 8:00 ～ 17:00
休 なし　料 ₱300

森林内の散策も楽しい

フリーポートゾーンの海沿いの景色

かつての米軍キャンプをそのまま体験　★★
ジャングル環境サバイバル・トレーニング・キャンプ　MAP P.165上-B2
Jungle Environmental Survival Training Camp (JEST)

広大な元米軍基地内には、今も原生林のジャングルが残るエリアがある。基地返還前、先住民族のアイタAyta族は、そのエリア内のトレーニングキャンプで米軍特殊部隊にジャングルでのサバイバル術を教えていた。そのトレーニングキャンプが、今も観光客向けに存続している。

その内容は、アイタ族に教育を受けたインストラクターから、竹を使った皿やスプーン、カップの作り方、竹の飯ごうでのご飯の炊き方、火の起こし方などを教わる。希望すれば、周辺のジャングル・サバイバル・ツアーにも参加できる。

エリア内にはアイタ族の生活に密着したみやげ物を売るショップ、レストラン、博物館なども併設されている。みやげ物のなかでは実用的なシャンプーの木（グーグGuguという樹木を石でたたいて平らにして水をかけて泡立てる）がおすすめ。マニラからのツアーもある。

■ JESTキャンプ
TEL (047) 252-1489
URL jestcamp.com
開 8:30 ～ 17:00　休 なし
料 入場料　₱350
　　キャンプ　₱450 ～ 1100
鳥のショー
11:00、13:30（土・日は16:00も）
サバイバルデモ
9:15、10:15、12:30、14:30、15:15
※ショーとデモはマグウル・バード・パーク内で行われる。

アイタ族の子供たち

ジャングルでの暮らしの知恵を知る ★★
パムラクラキン・フォレスト・トレイル MAP P.165上-B1
Pamulaklakin Forest Trail

原住民族アイタ族に出会いたければトレッキングツアーに参加するといい。アイタ族のガイドの案内で、森林を散策しながらパムラクラキンから続くトレイルをたどっていくというもので、約30分でアイタ族の暮らすパストルカンPastolkan村に着く。途中、ガイドが野草や樹木から薬を作る方法やその効能などを教えてくれ、自然に密着した昔ながらの知恵と暮らしぶりについて知ることができる。

ジャングルの中をハイキング

■パムラクラキン・フォレスト・トレイル
住 Subic Bay Freeport Zone
TEL 0929-572-1105（携帯）
開 8:00～17:00　休 なし
料 トレッキングツアー
　1時間　₱100
　2～3時間　₱250

ガイドをしてくれるアイタ族の老人

迫力いっぱいのサファリを体験！ ★★
ズービック・サファリ MAP P.165上-A2
Zoobic Safari

見どころは、何といってもタイガーサファリ。防護車に乗ってタイガーゾーンに入り、野生同然に暮らす30頭ものトラを間近で観察するというもので、餌やりの光景も見られる。そのほか園内には、珍しいホワイトタイガーやライオン、クロコダイルなどの動物がいて、クロコダイルへの餌やりやトラの赤ちゃんとの記念撮影などもできる。また、アイタ族のダンスショーやアイタ族伝統の料理が食べられるレストランなどもあり、子供から大人まで楽しめる。

トラへの餌やりは迫力満点！

■ズービック・サファリ
住 Group 1, Ilanin Forest, Subic Bay Freeport Zone
TEL 0927-589-9696（携帯）
URL www.zoomanity.com.ph
開 8:00～16:00　休 なし
料 大人₱695、子供₱595
※タイガーサファリやクロコダイルへの餌やりなどは別料金。

イルカと触れ合える ★★
オーシャン・アドベンチャー MAP P.165上-A2
Ocean Adventure

イルカと一緒に泳げることで人気のエンターテインメント施設。イルカやシャチ、アシカのショーが楽しめるほか、水族館ではフィリピンの海に暮らすさまざまな魚やサンゴなどの海洋生物に出会える。フリーポート・ゾーンから無料バスが出ている。

■オーシャン・アドベンチャー
住 Camayan Wharf, West Ilanin Forest Area, Subic Bay Freeport Zone
TEL (047) 252-9000
URL oceanadventure.ph
開 9:00～18:00　休 なし
料 大人₱788、子供₱628
※ドルフィン・ビーチ・エンカウンター₱2400/30分などは別料金

マニラ近郊

スービック

ホテル&レストラン　Hotels & Restaurants

マニラからの家族連れなども多いスービックには、宿泊施設やレストランが充実している。リゾート気分が楽しめる豪華ホテルもあり、レジャーを楽しみながらゆったりするには最適だ。雰囲気のいいレストランやカフェを探しているのであれば、ウオーターフロント通りに行くといいだろう。

ザ・ライトハウス・マリーナ・リゾート　$$$
The Lighthouse Marina Resort　MAP P.165下-2

スービック随一の豪華ホテル。海に面した絶好のロケーションにあり、リゾート気分が楽しめる。シーフードがおいしいと評判のレストランも入っている。ヨットのチャーターのアレンジをしてくれる。

住 Subic Bay Freeport Zone
TEL (047) 252-5000
URL www.lighthousesubic.com
予約・問合せ マニラ　TEL (02) 8711-0019
料 SDP6700～1万
室数 34
CC ADJMV

フリーポート・ゾーンでは老舗

ベスト・ウエスタン・プラス・ホテル・スービック　$$$
Best Western Plus Hotel Subic　MAP P.165下-2

カジュアルな中級ホテル、ベスト・ウエスタンがスービックにオープン。9タイプもの客室に、ビジネスセンターやジムなど、設備が充実。それでも、フリーポート・ゾーンのなかでは比較的リーズナブルに滞在できる宿のひとつ。

住 C-5B Dewey Ave., Subic Freeport Zone
TEL (047) 250-8000
URL bestwesternsubic.com
料 SDP6555　FP1万1875
室数 77
CC AJMV

4つ星クラスの施設をリーズナブルに

スズキ・ビーチ・ホテル　$$
Suzuki Beach Hotel　MAP P.134-A1

バリオ・バレットにある唯一の日本人経営ホテル。スービック湾を望むビーチの目の前に位置し、いつでもマリンレジャーが楽しめる。プールとロングステイ専用ホテルも新たに完成し、家族連れにも最適。

住 #1 Samar St., Ba. Barretto
TEL (047) 223-9217/9965/4155
URL ytamakum.ddo.jp/suzukihotel
料 SDP3300～3900
室数 29
CC ADJMV
長期割引 20%（7日以上）

日本人経営の快適な宿

ゴールデン・ティー・ハウス　$$
Golden Tea House　MAP P.165下-2
中国料理

ヌードルや飲茶がおいしいと評判で、地元の中国人も食べに来る本格派の中国料理の店。ポットで中国茶が出てくるというのも、うれしいサービスだ。店内は明るく、気軽に入りやすい雰囲気。

住 422 Aguinaldo St.
TEL (047) 252-2222
営 11:00～24:00
休 なし
CC MV

中国風のインテリアで飾られた店内

さくら　$$
Sakura　MAP P.165下-2
日本料理

スービック在住日本人御用達の店。日本人経営で寿司からうどんまで本格的。日本の味が恋しくなったら、ぜひ立ち寄りたい。ハーバーポイント・アヤラモールにもオープンした。

住 Times Square Bldg., Sta. Rita Rd., Cor. Rizal Ave.
TEL (047) 252-2666
営 11:00～14:30, 17:00～22:30
休 なし
CC AJMV

月替わりメニューもある

ミンドロ島随一のダイビングリゾート

プエルト・ガレラ
Puerto Galera

MAP 折込表-B2

最もにぎわうサバン・ビーチ

総面積が1万245km²のミンドロ島はフィリピンで7番目に大きい島であり、東ミンドロ州Oriental Mindoroと西ミンドロ州Occidental Mindoroに分けられる。プエルト・ガレラは、ミンドロ島の玄関口。ダイビングリゾートとして人気がある。スペイン統治時代から中国、インド、スマトラ、ジャワとの貿易中継地として、また台風の避難地として利用されてきた。今はマニラから気軽に行けるリゾート地として、にぎわいを見せている。

プエルト・ガレラへの行き方　ACCESS

マニラからバスでバタンガス(→P.139)へ行き、バタンガス港から船でプエルト・ガレラへ渡るのが一般的。また、バタンガスから、バラテロ、カラパンへも船が出ている(→欄外)。

プエルト・ガレラ(ムリエ)から3〜4km北東のサバン・ビーチやその隣のスモール・ラ・ラグーナ・ビーチ、ビッグ・ラ・ラグーナ・ビーチへは、ジプニーかトライシクル、ボートで所要時間15〜30分。それぞれ₱25、150〜200、300〜600程度。

プエルト・ガレラの市外局番 ☎043

ACCESS

バタンガス(→P.139)の港からフェリーでアクセスするのが一般的。プエルト・ガレラ(ムリエ)、バラテロBalatero行きのボートが、6:00〜18:00の間に10便以上運航している。所要1時間〜1時間20分、₱300。
※2018年7月より、サバン・ビーチ、ホワイト・ビーチ行きのボートは廃止されている。

マニラのシティ・ステート・タワー・ホテル City State Tower Hotel (MAP P.66-A2) からプエルト・ガレラまでSIKATバスが運行。バスとボートのパッケージ料金で販売している。片道₱1000、往復₱1900。

〈スケジュール〉

往路
8:00　シティ・ステート・タワー・ホテル発
10:30　バタンガス港着
11:00　バタンガス港発
12:30　プエルト・ガレラ(ムリエ)着

復路
9:00　プエルト・ガレラ(ムリエ)発
10:30　バタンガス港着
11:30　バタンガス港発
13:30　シティ・ステート・タワー・ホテル着

※スケジュールは随時変更されるので事前に確認のこと。

プエルト・ガレラの歩き方

プエルト・ガレラの町の中心は、**ムリエMuelle**と呼ばれるバタンガスへの船が発着するボート乗り場のあたり。食料品店や病院、学校、警察署などもこの周辺に集まっていて、ホテルやレストラン、みやげ物店などもある。だが、周辺のビーチエリアの開発により、町自体に少しさびしい雰囲気が漂っている。21:00には、出歩く場所もなくなるといった印象だ。ひとりでうろつくのはやめておこう。

中心部から少し離れると、たくさんのビーチが点在しているが、なかでも特ににぎやかなのが、町からジプニーで15分ほど北東へ行った所にある**サバン・ビーチSabang Beach**。ビーチ自体はそれほど美しくはないが、周辺にはレストランやバー、ナイトクラブなどが集中していて、小さな歓楽街といった感じになっている。観光客に必要なものはほぼ揃っていて、日本円やUSドルの両替も可能だ。リゾートホテルも数多い。

ターミナルフィーと入島料

バタンガスのフェリーターミナルを利用する際には、ターミナルフィー₱30、環境保全費₱50が必要。プエルト・ガレラに入港する際にも、ミンドロ島の環境保全費として₱50徴収される。

ダイビングサービスの料金

ダイビングの料金はどこもほぼ同じ。アジア・ダイバーズの場合、器材込みで、ビギナーズ・コースが₱9328。

アジア・ダイバーズ
Asia Divers
MAP P.170上-B1
Small La Laguna Beach
TEL 0917-814-5167（携帯）
URL www.asiadivers.com

ムリエの船着場付近にはみやげ物を売る店やレストランが並ぶ

プエルト・ガレラの見どころ　ATTRACTION

　ナイトライフよりも健全なマリンスポーツを楽しみたいという人には、**スモール・ラ・ラグーナ・ビーチSmall La Laguna Beach**や**ビッグ・ラ・ラグーナ・ビーチBig La Laguna Beach**がおすすめ。どちらも白砂のきれいなビーチで、ファミリーでバカンスを楽しむ人の姿も多く見られる。周辺にはダイビングスポットが点在し、ホテルの多くがダイビングサービスも兼ねている。

　プライベートビーチでのんびりしたい人には、**ココ・ビーチCoco Beach**がいい。マリンスポーツはもちろん、ゴルフやテニスなどのランドスポーツも充実している。プエルト・ガレラの町寄りにある**バラテ・ビーチBalate Beach**周辺のビーチも美しい。

　一方、町の西側にあるビーチは幅の広さが特徴で、手前の**ホワイト・ビーチWhite Beach**へは町の中心からジプニーで約20分、その先には**アニヌアン・ビーチAninuan Beach**、**タリパナン・ビーチTalipanan Beach**と続いている。スノーケリング向きではないが、地元の観光客が多く、レストランなども安めで、ローカルな感じのするところだ。周辺には、**マンギャン族の村**もある。

工芸品を売るマンギャン族の人々

ミンドロ島の見どころ　ATTRACTION

どこまでも静かなビーチでのんびりバカンス ★
マンブラオ　MAP P.169
Mamburao

　西ミンドロ州の州都マンブラオ。しかし、州都というイメージとはほど遠く、小さく静かな町だ。町なかには、ホテルやレストランなどもある。周辺にはいくつかのビーチが点在するが、一番有名なのは町の北西にある**タヤマアン・ビーチTayamaan Beach**。遠浅の海はどこまでも穏やかで、海に沈む夕日の輝きは格別だ。

緑深いジャングルと白砂のビーチで大自然を満喫 ★★
北パンダン島　MAP P.169
North Pandan Island

　マンブラオの南に位置する小さな島。白砂のビーチが美しい南部には、🅗**パンダン・アイランド・リゾート**（→欄外）があり、ウインドサーフィンやダイビングが可能だ。リゾートの前のビーチはサンゴが美しく、スノーケリングにもってこい。**アポ島Apo Island**へのダイブツアーもある。また北部のジャングルは野生動物の宝庫として知られている。サブラヤンSablayanのブエナビスタBuenavista地区にエコツーリズムオフィスがあるので尋ねてみるとよい。

■マンブラオ

🚢 バタンガス港（→MAP P.140-2外）からモンテネグロ・シッピング・ラインMontenegro Shipping Linesの船がアブラAbra（→MAP P.169）まで、毎日1:00〜21:00の間に6便運航。所要約3時間、₱260。ほかにベスタ・シッピングBesta Shippingのフェリーも運航。アブラからマンブラオへはジプニーで所要約1時間30分。₱80程度。

■北パンダン島

　マニラとサン・ホセSan Jose（→MAP P.169）の間をセブ・パシフィックが週3運航している。所要約50分、片道₱1698〜。クラーク国際空港からもフィリピン航空が週4便運航。サン・ホセからはマンブラオ行きのバスに乗り、途中のサブラヤンSablayan（→MAP P.169）で下車。サブラヤンまで所要約3時間30分、₱140程度。そこから北パンダン島へボートで渡る。所要約30分、₱200程度。アブラ・デ・イログからサン・ホセ行きのバスに乗り、サブラヤンで下車してもいい。その場合も所要約3時間30分、₱225程度。マニラからサブラヤン行きのバスもある。所要約8〜10時間、₱900。

●セレス・バス
Ceres Bus
📞 0910-738-5318（携帯）

北パンダン島のホテル

🅗**パンダン・アイランド・リゾート**
Pandan Island Resort
MAP P.169
🏠 North Pandan Is.
📞 0919-305-7821（携帯）
URL www.pandan.com
 ₱2100（木）〜2980
© ₱6600〜8800
CC 不可

ホテル Hotels

東のサバン・ビーチから西のタリパナン・ビーチの間に、コテージが300軒以上ある。電話が通っていないホテルが多く、携帯電話を使っているところも多い。どのコテージも予約なしの飛び込みでOKだ。参考のために料金を提示しておくが、かなり値切れる。ハイシーズンは12〜5月、ローシーズンは6〜11月。

アトランティス・ダイブ・リゾート　$$
Atlantis Dive Resort　MAP P.170上-B1

スペイン風の建物がロマンティック。騒然としたサバン・ビーチだが、ここはくつろげる。プールもあり、ダイビングなどマリンスポーツも充実している。入口はビーチから一歩入った道沿いにある。

- Sabang Beach
- TEL (043) 287-3066、0917-562-0294（携帯）
- URL www.atlantishotel.com
- 料 (S)(D)US$87〜
- 室数 40
- CC MV

サバンでは最もおしゃれなリゾート

ラ・ラグーナ・ビーチ・クラブ　$$
La Laguna Beach Club　MAP P.170上-B1

ビッグ・ラ・ラグーナ・ビーチにある。施設内の設備が充実していて、レストランやバーがおしゃれ。7室のスイートルームは、目の前にビーチが広がる好ロケーション。ローシーズンは朝食付き。

- Big La Laguna Beach
- TEL (043) 287-3181、0917-794-0323（携帯）
- URL llbc.com.ph
- 料 (S)US$65〜　(D)US$80〜
- 室数 45
- CC ADJMV

リゾート前の美しいビーチ

ビッグ・アップル・ダイブ・リゾート　$$
Big Apple Dive Resort　MAP P.170上-B1

プール、レストラン、ショップなど施設が充実、ダイビングサービスを併設しているのでダイバーにとっても便利だ。キッチン付きのアパートメントタイプの部屋もあり、長期滞在者に人気がある。

- Sabang Beach
- TEL (043) 287-3134
- URL divebigapple.com
- 料 (S)(D)₱1100〜
- 室数 21
- CC MV

トロピカルな雰囲気のプール

キャプテン・グレッグス・ダイバーズ・リゾート　$$
Capt'n Gregg's Divers Resort　MAP P.170上-B1

サバン・ビーチのど真ん中に建つ、こぢんまりとしたダイバー専用の宿泊施設。ダイビングサービスが経営しているので、オーナーはダイビングスポットにとても詳しい。レストラン、バーを併設。

- Sabang Beach
- TEL (043) 287-3070/1
- URL www.captngreggs.com
- 料 ₱1800〜2400　(F)₱2600
- 室数 11
- CC AMV

バルコニーも付いている

ステップス & ガーデン・リゾート　$$
Steps & Garden Resort　MAP P.170上-B1

サバン・ビーチを一望できる高台にある。場所はわかりにくいが、ビーチ沿いの「タマリンド・レストラン」に行けば案内してくれる。敷地内は花や緑であふれ、とても落ち着いた雰囲気。ゆったりとくつろげる。

- Sabang Beach
- TEL (043) 287-3046、0915-381-3220（携帯）
- URL www.stepsgarden.com
- 料 (S)(D)₱2150〜　(Su)₱3150〜
- (F)₱5500〜
- 室数 30　CC MV

プールなどの施設も充実

172

エル・ガレオン・ビーチ・リゾート
El Galleon Beach Resort　MAP P.170上-B1

部屋もおしゃれな人気ホテル

スモール・ラ・ラグーナで欧米人に人気のホテル。ダイビングサービスやマリンスポーツもできるので、アクティブに楽しみたい人にはおすすめ。各種ツアーも手配してくれる。客室にはケトルや金庫を完備。

住 Small La Laguna Beach
TEL (043) 287-3205、0928-503-3314（携帯）
料 SD US$45～
室数 30
CC AMV

ココ・ビーチ・アイランド・リゾート
Coco Beach Island Resort　MAP P.170上-B1

海に面したプールでくつろぐ人々

パームツリーに囲まれた森の中にコテージが点在する隠れ家的リゾート。10haもの広大な敷地内にはプライベートビーチをはじめ、プール、テニスコートなどがあり、マリンスポーツの種類も豊富に揃っている。

住 Behiya
TEL 0917-862-5173（携帯）
予約・問合う マニラオフィス
TEL (02) 8521-5260
URL cocobeach.com
料 SD ₱3500～
室数 95　CC AJMV

パパ・フレッズ・ビーチ・リゾート
Papa Fred's Berach Resort　MAP P.170上-B1

モダンな内装の客室もある

地元でも評判のステーキハウスを併設するリーズナブルな宿。近年改装されたばかりで、全室にエアコン、ミニバー、Wi-Fiを完備している。モダンな内装の客室もあり、快適に過ごすことができる。

住 Sabang Beach
TEL 0915-147-7354（携帯）
料 SD ₱2385～3915
室数 12
CC MV

ブルー・クリスタル・ビーチ・リゾート
Blue Crystal Beach Resort　MAP P.170上-B2

白亜の外観が特徴

レストランやプールを完備。客室は落ち着いたインテリアで整えられ、豪華だ。ダイビングやマンギャン族の村を訪れるツアーなども扱っている。静かな海沿いに位置し、リラックスして過ごせる。

住 Palangan
TEL (043) 287-3144
URL www.bluecrystalbeachresort.com
料 SD US$65～
室数 15
CC ADJMV

ラス・ビラス・デル・ナティビダッド・リゾート
Las Villas del Natividad Resort　MAP P.170上-A1

ホワイト・ビーチの中心にあるアパートメント形式のホテル。ビーチで食べる魚の炭火焼きがおいしい。周辺にはみやげ物店などもある。

住 White Beach
TEL 0917-482-0505（携帯）
料 SD ₱1500～　F P ₱2500～
室数 30
CC 不可

ホワイト・ビーチ・ホテル
White Beach Hotel　MAP P.170上-A1

ホワイト・ビーチの中心にあるホテルのなかでも、人気があるホテル。プエルト・ガレラ寄りの「ホワイト・ビーチ・リゾート」も同じ経営。

住 San Isidro
TEL 0917-632-8546（携帯）
料 SD ₱1559～　F P ₱2179～
室数 65
CC AJMV

サマー・コネクション・ビーチ・リゾート
Summer Connection Beach Resort　MAP P.170上-A1

ホワイト・ビーチの一番奥にあるので、とても静か。ヤシの木の合間に建つニッパハットでくつろげる。日本人の利用も多い。

住 San Isidro
TEL (043) 287-3688、0915-900-0080
URL www.summerconnection.net
料 SD ₱3500～
室数 30
CC 不可

タマラウ・ビーチ・リゾート
Tamaraw Beach Resort　MAP P.170上-A2

アニヌアン・ビーチにあるコテージ。客室タイプはいろいろで、そのなかから自分に合ったものを選べる。静かで、のんびりできる。

住 Aninuan
TEL 0917-504-8679（携帯）
料 SD ₱2500～
室数 50
CC AMV

バナウェの棚田

ルソン島北部

　フィリピンで最も山深い地域がルソン島北部。その中央に位置するコルディレラ地方は標高2000m級の山々が連なり、アメリカ占領時に避暑地として開拓されたバギオがその中心都市。世界遺産に登録されている見事な棚田（ライステラス）が点在するイフガオ州も、コルディレラの山中にある。山岳地方のかなり奥地まで行くと、今なお伝統文化が残っている村もあり、伝統的な家に住む少数民族が静かに生活を営んでいる。こうした伝統文化とは対照的に、ルソン島北部の西海岸沿いではスペイン植民地時代の数々の文化遺産を目にする。特に南イロコス州にあるビガンは、スペイン統治時代の町並みの美しさから町全体が世界遺産に登録されている。

ルソン島北部への玄関口

バギオ

Baguio

MAP 折込表-B2

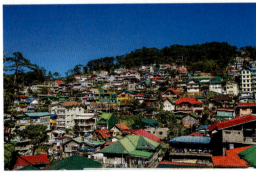

丘の斜面にカラフルな建物が建ち並ぶバギオの町

バギオはマニラからバスで5～8時間。つづら折りの山道を1時間ほど上った所に忽然と姿を現す緑のなかの「天空都市」である。標高1500m。年間をとおしての平均気温は15～23℃。最も暑い4月には30℃を上回ることもあるが、山間部のため過ごしやすい。

バギオはアメリカ植民地時代の20世紀初頭、先住民族の小さな村だったが、アメリカ植民地政府によって避暑地として開発された。西洋的な都市デザインによって設計されているため、フィリピンのほかの町では見られない洗練された雰囲気が漂う。当時、マニラが最も暑い3～6月に政府機能がバギオに移されたことから、「夏の首都 Summer Capital」と呼ばれてきた。その時代の象徴である元アメリカのフィリピン総督の公邸「ザ・マンション」は、今もバギオ観光の目玉となっている。

バギオはコルディレラ地方（6つの州からなっている）と呼ばれる先住民族の暮らす山岳地方の入口であり、また、経済・文化の中心でもある。市内には8つの大学があって学生が多く、活気にあふれている。マニラの富裕層の瀟洒な別荘が建ち並び、休日にはマニラからの避暑や観光客でにぎわう観光都市だ。

一方で、山岳地方から先住民族も多く移り住み、英語を学びに来る韓国人留学生をはじめとする外国人の姿も多く、さまざまな国籍、民族の行き交う国際都市の色も強い。

また、この気候と緑に囲まれた自然を求め、そして山岳民族の伝統文化にひかれて移り住んできたアーティストたちがこの町には多い。活発な創作活動を展開しており、「アートの町」としての顔も併せもっている。

バギオの
市外局番 ☎074

ACCESS

🚌 マニラのパサイ、クバオ、サンパロックなどから、各社のバスが出ている。所要5～8時間、₱490～800。

●ビクトリー・ライナー
Victory Liner
MAP P.62-B2、65上
TEL (02) 8833-5019（パサイ）
TEL (02) 8727-4688（クバオ）
TEL (074) 442-5708、0998-591-5101（バギオ）

●ジェネシス・トランスポート
Genesis Transport
MAP P.62-B2、65上
TEL 0933-852-7686（パサイ）
TEL (02) 8709-0544（クバオ）
TEL (074) 444-9989（バギオ）

アンヘレスからバギオへ
マバラカットのダウ・バスターミナルから、マニラ発バギオ行きのバスに途中乗車する。ダウで降りる乗客もかなりいるので、たいていは少し待てば乗れる。

バギオを拠点にバスで移動
ルソン島北部の拠点であるバギオからは、ボントック、サガダ、バナウェ、ビガン、ラワグ、サン・フェルナンドなど、各方面行きのバスが出ている。詳細は各エリアのページを参照。

ピーク時のバギオ行きバス
パサイ発のビクトリー・ライナーやジェネシスのバスが混雑していたらチャイナタウン近くのアヴェニダ発のバスを使おう。フィリピン・ラビット Philippine Rabbitのバスが本数が多い。ジェネシスもアヴェニダにターミナルをもっている。

庶民の台所シティ・マーケット

■観光局（DOT）
MAP P.178-B2
住 DOT Complex, Gov. Pack Rd.
TEL (074) 442-7014
Mail dotregioncar@gmail.com
開 8:00 ～ 17:00 休 土・日・祝

■郵便局
MAP P.178-B2
開 8:00 ～ 17:00 休 土・日・祝

バギオの両替所
シティ・マーケット内にあるが、目立たないので見つけにくい。よく見ると店内に「Exchange」と書かれた看板などがあるので、それが目印。レートは両替所によって多少違うが、銀行よりはいい。ただし、大金を両替する場合は十分注意が必要。S SMバギオ内にはスーパーマーケットの近くを含め、2ヵ所に両替カウンターがある。

バギオからマニラの空港へ
「ジョイバス」が、ジェネシス・トランスポートのターミナル（MAP P.178-B2）からニノイ・アキノ国際空港第3ターミナルまでノンストップ直行バスを走らせている。下記のサイトで3日前までオンライン予約が可能。
●ピノイ・トラベル　Pinoy Travel
URL pinoytravel.com.ph
●iWantSeats
URL iwantseats.com

バギオからクラーク国際空港へ
ジェネシス・トランスポートのターミナル（MAP P.178-B2）からクラーク国際空港まで直行バスが1日2本（19:00、22:00）運行。₱500。空港からバギオへも1日2本（9:30、12:30）運行。

バギオの町並み。右に見える教会はバギオ大聖堂

バギオへの行き方

ACCESS

マニラから約250km。郊外に空港があって以前は定期便が就航していたが、標高が高いため気流が荒れて欠航が多く、現在は廃止されている。そのため、バギオへはバスが唯一の公共交通手段。マニラからはビクトリー・ライナー、ジェネシス・トランスポートなどのバス会社が運行している。上記2社は24時間運行で本数も多く、パサイとクバオのエドゥサEdsa通り沿いにバスターミナルがあってわかりやすい。また、ビクトリー・ライナーは「ファーストクラス」、ジェネシス・トランスポートは「ジョイバスJoy Bus」という3列シートのノンストップバスも運行しており、これらに乗ると5時間ほどで到着する。オンライン予約もできる。

サン・フェルナンド（→P.201）、ビガン（→P.203）、ラワグ（→P.206）からはパルタスPartasやファリニャスFariñasなど、山岳地方のサガダ（→P.194）、ボントック（→P.191）からはGLバス、バナウェ（→P.185）からはオハヤミ・トランスなどが直行バスを走らせている。

バギオの歩き方　GETTING AROUND

　バギオ市は山あいに位置するため、町なかでもかなりの高低差がある。無理をせずにゆったりと歩くといいだろう。中心は、緑あふれる**バーンハム公園 Burnham Park**（→P.181）。大きな池があり、日曜にはボートこぎやサイクリングをする人でにぎわう、現地の人々の憩いの場所だ。

　繁華街はバーンハム公園から見て北東のほう、メインストリートの**セッション通り Session Rd.**にはホテルやレストラン、銀行など、旅行者はもちろん、人々の生活に必要なものがほとんど揃っている。セッション通りから少し入った丘の上に立っているのが、**バギオ大聖堂 Baguio Cathedral**（→P.181）だ。

　シティ・マーケット City Marketは、坂になっているセッション通りを下り切った正面にある。ここでは地元産の手織り布や木彫り、衣類、野菜や果物などが売られている。雑然としているが、庶民の暮らしとパワーを知るにはここがいちばん。ぜひ歩いてみよう。セッション通りを南東に上ると、バギオ市内を一望する丘の上にショッピングセンター**SMバギオ SM Baguio**がある。カフェ、レストラン、スーパーマーケット、ATM、両替所など、何でも揃っている。

　もうひとつの町の中心は、セッション通りから見てバーンハム公園を挟んだ反対側の**レガルダ通り Legarda Rd.**。中級ホテルや、レストラン、カフェも多く便利な地域だ。

花祭り「パナグベガ」

　毎年2月から3月の1週目にかけて、バギオ市内は花で埋め尽くされる。バギオで最も大きな祭り「パナグベガ Panagbenga」は花をテーマとして、花車のパレード、花を使った庭造りコンペ、ストリート・ダンスコンテストなどが繰り広げられる。フィリピン各地から観光客が訪れてたいへん混雑する時期。ホテルもいっぱいの可能性があるので早めの予約を。

花であふれるパナグベガのフェスティバル

■ イミグレーション
MAP P.178-B3
住 38 Wagner Rd., Military Cut Off
TEL (074)447-0805

ルソン島北部　バギオ

先住民の手織りと手工芸品に出合えるところ

　どこか洗練された雰囲気の漂うバギオの町だが、ここはコルディレラ山岳地方のディープな先住民族文化の発信基地でもある。先住民族の手工芸品をおみやげにしたければ、**イースター・ウィービング・ルーム Easter Weaving Room**へ。マウンテン州の伝統の手織りを使った製品を中心に、さまざまな手工芸品が揃っている。

　コルディレラ地方で最も有名な**サガダ・ウィービング Sagada Weaving**は、SMバギオ（→MAP P.178-B2）にもナドゥマ Naduma というショップをもっている。ピクトリー・ライナーのマニラ発着便のバスターミナルに近い**ナルダス Narda's**も手織りの店。こちらは伝統柄ではなく大人っぽくアレンジした色使いの織りと品質の高いハンドバッグなどを販売している。

　ボントックまで足を延ばすなら、マウンテン州の通商産業課が運営するおみやげ店**パサルボン・センター Pasalubong Center**（パサルボンはお土産の意味）がおすすめ。ボントック市街地を流れるチコ川対岸にある手織りの村サモキで織られたバッグをはじめ、マウンテン州全域のさまざまな手工芸品を販売。

ナルダスの店内には多くの手織り作品が並ぶ

■ イースター・ウィービング・ルーム
MAP P.176-A　住 No2 Easter Rd, Guisad
TEL (074)442-4972　営 8:00～17:00　休 日　CC AMV

■ ナルダス
MAP P.178-B3　住 151 Upper Session Rd.
TEL 0920-950-9097　営 8:00～19:00　休 なし

■ パサルボン・センター
住 2F Multipurpose Bldg., Bontoc, Mountain Province　MAP P.191-1
TEL 0909-757-2227、0905-184-5821(携帯)
営 9:00～17:00　休 日　CC 不可

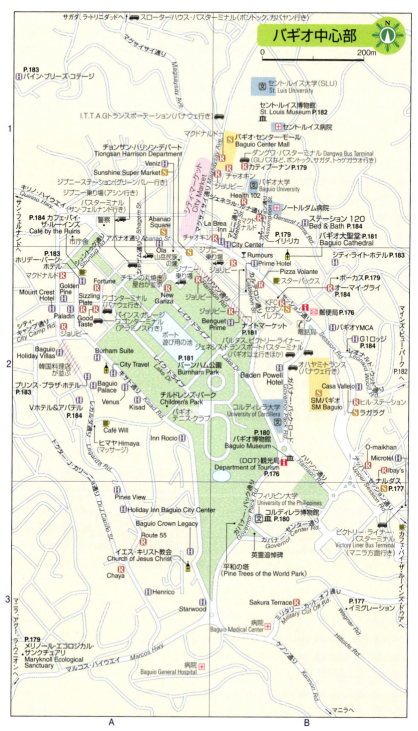

見どころは、町の中心から、富裕層の別荘と松林に囲まれた**レオナルド・ウッド通り**Leonard Wood Rd.沿いを東に行った所に集中している。**バギオ植物園**Baguio Botanical Garden、**ザ・マンション**The Mansion、**ライト・パーク**Wright Park、**マインズ・ビュー・パーク**Mines View Park、**キャンプ・ジョン・ヘイ**Camp John Hayなどがある。

また、郊外には**ベンカブ美術館**BenCab Museumが市内から約3km西の**アシン通り**Asin Rd.沿いにある。途中、イフガオ族の木彫品が並ぶみやげ物店も多い。さらにその5km先には、休日に市民たちでにぎわう**アシン温泉**Asin Hot Springがある。

マニラからのビクトリー・ライナーのバスは、町の中心から少し外れた専用のターミナルに到着するが、24時間たくさんのタクシーが並んでいるので、たとえ夜中に着いたとしても移動は問題ない。そのほかのマニラからのバスや、バナウェ、ビガン、ラワグからのバスは、セッション通りの南の端、**ガバナー・パック・ロード**Governor Pack Rd.のバスターミナルに到着する。

ガバナー・パック・ロードのバスターミナルからセッション・ロードと反対の方向に歩いていくと右側に**コルディレラ大学**University of Cordilleraがあり、陸橋のある大きな交差点に出る。そのはす向かいにあるのが**バギオ博物館**Baguio Museum。並びには観光局があり、バギオ市内やコルディレラ地方の情報が入手できる。なお、バギオは治安もよく、タクシーでもおつりはちゃんと返ってくる。移動の際に有効に利用しよう。

町の西側の高台にあるヘリテージ・ヒルの修道院跡

イリ・リカのカフェ

バギオ名物のウベジャムを買うなら
グッド・シェパード修道院に寄宿している大学生たちがサポートして作っている添加物なしのジャムなどを販売。なかでもウベ(紫芋)のジャムが人気。

S グッド・シェパード
　Good Shepherd
MAP P.176-B
住 15 Gibraltar Rd.
TEL (074)424-1109
URL www.goodshepherdsisters.org.ph/baguio
開 8:00～17:00
休 なし

ルソン島北部

バギオ

バギオのアートスポットを巡る！

ちょっとひと息コラム

バギオはアートの町としても知られている。1980年代後半にバギオ・アート・ギルド（BAG）というアート集団が前衛的な活動を行い、毎年国際アート・フェスティバルを開催し、世界中からアーティストが参加していた時代もあった。1990年代に入ると失速したBAGを離れ、中心的存在だったアーティストたちがそれぞれ独立したアートスペースをオープンし、今も積極的なアート活動を行っている。

その代表が**タム・アワン・ビレッジ**Tam-awan Village（→P.180）。バギオを代表する画家、ベネディクト・カブレラ（通称ベンカブ）が、才能ある若手アーティストたちとともに2014年に設立。その後、ベンカブは私設のベンカブ美術館（→P.180）をオープンした。

映像作家のキドラット・タヒミックはセッション通りにコミュニティ・アート・スペース、**ボーカス**VOCAS（→MAP P.178-B2）をオープン。ビルの屋上に突如現れる廃材を使った船の形をしたカフェ（→P.184）とギャラリーは、空間そのものがアート作品だ。キドラットが新しくオープンしたアート村**イリ・リカ**Ili Likha（→MAP P.178-B1）もセッション通りから少し入った路地にある。アーティスト経営の小さなブースで軽食なども楽しめる。

硬派の企画展は、メリノール・エコロジカル・サンクチュアリ（→MAP P.178-A3）内のギャラリーや、老舗カフェの**カフェ・バイ・ザ・ルーインズ**（→MAP P.178-A2）がお得意。若手の現代アートの作家たちはダングワ・バス・ターミナル近くの食堂**カティプーナン**Katipunan（→MAP P.178-B1）、ブレント・スクールBrent School近くの**マウント・クラウド・ブックショップ**Mt. Cloud Bookshop（→MAP P.176-B）でもアートイベントを行っている。1日かけて、ぜひアートスポットを回ってみよう。

バギオの見どころ

"アートの町"バギオのすべてがここに ★★★
ベンカブ美術館　MAP P.176-A外
BenCab Museum

■ベンカブ美術館
住 Km. 6 Asin Rd., Tadiangan, Tuba, Benguet
TEL (074) 442-7165
URL www.bencabmuseum.org
開 9:00〜18:00（入場は17:30まで）
休 月
料 ₱150（ガイド料は別）

美術館の入口

フィリピンを代表するバギオ在住の画家、ベネディクト・カブレラBenedicto Cabrera（通称ベンカブ）の私設美術館。広々としたモダンな建物に、ベンカブの作品のほか、在バギオのアーティストを中心に、フィリピンの現代美術家の秀作コレクションなどがテーマ別に展示されている。なかでも着目したいのは、ベンカブが長年収集してきたコルディレラ山岳地方の先住民族の生活道具を展示したギャラリー。イフガオ族の人が稲作儀礼などで使う「ブルルBulul」と呼ばれる神聖な木彫り像をはじめ、さまざまな道具が展示されている。併設のカフェでは、美術館の庭で取れたオーガニック野菜やハーブなどを使ったおしゃれでヘルシーな料理がおすすめ。1日かけてじっくり楽しめる美術館だ。

バギオのアートと山岳地方の村の暮らしを疑似体験 ★★★
タム・アワン・ビレッジ　MAP P.176-A外
Tam-awan Village

■タム・アワン・ビレッジ
住 366-C Pinsao Proper
TEL (074) 446-2949、0917-510-8196（携帯）
URL tam-awanvillage.com
開 8:00〜18:00　休 なし
料 ₱60

バギオの中心地から車で約20分の郊外にあるアートスペース。自然をそのままに生かした現代アートの作品が点在するほか、山岳地方のイフガオ州やカリンガ州の伝統家屋が8棟移築されている。地元作家の企画展を行うギャラリーのほか、タム・アワン・ビレッジを拠点にアート活動を行うバギオを代表するアーティストたちの作品が、カリンガ州の伝統家屋を使った常設ギャラリーとカフェで展示されている。伝統家屋で宿泊もできる。

●コルディレラ博物館
Museo Kordilyera
住 UP Drive
TEL 0945-803-6165（携帯）
URL facebook.com、upbmuseokordiyera
開 9:00〜17:00　休 月
料 大人₱60　学生₱30

毎年1回展示が入れ替わる大学付属の先住民族博物館 ★★★
コルディレラ博物館　MAP P.178-B3
Museo Kordiyera

モダンな外観のコルディレラ博物館

2016年にフィリピン大学バギオ校キャンパス内にできたコルディレラ地方の先住民の文化をテーマとした博物館。同大学の文化人類学者たちの調査をベースとした展示で、毎年1回、テーマにより企画展示がすべて入れ替わる。2019年11月からの1年間の展示は、コルディレラ先住民族の手織りテキスタイルに関する展示。ブックショップやカフェも併設。大学生による博物館ガイドもある。

■バギオ博物館
住 DOT Complex, Gov. Pack Rd.
TEL (074) 444-7541
開 9:00〜17:00
休 月　料 大人₱40　大学生₱20

バギオの激動の歴史を知るなら ★
バギオ博物館　MAP P.178-B2
Baguio Museum

コルディレラ山岳地方の先住民族の衣装や生活道具、歴史関係の写真が展示されている。歴代市長や第2次世界大戦中の写真などもあり、バギオの歴史に関心のある人にはおすすめ。

市民の憩いの場　　　　　　　　　　　　★★
バーンハム公園　MAP P.178-A～B2
Burnham Park

■ バギオ大聖堂
TEL (074) 442-4256/424-7871
URL www.baguiocathedral.com
開 6:00～18:00
休 なし　料 無料

バーンハム公園は、バギオの町を設計したダニエル・H・バーンハムの名にちなんで名づけられている。公園の中央にある池でボートに乗ったり、自転車を借りてサイクリングすることもできる。ローラースケート場もある。

バギオのナイトマーケット
バーンハム公園に面したハリソン通りでは、毎晩21:00～24:00にナイトマーケット（MAP P.178-A～B2）が開かれる。古着を安価で手に入れるならここ。

丘の上から町を見渡すように建っている　　　　　★★
バギオ大聖堂　MAP P.178-B2
Baguio Cathedral

バギオのカトリック信者の信仰の中心地として、休・祝日のミサになると観光客や信者でたいへんな混雑となる。聖堂部分は1924年、ふたつの塔は1993年に建設された。ステンドグラスが美しいのでぜひ中に入ってみよう。第2次世界大戦のバギオ空襲で戦火を免れた歴史をもつ。

パステル調の外観が印象的

バギオのナイトマーケット

ルソン島北部　バギオ

ちょっとひと息コラム

ミイラのある町 カバヤン

バギオから車で約3時間の**カバヤンKabayan**（→MAP P.174-A2）。一見ごく普通ののどかな田舎町だが、実は世界でもまれな**ミイラMummy**のある町である。現地のガイドによると、ミイラは世界の9つの文化で確認されているそうだが、臓器を除かずにそのままミイラ化しているのはカバヤンに住む山岳民族のイバロイ族だけ。ミイラ作りの手法はいまだ解明されていないが、ハーブを利用したのではないかといわれ、皮膚の刺青の色まで鮮やかに残されている。

そんな貴重な伝統文化を伝える町だけに、とても小さな**国立博物館Kabayan National Museum**があり、ミイラの現物を鑑賞し、イバロイ族の歴史や風習を学ぶことができる。

また、地元のガイドを雇って、ミイラの眠る洞窟を訪れることも可能だ。中心地から1時間半のハイキングでたどり着く**ティノンチョル・ブリアル・ロックTinongchol Burial Rock**は、岩自体がお墓。いくつか開けられている穴にはミイラが納められた棺が安置されている。中心地からハイキングで4時間ほどの**ティンバック洞窟The Timbac Caves**も旅行者に人気だ。

また町なかの民家の敷地の一角にある**オプダス洞窟Opdas Mass Burial Cave**では500～1000年前のものといわれる何百もの頭蓋骨、人骨が発見され、ほぼそのままの状態で保存されている。疫病によって亡くなった人を集団埋葬したのではないかといわれているそうだ。

ほかにも、フィリピンで3番目に高く、独特の生態系をもつ**プラグ山Mt.Pulag**（2922m）や**タバヨック山Mt.Tabayoc**（2842m）など大自然のなか、ハイキング、山登りも楽しめる。

北ルソン山岳民族の知られざる伝統文化を身近に触れられるカバヤンへの旅。バギオから日帰りも可能だが、宿泊施設もあるので、1泊してゆっくり旅してみるのもいいだろう。

■ カバヤンへの行き方
スローターハウス（→MAP P.178-A1）から乗合ワゴン車が6:30～16:30の間、随時運行。ただし、日によって運行本数が違うので注意を。

■ カバヤン国立博物館　Kabayan National Museum
開 8:00～12:00、13:00～17:00　休 なし　料 無料
※事前に連絡しないと開けてもらえないこともある

H パイン・コーン・ロッジ　Pine Cone Lodge
ガイドを頼むことができる。☎ 0995-420-0208(携帯)
住 Poblacion, Kabayan　料 S ₱550～ D ₱750～

■ プラグ山ツアー
人気のプラグ山登山は入山制限などもあり、個人での手配は難しい。バギオ市内のアウトドアショップ、ラガラグで10人以上の団体の場合はツアーの手配をしてくれる。

S ラガラグ　Lagalag
住 Casa Vallejo, Upper Session Rd.
TEL 0947-111-1414(携帯)　営 10:00～18:30　休 なし

■セント・ルイス博物館
　バギオ中心部に巨大なキャンパスのあるセント・ルイス大学（SLU）内の博物館。先住民族の伝統文化と暮らしを紹介。
MAP P.178-B1
住 2F Msgr. Charles Vath Library Bldg., SLU Libraries, Saint Louis University
TEL (074) 442-2793
URL www.slu.edu.ph/index.php/arts-and-culture/museum
開 8:00 ～ 12:00、13:00 ～ 17:00
休 日・祝　**料** 無料

■ザ・マンション＆ライト・パーク
住 Romulo Drive
開 6:00 ～ 18:00
休 なし　**料** 無料

クラフトビールの店
　醸造所を併設した本格クラフトビールのレストラン。何十種類もあるなかから自由に試飲してお好みの一杯を注文できる。
R バギオ・クラフト・ブリュワリー
Baguio Craft Brewery
MAP P.176-A外
住 120, RKC Bldg., Bakakeng Central, Marcos Hwy.
TEL (074) 620-2278
営 17:00～翌1:00（土・日 13:00～）
休 なし

イチゴビールなど個性的なメニューが揃う

■マインズ・ビュー・パーク
交 セッション通りからマビニ通りの南に入ったところに、ジプニー乗り場（→**MAP** P.178-B2）がある。マインズ・ビュー・パーク行きのジプニーに乗れば、ザ・マンションやライト・パークにも行ける。帰りはプラザPlaza行きに乗る。

■アシン温泉
交 アシン温泉行きのジプニーは、マーケットの一角のカヤンKayang通りから出ている。終点のアシン温泉まで約1時間。バギオ行きの最終ジプニーは17:00なので乗り遅れないように。

レクリエーションがいっぱい　★★
キャンプ・ジョン・ヘイ　**MAP** P.176-B
Camp John Hay

　町の中心から南東にある米軍関係者用の元保養施設。日米が開戦した1941年12月8日、日本軍はここをフィリピン初の爆撃目標とした。また、終戦後の1945年9月3日には、山下奉文陸軍大将がこの地で降伏文書に調印をした。現在は690haもある広大な松林の中に、ゴルフ場やテニスコート、ピクニック場、ホテル、レストランなど多くの娯楽施設が揃っている。

フィリピン人にとって最大の見どころのひとつ　★★★
ザ・マンション＆ライト・パーク　**MAP** P.176-B
The Mansion & Wright Park

　ザ・マンションは、アメリカ植民地時代の1908年にフィリピン総督の住居として建てられたもので、第2次世界大戦中の1945年にアメリカ軍の爆撃によって破壊され、1947年にフィリピン政府によって再建された。以降、大統領がバギオを訪れたときの滞在先として使用されている。建物内に入ることはできないが、大通り沿いの門はロンドンのバッキンガム宮殿を模してデザインされたといわれ、最高の記念撮影ポイントとなっている。その向かいのライト・パークは松林が細長い長方形の大きな池に映り、よく手入れされた花壇に囲まれた美しい公園。公園の一部（バギオの町の中心側）にある馬場には200頭ほどの馬がいて乗馬が楽しめる。

立派な門構えのザ・マンション

少し足を延ばして行きたい場所　★★
マインズ・ビュー・パーク　**MAP** P.176-B
Mines View Park

　ベンゲット州の鉱山採掘場と、その奥に山岳地方の美しい山並みが眺められる。周りにはみやげ物屋が建ち並び、木彫り、編物、手織りの毛布などの手工芸品を購入することもできる。

涼しいバギオだからうれしい温泉　★★★
アシン温泉　**MAP** P.176-A外
Asin Hot Spring

　バギオの郊外約10kmのところにある温泉地。フィリピンでは熱い湯船につかる習慣がないので、温水のスイミングプールがメイン。ジプニーを降りた所から小道を入った**シノット温泉Sinot Hotspring Resort**は古くからあるプールで、週末はバギオの人々でにぎわう。近代的な施設が整っているのはメインストリート沿いの**パーム・グローブ温泉Palm Grove Hot Spring**。ひとりで湯船につかれる個室もある。

ホテル&レストラン　Hotels & Restaurants

フィリピン人の間で人気ナンバー1の避暑地バギオには、高級ホテルから山荘風のおしゃれなロッジ、キッチン付きの長期滞在用アパートまで、さまざまなタイプの宿泊施設が揃っている。クリスマスなどのピークシーズン時期には、宿探しに苦労するので、必ず予約を。シーズン中は料金がはね上がることも念頭におこう。

ルソン島北部 / バギオ

シティ・ライト・ホテル $$
City Light Hotel　MAP P.178-B2

バギオ大聖堂から徒歩5分のモダンなホテル。客室設備が十分に整っており、中心地から近くて便利。雨季にはオフシーズン割引があるが、平日のみ。朝食はビュッフェ（₱240）。最上階のバーは大人の雰囲気。

- 245 Upper Gen. Luna Rd.
- TEL (074) 442-8080、0917-629-2761（携帯）
- URL www.citylighthotelbaguio.com
- SD ₱2900～3200　Tr ₱3800
- Su ₱7800～8500
- 室 110　CC JMV

モダンなデザインの客室

シェア&ゲストハウス・タラ $$
Share & Guesthouse TALA　MAP P.176-B

観光スポットの集中するマインズ・ビュー近くの松林の中にあるゲストハウス。山の町バギオの雰囲気を満喫できる。宿内は照明や壁画などアートな空間が広がる。日本人スタッフが旅の相談にのってくれる。

- 25 J. Felipe St., Gibraltar
- TEL 0920-969-1619、0977-705-7831（携帯）
- URL www.tala-guesthouse.org
- SD ₱1300～1700　Dm ₱700
- 室 6
- CC 不可

自家焙煎コーヒーショップを併設

パイン・ブリーズ・コテージ $$
Pine Breeze Cottages　MAP P.178-A1

中心部から少し離れているが、フィリピンの伝統的なネイティブハウスに宿泊できる。スタンダードな部屋には4～11人が寝泊まりでき、ファミリー向け。受付カウンター付近でのみWi-Fi（無料）が利用できる。

- 40 Bokawkan Rd. Cor. P. Burgos St.
- TEL (074) 442-3350、0917-398-1120（携帯）
- URL www.pinebreezebaguio.com
- F ₱2100～
- S ₱4725～　C ₱655～
- 室 31　CC 不可

松の木で建てられたイゴロット・ハウス

ホリデー・パーク・ホテル $$
Holiday Park Hotel　MAP P.178-A2

バーンハム公園の西、バナウェやキアンガン行きのワゴンターミナル近くにあるホテル。清潔に保たれており、客室設備も十分に整っていて居心地がいい。周辺には、中国料理のレストランやカフェがあって便利。

- 129 Abanao Extension
- TEL (074) 619-2807～8、0922-821-4390（携帯）
- URL holidayparkhotel.com.ph
- S ₱2200　D ₱2200
- F Su ₱4500～5200
- 室 20　CC AJMV

リラックスできる雰囲気

プリンス・プラザ・ホテル $$
Prince Plaza Hotel　MAP P.178-A2

レガルダ通り沿いで、観光客にはとても便利なロケーションにある。2019年に大規模な改修工事を終えてリニューアルオープン。ファミリー向けの2ベッドルームの部屋もある。レストランを併設しているのもうれしい。

- #15 Legarda Rd.
- TEL (074) 665-2244
- Mail princeplazahotel@gmail.com
- SD ₱2500
- F ₱4500
- 室 40
- CC MV

リニューアルオープンしたばかりできれい

G1 ロッジ　$$
G1 Lodge
MAP P.178-B2

セッション通りの坂を上り切ったところに2018年にオープンした。客室設備が充実。オートロックを採用していて安心だ。バギオ出身の芸術家の作品が飾られ、洗練された内装のカフェテリアは地元客にも好評だ。

- 2 Leonard Wood Rd.
- TEL (074)665-4825、0917-788-1864（携帯）
- URL www.g1lodge.com
- ⓈⒹⓅ2800～800　ⒻⓅ4400～7300
- 30
- CC ADJMV

開放的なデザインのレストラン

V ホテル＆アパテル　$$
V Hotel & Apartel
MAP P.178-A2

にぎやかなレガルダ通りに近いが、小道を入ったところにあるので閑静。部屋の種類も豊富で、キッチン付きの部屋もある。1階に若者に人気の明るい雰囲気のクオテッドカフェ Quoted Café があるのもうれしい。

- 14 Bukaneg Street
- TEL 074-619-0793、0977-875-0770（携帯）
- Mail vhotelapartel@yahoo.com
- URL www.vhotelaprtel.com
- ⓈⓅ1995～5295　ⒹⓅ1995～5295
- ⓉⓅ2695～5395　ⒻⓅ3395～11595
- 44
- CC AJMV

高級感のあるロビー

ステーション120・ベッド＆バス　$
Station 120 Bed & Bath
MAP P.178-B1

バギオ大聖堂の近くのビルの中にある格安ホステル。バスルーム共用のプライベートの部屋は、予算の限られた旅行者にはありがたい。同じ建物内にコインランドリーとビュッフェスタイルのレストランなどがある。

- 101 Lower Gen. Luna Rd
- TEL 074-620-5514、0917-150-5808（携帯）
- Mail bnbstation120reservations@gmail.com
- ⓈⓅ650～1200（🛁共）　ⒹⓅ1200
- ⓉⓅ1500～1800（🛁共）
- 21
- CC MV

シンプルながら清潔な客室

カフェ・ヤガム　$$
Café Yagam
MAP P.176-B
カフェ、洋食、フィリピン料理

山岳地方で栽培されたコーヒー豆を自家焙煎している。山岳民族の名物料理ピヌピカン（鶏スープ）など伝統料理が味わえる。店内には暖炉があり、ゆったりとくつろげる空間。終日多くの人でにぎわう。

- 25 J. Felipe St., Gibraltar
- TEL 0950-143-8847（携帯）
- 12:00～20:00
- 休 月
- CC 不可

つい長居してしまう居心地のよさ

カフェ・バイ・ザ・ルーインズ　$$
Café by the Ruins
MAP P.178-A2
洋食、フィリピン料理、アジア料理

だれもが知っている老舗カフェ。2017年、火事で閉店したが再オープンした。2号店「ドゥア」も移転して営業中。地元食材を使った洋食風にアレンジしたフィリピン料理、サラダ、パスタなど。地域特産の加工食品なども販売。

- 25 Shuntug Rd.
- TEL (074) 442-9804
- 7:00～21:00
- 休 なし
- CC AMV

モダンなインテリアに一新

オー・マイ・グライ　$$
Oh My Gulay
MAP P.178-B2
ベジタリアン料理

アートスペースのポーカス内にあるベジタリアンカフェ。取れたて野菜のサラダや豆腐をアレンジした料理がおすすめ。バギオ市内を見渡せる展望とダイナミックなアートの空間は一見の価値あり。

- 5F La Azotea Bldg., 108 Session Rd.
- TEL (074) 446-0108、0939-912-7266（携帯）
- 11:00～20:00（金・土・日～21:00、月～19:00）
- 休 なし
- CC 不可

ビルの屋上にあるアート村

世界遺産のライステラスが広がる

バナウェ

Banaue

MAP 折込表-B2

バナウェ・ビューポイントからの景色

バナウェは、ルソン島中央を走るコルディレラ山脈の中央に位置するイフガオ州の町。イフガオで知られているのは、何といっても世界遺産にも登録されているコルディレラの棚田群。「天国への階段」または「世界の8番目の不思議」ともいわれ、約2000年前に、イフガオ族が神へのささげ物として造ったという神話がある。複雑に入り組んだすべての棚田に、ひと筋の湧き水を行き渡らせる知恵と技術は、世界でも例を見ないものだ。スペイン、アメリカ、日本の統治時代にも、ここに暮らす先住民族たちは古来の伝統を踏襲し、儀礼を継続しながら、命の源である棚田を守り続けてきた。バナウェでは棚田の景観はもちろん、棚田に暮らす先住民族たちの伝統文化にも触れてほしい。

バナウェへの行き方 ACCESS

マニラのサンパロックからオハヤミ・トランスOhayami Transの夜行バスが出ている。22:00発。また、CODAラインズがクバオからバナウェ経由サガダ行きを運行している。20:00、21:00、22:00発。所要約9時間。ルソン島北部の旅のクライマックスともいえるバナウェだが、マニラからの直行バスは少ない。

バギオ（→P.175）まで行き（所要5〜8時間）、オハヤミ・トランスのバス（所要約8時間）、あるいは乗合ワゴン（所要約6時間）でバナウェに向かうのもおすすめ。バギオから洞窟探検で有名なサガダなどに寄り道して、じっくりと山岳地方の自然と文化を満喫してからバナウェに行くのもいい。ボントックからバナウェに行く途中のバイヨBay-yoの棚田もすばらしい。

バナウェの市外局番 ☎074

ACCESS

🚌 サンパロックの乗り場は、高架鉄道Line2のレガルダ駅から約400m。夜間歩くのは危険なので、タクシーを利用する。シーズン中は要予約。オハヤミ・トランスは、バス予約サイト、ピノイ・トラベルか自社HPから予約可能。バナウェ発はオハヤミ・トランスが1日1本（19:00）運行、₱540。CODAラインズは、1日3本（20:00、21:00、22:00）運行。₱575〜。

● ピノイ・トラベル
Pinoy Travel
URL pinoytravel.com.ph
● オハヤミ・トランス
Ohayami Trans
URL www.ohayamitrans.com
＜マニラ＞
MAP P.65下左
TEL 0927-649-3055（携帯）
＜バギオ＞
TEL 0916-600-9333（携帯）
＜バナウェ＞
TEL 0905-881-4361（携帯）
● CODAラインズ
TEL (074) 304-3113、
0927-559-2197（携帯）、
0929-521-3229（携帯）

バギオからバナウェへ

🚌 オハヤミ・トランスは20:30発、₱480。乗り場はガバナー・パック・ロードGovernor Pack Rd。
また、T.アロンゾ通りT.Alonzo St.からI.T.T.A.Gトランスポーテーション（→MAP P.178-B1）が7:00〜19:00に1日4〜5本程度のワゴン車（バン）を運行している。₱380。乗客はいっぱいになったら出発する。バナウェ発の最終は17:30くらい。

● I.T.T.A.Gトランスポーテーション
＜バギオ＞
TEL 0910-876-9932（携帯）、
(074) 246-0190
＜バナウェ＞
TEL 0997-574-4862（携帯）

■バナウェ観光センター
MAP P.186下
住 Poblacion
TEL 0936-356-2288(携帯)
開 7:00～17:00 休 なし

イフガオの祭り
4月の最終週末にインバヤ Imbayahというフェスティバルがバナウェで開催され、民族舞踊のパレードや木製バイクのレースなどが見られる。7月末か8月にはフンドゥアン町のハパオの棚田で収穫祭りプンヌック Punnukも。日程は収穫の状況で決まる。

トレッキングガイド
観光センター内にツアーガイド協会も入っていてそこでガイドを手配できる。宿でも手配可。ガイド料は5人以下の場合、ガイド一人につき1日₱1200。ガイド料以外に乗り物をチャーターする場合は行き先によって別途支払う。

●トライシクル・チャーター代
バンガアン ₱700
ハパオ ₱1000
バタッド ₱1000
マヨヤオ ₱2500
※地元の人は5人以上トライシクルに乗っていることもあるが、旅行者には1台2名までとされている。

●ジプニー・チャーター代
マヨヤオ ₱4500
キアンガン ₱2500

■郵便局
MAP P.186上
開 8:00～12:00、13:00～17:00
休 土・日・祝
※町役場(→MAP P.186下)の中にも郵便局の出張所がある。

民族衣装を着たイフガオ族の人々

バナウェの歩き方　GETTING AROUND

バナウェに入る旅行者はバスから降りた際に環境費₱50を支払う。幹線道路からバナウェの町に入る入口には**バナウェ観光センター Banaue Tourism Center**があり、周辺の棚田への行き方、ガイドの手配、トライシクル、ジプニーのチャーター料金の情報など、必要な情報はすべてここで手に入る。

観光センターの脇の道を下りた先が、こぢんまりしたバナウェの町の中心。市場の周辺にはジプニー、トライシクル乗り場、インターネットカフェ、ホテル、みやげ物店や、食堂などが集中している。イフガオ州で唯一の高級ホテル、バナウェ・ホテル＆ユースホステルは中心から2kmほど離れた所にあるのでトライシクルで行く。

バナウェではぜひ、棚田トレッキングに挑戦してみよう。代表的なコースは、**タムアン Tam-an ～ポイタン Poitan ～**

人懐こいタムアン村の子供たち

バナウェ・ビューポイントBanaue View Point、バタッドBatad ～バンガアンBangaan、キナキンKinakin ～カンブーロCambulo～バタッドBatadなど。

　世界遺産の棚田というとバナウェ・ビューポイントを思い浮かべる人が多いが、実はこの棚田は世界遺産には登録されていない。バナウェ町内にある棚田で登録されているのは、バンガアン村とバタッド村の棚田。そしてお隣の**フンドアンHungduan**（→P.189）、**マヨヤオMayoyao**（→P.189）、**キアンガンKiangan**（→P.189）にも世界遺産の棚田がある。これらの棚田にもぜひ足を延ばしてほしい。違った景観、異なった文化を体験できる。

バナウェの見どころ　　ATTRACTION

キアンガンにある世界遺産のナガカダンの棚田

ビューポイントに行く人に！
途中に新しい展望台がいくつもできていて、それぞれ違った景色を楽しめる。

ルソン島北部

バナウェ

ライステラスの全景が望める　★★★
バナウェ・ビューポイント　　MAP P.186上
Banaue View Point

　ビューポイントは、ボントック方面に約4km行った所にある。ここから見るライステラスは絶景だ。町の中心から歩くと1時間、トライシクルだと20～30分の距離。トライシクルの料金は往復で₱200。ここには、民族衣装を着たイフガオ族がいて、写真を撮ることもできるが、その際には多少のチップが必要。ボントックからバナウェへの移動中に寄るときは、バナウェの手前のビューポイントで降ろしてくれるように頼んでおこう。

段々が続くバナウェ・ビューポイントのライステラス

■**バナウェ博物館**
TEL 0928-304-6463（携帯）
開 8:30～17:00
休 なし
料 ₱50

イフガオ族の暮らしに触れる　★★
バナウェ博物館　　MAP P.186下
Banaue Museum

　町の中心から坂を上り、ボントック方面にしばらく行くと左側に急な坂が見える。博物館はこれを上り切ったHバナウェ・ビュー・イン Banaue View Inn（→P.190）の敷地内にある。ここにはイフガオ族をはじめとする周辺に住む少数民族の装飾品や生活道具、独特な習慣を撮った写真などが展示されている。プライベートコレクションなので開いていないこともあるが、宿の人に頼めばいつでも開けてくれる。

■**コルディレラ文化遺産博物館**
住 Bissaug, Tam-an
TEL 0927-401-1484（携帯）
開 8:00～17:00
休 なし
料 ₱200

イフガオの伝統文化に触れられる　★★★
コルディレラ文化遺産博物館　　MAP P.186上
Museum of Cordillera Cultural Heritage

　イフガオのすばらしい伝統文化が日々失われていくことに心を痛めたアメリカ人とカナダ人の夫婦が、次世代のために残したいと収集してきたイフガオの先住民の儀礼や生活に使う木彫品のアンティークを展示した博物館。展示品は1000点以上。特にお米を守ると信じられている木彫り像「ブルルBulul」のコレクションは圧巻だ。展示品の解説も、イフガオの深い文化を知る道しるべとしてたいへん興味深い。時間をかけてどっぷり先住民文化に浸ってみてほしい。

ブルル像がずらりと置かれている

絶景レストラン
　ソーシャル・エンタープライズが運営するHouse of Ekolifeがバナウェ博物館の建物内にオープン。フィリピン料理やスパゲティ、サラダなど。地元コーヒーなどのお土産コーナーも。
開 7:00～21:00

すり鉢形に広がるバタッド・ライステラス

■バタッド・ライステラス
バナウェからトライシクルをチャーターして片道₱700、往復₱1000。ジプニーはバナウェ発15:00。₱150。

バタッド村に泊まろう！
高床式住居に泊まれる。
Ⓗ ラモンズ・ホームステイ
Ramon's Homestay
TEL 0975-615-5542（携帯）
Mail ramonshomestay@gmail.com
料 Dm ₱300 Ⓒ ₱1500

■バタッド観光案内所
ビューポイントのすぐ近く。ガイドや宿の手配をしてくれる。ヘリテージ費₱50を支払う。
TEL 0936-356-2288（携帯）
開 8:00～17:00 休 なし

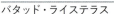

バタッド村を囲むすり鉢形のライステラス ★★★ 世界遺産

バタッド・ライステラス MAP P.186上
Batad Rice Terraces

　バナウェから約1時間の世界遺産の棚田。すり鉢状に広がる棚田は、底に見える集落の先住民族の暮らしと調和して美しい。田植えは1～2月、収穫は6～7月。この時期に訪れると、いまだ機械化されていない田んぼ仕事を目にすることができる。バタッドへはビューポイント近くまで、ジプニーやトライシクルで行ける。そこからメインの集落までは棚田のあぜ道を20分ほど。小さな個人経営の民宿が何軒もあるので、宿泊して先住民族の暮らしを味わってみるのもいい。周辺のタッピヤTappiya滝などへのトレッキングも楽しめる。

バタッド・ライステラスとともに世界遺産に登録された ★★★ 世界遺産

バンガアン・ライステラス MAP P.186上
Bangaan Rice Terraces

　バナウェからトライシクルをチャーターして、マヨヤオ方面に向かって約1時間ほど進むと、右側に見えてくるのがバンガアン・ライステラスとバンガアン村。バタッド村から歩いて山を下っていくこともできる。

絶景が広がる

ちょっとひと息コラム

世界遺産の棚田でトレッキング、ホームステイ体験

　はるばると山岳地方まで足を運んだなら、すばらしい景色を眺望できる棚田トレッキングにぜひ挑戦してほしい。トレッキングは約1時間の短いものから、半日、1日、3日間のコースまで自分の好みと体力に合わせてプロのガイドがコーディネートしてくれる。なかでも3日間のコース（バナウェ～プラ～カンブーロ～バタッド～タッピヤ滝～バンガアン）では、およそ35kmの山道を3日間かけてトレッキングする。道中ではガイドがていねいに棚田の歴史や作られ方について講義をしながら道をリードしてくれる。1日の歩く時間はとても長いが、道は整備されていて極端な登りが少ないため、少し冒険してみたい方にはおすすめだ（ただし雨季は足元が滑るため注意が必要）。
　世界遺産に登録されているバタッドやバンガアンの棚田はいうまでもないが、プラとカンブーロの境界にある棚田も絶景。また、初日に宿泊するカンブーロでは、子供たちが山岳民族伝統のダンスを披露してくれることもある。山奥の村だからこその素朴さと、おもてなしが心地よく感じられるだろう。また、村の中に入ってもっと深く現地の暮らしを体験してみたい場合は、ホームステイもできる。バタッド、マヨヤオ（バナウェから約3時間）、フンドアン（バナウェから約1時間）などの観光客が少ない世界遺産の棚田の村でのホームステイがおすすめ。水洗トイレやプロパンガスはほとんどの家庭で普及しておらず、村人の生活はシンプルそのものだが、自然と共存した暮らしから学べることは少なくない。ホームステイ・プログラムの手配は、それぞれの地域の観光案内所やツアーガイドに頼もう。ホームステイの場合は早めの予約を。滞在費の交渉なども事前に行うこと。

■バタッド観光案内所
TEL 0936-356-2288（携帯）
■マヨヤオ　レアンドロ・エラヘLeandro Elahe
（ツアーガイド）TEL 0905-806-4261（携帯）
Mail am.androelahe@yahoo.com
■フンドアン（ハパオ）　リバーサイド・ホームステイ
Mail madiwojoseph@gmail.com

田舎の村の子供たちは笑顔であふれている

バナウェ近郊の見どころ ATTRACTION

山下大将降伏の地 ★★★ 世界遺産

キアンガン　MAP P.174-B2
Kiangan

先住民族センターの草木染の手織りの展示

マニラやバギオからのバスがバナウェへの山道を登り始める手前のジャンクションから西に5kmほど入ったキアンガン郊外には、世界遺産の**ナガカダン**Nag-acadanの棚田がある。また、キアンガンは第2次世界大戦で第14方面軍司令官だった山下奉文大将が投降した町でもあり、終戦を記念する**平和博物館**Peace Museum、**キアンガン戦争追悼廟**Kiangan War Memorial Shrineなどがある。追悼廟敷地内にある**イフガオ博物館**Ifugao Museumも見逃せない。平和博物館の奥に**先住民族教育センター IPED Center**もオープン。伝統の草木染の織物や生活用具が展示されている。宿泊施設はドミトリーの公営ホステルのほか、民宿などが10軒ほどある。

棚田の中を歩いて天然温泉も楽しめる ★★★ 世界遺産

ハパオ　MAP P.174-B1
Hapao

バナウェから南西の隣**フンドアン**Hungduanは、町内のすべての棚田が世界遺産に指定されている。特にバナウェからジプニーやトライシクルで約1時間の**ハパオ・ライステラス** Hapao Rice Terracesの展望台からの景色はすばらしい。棚田の中を1時間ほど歩くと**ボギャ温泉**Bogya Hot Springもあって、地元の人たちと汗を流すのも楽しい。宿も数軒ある。

棚田の中に点々と見える伝統家屋がかわいい ★★★ 世界遺産

マヨヤオ・ライステラス　MAP P.174-B1
Mayoyao Rice Terraces

東に40kmほど行ったマヨヤオは、世界遺産の棚田のなかでは最も観光客の少ない穴場。高床式の家が棚田の中に点在していて、昔とあまり変わらない棚田の風景を楽しむにはここがいちばんだ。

マヨヤオの棚田

ナグチャジャン山Nagchajanをはじめ、いくつもビューポイントや滝を訪ねるトレッキングコースがあって、数日滞在して楽しむのがおすすめ。

■キアンガン
マニラのサンパブロックからオハヤミ・トランスのバナウェ行き夜行バスが22:00発。ラガウェLagaweで下車して、トライシクルで約30分。バギオからはバーンハム公園内のワゴン（バン）乗り場から21:00発。バナウェからもラガウェ行きのジプニーがある。

■キアンガン観光案内所
民宿の紹介もしてくれる。
住 町役場敷地内　開 7:00～17:00
Mail kiangantourism@gmail.com
TEL 0926-275-7360（携帯）

■キアンガン戦争追悼廟
MAP P.174-B2　開 8:00～17:00
休 なし　料 ₱40

■先住民族教育センター
TEL 0917-761-7535（携帯）
開 8:00～17:00　休 土・日・祝
料 寄付

ナプラワン登山
イフガオ最高峰のナプラワン山は、大戦末期に山下大将が最後に立てこもった聖なる山。フンドアン町ポブラシオンからガイドとともに登山することもできる。山頂でテントを張って1泊することになる。以下のホームステイで手配してくれる。
H Pearl's Hungduan Homestay.
TEL 0917-307-1789（携帯）

ハパオ展望台からの眺め

■ハパオ
フンドアン行きのジプニーに乗り、ハパオ・ビューポイントで下車。所要約1時間。バナウェからトライシクルで₱800程度。

■フンドアン観光案内所
バナウェからフンドアン町に入ってすぐの道路脇にある。ガイドの手配も可。

■マヨヤオ・ライステラス
バナウェからは、ラガウェLagawe発マヨヤオ行きのバスが1日1～2本通過するので、それに乗って約2時間30分。平日はラガウェ11:00発でバナウェを13:00頃に通過する。

■マヨヤオ観光案内所
町役場の前の広場脇にある。ガイドは1日₱1000～。
TEL 0935-916-9273（携帯）
開 8:00～17:00　休 なし

ホテル   Hotels

観光地だけに、高級なバナウェ・ホテルから、リーズナブルなゲストハウス、伝統家屋スタイルの民宿まで、さまざまな宿泊施設が揃っている。バスが着く幹線道路沿いには、景色のいい中級の宿、マーケットの近くには格安な宿が集中。棚田の村、バタッド、キアンガン、ハパオ、マヨヤオにも宿はあるので、じっくり棚田の旅を楽しもう。

バナウェ・ホテル&ユースホステル $$
Banaue Hotel & Youth Hostel　バナウェ MAP P.186上

バナウェで最も高級で大きなホテル。レストラン、バー、プールと設備は充実。₱100でプールの利用も可能。ユースホステルは10人部屋、6人部屋のドミトリーと、3人収容のファミリールームが5室ある。

- Banaue
- TEL 0908-400-7596、0927-570-2355（携帯）
- Mail pta_banauehotel@yahoo.com
- 料 SDP2300～3000（洋）
- Su P7000（和）　Dm P550　FP1500
- 室数 96
- CC MV

広々としたロビー

イブラオ・イブラオ B&B $$
Iblao Iblao B&B　キアンガン MAP P.186上外

ラガウェからキアンガンに入るジャンクションにある。看板もなくHPでも宣伝していない隠れ家的ロッジ。大きな岩がある部屋など、ひと部屋ずつコンセプトが違う。必ず事前にEメールで問い合わせを。

- Ibulao, Kiangan
- TEL 0956-731-7689（携帯）
- Mail totokalug@yahoo.com.ph
- 料 SDP1800～3800
- FP3800～5000
- 室数 10
- CC 不可

オリジナル料理がおいしい

ウヤミズ・グリーンビュー・ロッジ $
Uyami's Green View Lodge　バナウェ MAP P.186下

欧米人に人気のロッジ。客室は清潔に保たれていて、眺めもいい。レストランがあり、₱150～200程度で朝食から夕食まで食べられる。

- Poblacion, Banaue
- TEL 0920-540-4225（携帯）
- Mail ugreenview12@gmail.com
- 料 SDP900～1500
- FP1500～　Dm P250（朝）
- 室数 22
- CC MV（手数料5%）

サナフェ・ロッジ $
Sanafe Lodge　バナウェ MAP P.186下

町役場手前にあるこぢんまりとしたロッジ。客室から、ライステラスが広がる壮大な景色を眺められるのがうれしい。レストランもある。

- Banaue Trade Center-Bay, Poblacion, Banaue
- TEL 0939-939-0128（携帯）
- Mail susanmparedes@gmail.com
- 料 SDP950～1950
- FP1550～1850　Dm P300（朝）
- 室数 14　CC 不可

ネイティブ・ビレッジ・イン $$
Native Village Inn　バナウェ MAP P.186上外

素晴らしい棚田を眺めながらイフガオの高床式伝統家屋で静かな夜を過ごせる。バナウェからハパオ方面に30分ほど。必ず事前予約が必要。

- Uhja, Banaue
- TEL 0917-308-9902（携帯）
- Mail infoatnvi@gmail.com
- 料 SDP1950　Tr P2650
- FP3350
- 室数 8
- CC 不可

バナウェ・ビュー・イン $
Banaue View Inn　バナウェ MAP P.186下

観光センターから少し上に行った所にある。宿の名前のとおり、周辺のライステラスが一望できる。敷地内にバナウェ博物館（→P.187）を併設。

- Poblacion, Banaue
- TEL 0928-304-6463（携帯）
- Mail banaueviewinn_1984@yahoo.com
- 料 SDP1000　Tr P1200
- FP1800
- 室数 9
- CC 不可

ヘレンズ・ゲストハウス $
Helen's Guest House　マヨヤオ MAP P.186上外

マヨヤオ中心部の広場から徒歩10分ほどの民宿。お湯の出るシャワーはうれしい。まだ新しく、とてもきれいでアットホームな宿。

- Onagol, Poblacion, Mayoyao
- TEL 0920-520-7413、0906-141-0715（携帯）
- 料 P700（朝）
- SDP1000　Dm P300
- FP1200
- 室数 7　CC 不可

ジョバンニズ・プレイス $
Giovanni's Place　ハパオ MAP P.186上外

ハパオの棚田の真ん中、川のほとりにあるゲストハウス。展望台跡から棚田を下って20分。3～4つのシングルベッドのある部屋が8部屋ある。

- Hapao, Hungduan
- TEL 0916-830-2578（携帯）
- 料 Dm P350（朝・共）
- 室数 7
- CC 不可

石組みのライステラスが見られる

ボントック

Bontoc

MAP 折込表-B1

集落のいたるところから湯がわき出すマイニット

ボントックは、6つの州で構成されているコルディレラ山岳地方の真ん中に位置する小さな町。先住民族の文化が色濃く残る、サガダ、バナウェ、カリンガ州のティグラヤンなどの村々への拠点ともなっている。静かな山あいの村の穏やかな気候と風景にほっとする。

ボントックへの行き方　ACCESS

マニラから直行する場合は、クバオから1日3〜4本出ているCODAラインズのサガダ行きバスで途中下車。所要約10時間。バギオからはローカル感たっぷりのバスで野菜畑の続く車窓の景色を眺めながら、所要約6時間。バナウェからは、ジプニー、乗合ワゴン、あるいはバスで約2時間。サガダからは1時間弱で、ジプニーが頻繁に運行している。いずれのルートも途中の段々畑や棚田、山岳地方ならではの山並みを満喫できる。

ボントック概略図

ボントックの市外局番 ☎074

ACCESS

マニラからの直行バス乗り場は、クバオのエドゥサ通り沿いにあるHMトランスポートのバスターミナル(→MAP P.65上)。毎日4本(20:00、21:00、22:00、22:30)運行。₱685〜。予約はバス予約サイトのピノイ・トラベル、PHバスなどで可能。バギオからは、ダングワ・バスターミナル(→MAP P.178-B1)からGLバスが8:00〜13:30の間、1日3〜4本運行。所要約6時間、運賃₱212。スローターハウス・バスターミナル(→MAP P.178-A1)からディー・ライジング・サン・バスが5:00〜16:00頃に運行。所要約6時間、₱212。

バナウェからは、ジプニーが1日1本(8:30発)運行。所要約2時間、₱150程度。バスが昼頃に約3本、ワゴン(バン)車も8:00〜16:00の間に頻繁に出ている。

また、サガダから、ジプニーが6:00頃から13:00までの間に運行している。所要1時間弱、₱45。

● ピノイ・トラベル
Pinoy Travel
URL pinoytravel.com.ph
● PHバス　PH BUS
URL phbus.com
● ディー・ライジング・サン・バス
D'Rising Sun Bus
〈バギオ〉
TEL 0910-709-9102 (携帯)
〈ボントック〉
TEL 0908-111-8889 (携帯)

バギオへの行き方

🚌 ディー・ライジング・サン・バスが6:00〜16:00の間、毎時運行。GLバスが1日5本(8:30、9:30、10:30、13:00、14:30発)運行。所要約6時間。どちらも₱212。

バナウェへの行き方

🚌 ローカルバスが7:00、8:00、9:00の3本運行、₱120。乗合ワゴン車(バン)は9:30〜14:30に毎時運行で₱150。ジプニーは9:30〜14:30の間で₱150。いずれも所要2時間。

川沿いにあるカチョックの棚田

■**州観光案内所**
マウンテン州全体の情報が手に入る。
MAP P.191-1
TEL 0999-765-5590（携帯）
Mail mountainprovincetourism@gmail.com
開 8:00〜17:00　休 土・日・祝

■**町観光案内所**
昔の町の写真が展示されている。ガイドの紹介あり。
MAP P.191-2　TEL 0929-127-0892
開 8:00〜17:00　休 土・日・祝

■**ボントック博物館**
開 8:00〜12:00、13:00〜17:00
休 日　料 ₱70

■**マリコン・ライステラス**
ボントックからジプニーが、1日5本(8:00、12:00、14:00、16:00、17:00発)運行。所要約30分。マリコン発ボントック行きは、1日5本(6:30、8:00、8:30、14:00、16:00発)運行。所要約30分。₱20。

ハイキングと温泉を楽しもう
マリコン〜マイニット村はガイド付きでハイキングも可能。途中、急峻な山を越え、さらにもうひとつ村を通過しなくてはならないが、マイニット村に到着すれば、温泉で汗を流すことができる。所要約2時間半。ガイド費用は4人まで₱1200〜。宿でガイドをお願いしよう。

■**マイニットの温泉**
ボントックからジプニーが1日2本(13:00、15:00発)。所要約1時間、₱40。マイニット発ボントック行きは、1日2本(7:30頃、8:00発)。

マイニットの宿
マイニット村の手前に温泉プールがある。伝統家屋を模した小屋に宿泊可(₱1000〜)。自炊のみ。
H ゲストンズ・ミネラル・スプリング・リゾート
Geston's Mineral Spring Resort
MAP P.191-1外
TEL 0920-454-0963（携帯）

石段で積まれたマリコンの棚田

192

ボントックの歩き方　GETTING AROUND

コンパクトな町なので徒歩でも移動可能だが、トライシクルがたくさん走っているので有効に使うといい。町の中心は**マーケット**。イタッグItagと呼ばれる塩漬け乾燥肉やタポイTapoyという手作りのどぶろくなど、この地方ならではの名産品が手に入る。2階には食堂があり、安くておいしい地元料理が食べられる。町なかを流れるチコ川の向こう側は、伝統の手織り布の産地**サモキSamoki**村。比較的施設の整ったホテルが何軒かある。近郊の**マリコン・ライステラスMaligcong Rice Terraces**や**マイニットの温泉Mainit Hot Springs**にはジプニーで行くことができる。

ボントックの見どころ　ATTRACTION

山岳民族の暮らしをのぞいてみよう　★★★
ボントック博物館　MAP P.191-1
Bontoc Museum

カトリック教会のシスターたちが運営する博物館。先住民族の暮らしを紹介する写真、生活道具、伝統衣装などが展示されている。サガダに暮らしていたスペイン人写真家マスフェレの作品や、古い儀礼などの貴重な写真もあって興味深い。裏庭には伝統家屋が移築されていて、先住民たちの暮らしについて学べる。

村人たちの誇りである美しい棚田に脱帽　★★★
マリコン・ライステラス　MAP P.174-A1/P.191-1外
Maligcong Rice Terraces

バナウェの棚田に匹敵するすばらしい棚田の村。バナウェとの違いは、棚田の壁が泥を使わず石だけで積まれていること。ボントックからジプニーに乗って入口近くのゲストハウスへ行き、そこでガイドを依頼するといい。ガイド料は₱500、環境料は₱30。そこから村の中心集落までは細い棚田のあぜ道を1時間程度。近くの山に登り、眼下に広がる棚田を眺めるのもおすすめ。ただし、一部のあぜ道が通行禁止になったり、山で水牛や牛が放し飼いになっていたりするので、必ずガイドと一緒に歩くように。

温泉プールでリラックス！　★★
マイニットの温泉　MAP P.191-1外
Mainit Hot Springs

マイニットとはフィリピン語で「熱い」という意味。その名のとおり温泉の湧き出す村である。迷路のような小道が続く集落のあちこちからお湯が湧き出し、湯気が立ち昇っている様子は圧巻。数軒の宿泊施設で温泉プールが楽しめる。集落を散策する際には、無用なトラブルを避けるためにもゲストハウスでガイドを頼もう。

ホテル&レストラン   Hotels & Restaurants

宿泊施設は、町の中心を南北に走るメインストリート沿いや、川を越えてすぐのサモキ村にある。そのほとんどは家族経営の安宿で、共同トイレ、水シャワーというところが多い。何軒か訪れて、実際に部屋を見せてもらうといいだろう。マリコン村やマイニット村に宿泊してくつろぐのもいい。

ルソン島北部

ボントック

ボントック・ベッド & ビストロ $$
Bontoc Bed & Bisto　ボントック MAP P.191-1

町の中心部のマーケットの近くにあるビストロに併設されたゲストハウス。客室は洗練された内装と近代的な設備が充実している。隣接しているビストロは地元客にも人気で、シェフが作る朝食は美味。

- Poblacion St.
- TEL 0977-105-9871（携帯）
- Mail asuncionmariel0@gmail.com
- SDP1800～2500 TrP1800～3500
- FP5000
- 客数 7
- CC 不可

落ち着いた内装の共有スペース

アーチョッグ・ホテル&レストラン $
Archog Hotel & Restaurant　サモキ MAP P.191-1外

サモキ村にある、きれいで居心地のいいホテル。さまざまなタイプの部屋があり、なかには水田が続く景色が眺められる部屋もあるので、部屋を見て決めたいところ。レストランを併設しているのもありがたい。

- Samoki
- TEL 0977-840-1786（携帯）
- SP900～1100 DP1300～1600
- FP1800～2000
- 客数 18
- CC 不可

快適な客室

スゼット・マリコン・ホームステイ $
Suzette's Maligcong Homestay　マリコン MAP P.191-1外

マリコン村の棚田入口手前にある。棚田の眺めが抜群。コーヒーショップを併設しており、テラスで食事がとれる。ガイドの手配も可。

- Maligcong
- TEL 0915-546-3557（携帯）
- Mail suzette_chees@yahoo.com
- DP700 CP1000 DmP350
- 客数 9
- CC 不可

ビルマズ・ホームステイ $
Vilma's Home Stay　マリコン MAP P.191-1外

マリコン村の棚田入り口に最も近く、棚田見学に便利。大きな窓のある客室は明るく快適で、宿泊者に食事も提供している。ガイドの手配可。

- Maligcong
- TEL 0905-701-1448（携帯）
- DmP300
- 客数 8
- CC 不可

チュリアA $
Churya-A　ボントック MAP P.191-2

町中心部の便利な場所にある安宿。さまざまなタイプの部屋がある。レストランも併設。「チュリア」とは、ボントックの昔の名前。

- Poblacion St.
- TEL 0907-087-5227（携帯）
- SP300（共同） SDP800～900 TrP1200～1300
- 客数 12
- CC 不可

チョンギアン・サーマル・プール・リゾート $
Chonglian Thermal Pool Resort　マイニット MAP P.191-1外

マイニット村の入口手前。温泉プール併設。川のせせらぎを聞きながら温泉を楽しめる。食事も提供。プールのみ（P100）。6～11月は要連絡。

- Mainit
- TEL 0939-819-9730（携帯）
- P400
- 客数 6
- CC 不可

カハ・ピッツァ・カップケーキ $
Caja Pizza, Cupcakes & more　ボントック MAP P.191-2
カフェ、洋食

一枚一枚ていねいに焼き上げたおいしいピザが食べられる居心地のいいレストラン。この地方産のコーヒーが無料で飲み放題なのもうれしい。

- Bontoc
- TEL 0949-360-9376（携帯）
- 営業 9:00～20:00
- 休 なし
- CC 不可

アナヤス・フードハウス $
Anayah's FoodHouse　ボントック MAP P.191-1
フィリピン料理

お昼はほぼ満席で行列ができるほどの人気店。オーナーが以前日本人シェフに師事していたこともあり、日本人好みのヘルシーな味付けも多い。

- Poblacion St.
- TEL 0920-908-4229（携帯）
- Mail masandaschakas@yahoo.com
- 営業 7:00～19:00
- 休 日
- CC 不可

※団と記してある場合は共同となります。

大自然が生み出したアドベンチャーの数々が楽しめる

サガダ
Sagada

MAP 折込表-B1

サガダの 市外局番 ☎074

ACCESS

🚌 マニラからは、クバオにあるHMトランスポートのバスターミナル（→MAP P.65上）からCODAラインズのサガダ行き夜行バスが毎日20:00、21:00、22:00、22:30発。予約はピノイ・トラベル、PHバスなどで可能。バギオのダングワ・バスターミナル（→MAP P.178-B1）からはGLバスが、1日5本（5:30、8:30、9:30、11:30、13:00発）、スローターハウス・バスターミナル（→MAP P.178-A1）からリザルド・トランジットが2本（3:00、17:00発）運行。所要5〜6時間、₱220。

ボントックから8:00〜17:30の間、ほぼ1時間おきにジプニーが出ている。所要約1時間。₱45。

- ピノイ・トラベル
  Pinoy Travel
  URL pinoytravel.com.ph
- PHバス　PH BUS
  URL phbus.com
- リザルド・トランジット
  Lizardo Transit
  TEL 0998-959-4615（携帯）
- GLバス　GL Bus
  TEL (074) 447-9792（バギオ）

バギオからのバス

マニラ行きのバス
マニラ行きのCODAラインズは、サガダを10:30、14:00、15:00、16:00発。ボントック、バナウェ経由。

バギオへの行き方
🚌 バス乗り場（→MAP P.195-A1）から、GLバスが1日6本（5:00、7:00、8:00、9:00、13:00、14:00）、リザルド・トランジットが5:00と17:00に運行。

ザガダののどかな町並み

　日本人移民の大工が建設工事に携わった石造りのセント・メアリーズ教会を中心とした、標高1500mの山あいにある小さな町で、のどかな雰囲気が漂っている。キリスト教と融合しながらも、ハンギング・コフィンなど先住民の文化も強く残る土地として知られている。町なかにそそり立つように点在する岩の奇観は見もの。サガダは環境保全に配慮しながら観光業を進める、フィリピンのエコツーリズムの先駆け的観光地でもある。巨大な鍾乳洞の洞窟探検や滝へのトレッキングなど、大自然のなかでさまざまなアクティビティが楽しめる。

サガダへの行き方

　マニラのクバオから1日4本CODAラインズの夜行バスが出ている。所要約12時間。バギオ（→P.175）からはローカルバスで5〜6時間。ボントックとの間には、ジプニーが走っている。

自然の造形である鍾乳石が美しいスマギン洞窟

194

サガダの歩き方

バス、ジプニーを降りてスヨSuyo方面の道を少し入った所にあるのが旧町役場Old Municipal Hall。この建物には観光案内所、郵便局、銀行、ATM、警察と、旅行者に必要なものがすべて揃っている。サガダに着いたら、まず観光案内所を訪れ、環境保護・登録料として₱50を支払う。バスターミナルから見えるセント・メアリーズ教会St. Mary's Churchは、サガダのシンボルだ。

サガダのほとんどの見どころは、町の中心からだいたい30分も歩けば行くことができる。スヨ方面にはハンギング・コフィンのある**スゴン洞窟Sugong Cave**と**ルミアン洞窟Lumiang Cave**、旅行者に一番人気のある**スマギン洞窟Sumaging Cave**はその先にある。サガダ観光のハイライトはこれらの洞窟探検。洞窟内は照明や歩道は整備されておらず、中に入るには必ずガイドを雇わなくてはいけない。観光案内所かジュヌイン・ガイド協会(P.196欄外)に手配を頼もう。

サガダには洞窟以外にも、近郊に**ボモドック滝Bomod-ok Fall**、**シピタン山Mt.Sipitan**などのダイナミックな景観が楽しめる見どころがある。

エコー・バレーで見られるハンギング・コフィン

■観光案内所
MAP P195-A1
TEL 0919-134-5353(携帯)
開 7:00 〜 17:30
休 なし

■銀行
MAP P195-A1
住 旧町役場内
開 8:30 〜 17:30
休 月・日・祝

■郵便局
MAP P195-A1
住 旧町役場内
開 8:00 〜 17:00
休 土・日・祝

サガダ産コーヒー
標高の高い山岳地域はアラビカコーヒーの栽培に適していて、栽培がブームになっている。特にサガダのコーヒーはその名が知られているが、生産量は少なく、みやげ物として売られているのはほか地域で栽培されているものが多い。本物のサガダコーヒーを見つけたら、ぜひおみやげに！

■セント・メアリーズ教会
MAP P.195-A1 〜 2
住 Staunton Rd, Sagada
TEL 0946-116-3778(携帯)
開 6:00 〜 18:00

ルソン島北部

サガダ

洞窟探検の季節
雨季（6〜10月）はできるだけ避けたほうがいいだろう。突然の大雨で洞窟内の地下川の水量が急に増え危険なこともある。

ツアーガイドの料金
スマギン洞窟はガイドひとりにつき4人まで₱800。スマギン洞窟とルミアン洞窟両方を探検する3時間コースはガイドひとりにつき₱1000。洞窟以外にも周辺の山や滝を訪ねるさまざまなコースがある。

● サガダ・ジェニュイン・ガイド協会
Sagada Genuine Guide Association（SAGGAS）
MAP P.195-A2 住 Pablacion, Sagada
TEL 0929-556-9553、
0917-658-9553（携帯）
Mail sagadagenuineguides@gmail.com
開 6:00〜17:00 休 祝

■ サガダ陶芸
Sagada Pottery
アメリカ人宣教師が伝えたという陶芸技術をサガダの女性たちが伝えて今も陶房を構えている。
MAP P.195-A1
住 Patay, Sagada
TEL 0975-008-4800、
0946-257-5480

■ エコー・バレー
観光案内所から徒歩で30分程度。案内所で環境税（₱40）を払ったらガイド（₱300程度）をお願いしよう。
開 7:00〜18:00
料 ₱10

サガダの見どころ　　　　　　　　ATTRACTION

ビッグ・ケーブの名で知られる　★★
スマギン洞窟　　　　　　MAP P.195-A2
Sumaging Cave

洞窟内は極度に狭い場所やロープが必要な場所があってスリル満点。水の中を歩くので、ぬれてもいい格好で行こう。スマギン洞窟だけのコース（約1時間30分）と、中でつながっているルミアン洞窟も併せて訪れるコース（約3時間）がある。

サガダでまず初めに訪れたい　★★★
ルミアン洞窟　　　　　　MAP P.195-A2
Lumiang Burial Cave

ルミアン洞窟には、約600年前の棺が安置されている。洞窟の入口に天井まで積み重ねられた無数の棺は、故人の幸福な転生を願うというこの土地のいにしえの風習を伝えている。洞窟に入りたいときはガイドと一緒に。岩の隙間を縫うようにして進んでいく冒険が味わえる。スマギン洞窟との接続部分は水に浸かっている。

ハンギング・コフィン（吊るされた棺）で有名　★★★
エコー・バレー　　　　　　MAP P.195-B2
Echo Valley

天により近づけるように遺体の入った棺を岸壁に吊るすという、イゴロット族の変わった風習が見られる。2000年以上の歴史をもつが、キリスト教や近代化の影響で、現在はほとんど行われていない。

日系人の足跡を辿って

町の中心からハンギング・コフィンで有名なエコーバレーへ行く道の途中に、セント・メアリーズ教会の大聖堂を見ることができる。この大聖堂はアメリカ人の宣教師によって1904年に建設された。このとき病院、教会、学校などの施設が建設されたが、その建設作業には、戦前に日本からコルディレラ山岳地方に移り住んだ日系移民の大工が携わった。

日本人の建築した大聖堂は残念ながら太平洋戦争中にアメリカ軍の空爆によって消失してしまったが、戦後再建された大聖堂も当時の石と木を巧みに利用した初代大聖堂の姿を偲ばせる。

大聖堂から坂を下ったバスケットコート脇にあるセントメアリー高校の旧女子寮や、病院の道向かいにある旧男子寮は戦火を免れ、その姿を現在にとどめている。これらの寮は私有地で

あるので、建物を管理している教会に声をかけてから見学させてもらうか、敷地外のバスケットコートから旧女子寮を見学するとよい。

このほかにも日本人移民が眠る墓地（MAP P.195-B2）があり、その血を引く人々が暮らしているなど、サガダではあちこちに日系移民の足跡を感じることができる。ハンギング・コフィンや洞窟の見学を通して先住民の歴史を学ぶとともに、大戦前に異国の地で活躍した日本人に目を向けて観光するのもおすすめだ。
（高橋侑也）

外装まで木製の旧女子寮

ホテル&レストラン Hotels & Restaurants

サガダはマニラからの観光客にも人気なので、宿の数は多い。大きなホテルはなく、すべて家族経営の小さなゲストハウスやロッジで、山の村の暮らしを味わえる。また、古くから欧米人には秘かに人気だったサガダだけに、山岳地方のほかの村にはないおしゃれなカフェがあるのも特徴。地元産のコーヒーも特産物だ。

ルソン島北部 / サガダ

マスフェレ・カントリー・イン&レストラン $$
Masferre Country Inn & Restaurant　MAP P.195-A2

スペインの退役軍人の息子が始めた宿泊施設で、写真家でもあった彼の作品がいたるところに飾られている。果樹園を所有しており、そこで取れた柑橘類を使ったマーマレードが食べられる。

- Pablacion, Sagada
- TEL 0917-431-5225(携帯)
- SD ₱2200　Tr ₱2700
- F ₱3500～4500
- 室数 11
- CC MV

レストランは観光客に人気

サガダ・イゴロット・イン $
Sagada Igorot Inn　MAP P.195-A2

町役場横の道を下った所にあるホテル。客室はシンプルだが、広々としていて居心地がよい。12～2月には10℃以下にまで気温が下がることもあるので、ここの温水シャワーはとてもありがたい。

- Sagada
- TEL 0908-757-8357(携帯)
- Dm ₱800(共同)
- D/F ₱2000～2300
- 室数 15
- CC 不可

開放的な室内

セント・ジョセフ・レストハウス $
Saint Joseph Resthouse　MAP P.195-A1

町の中心部近くの丘の斜面にある、教会が運営する老舗ホステル。客室は、ドミトリータイプからコテージまでさまざま。レストランも併設。緑豊かな環境に囲まれていて、見晴らしもよい。

- Sagada　TEL 0955-317-3345(携帯)
- Mail Stjosephresthouse1@gmail.com
- SD ₱1200　Tr ₱1700
- F ₱2000～2200　C ₱1700～4000
- Dm ₱500(共同)
- 室数 24　CC 不可

木のぬくもりが感じられる

クレイハウス・トランシエント&ワイナリー $
Clay House Transient & Winery　MAP P.195-A2

町役場脇の道を下った先にある宿。オーナーがサガダ特産の粘土と廃material作ったクレイハウスに泊まれる。石灰岩の崖と木々に囲まれた閑静な環境は山の町の風情を感じさせる。入口にあるバーでは自家製ワインが楽しめる。

- Sagada
- TEL 0977-766-8902(携帯)
- Mail dailayjoyce@gmail.com
- Dm ₱300
- 室数 6
- CC 不可

道路下の斜面に立っている

ガイア・カフェ&クラフト $
GAIA Cafe & Crafts　MAP P.195-A2
カフェ

スマギン、ルミアン洞窟の間にあり、アーティストたちの手作りの空間が広がる。ベジタリアン料理も提供している。テラスからの眺めは絶景。

- Ambasing
- TEL 0999-376-5524、0915-292-0175(携帯)
- Mail gaiasagada@gmail.com
- 営 9:00～18:00
- 休 不定期
- CC 不可

ヨーグルト・ハウス $
Yoghurt House　MAP P.195-A2
フィリピン&西洋料理

いつも観光客でにぎわう人気店。自家製ヨーグルトはもちろん、フィリピン料理も食べられる。メニューも豊富に揃っている。

- Sagada
- TEL 0908-112-8430(携帯)
- 営 8:30～21:00
- 休 なし
- CC 不可

独特な形の島々が点在する

ハンドレッド・アイランズ

Hundred Islands

MAP 折込表-B2

変わった形の島が多い

アラミノス&ルカップの 市外局番 ☎075

ACCESS

パサイ、クバオからファイブ・スター、クバオからビクトリー・ライナーがアラミノス行きの直行バスを運行している。所要6〜7時間、₱450。バギオからは、ガバナー・パック・ロードのターミナルからビクトリー・ライナーでボリナオBolinao行きに乗り途中下車。また、パインス・ガレージワゴンターミナル（→MAP P.178-A2）から乗合ワゴンがダグパンまで運行。ダグパンからバスかワゴン車に乗り換える。

アラミノス発のバス

アラミノスからマニラ行きは、ビクトリー・ライナーとファイブ・スターが毎日頻繁に運行している。

バギオ行きは、ビクトリー・ライナーが毎日5:00〜11:00の間、約1時間おきに運行。

ルソン島北部の西側、リンガエン湾Lingayen Gulfにある100余りの小さな島々。ボートを借りきって島々を巡ると、珊瑚礁、洞窟、変わった形の岩、海中生物などを見ることができる。スノーケリングを楽しむのもいいだろう。

10年以上前は、ダイナマイトや薬品を使用した漁法により珊瑚礁や魚が激減していたが、アラミノス市やフィリピン大学のここ10年間にわたる取り組みにより状況は改善している。

ハンドレッド・アイランズへの行き方　ACCESS

ハンドレッド・アイランズへの入口となるのが**アラミノスAlaminos市**。マニラからバスで所要約6時間。バスは、幹線道路沿いのターミナルに着く。市観光案内所で、島の生態系改善に関する取り組みの話を聞くのもいい。観光のベースとなるのは**ルカップLucap**という町。ルカップまでは、トライシクルで所要約10分、1台₱80程度。

ルカップの展望台

ハンドレッド・アイランズの歩き方

訪問客はまず、ルカップの観光案内所で登録する。₱60（島に泊まる場合は₱120）と保険代₱10を支払う。島巡りのバンカーボートの手配は観光案内所のほか、ホテルでも可能。観光案内所近くの公営**バス・ハウス Bath House**には有料シャワーとトイレがある。なお、ルカップの宿は多少高めなので、アラミノス市内の宿に泊まってトライシクルでルカップへ行くのもいいだろう。

宿泊施設もあるガバナーズ島

ハンドレッド・アイランズでは、大小含めて数多くの島を見ることができる。おもな島は、**ガバナーズ島 Governor's Is.**、**マルコス島 Marcos Is.**、**ケソン島 Quezon Is.**、**クエンコ島 Cuenco Is.**、**チルドレンズ島 Children's Is.**。船頭さんに、島の名前や見どころを聞きながら回ってみよう。

島の中央にトンネルのような洞窟があるクエンコ島

島巡りに挑戦！
モーターボートでの島巡りは、6:00から17:30までの間可能。先頭さんがゲストの要望に合わせてどこの島にへでも連れて行ってくれる。追加料金を払ってガイドをつけることもできるが、地元の先頭さんでも十分に観光スポットや豆知識を教えてくれる。ツアーは日数（当日のみか1泊1日）と人数（最低1名～最大15名）によって料金が異なるため、自分の旅のプランに合わせたカスタマイズをして島巡りを満喫しよう。

ボートチャーターツアー代
● 1～5人乗り
1日　　　₱1500
1泊2日　₱3000
● 6～10人乗り
1日　　　₱1800
1泊2日　₱3800
● 11～15人乗り
1日　　　₱2000
1泊2日　₱4500

■市観光案内所
MAP P.198
＜アラミノス＞
住 Quezon Ave., Poblacion Alaminos
TEL 0998-597-5153（携帯）
URL www.alaminoscity.gov.ph
開 8:00 ～ 17:00
休 なし
＜ルカップ＞
住 San Jose Dr., Lucap
TEL 0917-828-6592（携帯）
URL hundredislands.ph
開 月～金　6:00 ～ 18:00
　 土・日　5:00 ～ 17:00
休 なし

島巡りの登録費
島巡りをする場合、以下も観光案内所で支払う。いずれも1名当たり。
登録費 ₱100
（島で宿泊の場合₱160）
環境費 ₱60
入場料 ₱60
保険　 ₱10

島々へ渡るバンカーボート

アクティビティ
●ガバナーズ島
ジップライン　料1回₱250
●ケソン島
スノーケリング（器材込み）
料1日₱250
カヤックレンタル
料1時間₱250/艇（2名）
ヘルメットダイビング
料20分₱400
ジップライン
料₱100

島の宿泊設備
ガバナーズ島、ケソン島、チルドレンズ島にある。
料₱5000（エアコンなし）
料₱1万（エアコン付き）

島でキャンプ
テントを持ち込んでキャンプも可能。
●テントレンタル
料₱500
●キャンプ費（一人）
料₱200

ハンドレッド・アイランズの見どころ ATTRACTION

ガバナーズ島の高台からは周囲の海の景色がよく見える。ガバナーズ島から隣のバージン島まで続くジップライン（546m）では、すばらしい島々の風景を一望しながら、スリルと爽快感を味わうことができる。マルコス島には**イメルダ洞窟 Imelda Cave**があり、洞窟の上から海に飛び込むことも可能。ケソン島周辺では珊瑚礁が見られ、スノーケリング、ヘルメットダイビングを楽しめる。カヤックのレンタルもあり。また、シャコ貝の養殖場もある。チルドレンズ島は海が穏やかで浅く、子供が容易に泳ぐことができるのでその名前がついたそうだ。

また、最も遠い島のひとつであるカテドラル島では、さまざまな種類の海鳥が見られる。いくつかの島ではキャンプも可能。事前に観光案内所で詳細を問い合わせよう。

ホテル　　　　　　　　　　　　　　　Hotels

グロリアズ・コテージ　　　　　　　　$
Gloria's Cottage　　　　　　　　アラミノス MAP P.198

ボート乗り場からは少し離れるが、格安宿を求める人にはおすすめの宿。コテージは海の上に立っていて部屋からはマングローブの木や潮の満ち引きを見ることができる。

住 128 Lucap, Aminos City
TEL 0917-789-5877（携帯）
料 SD ₱600
室数 4
CC 不可

バックパッカーにおすすめ

アジア・ノボテル　　　　　　　　　　$
Asia Novotel　　　　　　　　　　アラミノス MAP P.198

アラミノス市の市街地にあり、バスターミナルにも近いので、観光の拠点にとても便利。新しいうえに、リーズナブルな価格で泊まれるのでバジェット派に人気。客室もとても清潔に保たれていて居心地がいい。

住 Quezon Ave., Poblacion Aminos, Pangasinan Poblacion
TEL (075) 205-0574
料 D ₱900 〜 1250　F ₱1300 〜 1900
室数 54
CC 不可

とてもきれいで快適に過ごせる

アイランド・トロピック　　　　　　　$
Island Tropic　　　　　　　　　　ルカップ MAP P.198

受付は2階のレストラン。ハンドレッドアイランドへ行くパッケージツアーに申し込むことができる。

住 Boulevard St., Lucap
TEL (075) 551-4913、
0906-469-7888（携帯）
URL www.islandtropichotel.com
料 SD ₱1400　F ₱3000
室数 39
CC MV

マキシン・バイ・ザ・シー　　　　　　$$
Maxine by the Sea　　　　　　　　ルカップ MAP P.198

部屋数を減らして、より快適なホテルに生まれ変わった。広いテラスのレストランからは、ハンドレッド・アイランズの絶景が望める。

住 Lucap
TEL (075) 696-0964
URL www.maxinebythesea.com
料 SD ₱2200 〜 2950　F ₱4100
室数 7
CC 不可

ルソン島北部のビーチリゾート

サン・フェルナンド／サン・フアン

San Fernando/San Juan

MAP 折込表-B2

周囲には美しいビーチが点在する

サン・フェルナンドの市外局番 ☎072

ACCESS

サン・フェルナンドへはマニラのクバオ（→MAP P.65上）からパルタスが毎時運行。所要約7時間、₱440程度。ドミニオン・トランジット、ヴィロンVironのビガン行きやフロリダFlorida、マリア・デ・レオンMaria de Leon、ファリニャスのラワグ行きに乗り途中下車することも可能。サン・フアンも通る。

バギオのバスターミナル（→MAP P.178-B2）からもビガン、ラワグ行きのパルタスやファリニャスが4:00〜22:00の間、毎時運行しているので、サン・フェルナンドかサン・フアンで途中下車する。所要約2時間、₱120程度。バーンハム公園北側のバスターミナル（→MAP P.178-A2）からも他社がエアコンなしのバスを5:00〜19:00の間、25分おきに運行。所要約2時間30分、₱80。

●パルタス　Partas
TEL (02) 8724-9820（クバオ）
TEL (072) 242-0465（サン・フェルナンド）
TEL (074) 444-8431（バギオ）
TEL 0917-809-9271（携帯）

●ドミニオン・トランジット
Dominion Transit
TEL (02) 8727-2350（クバオ）
TEL (072) 888-2998（サン・フェルナンド）

●ファリニャス・トランス
Fariñas Trans
TEL 0915-437-7002（携帯）

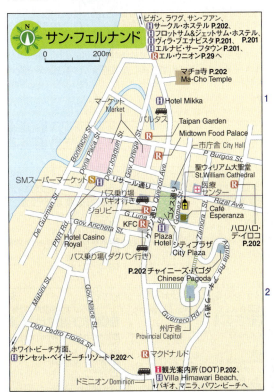

町の中心にあるシティプラザ

■観光案内所（DOT）
MAP P.201-2外
住 GF Oasis Country Resort Hotel, Sevilla, National Highway
TEL (072) 888-2411/2098
Mail dot1@tourism.com.ph
開 7:00～18:30
休 土・日・祝

ユニークな宿泊施設
竹で作られたおしゃれで個性的な宿。ハンモックと竹ベッド、ツリーハウスがある。

H サークル・ホステル
Circle Hostel
MAP P.201-1外
住 Urbiztondo, Circle Rd., San Juan, La Union
TEL 0917-583-8123（携帯）
URL launion.thecirclehostel.com
料 ハンモック ₱510
　 竹ベッド　 ₱620
室数 45　CC 不可

人気のレストラン
サン・フェルナンドで人気のレストランといえばここ。フィリピンスイーツのハロハロやフィリピン料理が豊富。店内ではおみやげ用にラ・ウニオンの特産品が売られている。

R ハロハロ・デ・イロコ
halo halo de iloko
MAP P.201-1
住 # 12 Zandueta St., San Fernando
TEL 0917-852-7919（携帯）
営 9:00～21:00
休 なし　CC AJMV

サン・フェルナンドの属するラ・ウニオン州には、ルソン島北部の代表的なビーチリゾートがある。リゾートホテルが建ち並ぶのは、南のバワンBauangとの間に続く海岸沿いの約10km。北隣の町サン・フアンSan Juanはサーフィンができるスポットとして有名。宿泊施設やおしゃれなカフェ、レストランが続々誕生し、今、注目を集めている。

サン・フェルナンド／サン・フアンの歩き方　GETTING AROUND

サン・フェルナンドの町の中心は、**ケソン通りQuezon Ave.**と、**リサール通りRizal Ave.**がぶつかる、**シティプラザCity Plaza**周辺。ケソン通りに面した所がバスやジプニー乗り場になっていて、いつも多くの人でにぎわっている。シティプラザから**ゴメス通りGomez St.**を渡った所には**聖ウィリアム大聖堂St. William Cathedral**があり、日曜はお祈りをする人でにぎわう。ケソン通りを背に**アギーラ通りAguila Rd.**を上ると、丘の上に景色のよい**チャイニーズ・パゴダChinese Pagoda、州庁舎Provincial Capitol**がある。

サン・フェルナンドの見どころ　ATTRACTION

華人の文化を知る ★
マチョ寺とチャイニーズ・パゴダ　MAP P.201-1、2
Ma-Cho Temple & Chinese Pagoda

マチョ寺は中国人がお参りにれる本格的中国寺院。チャイニーズ・パゴダは仏塔を模した展望台で、町と海が一望できる。

ホテル　Hotels

ヴィラ・ブエナビスタ　$$
Viilas Buenavista　サン・フアン　MAP P.201

中心街から少し離れた海辺に立つリゾート。手頃なシングルから3階建てのエグゼクティブルームまで。海を一望できるプールもある。

住 Ili Sur, San Juan
TEL 0917-301-2723（携帯）
料 D ₱2399～4799　F ₱5899
C ₱2万
室数 50
CC AJMV

サンセット・ベイ・ビーチ・リゾート　$$
Sunset Bay Beach Resort　サン・フェルナンド　MAP P.201-2外

サン・フェルナンド市街地の南西のビーチにある、よく手入れされた欧風リゾート。イロコス地方の手織り布や手工芸品を使ったインテリアが特徴的。

住 Canaoay, San Fernando
TEL (072) 607-5907、0995-059-4402（携帯）
URL www.sunsetbayphilippines.com
料 S D Tr ₱2600～4700
F ₱3500～5200
室数 26　CC AJMV

フロットサム＆ジェットサム・ホステル　$
Flotsam Jetsam Hostel　サン・フアン　MAP P.201外

サン・フアンを人気ビーチに押し上げたホステル。バックパッカーの利用も多い。ビーチにある開放的なバーでは各種イベントも。

住 12500 MacArthur Highway, Urbiztondo, San Juan, La Union
TEL 0917-802-1328（携帯）
URL www.flotsamandjetsamhostel.com
料 Dm ₱720～　D ₱3570～
F ₱3570～　Su ₱3990　59
CC MJ　※長期滞在割引あり

エルナビ・サーフタウン　$
El Navi Surftown　サン・フアン　MAP P.201外

サーファーに人気。サーフィンのレッスンがボード付きで1時間500ペソで受けられる。同じ建物にレストランやマッサージ店も。

住 Urbiztondo, San Juan, La Union, 2519
TEL (072) 682-9524
料 Dm ₱800
F ₱5000～
室数 10　CC AMVJD
※長期滞在割引あり

スペインの面影が残る世界遺産の古都

ビガン
Vigan

世界遺産

MAP 折込表-B1

ルソン島北部

ビガン

ビガンの町並み

ビガンは、1999年に世界遺産に登録された、フィリピンの中で最もスペイン情緒あふれるコロニアルな町。町なかには、16世紀に建てられたスペイン風建築様式の建物が数多く残されている。町並みがスペイン風に変わったのは16世紀後半。若きスペイン人フアン・デ・サルセドJuan de Salcedoが中国との戦いに勝ち、彼の祖父であるレガスピLegaspi（1565年からフィリピン諸島の征服を始め、1571年にはマニラを首都として初代総督となった）から、イロコスIlocos州を与えてもらったときからだ。それ以降、スペイン様式の建物が次々と建てられ、17世紀にはイロコス州の中心として栄えた。

それと対照的なのが東側に隣接するアブラAbra州にあるバンゲッドBangued。アブラ川沿いにある小さな田舎町で、ビクトリア・パークVictoria Parkやカスマタ・ヒルCasmata Hillなどの見どころがある。ビガンから3時間もあれば行けるので、時間に余裕のある人は足を延ばしてみるのもいい。

ビガンの市外局番 ☎077

ACCESS

🚌 マニラから各社のバスが毎日各本数本運行。所要10〜11時間、₱777程度〜。

ラワグからは、パルタスなどが約1時間おきにビガン経由のバギオまたはマニラ行きを運行。途中のビガンまでは所要1時間30分〜2時間、₱175程度。

バギオからはサン・フェルナンド経由でパルタスが毎日頻繁に運行。所要約5時間、₱370程度。

●パルタス　Partas
MAP P.62-B2/P.65上/P.204-2
TEL (02) 8852-8194（パサイ）
TEL (077) 722-3369（ビガン）
TEL (074) 444-8431（バギオ）
TEL 0917-809-9271（携帯）

●ドミニオン・トランジット
Dominion Transit
MAP P.65上
TEL (02) 8727-2350（クバオ）

●ヴィロン・トランジット
Viron Transit
MAP P.65上
TEL (02) 8741-6588（サンパロック）
TEL (02) 8726-7409（クバオ）
TEL (077) 722-8953（ビガン）
Mail virontransit@gmail.com

町歩きのランドマーク、聖ポール大聖堂

ビガン特産の陶器

かわいいアンティークショップも多い

伝統的な織物を売る店

バンタイ教会のベル・タワー

■州観光案内所
MAP P.204-1
住 1 Crisologo St.
TEL (077) 644-0135
Mail sureilocossur@gmail.com
開 8:00〜17:00
休 なし
※地図などが手に入る

■バンタイ教会／ベル・タワー
Bantay Church / Bell Tower
1591年スペイン統治下時代に建てられた、戦争用の見張りのための塔。現在も塔の一番上まで上ることができ、そこにはおのおのの役割をもつ5つのベルが設置されている。入口でガイドを頼むこともできる。市内からトライシクルで5分、₱15〜20程度。
MAP P.204-1外

名士の邸宅でホテルにもなっているヴィラ・アンヘラ・ヘリテージ・ハウス

■バルアルテ動物園
Baluarte Zoo
郊外にある個人所有の動物園。トラ、猿、ラクダなどさまざまな動物がいる。
MAP P.204-2外
住 Barangay Salindeg
TEL (077) 722-2001
開 8:00〜17:00
休 不定期
料 無料

ビガンの歩き方　GETTING AROUND

マニラやサン・フェルナンド、バギオからバスで来ると、ちょうど町の中心で降りることになる。そこが**ドミニオン・バスターミナル**Dominion Bus Terminals（→MAP P.204-1）。メインストリートである**ケソン通り**Quezon Ave.を挟んだ向かいには、ラワグやバンゲッド行きのミニバス乗り場がある。ケソン通りを北に歩くと、突き当たりに**サルセド広場**Plaza Salcedo、その右に**聖ポール大聖堂**St. Paul Metropolitan Cathedral、左には**ブルゴス国立博物館**Burgos National Museum（→P.205）などがある。

スペイン風の古い町並みが残るのは、石畳の**クリソロゴ通りCrisologo St.**周辺。車は通れないのでゆっくり散策できる。ほかにも、**ブルナイ**Burnay（→MAP P.204-1）と呼ばれる陶器工場、1873年建造の地元名士の邸宅、**ヴィラ・アンヘラ・ヘリテージ・ハウス**Villa Angela Heritage House（→P.205）、**織物工房**Abel Iloco（→MAP P.204-2）、バンタイ教会／ベル・タワー Bantay Church/ Bell Tower（→MAP P.204-1外）など見どころが豊富にある。

ビガンとビガン周辺の見どころ ATTRACTION

ホセ・ブルゴスの暮らしぶりをのぞいてみよう ★★
ブルゴス国立博物館　MAP P.204-1
Burgos National Museum

ブルゴス国立博物館（国立博物館イロコス地方）は、ホセ・ブルゴスJose Burgosの生誕の地である。殉教者であり、聖職者であるブルゴスの住居が博物館になったものだ。当時のブルゴスの優雅な生活を見ながら、生きたイロカノの歴史や文化にも触れることができる。イトネグ族Itnegの民族芸術も展示されている。

堂々とした構えの博物館

世界遺産に登録されている ★★ 世界遺産
ヌエストラ・セニョーラ・デ・ラ・アスンシオン教会 MAP P.174-A1
Nuestra Senora de la Asuncion Church

サン・オウガスチン教会（→P.209）とともに、ユネスコの世界遺産に登録されているバロック様式の教会。イスラム風のアラベスク文様の装飾が施されている。ビガンからバスで約1時間南に下ったサンタ・マリアSanta Mariaにある。

■ブルゴス国立博物館
TEL 0917-504-8014（携帯）
開 8:30 ～ 17:00
休 月　料 無料

おすすめのレストラン
R カフェ・レオナ
　Café Leona
MAP P.204-1　住 Crisologo St.
TEL (077) 722-2212
営 10:30 ～ 23:30
休 なし　CC AJMV

R ヒドゥン・ガーデン
　Hidden Garden
郊外にある植物園のある郷土料理のレストラン。
MAP P.204-2外　住 56 Bulala
TEL (077) 604-0270、
0917-158-0960（携帯）
営 6:00 ～ 19:00
休 なし　CC 不可

R カリエ・ブリュワリー
　Calle Brewery
住 11 Calle Encarnacion
TEL 0917-713-1694（携帯）
開 11:00 ～ 23:00

ホテル Hotels

ヴィラ・アンヘラ・ヘリテージ・ハウス　$$
Villa Angela Heritage House　MAP P.204-2

地元の名士、ベルソサVerzoza家の個人邸宅としても使われている歴史ある建物。一般公開されているうえ、宿泊も可能なのでうれしい。1859年建造だが、家具調度類もよく手入れされていて趣がある。

住 26 Quirino Blvd.
TEL (077) 722-2914、0917-631-4024
Mail villangela.heritage@gmail.com
SD ₱1900 ～ 3200
Dm ₱600 ～ 700　F ₱3200 ～ 3600
室数 7
CC 不可

室内にはアンティーク調の家具が並ぶ

コルディレラ・イン　$$
Cordillera Inn　MAP P.204-1

スペイン情緒あふれる石畳の通りにあり、クラシカルな雰囲気。客室はスタンダードからスイートまで4種類。広々とした共有スペースには、アンティーク家具が置かれている。スタッフの応対もいい。

住 29 Mena Crisologo St.
TEL (077) 722-2727、0927-313-5616
URL www.cordillerainn.com
SD ₱2500 ～ 3500　F ₱4500 ～ 5000
Su ₱4500 ～ 5000
室数 24
CC DJMV

世界遺産の町並みが楽しめる立地

ホテル・ベネト・デ・ビガン　$
Hotel Veneto de Vigan　MAP P.204-1

石畳のクリソロゴ通りから少し入ったところにある古い建物を改装した快適なホテル。少し離れた建物にドミトリーもあって、そちらは格安。

住 Bonifacio St
TEL (077) 674-0938、0998-555-4421、0917-587-1965（携帯）
Mail hotelvenetodevigan@yahoo.com
Dm ₱650 ～ 850
SD ₱3000 ～ 5900　F ₱7800 ～ 8500
室数 38　CC MV

ホテル・ニ・アモン　$$
Hotel ni Among　MAP P.204-2

リゾート形式の落ち着いた明るい雰囲気のホテル。コテージやプールもある。グループ（10名まで）で泊まれる二段ベッドの部屋もある。

住 Rivero St.
TEL (077) 674-0086、0917-568-4662（携帯）
Mail hotelniamong@yahoo.com
SD ₱1863
F ₱4968
室数 17　CC MV

スペイン統治時代の町並みが残る

ラワグ
Laoag

MAP 折込表-B1

ラワグの
市外局番 ☎077

ACCESS

✈ マニラからPALエクスプレスが毎日1便運航。所要約1時間、運賃は₱2500〜。空港から市内まで無料シャトルバスが出ている。

🚌 マニラからパルタス、マリア・デ・レオン・トランス、ファリニャス・トランスなどが毎日運行。所要9〜12時間で、運賃はエアコンバスが₱750〜950。バギオからも多数出ている。所要約6時間、₱500程度。

バス予約サイトで予約可
● Iwantseats
URL iwantseat.com

ラワグにあるバス会社

● パルタス　Partas
マニラのクバオ、パサイ行きがある。マニラからは1時間おきに運行。
MAP P.207-A1外
TEL 0917-825-8051（ラワグ）

● マリア・デ・レオン・トランス
Maria de Leon Trans
マニラのサンパロック行き。約1時間おきに運行。
MAP P.207-A2
TEL (077) 770-3532（ラワグ）
TEL (02) 8731-4907（マニラ）

● ファリニャス・トランス
Fariñas Trans
マニラのサンパロック行き。約30分おきに運行。
MAP P.207-A2
TEL (077) 772-0126（ラワグ）

● フロリダ
Florida
マニラのクバオ、サンパロック行きを1時間おきに運行。
MAP P.207-B1外
TEL (077) 770-3645（ラワグ）

● RCJラインズ　RCJ Lines
マニラのサンパロック行きを数本運行。
MAP P.207-A2
TEL (077) 771-3308（ラワグ）

北イロコス州の州庁舎

　南シナ海に面している北イロコスIlocos Norte州は、ルソン島で最も美しい州のひとつといわれている。ラワグは、その北イロコス州の州都。ラワグ周辺にはスペイン統治時代の教会が数多く残っており、郊外にあるサン・オウガスチン教会San Agustin Churchは、スペイン統治下に建築された貴重なバロック様式の教会として1993年に世界文化遺産に登録されている。また、北イロコス州はマルコス元大統領の出身地としても有名。20年間にわたり大統領に在任して独裁的な政治を行い1986年の人民革命（エドゥサ革命）で失脚したマルコスだが、ラワグの南東のサラットSarratにある生家などゆかりの地を訪れる観光客は今もあとを絶たない。最近はラワグから北部のパグドゥプッドゥPagudpudなど、美しい海のリゾート開発も盛んになっている。

ラワグへの行き方　ACCESS

　マニラからはバスもあるが、10時間以上かかるので国内線を利用するのが一般的。バギオからはファリニャス・トランスFariñas Transやパルタス Partasのバスが、サン・フェルナンドとビガンを経由して走っている。所要約7時間。さらに、ビガンからはミニバスが出ているほか、トゥゲガラオからはGMWトランスGMW Transのバスが1日数本運行している。所要約6時間。

ラワグの歩き方　GETTING AROUND

　旅行者の行動の拠点となるのはラワグの南側。町なかに見どころはそれほど多くないが、まず聖ウィリアム大聖堂 St. Williams Cathedralを見に行こう。

ラグの見どころ

ATTRACTION

ラグは、郊外に見どころが多い。マルコス元大統領の生家があるサラット Sarrat までは約8km、実家がある**バタック Batac**（→ MAP P.174-A1）までは約15km（生家、実家ともに現在は博物館が併設されている）、そして、北イロコスで最も美しい教会のひとつといわれる**サン・オウガスチン教会 San Agustin Church**（パオアイ教会 Paoay Church）のあるパオアイまでは約16km。いずれもラグから頻繁にジプニーが出ている。また、「北のボラカイ」ともいわれる白砂のビーチがある**パグドゥプッドゥ Pagudpud**（→ MAP P.174-A1）はラグの北、約75kmの所にある。

最古の教会のひとつ
聖ウィリアム大聖堂 ★★
MAP P.207-A2

St. Williams Cathedral

創建1612年頃という、北イロコス州最古の教会のひとつ。現在の形になったのは1650～1700年代の間。フィリピン人の革命家やアメリカ人に占領されたり、地震や火事で被害を受けたりしたが、そのつど修復されてきた。向かいのシンキング・ベル・タワーは、1707年の地震後に建て直されたといわれる巨大な鐘楼。重すぎて毎年1インチずつ沈んでいたということから、名づけられた。

何度も修復されてきた聖ウィリアム大聖堂

■観光案内所（DOT）
MAP P.207-B2
住 2F Pacific Bldg., Abadilla St.
TEL (077) 772-0467/771-1473
開 8:00～17:00
休 土・日・祝

■州観光案内所
MAP P.207-A1
住 州庁舎内
TEL (077) 772-1211/1213、0949-628-2942（携帯）
URL www.tourismilocosnorte.com
開 8:00～12:00、13:00～17:00
休 土・日・祝

ナイトマーケット

聖ウィリアム大聖堂の南側、Juan Luna St.で金～日曜に夜市が開かれています。屋台、衣類、おもちゃ、日用品などが並び、大勢の人でにぎわっていました。
（栃木県 HIROKI-H '14）['19]

ローカルマーケット

シンキング・ベル・タワー前のカストロ通りを東に行くとマーケットがあり、庶民の生活を垣間見ることができる。

■マルコス博物館
住 10-N Lacub, Batac
TEL (077) 677-1273(携帯)
開 8:00～17:00
休 なし
料 無料

■マルコスの旧別荘
パオアイにはマルコス夫妻の旧別荘である北のマラカニャン宮殿Malacañang of the Northもあり、湖に面した御殿は博物館として公開されている。
住 Paoay Lake, Suba
開 8:00～17:00
休 なし
料 大人₱30、子供₱20

マルコス大統領が大統領になるまでの記録が収められた ★★
マルコス博物館（バタック） MAP P.174-A1
Marcos Museum in Batac

　ラワグの約15km南にあるバタックは、マルコス元大統領の実家があることで知られる町。実家の敷地内には博物館があり、マルコスの幼少期からの記録が収められている。

　その隣にある石造りの霊廟には、1989年に亡命先のハワイで病死したマルコスの冷蔵遺体が納められ、一般に公開されていた。2016年、ドゥテルテ大統領になると、その遺体は英雄墓地に埋葬された。イロコス州では依然マルコスの人気は高い。幼少期を過ごしたというこの場所は「マルコスとは何者だったのか？」を検証するにふさわしい場かもしれない。

白砂のビーチが広がるパグドゥプッドゥ

　「北のボラカイ」ともいわれる白砂のビーチがある**パグドゥプッドゥ Pagudpud**（→MAP P.174-A1）。白い砂浜で海水浴を楽しむことも、隠れ家的なリゾートホテルでサーフィンを楽しむこともできる。

　ビーチリゾートとして注目を集めており、新しいホテルもでき、マニラやバギオから直行バスも運行し始めている。ルソン島北部で今最もホットなビーチといえるだろう。

　パグドゥプッドゥのビーチは、大きく分けて**サウッド Saud、カパリスピサン Caparispisan、ブルーラグーン Blue Lagoon**の3ヵ所になる。

　サウッドでは、広がる白い砂浜でおもに海水浴が楽しめる。海岸沿いに多くのホテルやレストランがあり、泳いだあとに海を眺めながら食事をするのもおすすめだ。カパリスピサンとブルーラグーンはサーフィンに適している。このふたつの場所は半島を挟んで反対側にあるため、一方の場所の波の調子が悪くても、他方では波がいい場合があってサーファーにはうれしい。サーフボードを貸し出している宿もある。

　海水浴、サーフィン以外にもスノーケリング、ダイビング、ボートでの遊覧を楽しむことも可能だ。丘の上に多くの風力発電用の風車が並んでいて、どこかフィリピンらしからぬ風景が楽しめるのもパグドゥプッドゥの魅力だろう。

　パグドゥプッドゥへは、ラワグ市から1日数本の便がある飛行機で飛び、そこからバスや乗合バンで移動できる。所要約2時間、₱100～120。マニラのサンパロックから、パルタス Partas、フロリダ Floridaの直行バスが運行している。₱750～。バギオからは、ラワグまでバスでいき、そこからミニバスに乗り換える。

　バスは、パグドゥプッドゥ町役場 Pagudpud Municipal Hallのすぐ近くに到着する。バス停近くに役所、自動車トライシクルターミナルなどが密集しているので迷う心配はない。パグドゥプッドゥ町役場内の観光課でホテル等の観光情報を得ることもできる。

　3つのビーチは、町役場を中心とするとサウッドは北方面、カパリスピサンはさらに北東。ブルーラグーンは、東方面で半島の反対側にあり離れている。町役場からサウッドへはトライシクルで約20分。カパリスピサンへは、約40～50分。ブルーラグーンへは、まず町役場から南にある幹線道路分岐のマウイニ Maoiniまでトライシクルで約10分。バスに乗り東にある幹線道路分岐のガワ Gaoaまで移動。ここからブルーラグーンまで、トライシクルで約30～40分。

■パグドゥプッドゥ町役場観光課
住 Poblacion 1 TEL 0939-943-7419(携帯)
Mail ommpagudpud@yahoo.com
開 8:00～17:00 休 土・日・祝

人気のビーチのひとつ、ブルーラグーン

北イロコス州の伝統文化に触れる ★★

イロコス・ノルテ博物館
MAP P.207-A1
Museo Ilocos Norte

　北イロコス州の歴史、文化、伝統を研究し、後世へ伝えていくことを目的に建てられた博物館。伝統家屋、楽器、工芸品など14の部屋に分けて展示されている。

北イロコスで最も美しい教会 ★★★ 世界遺産

サン・オウガスチン教会（パオアイ）
MAP P.174-A1
San Agustin Church (Paoay)

　世界遺産に登録されているバロック様式の教会。1774年に建てられたもので、加工サンゴとれんがで造られている。ラワグの南西約16kmのパオアイPaoayにあるため、パオアイ教会Paoay Churchとも呼ばれている。その重厚なたたずまいに、歴史を感じさせられずにはいられない。

見応えのあるたたずまい

■イロコス・ノルテ博物館
住 Gen. Luna St.
TEL (077) 770-3836
URL www.museoilocosnorte.com
開 9:00 ～ 17:00
休 なし
料 大人₱50、大学生₱20
※2019年10月現在、修復のため閉鎖中。

重厚な造りのイロコス・ノルテ博物館

■サン・オウガスチン教会
交 ラワグの町なかからミニバス、ジプニーで約40分。
開 日の出～日没
休 なし
料 無料

ルソン島北部

ラワグ

ホテル＆レストラン　Hotels & Restaurants

イザベル・スイーツ　$
Isabel Suites
MAP P.207-B1

　市中心部にあり、何かと便利。室内は清潔に保たれており、とても居心地がいい。道路を挟んで西側に旧館、東側に新館が立っている。レストラン、ランドリー、プレスサービス、マッサージなども行っている。

住 Brgy. 11, Gen. Segundo Ave.
TEL (077) 670-8579/740-4998
料 ⓢ₱850 ～ 1450　ⓓ₱1550
　ⓈⓊ₱2450　ⒻP₱5000 ～ 6000
室 50
ⓒⓒ AJMV

西側に立つ旧館

カサ・デ・レンゾー　$$
Casa de Renzo
MAP P.207-B2 外

　市内の便利な場所にあるきれいなホテル。ホテル内に飾られたインテリアの彫刻が、いい雰囲気を醸し出している。朝食はビュッフェ。

住 37 Abanilla St.
TEL (077) 770-5288、0917-897-6890、0939-938-8080（携帯）
URL casaderenzo.com
料 ⓈⒹ₱1750　Ⓕ₱4200
　ⓈⓊ₱2500
室 10　ⓒⓒ AJMV

ジャバ・ホテル　$$
Java Hotel
MAP P.207-B1 外

　設備の整った豪華なリゾートホテル。市中心部からは少し外れている。市外の観光地へのパッケージツアーなども手配してくれる。

住 Gen. Segundo Ave., Brgy. 55-B Salet
TEL (077) 770-5996、0917-500-5282　URL www.javahotel.com.ph
料 ⓈⒹ₱2450 ～ 3380（　）
　ⓈⓊ₱5800 ～ 8050（　）
室 58　ⓒⓒ AMV

ラ・プレシオサ　$
La Preciosa
MAP P.207-A1 外
フィリピン料理

　イロコス料理のワレクワレク（豚の頭の肉料理）などが食べられる。部位により、歯応えや弾力も違うので、味わってみよう。

住 Brgy 6, Rizal St.
TEL (077) 773-1162
URL lapreciosa-ilocos.com
営 10:00 ～ 21:00
休 なし
ⓒⓒ AJMV

ジョニー・ムーン・カフェ　$
Johnny Moon Café
MAP P.207-A1
フィリピン料理

　ミキ（麺）、イガド（豚肉料理）などのイロコス料理が食べられる。ちなみにイロコスの麺料理は乾燥平麺であることが特徴。

住 La Tabacalera Ilocano Lifestyle Center, Llanes Cor. Gen. Luna St.
TEL (077) 771-5636、0916-468-4482（携帯）
営 11:00 ～ 21:00　休 なし
ⓒⓒ 不可
※2019年11月現在閉鎖中。

カガヤン州の旅の起点

トゥゲガラオ

Tuguegarao

MAP 折込表-B1

トゥゲガラオの
市外局番 ☎078

ACCESS

✈ マニラからセブ・パシフィックが毎日2便運航。所要約1時間、₱2000〜。クラークからPALエクスプレスが1日1便。

🚌 マニラのサンパロック、クバオ、カミアスなどから、ビクトリー・ライナー、フロリダなどが運行。所要10〜15時間、₱880〜。ノンストップバスもある。₱1150〜。

バギオから、ダリン・バスで所要約12時間、₱650。1日4便。バナウェからは、まずバギオまたはマニラ行きのバスに乗り、バガバッグBagabagかソラノSolanoで降り、そこからトゥゲガラオ行きのバスに乗る。所要約6時間30分。

● ダリン・バス
　Dalin Bus
　TEL (074) 424-4301 (バギオ)

おすすめのフードコート

🍴 ルナ・ストリート・フードパーク
　Luna StrEat Food Park
　MAP P.210
　🏠 Luna St.
　⏰ 17:00〜

パラウィ島にあるスペイン植民地時代に造られた灯台

カガヤンCagayan州の州都。マニラからの定期便の飛ぶ空港があり、カガヤン州の商業、学問の中心になる都市。カガヤン州に端を発し、南はケソンQuezon州まで連なるシエラ・マドレSierra Madre山脈はフィリピンで最も長い山脈であり、ネグリートなどの先住民族が暮らしている。山脈周辺には荒々しい洞窟などが数多くあるほか、海岸には知られざる美しいビーチも。ルソン島の東側は開発の手がほとんど伸びていない。貴重な自然へのゲートウエイとなる町がトゥゲガラオである。

トゥゲガラオの歩き方 GETTING AROUND

　空港やバスターミナルは、市街地から少し離れた所にある。メインストリートは町の中心を南北に走る**ボニファシオ通りBonifacio St.**。ホテルはこの一帯に集まっている。ボニファシオ通りとロサリオ通りRosario St.の間にはモール・オブ・バレー Mall of Valleyがあり、いつも多くの人でにぎわっている。見どころは町の東、リサール通りRizal St.に面した**聖ピーター大聖堂 St. Peter Cathedral**。また、町の中心から6kmほど離れた所にある州庁舎には、州観光案内所のほかに**カガヤン博物館Cagayan Museum**が入っている。観光情報を集めるついでに立ち寄ってみるといいだろう。トゥゲガラオ市内の交通手段はトライシクル。市中心部であれば₱12〜20。

トゥゲガラオ中心部概略図

トゥゲガラオの少し北の**イギッグ Iguig**には、**カルバリー・ヒルズ Calvary Hills**という眺めがよい丘、さらに北には、美しいビーチがある**サンタ・アナ Santa. Ana**や手つかずの自然と素朴な暮らしの残る**パラウィ Palaui島**がある。パラウィ島ではエコツーリズムによる観光開発を行っていて、電気もホテルもレストランもなく、ホームステイやキャンプ場での滞在が可能。リゾートではない素朴な漁民の暮らしを体験し、ゆったりとした時間を過ごしたい人におすすめ。

トゥゲガラオの見どころ　ATTRACTION

人の目を引きつけて離さない鍾乳石　★★
カラオ洞窟　MAP P.210外
Callao Caves

ひとつの山の中がぽっかりと空洞になっているかのような巨大な洞窟。内部は7つの部屋に分かれていて、入口には聖母マリアの像が飾られ祭壇が設けられている。2019年、フィリピン大学の研究チームなどがこの洞窟で発見した骨や歯を、学術誌「ネイチャー」に発表。年代は5万～6万7000年前と言われ、現代の人類などと異なる特徴があり、ホモ属の新種「ルゾネンシス」（ルソン原人）と命名され、新たな発見と話題になった。

トゥゲガラオの見どころといえば　★★
カガヤン博物館　MAP P.210外
Cagayan Museum

町の中心から約6kmの州庁舎内にある。考古学的な遺物からスペイン時代の調度品まで幅広く展示。石器や絶滅した動物の化石などの考古学的な展示もある。

■観光案内所（DOT）
MAP P.210外
住 #2 Dalan na Pavvurulun, Regional Government Center
TEL (078) 373-9563/0785
URL www.dotregion2.com.ph
開 8:00～17:00
休 土・日・祝

■州観光案内所
MAP P.210外
住 Expo Bldg., Capital Hills, Alimannao
TEL (078) 304-1673
開 8:00～17:00
休 土・日・祝

■サンタ・アナとパラウィ島
トゥゲガラオからバンが頻繁に運行。所要約3時間、₱180。パラウィ島へはサンタ・アナの港からボートをチャーターして行ける。所要約20分、往復₱1000～。

■カラオ洞窟
町の外れのリバーサイド（カラオ・トダターミナル）から、カラオ行きのトライシクルに乗る。所要約60分。あるいは往復₱630でトライシクルをチャーター。
開 8:00～17:00　料 ₱35

■カガヤン博物館
開 8:00～17:00
休 土・日・祝
料 無料

ホテル　Hotels

ホテル・デルフィノ　$
Hotel Delfino　MAP P.210

町の中心部に立つホテル。ファストフード店やドラッグストアなども近くにあってとても便利。2階には中華レストランもある。清潔で、エアコン付きのホテルのなかでは最も安いホテルのひとつなので重宝する。

住 Gonzaga C/Bonifacio St.
TEL (078) 844-7338
料 S₱800　D₱1200
Tr₱1800
室数 70
CC 不可

便利な立地にある

ホテル・エリナス　$$
Hotel Elinas　MAP P.210

いわゆるビジネスホテルだが、温水シャワーなしの安いシングルもある。1階に併設されたレストランも安くておいしい。

住 # 133A. Bonifacio St.
TEL (078) 844-2198
料 SD₱950～1150　Tr₱1050
F₱1600～2200
室数 33
CC 不可

ホテル・ローマ　$$
Hotel Roma　MAP P.210

ボニファシオ通りからルナ通りに入ってすぐの所にある。客室の設備が整っていて快適に過ごせる。レストラン、ランドリーサービスあり。

住 Luna St. C/Bonifacio St.
TEL (078) 844-1057
料 S₱1450～1900　D₱2420～2650　F₱3800～4250
Su₱5180～5980
室数 75
CC ADJMV

211

ルソン島南部

　ルソン島南部はビコールBicolとも呼ばれ、北カマリネスCamarines Norte州、南カマリネスCamarines Sur州、アルバイAlbay州、ソルソゴンSorsogon州、カタンドゥアネスCatanduanes州、マスバテMasbate州の6州からなる。変化に富んだ多くの半島やビーチ、火山や湖が多く、豊かな自然が息づいている地域だ。雨が多く、肥沃な土地であるために米どころとしても知られ、特にカマリネスという州名は「穀物の家」を意味する。火山性の土地でよく生育するココナッツとアバカ（マニラ麻）の産地としても有名だ。スペイン統治時代からの古い建物や遺跡が多く、独自の文化圏を形成。ビコール語Bicolanoを話し、甘口の料理が多いフィリピンには珍しく、辛いものも食べる。

1 空から見たレガスピの町
2 ビコール地方にはのどかな田園風景が広がっている

ルソン島南部

ルソン島南部の玄関口

レガスピ

Legazpi

MAP 折込表-C2

レガスピの町なかから見るマヨン火山

アルバイ州の州都レガスピはマニラから南東へ556kmの場所にあり、ビコール（南部ルソン）へのゲートウエイ。フィリピンの初代スペイン総督の名が由来というこの町のシンボルはマヨン火山（標高2496m）。LCCデパートやマーケット、銀行などが建ち並び、かなり大きな商業都市でもある。また、台風の通り道になっていて、たびたび被害が出ている。

レガスピへの行き方　ACCESS

マニラからは、飛行機で行くのが一般的。時間に余裕があれば、所要10〜12時間と時間はかかるが、長距離バスでゆったりと行くのもいい。空港から市内へはタクシーで₱150。

レガスピの市外局番 ☎052

ACCESS

✈ マニラからPALエクスプレスが毎日1〜2便、セブ・パシフィックが毎日4〜5便運航。所要約1時間、₱1700〜。セブからは、セブゴーが毎日1便運航。所要1時間20分、₱1200〜。

🚌 マニラのパサイからフィルトランコのバスが1日2便出ている。所要約10時間。運賃は₱940〜。
　また、カグサワのバスもレガスピ（ダラガ）とマニラのエルミタ間を1日2便結ぶ。所要10〜11時間。運賃は₱950〜1200。

● フィルトランコ
Philtranco
MAP P.62-B2
TEL (02) 8851-8077（マニラ）
TEL 0917-860-4418（携帯）

● カグサワ
Cagsawa
TEL 0917-634-8248（マニラ）
TEL 0932-880-9633（レガスピ）

■ 観光案内所
MAP P.214-A1外
住 Regional Center Site Rawis
TEL (052) 742-0242
URL albay.gov.ph
開 8:00〜17:00
休 土・日・祝

各種パンフレットが手に入る

町の移動はジプニーで

レガスピ港地区とアルバイ地区は歩くと20分くらいかかるので、ジプニーを利用するのが便利。アルバイ地区からはレガスピ港地区Legazpi City行き、レガスピ港地区からは隣町のダラガDaraga行きのジプニーに乗る。

アルバイ湾に面して立つ
大きなショッピングセンター、
エンバーカデロ・モール

屋台でにぎわう夜のケソン通り

レガスピの歩き方

GETTING AROUND

レガスピは、**キャピトルCapitol**と呼ばれている**アルバイ地区Albay District**と、マーケットや⑤LCCデパートなどがある**レガスピ港地区Legazpi Port District**に分かれている。このエリア間はジプニーで行き来する。宿はバスターミナルやレストランなどが集中しているレガスピ港地区で探すほうがいいだろう。

レガスピ港地区内は歩いて回れるほどの広さだ。町の中心にそびえ立つのが**戦没者慰霊塔Battle of Monument**。このあたりが一番にぎやかなところで、商店や屋台が並び常に人があふれている。その斜め向かいにあるのが⑤LCCデパート。1階が食料品のスーパーマーケットになっている。そのまま**ケソン通りQuezon Ave.**を南東へ歩いていくと埠頭へ。⑤エンバーカデロ・モールEmbarcadero Mallの先に**カプントゥカンの丘Kapuntukan Hill**が見える。ここからの眺望は抜群で、マヨン火山を背景に町や港を一望できる。ただ、日中はその全景をくっきりと見ることは難しいので、早朝か夕暮れ時が狙い目だ。

町を南北に貫く**ペニャランダ通りPeñaranda St.**を北へ向かうと**セント・ラファエル教会St. Rafael Church**の正面に出る。さらに北へ進むと左側に旧レガスピ駅舎が見えてくる。

町の西側にあるアルバイ地区の**タハオ通りTahao Rd.**周辺は一般に**サテライト・マーケットSatellite Market**（→ MAP P.213）と呼ばれ、バスターミナルが隣接している。ここへはタハオかマラボMalabo行きのジプニーなどで行ける。

マヨン火山の眺望がすばらしい
カプントゥカンの丘

海岸沿いにあるレガスピの町

レガスピの見どころ ATTRACTION

1814年の噴火で埋まった教会の塔の跡 ★★
カガサワ教会跡 MAP P.212-B2
Cagsawa Church Ruins

多くの町が崩壊し、多数の犠牲者を出した1814年のマヨン火山大噴火。そのとき人々はこの教会の塔に避難したという。田園に囲まれ、水牛が水浴びをしているのどかな風景からは想像もつかない。ここから見るマヨン火山の風景はよく絵はがきなどに使われるほどの美しさ。レガスピの人気観光地なので、周囲にはみやげ物店やレストラン、ショップが揃っている。ゆっくりと滞在したい場所だ。

マヨン火山大噴火の際の面影を残すカガサワ教会跡

■カガサワ教会跡
🚌 カマリグCamaligか、リガオLigao、ポランゲイPolangui行きのジプニーを利用。ジプニーは₱15、トライシクルは₱250程度。カガサワ遺跡Cagsawa Ruinsという案内板の所で下車。小道を入って徒歩約10分。
開 6:00～18:00
休 なし
料 大人₱20、子供₱10

町を見下ろす丘の上に立つ ★
ダラガ教会 MAP P.213外
Daraga Church (Hill Top Church)

レガスピからカガサワ教会跡へ行く途中に、ダラガDaragaの町がある。その町なかに、1773年に建てられたバロック調の教会があり、マヨン火山の噴火にも耐えて、現在も使用されている。

堂々としたダラガ教会

■ダラガ教会
🚌 ダラガ行きのジプニー（₱9）がレガスピ港地区からたくさん出ている（→MAP P.214-A2）。所要20～30分。レガスピ行きのジプニー乗り場は、教会から徒歩7～8分ほどの場所にある。トライシクルを利用した場合は₱70程度。

ルソン島南部

レガスピ

ちょっとひと息コラム

レガスピゆかりの日本人、明治の女衒（ぜげん）村岡伊平治

日本がまだ貧しかった江戸時代の末から昭和の初めにかけて、「からゆきさん」と呼ばれる女性たちが東南アジアをはじめ、世界各国に大勢いた。1867年（慶応3年）、長崎県に生まれた村岡伊平治は、商売をするために18歳で香港に渡ったが、だまされて売られてきた日本人女性を助けたことがきっかけで女衒となった。女衒とは、身売りの仲介業である。当時、女性たちが異国で生きるには、自らの身を売るよりほかになかった。

香港を皮切りに中国各地、シンガポール、マレーシア、インドネシア、インド、ベトナム、ニューギニアと東南アジアを転々とした末、伊平治はフィリピンのレガスピに落ち着く。レガスピで遊郭経営や原木伐採、製菓業、金鉱採掘などを手がけたが、マヨン火山の噴火で財産を処分し、病気療養のためにいったん帰国する。その後、治った伊平治はレガスピに戻るのだが、そこで亡くなったのか、妻の郷里である天草で亡くなったのかは定かではない。

■ホヨップ・ホヨパン洞窟

レガスピ港地区からカマリグCamalig行きのジプニー(₱20)に乗り、カマリグでトライシクル(₱200)をチャーターして行く。カマリグから30分ほど行くと右側にHoyop-Hoyopan Caveの標識が見えてくる。そこから洞窟までは徒歩で約15分。

開 6:30～18:00　休 なし
料 ₱300

真っ暗な洞窟の中

火山活動に要注意
フィリピン火山地震研究所(PHIVOLCS)は2018年1月22日、マヨン火山において溶岩ドームの破裂などが確認されたことから、噴火の可能性があるとして、噴火警報をレベル3に引き上げ、周辺住民に対して避難勧告を発出した。2019年10月現在、マヨン火山の注意レベルは2（最大5）。トレッキングツアーに関しては、事前にPHIVOLCSのホームページや現地で最新情報を確認のこと。

● フィリピン火山地震研究所
Philippine Institute of Volcanology and Seismology
URL www.phivolcs.dost.gov.ph

レガスピを拠点にルソン島南部を散策
ビコール（ルソン島南部）を満喫する2泊3日のツアーが催行されている。マヨン火山を訪れたあと、レガスピを出発して、ソルソゴン、ブルサン、イロシンなどの南部の町を巡り、ナガ（→P.219）まで戻るもので、宿泊費や食事代、入場料やガイド代などすべて含み1名₱7650～（4名以上の場合）。観光案内所などで申し込める。

名前の由来は「風よ、吹け、吹け」　★★
ホヨップ・ホヨパン洞窟　MAP P.212-B2
Hoyop-Hoyopan Cave

レガスピから北西に約10km行った所にある。この洞窟に足を運ぶ価値は大。駐車代を払えばひとりでも入れるが、洞窟内は真っ暗なので、入口でガイドとライトを頼もう。料金は1時間コースで₱300。もう少し冒険心をくすぐるようなコースに挑戦したい人は、この奥の**カラビドンガン洞窟Calabidongan Cave**へ行くといい。所要1～2時間でひとり₱500程度、3人以上で参加するとひとり₱150程度になる。この洞窟はロープを使用して岩と岩の間を渡ったり、水の中を歩いたり泳いだりする必要があるので、それ相応の準備が必要だ。

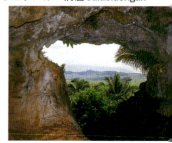
洞窟の中からの眺め

"ルソン富士"とも呼ばれる　★★★
マヨン火山　MAP P.212-B2
Mayon Volcano

標高2496mの活火山で、ビコールの象徴でもある。登山も可能。登山希望者はまず観光案内所か市内の旅行会社で詳しい情報を入手すること。通常、ガイド料金は登山者がふたりまでなら、テント、ポーター代、食事、移動費込みで2日間ひとり₱6000ほど、1日だと₱4500程度。3日間のツアーもあり、1日目はレガスピを朝出発し、ジプニーで登山出発点であるブユアンBuyuanへ。頂上に到着するのは2日目の夕方頃だ。

装備も準備してくれるが、山の夜はかなり冷えるので少し厚手の服を用意すること。また、**ガイドなしでの登山は非常に危険なので、必ずガイドを頼もう**。登山は、ブアンBuangからも可能。

ビコールの象徴、マヨン火山

ホテル&レストラン　Hotels & Restaurants

ペニャランダ通り沿い、特に旧鉄道駅周辺にさまざまなクラスのホテルがある。ペニャランダ通りとリサール通りが交差するあたりが町の中心。ファストフード店は、町の中心とバスターミナルの中間にあるショッピングモール内にたくさんある。ホテルは祭りなどにあたらないかぎりは特に予約は必要ない。

ホテル・セント・エリス　$$
Hotel St. Ellis
MAP P.214-B2

- Rizal St.
- TEL (052) 480-8088、0939-917-0507 (携帯)
- URL www.hotelstellis.com.ph
- 料 SDP3000～7000
- 室数 40
- CC AMV

ロビーの横にはレストランがある

レガスピ・ツーリスト・イン　$$
Legazpi Tourist Inn
MAP P.214-A2

- 3rd. Floor, V&O Bldg., Quezon Ave., Cor. Lapu-Lapu St.
- TEL (052) 742-1589、0947-270-0266 (携帯)
- Mail legaspitouristinn@yahoo.com.ph
- 料 SDP1700～2000　FP2800
- 室数 21　CC 不可

清潔でリーズナブルなので人気が高い

カサブランカ・ホテル　$
Casablanca Hotel
MAP P.214-A1

- 238 Peñaranda St.
- TEL (052) 480-8899、0917-594-8811 (携帯)
- Mail info@casablancahotel.ph
- 料 SDP1120～2000
- 室数 27
- CC AJMV

レガスピでは中堅のホテル

マガヨン・ホテル　$
Magayong Hotel
MAP P.214-A1

- Peñaranda St.
- TEL (052) 480-7770、0910-788-1144 (携帯)
- 料 SDP1100～1200
- FP2100
- 室数 74
- CC MV

町歩きに便利な場所にある

ホテル・レックス　$
Hotel Rex
MAP P.214-A1

- Aguinaldo Cor. Peñaranda St.
- TEL (052) 742-0457
- 料 SDP850～
- SDP975 (共)
- 室数 16
- CC 不可

セント・ラファエル教会の横にある安宿。客室はシンプルな造りだが、わりと清潔に保たれている。テラス付きの客室からは、マヨン火山の迫力ある姿を眺めることができる。Wi-Fiはロビーでのみ。

広くて明るい室内

※ 共と記してある場合は共同となります。

カタリーナズ・ロッジング・ハウス $
Catalina's Lodging House　MAP P.214-A1

セント・ラファエル教会のすぐそばにある。東南アジアによくあるような木造の古いタイプの安宿。渋くて味があり、家庭的な雰囲気がいい。レガスピでは最も安い宿のひとつで、バックパッカーにも重宝されている。

住 96 Pañaranda St.
TEL (052) 742-0351
S ₱400　D ₱440
S ₱700(共)　D ₱1000(共)
室数 20
CC 不可

こぢんまりとした雰囲気の宿

ワワイズ・レストラン $$
Waway's Restaurant　MAP P.214-A1
フィリピン料理

150席ある店内は広々としており、新鮮なシーフードなどのビュッフェが食べられる。地元の上流階級の人々や華人の客に人気がある。

住 Peñaranda St., Bonot
TEL (052) 480-8415
営 11:00 ～ 14:00、17:30 ～ 20:30
（日はランチのみ）
休 なし
CC AMV

スモール・トーク・カフェ $
Small Talk Café　MAP P.214-A2 外
カフェ

古民家を改装した雰囲気の居心地のいいカフェレストラン。タロ芋の葉を使ったピザやパスタ、オリジナルのビコール料理が人気。

住 051 Dona Aurora St.
TEL (052) 480-1394
営 11:00 ～ 21:30
休 なし
CC MV

ちょっとひと息コラム

ジンベエザメで有名なドンソルへ

エクアドルのガラパゴス島、オーストラリアのニンガルーと並び、一度にたくさんのジンベエザメが集まる所として有名なドンソルDonsol（→MAP P.212-B2）。1998年にサメが発見されてから、フィリピンでも人気のデスティネーションのひとつとなった。2月～5月中旬になると、ドンソルにはメスばかり50匹以上ものジンベエザメが集まってくる。海の透明度は悪いことが多いが、かなりの高確率で遭遇が期待できる。

この地域でのダイビングは禁止されているので、ウオッチングツアーに参加するか、ボートをチャーターして入域料を払い、スノーケリングをする。

ツアーの参加は各ツアー会社に申し込もう。ビトン＆ウッドランド・ビーチ・リゾート内などにある。7人乗りボート1隻のチャーター料金は₱3500～、入域料は₱300。

ドンソルは、レガスピから南西へ約45km、バスで約1時間行った所にある。レガスピのバスターミナルからドンソル行きのバン（₱100）に乗るか、レガスピからジプニー（₱9）でダラガまで行き、そこでドンソル行きジプニー（₱75）に乗り換える。ダラガから所要約2時間。

ドンソルのあるソルソゴン州は、レガスピからそれほど離れていないにもかかわらず、土地の言葉もほかとは違って興味深い。カニやエビなどの海鮮が安く食べられるので、ぜひ試してみよう。

■ホエールシャーク・アドベンチャー＆ツアーズ
Whaleshark Adventure & Tours
住 ビトン＆ウッドランド・ビーチ・リゾート内
TEL 0921-929-3811(携帯)
開 6:30 ～ 18:30　休 なし　CC MV

■ドンソルの宿泊施設
H ビトン＆ウッドランド・ビーチ・リゾート
Vitton & Woodland Beach Resort
町からは離れているが、レストランがあるので食事の心配はいらない。6 ～ 11月はクローズ。
住 Barangay Dancalan　TEL 0917-544-4089(携帯)
料 S D ₱2500　F ₱3700 ～
室数 17　CC 不可

H アモール・ファーム・ビーチ・リゾート
Amor Farm Beach Resort
ビジターセンターから歩いて15分ほど。レストラン併設。エアコンもあり。のどかでアットホームな雰囲気。
住 Brgy. Dancalan
TEL 0909-518-1150(携帯)
料 S D ₱1000(共)　S D ₱2000 ～
室数 27　CC 不可

ゆったりと水中を移動するジンベエザメ

フェスティバルが有名

ナガ
Naga

MAP 折込表-C2

ナガには歴史のある大きな教会が多い

ナガの市外局番 ☎054

ACCESS
✈ マニラからセブ・パシフィックが毎日1便運航。所要約1時間。運賃は片道約₱2400〜。
🚌 マニラのパサイから、フィルトランコ、DLTBなどが毎日頻繁に運行。所要8〜10時間、₱741〜。

■ 観光案内所
MAP P.220-1外
住 GF Metro PESO-DOLE Bldg., City Hall Compound.（市庁舎内）
URL www.naga.gov.ph/tourism
開 8:00〜17:00
休 土・日・祝

マニラからレガスピやソルソゴン行きのバスに乗ると、途中すべてのバスはナガで停まる。南カマリネス州Camarines Surの州都であるナガ市は、レガスピに次ぐビコール地域の中心地。9月の第3週に開催される聖母ペニャフランシア・フェスティバルNuestra Señora de Peñafrancia Festivalや、12月に1ヵ月間にわたって繰り広げられるカムンダガン・フェスティバルKamundagan Festivalの時期には、各地から訪れる人々で町中がにぎやかになる。

ナガの歩き方 GETTING AROUND

ナガの中心を南北に走る**ジェネラル・ルナ通りGeneral Luna St.**に、レストランや商店が集中している。マニラ方面から入ってナガ川の橋を渡った左側がマーケット。通り沿いには小さな店がいくつも並んでいて活気がある。さらに北へ行くとマクドナルド、映画館、フィリピン国立銀行（PNB）と続く。

聖母ペニャフランシアで有名な**ナガ教会Naga Cathedral**へは、**エリアス・アンヘレス通りElias Angeles St.**を北方向に歩いていけばいい。**マーティンズ公園 Plaza Martinez**から5分ほどで到着だ。

また、ナガ教会から、ひとつ東を走る**ペニャフランシア通りPeñafrancia Ave.**へと向かい、北東に500mほど歩いていくと、**マグサイサイ通りMagsaysay Ave.**に出る。このあたりは最近人気のスポットで、通り沿いにはおしゃれなカフェやレストランが建ち並んでいる。

町を流れるナガ川

町の外れを走る線路

聖母ペニャフランシアで有名なナガ教会

バスがずらりと並ぶナガの
セントラル・バスターミナル

ナガの宿泊施設

普段は特に予約なしでも泊まれるが、フェスティバルが開催されている期間中はどこもいっぱいになるので事前予約を。

H パニクアソン・ホットスプリング・リゾート
Panicuason Hotspring Resort

緑濃いイナリャン川Inarhan Riverの渓流沿いにある温泉施設を備えた宿泊施設。敷地内に温泉プールがあり、22〜39℃と4段階に水温が分かれている。清流を利用した天然プールもあり。日帰りでピクニックを楽しむ家族連れにも人気がある。ジップラインなどのアクティビティも充実している。ナガ中心部からタクシーで₱500程度。
MAP P.212-B1
TEL 0918-375-2123（携帯）
入場料：₱250（週末₱300）
SD ₱1300〜
F ₱1950〜3500（冷）
室数 13

■マラブサイの滝
ジプニーでパニクアソンPanicuasonまで所要約1時間、₱25。そこからトライシクルで10分程度の場所にある。ナガからトライシクルを利用した場合は片道₱400程度。
₱50（国立公園入場料）

■ナボントランの泉
マラブサイの滝（→上記）を参照。

ナガ近郊の見どころ　　　ATTRACTION

暑さも吹き飛んでしまいそうな涼しげな滝　　★★
マラブサイの滝　　MAP P.212-B1
Malabsay Falls

ナガから東へ20km、イサログ山Mt. Isarogの麓にある滝。落差13mとそれほど大きな滝ではないが、迫力は満点だ。滝つぼで泳ぐこともできる。また、滝へ行く途中に**パニクアソン温泉Panicuason Hot Spring**があり、ここには宿泊施設がある。

滝の手前にあるパニクアソンの温泉施設

深い緑のなかでリフレッシュ！　　★★
ナボントランの泉　　MAP P.212-B1
Nabuntolan Springs

マラブサイの滝の近く、イサログ山国立公園の入口にある泉。ここは野生動物の保護区でもあり、野生動物に出合えるチャンスも大きい。50mほど先には、すばらしい展望ポイントがある。

大自然が満喫できるアドベンチャーパーク
ハシエンダス・デ・ナガ
Haciendas de Naga　　　MAP P.220-1 外

ナガから約10km、マラブサイの滝(→P.220)に行く途中にある、ゴルフコースを併設したアドベンチャーパーク。80haもの敷地内に、ピリの森林や波のプール、乗馬場、ゴーカートコース、9ホールのゴルフコースなど、充実の施設が揃っている。キャンプサイトやコテージなどの宿泊施設を併設。

■ハシエンダス・デ・ナガ
🚌 ナガからジプニーで所要約15分、₱20。
🏠 San Felipe, Naga City
TEL (054) 472-2190
URL www.haciendasdenaga.com
開 8:00～17:00
料 ₱150～

広大な敷地でピクニックなども！

ピリナッツで有名な
ピリ
Pili　　　MAP P.212-B2

ナガの約20km南東に位置する小さな町。森の中に自生しているピリの木になる果物の種(直径約5～7cm)を天日で乾燥させ、水あめなどで絡めた菓子「ピリナッツ」でおなじみの地名だ。イサログ山国立公園へのアクセスの起点にもなっている。

店頭に並ぶピリナッツ

ホテル＆レストラン　Hotels & Restaurants

CBDプラザ・ホテル　$
CBD Plaza Hotel　　　MAP P.220-2

町なかでは比較的新しく、居心地も快適。SMモールやバスターミナルが目の前にあり、出歩くのにも便利。空港までの無料送迎サービスあり。
🏠 Ninoy & Cory Ave., CBD II, Brgy. Triangulo
URL cbdplazahotel.com
料 S₱1200～　D₱1500～
室数 159
CC MV
※2019年10月現在閉鎖中。

アリストクラット・ホテル　$
Aristocrat Hotel　　　MAP P.220-2

中心部にある3つ星ホテル。創業30年以上とナガでは老舗格。建物自体は古いが、室内は広くて快適。部屋タイプがいろいろある。
🏠 #32 Barlin St.
TEL (054) 473-8832～6
料 S₱650 (🛁)　D₱500 (🛁)
S₱900 (🚿)　D₱1000 (🚿)
F₱2100
室数 55
CC 不可

ヒラリー＆アンドリュー・ホステル　$
Hillary & Andrew Hostel　　　MAP P.220-1

ナガ市内では数少ない安宿。清潔な客室にリーズナブルに宿泊できる。スタッフの応対も気持ちがよい。1階にはレストランもある。
🏠 #32 Barline St.
TEL 0917-558-3347 (携帯)
Mail hillaryandandrew_hostel@yahoo.com.ph
料 S₱850　D₱1000～1200
F₱2300
室数 12　CC 不可

モラビル・ホテル＆レストラン　$
Moraville Hotel & Restaurant　　　MAP P.220-2

客室はすべてバスルームとテレビ付き。空港からの送迎サービスあり。1階にレストランがある。ナガ周辺に6軒を展開するチェーンホテル。
🏠 Dinaga St.
TEL 0907-230-5041 (携帯)
URL moraville.com.ph
料 S₱600～1400　D₱1000～1700　F₱1300～2250
室数 70
CC 不可

サンパギータ・ツーリスト・イン　$
Sampaguita Tourist Inn　　　MAP P.220-2

新館にはワイヤレスインターネット設備あり。ただし、ロビー、レストランなどの1階の公共エリアのみ。川沿いにレストラン、テラスがある。
🏠 Panganiban Dr.
TEL (052) 480-6258
料 S₱350 (🛁)　D₱450 (🛁)
S₱500 (🚿)　D₱750 (🚿)
室数 99
CC 不可

トリブー・グリル　$
Triboo Grill　　　MAP P.220-2
フィリピン料理

SMモール内にある、リーズナブルなグリルレストラン。香ばしい肉のグリルにライスを付けたセットが₱130程度で食べられる。
🏠 SMモール内
TEL 0956-860-0111 (携帯)
営 9:00～22:00
休 なし
CC 不可

マヨン火山への中継地点

タバコ
Tabaco

MAP 折込表-C2

タバコの
市外局番 ☎052

ACCESS
🚌 レガスピからミニバスとミニバンが頻繁に運行。所要30〜40分、₱50。

人でにぎわう市場

■ブサイの滝
🚌 レガスピ行きのバスかジプニーでマリリポットへ。そこからは徒歩で約15分。

教会とその前に建つモニュメント

マヨン火山への登山や、カタンドゥアネス島への中継地点になっているタバコ。町はさほど大きくないが、デパートやにぎやかなマーケットなどがあって活気がある。毎年3月にはタバク・フェスティバルTabak Festivalが催される。タバコの中心となるのはLCCデパート周辺。そこからタバコ港へは徒歩で10分程度だ。

タバコの見どころ ATTRACTION

滝つぼのプールでひと泳ぎしよう！　★
ブサイの滝
MAP P.212-B2
Busay Falls

レガスピへ行く途中の町、マリリポットMalilipotにある。落差250mの滝は7段に分かれ、各滝つぼで泳ぐことも。最初の滝つぼから次の滝つぼまでは徒歩約15分。

ホテル Hotels

スリープイージー・ロッジング・ハウス $
Sleep-Easy Lodging House MAP P.222

重厚で落ち着いた雰囲気の建物。ロビーも広々としている。入口には24時間、警備員がいるのでセキュリティの面でも安心。

🏠 A. A. Berces St., Basud
☎ (052) 558-2705
💰 S/D ₱850〜1500　F ₱1800
室数 18
CC MV

HCGレジデンス・マンション・ホテル $
HCG Residence Mansion Hotel MAP P.222

窓が大きく、部屋は明るい。インテリアは、パステルカラー調でかわいらしくまとめられている。セキュリティも万全なので、安心して滞在できる。

🏠 HCG Bldg., Ziga Ave., Basud
☎ (052) 487-7333、0995-123-8217(携帯)
✉ hcgresidencemansion@gmail.com
💰 S ₱1050〜　D ₱1700〜
F ₱2220〜　Su ₱2300
室数 17　CC JMV

自然に恵まれた
カタンドゥアネス島
Catanduanes Is.

MAP 折込表-C2

透明度の高いプララン・ビーチ

ビラクの町並み

ビコールの東に位置するこの島は、森や滝、洞窟などの大自然であふれている。また、たくさんのビーチがあり、特に**プララン・ビーチ Puraran Beach**はサーフィンスポットとして、世界各国から訪れる人も多い。カタンドゥアネス島の玄関口は、**ビラク Virac**。こぢんまりとした素朴な風景が広がる町だ。

ビラクの市外局番 ☎052

ACCESS

✈ マニラからビラクへは、セブ・パシフィックが週4便運航。所要約1時間、運賃₱2500〜。

🚢 タバコからビラクへ、ペニャフランシア・シッピングが毎日1便運航。タバコを6:30発。ビラクからは13:00発。所要約4時間。運賃はエアコンなし₱240、エアコン付き₱320。サン・アンドレスへも毎日3便、レジーナ・シッピング・ラインズの便が出ている。所要約2時間30分。エアコンなし₱230、エアコン付き₱290。

● ペニャフランシア・シッピング
Peñafrancia Shipping
TEL 0935-179-6824（タバコ）、0919-301-0447（ビラク）

● レジーナ・シッピング・ラインズ
Regina Shipping Lines
TEL 0912-599-4130（携帯）

勢いよく流れ落ちるマリビナ滝

■マリビナ滝
🚙バトBato行きジプニーで途中下車し、200m歩く。
開 8:00～17:00 休なし 料 ₱20

■プララン・ビーチ
🚙ビラクからは、1日1本、11:00に出るギグモトGigmoto行きジプニー（₱50）に乗り、プラランPuraranで下車。あるいは、ほぼ毎時間出ているバラスBaras行きのジプニー（₱50）で、バラスへ行く。バラスからプラランまでは約5km、トライシクルで₱150程度。

■ルヤン洞窟
🚙ビラクからジプニーでサン・アンドレスSan Andresへ。所要35分～45分。₱30程度。そこからリクティンLictinまではトライシクルで5分程度。

■イガン・ビーチ
🚙ビラクからトライシクルで約30分、₱250程度。

イガン・ビーチのホテル
🏨ツイン・ロック・ビーチ・リゾート
Twin Rock Beach Resort
MAP P.223左
TEL (047) 252-9978、0917-832-8050（携帯）
URL www.twinrockcatanduanes.com
料 ⓈⒹ₱600～ Ⓢⓤ₱3000
CC 不可

ビラクの歩き方　GETTING AROUND

タバコからのフェリーはビラク港に到着する。埠頭から続く大通りを行くとロータリーに出る。そこから左へ延びている通りが、**サン・ホセ通りSan Jose St.**だ。その通りを進むと、右に聖堂、左に公園がある。その先を右へ曲がり、さらに左へ曲がるとマーケットが見えてくる。この周辺が一番にぎやかだ。

カタンドゥアネス島の見どころ　ATTRACTION

滝とプールがセットになった　★★
マリビナ滝　MAP P.223左
Maribina Falls

ビラクから北東へ約7km、バトBato寄りにある美しい滝。勢いよく水が流れ落ちる滝つぼで、泳ぐこともできる。さらに、周辺でピクニックをすることもできる。

サーファーに人気　★★
プララン・ビーチ　MAP P.223左
Puraran Beach

ビラクの北東約30kmにある白い砂浜が続く美しいビーチ。サーフィンのベストシーズンである7～10月は、外国人を多く見かける。スノーケリングは3～6月がおすすめ。

石灰石でできた洞窟　★★
ルヤン洞窟　MAP P.223左
Luyang Cave

ビラクから西へ約12km、リクティンLictinにある洞窟。洞窟内はとても暗く、懐中電灯くらいでは何も見えない。

トロピカルムード満点のビーチ　★★
イガン・ビーチ　MAP P.223左
Igang Beach

ビラクから南へ約8km行った所にある白砂のビーチ。穏やかな波が打ち寄せるビーチは、ゆったりと海水浴を楽しむのに最適。ビラクから近いこともあり、人気がある。

ホテル　Hotels

カタンドゥアネス・ミッドタウン・イン　$$
Catanduanes Midtown Inn　MAP P.223右

ビラク港やギグモト、バト、バラス行きのジプニー乗り場に近いので、観光地巡りに便利な場所にある。レストランも併設している。

San Jose St., San Jose, Virac
TEL (052) 811-4165
URL www.catmidinn.com
料 ⓈP985　ⒹP1344～2240
P5600　ⓈⓤP4500
室 18
CC AJMV

マジェスティック・プララン　$
Majestic Puraran　MAP P.223左

プララン・ビーチにある家族経営の民宿。スノーケリング、サーフィン、アイランドホッピングなど、多彩なアクティビティが揃う。

Puraran, Baras
0927-194-4212、0915-977-0583（携帯）
URL majesticpuraran.com.ph
料 ⓈⒹP2000　ⒸP1600～
室 12
CC 不可

白砂と真っ青な海が広がる楽園の島々へ

❋ CEBU & VISAYAN GROUP
セブとビサヤ諸島

マクタン島のシャングリ・ラ マクタンリゾート&スパ セブ

セブ	P.228
ボホール島	P.272
ボラカイ島	P.290
サマール島	P.303
ネグロス島	P.309
レイテ島	P.321
パナイ島	P.325

セブで行われるフェスティバル「シヌログ」

　ビサヤの海には、さまざまな個性をもった島々が散りばめられている。なかでもセブ島、ボラカイ島には美しいビーチが数多く点在する。周辺には世界的に有名なダイビングスポットも多く、これらはビサヤ諸島の大きな魅力といえよう。遠浅の白い浜、南国の強い日差しと魚影濃いクリスタルブルーの海……。そんな快適なビーチリゾートで、ゆったりとした休日を満喫したり、マリンスポーツを思う存分楽しみたい。

1モアルボアルの海に浮かぶバンカーボート　2セブ島のオスロブで見られるジンベエザメ　3ボホール島の絶景チョコレート・ヒルズ　4 2018年4月からの半年間の閉鎖を経て再び観光客の受入れを始めたボラカイ島

地理

ビサヤ諸島はフィリピン群島のちょうど中央、ルソン島とミンダナオ島に挟まるようにして浮かぶいくつかの大きな島々と、多数の小さな島で構成されている。主要な島は、セブ島、マクタン島、ボラカイ島、ボホール島、ネグロス島、パナイ島、サマール島、レイテ島、シキホール島などだ。

 気候

ビサヤ諸島の気候は、地域によって3つに分けられる。セブなどの中心エリアは、1年を通じて明確な雨季がない。東側のレイテ島やサマール島はほとんど乾季がなく、西側のパナイ島やネグロス島西側エリアは雨季と乾季がはっきりとしている。

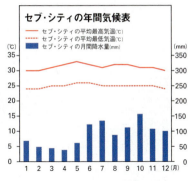

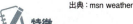 特徴

ビサヤ諸島には、セブのマクタン島、ボラカイ島など観光客に人気のリゾート地が多い。セブの州都セブ・シティは、メトロ・マニラに次ぐフィリピン第2の都市。ビサヤ諸島のほぼ中央に位置し、政治・経済・文化の中心地となっている。その歴史は古く、1521年、インドネシアを目指し太平洋を航海していたマゼラン一行が上陸したことに始まる。それ以降、キリスト教布教の拠点としてアジア全体でも重要な役割を果たしてきた。セブ州の人口は約262万人。ほとんどの人がセブアノという言語を話し、これはビサヤ諸島の共通語になっている。

 ルート作りのポイント

アイランドリゾートの多いビサヤ諸島でのルート作りは、自分がどんな旅をしたいのかで大きく異なる。ビーチリゾートでゆったりと過ごす旅と、さまざまな島を巡りながらそれぞれの個性豊かな素顔を知る旅。ここでは、そのふたつを紹介しよう。

Route 1 リゾートをゆったりと満喫する

ゆったりと過ごしたい人は、まず行きたい島を1、2島に絞り、できるだけ短時間の手段で移動するといいだろう。例えば、セブ(セブ島、マクタン島など)とボラカイ島の組み合わせ。日帰りでボホール島を訪れることもできる。5日以上あれば、かなりゆったりできるが、できれば1週間以上あると、より満足感が味わえる。

Route 2 それぞれの島のよさに触れる

比較的交通が発達しているので、島間を船やバスで移動をするのは意外と簡単。おもな島や町を巡るのに、2週間ほどあれば十分だが、できればもっと時間をかけてゆっくりと巡ってほしい。ここでは、6島を巡るルートを紹介しているが、ほかにも例えばマニラからセブへ飛んでボホール、ネグロス、パナイを巡るルートや、サマールからレイテ、セブ、ボホールを巡り、マニラへ戻ることも可能だ。

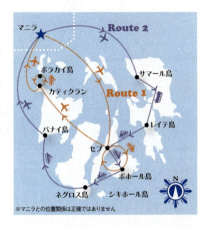

セブ

セブは日本人にとって最もポピュラーなアイランドリゾートのひとつ。「セブ」とは、南北200kmに及ぶ細長いセブ島、その東側に位置するマクタン島、そしてその付近に点在する小さな島々の総称である。真っ白なビーチもさることながら、周辺を取り囲む珊瑚礁のすばらしさはダイバーを魅了してやまない。マクタン島、モアルボアル、バディアン、リロアン、マラパスクア島といったダイビングの基地となる所には、高級リゾートからゲストハウス、レストラン、ダイビングサービスなどが軒を連ね、リゾート化も年々進んでいる。マニラからのフライトも頻繁にあり、日本からは直行便で所要わずか5時間30分程度。安く気軽に行けるという要素も手伝い、リピーターが増え続けている。

1 セブ島とマクタン島をつなぐマルセロ・フェーナン大橋
2 2019年にマクタン島にオープンしたデュシタニ（→P.260）
3 モアルボアルの美しい海

セブ 早わかりエリアナビ

リゾートエリアはマクタン島の一部のみだが、都市圏はセブ・シティを中心に広がり、意外に広大。大きい4つのエリアを解説しよう。

CEBU AREA NAVI

1 マクタン島リゾートエリア
観光の拠点となるエリア　P.245
MACTAN RESORT AREA

5つ星リゾートが並ぶ

一般的に"セブのリゾート"と呼ばれるのがこのエリア。ここを拠点として、セブ島周辺のさまざまなツアーに参加したり、セブ・シティへ買い物や食事に行ったりするのが定番の過ごし方だ。

2 ラプラプ・シティ
マクタン島随一の繁華街　P.245
LAPU LAPU CITY

空港そばにあるマリーナ・モール

実際にはマクタン島のほとんどがラプラプ・シティに含まれるが、その中心部が空港近くに位置するエリア。ショッピングモールが数軒立ち、レストランやショッピングスポットも点在している。

3 マンダウエ・シティ
魅力的なレストランが多い
MANDAUE CITY

目抜き通りにあるJセンター・モール

マクタン島とセブ・シティの間に位置する市で、見どころはほとんどないが、A. S. フォーチュナ通りやM. L. ケソン通り沿いに、ショッピングモールやショップ、レストランが並ぶ。

4 セブ・シティ
見どころ盛りだくさんの歴史ある町　P.230
CEBU CITY

必見の見どころ、サント・ニーニョ教会

フィリピン最古の町だけあって、歴史的な見どころが多い。ITパークやSRP地区など、近年は開発も進み、話題のレストランやショップが続々オープンしている。ショッピングモールも充実。

歴史が色濃く残る「フィリピン最古の都」

セブ・シティ

Cebu City

MAP 折込表-C3

セブ・シティの市外局番 ☎032

■日本国大使館セブ領事事務所
MAP P.231-B1
住 7th Floor, Keppel Center, Samar Loop, Cor. Cardinal Rosales Ave., Cebu Business Park
TEL (032) 231-7321～2
開 8:30～12:30、13:30～17:15
休 土・日・祝

■警察
MAP P.231-B1　TEL 166

■フィリピン航空
MAP P.231-A2
住 GF Almase Bldg. No.80 Osmena Blvd.　TEL (032) 254-4655

■イミグレーション
MAP P.230-B2
住 2nd Level J Centre Mall, A.S. Fortuna St., Bakilid, Mandaue
TEL (032) 345-6441
※観光ビザの延長可（→P.388）

マゼランが造った十字架が収められているマゼラン・クロス

　1521年のマゼランのセブ上陸は、スペイン統治時代の幕開けとともに、フィリピンを世界史の表舞台へと導くきっかけとなった。統治者たちは宗教、食文化、建築様式にいたるまで幅広い影響を民衆に与え、これらをフィリピン全土に浸透させていった。そんな背景から、セブ・シティには教会をはじめとして当時の古い建造物や史跡が数多く残っている。

230

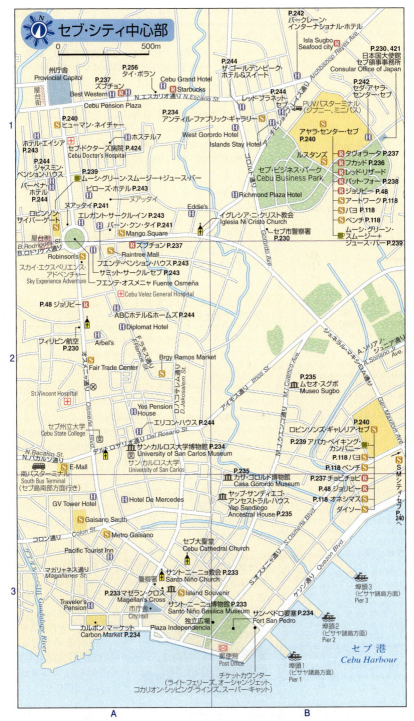

周辺の島からセブ・シティへ

セブ港が海の玄関口。ボホール島のタグビララン港からフェリー会社が1日20便程度運行。所要約2時間〜、₱400〜。ドゥマゲッティやオルモック、イロイロなどからも便がある。
※国内線は→P.245

ジャパニーズヘルプデスクのある病院
→P.424

フェリー会社の連絡先
→P.412

空港発MyBusのおもな停車地
(停車順)
- 空港ターミナル2(国際線)
- 空港ターミナル1(国内線)
- Ⓢ パーク・モール
- 北バスターミナル
- Ⓢ SMシティ・セブ

市内交通
●ジプニー
乗り方は→P.57参照。ただし、セブの言葉はビサヤ語なので、タガログ語は通じない場合もある。市内はおおむね₱8。

●マイバスMyBus
マイバスは2015年から運行を開始した公共バス。空港〜SMシティ・セブ以外にも、以下の路線がある。料金は₱25〜40。支払いはプリペイドカードか現金で。
<ルート>
●パーク・モール〜SMシティ・セブ〜 SMシーサイド
●タリサイ〜 SMシーサイド
●タリサイ〜 SMシティ・セブ〜パーク・モール
●SMシティ・セブ〜 Jセンター・モール

●タクシー
初乗り₱40に1km ₱13.50 + ₱2 /分と基本料金は決まっているが、メーターを利用したがらないドライバーも多く、交渉しないと乗せてくれない場合もある。マクタン島のリゾートエリア〜セブ・シティ間のタクシーの運賃の目安は₱250〜300。

セブ・シティ〜マクタン島間のアクセス →P.246

セブでも便利な配車アプリ
グラブ(→P.55)はセブでも利用可能。タクシー関連のトラブルは尽きないので、使いようによってはかなり便利。ただし、通常のタクシーよりやや高め(混んでいる時間帯は特に)。ちなみに、アプリを使用してもマクタン島ではチップを要求されることが多い。

セブ・シティへの行き方　ACCESS

空港から市内へ

　セブの空の玄関口、**マクタン・セブ国際空港は、セブ・シティの対岸、マクタン島(→P.245)のラプラプ・シティにある**。セブ・シティへは、セブ島〜マクタン島間を結ぶふたつの橋を渡ってアクセス。ターミナル1(国内線)は出口を出て右、ターミナル2(国際線)は出口を出てまっすぐ進むと乗り場がある。通常のタクシーは初乗り₱40、イエロータクシーは初乗り₱70。そのあとは1km ₱13.50 + ₱2 /分。セブ・シティまでは₱200〜300。また、T1、T2からセブ・シティ市街地までマイバスMyBus(→欄外)というバスが出ている。6:00〜21:00の間、30分ごとに運行。運賃は₱25〜40。

港から市内へ

　セブ港はセブ・シティの南端、サン・ペドロ要塞の東側から行き先別に1〜5番の埠頭Pierが並んでいる。セブ・シティの中心街であるコロン通りまでは1〜2km。港からはメータータクシーを使ってアクセスするのが便利だ。料金は₱100前後。

セブ・シティの歩き方　GETTING AROUND

　セブ・シティは北側の丘の斜面から裾野にわたる地域に開けた町。地元の人々は**アップタウン、ダウンタウン**と呼び分けていて、それぞれがまったく違った表情をもつ。また、北東部にある巨大ショッピングセンター、Ⓢ**アヤラ・センター・セブ Ayala Center Cebu**を中心とする**セブ・ビジネス・パーク Cebu Business Park**、東の港近くにあるⓈ**SMシティ・セブ SM City Cebu**を中心とする**セブ・ポート・センター Cebu Port Center**は再開発地区。これらは**ニュー・アップタウン、ニュー・ダウンタウン**ともいわれ、人々の新たな生活エリアとなっている。

　町を移動する際の目印となるのは、港から2kmほど内陸に入った**フエンテ・オスメニャ Fuente Osmeña**(オスメニャ・サークル→MAP P.231-A1〜2)。ここからさらに北東に向かったあたりが、高級ホテルやレストラン、高級住宅などが並ぶアップタウンだ。

　一方、フエンテ・オスメニャから町のメインストリートとなる**オスメニャ通りOsmeña Blvd.**を南下し、**コロン通りColon St.**と交差するあたりがセブ・シティの中心街。ここから港までのエリアがダウンタウンで、コロン通りを中心に庶民的なデパート、映画館、レストラン、露店などがひしめき合っている。また、見どころの多くは港周辺に点在し、これらは歩いても短時間で見て回れるので便利だ。

町歩きの目印になるフエンテ・オスメニャ

セブ・シティの見どころ　ATTRACTION

熱心な信者でにぎわう守護神の教会　★★★
サント・ニーニョ教会　MAP P.231-A3
Santo Niño Church

サン・オウガスチン教会San Augustin Churchとも呼ばれている、フィリピン最古の教会のひとつ（1565年建造、1790年再建）。サント・ニーニョとは「幼きイエス」のこと。ここにはかつてマゼランがセブの女王に贈ったといわれるサント・ニーニョ像が納められている。フィリピンではサント・ニーニョ信仰が盛んだが、特にビサヤ地方では顕著。ここの像は、16世紀にセブが戦火に包まれたとき、その焼け跡に傷ひとつつかずに横たわっていたという逸話をもっている。また、教会のすぐ南側にはサント・ニーニョ教会の歴史を紹介する**サント・ニーニョ博物館Santo Niño Basilica Museum**もある。

多くの信者が訪れる
サント・ニーニョ教会

サント・ニーニョ教会の内部

■サント・ニーニョ教会
住 Osmeña Blvd.
TEL (032) 255-6697
開 月〜木・土・日　5:00〜19:00
　 金　　　　　　　5:00〜22:00
休 なし　料 無料

■サント・ニーニョ博物館
TEL (032) 253-1601
開 8:00〜11:45、13:30〜16:45
休 なし　料 大人₱30、学生₱15

セブ最大の祭りシヌログ
シヌログSinulogとは、ダンシングの意味。フィリピンで広く信仰されているサント・ニーニョ（幼きイエス）の祭りで、毎年1月の第3日曜に行われる。派手な衣装を身につけた人々の大パレードで、町なかは熱狂と興奮の渦に包まれる。写真→P.225

奇跡を呼び、万病を治すと信じられた　★★
マゼラン・クロス　MAP P.231-A3
Magellan's Cross

太平洋横断中にフィリピンに上陸した大冒険家、フェルディナンド・マゼランが、1521年に造ったという大きな木製の十字架が納められている六角堂。フィリピンにおけるキリスト教の第一歩がここにある。昔からこの十字架を煎じて飲むと病に効くと信じられており、少しずつ削り取って持ち帰る人があとを絶たなかったほどだ。現在は、これ以上十字架が損傷を負わないように、堅い木で作ったカバーで覆われている。

大きな十字架が納めてある

■マゼラン・クロス
住 Magellan St.
開 24時間　休 なし　料 無料

■山頂展望台トップス
🚗 フエンテ・オスメニャから車で約30分。交通が不便なので、行きで使ったタクシーに待っていてもらうのが便利。ただし、メーターを使いたがらないタクシーが多く、往復で₱1000は要求される。ハバルハバル（バイクタクシー）だと、セブ・シティから片道₱150が相場。また、山頂は涼しいので、上に羽織るものの用意を。
URL www.facebook.com/gototops
開 24時間　休 なし　料 ₱100

山頂からの眺め

見どころがたくさんのブサイ周辺
トップスはブサイと呼ばれるエリアにあり、周辺には見どころが点在している。同じくパノラマを楽しめる**テンプル・オブ・レア**、さらに山奥の**シラオ・ガーデン、ネリズ・ヴィル・セルフィー・コーナー**など（すべて→P.23）。アクセスが不便なのが難。

セブ市街の大パノラマが楽しめる　★
山頂展望台トップス　MAP P.230-B1外
Top's

セブ・シティのいちばん高い山の頂上にある展望台。天気のよい日には市街地をはじめ、マクタン島やその周囲の小さな島々まで一望でき、最高の眺め。昼は観光客、夜はロマンティックな夜景を楽しむカップルで1日中にぎわっている。新鮮な空気を味わいながら周囲を散策するのもいい。「トップ・オブ・セブ」などおしゃれなレストランが数軒営業している。

■サン・カルロス大学博物館
住 Del Rosario St.
TEL (032) 401-2300
開 月・水・金 9:00 〜 12:00、13:30 〜 17:00、火・木 13:30 〜 17:00、土 9:00 〜 12:00
休 日・祝　料 ₱70

キリスト教関係の展示が充実している別館

■サン・ペドロ要塞
住 Legaspi Exth.
TEL (032) 256-2284
開 8:00 〜 20:00　休 なし　料 ₱30

民族伝統の織物に触れる
アヤラ・センターそばに、フィリピン各地にある伝統的な織物を集めた工房兼ギャラリーがある。モダンにアレンジされた商品もあり、おみやげはもちろん、普段使いにもおすすめ。

S アンティル・ファブリック・ギャラリー
　Anthill Fabric Gallery
MAP P.231-B1
住 Pedro Calomarde St., Cor. Acacia St., Gorordo Ave., Cebu City　TEL (032)505-4175
営 9:00 〜 18:00　休 日　CC MV

■道教寺院
交 フエンテ・オスメニャからタクシーで約15分。帰りの交通機関がないので、タクシーをチャーターするか待っていてもらうのが便利。
住 Beverly Hills
TEL (032) 254-6503
開 6:00〜18:00　休 なし　料 無料

市街地を一望できる

■カルボン・マーケット
交 フエンテ・オスメニャからタクシーで約10分、₱80程度。マゼラン・クロスからなら徒歩約5分。

フィリピン最古の大学内にある　★★
サン・カルロス大学博物館　MAP P.231-A2
University of San Carlos Museum

　フィリピンで最も古く、1595年に創立されたサン・カルロス大学の付属博物館。正門を入って右側に建物がある。ビサヤ地方を中心とする出土品が多く展示されていて、文化のルーツを探ることができる。また、自然科学のコーナーも充実している。動植物、海洋生物、チョウなど貴重なコレクションがずらりと並び、初めて目にするものが多い。

1565年から建築が始まったフィリピン最古の要塞　★★
サン・ペドロ要塞　MAP P.231-B3
Fort San Pedro

　港のすぐそば、海に面した所にある砦。スペイン統治時代の1738年、イスラムの海賊などからの防御のために造られた。マニラのイントラムロスと並んでフィリピン最古の要塞である。その後に続くアメリカ統治時代には兵舎として、第2次世界大戦中は日本軍による捕虜収容所として使われた。敷地内は公園のようになっていて、木陰でくつろぐ人々の姿も。

フィリピン最古の要塞

運勢を占ってもらうこともできる　★★
道教寺院　MAP P.230-A1
Taoist Temple

　ビバリー・ヒルズにある、老子（Lao Tse）が祀られている寺院。赤と緑の中国風極彩色で彩られた派手な建物で、その威容は遠くからでもそれとわかる。周辺には仏教寺院の**プーシアン寺 Phu Shian Temple**や、薬効があるといわれる泉のある**ヘブンリー・テンプル・オブ・チャリティ Heavenly Temple of Charity**などの見どころもある。

セブ・シティの台所　★★
カルボン・マーケット　MAP P.231-A3
Carbon Market

　港町にふさわしく、新鮮でバラエティに富んだ魚介類をはじめとする食料品、生活必需品、籐製品などの手工芸品と、とにかく何でもあってしかも安い。朝夕は買い物客でごったがえし、たいへんなにぎわいだ。庶民の生活を肌で感じられる場所である。が、それだけいろいろな人が集まってきているので、**盗難などの被害にはくれぐれも注意**。基本的に、ここでは貴重品を持ち歩くのはやめよう。

見ているだけでも楽しいカルボン・マーケット

華人が生み出した高級住宅街　★
ビバリー・ヒルズ　MAP P.230-A〜B1
Beverly Hills

セブ・シティの中心街から北へ約6km、なだらかな丘陵地帯に広がる高級住宅街。ここに住んでいるのは、ほとんどが中国系の人々。そもそもセブ・シティの経済活動が盛んなのは彼らに負うところが大きいのだ（→P.435）。"下界"の雑踏を見下ろすように、セブ・シティやマクタン島が一望できる。

高台にあるビバリー・ヒルズ

建築に興味があるなら　★★
カサ・ゴロルド博物館　MAP P.231-B3
Casa Gorordo Museum

セブ最初のフィリピン人司教、ジュアン・ゴロルド Juan Gorordo氏の邸宅を基に、19世紀後半から20世紀初頭にかけての建築様式を再現している博物館。

ギフトショップも充実している

■カサ・ゴロルド博物館
住 35 Lopez Jaena St., Parian
TEL (032) 411-1767
開 9:00 〜 17:30
休 月・祝
料 ₱120 〜 180

ギフトショップが充実している

フィリピンに現存する、最も古い邸宅のひとつ　★★★
ヤップ・サンディエゴ・アンセストラル・ハウス　MAP P.231-B3
Yap Sandiego Ancestral House

17世紀後半に建てられたとされる、中国人の商人、ドン・ヤン・ヤップ Don Juan Yap氏の邸宅。1階はボホール島のバクラヨン教会と同様に珊瑚石を卵の白身で固めた造りで、2階は木造建て、屋根には堅い木製の梁に支えられて瓦が敷かれている。内部には当時の家具などがそのまま展示されていて、見どころが多い。

セブ・シティで最も古い建物のひとつ

キリスト教関連のものが多い

■ヤップ・サンディエゴ・アンセストラル・ハウス
住 155 Lopez Jaena St., Parian
TEL (032) 266-2833
開 8:00 〜 19:00
休 なし
料 ₱50

当時の建築様式や暮らしがよくわかる

スペイン統治時代の刑務所を改装　★★
ムセオ・スグボ　MAP P.231-B2
Museo Sugbo

1870年に刑務所として建てられた建物が2008年に博物館としてオープン。スグボとはセブの昔の呼び名。おもにセブの歴史に関わるものを展示している。日本軍の軍服や、軍で使用された盃も見られる。

■ムセオ・スグボ
住 731 M. J. Cuenco Ave.
TEL (032)239-5626
開 10:00 〜 17:00　休 日
料 ₱75

小さいがなかなか見ごたえがある

レストラン

Restaurants

観光客が多い町なので、いろいろなレストランがある。おしゃれなカフェや高級レストランは、フエンテ・オスメニャ周辺や高級ホテル内にある。小さなレストランや食堂、カフェは町のあちこちにあるが、地元の人たちで混み合うところは安くておいしいと思って間違いないだろう。

ゴールデン・カウリー　$
Golden Cowrie
MAP P.230-A1
フィリピン料理

地元で絶大な人気を誇るフィリピン料理の店。割安な値段でおなかいっぱい食べられる。家族連れも多く、アットホームな雰囲気が漂う。メニューの種類が豊富で、ライスのおかわりが自由なのがうれしい。

- Salinas Dr., Lahug, Cebu City
- (032) 233-4243
- 11:00 〜 14:00、17:00 〜 21:45
- なし
- AJMV

メインは₱100程度から

オイスター・ベイ・シーフード・レストラン　$$
Oyster Bay Seafood Restaurant
MAP P.245-A1
シーフード料理

セブ・シティの代表的なシーフードレストランとしてたいへんな人気を誇っている。注文すると、生けすから取り出した新鮮な魚介を、腕のいい料理人たちが調理してくれる。予算はふたりで₱1000 〜。

- Bridges Town Square, 143 Plaridel St., Alang-Alang, Mandaue City
- (032)344-7038
- 11:00 〜 14:30、18:00 〜 22:00
- なし
- AMV

新鮮さではどこにも負けない

ライトハウス　$
Lighthouse
MAP P.230-B1
フィリピン料理

ネイティブ・フード・レストランと自らを称する、セブの人なら誰でも知っている有名店だ。大人数なら代表的なフィリピン料理のひとつ、豚の丸焼きレチョンを試したい（1頭₱4000程度）。バンド演奏もある。

- c/o Gaisano Country Mall, Gov. Cuenco Ave., Banilad, Cebu City
- (032) 231-2478
- 11:00 〜 14:00、17:00 〜 22:00
- なし
- AJMV

ボリューム満点の料理

フカッド　$
Hukad
MAP P.231-B1
フィリピン料理

ゴールデン・カウリー（→上記）と同経営でメニューもほとんど同じだが、アヤラ・センター内にあるこちらはよりモダンな内装。おいしいフィリピン料理をリーズナブルに食べられる。スタッフもとてもフレンドリーだ。

- Ayala Center Cebu, Biliran Rd., Cebu City
- (032) 417-1301
- 10:00 〜 23:00
- なし
- AJMV

コスパは抜群！

ジュセッペ・ピッツェリア＆シシリアン・ロースト　$$
Giuseppe Pizzeria & Sicilian Roast
MAP P.230-B1
イタリア料理

ピザを食べるならここがおすすめ。在住日本人にも評判の店だ。オーナーがシチリア出身で、シチリアのロースト料理も自慢だ。ピザは₱440 〜、パスタは₱290 〜。セブ周辺でフランチャイズ展開している。

- Paseo Saturnino, Ma Luisa Rd., Banilad, Cebu City
- (032) 343-9901
- 11:30 〜 22:30
- なし
- MV
- マクタン店→MAP P.245-B1

魚介がおいしいマリナーラ（₱600）

ズブチョン $
Zubuchon
MAP P.231-A2
フィリピン料理

フィリピンの伝統的なお祝い料理レチョンを気軽に食べさせてくれるファストフード店。醤油と酢、ラー油につけて食べるレチョンは、皮がパリパリで肉もたいへんジューシー。セブに10店舗以上展開している。

- 住 One Mango Mall, Gen Maxilom Ave., Cebu City
- TEL (032) 239-5697
- 営 10:30 ～ 23:00
- 休 なし
- CC AMV
- 他 ザ・アウトレット店→MAP P.245-A1、エスカリオ店→MAP P.231-A1

カジュアルさがうれしい

チョビチョビ $$
Choobi Choobi
MAP P.230-A2
フィリピン料理

セブ発の人気シーフードチェーン。エビやムール貝、イカなどのボイルした魚介類をビニール袋に入れガーリックバターソースなどであえたメニュー(₱425 ～)が人気。豆苗の炒め物も美味。

- 住 SM City Cebu, Cebu City
- TEL 0917-561-5782 (携帯)
- 営 10:00 ～ 21:00
- 休 なし
- CC AJMV
- 他 ロビンソン店→MAP P.231-B2、ザ・アウトレット店→MAP P.245-A1

手づかみで豪快に食べよう

アンザニ $$$
Anzani
MAP P.230-B1
地中海料理

セブ・シティを見渡す小高い丘に立つ、景色がよくおしゃれなレストラン。シェフはミシュラン3つ星レストランの料理長も経験しているだけに、料理の評判は高い。さらにワインは常時1000銘柄以上が揃う。

- 住 Panorama Heights, Nivel Hills, Lahug, Cebu City
- TEL (032) 232-7375
- URL www.anzani.com.ph
- 営 11:30 ～ 14:30、17:30 ～ 24:00
- 休 なし
- CC ADJMV

ゆったりとくつろげる店内

タヴォラータ $$$
TAVOLATA
MAP P.230-B1
イタリア料理

アバカグループの人気イタリア料理レストラン。素材を生かしたシンプルな味つけが人気で、特に魚介類をふんだんに使ったペスカトーレ(₱795)がおすすめ。ワインの種類も豊富に揃っている。予約がベター。

- 住 Design Centre of Cebu, A.S. Fortuna at P. Remedio St., Banilad, Cebu City
- TEL (032)505-6211
- 営 11:30 ～ 14:00、17:30 ～ 22:00
- 休 なし
- CC MV
- 他 アヤラ・センター店→MAP P.231-B1

おいしいイタリア料理といえばここ

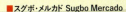

セブで最もおすすめのナイトマーケット

ちょっとひと息コラム

セブITパークで行われるスグボ・メルカド。通信会社グローブGlobeが主催するナイトマーケットで、現地の若者や日本人留学生でたいへんにぎわいを見せている。バラエティ豊かな屋台料理(₱100 ～)は味のクオリティが高く、そのわりにリーズナブル。いろんな料理を買ってテーブルでシェアするのも楽しい。セブ・シティで食べるところに迷ったらぜひ一度は足を運んでみてほしい。ITパークには、ほかにもさまざまなレストランが揃っている。

■スグボ・メルカド Sugbo Mercado
MAP P.230-B1　営 17:00 ～翌1:00　休 月～水

世界各国の料理が集まる

マヤ $$$
MAYA　MAP P.230-B1　メキシコ料理

マヤ文明を感じさせるインテリアに囲まれて、エキゾチックな味に舌鼓。タコスやトルティーヤの種類も豊富で、できれば大勢でいろいろな味を試したい。108種類を誇るテキーラのコレクションは必見。

- 住 Crossroad Mall, Banilad, Cebu City
- TEL (032) 238-9552
- 営 17:00 〜 24:00（金・土 〜 翌2:00）
- 休 なし
- CC MV

フィリピンはメキシコ料理がおいしい

パット・フォー $$
Phat Pho　MAP P.230-B1　ベトナム料理

セブでは珍しいベトナム料理のレストラン。人気メニューのヌードル・ボウルは、さまざまなスパイスが効いたスープが美味で、チキン、レモングラス＆ポークなどの具材を選んでトッピングしてもらえる。

- 住 Crossroad Mall, Banilad, Cebu City
- TEL (032) 416-2442
- 営 11:30 〜 14:30、17:00 〜 22:00
- 休 なし
- CC MV
- 他 アヤラ・センター店→MAP P.231-B1

本格的なベトナムの味がするフォー（P299〜）

ミスターA $$
Mr. A　MAP P.230-B1外　インターナショナル料理

夜景スポットのトップス（→P.233）へ向かう途中にあるバー。ロマンティックなムードに浸りたいなら、夜景が見える屋外の席へ。レストランも兼ねているため、パスタなどの軽食、肉・魚料理や中華まで揃う。

- 住 Lower Busay Heights, Cebu City
- TEL (032) 232-5200
- 営 12:00 〜 翌1:30
- 休 なし
- CC 不可

トップスと一緒に訪れたい

一力茶屋 $$
Ichiriki Chaya　MAP P.230-B1　日本料理

日本人オーナー永井さんの店。新鮮な魚介類の刺身や寿司など、日本人板長による洗練された日本料理が楽しめる。うどん（P180〜）や天ぷら、丼物（P210〜）などのメニューも豊富で、スタッフの応対もとてもしっかりしている。

- 住 A.S. Fortuna St., Mandaue City
- TEL (032) 345-1300
- 営 17:00 〜 24:00
- 休 なし
- CC AJMV

海鮮カニみそがおすすめ

フィリピンのおいしいお菓子を召し上がれ

ちょっとひと息コラム

セブ・シティのJセンター・モール（→MAP P.230-B2）、マクタン島のアイランド・セントラル（→P.254）ほか、セブの各モールにキオスクスタイルで出店している**ジョジーズ・パイニタン・セントラル Jojie's Pa-initan Central**。ボホール島発のペストリーショップで、フィリピン伝統のおいしいお菓子を販売している。おすすめはキャッサバケーキ。フィリピンでよく食べられるキャッサバ（タピオカイモ）をつかったもちもちのケーキだ。ほかにも米粉とココナッツミルクで作るビビンカ、もち米で作るサピンサピン、キャッサバのでんぷんで作られたピチピチなど、おいしいお菓子が勢揃いしている。大変リーズナブルなので、いろいろ買って試してみよう！

左上から時計回りに、キャッサバケーキ、サピンサピン、ピチピチ、ビビンカ

韓陽苑
Kanyoen
$$$
MAP P.230-B2
日本料理

キャッスル・ピーク・ホテル1階にある韓陽苑は、日本人だけでなく、フィリピン人の舌をも満足させる。肉はご主人の落合さん自らが厳選して、切り分けている。タン塩₱300、カルビ₱405、上ロース₱445（各100g）など。

住 GF Castle Peak Hotel, F. Cabahug St., Cor. President Quezon St., Cebu City
TEL (032) 232-2989
営 11:30～14:00、17:30～22:00
休 月
CC ADJMV

リピーターが多い人気店

呑ん気
Nonki
$$
MAP P.230-B2
日本料理

日本人が経営する居酒屋。在住日本人にも評判で、日本の居酒屋に勝るとも劣らない。新鮮な魚介類を使った刺身や寿司、夜は紙鍋がおすすめだ。寿司、刺身、天ぷらのセットが₱410のランチも狙い目。

住 Fortuna St., Banilad, Cebu City
TEL (032) 422-3159
営 11:30～14:00、17:30～23:00
休 なし
CC AJMV
他 Jセンター店→MAP P.230-B2、Jパーク店→MAP P.246-2

ひとり₱500もあればおなかいっぱいになる

アバカ・ベイキング・カンパニー
Abaca Baking Company
$$
MAP P.230-B1
カフェ

Wi-Fiの整備されたおしゃれな店内は、学生やビジネスマンの休息所として機能している。パンはもちろん、ハンバーガーやパンケーキ、エッグベネディクトなども揃っている。コーヒーは₱65～155。

住 Crossroads Mall, Banilad Cebu City
TEL (032) 262-0969
営 7:00～22:00
休 なし
CC MV
他 ロビンソンズ店→MAP P.231-B2

ドリンク、パンともに洗練されている

ムーシ・グリーン・スムージー＋ジュース・バー
Mooshi Green Smoothie+Juice Bar
$$
MAP P.231-B1
カフェ

野菜が不足しがちなフィリピンの食生活にぴったり。野菜＆フルーツのスムージー（₱95～）が飲める。砂糖を使わず素材本来の甘さなので安心。セブ各地でフランチャイズ展開しており利用しやすい。

住 Ayala Center Cebu, Cebu City
TEL 0922-847-8500（携帯）
営 10:00～21:00
休 なし CC 不可
他 SMシティ・セブ店→MAP P.230-A～B2、ロビンソン・サイバー・ゲート店→MAP P.231-A1

肉料理のあとにスムージーを

ブル・バー＆グリル
Blu Bar & Grill
$$$
MAP P.230-B1
バー

マルコポーロ・プラザ・セブ（→P.242）内にあるバー＆グリル。セブ・シティを一望する夜景が人気で、ロマンティックな雰囲気もたっぷり。開放的なオープンエアの席でゆったりとしたときを過ごせる。

住 c/o Marco Polo Plaza Cebu, Cebu Veterans Dr., Nivel Hills, Apas, Cebu City
TEL (032) 253-1111（内線8355）
営 16:30～深夜 ※夕食は18:30～
休 なし
CC ADJMV

セブ・シティでは指折りのおしゃれスポット

ジャズン・ブルーズ
Jazz'n Bluz
$$
MAP P.230-B1
バー

毎日21:15からバンドが入り、ジャズや1970年代のポップス、R&Bが演奏される。オーナーが日本人で、日本語メニューもあるので安心だ。₱300とカバーチャージも良心的。食事メニューが充実していてレストランとしても人気。

住 1 Paseo Saturnino, Paseo Saturnino, Cebu City
TEL (032) 517-6175
URL www.jazznbluzcebu.com
営 18:30～翌1:30
休 なし
CC AJMV

おしゃれをして出かけたい

ショップ

 Shops

アヤラ・センター・セブ、SMシティ・セブなど、セブ・シティには大きなショッピングセンターが充実。繁華街から離れているものも多いが、指折りの人気レストランが揃っており、ショップもバラエティ豊かだ。特にSM系のショッピングセンターには**クルトゥーラ**（→P.116）が入っており、おみやげ探しに最適。

アヤラ・センター・セブ
Ayala Center Cebu

MAP P.231-B1
ショッピングセンター

地下1階から地上4階まで、吹き抜けを囲むように店が並び、冷房が効いた快適な環境でショッピングが楽しめる。デパートのSMルスタンズもあり、高級ブランドのショップも入っている。広々とした中庭も気持ちいい。

- 住 Cebu Business Park, Archbishop Reyes Ave., Cebu City
- TEL (032) 888-3777
- 営 10:00～21:00（金・土～22:00）※店舗によって異なる
- 休 なし　CC 店舗によって異なる
- 他 ITパーク店→MAP P.230-B1

市街地から近くて便利

SMシーサイド・シティ
SM Seaside City

MAP P.230-A2外
ショッピングセンター

大規模な開発の進むSRP地区のさきがけとして2015年にオープンした円形のモール。クルトゥーラ（→P.116）やチョビチョビ（→P.237）、ティム・ホー・ワン（→P.110）など人気の店が勢揃い。

- 住 Cebu South Coastal Rd, Cebu City
- TEL (032)340-8756
- 営 10:00～21:00（金・土～22:00）※店舗によって異なる
- 休 なし
- CC 店舗によって異なる

アイススケートリンクもある

SMシティ・セブ
SM City Cebu

MAP P.230-A～B2
ショッピングセンター

デパート、レストラン、スーパーマーケット、専門店、さらには免税店、映画館、ボウリング場まで揃っており、その数はざっと300以上。食事をするならフードコートがおすすめ。空港からのMyBusはここに発着する。

- 住 North Reclamation Area, Cebu City
- TEL (032) 231-0557
- 営 10:00～21:00 ※店舗によって異なる
- 休 なし
- CC 店舗によって異なる

市内交通のハブにもなっている

ロビンソンズ・ギャレリア・セブ
Robinsons Galleria Cebu

MAP P.231-B2
ショッピングセンター

フィリピン中にショッピングセンターを展開するロビンソンズが2015年にオープンさせた高級感のあるモール。ボホール・ビー・ファーム（→P.288）のカフェなどレストランが充実している。トラベラーズラウンジもあり便利。

- 住 General Maxilom Ave. Cor. Sergio Osmena Blvd., Brgy. Tejero, Cebu City
- TEL (032)231-5030
- 営 10:00～21:00 ※店舗によって異なる
- 休 なし
- CC 店舗によって異なる

ゴージャスな雰囲気の館内

ヒューマン・ネイチャー
Human Nature

MAP P.231-A1
ナチュラルコスメ

マニラに本店を構えるオーガニックコスメの人気店。石鹸やひまわりオイルなど、パッケージがかわいらしく、体に優しいコスメがリーズナブルに購入できると女性に人気がある。おみやげにもぜひ。

- 住 Unit 3, The Strip, Osmeña Blvd., Capitol Site, Cebu City
- TEL (032)236-0549
- URL humanheartnature.com
- 営 9:30～18:30
- 休 日　CC MV（₱500～）
- 他 マンダウエ店→MAP P.230-B1

マニラ発の人気コスメショップ

240

スパ&マッサージ

高級感のあるデイスパに、ワンコインで受けられる格安マッサージまで。観光客や留学生の多いセブには、マッサージやスパがバラエティ豊かに揃っている。また、格安スパのチェーン店はあちこちに展開しているので、とても利用しやすい。町歩きに疲れたらぜひ立ち寄ってみよう。

レイシュアー・スパ＆ウェルネスセンター $
Leisure Spa & Wellness Center
MAP P.230-B1 マッサージ

高台のビバリー・ヒルズにあり、少しアクセスは不便だが、充実した設備と落ち着いた雰囲気で人気。ドライマッサージ1時間₱300、アロマオイルマッサージ1時間₱350など、メニューもリーズナブルだ。パッケージもある。

- Nivel Hills, Lahug, Cebu City
- TEL (032) 233-5426
- 10:00～22:00
- 休 なし
- CC 不可

セブ・シティでは規模の大きなスパのひとつ

ツリー・シェイド・スパ $$
Tree Shade Spa
MAP P.230-A1 マッサージ

韓国人の経営でセブに展開するツリー・シェイド。この店舗には日本人スタッフが常駐しており、安心して利用できる。大きな建物内にはカフェやおみやげショップもあり、旅行中に何かと便利。マッサージ1時間₱500～。

- Salinas Dr, Cebu City, 6000
- TEL (032)232-7890
- 24時間
- 休 なし
- CC AMV

広々と清潔な店内も◎

インペリアル・スパ $$
Imperial Spa
MAP P.230-B2 マッサージ

セブ・シティにある人気お手頃スパのひとつ。高級感がありつつも、リーズナブルで、サービスもよいと評判だ。マッサージは1時間₱400～。1時間30分のパッケージだと₱750～。人気なので予約がベター。

- 14 F. Cabahug St, Cebu City
- TEL (032)367-7081
- 12:00～翌2:00（土・日 11:00～）
- 休 なし
- CC 不可

にこやかなスタッフが迎えてくれる

バーン・クン・タイ $
Baan Khun Thai
MAP P.231-A1 マッサージ

フエンテ・オスメニャのそばにあるチェーン店。フットマッサージが1時間₱200とお得。近くの英語学校に通う日本人留学生もよく訪れる。ふたつの施術を組み合わせたパッケージがおすすめ。

- K & J Bldg., J. Llorente St., Cebu City
- TEL (032) 236-8592
- 11:00～24:00（金・土～翌1:00）
- 休 なし
- CC 不可

格安町スパチェーンの大手

ヌアッタイ $
Nuat Thai
MAP P.231-A1 マッサージ

フィリピンでは有名な格安マッサージの最大手。セブ・シティ、マクタン島の至るところに支店がある。タイマッサージが1時間₱250、コンボ（フット30分＋ボディ1時間）₱330などかなりリーズナブル。

- Room 208, 2F, Jessever Bldg., Cebu City
- TEL (032) 232-1270
- 9:00～翌3:00
- 休 なし
- CC 不可

店舗数の多さではNo.1

ホテル

Hotels

市内のホテルは種類、数ともに豊富。高級ホテルは市内各地に散らばっているが、安宿はオスメニャ通りやコロン通りなどの大通りから1本入った裏通りに多い。交通や食事、買い物にも便利で治安も問題ない。また、ダウンタウンにも安宿は多いが、治安がよくない場所もあるので注意しよう。

ウオーターフロント・セブ・シティ・ホテル＆カジノ $$$
Waterfront Cebu City Hotel & Casino MAP P.230-A1

- Salinas Dr., Lahug
- TEL (032) 232-6888
- URL www.waterfronthotels.com.ph
- SDP3900～
- 561
- CC ADJMV

国内全土にネットワークを広げるカジノ・フィリピノ（24時間営業）やジム、ショッピングアーケードを併設するラグジュアリーホテル。日本料理、中国料理、イタリアンなどレストランの種類も豊富だ。

高級感のある広々としたロビー

セダ・アヤラ・センター・セブ $$$
Seda Ayala Center Cebu MAP P.231-B1

- Cardinal Rosales Ave.
- TEL (032) 411-5800
- URL ayalacentercebu.sedahotels.com
- SDP8000～
- 301
- CC ADJMV

フィリピンで高級感のある落ち着いたホテルを展開するセダグループのホテル。セブ・ビジネス・パーク内にあり、アヤラ・センターへも至近。セキュリティもばっちりだ。落ち着いた都会的な内装が特徴。

シックにまとめられた客室

マルコポーロ・プラザ・セブ $$$
Marco Polo Plaza Cebu MAP P.230-B1

- Cebu Veterans Dr., Apas
- TEL (032) 253-1111
- URL www.marcopolohotels.com
- SDP4254～
- 329
- CC AJMV

トップスへ向かう途中の高台に立つ24階建てのシティホテル。マウンテンビューの客室からはセブ・シティの町並み、シービューの客室からは町の向こうに広がる雄大な海を望むことができる。

清潔感のあるツインルーム

パークレーン・インターナショナル・ホテル $$
Parklane International Hotel MAP P.231-B1

- Cor. Archbishop Reyes Ave. & N. Escario St.
- TEL (032) 234-7000
- URL www.parklanehotel.com.ph
- SDP2325～
- 241
- CC ADJMV

アヤラ・センター・セブの近くにあるホテル。客室を「Plus Rooms」にアップグレードすると、エグゼクティブラウンジや専用レセプションなどが使用できる。スタッフの質もよく、快適に滞在できる。

清潔感があり居心地のいい客室

モンテベロ・ヴィラ・ホテル $$
Montebello Villa Hotel MAP P.230-B1

- Banilad
- TEL (032) 231-3681
- URL www.montebellovillahotel.com
- SDP2239～
- 150
- CC ADJMV

緑豊かな広い敷地にヴィラが点在している。庭に面したカフェは24時間サービスなので、優雅な南国の夜を楽しめる。隣にはガイサノ・カントリー・モールが立っている。マンスリータイプの部屋もある。

市内にありながらとても静か

ザ・ヘンリー・ホテル $$
The Henry Hotel
MAP P.230-B1

アメリカンコミックをデザインに取り入れるなど、ポップでおしゃれな印象のブティックホテル。広々とした客室はどれも異なるデザインで、プール、カフェ、レストランなどの設備も充実している。

- 住 One Paseo Compound, Ma Luisa Entrance Rd., Banilad
- TEL (032) 520-8877
- URL www.thehenryhotel.com
- 料 ⓈⒹℙ3734～
- 室数 62
- CC AJMV

エキゾチックなエクストララージルーム

サミット・サークル・セブ $$
Summit Circle Cebu
MAP P.231-A2

フエンテ・オスメニャにあるモダンな中級ホテル。さらに、ホテル内もバーやプール、ビジネスセンターなどの設備が充実している。室内にはエアコン、テレビ、冷蔵庫、ドライヤーなどが完備されている。

- 住 Fuente Osmeña
- TEL (032) 239-3000
- URL www.summithotels.ph
- 料 ⓈⒹℙ2295～
- 室数 210
- CC AJMV

客室内設備も充実

エレガント・サークル・イン $$
Elegant Circle Inn
MAP P.231-A1

フエンテ・オスメニャに面しており、好ロケーションにある。周辺には、レストランやスーパーなど何でも揃っていて便利だ。スタッフが皆フレンドリーなのもうれしい。1階はレストラン兼バーになっている。

- 住 Fuente Osmeña
- TEL (032) 254-1601
- URL elegantcircleinn.com
- 料 ⓈⒹℙ1550～
- 室数 89
- CC ADJMV

客室はエコノミーからスイートまで7種類

ホテル・エイシア $$
Hotel Asia
MAP P.231-A1

日本人経営によるホテルなので、言葉の心配もなく、何かと安心できる。1階には、24時間オープンの日本食レストラン「はんにゃ」もあって便利。全室に洗浄便座付きトイレが付いている。英語学校を併設。

- 住 11 Don Jose Avila St., Capitol Site
- TEL (032) 255-8536
- URL www.hotelasiacebu.com
- 料 Ⓢℙ1650～　Ⓓℙ2100～
- 室数 42
- CC AJMV

フロントスタッフも親切

フエンテ・ペンション・ハウス $$
Fuente Pension House
MAP P.231-A1

フエンテ・オスメニャがすぐ目の前の中級ホテル。オスメニャ通りから1本離れた通りなので、わりと静か。設備が充実している。サービスもよく、リラックスできる。町の夜景が見渡せるバーがある。

- 住 175 Don Julio Llorente St.
- TEL (032) 412-4988
- URL www.fuentepensionhouse.com
- 料 Ⓢℙ1139　Ⓓℙ1398
- Ⓕℙ1839　ⓈⓌℙ2039
- 室数 42
- CC ADMV

客室によってインテリアはさまざま

ピローズ・ホテル $$
Pillows Hotel
MAP P.231-A1

2014年オープンの快適な格安宿。静かな場所にあり、清潔でサービスもよいため、日本人や韓国人を中心に留学生や観光客でにぎわっている。無料の水や朝食ビュッフェが付いてくるのはうれしいかぎり。

- 住 Governor M. Roa St., Brgy. Capitol Site, 6000
- TEL (032) 383-5700
- 料 ⓈⒹℙ1530～
- 室数 43
- CC AMV

安いわりに部屋は広め

レッド・プラネット・セブ $$
Red Planet Cebu
MAP P.231-B1

何かと便利なアヤラ・センター・セブ周辺では最もリーズナブルなホテルのひとつ。フィリピン各地にあるほかのレッド・プラネットとデザインや間取りはほとんど変わらないが、清潔で設備も整っているため人気。

- 36 Archbishop Reyes Ave.
- TEL (032) 232-0888
- URL www.redplanethotels.com
- 料 SDP2478〜
- 室数 150
- CC AMV

客室は若干狭い印象

ザ・ゴールデン・ピーク・ホテル&スイート $$
The Golden Peak Hotel & Suites
MAP P.231-B1

アヤラ・センター・セブから徒歩2分というとても便利な場所にある中級ホテル。ホテル自体も新しく、清潔感にあふれている。レストランやバー、館内会議室などの施設も充実している。スタッフも親切だ。

- Cor. Gorrordo Ave. & Escario St.
- TEL (032) 233-8111
- URL www.goldenpeakhotel.com
- 料 SDP2300〜
- 室数 117
- CC AMV

機能的な造りで使いやすい

ABCホテル&ホームズ $$
ABC Hotel & Homes
MAP P.231-A2

2015年にオープンしたモダンでカジュアルな宿。リーズナブルな価格で人気がある。同じビルにはランドリーショップ、マッサージ、カフェが入っており何かと便利。長期滞在でも利用できそう。

- Cor. F. Ramos & Lim Tian Teng St., Brgy. Sta. Cruz
- TEL (032) 412-8788
- 料 SDP1783〜
- 室数 42
- CC AJMV

客室はアットホームな雰囲気

バーベナ・ホテル $
Verbena Hotel
MAP P.231-A1

フエンテ・オスメニャから歩いて5分ほどの場所にあるペンション。客室は設備もよく、清潔に保たれているうえ、料金も手頃なのがうれしい。スタッフが皆、とてもフレンドリーで雰囲気もよい。

- Don Gil Garcia St.
- TEL (032) 253-0203
- 料 SDP1339〜
- 室数 43
- CC MV

格安で居心地の良い宿

エリコン・ハウス $
Elicon House
MAP P.231-A2

デル・ロザリオ通りとフンケラ通りの角に位置するゲストハウス。人気があるので予約したほうがいい。経済的だが清潔に保たれている。フンケラ通り沿いに同じグレードのYes Pension Houseがある。

- Cor. P. Del Rosario & Gen. Junquera St.
- TEL (032) 255-0300
- 料 SP589〜 DP933〜
- 室数 42
- CC MV

客室はこぢんまりとしている

ジャスミン・ペンション・ハウス $
Jasmine Pension House
MAP P.231-A1

フエンテ・オスメニャから歩いて5分ほどの場所にある。スタッフのていねいな対応がうれしい。Wi-Fiは共用エリアのみなど不便な面もあるが、セブ・シティでは最も安い宿のひとつなので重宝する。

- Don Gil Garcia St. & Done Filemon St.
- TEL (032) 254-2686
- URL www.jasminepensionhouse.com
- 料 SDP850〜
- 室数 24
- CC 不可

簡素だが客室は清潔

※料と記してある場合は共同となります。

セブ随一のリゾート地

マクタン島

Mactan Island

MAP 折込表-C3

プランテーション・ベイ・リゾート＆スパ（→P.259）の大きなプール

マクタン島の
市外局番 ☎032

ACCESS

✈ 日本各地からの直行便については→P.396。マニラからはフィリピン航空が毎日10便程度、セブ・パシフィックが毎日12便程度、フィリピン・エアアジアが毎日9便程度運航。所要約1時間30分、料金は₱1700～。

第3の橋の建設プロジェクトが始動

セブ～マクタン島を結ぶ第3の橋の建設プロジェクトが進んでいる。SRP地区（MAP P.230-A2外）とセブ・シティをつなぐ道路からマクタン島西部につながる。2021年8月に完工予定。

オランゴ島へ

🚢 ムーベンピック（→P.259）の脇に船着き場があり、オランゴ島へのバンカーボートが出ている。サンタ・ロサ Santa Rosaまで30分ごとに運航。所要20分、₱15。

マクタン島は、セブ島と2本の大きな橋でつながれた小さな島。日本からの「セブ島ツアー」の宿泊先のほとんどが軒を並べるフィリピン随一の一大リゾートエリアだ。そして、日本からの直行便が発着するマクタン・セブ国際空港もこの島にある。

リゾートエリアがあるのは白砂のビーチが広がる島の東海岸一帯。ビーチ沿いには高級リゾートからゲストハウス、ダイビングサービスなどがずらりと軒を並べ、おもにダイビング目的の欧米人でにぎわっている。またリゾートエリアを一歩出れば、片田舎ののどかな雰囲気を楽しむこともできる。

マクタン島への行き方 GETTING AROUND

空港からリゾートエリアへ

セブに飛行機が着くと、そこはマクタン島。マクタン島内のリゾートを予約している人は、マクタン・セブ国際空港から車で20～30分走ればすぐに東海岸のリゾートエリアに到着する。運賃は₱200～300。マクタン島はそれほど大きくはないが、歩いて見て回れる大きさの島ではないので、島内の移動は基本的にトライシクルやジプニー（モルティキャブ）、タクシーを利用することとなる。リゾートエリアではトライシクルも多いので、通りで簡単につかまえられる。島内の近場なら₱30程度（貸切で利用する場合）。夜はやや割高になる。

セブ港からリゾートエリアへ

ビサヤ諸島の各島などから船でセブに入った場合は、セブ島のセブ・シティにあるセブ港（→ MAP P.230-A2）に着くので、そこからフェリーまたはタクシーを利用してマクタン島へ渡る。フェリーを利用する場合は、セブ港の3番埠頭（→ MAP P.231-B3）から運航しているフェリーに乗る。マクタン島側はオスメニャ大橋近くのセブ・マクタン・フェリー・ターミナル。また、2019年からマクタン島のマクタン・ワーフへの便も運航開始。所要約30分、片道₱15～25。

セブ・シティからマクタン島へ

セブ・シティとマクタン島間の移動はバンの利用が便利。セブ・シティの乗り場はSアヤラ・センターとSSMシティ・セブ（ともに→P.240）。マクタン島はSガイサノ・マクタン裏のラプラプ・シティ・ターミナルとSガイサノ・セイバーズ・マート（ともに→ MAP P.245-A）。運行時間は6:00～20:00頃。運賃はSMシティ・セブからラプラプ・シティ・ターミナルまで₱25。

白砂のビーチが広がるリゾートエリア

マクタン島の見どころ ATTRACTION

海に向かって立つ英雄像 ★★
マゼラン記念碑&ラプラプ像　MAP P.246-1
Magellan's Marker & Lapu-Lapu Monument

堂々と立つラプラプの像

マクタン島の北東に突き出した半島の途中にある。1521年にセブに上陸して以来、マゼランはキリスト教の布教を行い成果を挙げてきた。しかし、マクタン島の酋長ラプラプだけは、この侵略に戦いを挑んだ。結局マゼランはラプラプによって殺されてしまう。ラプラプは他国の侵略を阻止した英雄としてその名を残した。これを記念してマゼラン記念碑とラプラプの像が立てられている。

見どころのひとつ、マゼラン記念碑

■マゼラン記念碑&ラプラプ像
住 Looc, Maribago
開 6:00～21:00
休 なし
料 無料

スペイン植民地支配に反抗した英雄ラプラプ
→P.389

離れ小島のリゾート
『何もなくて豊かな島』の著者、崎山克彦さんがオーナーの島、カオハガン島はマクタン島の沖合約10kmに浮かぶ周囲約2kmの小島。島民約500人が崎山さんとともに素朴な生活を送っており、ゲスト用の高床式ロッジも用意されている。「美しい自然と共存し、島民と交流し、何もしない贅沢な時間を過ごしてほしい」と崎山さんは言う。

H カオハガン・ハウス
　Caohagan House
MAP P.228-B2
住 Caohagan Is.
URL caohagan.com
料 ⓈⒹ₱2000～
室数 9
CC 不可

新鮮な魚介を食べたければ ★★
スゥトゥキル・フィッシュ・マーケット　MAP P.246-1
Su Tu Kil Fish Market

ラプラプ像の目の前にある。市場の周辺にはみやげ物店がズラリと並んでいるので、安く大量にみやげ物を買いたい人はここで値切って買うといい。また、ここには新鮮な魚介類を選び、好きなように調理してくれるシーフードレストラン街がある。値段はどこも同じくらいなので、店内の雰囲気を見て決めよう。どこもセミオープンなので潮風が気持ちいい。調理代を含めると意外に高くつく。

調理代として₱100程度請求される

■スゥトゥキル・フィッシュ・マーケット
住 Looc, Maribago
営 8:00～22:00（店舗による）
休 なし
CC 不可

なかなかきれいな公共ビーチ ★★
マクタン・ニュータウン・ビーチ　MAP P.246-1
Mactan Newtown Beach

コンドミニアムやリゾート施設などの開発が進むマクタン・ニュータウン。マクタン島で最も美しいビーチをもつシャングリ・ラの隣に公共ビーチが整備された。ビーチは文句なく美しく、ささやかながらカフェやアクティビティオフィスなどもあり、なかなか快適に過ごすことができる。地元の人でにぎわっているので、人々の憩いの風景を眺めているのも楽しい。

モーター使用のアクティビティもできる

■マクタン・ニュータウン・ビーチ
TEL 0917-704-4893（携帯）
開 6:00～22:00
休 なし
料 ₱150（土・日・祝 ₱200）

ビーチにある小さなカフェ

■アレグレ・ギター工場
Alegre Guitar Factory
MAP P246-2　TEL (032) 238-6263
営 7:00～18:30　休 なし　CC AJMV

制作している様子を見学できる

マクタン島名物の製作現場
ギター工場
Guitar Factory
MAP 欄外参照
★★

　フィリピン産のギターは世界中で知られているが、そのほとんどが、実はマクタン島で造られている。マクタン・セブ国際空港の南東側にある**アブノ村Abuno**にはたくさんのギター工場があり、製作現場も見せてくれるし、製造直売のギターやウクレレを買うことができる。最高級品で₱7万5000～、小さなウクレレなら₱3500～。もちろん値段交渉を忘れずに！

ちょっとひと息コラム

セブから2時間　素朴なカモーテス諸島へ

　2017年にマクタン島からのフェリーが就航し、人気を集めるカモーテス諸島。その魅力は島に住む素朴な人々と、手つかずの美しい海だ。数軒あるリゾートホテルに滞在してゆっくりするのもいいし、バイクをレンタルして、島を探索するのも楽しい。諸島は**パシハン島Pacijan Is.、ポロ島Poro Is.、ポンソン島Ponson Is.**の3つの島からなるが、フェリーが着くのはパシハン島（コンスエロConsuelo）とポロ島。おもな見どころはパシハン島にあるので、マクタン島からコンスエロ行きに乗るほうが便利だ。
　見どころとしては、いくつかの洞窟がある。ティムポ洞窟やブキラット洞窟が有名だ。またダナオ湖の湖畔にレイク・ダナオ・パークがあり、島民の憩いの場として機能している。そしていちばんの見どころがパシハン島の西海岸に点在するビーチ。リゾートが立つビーチからローカルの人々しか来ない素朴なものまであり、いずれも素朴で美しい。この西海岸のビーチに面してリゾートが点在し、エアコンなしで₱1000程度から泊まることができる。安宿は₱500～。おもなホテルは地図を参照のこと。

素朴な笑顔に出会うことができる

■カモーテス諸島への行き方
　マクタン島のマクタン・ワーフやセブ港からフェリーでアクセスできる。料金はどちらも₱500。
＜スケジュール＞　※2019年10月現在
セブ・シティ→ポロ　6:00、15:00（所要約2時間）
ポロ→セブ・シティ　8:00、17:00
マクタン島→コンスエロ　8:00、12:00（所要約1時間20分）
コンスエロ→マクタン島　10:00、16:00
※マクタン島は S アイランド・セントラル裏のマクタン・ワーフ（→MAP P.245-A1）に発着。
■島内交通
バイクレンタル　　　　₱500／日
トライシクル　　　　　₱200／トリップ
トライシクルチャーター　₱1500／日
ハバルハバルチャーター　₱1000／日

サンティアゴ・ベイ・ガーデン＆リゾートからの景色

カモーテス諸島

ツアー案内

Tours from Cebu

セブ観光のよくある過ごし方といえば、リゾートでゆっくり滞在しながら、1日ツアーに参加するというもの。セブには大自然を楽しむ魅力的なツアーがたくさんあるので、いろいろと参加してみよう。ツアー催行会社→P.258

■アイランドホッピング

セブ定番のエクスカーションといえば、これ。バンカーボートと呼ばれるフィリピン独特のボートに乗って、周辺の島々を巡る。さわやかな風に吹かれて、ちょっとしたクルーズ気分も楽しめる。リゾートのビーチもいいけれど、ほんの少し足を延ばしただけで、さらに透明度の高い美しい海に出合えるのだ。スノーケリングをしたり、島に上陸してバーベキューを楽しんだり、ビーチでのんびり過ごしたり、思いおもいの時間を過ごせる。訪れる島は、リゾートや催行会社によっても違うが、ナルスアン島の海洋保護区でスノーケリングをして、パンダノン島でピクニックランチという流れが一般的。どこへ行くかは当日のお楽しみというところも多い。

■ボホール島日帰りツアー

早朝にホテルを出発し、船でボホール島へ。血盟記念碑、スペイン統治時代の教会を巡り、メガネザル「ターシャ」を見物。屋形船でのロボック川クルージングも楽しい。ハイライトは214段の階段の先にある展望台からチョコレート・ヒルズ。ボホールの見どころを詰め込んだ盛りだくさんのツアーで、ほとんどすべての旅行会社で手配が可能だ。なお、自分で船やタクシーを手配して行くこともできるが、手間も時間もかかるので、ツアーに参加するのがおすすめ。

■ジンベエザメに出合うツアー

今、人気となっているのが、このツアー。ジンベエザメは、小さなものでも3〜4m、大きなものでは体長約13mにも及ぶという、世界でいちばん大きい魚。そのジンベエザメを間近で見られるということで、注目を集めている。2011年夏以来、セブ島南部の町オスロブの近郊海域でほぼ毎日目撃されていて、その数は多いときには十数匹に上ることも。サメといってもプランクトンを主食とし、人に危害を与えることはない。だから、一緒に泳ぐなんて夢のようなことも可能なのだ！（→P.267）

アクセスがやや不便だがわざわざ行く価値はある

■アイランドホッピング
所要：約7時間
予算：約₱4000
＜ツアースケジュール例＞
9:00　　出発
10:00　 海洋保護区でスノーケリング
12:00　 パンダノン島へ到着
12:30　 ランチタイム
16:00　 ホテル着

バンカーボートでアイランドホッピング！

■ボホール島日帰りツアー
所要：約12時間
予算：約₱6500
＜ツアースケジュール例＞
9:20　　セブ港発
11:45　 タグビララン港着
12:45　 ロボックリバークルーズ（ランチ）
14:20　 ターシャ保護区
15:15　 チョコレート・ヒルズ
16:40　 バクラヨン教会
17:20　 血盟記念碑
18:30　 タグビララン港発
20:30　 セブ港着
※寄る順番は変わるが、1日ツアーに含まれている見どころはどの会社もほとんど同じ。

最も人気のあるツアーのひとつ

■ジンベエザメに出合うツアー
所要：約12時間
予算：約₱9500
＜ツアースケジュール例＞
4:30　　セブ発
8:30　　オスロブ着
9:00　　ジンベエザメと泳ぐ
12:00　 スミロン島でスノーケリング＆ランチ
13:00　 オスロブ発
17:00　 セブ着
※上記はスミロン島でのスノーケリング付きの場合。付いていない場合も帰りの時間はほとんど変わらない。
※ジンベエザメへの悪影響が問題視され、オスロブでは2018年12月より1日の訪問客を8000人に制限。ほとんどがツアーに割り当てられ、個人で行くのは難しい状況となっている。

■水上レストランツアー
所要：3時間〜
予算：₱3000〜

子供連れの観光客に人気

■カワサン滝トレッキングツアー
所要：約10時間
予算：₱5000〜

■カルカル文化体験ツアー
所要：約8時間
予算：₱4000〜

そのほかのツアー

■遊覧飛行
　セブトップ（→下記）がセスナでセブやボホール島での遊覧飛行を行っている。特に自然豊かなボホール島のコースはおすすめ。セスナの操縦を体験できるオプションもある。

●セブトップ
Cebu Top MAP P.245-A1
TEL (032) 495-1840、0917-319-0311（日本語）
URL www.cebutop.jp

■サンセットクルーズ
　バンカーボートやクルーザーに乗り込み、夕日が見えるスポットまでクルージング。夕日を堪能したあとは、スナックやビールでくつろぎながら、バーベキューなどのディナーを楽しむ。
所要：約4時間
予算：₱3000〜

ロマンティックなアクティビティ

■セブ市内観光
所要：約6時間
予算：₱3000〜

■水上レストランツアー

　リゾートエリアのあるマクタン島から、バンカーボートで約30分。オランゴ島沖に浮かぶ水上レストランを訪れ、海風を感じながら新鮮なシーフードをたっぷりいただく。さまざまな貝に魚にカニに……と、次々出される料理に大満足！　もちろんこれだけでも十分に楽しいが、移動の途中でスノーケリングやフィッシングなどのアクティビティを組み合わせることも可能。小さな子供連れの家族や年配者でも気軽に楽しめる点が好評を得ている。

■カワサン滝トレッキングツアー

　セブ東南部にある自然の見どころ、世界の美しい滝100選にも選ばれているカワサン滝を訪問する。大自然の水辺をトレッキングし、エメラルドグリーンの滝つぼに到着。パワースポットを思いっきり遊んだあとは、おいしいランチをいただく。オスロブでのジンベエザメ・スノーケリングを含むツアーもある。

大自然に癒やされたい！

■カルカル文化体験ツアー

　セブ・シティから車で約1時間30分。カルカル（→P.263欄外）は、スペイン調の古い町並みが残る情緒ある町。歴史あるアレクサンドリア聖カトリーナ教会や古い邸宅などを訪れ、セブ南部の人々の台所である市場へ。さらに郊外の村を訪れ、ココナッツワインの作り方を見学して試飲、バスケット作りなどを体験する。カルカルは町を散策するだけでも楽しいが、より深く文化に触れたいのであればツアーに参加するのがいちばん。詳細については各旅行会社に問い合わせを。

セブで2番目に古い教会

■セブ市内観光

　サント・ニーニョ教会やサン・ペドロ要塞、道教寺院などセブ・シティの見どころを短時間で満喫してしまおうというのがこのツアー。もちろん個人で回ることも可能だが、移動手段を考えるといろいろと煩わしいこともある。効率的に回れるうえ、さらにガイドの説明付きなので、より歴史・文化に関する知識も深まる。

マゼラン・クロスの天井に描かれている画

レストラン　Restaurants

レストランはラプラプ・シティやケソン・ナショナル・ハイウェイ沿いに点在。評判の店も数軒あり、種類もバラエティも豊かに揃っている。また、リゾート内部のレストランが充実しているのもマクタン島の特徴。各リゾートがこだわりのおいしいレストランを営業しており、リゾートからでなくてもよいので便利。

マリバゴ・チキン・グリル&レストラン　$$
Maribago Chicken Grill & Restaurant　MAP P.246-2
フィリピン料理

緑が生い茂るなかに立ち並ぶヤシの木の小屋で、落ち着いて食事ができる。フィリピンの代表的なメニューがひととおり揃うが、おすすめはグリルチキン。料金も1品₱100前後からとリーズナブルだ。

住 Bagumbayan, Maribago, Lapu-Lapu City
TEL (032) 495-8187
営 10:00 ～ 22:00（日 14:00 ～）
休 なし
CC AJMV

グリルチキンははずせない

ブラックビアード・シーフード・アイランド　$$
Black Beard Seafood Island　MAP P.245-A1
フィリピン料理

シーフードとブードルファイト（3 ～ 4人前で₱935 ～）で有名。セブではほかにアヤラ・センター（→ P.240）とSMシーサイド・シティ（→ P.240）に入っているので便利。マニラにも支店がある（→ P.107）。

住 GF Island Central Mall, Mezzanine MEPZ1, Lapu-Lapu City
TEL (032) 262-0410
営 10:00 ～ 21:00
休 なし
CC AJMV

インテリアもおしゃれ

4J & A　$
4J & A　MAP P.246-2
フィリピン料理

比較的、観光客でも入りやすく、値段もローカルプライスで文句なしのBBQ店。女主人のジュリエットさんがにこやかに迎えてくれる。牛、豚、鳥肉などの串焼きは種類によって1本₱5 ～ 90。

住 Marigondon, Lapu-Lapu City
TEL 0927-500-9062（携帯）
営 16:00 ～ 24:00
休 なし
CC 不可

庶民の味をお試しあれ

カラチュチ　$$
Kalachuchi　MAP P.246-3
インターナショナル料理

台湾人オーナーが2014年にオープン。リゾート感あふれる開放的な店内で、フィリピン料理や台湾料理、西洋料理などが楽しめる。座敷のテーブルもあり、日本人にはうれしいかぎり。メイン₱240 ～、シーフード₱280 ～。

住 Masiwa, Marigondon, Lapu-Lapu City
TEL (032) 492-1977
営 18:00 ～翌2:00
休 なし
CC 不可

何を頼んでもおいしい

アバカ　$$$
Abaca　MAP P.245-B1
地中海料理

ロマンティックなディナーを楽しみたいときにぴったり。野菜やハーブは自家農園からつんできたばかりのものを使用。値段は高めだが、シェフ自慢のおいしい料理を食べられるし、雰囲気も最高。ディナーはひとり₱1500 ～。

住 Punta Engaño Rd., Lapu-Lapu City
TEL (032) 495-3461
URL www.abacaresort.com
営 11:30 ～ 15:00、18:00 ～ 22:00
休 なし　CC JMV
※2020年4月から閉鎖。2023年にグレードアップして再開予定。

風が気持ちいいセミオープンの店内

オラ・エスパーニャ $$
Hola España
MAP P.245-B1

スペイン料理

フィリピンは長い間スペインによって統治されていたため料理もスペインの影響を受けているが、ここでは純粋なスペイン料理が味わえる。前菜からデザート、ワイン、カクテルまで豊富なメニューが揃う。

- Max Center Bldg., Punta Engano Rd., Lapu-Lapu City
- (032) 340-5119
- 11:00 ～ 23:00
- なし
- ADJMV

予算はふたりで₱2000 ～

ラ・ベッラ $$
La Bella
MAP P.246-2

イタリア料理

釜焼きピザがおいしいと在住日本人に評判。セブ各地に展開し、空港にも出店している。マリバゴ店は小ぢんまりとしている。ベーシックなマルゲリータは₱260。スパゲティもあるが、ぜひピザをすすめたい。

- Karancho, Looc, Quezon National Hwy., Maribago, Lapu-Lapu City
- (032) 494-0199
- 11:00 ～ 22:00（金～日 ～ 23:00）
- なし
- MV

シンプルなマルゲリータ

スケープ・スカイデッキ $$
Scape Skydeck
MAP P.245-A1

インターナショナル料理

マクタン島とセブ・シティをつなぐ2本の橋を望むロマンティックな夜景が売り。メニューはピザ（₱350 ～）やスパゲティ（₱320 ～）など西洋料理が中心。盛り付けも洗練されている。食事後の一杯にもおすすめ。

- Roof Deck, Azon Residences, M.L. Quezon National Hwy., Pusok, Lapu-Lapu City
- (032) 232-2192
- 11:00 ～ 14:00、17:00 ～ 24:00
- なし
- AJMV

マクタン島では指折りのおしゃれスポット

空海 $$
Kukai
MAP P.245-B1

日本料理

セブ在住の日本人が絶賛する人気店。魚介類は毎朝市場で厳選したものを使用し、代用できない野菜や味噌といった調味料は日本から直に取り寄せている。ランチタイムには定食（₱310 ～）がおすすめ。

- Punta Engaño Rd., Lapu-Lapu City
- (032) 495-2888
- 11:30 ～ 14:00、17:30 ～ 22:00
- なし
- MV
※マクタン島内は送迎無料

ほっとする味を楽しめる

萬里 $$
Banri Noodle House
MAP P.245-A1

日本料理

気軽に入れる定食屋的存在。本棚に日本の漫画本がずらりと並び、在住日本人の姿もよく目にする。日替わりランチもあり、から揚げ定食などが₱400前後で食べられる。ラーメン（₱290 ～）やギョウザ（₱200）も人気。

- Hi-Way Pusok, Lapu-Lapu City
- (032) 341-3720
- 11:00 ～ 14:00、17:30 ～ 22:00
- なし
- MV

豊富なメニューが自慢

カヤ $$
Kaya
MAP P.245-A1

韓国料理

セブ・シティで人気の韓国焼肉店がマクタンにもオープン。店内や盛り付けに高級感があり、味も評判がよい。おいしい熟成肉が人気で、ひと皿₱350 ～。小皿がたくさんついてくるのでおなかいっぱいになる。

- GF Unit RM1-12 City Time Squre Mactan, Basak Lapu-Lapu City
- 0945-298-3651（携帯）
- 10:00 ～ 15:00、17:00 ～ 24:00
- なし
- 不可
- マボロ店→MAP P.230-B2

大人数で楽しみたい

セブのナイトエンターテインメント

人気観光地セブでは夜のエンターテインメントも充実している。なかでも人気なのがフィリピンならではともいえるニューハーフショー。タイなどと同じく、フィリピンにも多くのニューハーフがいるのだ。マクタン島でいくつかのショーが興行されているが、ここではいちばん人気のショーを紹介しよう。また、もうひとつの代表的エンタメとして知られるのが民族舞踊ショー。フィリピンらしさに触れたいのなら、こちらがおすすめだ。マクタン島内にいくつかあるが、ここではおすすめの2軒をご紹介。夜はリゾートでゆっくりするのもいいが、せっかくフィリピンに来たのだから、夜までたっぷりフィリピンを感じるのもいいかもしれない。

シャングリ・ラの民族舞踊ショー

大人気のニューハーフショー
アメージング・ショー

250人収容のカジュアルな劇場で、ダンス、ミュージカル、民族舞踊、日本歌謡、歌劇、仮面劇など、盛りだくさんのショーを楽しむことができる。とても男性とは思えない絶世のニューハーフ美女から、コミカルな演技が光るニューハーフコメディアンまで、バリエーション豊かなニューハーフが出演。笑いあり、感動ありの満足度の高い70分となっている。個人で手配するより、旅行会社を利用したほうがお得。

■**アメージング・ショー Amazing Show**
MAP P.246-1
住 Bagumbayan Ⅱ, Maribago
TEL (032) 236-4903、0917-801-7189（携帯）
営 18:00 ～、20:00 ～（各1時間10分）
※予約状況次第では18:00のショーは中止になることもあり　休 日
料 ₱2500（1ドリンク付き）　CC 不可

ニューハーフとは思えない美貌をもつ女性たち

5つ星リゾートのエンタメを堪能
ブコ・バー（シャングリ・ラ マクタン）

おいしいビュッフェを楽しみながら民族舞踊を見たい人はシャングリ・ラのブコ・バーがおすすめ。5つ星ホテルだけあってショーのクオリティも高く、開放的なロケーションにあるので雰囲気も抜群。ビュッフェはさまざまなフィリピン料理が揃う。なかでも豚の丸焼きのレチョンやスタッフがその場で焼いてくれるBBQはぜひ試してほしい。自分で作れるハロハロなど、デザートも充実している。ビュッフェ（18:00 ～）＆伝統舞踊ショー（19:00 ～）は月・水・金・土のみ。

■**ブコ・バー Buko Bar**
MAP P.246-1　住 c/o Shangri-La's Mactan（→P.259)
TEL (032) 231-0288　営 10:00 ～ 22:00
休 なし　料 ₱2320　CC ADJMV

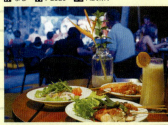

コスパもGood！

民族舞踊をカジュアルに楽しむ
レッド・ココ・タウン

フードコートと舞台が一緒になったカジュアルなスポット。フードコートで好きな料理やドリンクを購入し、それをもって奥の舞台へ。食べたり飲んだりしながらゆっくりと伝統舞踊ショーを楽しむことができる。

■**レッド・ココ・タウン Red Coco Town**
MAP P.246-2　住 Agus, Maribago
TEL 0917-329-9912（携帯）
営 16:00 ～ 24:00　休 なし　CC 不可
（ショー 18:00 ～ 18:50、19:10 ～ 20:00）
料 入場料 ₱20（金・土のみ）　ショー ₱350

フィリピン料理のコース（2名 ₱500 ～）もある

ショップ

Shops

マクタン島のショッピングスポットは、ほとんどラプラプ・シティ中心部に集まっている。2017年にはアイランド・セントラルもオープンし、少しずつではあるが、買い物を楽しめる場所も増えてきている。リゾートエリアにも次々に新たな商業施設が建ち、セブ・シティまで出なくてもある程度は揃うようになっている。

マリーナ・モール
Marina Mall
MAP P.245-A1 ショッピングセンター

- MEZ1, Airport Rd., Lapu-Lapu City
- 8:30～22:00
- ※店舗によって異なる
- なし
- CC 店舗によって異なる

レストラン棟の隣に別棟があり、小さなショップがずらりと並ぶ。ブティックから、CD、靴、バッグ、生活雑貨などさまざまな店が並び、屋台のような雰囲気。庶民向けの店が中心で、どこもリーズナブル。

おいしいレストランが揃っている

アイランド・セントラル
Island Central
MAP P.245-A1 ショッピングセンター

- M. L. Quezon National Hwy., Lapu-Lapu City
- TEL (032) 888-6194
- 10:00～22:00（日～21:00）
- ※店舗によって異なる
- なし
- CC 店舗によって異なる

2017年、マリーナ・モールの向かいにオープンしたショッピングセンター。ショップは少なめだが、レストランやカフェが充実しているので食事には便利。ロビンソン・スーパーマーケットも入っている。

スーパーではバラマキみやげが買える

ガイサノ・マクタン
Gaisano Mactan
MAP P.245-A1 ショッピングセンター

- Pusok, Lapu-Lapu City
- TEL (032) 340-5895
- 9:00～21:00
- ※店舗によって異なる
- なし
- CC 店舗によって異なる

ローカルな雰囲気が漂うが、衣料品、みやげ物、食料品、雑貨など何でも揃う。値段も手頃なものが多い。地下にはフィリピン料理のファストフード店が軒を連ねているほか、スーパーマーケットもある。

昔ながらのショッピングセンター

パサルボン・センター・セブ
Pasalubong Center Cebu
MAP P.245-A1 おみやげ

- Airport Rd., Lapu-Lapu City
- TEL (032) 341-4731
- 7:00～23:00
- なし
- CC AJMV

マリーナ・モールの向かいにあるギフトショップ。セブやフィリピンの特産品のドライマンゴー、オタップ（パイ菓子）など充実。Tシャツの「Islands Souvenirs」のショップも併設されている。

派手な外観が目印

ザ・アウトレット
The Outlets
MAP P.245-A1 アウトレット

- MEZ II, M. Patalinhug Jr. Ave., Basak, Lapu-Lapu City
- TEL (032)411-1610
- 11:00～21:00
- なし
- CC 店舗による

工場の集まるエリアにあるアウトレットコンプレックス。プーマやアディダス、ナイキ、ティンバーランドなどのスポーツ、アウトドア用品店が集まり、なかなかお得に買い物できる。レストランの集まるエリアもある。

チョビチョビ、ズブチョン(→ともにP.237)もある

スパ&マッサージ

Spa

マクタン島はリゾートエリアだけあって、スパがたくさん。ゴージャスなホテルスパから、格安のマッサージに至るまで、島のあちこちに点在している。ホテルスパは行きにくいという人には、高級感がありつつもリーズナブルなデイスパがおすすめ。リゾート感満点のトロピカルガーデンに立つヴィラで心ゆくまでリラックスできる。

CHIスパ $$$
CHI Spa
MAP P.246-1
ホテルスパ

「気」を取り入れることで自然治癒力が増し、心身ともに健康でいられるという中国古来の考えを基本に、独自のメニューが各種揃う。フィリピン・ヒロット・マッサージは₱6900～／1時間30分。

- c/o Shangri-La's Mactan Resort & Spa
- TEL (032) 231-0388
- URL www.shangri-la.com
- 営 10:00 ～ 22:00
- 休 なし
- CC ADJMV
- ※要予約

広大な敷地に贅を尽くした施設が揃う

モガンボ・スプリングス $$$
Mogambo Springs
MAP P.246-3
ホテルスパ

オリエンタルな雰囲気たっぷりのスパ。デスティネーション・スパとしても十分な規模で、滞在しながら各種トリートメントやマッサージを満喫できるスパパッケージも揃っている。ヒロットは₱4500／1時間30分。

- c/o Plantation Bay Resort and Spa, Marigondon
- TEL (032) 505-9800
- URL plantationbay.com
- 営 10:00 ～ 23:00
- 休 なし
- CC ADJMV　※要予約

野趣あふれるトリートメントルーム

アムマ・スパ $$$
Amuma Spa
MAP P.246-2
ホテルスパ

サロンも併設するブルーオーター・マリバゴ・ビーチ・リゾート（→P.259）内のスパ。水が流れる通路の脇にトリートメントを受けられる個室が並んでいて、とても落ち着いた雰囲気。ヒロットを中心に各種メニューが揃う。

- c/o Bluewater Maribago Beach Resort, Buyong Maribago, Lapu-lapu City
- TEL (032) 402-4100
- URL www.bluewatermaribago.com.ph
- 営 10:00 ～ 24:00
- 休 なし
- CC MV

スパスイートに宿泊するのもおすすめ

ノア・ストーン&スパ・リゾート $$
Noah Stone & Spa Resort
MAP P.245-A1
デイスパ

ストーンマッサージが人気。リゾートのような緑あふれる静かな空間にカップル用の独立型ヴィラが計20棟並んでいる。メニューは3種類あり、AコースはストーンマッサージUS$50／1時間40分。

- Abuno St., Pajac Lapu-Lapu City
- TEL (032) 342-8379
- 営 10:00 ～ 23:00
- 休 なし
- CC AJMV
- ※マクタン島内は送迎無料。要予約

キャビンはプライベート感たっぷり

アルニカ・スパ（旧セブ・プラナ・スパ） $$
Arnika Spa
MAP P.246-2
デイスパ

花々で彩られた敷地内に、各々2名でゆったり利用できる7棟のスパヴィラが立つ。それぞれ専用のジャクージとシャワーが付いたプライベート空間が人気。ヒロットマッサージは₱1500／1時間10分。

- Datag, Maribago, Lapu-Lapu City
- TEL (032) 495-7187
- 営 10:00 ～ 23:00
- 休 なし
- CC AJMV
- ※マクタン島内は送迎無料。要予約

デイスパでは指折りの人気を誇る

マリガヤ・スパ
Maligaya Spa
$$

MAP P.246-1

デイスパ

噴水のある緑豊かなガーデンに10棟のヴィラタイプのトリートメントルームが配され、癒やしのアロマで迎えてくれる。おすすめは、セルライト除去効果のあるバンブーマッサージ（₱2500／2時間）。

- 住 So-ong 1, Lapu-Lapu City
- TEL (032) 520-8040
- 営 8:00～翌3:00
- 休 なし
- CC MV

※マクタン島内は送迎無料。要予約

キャビンは広々とスペースをとってある

バブル・スパ
Bubble Spa
$$

MAP P.246-3

デイスパ

リーズナブルな料金で満足のいくトリートメントが受けられる人気のスパ。カラマンシーを使ったフットマッサージとホットストーンマッサージのコンビネーション（₱2000／2時間）がおすすめ。

- 住 Marigondon Crossing, Lapu-Lapu City
- TEL (032) 238-5418
- 営 12:00～23:00
- 休 なし
- CC 不可

※マクタン島内は送迎無料

気軽に訪れたい

ブリス・スパ
Bliss Spa
$$

MAP P.246-1

デイスパ

2017年にオープンした韓国人経営のスパ。全体的に高級感がありつつもリーズナブルだと評判で、マッサージの質も申し分ない。キッズクラブがあるので、子供連れでも安心。カフェ、ギフトショップもある。

- 住 Vista Mar Ave., Maribago, Lapu-Lapu City
- TEL 0995-931-5353（携帯）
- 営 10:00～翌3:00
- 休 なし
- CC 不可

親切・清潔がモットー

ツリー・シェイド・スパ
Tree Shade Spa
$$

MAP P.245-B1

マッサージ

ムーベンピック（→P.259）の向かいにあり、ホテルのチェックアウト後に立ち寄るゲストも多い。シングルからファミリールームまでさまざまな個室が充実。ストーンマッサージは₱1400／1時間30分。

- 住 Mactan Seaport Village, Punta Engaño Rd., Lapu-Lapu City
- TEL (032) 520-7000/514-7000
- 営 24時間
- 休 なし
- CC MV

※マクタン島内は送迎無料

きれいでリーズナブルなので人気

ヌアッタイ
Nuat Thai
$

MAP P.246-2

マッサージ

格安マッサージの老舗。フィリピン中にフランチャイズ展開し、セブ・シティ、マクタンにも点在している。タイマッサージが1時間₱250～とかなりリーズナブルなので、滞在中に通う人も多い。

- 住 M. L. Quezon National Hwy., Lapu-Lapu City
- TEL (032) 492-1846
- 営 10:00～24:00（金・土～翌1:00）
- 休 なし
- CC 不可

この看板が目印

タイ・ボラン
Thai Bran
$

MAP P.246-2

マッサージ

格安マッサージチェーンでは最安クラスで、施術もていねいで人気がある。飾らない雰囲気なので気軽にマッサージを受けることができる。マクタン、セブ・シティに10店舗近く展開しているので便利。1時間₱300～。

- 住 M. L. Quezon National Hwy., Lapu-Lapu City
- TEL (032) 495-0768
- 営 24時間
- 休 なし
- CC 不可

在住日本人もおすすめ

ダイビングサービス　Diving

日本からの直行便が飛んでいるということもあり、マクタン島は日本人ダイバーたちの間で最も人気が高い。島の東岸のビーチ沿いにズラリと並んだリゾートから、毎日ダイバーを乗せたバンカーボートが海に繰り出している。ダイビングのポイントはそれぞれのリゾート沖にあるが、ほかのリゾートのダイバーでも自由に潜ることができる。

スコッティーズ・ダイブ・センター
Scotty's Dive Centre　MAP P.246-1

シャングリ・ラ マクタン リゾート&スパ セブ（→P.259）内に本店を構える。目の前のビーチ、ハウスリーフは海洋保護区に指定されており、すばらしい海の世界が広がっている。多数の日本人スタッフが常勤。

住 c/o Shangri-La's Mactan Resort & Spa
TEL 0917-631-2960（日本人直通携帯）
URL jp.divescotty.com
料 体験ダイビング＋ジェットスキー＋パラセーリング＋お弁当付きパッケージ₱8500、1ボートダイブ₱3300、2ボートダイブ₱5300、全器材レンタル1日₱1800
CC ADJMV

20年以上の運営実績をもつ老舗

ブルー・コーラル・ダイビング・ショップ
Blue Coral Diving Shop　MAP P.246-2

豊富な経験と知識をもつベテランインストラクター、ヒロ（下釜）さんのショップ。日本の専門誌やテレビの取材では何かと頼りにされている存在だ。セブ島南部やボホール島にもショップを展開している。

住 c/o White Sands Resort, Maribago, Lapu-Lapu City
TEL (032)495-8021/263-2294
URL www.bluecoral.jp
料 体験ダイビング（2時間）₱4100〜、2ボートダイブ₱3400〜、ライセンス取得（オープンウオーター）₱1万6800（2〜3日間）
CC ADJMV

日本人スタッフも常駐

サザナミ・マリン・スポーツ
Sazanami Marine Sports　MAP P.246-2

1991年にオープンした、老舗サービスのひとつ。日本人インストラクターが常駐しているので心強い。トイレ付きの大型バンカーボートを所有しているので、快適なダイビングが楽しめる。

住 c/o Hadsan Cove Resort
TEL (032) 236-3982
URL www.sazanamicebu.com
予約・問合せ アクア・マリン店
TEL (03) 6303-4683（東京）
料 体験ダイビング 8000円〜、2ボートダイブ 7000円〜
CC 不可

左がベテランインストラクターの鈴木さん

エメラルドグリーン・ダイビングセンター
Emerald Green Diving Center　MAP P.246-2

ダイビングのコースディレクターの資格をもち、セブ在住25年以上の竹谷さんによるサービス。何年も通い続けるリピーターも多い。モアルボアル、ボホール島などセブ周辺に支店があり、日本人スタッフも常駐。

住 c/o BlueWater Maribago Resort
TEL 0917-321-6349（携帯）
URL www.emeraldgreen.info
料 体験ダイビング₱4000〜、2ボートダイブ₱3750〜、ライセンス取得（オープンウオーター）₱2万1500/2日間〜（器材費、テキスト代、申請料込み）
CC ADJMV

インストラクターたちは知識豊富な人ばかり

MEMO　老舗が多いセブのダイブショップ

日本から近いこともあり、セブには老舗ダイブショップがいくつも営業している。そのようなダイブショップには、セブ在住数十年という経験豊富なインストラクターもいるので頼もしいかぎり。ダイビング以外でも、おいしいレストランやおすすめのショップなど、現地のさまざまな事情に詳しい方も多く、いろいろと聞いてみるのもいいだろう。本書掲載のダイブショップはそのような老舗ばかり。ブログやホームページを閲覧して自分に合ったショップを選ぼう。

アクティビティ

Activity

ダイビングのほかにもアイランドホッピングやボホール島へのツアーなど、さまざまなアクティビティが楽しめるセブ。マクタン島では日本人常駐のツアー会社がいくつか営業しているので、安心して申し込むことができる。ツアーのほうが便利なことも多いので一度立ち寄ってみるのもいいだろう。

JRエクスプレス
JR Express　　MAP P.246-1

日本人スタッフ常駐のアクティビティ会社。各種ツアーに車と日本語サポート付きの自由時間を組み合わせた「1日まるごとパック」が人気。ツアー終了後、引き続き22:00まで車を利用できる。

- Sitio Ka Maria Mactan, Lapu-Lapu City
- TEL (032) 505-2882、0917-624-8877（日本人直通携帯）
- URL jrexpress.net
- 営 9:00～18:00 休なし CC不可 1日まるごとパック：アイランドホッピング・ボホールコース（バンダノン島）₱6600、ボホール観光₱6500ほか　※いずれも大人1名の料金。ツアーのみの予約も可能

セブの遊び方を日本語でサポート

スコッティーズ・アクション・スポーツ・ネットワーク
Scotty's Action Sports Network　　MAP P.246-1

シャングリ・ラ（→P.259）内とムーベンピック（→P.259）内にあるマリンスポーツセンター。各種マリンアクティビティが楽しめるほか、海中散歩で海の世界を堪能するヘルメットダイビングも体験できる。

- c/o Shangri-La's Mactan Resort & Spa Cebu
- TEL 0917-631-2960（日本人直通、7:30～22:00）、(032) 231-5060（7:00～19:30）
- URL jp.divescotty.com
- 料 アイランドピクニックBBQ ランチ＋ヘルメットダイビングパッケージ₱4650　CC ADJMV
- ※送迎無料（マクタン島内のみ）

日本人スタッフが常駐

アクアマリンオーシャンツアーズ
Aquamarine Ocean Tours　　MAP P.246-1

バナナボート、水上オートバイ、ペダルボートなどのほか、スノーケリングセットのレンタル、ランチやドリンク付きのサービスなどいろいろなツアーが用意されている。お得なパッケージも各種揃っている。

- c/o Tambuli Seaside Living, Lapu-Lapu City
- TEL 0917-814-6988（日本語可）
- URL www.aquamarineoceantours.com
- 料 シーウオーカー₱2500（25分）、パラセーリング₱3000（15分）、バナナボート₱1000（15分）　※日本人スタッフ常駐、送迎無料（マクタン島内のみ）
- CC AJMV

水が怖い人でも楽しめるシーウオーカー

柔軟な対応がうれしい「JRエクスプレス」

ちょっとひと息コラム

2005年からセブの旅をサポートしてきたJRエクスプレス（→上記）。柔軟に対応可能な各種ツアーや無料代行予約など、セブを楽しむのに便利なサービスをいろいろと取り揃えている。人気のツアーはアイランドホッピングやオスロブのジンベエザメ、ボホール島ツアーなど。ほかにも近年人気のシマラ教会を訪れるものや体験ダイビングもある。そのほか、ホームページにはない自分だけのツアーを自由にアレンジしてくれるのもうれしいポイント。「人と同じ体験ばかりじゃつまらない！」という人には最適だ。ツアーにはすべて日本語ガイドが付き、1日まるごとパック（チャータープラン）をオプションで付ければ、22:00まで自由に専用車の利用が可能。最低催行人数も2名からと参加しやすい。セブではマクタン島を拠点にツアーに参加するのが便利なので、細やかなサービスが魅力のJRエクスプレスにいろいろと相談してみよう。

ホテル
Hotels

アイランドリゾートというと高級な印象を受けるが、安いゲストハウスもわずかながらある。リゾートは基本的に予約が必要だが、それでも泊まりたいという場合は、空港のインフォメーションカウンターで紹介してもらい、まずは電話を入れてみるといいだろう。ゲストハウスを望むなら、直接行って値段などを交渉するといい。

シャングリ・ラ マクタン リゾート＆スパ セブ $$$
Shangri-La's Mactan Resort & Spa, Cebu MAP P.246-1

セブエリア一流クラスのリゾート。趣の異なる8つのレストランやバー、ミニゴルフコースなど、設備の充実度を誇る。評判の「CHIスパ（→P.255）」はアジア最大級の規模。チョコレートガーデンツアーは1名₱974。

- Punta Engaño Rd., Lapu-Lapu City
- TEL (032) 231-0288
- URL www.shangri-la.com
- 予約・問合せ シャングリ・ラ ホテルズ＆リゾーツ（日本）
- Free 0120-944-162
- 料 SDP1万7000～
- 室 530　CC ADJMV

広大な敷地には緑があふれる

ムーベンピック・ホテル・マクタンアイランド・セブ $$$
Mövenpick Hotel Mactan Island Cebu MAP P.245-B1

青い空と海に囲まれた、ひときわ目立つ3つの高層タワー。客室は6つのカテゴリーに分かれていて、いずれもアースカラーをベースにしたモダンな空間が広がっている。スパ「デルマー」も人気。

- Punta Engaño, Lapu-Lapu City
- TEL (032) 492-7777
- URL www.moevenpick.com
- 料 SDP1万500～
- 室 245
- CC ADJMV

すべての施設がスタイリッシュ

プランテーション・ベイ・リゾート＆スパ $$$
Plantation Bay Resort & Spa MAP P.246-3

周囲を白砂で敷き詰めた巨大な人工ラグーンがあり、ラグーン内にはウオータースライダー付きの海水プール、真水プール、レストラン、バーなどがある。プライベート空間が楽しめるクウァンタムヴィラも人気。

- Marigondon, Lapu-Lapu City
- TEL (032) 505-9800
- URL plantationbay.com
- 料 SDUS$160～
- 室 255
- CC ADJMV

ラグーンを囲むように客室棟が立つ

Jパークアイランドリゾート＆ウオーターパーク セブ $$$
Jpark Island Resort & Waterpark Cebu MAP P.246-2

このリゾートの特徴は、1日中遊んでいても飽きないほどのアクティビティ施設。テーマパークさながらの規模で、スリル満点の本格的なスライダーまで完備している。目の前がビーチというのもうれしい。

- M.L.Quezon Hwy., Brgy. Maribago, Lapu-Lapu City
- TEL (032) 494-5000
- URL www.jparkislandresort.com
- 料 SDP1万5925～
- 室 568
- CC MV

マクタン島有数の巨大リゾート

ブルーウオーター・マリバゴ・ビーチ・リゾート $$$
Bluewater Maribago Beach Resort MAP P.246-2

元気に跳ねているイルカのマークがかわいいリゾート。すぐ前には、マリンスポーツや日光浴に最適な小島も所有している。客室は、ホテルタイプからバンガロータイプ、スイートまで4タイプ。

- Buyong Rd., Maribago, Lapu-Lapu City
- TEL (032) 402-4100
- URL www.bluewatermaribago.com.ph
- 料 SDP1万328～
- 室 174
- CC ADJMV

水上オートバイで小島に行くこともできる

デュシタニ・マクタン・セブ・リゾート $$$
Dusit Thani Mactan Cebu Resort
MAP P.245-B1

2019年にオープンしたタイ発の名門リゾート。マクタン島では初めて西向きに立つリゾートで、ロマンティックなサンセットが自慢。100mのインフィニティプールも特徴的だ。空港そばのワーフからボートでアクセスできる。

- Punta Engano Road, Mactan Island, Lapu Lapu City
- TEL (032) 888-1388
- URL www.dusit.com
- S/D ₱7820～
- 室数 272
- CC AJMV

周辺の開発も進んでいる

アバカ・ブティック・リゾート＋レストラン $$$
Abacá Boutique Resort + Restaurant
MAP P.245-B1

2008年にオープンした全室すべてがスイートの隠れ家的リゾートで、モダンエスニック風の客室が落ち着いた空間をつくり出している。レストラン（→P.251）で味わえる洗練された地中海料理に定評がある。

- Punta Engaño, Lapu-Lapu City
- TEL (032) 495-3461
- URL www.abacaresort.com
- S/W ₱1万5900～
- 室数 9
- CC MV

※2020年2月から閉鎖。2023年にグレードアップして再開予定。

すぐに満室になるので予約は早めにしよう

クリムゾン・リゾート＆スパ・マクタン $$$
Crimson Resort & Spa Mactan
MAP P.246-1

2010年10月にオープンした豪華リゾート。緑豊かな敷地に、バリ風のヴィラが点在する。客室は6タイプでいちばん小さなデラックスでも36㎡の広さ。レストランふたつにバー、スパなどの施設がある。

- Seascapes Resort Town, Lapu-Lapu City
- TEL (032) 401-9999
- URL crimsonhotel.com
- S/D ₱8276～
- 室数 290
- CC AJMV

ビーチは小さいがプールは大きい

セブ・ホワイト・サンズ・リゾート＆スパ $$$
Cebu White Sands Resort & Spa
MAP P.246-2

ホテルの目の前には全長約500mのプライベートビーチ、トロピカルガーデンにはジャクージもあり、贅沢な空間を満喫できるペンション風リゾート。日本人経営のダイブサービス「ブルー・コーラル（→P.257）」がある。

- Looc, Maribago, Lapu-Lapu City
- TEL (032) 495-2226
- URL whitesands.com.ph
- S/D ₱5580～
- 室数 86
- CC AMV

緑あふれるトロピカルガーデン

コルドバ・リーフ・ビレッジ・リゾート $$$
Cordova Reef Village Resort
MAP P.245-A2

マクタン島南端のコルドバ地区に1軒だけ離れてあるリゾート。手入れの行き届いたガーデンには、白壁で筒状のゲストルームに円錐形の屋根を載せたアフリカンスタイルのバンガローが点在している。

- Sitio Bantayan Poblacion, Cordova
- TEL (032) 238-1878
- URL www.cordovareefcebu.com
- S/D ₱7900～
- 室数 50
- CC MV

バンガローの室内

コスタベリャ・トロピカル・ビーチ・ホテル $$
Costabella Tropical Beach Hotel
MAP P.246-1

トロピカルムードいっぱいのリゾートホテル。中級の部類に入るが、リゾート感は満点だ。周囲にヤシの木が生い茂る緑豊かなコテージタイプもあるが、プールサイドに立つ3階建てホテルタイプの客室棟が清潔で人気がある。

- Buyong Rd., Lapu-Lapu City
- TEL (032) 238-2700
- URL www.costabellaresort.com
- S/D ₱4896～
- 室数 156
- CC AJMV

スタイリッシュな客室

パシフィック・セブ・リゾート $$
Pacific Cebu Resort　MAP P.246-3

ダイビング目的のパッケージツアー客が70％を占める。日本人インストラクターが常駐しており、ボートも多く所有。海に突き出た長い桟橋からは、直接マクタン島沖のドロップオフにエントリーできる。

- Suba-Basbas, Lapu-Lapu City
- TEL (032) 495-6601
- URL www.pacificcebu-resort.com
- S D ₱6223～
- 室数 134
- CC AJMV

白で統一された清潔感のある客室

ビー・リゾート・マクタン $$
Be Resorts Mactan　MAP P.245-B1

ブティックタイプのリゾートホテル。白を基調にしたパステルカラーでまとめられていて、館内全体に明るい雰囲気が漂っている。どこにいても海を感じられるのがうれしい。2019年に改装が終了し、より快適になっている。

- Punta Engaño Rd., Lapu-Lapu City
- TEL (032) 239-8888
- URL www.beresort-mactan.com
- S D ₱8000～
- 室数 163
- CC ADJMV

目の前には海が広がる

マリバゴ・シービュー・ペンション＆スパ $$
Maribago Seaview Pension & Spa　MAP P.246-2

ケソン・ナショナル・ハイウェイ沿いでは数少ないリーズナブルな宿。格安でマッサージを提供しており、団体客を受け入れている。客室に若干不備は見られるが、周辺に安宿が少ないので重宝する。

- M.L. Quezon National Hwy., Maribago, Lapu-Lapu City
- TEL (032) 236-2032
- S D ₱2000～2200
- 室数 14
- CC AJMV

立地がよいので人気がある

アオゾラ・シーサイド・マクタン $$
Aozora Seaside Mactan　MAP P.245-B1

マクタン島では数少ない日本人経営の宿。部屋は快適で、スタッフも親切。レストランの食事もおいしいと評判だ。ダイブセンターも併設しており、ダイビングのほか、各種人気ツアーにも参加可能。

- Buot, Punta Engaño Rd., Lapu-Lapu City
- TEL (032)495-1964、0998-277-8364（携帯）
- URL www.cebu-nikka.jp
- S D ₱2940～
- 室数 18
- CC MV

日本人スタッフも常駐

リトル・ノーウェイ・ゲストハウス $
Little Norway Guest House　MAP P.245-A1

親切なノルウェー人オーナーが経営する宿。かわいらしいインテリアの客室はきれいでとても快適。ミニバーやコンセントなど、細やかな心遣いが感じられる。セキュリティも万全で女性でも安心して泊まれる。

- 3359 Greenfield Village, Sangi New Rd., Pajo, Lapu-Lapu City
- TEL 0908-319-3177（携帯）
- S D ₱1095～1200
- S D ₱1195～2995
- 室数 6
- CC MV

キッチン付きの客室

ディー・ゲストハウス $
Dee Guest House　MAP P.246-2

旅好きの日本人オーナーがオープンしたゲストハウス。ゲストハウスが少ないマクタン島では貴重な宿だ。部屋、共用エリアともに掃除が行き届き、とても快適。アクティビティなどの手配も可能だ。

- # 129 White Sands Villa, Maribago, Lapu Lapu City
- TEL (032) 495-0345
- URL deeguesthouse.asia
- S D ₱1360　Dm ₱650
- 室数 4　CC 不可

※空港の南（MAP P.245-A1）でも営業している。

快適に過ごせるゲストハウス

セブ　マクタン島

セブ本島南部に位置するリゾートエリア

モアルボアル
Moalboal

MAP 折込表-C3

モアルボアルの市外局番 ☎032

ACCESS
🚌 セブ・シティの南バスターミナル（→MAP P.230-A2）から、セレスライナー社のバリリBarili経由バトBato行きなどが24時間、約20分ごとに運行。所要約3時間、₱129 ～ 156。タクシーだとセブ・シティから₱2000 ～ 2500。

おすすめレストラン
🍴 **ラスト・フィリング・ステーション Last Filling Station**
誰もがおすすめする人気店。メニューはインターナショナルで、何を食べてもおいしいし、スタッフも親切。
MAP P.263-2　TEL 0917-583-0062
営 6:30 ～ 22:00　休 なし
CC 不可

🍴 **ランタウ・レストラン Lantaw Restaurant**
ダイブショップのネプチューンの2階にある。メニューはフィリピン、中国、インドなどさまざま。キニラウがおすすめ。
MAP P.263-2
TEL (032) 474-3536
営 7:00 ～ 22:00　休 なし
CC 不可

モアルボアルで出会った子供たち

モアルボアルはサーディンランが見られることで有名

鮮やかなブルーを帯びた素朴な海が広がる

　南北に細長いセブ島の、中央から少し南に下った西岸にあるのがモアルボアル。セブ本島西岸唯一のリゾートエリアだ。沖合に絶好のダイビングスポットとなっているペスカドール島があることで、ダイバーたちがやってくるようになった。今ではこぢんまりとしたビーチ沿いにダイビングサービスやゲストハウスが軒を連ねるダイビングリゾートになっている。ダイバーのほとんどは欧米人で、長期間滞在してはダイビングを楽しんでいるが、年々日本人ダイバーも増加。セブ・シティからバスや車で所要2 ～ 3時間の場所にあるので、手頃なリゾート地といえる。

モアルボアルの歩き方　GETTING AROUND

　セブ・シティからバスで来た場合、バスは市場横のバスターミナル（→MAP P.263-1）に着く。市場の向かいには教会があり、トライシクル乗り場はバスターミナルのすぐ向かい側にある。ここからリゾートエリアの**パナグサマ・ビーチPanagsama Beach**までは3kmほど。トライシクルで所要約20分の距離だ。貸し切りで利用すると₱70 ～ 150程度は要求されるが、バイクタクシー（ハバルハバル）を利用すれば、₱50前後で行ける。ただし、交渉はしっかりとしよう。

　海岸に向かって一本道を進んでいき、左側に教会が見えるとすぐにビーチに着く。正面にダイビングサービスのシー・クエストSea Questがあり、左へ行くとこのエリアのメインストリートへ出る。ホテル、ダイビングサービス、レストラン、みやげ物店、銀行ATMなど、旅行者に必要なすべてがこの道沿いに集中している。

モアルボアルの見どころ ATTRACTION

　ビーチで海水浴を楽しんだり、ダイビングに出かけたりする以外に、町自体に特に見どころはない。パナグサマ・ビーチでのんびり過ごすのもいいが、よりきれいな砂浜でゆったりしたければ、すぐ北側にある**ホワイト・ビーチWhite Beach**（→MAP P.263-1外）へ行くといいだろう。パウダーサンドの極上の砂浜が広がっていて、ビーチ沿いにはレストランなどの飲食店もある。

　モアルボアルの南にはバディアンの町があり、沖合には**バディアン島Badian Is.**（→MAP P.228-A2）が浮かんでいる。島へ渡るにはボートをチャーターしなくてはならないが、ここのビーチも快適だ。

　バディアンの南には水のきれいな**カワサン滝Kawasan Waterfalls**（→MAP P.228-A2）があり、広い滝つぼで泳ぐこともできるので、水着を着用していくといい。周囲にはレストランや東屋もあり、日帰りの観光地として人気の場所。周囲には小さな滝がいくつかあり、気軽にトレッキングを楽しむことができる。個人で行くのは面倒だが、いくつかのダイビングサービスや旅行会社が周辺ツアー（→P.250）を組んでいるので、それらに参加するのもいいだろう。

カワサン滝へはツアーに参加すると便利

周辺ツアーに参加する
　モアルボアル周辺を散策するには、ツアーに参加するのが便利。ダイビングサービスや旅行会社などが、滝などを巡るツアーを催行している。
● **プラネット・アクション・アドベンチャー**
Planet Action Adventure
MAP P.263-2
住 Panagsama Beach
TEL 0922-365-4514（携帯）
URL www.action-phlippines.com

スペイン風の古い町並みが残るカルカルへ
　セブ・シティから南西へ約40km、車で約1時間30分の場所に、スペイン風の古い町並みが美しく残るカルカルCarcar（→MAP P.228-A2）という町がある。見どころは、1870年代に建てられたアレクサンドリア聖カトリーヌ教会St. Catherine of Alexandriaや1859年建造のアーナ・ロマーニャ・オスメニャ・バレンシアAna Romaña Osmeña Valenciaの邸宅など。町なかを歩いているだけで、さまざまな伝統的家屋を目にすることができる。

　また、この町ではヤシの葉を材料にしたバスケット作りが盛んに行われている。米を揚げたアンパオという菓子や豚の皮を揚げたチチャロンも有名だ。モアルボアルへ行く途中に、立ち寄ってみるといいだろう。

　カルカルへは、セブ・シティの南バスターミナルからモアルボアル行きなど南西方面（South West Route）に向かうバスに乗り、途中下車。所要約1時間30分、₱60程度。

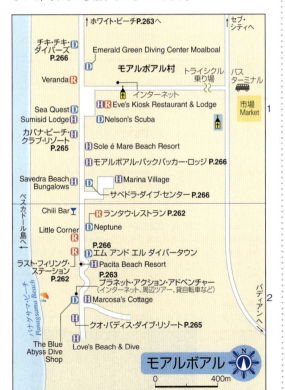

アレクサンドリア聖カトリーヌ教会

ダイバーに話題のオスロブ

セブ島南部のオスロブ（→MAP P.228-A2）では、2011年7月以降、周辺の海域にジンベエザメが出現するようになり、多いときには15匹もの群れを見ることも。ほぼ1年中、高い確率で遭遇できる。モアルボアルをはじめ、サンタンダーなどジンベエウオッチングツアーが催行されていて、スノーケリングでの参加も可能。詳細は→P.267コラム。

■アルガオ

セブ・シティの南バスターミナル（→MAP P.230-A2）から、2:30～24:00に数本出ている。所要約2時間、₱100程度。バスはアルガオ（→MAP P.228-A2）の町の中心に到着する。ここからビーチエリアまでは、トライシクルを利用。所要約5分、₱10～20が目安。

■セント・ミゲル大天使教会

アルガオの町の中心から徒歩約10分。
開 早朝から日没　休 なし

モアルボアル郊外の見どころ　ATTRACTION

　モアルボアルからさらに南へ約70km行ったセブ島南端の**サンタンダー Santander（リロアン Liloan）**周辺は、**スミロン島 Smilon Is.**、**アポ島 Apo Is.**、**シキホール島 Siquijor Is.**といったダイバー憧れのスポットへのアクセスがしやすく、穴場的存在のエリアとなっている。リゾートもあり、ダイビングサービスも完備しているので、静かな環境でゆったりとダイビングやスノーケリングを楽しみたい人にはぴったりの場所だろう。

　また、モアルボアルの約25km東には海辺に面した**アルガオ Argao**の町がある。モアルボアルに比べて旅行者の姿も少なく、ひっそりとした雰囲気が漂っている。ビーチ沿いに素朴なリゾートホテルが数軒あるので、喧騒を逃れてゆったりとしたリゾートライフを過ごしたい人にはおすすめだ。町なかには、18世紀に建てられた立派なたたずまいの**セント・ミゲル大天使教会 St. Miguel Archangel Church（アルガオ教会 Argao Church）**が立っている。庶民の台所であるアルガオ市場もぜひ訪れてみたい。

長い歴史を感じさせるセント・ミゲル大天使教会

ダイビングコラム DIVING COLUMN

ダイバーに人気のセブ西部と南部

　セブ島の西部と南部には、フィリピンでも指折りの好スポットが集中している。モアルボアル周辺とリロアン周辺のスポットが特に人気で、長期滞在しながら潜る欧米のダイバーたちの姿をよく見かける。

　ダイビングの拠点となるのは、モアルボアルの場合はおもにパナグサマ・ビーチ沿いに立ち並ぶダイビングサービスやリゾートホテル。リロアン周辺エリアの場合は、リロアンやネグロス島のドゥマゲッティ（→P.314）のリゾートをベースにするのも一般的だ。

ペスカドール島　MAP P.228-A2

　モアルボアルからボートで約30分の場所にある小島。周囲がダイナミックなドロップオフになっているため、ツムブリやグルクマなどの回遊魚が回ってくる。

スミロン島　MAP P.228-A2

　セブ島南端の東にある小さな島で、フィリピンで初めて海洋保護区に指定されたスポット。とにかく生物が豊富で、ムレハタタテダイの大群やガーデンイールの大コロニー、そのほか回遊魚や小さな生物などが見られる。

アポ島　MAP P.309-B2

　ネグロス島ドゥマゲッティの沖、シリマン大学の海洋研究所がある島。抜群の水質を誇り、透明度でいえばセブ周辺でもトップクラス。ドゥマゲッティからもツアーなどが出ている（→P.317コラム）。

ペスカドール島周囲に見られるドロップオフ

ホテル&ダイビングサービス   Hotels & Diving

モアルボアル周辺には、フィリピンでも指折りのダイビングの好スポットが集中している。モアルボアルでダイビングを楽しむには、おもにパナグサマ・ビーチ沿いのホテルやダイビングセンターが拠点となる。のんびりとバカンスを楽しみたい人は、モアルボアルから少し離れたバディアンなどがおすすめ。

バディアン・アイランド・ウェルネス・リゾート $$$
Badian Island Wellness Resort
バディアン MAP P.228-A2

バディアンの町の沖合に浮かぶバディアン島にある豪華リゾート。白砂の美しい島の一角にあり、コテージに泊まりながらダイビングをはじめ各種マリンスポーツを満喫できる本格派のリゾートだ。

住 Badian Is.
TEL (032) 401-3303 〜 5
URL badianhotel.com
料 SD ₱1万〜
室数 42
CC MV

ナチュラル感たっぷりのプールヴィラ

ワールドビッグフォー・バディアン・ゴルフ・リゾート $$
World Big 4 Badian Golf Resort
バディアン MAP P.228-A2

6377ヤード、18ホール、パー72のチャンピオンシップのゴルフコースを完備する海辺のリゾート。快適な滞在をしながら、南国ムードたっぷりの雰囲気のなかで、すがすがしいプレイが楽しめる。プールあり。

住 Lambug
予約・問合せ JWB現地予約センター
TEL (032) 495-8171
料 SD ₱3400 〜 7000
Su ₱8000 〜 1万
室数 26
CC 不可

ゴルフのあとはリゾートでゆったりと

カバナ・ビーチ・クラブ・リゾート $$
Cabana Beach Club Resort
モアルボアル MAP P.263-1

パナグサマ・ビーチにあるこぢんまりとしたホテル。プールはないが、ガーデンを囲むようにして立ち並ぶ客室、海上にせり出したレストランがあり、プチリゾートの雰囲気たっぷりでゆったりとくつろげる。

住 Panagsama Beach, Moalboal
TEL (032) 474-3024
URL www.cabanacebu.com
料 SD ₱3000 〜
室数 10
CC ADJMV

地元の人々にも愛される老舗リゾート

クオ・バディス・ダイブ・リゾート $$
Quo Vadis Dive Resort
モアルボアル MAP P.263-2

ローカル色の強い簡素な宿泊施設が多いモアルボアルで、比較的充実した設備を誇るのがこのリゾート。パナグサマ・ビーチの南側にある高台にプールとレストランがあり、美しい景色が眺められる。

住 Panagsama Beach, Moalboal
TEL (032) 474-3068
URL www.quovadisresort.com
料 SD ₱2400 〜
室数 26
CC MV

ダイビングの拠点にぴったり

ラベナラ・ビーチ・バンガロー $$
Lavenala Beach Bungalow
モアルボアル MAP P.228-A2

ホワイト・ビーチが目の前という絶好のロケーション。10室の南国ムードあふれる客室は、気取らない内装ながらもきれいに保たれリラックスできる。マッサージやビーチカフェなどのサービスも充実。

住 White-Beach Saavedra, Moalboal
TEL 0917-324-8680 (携帯)
URL ravenalabeach.weebly.com
料 SD ₱3000 〜
室数 10
CC MV

スタッフのフレンドリーさも◎

モアルボアル・バックパッカー・ロッジ $
Moalboal Backpacker Lodge
モアルボアル MAP P.263-1

2階が広いドミトリーになっている少し変わったバックパッカーズ。随所にハンモックが設置され、竹造りのラウンジもありリラックスできる。共同キッチンがあり、長期滞在にも便利。コーヒーが無料で飲める。

住 Panagsama Beach, Basdiot, Moalboal
TEL 0925-357-9098（携帯）
URL www.moalboal-backpackerlodge.com
料 ⓢ ₱400　ⓓ ₱600　ⓓⓜ ₱350
室数 3
CC 不可

ダブルルームも格安

プルクラ $$$
Pulchra
サン・フェルナンド MAP P.228-A〜B2

マクタン・セブ国際空港から車で約1時間強。複数名の日本人スタッフが常駐する全室スイートタイプの隠れ家リゾート。アジアでも珍しい水上ヴィラで行うスパは、リピーターが続出するほどの大人気。

住 San Isidro, San Fernando
TEL (032) 232-0823〜5
URL www.pulchraresorts.com
予約・問合せ ピイ・アンド・アイ・エンタープライズ
TEL (0436) 25-0261（日本）
料 ⓢⓤ US$320〜860
室数 37　CC ADJMV

曲線が美しい一周150mのメインプール

ルビ・リゾート・サンタンダー $$$
Lubi Resort Santander
サンタンダー MAP P.228-A2

日本人経営のリゾート。目の前にはスミロンやシキホール、ネグロスなどの島々が浮かぶ海が180度広がっており、ダイビングやスノーケリングを楽しみながらゆったりと過ごしたい人にぴったり。

住 Poblacion, Santander
TEL (032) 480-9038
URL www.lubi-resort.com
料 ⓢⓓ 1万3000〜1万6900円
室数 6
CC AJMV

広々とした造りの客室

エム アンド エル ダイバータウン
M&L Diver Town
モアルボアル MAP P.263-2

ショップの目の前が海という絶好のロケーションにある、日本人経営のダイビングサービス。ローカルプライスのためリピーターが多いのが特徴。2017年オーシャン・グローブから店名を変更。

住 Panagsama Beach
TEL (032) 474-3538
URL www.mldivertown.com
Mail mldivertown@gmail.com
料 体験ダイビング（器材込み）₱2000
ファンダイブ（器材込み）₱900〜1350
ライセンス取得（PADIオープンウオーター）
₱1万6000（器材込み）　CC MV

日本人マネージャーが常駐

チキチキ・ダイバーズ
Tiki Tiki Divers
モアルボアル MAP P.263-1

宿泊施設を併設したダイブショップ。海の目の前という絶好のロケーションで滞在が可能。日本人によるていねいなブリーフィングや、名物の黒板ログ、アフターダイブの食事などトータルで旅を楽しめる。

住 Panagsama Beach
TEL 0906-084-2479（携帯）
URL www.tikitikidivers.com
料 体験ダイビング ₱2500〜（器材込み）
2ボートダイブ ₱3000〜
ライセンス取得（PADIオープンウオーター）₱1万2500〜
CC 不可

にぎやかで明るいスタッフ

サベドラ・ダイブ・センター
Savedra Dive Center
モアルボアル MAP P.263-1

ボホール島のアロナ・ビーチなどにも支店があり、ビサヤの海を知り尽くしているスタッフが満足のいくサービスを提供してくれる。周辺に点在する多くのダイビングスポットへのアクセスも楽々。

住 Panagsama Beach
TEL (032) 474-3132
料 1ボートダイブ ₱1300
1ビーチダイブ ₱1100
ライセンス取得（PADIオープンウオーター）₱1万8000（器材込み）
CC MV

スタッフは陽気で親切

ちょっとひと息コラム

ジンベエザメに出合いに行こう！

　世界でいちばん大きな魚、ジンベエザメ。そのサイズは、小さなものでも3〜4m、大きなものでは体長約13mに及ぶともいわれ、あの巨大なゾウをはるかにしのぐ。サメといってもおとなしい性格で、プランクトンなどを主食とし、穏やかな動きで海中を泳ぎ回る。人にとって危険性はないので、一緒に泳ぐなんてことも体験できてしまうのだ。

　その巨大なジンベエザメに、高確率で出合える場所があるという。2011年7月以降、近郊海域でほぼ毎日ジンベエザメが目撃されているのは、セブ島南端の東側にあるオスロブという町。多いときには15匹もの群れが確認され、ダイバーたちの間で話題となっている。

　プランクトンを主食とするジンベエザメは海面近くを泳いでいることが多く、ボートの上からでも確認することができるうえ、ダイビングはもちろん、スノーケリングでも十分にその姿を捉えることができる。

　ジンベエザメに出合うには、ホテルや旅行会社、ダイビングショップなどが主催しているツアーに参加するのがいちばん便利。日本からの往復飛行機から宿泊、空港送迎など、すべてパッケージになっているものもあれば、宿泊とツアーがセットになったものもある。

　現地のダイビングショップやホテルを通じて、現地発の日帰りツアーに参加するのもいい。ただし、催行日や人数にかぎりがあるので、現地へ着いてから申し込むのではなく、日本から予約していったほうがいいだろう。

　ジンベエザメは、テンジクザメ目ジンベエザメ科に属する唯一のサメで、現在見つかっているなかで最大の魚として知られている。英名はホエール・シャークWhale Shark。和名は、体の表面の模様が着物の「甚兵衛羽織（じんべえばおり）」に似ていることから名づけられた。

　熱帯・亜熱帯・温帯の表層海域に生息し、広い海域を回遊するのが特徴的。食性はおもにプランクトンで、横幅1〜1.5mにも及ぶ大きな口を開けて、海水と一緒にプランクトンや小さな魚、海藻などを吸い込み、「ざる」のような働きをするエラで濾したあと、エラ孔から水だけを吐き出し、口の中に残った生き物を飲み込む。海面で体を垂直近くにまで傾ける習性が見られるのは、海面近くに漂うプランクトンを効率よく口内に取り込むための知恵だとか。平均寿命は60〜70年といわれているが、なかにはその倍近く生きるとの説もあるほど。実際、いまだわからないことが多くある、謎に包まれた生き物だ。

©竹谷六未

体を垂直に傾け、大きな口でプランクトンを飲み込むジンベエザメ

©竹谷六未

とてもおとなしい性格なので、一緒に泳ぐことも！

■ジンベエザメウオッチングツアー
　早朝にセブ・シティまたはマクタン島のホテルを出発し、オスロブへ。ジンベエザメが見られるポイントでスノーケリングを楽しんだあと、近くの島かレストラン、またはボート上でランチ。夕方、ホテルに戻るというものが一般的。所要13〜15時間。₱9500〜1万1000程度（スノーケリングセットレンタル代、入海料込み）。詳細は各ダイビングショップ、または旅行会社へ問い合わせを。また、セブ・シティの南バスターミナルからバスでも行ける。

※環境問題による人数制限について→P.249欄外

大自然に囲まれたリゾートがある

セブ北部

Northern Cebu

 折込表-C3

セブ北部の市外局番 ☎032

ACCESS
🚌 セブ北部へ行くバスは、すべてセブ・シティの北バスターミナル（→MAP P.230-B2）から出ている。セブ島北部のハグナヤHagnayaまで直行便が1日に8本程度出ている（₱230）。マヤMaya（→MAP P.228-B1）行きは1:00～22:00の間、30分に1本運行。所要約4時間、₱195～220。

バンタヤン島への行き方
🚢 ハグナヤからバンタヤン島のサンタフェ Santa Fe（→MAP P.228-B1）まで、船が3:00～17:30の間、1時間に1本以上運航。所要約1時間15分、₱180。

バンタヤン島の見どころ
オグトン・ケープ・リゾート（→P.270）の敷地内には洞窟がある。
●オグトン洞窟
MAP P.268 圏 8:00～16:00 休 なし
料 ₱200（リゾート宿泊者は無料）

素朴で美しい海が広がるバンタヤン島

　セブ北部には、まだまだ日本人に知られていないリゾートが点在。**ソゴトSogod**（→MAP P.228-B1）や**ボゴBogo**（→MAP P.228-B1）、**サン・レミヒヨSan Remigio**（→MAP P.228-B1）などは、大自然のなかで静かに過ごしたい人には最適な場所だ。
　長期滞在を望むなら、北部沖の**バンタヤン島Bantayan Is.**（→MAP P.228-A～B1）と**マラパスクア島Malapascua Is.**（→MAP P.228-B1）がいい。特にマラパスクア島は、島の形、大きさから第2のボラカイ島ともいわれ、リゾートやダイビングサービスなどがある。とはいえ、ボラカイの一大リゾート地にはほど遠く、静かでのどかな離島らしさが感じられる。一方、バンタヤン島はダイビングには向かないが、広々としたビーチがある。

バンタヤン島の見どころ　　ATTRACTION

　バンタヤン島でいちばん美しいビーチは、サンタフェの港から南へ15分ほど歩いた島の南海岸沿い。まず、**サンタフェ・ビーチSanta Fe Beach**があり、さらに西へ1kmほど歩いていくと**シュガー・ビーチSugar Beach**、さらに2kmほど行くと**パラダイス・ビーチParadise Beach**という奥行きのあるパウダーサンドのビーチが広がっている。広いビーチでありながらリゾート施設はそれほど多くなく、一つひとつが十分な間隔を保って立っているので、ゆったりと過ごすことができる。自分の滞在期間や予算、目的に合わせたリゾート選びができるのもうれしい。

ニタリが見られることで知られるマラパスクア島

マラパスクア島の見どころ　ATTRACTION

　リゾートが点在する島の南部には、サラサラの白砂が印象的な**バウンティ・ビーチ**Bounty Beachが広がっている。また、マラパスクア島は、ニタリ（オナガザメ）が見られるダイビングスポットがあることで有名だ。ニタリが見られるのは早朝ダイビングのみ。詳細は各ダイビングサービスに問い合わせを（→欄外）。

　スノーケリングに適しているのは、マラパスクア島の東側。午後になると波が出ることが多いため、朝早くから船で出るとよい。ボートのチャーターは、ボートマンとガイド付きで₱1000くらいから。浜辺で声をかけてくるので交渉しよう。さらに、バーベキューランチやスノーケリング、周辺の島巡りなどを組み合わせた日帰りツアーも出ている。ホテルやダイビングサービスで申し込める。

マラパスクア島への行き方
マヤからマラパスクア島行きのボートが7:00～17:00頃、約30分おきに島南西部の桟橋との間を行き来している。所要約40分、₱100。チャーターする場合は1隻₱1500程度。こちらは島南部のバウンティ・ビーチに到着する。

マラパスクア島のダイビングサービス
●エメラルドグリーン・ダイビングセンター（→P.257）
MAP P.269
●ダイブリンク Divelink
MAP P.269
URL www.divelinkcebu.com
●スレシャー・シャーク・ダイバーズ
Thresher Shark Divers
MAP P.269
URL malapascua-diving.com
●シー・エクスプローラーズ
Sea Explores
MAP P.269
URL www.sea-explorers.com

素朴な人々に出会うことができる

美しい海に囲まれたマラパスクア島

ホテル Hotels

マクタン島やセブ島南部のようにリゾートホテルがまとまっているエリアはないので、のんびりした雰囲気が楽しめる。バンタヤン島とマラパスクア島にはこぢんまりとした宿が多く、料金も安いので長期滞在にも向いている。特にマラパスクア島南部の海岸沿いにはリゾート施設が集まっていて、ダイビングサービスも近くにある。

サンタフェ・ビーチ・クラブ $$
Santa Fe Beach Club バンタヤン島 MAP P.268

サンタフェ港の北側にあるリゾート。3階建てのメイン棟とコテージがあり、客室タイプも2人使用のものから5人使用のものまでとさまざま。クラブの目の前には白砂のビーチと青い海が広がる。

- Brgy. Talisay, Santa Fe, Bantayan Is.
- TEL (032) 438-9090
- URL stafebeach.com
- 料 S D P2200〜
- 室数 20
- CC 不可

快適なエアコン付きの客室もある

オグトン・ケーブ・リゾート $$
Ogtong Cave Resort バンタヤン島 MAP P.268

緑あふれる敷地の中にコテージひとつひとつが十分な間隔で建てられており、まるで自分の別荘にいるかのような気分が味わえる。プールやレストランなどの施設も充実。敷地内にはオグトン洞窟(→P.268)もある。

- Brgy. Pooc, Santa Fe, Bantayan Is.
- TEL (032) 438-9129
- URL ogtongcave.com
- 料 S D P2800〜 Su P7000
- C P1300
- 室数 28
- CC 不可

敷地内に独立したコテージが点在

コタ・ビーチ・リゾート $$
Kota Beach Resort バンタヤン島 MAP P.268

サンタフェのフェリー乗り場から南へ約1kmに位置。緑あふれる敷地内には、コテージタイプの客室が点在している。リゾート前には、美しい白浜で有名なシュガー・ビーチが広がっている。

- Santa Fe, Bantayan Is.
- TEL (032) 438-9042
- URL www.kotabeachresort.com
- 料 S D P2300
- 室数 34
- CC AJMV

素朴な葉葺きの屋根が印象的

マラパスクア・エキゾティック・アイランド・ダイブ&ビーチ・リゾート $$
Malapascua Exotic Island Dive & Beach Resort マラパスクア島 MAP P.269

ダイビングサービスが併設されているため、ダイビング目的で訪れるには最適。スパ、レストランなどの施設も揃っている。客室は経済的なスタンダードルームからスーパーデラックスルームまで4タイプある。

- Sitio Pasil, Logon, Daanbantayan, Malapascua Is.
- TEL (032) 516-2990
- URL malapascua.net
- 料 S D P2800〜 D P3400〜
- 室数 30
- CC AMV

客室設備も十分に整っている

ココバナ・ビーチ・リゾート $$
Cocobana Beach Resort マラパスクア島 MAP P.269

オーナーはスイス人。室内は清潔に保たれていて、居心地がよい。客室はコテージとバンガローの2タイプがある。目の前にはビーチが広がる。

- Bounty Beach, Malapascua Is.
- TEL 0915-920-0011(携帯)
- URL cocobana.ch
- 料 S P900〜 D P1100〜
- 室数 28
- CC MV

テパネ・ビーチ・リゾート $$
Tepanee Beach Resort マラパスクア島 MAP P.269

イタリア人経営のこぢんまりとしたリゾート。入江の奥の岩山に隠れるようにして立っているため、プライベート感もたっぷりだ。

- Bounty Beach, Malapascua Is.
- TEL 0917-302-2495(携帯)
- URL www.tepanee.com
- 料 S D P3200〜
- 室数 27
- CC AJMV

ダイビングコラム DIVING COLUMN

ダイビングのための基礎知識

海外でダイビングをするときに、まず不安になるのが言葉の問題。しかし、ボラカイ島をはじめ、セブ島やマクタン島のダイビングサービスには日本人スタッフが常駐しているところも多いので、初心者でも安心して挑戦することができる。ここでは、知っていると便利な基礎知識をいくつか紹介する。

器材は持っていく？

もちろん、自分にぴったり合い、使い慣れている器材を持っていけるならそれにこしたことはない。というのも、かなり粗悪な状態のレンタル器材を使用しているダイビングサービスもまれにあるからだ。しかし、重い荷物を持っていきたくないという人もいるだろう。ボラカイ島やセブ島、マクタン島をはじめ、ダイビングのメッカといわれるエリアのほとんどでは、レンタル器材のメンテナンスもしっかりしているので心配いらない。さらに、レンタル器材をよく利用する欧米人ダイバーが多いダイビングサービスでは、器材のレンタル料がかなり安くなっている。わざわざ買い揃える必要はないだろう。

ただし、近視用のマスクが必要な人、特別小さいサイズのウェットスーツが必要な人などは、快適なダイビングを楽しむために、自分に合ったものを必ず持参しよう。

基本はボートダイビング

フィリピンでのダイビングは、ボートダイビングが基本。ハウスリーフ（リゾート近辺の海のこと）で潜ることができるアイランドリゾートもいくつかあるものの、遠浅の海が多いので、ボートで沖に出ることになる。スピードボートを使用しているダイビングサービスもあるが、たいていの場合、バンカーボートという、アウトリガーの付いたフィリピンの伝統的なボートを使用する。

ダイビングスポットまでは、5～30分の場合がほとんど。午前中に1ダイブして、リゾートに戻って昼食を取ってから午後にもう1ダイブというパターンが一般的だ。遠出しなくても十分楽しめる。

ライセンス取得に挑戦するのもいい

日程に余裕があるのなら、美しい海でライセンスを取得するのもいいだろう。所要期間は3～4日、費用は各ダイビングサービスによって

ダイビングスポットまではバンカーボートで移動

も違うが、US$300～500が目安。学科講習、プール講習、海洋実習の3つをこなすことになる。プールがないリゾートでは、学科のあとにいきなり海で実習となる。費用は日本より安いし、何よりも珊瑚礁の温かい海での講習は魅力的だ。取得は日本人インストラクターが常駐しているサービスが安心だが、そうでないところでも日本語の教材を用意していることが多い。

初心者はぜひ体験ダイビングを！

まったくダイビングの経験がないという人のためには、体験ダイビングというものがある。これは、事前にオリエンテーションを受けてから、インストラクターと一緒に潜ってみるというもの。ダイビングサービスによっては、プールで簡単な講習を受けてから、リゾート前の浅瀬で潜ることもある。実際の潜水時間は20～30分くらい。また、2～3ダイブがセットになっていて、最後には少し深い所まで行くというコースを設けている場合もある。

いずれにしろ、スノーケリングでは味わえない感動が得られるはず。せっかくフィリピンを訪れるのなら、この機会にぜひ体験ダイビングに挑戦してほしい。

フィリピンの殿様ダイビング

フィリピンのダイビングは、殿様ダイビングと呼ばれている。つまり、「殿様」のように何もかもやってもらえるということなのだ。タンクや器材を運ぶのはもちろんのこと、器材のセッティングもしてくれるし、器材を背負わせてもくれる。ダイバーは、ほとんど力仕事をする必要がないのだ。重い器材が実は苦手だという人や女性、シルバーエイジのダイバーにはうれしいかぎりのサービスといえる。

ボホール島

　ボホール島は、フィリピンで10番目に大きな島である。最大の見どころは、チョコレート・ヒルズ。その幻想的な光景は、旅人の心を魅了し続けている。そして、タグビラランから突き出すように浮かぶパングラオ島には、いくつかの美しいビーチとダイビングスポットが点在する。ほかにもロボック川の川下り、世界最小のメガネザル「ターシャ」、フィリピン最古級の教会バクラヨン教会など、旅行者にとって興味深いものが多い。また、米がおいしいことで有名な島でもある。町から一歩外に出れば、そこには延々とのどかな田園風景が広がっていて、日本人にとってはなぜだか懐かしささえ込み上げてくる。チョコレート・ヒルズへのバスの車窓からは、そんな風景を堪能することができるだろう。

1 手のひらに乗るほど小さいメガネザル「ターシャ」
2 パングラオ島の美しいビーチ

ボホール島、最大の町
タグビララン
Tagbilaran

MAP 折込表-C3

チョコレート・ヒルズ展望台からの景色

タグビラランの市外局番 ☎038

🚢 セブ・シティから、5:10～18:40の間、20便程度運航。高速艇で所要約2時間～、片道₱400～。そのほかライト・フェリーズ Lite Ferries などの大型フェリーも毎日2便程度運航している。所要約5時間、料金は₱255～。トゥビゴン Tubigon との間も2社が毎日10便程度、所要約1時間で結んでいる。ドゥマゲッティからは、1日2便程度運航。片道₱700～。

● オーシャン・ジェット
TEL (032) 255-7560
URL www.oceanjet.net
● スーパーキャット
TEL (032) 233-7000
URL www.supercat.com.ph

　ボホール島で最も大きい町、タグビララン。セブやネグロス島のドゥマゲッティへの船の玄関口として、また、島の中央部にある**チョコレート・ヒルズ**や、この町と橋で結ばれている**パングラオ島**への拠点としても、重要な機能を果たしている。現在は観光開発も進み、多くの人々が訪れているが、この町はいい意味で田舎くささが抜けていない。タグビラランは州都だが、とてもこぢんまりとした町で、人々の表情はとても明るく、どこまでも素朴だ。そして、皆があたたかく迎え入れてくれる。

タグビラランへの行き方　ACCESS

　セブ・シティから船で渡るのが一般的。2019年にはパングラオ空港が開港。タグビララン空港の機能はそちらへ移っている。セブ・シティからの船は、オーシャン・ジェット Ocean Jet などの船会社が1日合わせて20便以上運航しており、最も速い船で所要約2時間。セブから**トゥビゴン Tubigon**（→ MAP P.272-A1）へ渡り、そこから**カルメン Carmen**（→ MAP P.272-B1）、チョコレート・ヒルズ経由でタグビラランへという手段もあるが、カルメンからの最終バスは16:00頃には出てしまうので要注意。また、レイテ島南部の**バト Bato**（→ MAP P.321-A2）からボホール島の**ウバイ Ubay**（→ MAP P.272-B1）へ毎日9:00に1便船が出ている。

船が出発するセブ・シティの埠頭

パングラオ島へのジプニー

📧 **個人旅行も可能**
ボホール島はセブ島からの日帰りツアーで訪れるのが定番ですが、タグビラランの港には複数の旅行会社があり、その場で車やツアーをアレンジすることが可能です。また、フェリーの最終便はよく遅れるので、当日セブ島からほかの場所へも移動するような予定は入れないほうがいいでしょう。
（愛知県　わしあん '13）['19]

港でバイクをレンタル
タグビララン港にはレンタルバイク店があるので、ボホール島をバイクで回るのもいい。1日₱500が相場。パスポートが必要。ガソリンスタンドはタグビラランの町にある。

■州観光案内所
MAP P.274-1外
TEL (038) 412-3666
URL www.boholtourismph.com
開 8:00 ～ 17:00
休 土・日・祝

■JB7 チケッティング
JB7 Ticketing
MAP P.274-2
TEL (038) 501-8448
開 8:00 ～ 18:00　休 なし
※航空券、フェリーの予約が可能。

ダオ・バスターミナル
ダオ・バスターミナルDao Bus Terminal（→ MAP P.274-1外）から、チョコレート・ヒルズやパングラオ島などあちこちにバスやジプニーが出ている。ターミナルの場所は町の中心から2kmほど離れていて、トライシクルだと₱40は要求される。安く上げたいなら、アルタラス・バスターミナル（→ MAP P.274-2）からジプニーでダオ・バスターミナルへ行くと₱8で済む。

チョコレート・ヒルズ付近をバギーで散策！
チョコレート・ヒルズ周辺の自然を満喫したい人におすすめなのが、麓をバギーで回るツアー。のどかな自然の中を駆け回り、チョコレート・ヒルズを下から眺めることができる。

●チョコレート・ヒルズATVレンタル
Chocolate Hills ATV Rental
MAP P.272-B2
住 Buenos Aires, Carmen
TEL 0939-132-5887（携帯）
URL chocolatehillsatvrental.webs.com
開 月～金　7:30 ～ 17:30
　 土・日　8:00 ～ 18:00
休 なし

アクティブ派におすすめ！

タグビラランの歩き方

メインストリートは、タグビラランを南北に走る**カルロス・P.ガルシア通り**Carlos P. Garcia Ave.（通称CPG Ave.）。ここに人々の生活に必要なすべてが集中し、朝夕のラッシュ時には無数のトライシクルがこの道を占領する。高校や大学もこの通りにあるので、町は深夜まで若者の活気に満ちあふれ、まるで毎晩お祭りのようだ。この通りでいちばんのにぎわいを見せているのが、⑤**ボホール・クオリティ・モール** **Bohol Quality Mall**。この中には、日用品や食料品を売るスーパーなどのほか、広々としていてとてもきれいなレストランをはじめ映画館、郵便局まである。

タグビララン市街地にある公園

ここからメインストリートを北に歩いていくと、右側に**ボホール大学** University of Boholが見える。大学を通り過ぎ、ハイスクールを左に曲がり、突き当たった所が、マニラ、セブ、ドゥマゲッティへの船が出ている埠頭。このあたりは、メインストリートの周辺と比べ同じ町とは思えないほど静か。桟橋からの眺めもよく、いくつかのレストランも並んで海沿いに立っている。ちなみに町の中心からここまでトライシクルを使っても₱8。

まとまった買い物をしたいのであれば、町の北東にある**ダオ・バスターミナル**（→P.274欄外）に隣接して、ショッピングセンターの**⑤アイランド・シティ・モール** Island City Mallがあるので、トライシクルやジプニーを利用して行くといい。町の北の**カバワン地区** Cabawanには、植物園や**メシアス洞窟** Mesias Cave、**ラホス・ラホス洞窟** Lahos-Lahos Caveなどの見どころもある。

コロニアル建築の市庁舎

モダンな店を探すならアイランド・シティ・モールへ

タグビラランの見どころ　ATTRACTION

元大統領の家を改装　★★
ボホール博物館　MAP P.274-2
Bohol Museum

建物自体は、もともと第4代大統領カルロス・P・ガルシアの家だったもの。カルロス元大統領にまつわる資料やボホール島の自然、歴史がわかる展示がある。

残された逸話が興味深い　★★
血盟記念碑　MAP P.272-A2
Blood Compact Marker

タグビラランの市内から車で10分ほど東に行った所にある小さな町、**ボウル Bool**。この町の海辺に、記念碑が立てられている。1565年3月16日、スペインの初代総督レガスピは、スペインとフィリピンの友好条約を結ぶためこの地へ上陸した。このとき、島の酋長シカツナとレガスピは、互いの腕をナイフで傷つけてワインに血を注ぎ、これを飲み干すことで両国の友好を誓い合ったという。記念碑にはそのときの様子が描かれてる。

当時の様子を伝える記念碑

おすすめのショップ

⑤ダルリッチ・チョコレート・ハウス
Dalareich Chocolate House
ボホール産のカカオを使ったチョコレートを販売する家族経営のチョコレート専門店。工場も併設しており、見学も可能（要予約）。試食と試飲付きで₱200。マネージャーのダルリッチさんはボホールのカカオ農家を熱心に支援している。
MAP P.274-1外
住 0091-J Bukid Dr., Booy
TEL (038) 411-2661
URL dalareichchocolatehouse.com
営 9:00 ～ 17:00　休 日
※ゲートが常に閉まっておりインターホンを押して店内に入る。

おみやげにもおすすめ！

■ボホール博物館
住 Hontanosa St.
TEL (038) 501-0488
開 8:30 ～ 16:30
休 なし　料 無料

建物自体も見どころのひとつ

■血盟記念碑
ダオ・バスターミナル（→P.274欄外）から、不定期だが多くのジプニーが出ている。また、ブルゴス通りでジプニーをひろうこともできる。運転手にあらかじめ行き先を伝えておくと安心だ。
住 Bool
開 24時間　休 なし　料 無料

ボホール島最大の見どころ、チョコレート・ヒルズ

　チョコレート・ヒルズChocolate Hills（→MAP P.272-B2）は島のほぼ中央、カルメンCarmenの町の近くにある。高さ30〜40mの円錐形の小丘が約1200個、地平線の果てまで続くという独特の景観が見もの。4〜6月の乾季に、その色がグリーンからブラウンに変色することからこの名がつけられたという。まさに絵に描いたような幻想的な世界が広がっている。

　この不思議な山々にはふたつの伝説がある。ひとつは、昔ふたりの巨人が石を投げ合ってけんかをしていたが、やがて疲れ果て、最後には仲直りをして島をあとにした。チョコレート・ヒルズは、あとに残された石であるというもの。

　もうひとつは、この島の青年アロゴが、すでに死期の近い女性アロヤに恋をする。しかし彼女はやがて死んでしまい、悲しみにくれるアロゴのほおをこぼれ落ちた無数の涙がチョコレート・ヒルズになったというもの。

　地質学的には、丘のほとんどは珊瑚礁によってできた石灰岩からなるといわれるが、その形成過程にはまだ謎の部分も多い。貝殻が多く出土していることから、大昔は海底であったということだけは確からしい。

　チョコレート・ヒルズの景観を見るためには、おもにふたつの方法がある。カルメンの町近くのチョコレート・ヒルズ展望台（旧チョコレート・ヒルズ・コンプレックス）、そして2014年8月にオープンしたチョコレート・ヒルズ・アドベンチャー・パーク（通称CHAP）。いずれも高台から、壮大な景色が楽しめる。

　なかでも話題のチョコレート・ヒルズ・アドベンチャー・パークでは、空中からチョコレート・ヒルズを眺めるアクティビティが人気。地上から高さ150mに設けられた、長さ275mのロープの上をバイク・ジップと呼ばれる自転車に乗って往復するもので、展望台からとはまたひと味違った景色が堪能できる。また、チョコレート・ヒルズ周辺をバギーで散策できる（→P.274欄外）。

スリルがたまらないバイク・ジップ

■ **チョコレート・ヒルズ展望台**
Chocolate Hills Viewing Deck
ダオ・バスターミナル（→P.274欄外）からカルメン行きのバスに乗り、途中下車。所要約2時間、₱60。事前に運転手に降りる場所を伝えておくこと。
MAP P.272-B2　住 Carmen
開 6:00〜18:00　休 なし　料 ₱100

■ **チョコレート・ヒルズ・アドベンチャー・パーク**
Chocolate Hills Adventure Park（CHAP）
チョコレート・ヒルズ展望台（→上記）と同様。
MAP P.272-B2　住 Carmen
TEL 0932-667-7098（携帯）
開 8:30〜17:30　休 なし　料 ₱60
※バイク・ジップ（₱450）、エコ・ハイキング・トレイル（₱200）などのアクティビティ料金は別途。

神秘的な絶景が広がる

タグビララン郊外の見どころ ATTRACTION

フィリピンで最も古い教会のひとつ ★★★
バクラヨン教会　MAP P.272-A2
Baclayon Church

マニラのサン・オウガスチン教会、セブ・シティのサント・ニーニョ教会とともに、フィリピン最古級の教会で、1595年に建てられた。古びた教会の内部は独特な静寂に包まれ、神聖な空気の流れは訪れる者に心の安らぎを与えてくれる。教会に隣接する建物の2階には博物館があり、スペイン統治時代の資料や宗教的な貴重品などが展示されている。

2018年に改修工事が終了し、教会内も入れるように

スペイン統治時代の面影が残る伝統的家屋 ★★
クラリン・アンセストラル・ハウス　MAP P.272-A2
Clarin Ancestral House

1840年、スペイン統治時代に建てられた、フィリピン‐スペイン建築の典型的な上流階級の邸宅。現在は、博物館として一般に公開されている。当時、ボホール総督だったドン・アニセト・ヴェレス・クラリン氏の家族が住んでいた。コーラルストーンの土台に、木造の床や壁、カピス貝があしらわれた窓、ヤシの葉葺きの屋根など、当時の建築様式を今に伝えている。一族が使用していた家具や資料などのコレクションも見どころ。1階にカフェ＆レストランを併設しており、伝統的なボホール料理が楽しめる。

建物の奥にはガーデンが続いている

ボホール島だけに生息するチョウに出合える ★
ボホール生息地保護センター（シンプリー・バタフライ）　MAP P.272-A2
Bohol Habitat Conservation Center(Simply Butterfly)

ボホール島に生息するチョウの保護を目的とする施設。植生なども研究しながら、絶滅の危機にある種を繁殖させ、自然に戻す活動もしている。バタフライ・ガーデンにはボホール島に生息する約300種類のチョウが放たれており、うち半分はこの島でのみ生息しているもの。敷地内にはチョウの生態についてのパネル展示などもあり、ガイドが一人ひとりを案内して説明してくれる。

■ バクラヨン教会
ダオ・バスターミナル（→P.274欄外）から、不定期だが多くのジプニーが出ている。また、ブルゴス通りでジプニーをひろうこともできる。
開 月～土　8:30～11:45
　　　　　13:30～16:45
　　日　　9:30～11:45
　　　　　13:30～16:15
休 なし
料 無料　※博物館は₱50

ガイドの案内で教会内を見学できる

■ クラリン・アンセストラル・ハウス
タグビラランから車で所要約20分。
住 Poblacion, Ubos, Loay
TEL 0915-254-4516（携帯）
開 9:00～17:00（日 9:45～）
休 なし　₱25

調度品も見応えがある

■ ボホール生息地保護センター
ダオ・バスターミナル（→P.274欄外）からカルメン行きのバスに乗り、途中下車。所要約1時間10分、₱40。バンだと₱70程度。
Bilar　TEL (038) 535-9400
開 8:00～17:00
休 なし　₱65（ガイド付き）

緑あふれる園内にチョウが飛び交う

■トゥビゴン・ルームウィーバーズ
協同組合
Tubigon Loomweavers Multi-
Purpose Cooperative
🚌ダオ・バスターミナルからバス
で所要約1時間30分、₱40。同ター
ミナルから乗り合いバンだと所
要約1時間、₱90。
🏠Pinayagan Norte, Tubigon
☎(038)408-9141、
0928-954-3145(携帯)
🕗8:00～17:00(日 10:00～15:00)
休なし

上質な手触りが特長の
ラフィア製品

■ツーリズム・インフォメーショ
ン・センター
Tourism Information Center
🚌コゴン・ターミナルCogon Ter-
minal(MAP P.274-1外)からジプ
ニーで所要約30分、₱25。
🏠Poblacion, Antequera, Bohol
☎0926-220-8748、
0998-386-4520(携帯)
🕗8:00～17:00
休なし

おみやげにもぴったり

■アンダ・ビーチ
🚌ダオ・バスターミナルからバ
スで所要約3時間、₱100(キナ
リ・ビーチで降りる)。

セブから最も近い港町　★★

トゥビゴン　MAP P.272-A1
Tubigon

セブからのフェリーが着くボホール島北西部の町。タグビ
ラランからではなく、こちらからボホールに入って南下する
のもおもしろい。漁業と農業に従事する人がほとんどで、こ
れといった見どころはないが、町の外れにラフィアヤシの織
物を製造、販売する**トゥビゴン・ルームウィーバーズ協同組
合**がある。ラフィアヤシはアフリカ
原産で、耐久性の高い高級素材と
して知られている。工場では現地の
人々が伝統的なパターンのランチ
ョンマットなどを作っている様子を
見ることができる。併設のショップ
にはカラフルな敷物やランチョンマ
ット(₱70～)が並び、高級素材にも
かかわらず値段は格安。ボホール
みやげにもおすすめだ。

工場で作業をする女性

かご作りの盛んな町　★★

アンティキエラ　MAP P.272-A2
Antequera

アンティキエラはタグビラランの北12kmにある小さな町。
2013年の地震で最も被害を受けた町でもある。カゴ作りがた
いへん盛んで、年に1度バスケットフェスティバルというイベ
ントが開かれるほど。質の高い籠製品を手に入れたいなら、
タグビラランからのジプニーが着く広場にある**ツーリズム・
インフォメーション・センター**へ。手に取ってみるとわかる

作っている様子を見学できる

が、造りがしっかりしていて、
しかも素朴で味がある。とても
リーズナブルなので思わずま
とめ買いしたくなってしまう。
これらの製品はボホールの一
級リゾートでも使用され、海
外にも輸出されている。

ボホール島の穴場的ビーチ　★★

アンダ・ビーチ　MAP P.272-B2
Anda Beach

人気上昇中のボホール島。パングラオ島のビーチは多くの
観光客でにぎわっているが、も
っと静かなビーチでゆっくりし
たいという人は、ボホール島の
南東の片隅にあるこちらのビー
チがおすすめ。まだまだ観光ず
れしていない素朴で美しいビー
チライフを過ごすことができる。

遠浅の美しいビーチが広がる

ロボック川でクルーズ体験

タグビララン からチョコレート・ヒルズへ向かう途中、左側に川が現れてくるが、とうとうと水をたたえて密林をぬうように走るこの川が、ロボック川 Loboc River。ここでは、川下りを楽しむことができる。

拠点となるのは、タグビラランから約24km東へ行った所にあるロボックLoboc村（→MAP P.272-A2）。中心部には、ボホール島で2番目に古いといわれるサン・ペドロ教会が立っている。

ここでは観光ツアー用の屋形船に乗るのがおすすめ。おいしいフィリピン伝統料理のランチを食べながら、ゆったりとクルージングを楽しむことができる。川下りの途中には川沿いの村に立ち寄り、船の上から地元の子供たちのダンスを鑑賞。船から降りて写真を撮影したり、一緒に踊ることも可能だ。シーズンにもよるが、1日に何度も出ているので、それほど待たされずに乗ることができる。所要約1時間で₱650。チケットは船着場近くで購入する。

ロボック村からさらに12kmほど行ったセビリャ Sevilla（→MAP P.272-A2）では、珍しい竹のつり橋が見られる。フィリピン人によると、映画『インディ・ジョーンズ』に登場する橋のモデルともいわれ、国内外の映画のロケでよく使われているそうだ。細い竹の木を縦横に巡らして造られていて、一見、かなり簡単な造りに見えるが、意外にしっかりしている。現在の橋は、1970年頃に架けられたものだ。現地の人はこの橋をいとも簡単に渡っていく。しかし、足を踏み出すたびにギシギシと音をたてて揺れるので、初めての人にとってはかなり怖い。

これらの村へ行くには、ダオ・バスターミナル（→P.274欄外）からロボック行きのジプニーがある。ロボックまでは40〜50分（₱27)、セビリャまでだと約1時間10分。

船上ビュッフェの様子

■ロボック村の宿泊施設
ロボック川のほとりに立つリゾートホテル。眺めが抜群のため、併設のレストランに立ち寄る客も多い。カヌーなどのアクティビティもアレンジしてくれる。

H ロボック・リバー・リゾート
Loboc River Resort
MAP P.272-A2
住 Camayaan, Loboc
TEL (038) 537-9342
URL www.lobocriverresort.com
料 SDP2499〜
室数 24
CC MV

セブからの1日ツアーに必ず含まれている

レストラン   Restaurants

セブやボラカイ島のように、世界各国の料理が揃っているわけではないが、ファストフードをはじめ、安価でおなかがいっぱいになるレストランが数多くある。また、観光客が訪れるエリアには、地元の特産品や民芸品を扱うみやげ物店も充実している。ボホール・クオリティ・モール（→MAP P.274-2）内にはフードコートもある。

ジェラルダズ $$
Gerarda's
MAP P.274-2
フィリピン料理

アンティーク家具や古い写真が飾られた店内で、フィリピン料理を中華風にアレンジした料理が楽しめる。魚介類の入ったシーフードカレカレは₱475。イカスミのシーフードヌードル（₱270）がおすすめ。

- JS Torralba St.
- TEL (038) 412-3044
- 営 8:00～14:00、17:00～22:00
- 休 なし
- CC AJMV

イカスミのシーフードヌードル

タンパー・コーヒー＆ブランチ $$
Tamper Coffee & Branch
MAP P.274-2外
カフェ

中国系フィリピン人のオーナーが経営する、タグビララン随一のおしゃれなカフェ。まったりできる気持ちのよい店内で、おいしいコーヒーが味わえる。食事のいち押しメニューはチキン＆ワッフル（₱195）。

- P. Del Rosario St. Cor. CPG East Ave.
- TEL (038) 422-8551
- 営 7:00～24:00
- 休 なし
- CC MV

フライドチキンが激ウマ！

ジャスト・シズリング $$
Just Sizzling
MAP P.274-2外
グリル

タンパー（→上記）の隣にあり、経営も同じ。おいしい鉄板グリルが食べられると評判のグリル料理店だ。プラッター（₱420～）、ポークリブ（₱299）など、ボリューム満点のメニューが揃っている。

- P. Del Rosario St.
- TEL (038) 412-0902
- 営 10:30～13:30、17:00～21:00
- 休 なし
- CC MV

きれいでカジュアルな店内

アル・フレスコ・ベイ・カフェ＆レストバー $$
Al Fresco Bay Cafe & Restobar
MAP P.274-1
イタリア料理

欧米人や現地の人でにぎわうイタリア料理店。フレッシュな水牛のミルクから作った自家製のモッツァレラサラダや、窯で焼く出来立てのピザ（₱300～）が美味。涼しいディナーの時間がおすすめ。

- G. Visarra St., Poblation2
- TEL (038) 422-8610
- 営 9:00～22:00
- 休 日
- CC 不可

ピザがおすすめ！

ジョジーズ・パイニタン・ボルアノン $
Jojie's Pa-initang Bol-anon
MAP P.274-1外
フィリピン菓子

ボホール発祥の伝統菓子店で、フィリピンのおいしいお菓子が食べられる。セブでもキオスクスタイルで出店（→P.238）しているが、こちらはカフェ風でその場で菓子を味わうことができる。ばら売りでひとつ₱5からと格安。

- Tagbilaran City Sq., Island City Mall
- TEL (038)411-0462
- 営 8:30～21:00
- 休 なし
- CC 不可

キャッサバケーキがおすすめ

ホテル   Hotels

町なかにはリーズナブルでこぢんまりとした宿が多く点在している。予約なしでふらっと立ち寄ってもたいがいは大丈夫だが、混み合うシーズン中には予約を入れておいたほうが無難だろう。たいていの宿でツアーのアレンジなどもしてくれる。また、周辺にはレストランやカフェも多くあり、ファストフード店なども各種揃っている。

ボホール・トロピックス・リゾート $$
Bohol Tropics Resort　MAP P.274-1外

客室はコテージタイプで、すべて海に面しているので眺めも最高。緑あふれる約4haの広い敷地内には、レストラン、プール、テニスコート、子供向けのアスレチック施設などが揃っている。

住 Graham Ave.
TEL (038) 235-6667
URL boholtropics.ph
料 SDP2348〜
室数 136
CC ADJMV

日本人もよく利用している

メトロセンター・ホテル＆コンベンションセンター $$
MetroCentre Hotel & Convention Center　MAP P.274-1

町なかでは最も大きなホテルのひとつ。レストランをはじめ、フィットネスセンター、プールなどホテル内設備が充実している。客室は広々としていて快適。スイートルームにはバスタブも付いている。港からの無料送迎あり。

住 CPG Ave.
TEL (038) 411-2599
URL metrocentrehotel.com
料 SDP2497〜
室数 72
CC ADJMV

デラックスルームにはツインタイプもある

キュウ・ホテル $$
KEW Hotel　MAP P.274-1外

タグビラランでは最も新しいホテルのひとつ。部屋は清潔感のあるモダンな雰囲気でとても快適。屋上からはタグビラランの町やパングラオ島を見渡せ、サンセットやサンライズも楽しめる。

住 J.A. Clarin St.
TEL (038)501-0730/8106
URL www.kewhotel.com.ph
料 SDP2700〜
室数 59
CC ADJMV

町でいちばん近代的なホテル

ラ・ロカ・ホテル $
La Roca Hotel　MAP P.274-1外

空港に近く、町の中心からトライシクルで3〜4分の所。高級リゾートとまではいかないが、プールやレストランなど設備が充実していて、町なかではワンランク上。サービス面もしっかりしている。

住 Graham Ave.
TEL (038) 411-3179
料 SDP911〜
室数 24
CC DJMV

シンプルな室内

クリセント・ビル・ホテル $
Chriscent Ville Hotel　MAP P.274-2

以前旅行ガイドを務めていたというオーナーのペンションハウス。島の見どころについて詳しく知っていて、ツアーの相談にも気軽に応じてくれる。客室は広くきれい。港への無料送迎も行っている。

住 Gallares St.
TEL (038) 411-4029
URL chriscentvillebohol.com
料 SDP1350〜
室数 24
CC ADJMV

モダンな中級ホテル

ニサ・トラベラーズ・ホテル
NISA Traveller's Hotel $ MAP P.274-2

客室はシンプルだが、清潔に保たれていて快適。何よりもオーナーやスタッフの優しい心遣いがうれしい。2階には開放的なオープンエアのテラス兼レストランがあり、食事以外にも自由に利用できる。

- 14 CPG Ave.
- TEL (038) 411-3731
- ⓈⒹ₱500（井田）
- Ⓢ₱700 〜 Ⓓ₱800 〜 900
- ⓈⒹ₱1200 〜 2400
- 室数 28
- CC 不可

15:00 〜 17:00にコーヒーのサービスがある

ヴィラ・アルズン・ツーリスト・イン
Villa Alzhun Tourist Inn $ MAP P.274-2外

埠頭から車で約10分。海沿いの静かな環境にあり、ゆったりと過ごせる。プールやレストラン、バーなどの施設も充実。格安でリゾート気分を満喫したい人におすすめ。この値段でプールが付いているのはうれしい。

- 162 V.P. Inting Ave., Mansasa District
- TEL (038) 412-3893
- ⓈⒹ₱1500 〜 2000
- 室数 10
- CC 不可

ジャクージ付きの広々としたプール

スリム・ペンション・ハウス
Slim Pension House $ MAP P.274-2

客室はベッドに机だけというシンプルな造りだが、必要設備は整っているので不便は感じない。さらに清潔に保たれているので、快適に過ごすことができる。宿泊者は欧米人のバックパッカーが多い。

- 35 F. R. Ingles St.
- TEL (038) 412-4858
- URL slimpensionhouse.com
- Ⓢ₱750 Ⓓ₱1050
- 室数 16
- CC 不可

シンプルだがなかなかきれい

タバーズ・ペンション・ハウス
Taver's Pension House $ MAP P.274-1

メイン通りから1本外れた所にあり、とても静かな環境に立っているので落ち着ける。ツアーのアレンジも可能。客室設備も十分で、デラックスルームには冷蔵庫が付いている。朝食はプラス₱110 〜。

- Remolador St.
- TEL (038) 411-4896
- URL www.taverspensionhouse.com
- Ⓢ₱900 Ⓓ₱1100 〜 1300
- Ⓕ₱1700
- 室数 31
- CC 不可

部屋はきれいでスタッフも親切

エレンズ・ベッド＆バス
Ellen's Bed & Bath $ MAP P.274-2

バックパッカー向けのリーズナブルなロッジ。さまざまなタイプの客室があり、バス、エアコン、電話付きのツインルームはきれいで快適だ。いずれの客室も、かわいらしいパステル調のインテリアでまとめられている。

- 2F E.Butalid Bldg., CPG Ave.
- TEL (038) 501-9431
- Ⓢ₱350
- ⓈⒹ₱500 〜 1000
- 室数 30
- CC 不可

室内は明るい雰囲気

VLガーデン・スイーツ
VL Garden Suites $ MAP P.274-2

ポホール・アベニュー・ホテルが名前を変えてリニューアルオープン。部屋も改装され、清潔でこまごまとした心遣いがうれしい。値段のわりにお得感がある。タグビララン中心部にあるので、何をするにも便利。

- Cor. CPG Ave. & MH del Pilar St.
- TEL (038) 411-3182
- Ⓢ₱1000 〜 Ⓓ₱1300 〜
- 室数 15
- CC 不可

タグビラランでは指折りのモダンな内装

世界でいちばん小さなメガネザル「ターシャ」

ちょっとひと息コラム

昼間はほとんど動かないので探しやすい

　ボホール島では、世界最小のメガネザル「ターシャ Tarsier」に出合える。大人でも体重が120gほどで体長10〜12cm、メスはこれよりもさらに小さい。夜行性の動物でコウモリやトンボが大好物という。ボホール島のほかにも、レイテ島やサマール島、ミンダナオ島、パラワン島にも生息している

　コレラ村にある**ターシャ・リサーチ＆ディベロップメント・センター**は、1日ツアーなどの観光ルート上にないので比較的すいていることが多い。入口を入ると自然のままの森が広がっており、ガイドがひとりついて場内を案内してくれる。昼間はほとんど動かないので、ガイドはターシャを探す風もなく、淡々と5匹程度見せてくれる。リサーチ・センターなので、こちらは特におみやげや食事をする施設もない。

　一方、1日ツアーで立ち寄ることの多い**ボホール・ターシャ・パーミティー・コーポレーション**はロボック村にあり、リバークルーズ乗り場も近い。こちらは団体ツアーのバスが乗り付けるため、混んでいることが多い。観光客目当てのおみやげも充実している。こちらは森の中にウオーキングデッキが敷かれており、それに従って進めばところどころでターシャを見つけられる。昼過ぎになると大勢の観光客で混雑するので、午前中に訪れると比較的すいている。

ターシャを撮影する旅行者。ナイーブなのでくれぐれも静かに

■ **ターシャ・リサーチ＆ディベロップメント・センター**
Tasier Research & Development Center
MAP P.272-A2
住 km14 Canapnapan, Corella
TEL 0908-937-8094(携帯)
開 9:00〜16:00　休 なし
料 ₱60(8歳以下無料)

■ **ボホール・ターシャ・パーミティー・コーポレーション**
Bohol Tasier Permittees Corporation
MAP P.272-A2
住 Villa Aurora, Bilar
TEL 0927-641-2063(携帯)
開 8:00〜17:00　休 なし
料 ₱80(5歳以下無料)

美しいリゾート地

パングラオ島

Panglao Island

MAP 折込表-C3

パングラオ島の
市外局番 ☎038

ACCESS

✈ 2018年末にボホール・パングラオ国際空港が開業（タグビララン空港から移転）。マニラからフィリピン航空が毎日6便程度、セブパシフィックが毎日4便程度運航。所要1時間40分、₱1800〜。

🚌 タグビララン（→P.273）から、ジプニーで所要1時間〜1時間30分、₱25。各ホテルで無料の送迎サービスも行っている。

ドルフィンウオッチングツアーに参加しよう！

ボホール島の沖合は多くのイルカが見られることでも有名。アロナ・ビーチなどからツアーがいくつも出ていて、現地旅行会社やホテルで手配してくれる。通常、早朝にボートで出発。スノーケリングを組み合わせたものやランチ付きのものも手配できる。ひとり₱3000程度〜。

美しい海が広がるアロナ・ビーチ

　パングラオ島はタグビラランとふたつの橋で結ばれた小さな島。いくつかの美しいビーチがあることからリゾート化が進んでいる。なかでも島の南端に位置する**アロナ・ビーチ Alona Beach**は、ホテルやダイビングサービスなどの施設が最も充実しており、のんびりと滞在しながら澄み渡る沖合の海でダイビングを楽しむ観光客でにぎわっている。

パングラオ島への行き方　ACCESS 🚌

　タグビラランの町なかにあるバスターミナル（→**MAP** P.274-2）から、パングラオ島行きのジプニーが出ている。アロナ・ビーチへは「Panglao」と記されたジプニーに乗り、途中下車。ジプニーは、そのまま島の西端にあるパングラオの町まで行く。

　また、パングラオ島へ続く橋のたもとでジプニーをひろう方法もある。トライシクルを使った場合は相場が₱300と決まっていて、アロナ・ビーチまでは約1時間近くかかる。

アロナ・ビーチには多くのホテルが立ち並ぶ

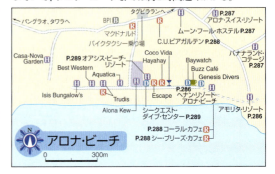

パングラオ島にある美しい教会

パングラオ島の歩き方　GETTING AROUND

ボホール・ビー・ファーム（→P.288）からの景色

旅行者のほとんどは、アロナ・ビーチを拠点に海水浴やダイビングを楽しむことになる。海岸沿いの通りにリゾートやレストラン、カフェ＆バー、そしてダイビングサービスの店舗が並んでいて、エリアの端から端まで歩いて回れる広さだ。観光案内所は通りのちょうど真ん中、内陸に少し入った所にある。

ザ・ベルビュー・リゾート（→P.286）のビーチ

■ヒナグダナン洞窟
🚌 タグビララからトライシクルまたはタクシーで所要約10分。アロナ・ビーチからは約1時間30分。
MAP P.272-A2
TEL (038) 502-3040
住 Dauis 開 8:00～17:00
休 なし 料 ₱50

パングラオ島の見どころ　ATTRACTION

島の北部の小さな町、ダウィスDauisから2～3km離れた場所に、**ヒナグダナン洞窟Hinagdanan Cave**がある。洞窟に出入りするには、はしごが必要なことから（地元の言葉でヒグダンhigdanとは「はしご」の意）、この名前がつけられた。長年の雨水の浸食によってできた洞窟で、天井から無数の鍾乳石が垂れ下がり、足元には淡水と海水が混じってできた地底湖が広がっている。天井に開いた穴から光が差し込み、真っ青な水面にキラキラ輝く様子は、とても幻想的だ。ここで泳ぐことも可能だが、敏感肌の人にはあまりおすすめできない。

青く澄んだ水が美しい

ちょっとひと息コラム

クジラ漁から観光業へ

パングラオ島の東約15kmに位置する**パミラカン島 Pamilacan Is.**（→MAP P.272-A2）には、ブライツウェールと現地で呼ばれる体長25m以上の巨大なゴンドウクジラがいる。パミラカン島では、このクジラの漁が昔から代々にわたり行われてきた。

クジラ漁に使う船は、なんと全長10m。海の王様を獲物とするには、意外なほど小さい。カヌーの両翼にバーを付けたバンカーボートで沖合、いわゆる「クジラの通り道」へと向かう。漁師たちは、果てしない海面の隅々に目を凝らし、勢いよく潮を吹く獲物を見つけると、全速力で獲物に近づいていく。そして、何隻かのバンカーボートで囲むようにして逃げ場を奪ったあとが、いよいよ正念場だ。

漁師のひとりが、ロープをつないだ大型のフックを両手で頭上に振り上げる。同時に、獲物の背中目がけてフックともども海に飛び込む。うまくそれが刺さると、次第にクジラは弱っていく。完全に弱るまで、漁師たちのバンカーボートは引きずり回されることになるが、そのへんは手慣れたものだ。静かになったクジラをロープでたぐりよせ、バンカーボートに横抱きにして港を目指す。

島の人々にとって、クジラによる収入は大きく、1頭で₱8万にもなる。ところが、漁師たちは言う。「子供たちを学校に行かせるためには、クジラ漁が必要だ。でも、本当はあまりクジラを捕りたくないんだ。子供たちが病気になるから……」。単なる自然保護という視点ではなく、島民たちの、自然へのよりいっそう深い畏敬の念が感じられる。

一方、旅行者に人気なのは、ホエールウオッチング。クジラ観察を楽しめる観光地として、パミラカン島がクジラ漁から方向転換を始めた。クジラ漁をやめ、観光地へと移行するための問題はまだ確かに残っている。しかし、あの「クジラの通り道」に姿を見せるクジラが、世界中から訪れる人々を楽しませ、パミラカン島に再び豊かな恵みを贈ってくれると信じる島の人々の思いは熱い。

（大和伸次）

ホテル&レストラン　Hotels & Restaurants

パングラオ島のリゾートは、そのほとんどがアロナ・ビーチ沿いに点在する。長期間滞在しながらダイビングを楽しむための人向けの安宿から、ゆったりくつろぎたい人向けの豪華なリゾートまで、宿泊施設のタイプは幅広い。近くにはレストランやカフェ、バーなども多く、食事に困ることはない。

ザ・ベルビュー・リゾート・ボホール　$$$
The Bellevue Resort Bohol　MAP P.272-A2

2012年にオープンした高級リゾート。目の前にはプライベートビーチが続き、スパやキッズクラブなど充実の施設を誇る。アースカラーを基調とした、モダン&ラグジュアリーな居心地のよい空間が広がっている。

- Brgy. Doljo, Panglao Is.
- TEL (038) 422-2222
- URL www.thebellevuebohol.com
- 料 SID P6300～
- 室数 159
- CC ADMV

日本人スタッフが常駐

エスカヤ・ビーチ・リゾート&スパ　$$$
ESKAYA Beach Resort & Spa　MAP P.272-A2

池やビーチもある、緑あふれる広い敷地内に一戸独立型のヴィラが点々と立つ、プライバシーを大切にした豪華リゾート。全室にプールまたはジャクージが付いていて、そのほとんどから海が眺められる。

- Panglao Is.
- TEL (038) 654-6480
- URL www.eskayaresort.com
- 料 SID US$445～
- 室数 15
- CC AJMV

夜になると灯で彩られるインフィニティプール

ヘナン・リゾート・アロナ・ビーチ　$$$
Henann Resort Alona Beach　MAP P.284

アロナ・ビーチにも近く、ヤシの木などの多くの緑に囲まれた静かな環境にあり、雰囲気も抜群。リゾート内設備やアクティビティも充実している。朝食ビュッフェ(→P.288)は種類が多く、外からもゲストがやってくる。

- Alona Beach
- TEL (038) 502-9141～4
- URL henann.com
- 料 SID 1万752～
- 室数 412
- CC ADJMV

大きなプールがある

アモリタ・リゾート　$$$
Amorita Resort　MAP P.284

2014年にリニューアルオープンした。客室のなかでもオーシャンビューとガーデンビューの2タイプがあるヴィラには、プライベートプールとガーデンが付いている豪華さ。ゆったりくつろぎたい人には最適。

- #1 Ester A. Lim Dr., Alona Beach
- TEL (038) 502-9002
- URL www.amoritaresort.com
- 料 SID P1万5000～
- 室数 98
- CC ADJMV

シンプルで居心地のよい室内

ボホール・ビーチ・クラブ　$$$
Bohol Beach Club　MAP P.272-A2

アロナ・ビーチから東へ2kmほどの所にある高級リゾート。美しいプライベートビーチを所有し、レストラン、バー、ダイビングサービスなどを併設している。2014年に全面改装をしているのでとてもきれい。

- Bo. Bolod
- TEL (038) 502-9222
- URL www.boholbeachclub.com.ph
- 料 SID US$210～
- 室数 88
- CC AJMV

明るい雰囲気の客室

286

ブルーウォーター・パングラオ・ビーチ・リゾート $$$
Bluewater Panglao Beach Resort MAP P.272-A2

　ビルディングとヴィラタイプの客室が各2タイプあり、ヴィラは全室プール付き。ファミリー用は1階がリビング兼ベッドルーム、2階がベッドルームの造りになっている。レストランやバーなどの施設も充実。

住 Danao
TEL (038) 416-0702
URL www.bluewaterpanglao.com.ph
料 SDP1万2000 〜
室数 86
CC ADJMV

ハンギングベッドと呼ばれる独特の造り

サウス・パームス・リゾート $$$
South Palms Resort MAP P.272-A2

　2013年末にオープン。広々とした敷地にはふたつの屋外プールのほか、テニスコートやスパなどが揃っている。ビルディングタイプとヴィラタイプの客室が計7種類あり、各ニーズに合わせた滞在が楽しめる。

住 Brgy. Bolod
TEL (038) 502-8288
URL www.southpalmsresort.com
料 SDP1万〜
室数 90
CC ADJMV

客室はシンプルで居心地のいい内装

アマレラ $$$
Amarela MAP P.272-A2

　海を見下ろす斜面に立つこぢんまりとしたリゾート。各客室の床や壁、調度品にはボホール伝統の素材が使われていて、なかでも一軒家を改装したボホールハウスは、コーラルストーンを使った趣のある造り。

住 Brgy. Libaong
TEL (038) 502-9497
URL www.amarelaresort.com
料 SDP7300 〜
室数 31
CC ADJMV

伝統家屋を改装したボホールハウス

アロナ・スイス・リゾート $$
Alona Swiss Resort MAP P.284

　リーズナブルなプチリゾート。庭には小さなプールがあり、セーフティボックスなど、客室の設備もなかなか充実している。インテリアもかわいらしく、セキュリティも万全。ビーチへのアクセスがやや不便。

住 Alona Beach, Tawala, Pangao
TEL 0939-214-6718（携帯）
URL www.alonaswissresort.com
料 SDP2000 〜
室数 16
CC 不可

料金のわりに広くて清潔な客室

バナナランド・コテージ $$
Bananaland Cottages MAP P.284

　緑豊かなガーデンに4つのかわいらしいコテージが並ぶ。室内はかわいらしい内装で、清潔。テラスにはハンモックがつるしてあり、バカンス気分を盛り上げてくれる。バーやランドリーサービスもあり。

住 Alona Beach, Tawala, Pangao
TEL (038) 502-9068
URL www.bananaland-cottages.com
料 CP1600 〜 1800
室数 6
CC 不可

豊かな自然を感じられるガーデン

ムーン・フール・ホステル $
Moon Fool Hostel MAP P.284

　アロナ・ビーチでは数少ないモダンなホステル。ツアー会社も経営しており、カヤックエイシアのツアー（→P.289）がおすすめ。全室共同バスだが、ドミトリー、バス・トイレとも清潔にされている。

住 Ester Lim Dr. Cor. Hontanosas Rd., Alona Beach
TEL (038) 544-1087, 0933-859-2444（携帯）
URL www.moonfools.com
料 SDP1200　Dm P630 〜
室数 6
CC 不可

バックパッカーの集まるラウンジ

コーラル・カフェ $$
Coral Cafe
MAP P.284
インターナショナル料理

ヘナン・リゾート(→P286)内のレストランで、ここの朝食ビュッフェ(₱671)は種類が豊富でおいしいと評判。開放的な店内でさまざまな料理が食べられる。ビーチ沿いのシー・ブリーズ・カフェでも同じビュッフェが楽しめる。

- Alona Beach, Tawala, Panglao Is.
- TEL (038)502-9141 〜 44
- 営 6:00 〜 10:00(朝食ビュッフェ)
- 休 なし
- CC ADJMV

ロビーの上階にある

C. U. ピアガルテン $$
C. U. Biergarten
MAP P.284
ドイツ、フィリピン料理

ドイツ人経営でドイツのおいしいビールとソーセージが楽しめるビアガーデン。現地の日本人もおすすめの店だ。早朝から営業していて、フィリピン風の朝食もおいしい。店内はセミオープンで、まさにビアガーデンの雰囲気。

- Sun Apartelle Resort, Alona Beach, Tawala, Panglao Is.
- TEL 0916-286-7729(携帯)
- 営 6:00 〜 22:30
- 休 なし
- CC ADJMV (₱500 〜)

ドイツビールは ₱270

ボホール・ビー・ファーム $$
Bohol Bee Farm
MAP P.272-A2
フィリピン料理

オーガニック野菜やハーブ、ビー・ファーム(養蜂場)で採れたオリジナルのハチミツを使ったヘルシーな料理が大人気。ヘルシードリンクや朝食メニューも揃っている。なかでも花びらを使用したサラダはおすすめ。

- Dao, Dauis
- TEL (038) 510-1822
- URL www.boholbeefarm.com
- 営 6:00 〜 22:00
- 休 なし
- CC ADJMV

開放的で広々とした屋外レストラン

ダイビングコラム DIVING COLUMN

ボホール島周辺のダイビングスポット

このエリアでダイビングポイントがあるのは、おもにボホール島周辺の3つの島。西側沖に浮かぶカビラオ島と、南西側に橋でつながっているパングラオ島、その沖のバリカサグ島だ。バリカサグ島やパングラオ島にあるリゾートをベースにするのが便利。

カビラオ島　MAP P.272-A1

3島のなかではマクタン島にいちばん近い。といってもボートで約2時間はかかる。バラクーダ・ポイントでは、ドロップオフの壁沿いで、ほぼ確実にバラクーダの群れと遭遇できる。ときには、ハンマーヘッドシャークも現れる。イールガーデン・スポットには水深25mあたりにガーデンイールのコロニーがある。

パングラオ島　MAP P.272-A2

アルクは、ドロップオフに開いた横穴が見事で、内側から見る海は幻想的だ。セルベラ・ショールでは、ハタ、バラクーダ、ツムブリなどの大物が狙える。

バリカサグ島　MAP P.272-A2

ボホール島周辺で最も人気があるスポット。セブ島からだとボートで6時間くらいかかる。歩いて30分ほどで1周できてしまう小さな島の周囲に、3つのスポットがある。島のリゾート前にあるドロップオフの壁は、タカサゴやクマササハナムロの群れに覆われていたりして、魚影の濃さもピカイチ。ギンガメアジの大群が渦をまいていることもあって圧巻だ。島の北側のカテドラルもドロップオフで入り組んだ壁にはケーブやアーチがあって楽しい。島の西側のブラック・フォレストでは、ハンマーヘッドシャークが期待できる。

ダイビングサービス　　　　　　　　　　Diving

パングラオ島でダイビングを楽しみたいのであれば、アロナ・ビーチを拠点にするのがいい。ビーチ沿いには多くの宿泊施設やレストランに加え、ダイビングサービスも多くあり、周辺のバリカサグ島やカビラオ島へのツアーも扱っている。なかには、日本人インストラクターが常駐しているサービスもあるので安心だ。

エメラルドグリーン・ダイビングセンター・ボホール店
Emerald Green Diving Center　　MAP P.272-A2

ブルーウオーター・パングラオ（→P.287）内。日本人経営で、きめこまやかなサービスがモットー。安心してダイビングが楽しめる。ドルフィンツアーなど、ダイバーでなくても楽しめるツアーも催行。

住 Brgy. Danao, Panglao Is. Bohol
TEL 0998-983-8387（携帯、日本語可）
URL www.emeraldgreen-bohol.com
体験ダイビング₱4000～（器材込み）
2ボートダイブ₱3750～（器材別）
ドルフィンウオッチングツアー₱3600（2名）
アイランドツアー₱4600（2名）
CC 不可

20年以上経営の老舗

シークエスト・ダイブ・センター
Sea Quest Dive Center　　MAP P.284

日本人が常駐しているダイビングセンター。ボホールで約30年営業している老舗で、隣接するオアシス・ビーチ・リゾートも経営。こちらもおすすめの宿なので、宿泊しながらダイビングするのもいい。

住 Alona Beach, Panglao
TEL (038)502-9063、0906-456-1438（携帯）
URL www.seaquestdivecenter.com
1ダイブ（器材別）₱1750、オープンウオーター₱1万9750
CC AMV

右が日本人スタッフの星さん

ちょっとひと息コラム
ホタルの乱舞に圧倒される！

ボホール島を訪れたら、ぜひ参加したいのがアバタンAbatan川沿いに生息するホタルを見学するリバークルーズ。日没後、両岸にマングローブやパンダナスが生い茂る川をボートで下っていくと、ところどころに点滅するホタルの光を発見。さらに進んでいくと、1本の大きなマングローブの木にイルミネーションのように光るホタルの群生を見ることができる。クルーズにはガイドが同乗し、ホタルの生態について説明をしてくれる。アバタン川へはパングラオ島から車で約40分。

また、クルーズ船ではなく、カヤックでホタルを見に行くツアーもある。基本的にパドラーとコンビになりカヤックは彼らが漕いでくれる。数ヵ所のスポットを巡ったあとはディナータイム。手作りのおいしい食事が待っている。ホタルを守るため、できれば手漕ぎのカヤックツアーへの参加をすすめたい。

■**アバタン・リバー・ビジター・センター**（クルーズ船）
Abatan River Visitor Centre
MAP P.272-A2
TEL (038)503-9655　URL riverlife.ph
料 ホタル観賞ツアー 1名₱400
貸し切り 1名₱800（2名参加の1名分の料金）
※ホテルや旅行会社などでもツアーの申し込み可。

■**カヤックエイシア　Kayakasia**（カヤック）
住 Bohol Casa Niño Beach Resort, Panglao
TEL 0932-855-2928（携帯）　URL kayakasia.org
Mail kayakbohol@gmail.com
料 1名₱2000　2名₱1000/人　3～5名₱700/人（送迎、食事込み）
※上記連絡先に氏名、連絡先、ピックアップ場所を伝える（パングラオ島も送迎可）。ムーン・フール・ホステル（→P.287）は同経営なので、宿で申し込みが可能。無人島に上陸しサンセットとBBQを楽しむツアー（₱2100）も提供している。

マングローブの木に集まるホタルの群生

ボラカイ島

　パナイ島の北西に隣接する細長い島ボラカイ島は、フィリピン有数のリゾート島。バカンス好きの欧米人の間では、早くから美しいビーチをもつ未開発の素朴な島として密かな人気を誇っていたのだが、ここ数年の間に開発が進み、今ではすっかりにぎやかなビーチリゾートとなった。とりわけ島の西側に広がるホワイト・ビーチWhite Beach沿いには高級リゾート、安宿、レストラン、バー、ディスコ、ダイビングサービスなどが軒を連ね、今ではフィリピン人や台湾人、韓国人といったアジア系の旅行者もよく見かける。

　だが、開発されたとはいえ、島に近代的な町が登場したというわけではなく、のんびりとしたビーチリゾートとして人気を集めている。

フィリピン有数のリゾート島

ボラカイ島

Boracay Island

  MAP 折込表-B3

半年間の閉鎖後、環境に優しく生まれ変わったボラカイ島

観光客に人気なのは、ボラカイ島の西側に約4kmにわたって延びる**ホワイト・ビーチWhite Beach**。ビーチ沿いには高級リゾート、安宿、レストラン、バー、ディスコ、ダイビングサービスなどが軒を連ね、多くの観光客でにぎわっている。

ボラカイ島への行き方　ACCESS

行き方はふたとおりある。最短距離は**パナイ島のカティクラン**まで飛行機で飛び、そこからトライシクルで港まで約10分走り、ボートでボラカイ島に渡る方法。もうひとつは、**パナイ島のカリボ**（→P.332）まで飛び、そこからバスでカティクランの港まで行き、そしてボートでボラカイ島へ渡るというもの。ただし、カティクラン空港の拡張工事が進み、カリボ空港の利用者は減りつつある。

飛行機でカティクラン空港に到着した場合は、客待ちしているトライシクルでカティクランの港へ向かう。

また、カリボからカティクランの港までは、エアコン付きの乗合バスを数社が運行している。カティクランの港まで所要約2時間、運賃は片道₱250前後（ボート代込み）。

港に着いたら、窓口でバンカーボートのチケット₱30（エアコン付きフェリー₱75）を購入し、さらに**港使用料**Terminal Fee₱100を支払う。**環境税**₱75をまだ支払っていない人は、ここでそれも支払う。荷物検査を受け、いよいよ乗り場へ。約15分でボラカイ島の**カグバン港**Cagban Jetty Port（→MAP P.290-B2）に到着する。港からは、トライシクルや送迎車で各ホテルへ。

> **ボラカイ島の市外局番 ☎036**

ACCESS

✈ マニラからカティクランへはセブパシフィック、セブゴー、PALエクスプレス、フィリピン・エアアジアがそれぞれ2〜5便運航。所要約1時間15分、₱1600〜。セブからカティクランへはセブパシフィック、フィリピン・エアアジアがそれぞれ2便運航。所要約1時間、₱700〜。

マニラからカリボへはセブゴー、PALエクスプレス、フィリピン・エアアジアがそれぞれ1〜3便運航。所要約1時間30分、₱1100〜。セブからカリボへはセブパシフィック、PALエクスプレスがそれぞれ1便運航。所要約1時間、₱700〜。

新ターミナルを整備中

カティクラン空港は新ターミナルを建設中。2019年10月現在、到着ロビーと出発ロビーで異なる建物が使われている。

個人で行ったほうがお得

2019年10月現在、カティクラン空港到着ターミナルにカウンターがあり、ボラカイ島までの移動パッケージ（空港→カティクラン港→カグバン港→ホテル）に申し込めるが、₱700と高く、グループでの移動となるので何かと不便。スタッフの手際も悪いので、個人で行ったほうがお得。

ボラカイ島の歩き方 GETTING AROUND

手書きTシャツをおみやげに

ボラカイに数軒出店しているハッピー・プラネットというみやげ物店では、手書きデザインのTシャツを購入できる。決まった絵柄だと1枚₱500〜、自分の名前を入れてもらうと₱750〜。ただし、完成までは丸1日かかるので注意。自分でデザインしたものをお願いすることも可能だが、割高で時間も余分にかかる。ちなみに洗濯してもとれない塗料を使用しているので安心。ここでしか手に入らないオリジナルのTシャツはボラカイのいい旅の記念になるはずだ。
※料金はTシャツ自体の代金込み。

S ハッピー・プラネット
Happy Planet
MAP P.292-B
TEL (036) 288-4736
営 8:00 〜 24:00
休 なし

メインロードでは、トライシクルと呼ばれるオートバイにサイドカーを付けた3輪の乗り物が簡単につかまえられる。こちらは庶民の足なので安く、近場に行く場合は₱60。乗り合いのトライシクルも走っており、こちらは近場であれば₱10。ホワイト・ビーチからカグバン港までは₱120〜。

南北に約7km、東西に1〜2kmの島の中心は、ホワイト・ビーチにあるボートステーション1とボートステーション3の間。ここには砂で固められたビーチ通りが走っていて、通り沿いには多くのホテル、レストラン、ダイビングサービスなどが軒を並べている。この通りは一応道らしくなっているが、ほとんど砂浜の延長といった感じ。極端にいえば裸足でも歩けてしまう。北から南までは、ゆっくり歩いても40分程度なので、散策しながら好みのレストランやギフトショップを探してみよう。

マウント・ロホ展望台から見たボラカイ島中心部

ビーチ通りを歩こう

　ビーチ通りを歩くときはボートステーションが目印となる。道を聞くにも、「ボートステーション3の近くの〜」などといった具合になる。中心は、ボートステーション2の南側あたりだ。この周辺は、いつも多くの観光客が集まり、にぎわっている。

　ここから南へ行き細い道を左に曲がると、魚や野菜、洋服、みやげ物などの屋台が集まったディー・タリパパd*talipapaがある。また、ボートステーション1と2の間にあるディー・モールd*mallには、レストランやバー、みやげ物屋など何でも集まっている。一度、散歩がてらのぞいてみるといいだろう。

観光の拠点となるホワイト・ビーチ

ボートステーション1〜3

　2006年にカグバン港に桟橋が完成して以来、ホワイト・ビーチのボートステーションは使われていないが、今でもほとんどの人が場所を示すための目安にしている。

両替をするには

　ホワイト・ビーチ各所に両替所があり、島内ではわりとレートがよい。日本円からの両替ももちろん可能だ。ボラカイ島では銀行、私設の両替所、あるいは観光案内所でも両替ができるが、どこもレートはマニラより悪い。なるべくマニラの両替所で、ペソへの両替を済ませておこう。また、ATMはよく見られるのでキャッシングなどに利用するといい。

ボラカイ島

293

アイランドホッピングなどでも使われるバンカーボート

マリンスポーツを楽しむ

　大きなリゾートでは、独自のマリンスポーツ施設をもっていることもあるが、たいていはビーチで別営業のショップに行って用具を借りたり、インストラクターを頼んだりということになる。ショップによって多少の違いがあるが、料金の目安は下記のとおり。
- ●スノーケリングセット
₱500 〜 /1日
- ●水上オートバイ
1台₱3500 〜 /30分
- ●バナナボート
1人₱500 〜 /15分
- ●パラセイリング
1人₱5000 〜 /15分

さまざまなアクティビティが楽しめる

■マウント・ロホ展望台
TEL (036) 288-1029
開 6:00 〜 18:00
休 なし　料 ₱120
※2019年10月現在、閉鎖中。

高台に建つ展望台

■プカシェル・ビーチ
　ボートステーション1からトライシクルで約15分、₱150 〜。ボートでも行ける。

息をのむようなきれいなビーチが広がる

294

島の中心を走るメインロード

　ビーチ通りは、そのところどころから内陸のメインロードMain Rd.へ抜けられる道が延びている。特にボートステーション3の前の道は幅が広く、トライシクルも通れて便利だ。

　メインロードおよびそこへ続く道は庶民の町。学校や病院があるほか、雑貨店、パン屋、安食堂なども点在していて旅行者が散策しても楽しい。周辺には、民泊をさせてくれる家や安宿などがあり、ボラカイに長く、安く滞在したいバックパッカーなら、いろいろと聞いて回るのもいいだろう。

素朴な風景が広がる北部と南部

　島の北端には**ヤパック Yapak**、島の南端には**マノック・マノック Manok-Manok**という小さな村（バランガイ）がある。ここでは、島の庶民ののんびりとした日常の生活が垣間見られる。

ボラカイ島の見どころ　　ATTRACTION

　見どころの多くは海からアクセスしたほうが楽なので、バンカーボートで島を巡るツアーが頻繁に催行されている。3時間くらいのものからランチ込みの1日ツアーまで、たいていのホテルで手配してくれる。料金の相場はランチ込みの1日ツアーで₱2500前後。**プカシェル・ビーチ Puka Shell Beach**（→下記）、**クロコダイル島 Crocodile Is.**（→P.295）などを回る。

ボラカイ島周辺を一望　　★★
マウント・ロホ展望台　　MAP P.290-A1
Mt. Luho View Deck

　ボラカイ島でいちばん高い山、マウント・ロホは島の東側、島の真ん中よりやや北に位置する。頂上には展望台があり、ボラカイ島の美しい緑と海岸線を見下ろすことができる。天気がよければ近隣の島まで見渡せ、特に夕暮れの景色は最高だ。

ボラカイ島で最も美しいビーチ　　★★★
プカシェル・ビーチ　　MAP P.290-A1
Puka Shell Beach

　細長い島の北端にあるビーチで、以前は砂の中にプカシェルがたくさん交ざっていた。しかし、その丸くてかわいい貝はアクセサリーなどに使うためひろい集められ、今では激減している。ビーチにはビーチチェアをずらりと設置したレストランが並び、アジアからの観光客で大にぎわい。いちばん奥まで行けばすいていることもある。

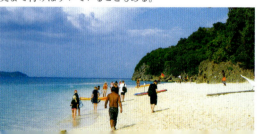

静かに過ごせる穴場のビーチ ★★
イリグ・イリガン・ビーチ MAP P.290-A1
Ilig Iligan Beach

プカシェル・ビーチが定番のデイトリップビーチだとしたら、こちらは隠れ家的なビーチ。海の透明度や青さはプカシェルに劣るが、静かなビーチでリラックスしたい人には最適といえるだろう。もちろんこちらでもビーチアクティビティは可能。海の家風のレストランも営業している。

地元の子供たちの姿も見られる

スノーケリングにおすすめ ★★
クロコダイル島 MAP P.290-B2
Crocodile Is.

ボラカイ島の南端の東にある小さな島。島の形がクロコダイル（ワニ）に似ていることからこの名がつけられた。島へはボラカイ島からアイランドホッピングなどでアクセスでき、のんびりスノーケリングを楽しむには最高の場所だ。遠浅のビーチが続くボラカイ島はスノーケリングスポットはあまりないが、この島の周囲はダイビングスポットになっているほどで、サンゴが美しい。

冒険気分に浸れる ★★
クリスタル・コーブ MAP P.290-B2
Crystal Cove

ボラカイ島南東沖、パナイ島との間にある**ラウレル島 Laurel Is.**（→MAP P.290-B2）。この島にはクリスタル・コーブという洞窟がある。入口で入場料を払い、ゲートをくぐると坂道がある。ここを上っていくと小さな岩穴が現れ、そこから波が岩に打ちつける大きな洞窟へはしごが下りている。ここには、懐中電灯でよく照らさないとわからないが、クリスタルに輝く岩があるという。ボートステーション3からバンカーボートをチャーター（1時間₱300が相場）して行く。

ラウレル島への移動はバンカーボートで

■イリグ・イリガン・ビーチ
ボートステーション1からトライシクルで約15分、₱150〜。

ボラカイ・ニューコースト
2018年ごろから島の北東部でボラカイ・ニューコーストと呼ばれる地区の開発が進んでいる。数軒のリゾートに、商業施設もオープン予定。今後の展開が楽しみだ。すでに H サヴォイ、H ベルモントなどが開業しているが、これらの最寄りのビーチがイリグ・イリガン・ビーチ（→左記）となる。

■クロコダイル島
🚤 ボラカイ島からはボートで30〜40分の沖合にあるので、自力で行くのは難しい。アイランドツアーなどに参加するといいだろう。

■クリスタル・コーブ
🚤 クロコダイル島（→上記）と同様。
開 8:00〜17:00　休 なし
料 ₱200
※2019年10月現在、閉鎖中。

マッサージをするなら
ホワイト・ビーチにはマッサージをしてくれる年配の女性が何人かいて、1時間₱300くらいでやってくれる。なかなか気持ちいいので頼んでみてもいいだろう。本格的なマッサージがいいなら、ホワイト・ビーチの南端、メインロード沿いにスパ施設がある。
●マンダラ・スパ
　Mandala Spa
MAP P.293-D
TEL (036) 288-5858
URL www.mandalaspaboracay.com
営 10:00〜22:00
休 なし

ゴルフをする
ボラカイ島でゴルフを楽しむのもいいだろう。
●フェアウェイズ＆ブルーウォーター・リゾート・ゴルフ＆カントリークラブ
　Fairways & Blue Water Resort Golf &Country Club
MAP P.290-A1
URL www.fairwaysandbluewater.com.ph

レストラン

Restaurants

レストランの多くは、観光客が集まるホワイト・ビーチ沿いに集まっている。散歩がてら、いろいろな店をのぞいてみるのもいいだろう。また、ボートステーション1と2の間にあるディー・モールには、ファストフードからフィリピン料理をはじめイタリア、ギリシア、ドイツ料理と各国料理のレストランが揃っている。

ノニーズ $$
Nonie's
MAP P.293-C
インターナショナル料理

ホワイト・ビーチでは最もおすすめのレストラン。ローカルの新鮮な食材を使ったおいしいカフェ飯が食べられる。メニューはインターナショナルだが、フィリピンテイストも感じられる。1食₱300程度。店内のインテリアもすてき。

住 Hue Hotel and Resorts, Station 2
TEL 0912-394-8948（携帯）
URL www.nonies.com.ph
営 9:00 ～ 22:00
休 なし
CC MV

盛り付けも味も繊細

パマーニャ $$
PAMANA
MAP P.292-A
フィリピン料理

伝統的なフィリピン料理はもちろん、おしゃれにアレンジしたものまで幅広いメニューを揃え、値段もリーズナブル。ホームメイドのグラマンジュース（₱75。寒天ゼリーが入った飲み物）がおすすめ。メイン₱200 ～ 。

住 Balabog
TEL (036) 288-2674
営 8:00 ～ 22:30
休 なし
CC 不可

マニラやタガイタイにも出店している

カフェ・デル・ソル $$
Café del Sol
MAP P.292-A～B
カフェ

ボラカイ島でコーヒーとケーキが欲しくなったら、ここへ。チーズケーキなどは、甘さ控えめで食べやすい。コーヒーは味も香りも本格的で、エスプレッソやカフェラテなどがあるのもうれしい。

住 Balabog（ディー・モール内）
TEL (036) 288-5573
URL cafedelsol.com.ph
営 7:00 ～ 23:00
休 なし
CC AMV

テイクアウトも可能

ニギ・ニギ・ヌ・ヌース $
Nigi Nigi Nu Noos
MAP P.292-B
フィリピン料理ほか

同名のホテル（→P.302）に併設されているレストラン。バンブー造りの野趣あふれる店内で、シーフード、ピザ、フィリピン料理などバラエティ豊かな料理を楽しめる。朝食₱160 ～ 。店内はジャズが流れている。

住 Manggyad
TEL (036) 288-3101
営 6:00 ～ 24:00
休 なし
CC AMV

中庭に面したテラスが心地よい

ドス・メスティソ $$
Dos Mestizos
MAP P.293-C
スペイン料理

ボラカイでは最も有名なスペイン料理店。スペイン料理店だけあり高めの値段設定だが、味は確か。特にパエリアがおすすめで、値段は小サイズが₱900、中₱1560、大₱2350となっている。

住 Calle Remedios, Sitio Manggayad
TEL (02)288-5786
URL dosmestizos.com
営 11:00 ～ 23:00
休 なし
CC ADJMV

イカスミの入ったパエリア・ネグラ

チャチャズ・ビーチ・カフェ $$
Chacha's Beach Cafe
MAP P.292-B
インターナショナル料理

　朝食ビュッフェが人気のビーチサイドカフェ。ホテル併設のレストランだが、おいしい料理を求めて外部からもゲストがやってくる。朝食ビュッフェ（₱703）には垢抜けたメニューの数々が揃い、味もおいしい。ランチにもおすすめ。

住 Station 2 Beach Front, Brgy. Balabag, Malay
TEL (036)288-2634
URL coastboracay.com
営 6:00 ～ 24:00
休 なし
CC AMV

ビーチ沿いのセミオープンのテーブル

レモン・カフェ $$
Lemon Cafe
MAP P.292-A～B
カフェ

　スタイリッシュなカフェ。チキングリル、ステーキ、パスタなどが揃い、朝食セット（₱200 ～）は時間を問わずいつでも食べられる。2階のベーカリーで焼き上げた自慢のケーキやクッキーもぜひ試したい。

住 Balabog（ディー・モール内）
TEL (036)288-6781
営 7:00 ～ 23:00
休 なし
CC MV

ディー・モールの広場に面する

アリア $$
Aria
MAP P.292-A～B
イタリア料理

　「ボラカイでイタリアンを食べるなら、ここ」と言う人もいるほどのレストラン。心地よいオープンエアのテーブルからは、海も眺められる。パスタやピザ、メインディッシュ、ワインなどが多彩に揃っている。

住 Balabog（ディー・モール内）
TEL 0777-288-5573
URL www.aria.com.ph
営 11:00 ～ 23:00
休 なし
CC AJMV

ピザは₱580 ～

ヴァルハラ $$
Valhalla
MAP P.292-A～B
西洋料理

　ディー・モール内にあるステーキやパスタが評判の洋食レストラン。Tボーンステーキが₱1750など全体的に高めだが、焼き方にもこだわったおいしい肉が食べられる。パスタは₱195 ～。店内はセミオープンで開放的。

住 Balabog（ディー・モール内）
TEL (036)288-5979
営 8:00 ～ 23:00
休 なし
CC MV

手頃なサイズのフィレミニョン（₱695）

シーマ $$
Cyma
MAP P.292-A～B
ギリシア料理

　ボラカイでは珍しいギリシア料理のレストランで、観光客、地元の人を問わず人気がある。名物は、チーズをオーブンで焼いたサガナキ。目の前でアツアツの鉄板の皿にブランデーをかけてくれる。

住 Balabog（ディー・モール内）
TEL (036)228-4283
営 10:00 ～ 23:00
休 なし
CC MV

屋内もいい雰囲気

サニー・サイド・カフェ $$
Sunny Side Café
MAP P.293-C
カフェ

　魅惑的な朝食メニューが1日中楽しめる人気のカフェ。特に巨大なパンケーキが名物で、ひとりならハーフサイズで十分。ほかにスムージーボウル（₱195）やエッグベネディクト（₱275 ～）、フィリピン風の朝食などがある。

住 Station 3 Beachfront, Boracay Sands Hotel
TEL (036)288-2874
URL www.thesunnysideboracay.com
営 7:00 ～ 22:00（7 ～ 10月 ～ 19:00）
休 なし
CC MV

紅紫イモのパンケーキ

ダイビングサービス　Diving

ダイビングサービスの数も現在20数軒と充実している。サービスを併設しているリゾートホテルも多い。日本人インストラクター常駐のサービスも多く、言葉の心配も不要だ。ただし、特にライセンス取得などの場合、最後まで日本人スタッフがケアしてくれるのかをしっかり確認したい。

アイランド・スタッフ
Island Staff　MAP P.293-D

サーフ・サイド・ボラカイ・リゾート＆スパ（→P.302）の隣にある。最大の魅力は、水中で魚をじっくり見せてくれること。また、4人にひとりの割合でインストラクターが付いてくれるなど、安全面も重視している。

- Angol
- TEL (036) 288-3316
- URL diveshop-islandstaff.jp
- 体験ダイビング ₱3300/約2時間30分（器材込み）、1ボートダイブ ₱2000（器材込み）、PADIライセンス取得（オープンウォーター）₱2万5000/3日間（器材、申請書込み）　※ホテルまでの送迎あり（無料）
- CC MV（日本円での支払い可）

日本人経営なので安心

ボラカイ・スクーバ
Boracay Scuba

ディー・モールの近くにある日本人経営のダイビングサービス。少人数制なのでていねいなサービスを受けられる。ボラカイ滞在歴の長い日本人オーナーがいて安心。マリンアクティビティも充実。

- c/o The Boracay Beach Resort, White Beach, Station1, Balabag
- TEL (036) 288-1784
- URL boracay-scubadiving.com
- 体験ダイビング ₱3000（器材込み）ファンダイブ ₱1800（器材込み）PADIライセンス取得（オープンウォーター）₱2万2000/3～4日間（器材、申請書込み）
- CC ADJMV

※2019年10月現在休業中。移転して再開予定

アクアライフ・ダイバーズ・アカデミー
Aqualife Divers Academy　MAP P.293-C

スタッフはボラカイの海を知り尽くした、経験豊富なダイバーばかりだ。日本語の話せるフィリピン人や日本人インストラクターが常駐しているので、言葉の心配もない。マリンスポーツなどの予約も行っている。

- Manggayad
- TEL (036) 288-3276
- URL boracayaqualife.weebly.com
- 体験ダイビング ₱3000/3時間（器材込み）1ボートダイブ ₱1800（器材込み）PADIライセンス取得（オープンウォーター）₱2万5000/2～3日間（器材、申請書込み）
- CC ADJMV

頼りがいのあるインストラクターたち

ビクトリー・ダイバーズ
Victory Divers

周辺の海だけで5300本以上も潜っているドイツ人オーナーのビクターさんによる、冒険心あふれるサービス。マーメイドのフィンを付けてダイビングができるスクーバマーメイドも人気。

- Manggayad
- TEL (036) 288-3209
- URL diving-mermaid.info
- 体験ダイビング ₱3000/3時間（器材込み）1ボートダイブ ₱1800（器材込み）PADIライセンス取得（オープンウォーター）₱2万2000/3～4日間（器材、申請書込み）
- CC MV

※2019年10月現在休業中。移転して再開予定

MEMO　ボラカイでマーメイドに変身！？

フィリピン各地で人気のマーメイドフォト。ボラカイではフィリピン・マーメイド・スイミング・アカデミー Philippine Mermaid Swimming Academy がサービスを行っている。水着にマーメイドのコスチュームを付けてビーチで遊んだり、写真撮影をしたり。アカデミーというだけあって、ひれを付けての水泳レッスンなどもあるが、より手軽に30分の写真撮影のみ（₱1000～）というメニューもあるのでぜひ試してみよう。

URL www.philippinemermaidswimmingacademy.com

ダイビングコラム DIVING COLUMN

初心者から上級者までを魅了するボラカイ島

ボラカイ島周辺の海では、マクロ系（小さな生物）から愛らしいトロピカルフィッシュ、そして大物まで、さまざまな生物が見られる。地形的にも、初心者から上級者までが楽しめる環境が揃っている。ダイビングサービスのアイランド・スタッフ（→P.298）代表、坂中優子さんに、ボラカイ島の代表的なダイビングスポットをいくつか紹介してもらった。

各スポットへはバンカーボートで移動する

カミアⅡ
深度30mの所に船が沈む、代表的なスポットのひとつ。ツバメウオの群れをはじめ、ニシキフウライウオ、カミソリウオなどが見られる。ウミウシや甲殻類も豊富。

ヤパック
水深約30mの棚から始まるドロップオフ。ドリフトダイビングのポイントで、中級・上級者向け。特に12〜4月は、50匹ほどのイソマグロの群れを見られる。

プンタ・ブンガ
出合える魚は大物からマクロ系までと幅広い。ウミウシの種類が多く、図鑑にも載っていないようなものさえ見られる。ピグミーシーホースに出合える確率も高い。

バリンハイ
水深9〜20mのショートドロップオフで、水底は一面砂地とガレ場からなる。ハゼの種類が豊富で、ウミウシ類も珍しいものが多い。マンタやマダラトビエイに遭遇することも。

クロコダイル
生物の種類が多いのはもちろん、サンゴのきれいさはボラカイでいちばん。ただ、潮の流れを考慮して潜る必要がある。

フライデーズロック
最大でも水深18mで、初心者でも楽しめる。バラフエダイやミゾレチョウチョウウオの群れに出くわすと、前が見えないほど。日本では珍しいトウアカクマノミも見られる。

オン・ザ・サンド
※オリジナルポイントのため、地図上には記載していません

アイランド・スタッフのオリジナルポイント。ただし6〜11月限定。運がよければ、ミミックオクトパスやハナイカに出合える。ボラカイ島周辺ではここでしか見られないティラーズガーデンイールも生息している。

沈没船があるカミアⅡ

ホテル

Hotels

雨季と乾季がはっきりしているため、宿泊料金はシーズンで違ってくる。ローシーズンは6月〜11月半ば、ハイシーズンは11月半ば〜5月。ローシーズンには強い海風が吹いて砂を舞い上げるので観光客も少なくなるが、料金が安くて人も少なく、狙い目のシーズンでもある。

シャングリ・ラ ボラカイ リゾート＆スパ $$$
Shangri-La's Boracay Resort & Spa　MAP P.290-A1

島北部の静かな場所に立つ豪華リゾート。客室は、デラックス、プレミア、スイート、ヴィラの4タイプ。なかでも1棟タイプのヴィラは特に豪華で、プライベートプールやジャクージが付いている。

住 Barangay Yapak
TEL (036) 288-4988
URL www.shangri-la.com
予約・問合せ シャングリ・ラ ホテルズ＆リゾーツ（日本）
Free 0120-944-162　SDP2万〜
室数 219　CC ADJMV

ジャクージ付きのツリーハウス

ヘナン・リージェンシー・リゾート＆スパ $$$
Henann Regency Resort & Spa　MAP P.292-B

島随一の大型ビルディングタイプのリゾート。オーシャンビューの客室もあり、広々としたガーデンと大きなプールを囲むように建てられている。室内もシックにまとめられ、ジャクージ付きの部屋もある。

住 Beach Front, Station 2, Balabag
TEL (036) 288-6111
URL henann.com
SDP8088〜
室数 302
CC AMV

落ち着いた室内

フライデーズ・リゾート・ボラカイ $$$
Fridays Resort Boracay　MAP P.290-A1

ナチュラル感覚を大切にした、欧米人に人気のリゾート。ヤシの木が茂る広い敷地内には広々として開放的なプールがあり、直接ビーチへ出られるようになっている。客室は、全室バルコニー付き。

住 Malay 5608 Aklan
TEL (036) 288-6204
URL www.fridaysboracay.com
SDP7524〜
室数 40
CC MV

自然の素材を生かした造りになっている

ディスカバリー・ショアーズ・ボラカイ $$$
Discovery Shores Boracay　MAP P.290-A1

ラグジュアリーな滞在が楽しめる大型リゾート。青空に映える白い棟が山の傾斜に立ち並び、ほとんどの客室、そしてオープンエアのレストランやバーから海が一望できる。スパ施設も充実している。

住 Station 1, Balabag
TEL (036) 720-8888
URL www.discoveryshoresboracay.com
SDP1万7000〜
室数 87
CC ADJMV

すべての客室がベランダ付き

クリムゾン・リゾート＆スパ・ボラカイ $$$
Crimson Resort & Spa Boracay　MAP P.290-A1

2017年オープンしたボラカイで指折りの高級リゾート。カティクランの港から専用ボートでリゾートに直接アクセスできる。モダンでスタイリッシュな客室棟が特徴で、サービスも一級。とびきりきれいなビーチもすばらしい。

住 Brgy. Yapak, Boracay 5608
TEL (036)669-5888
URL crimsonhotel.com/boracay
SDP1万5000〜
室数 192
CC AMV

おすすめの高級リゾート

ル・ソレイユ・ド・ボラカイ $$$
Le Soleil de Boracay
MAP P.292-B

ビーチに面した好ロケーション。洗練されたサービスとアンティーク調のおしゃれな客室が心に残るリゾート。全体的にリゾート感のある明るい雰囲気で、プール、バー、レストランと施設も万全だ。

住 Station 2, Manggayad
TEL (036) 288-6211
URL www.lesoleil.com.ph
料 SDP6500～1万6000
室数 77
CC AJMV

ホテル内設備も充実している

ベルモント・ホテル・ボラカイ $$$
Belmont Hotel Boracay
MAP P.290-A1

2019年、島の北東で新たに開発の進むボラカイ・ニューコーストに誕生したホテル。全体的にカジュアルなイメージで。徒歩すぐの場所に専用のビーチもある。近くには同グループのサヴォイ・ホテルもオープンしている。

住 Newcoast Dr., Boracay Newcoast, Brgy Yapak
TEL (036)286-2200
URL www.belmonthotelboracay.com
料 SDP4326～
室数 442
CC ADJMV

インテリアの色遣いもカジュアル

ヒュー・ホテルズ&リゾーツ・ボラカイ $$$
Hue Hotels & Resorts Boracay
MAP P.293-C

2017年オープンの都会的なホテル。メイン通り沿いだが、広い敷地にテナントとしておしゃれなレストランやカフェなども入っており、快適に過ごせる。客室はモダンな造りで、各設備も最新のものを採用している。

住 Station 2, Main Rd.
TEL (036)286-2900
URL thehuehotel.com
料 SDP5000～
室数 127
CC MV

広々とした吹き抜けのホール

トゥー・シーズンズ・ボラカイ・リゾート $$$
Two Seasons Boracay Resort
MAP P.290-A1

「バーロ・レスト・ラウンジ」というレストラン&バーがあり、ここのチーズピザは大人気。スタッフはほどよい距離感で接してくれ、きめこまやかなサービスが受けられる。シャトルバスがあるので、移動も便利。

住 Station 1, Balabag
TEL (036) 288-4384
URL twoseasonsresorts.com
料 SDP5500～
室数 34
CC AJMV

広々としたファミリールーム

リンド・ボラカイ $$$
The Lind Boracay
MAP P.290-A1

ステーション1の端に位置するカジュアルな5つ星ホテル。細部にわたるスタイリッシュなデザインが特徴で、最高のパノラマが楽しめるインフィニティプールもある。ボラカイでは珍しいシービュールームがおすすめ。

住 Station 1, Barangay Balabag
TEL (02)8835-8888（内線8613)
URL www.thelindhotels.com
料 SDP1万2960～
室数 119
CC MV

ビーチ沿いにあるインフィニティプール

ザ・ディストリクト・ボラカイ $$$
The District Boracay
MAP P.292-A

ビーチフロントの人気中級ホテル。すっきりとしたシンプルな外観で、日当たりにこだわった造りが特長。客室は白と黒を基調としたシックで品のある色合いにまとめられている。レストランも人気。

住 Station 2, Brgy. Balabag
TEL (02)8234-9058
URL www.thedistrictboracay.com
料 SDP1万2100～
室数 48
CC ADJMV

ホワイト・ビーチの人気ホテル

シー・ウインド・リゾート $$$
Sea Wind Resort
MAP P.290-A1

スタッフのホスピタリティあふれるサービスが印象的な、こぢんまりとしたリゾート。客室をはじめ、全体的に自然の素材を存分に生かした造りになっていて、木のぬくもりを感じる落ち着いた雰囲気が漂っている。

住 1 R&G Tirol Pak, Balabag
TEL (036) 288-3091
URL www.seawindboracay.ph
料 SDP1万〜
室数 54
CC MV

客室は広々としていて開放感いっぱい

アルタ・ビスタ・デ・ボラカイ $$
Alta Vista de Boracay
MAP P.290-A1

自然豊かな北部に位置する大型リゾート。全室バルコニー付きで、ロフトタイプの客室はリビングスペースがあり、まるで別荘にいるかのよう。周囲はゴルフ場などに囲まれ、最高の解放感を味わえる。

住 Barangay Yapak
TEL (036)288-9888
URL altavistadeboracay.com.ph
料 SDP3000〜
室数 408
CC AMV

ロフトタイプの客室

ニギ・ニギ・ヌ・ヌース $$
Nigi Nigi Nu Noos
MAP P.292-B

ボートステーション2の近く、ホワイト・ビーチのほぼ中央にある。敷地内には自然があふれ、客室はリラックスムードたっぷりのコテージタイプで欧米人に人気がある。同名のレストラン（→P.296）を併設。

住 Manggayad
TEL (036) 288-3101
URL niginigi.com
料 SDP2400〜
室数 34
CC MV

伝統的なフィリピンスタイル

ピンジャロ・リゾート $$
Pinjalo Resort
MAP P.293-C

ニギ・ニギ・ヌ・ヌース（→上記）と同じ英国人オーナーの経営。緑に覆われたガーデンを囲むように客室棟が立ち、小規模ながら居心地のよい空間が広がっている。料金のわりにお得感のある宿。

住 Station 3, Manggayad
TEL (036)288-2038
URL www.pinjalo.com
料 SDP3600〜
室数 20
CC AJMV

ヨーロピアンらしいセンスが感じられる

パティオ・パシフィック・ボラカイ $$
Patio Pacific Boracay
MAP P.292-A

旧ピンク・パティオ・リゾート。ジム、レストラン、ウオールクライミング施設などのサービスが充実している。ビーチに面していないのが残念だが、各種マリンアクティビティやツアーをアレンジしてくれる。

住 Station 1, Balabog
TEL (036) 845-2222
URL www.patiopacificboracay.com
料 SDP5000〜
室数 64
CC MV

派手過ぎず洗練された雰囲気の室内

サーフ・サイド・ボラカイ・リゾート＆スパ $$
Surf Side Boracay Resort & Spa
MAP P.293-D

ダイビング雑誌でもおなじみのダイビングサービス「アイランド・スタッフ」（→P.298）が隣にある、ボラカイでは数少ない日系のリゾート。ホテルタイプの客室は清潔で快適、設備も充実している。

住 Angol Manok-Manok
TEL (036) 288-5006/5049
URL www.boracaysurfside.com
料 SDP2400〜
室数 16
CC JMV

きれいで快適な客室

302 冷房 ファン トイレ 水シャワー 温水シャワー バスタブ テレビ ミニバー 冷蔵庫 ネットフリー 朝食 日本人スタッフ

※囲と記してある場合は共同となります。

サマール島

　サマール島は、ビサヤ諸島で2番目に大きい島。セブやボラカイなどリゾートの島に比べるとほとんど観光地化されておらず、フィリピンの素顔に出合える島でもある。島は、東サマール、北サマール、西サマールの3つの州に分けられる。島のほとんどは緑深い山岳地帯となっていて、島の南側には国立公園があり、北部と西側沿岸には美しいビーチが点在する。この島にはワライWarayと呼ばれる人々が住んでいて、タガログ語ともビサヤ語とも違うワライ語を使っている。サマール島の気候は、年間を通して雨が多い。乾季は5〜6月くらいで、11月初旬〜2月の雨量はかなりのものとなる。さらに10〜12月には大きな台風がよくやってくる。サマール島に行くのなら、5〜9月がおすすめ。

サマール島の空の玄関口

カルバヨグ
Calbayog

MAP 折込表-C3

カルバヨグの
市外局番 ☎055

ACCESS
✈ クラークからPALエクスプレスが火、木、土の週3便運航。所要約1時間20分、₱2300〜。
● PALエクスプレス
住 カルバヨグ空港内
TEL (055) 209-3976

川沿いにある公園、ニジャガ・パーク

　西サマール州の商業、工業、漁業が中心の町。周辺には多くのビーチがあるほか、滝や鍾乳洞、温泉が数多く点在し、「滝の町」としても知られている。

■観光局
MAP P.304右
TEL (055) 209-1776
開 8:00〜17:00
休 土・日

カルバヨグへの行き方

ACCESS

　マニラから便数は少ないが、国内線が飛んでいる。船で、ルソン島南部のマトゥノグMatnog（→MAP P.303-A1）からアレンAllen（→P.306）へ渡り、そこからバスで行く方法、レイテ島のタクロバンからバスで北上する方法もある。
　また、セブとの間をフェリーが週3便程度、結んでいる。所要約12時間、₱850〜。

おすすめのホテルや旅行会社なども教えてくれる

タクロバン行きなどを運行しているグランド・ツアーのバスターミナル

カルバヨグ郊外の見どころ　ATTRACTION

町から少し離れると大自然が広がっていて、滝や洞窟が多く点在する。なかでも滝を滑り下りることのできる**マワカット滝 Mawacat Falls**や**ブサイ滝 Busay Falls**、大きな滝つぼで泳げる**バンゴン滝 Bangon Falls**やすぐ隣の**タランバン滝 Tarangban Falls**、**ギノゴアン洞窟 Guinogoan Cave**が有名。さらに約20m四方の大きさの**マパソ温泉 Mapaso Hot Spring**もあり、のんびり過ごすにはよい。また、町の周辺にはビーチも多くある。

■**バンゴン滝、タランバン滝**
アレン行きのバスに乗り、ティナプラカン Tinaplacanで降りる。所要約1時間。そこからトライシクルで約10分。

町の郊外にはのどかな風景が広がる

ホテル＆レストラン　Hotels & Restaurants

フレドラー・スイート　$$
Fredlar Suites　MAP P.304右

2013年にオープンした比較的新しいホテル。1階にカフェを併設。共有スペースにはソファやテーブルもあり、快適に過ごせる。カルバヨグで快適に過ごしたいなら中級ホテルのフレドラーがおすすめ。

- 173 Rosales Blvd.
- TEL 0916-360-4083（携帯）
- 料 SD P1500〜2000
- 室数 10
- CC 不可

客室はかなりシンプル

アイス・プラント・ホテル　$
I's Plant Hotel　MAP P.304右外

イベントホール、プール、レストランなどもある設備の充実したホテル。シングル、ファミリー、エグゼクティブと人数やスタイルに合わせて客室を選ぶことができる。市街地からもそれほど離れていないので便利。

- Brgy. Obrero
- TEL 0926-619-7305（携帯）
- 料 SD P800〜　Sw P1050〜2200
- 室数 32
- CC MV

客室内も清潔に保たれている

ミッドタウン・イン　$
Midtown Inn　MAP P.304右

見た目はこぎれいな中級ホテルといった印象。しかし、リーズナブルな部屋もあり、バジェット派にはうれしい限り。コーヒーショップもある。

- Orquin St.
- TEL (055) 209-4272、0955-150-4174（携帯）
- 料 SD P800〜2500
- 室数 6
- CC 不可

カルバヨグ・バジェット・イン　$
Calbayog Budget Inn　MAP P.304右

カルバヨグ川が目の前に流れていて、眺めがいい。公園やモールも近く、何かと便利。1階はベーカリーになっているので便利。

- Cor. Orquin 6 Nijaga St.
- TEL (055) 209-4663
- 料 SD P600〜750　SD P900〜1500
- F P1400〜1750
- 室数 14
- CC 不可

マーシャルズ・グリル　$$
Marcial's Grille　MAP P.304右外　グリル料理

このあたりでは珍しく、高級な雰囲気のレストラン。海を見ながらゆったりと食事ができる。手頃な値段で、グリル料理が楽しめる。

- Purok 3, Brgy. Matobato
- TEL 0955-662-7199（携帯）
- 営 9:00〜22:00
- 休 月
- CC 不可

カルロス＆カルメロス・ビストロ　$$
Carlos & Carmelos Bistro　MAP P.304右　イタリア料理ほか

ハンバーガー、パスタ、ピザのほか、カレカレなどのフィリピン料理も提供している。カクテルからワイン、ウイスキーまで各種飲み物が揃う。

- Nijaga St.
- TEL 0917-113-0008（携帯）
- 営 10:00〜21:00（金〜土〜24:00）
- 休 なし
- CC 不可

サマール島の海の玄関口

アレン
Allen

MAP 折込表-C3

アレンの
市外局番 ☎055

ACCESS
🚌 カルバヨグからバスで所要約2時間、₱120程度。

周辺の島に渡ろう
アレンの北東の沖合に浮かぶビリ島 Biri Is.（→MAP P.303-A1、P.306）。この島の周囲は、フィリピン東部で屈指のダイビングスポットになっている。ビリ島の北側はマリンパークになっており、奇岩などが目立つ。

町の近郊にあるブエノス・アイレス・ビーチ

　サマール島の最北端に位置するアレンは、サマール島の海の玄関口。ルソン島のマトゥノグMatnogから約2時間かけてやってくるフェリーは、このアレンの港に到着する。町自体にはこれといって見どころはないが、南に3kmほどの場所にある**ブエノス・アイレス・ビーチ**Buenos Aires Beachはおすすめだ。500mほどの白砂のビーチが続き、砂浜にはビーチコテージも立っている。水もよく澄んでいて海水浴にはぴったりだ。

アレンへの行き方　　　　　　　　　　ACCESS

　カルバヨグ（→P.304）から、バスで所要約2時間。マニラからタクロバン（→P.322）へ飛び、そこからバスでサマール島へと渡り、カトゥバロガン（→P.307）やカルバヨグなどを巡りながら北上することもできる。

西サマール州の州都

カトゥバロガン
Catbalogan

MAP 折込表-C3

クリスマス前のパレード

島最大の漁港があり、港の前には裸電球をぶら下げただけの簡素な屋台がずらりと並ぶ。夜遅くまで開かれる市場は、魚介や野菜、雑貨を商う露店、そして人間がひしめき、活気づく。

カトゥバロガンへの行き方

カルバヨグ（→P.304）およびタクロバン（→P.322）との間を頻繁にバスが走っている。マニラからバスごとフェリーで海を渡り、アレン（→P.306）、カルバヨグ経由で行くこともできる。

町なかに建つ、聖バラトロミュー教会

カトゥバロガンの市外局番 ☎055

🚌 カルバヨグからバスで所要約1時間30分、₱120程度。アレンからは約3時間30分、₱220程度。マニラからアレン、カルバヨグを経由して行く場合は所要約17時間、₱1150〜。タクロバンからは所要約2時間、₱150程度。

● フィルトランコ
MAP P.62-B2
TEL (02) 8851-8078 〜 8079（パサイ）
URL www.philtranco.net

■ 観光局
MAP P.307
住 市庁舎内
TEL 0917-836-1495（携帯）
URL www.catbalogan.gov.ph
開 8:00 〜 17:00
休 土・日

洞窟ツアーの専門店
オーナーのジョニーさんは、サマール島の洞窟を知り尽くしているプロの洞窟ガイド。洞窟や滝へのツアーのアレンジもしてくれる。

🅢 トレクスプロア・ザ・アドベンチャー
Trexplore the Adventures
MAP P.307
住 Abesamis Store Allen Ave.
TEL (055) 543-8550、
0919-294-3865（携帯）
URL trexplore.ph.com

カトゥバロガン概略図

カトゥバロガン郊外の見どころ　ATTRACTION

■ブランカ・オーロラ滝
🚌 カトゥバロガンから北へ約40kmに位置。ジプニーでサン・ホル(→MAP P.307外)まで行き、トライシクルに乗り換えブランカ・オーロラ(→MAP P.303-A1)へ行く。村から滝までは徒歩。

大きな滝つぼで泳ぐ気分は最高　★★
ブランカ・オーロラ滝　MAP P.303-A1
Blanca Aurora Falls

　滝の多いサマール島で、一番有名な滝。落差はそれほどでもないが、幅が広く大きな滝つぼがあって泳ぐこともできる。

■ソホトン国立公園
※12〜2月は閉鎖する。
🚌 バセイまで、カトゥバロガンからバスで約2時間、タクロバン(→P.322)からだと約45分で着く。まずは、町なかの観光案内所でツアー代金を支払う。イヌンタン村までのバイク代、ガイド、ボート代などすべて込みでひとり₱1700〜。

熱帯の大自然を満喫できる　★★
ソホトン国立公園　MAP P.303-B2
Sohoton National Park

　カトゥバロガンの南東約100kmにある。約840haの広大な公園内には鍾乳洞、原生林、滝などがあり、大自然を満喫できる。拠点となるのは、サマール島南部のバセイBasey(→MAP P.303-A2)という町。まずは、町なかの観光案内所で入園手続きをし、公園入口のイヌンタンInuntan村へ向かう。バイクで所要約20分。そこからボートに乗り換えて約10分で到着する。ガイドの案内でジャングルの中を歩き、洞窟内などを散策する。所要約3時間。なお、園内にショップなどはないので、飲料水など必要なものは事前に準備しておくように。

ガイドの案内で、真っ暗な洞窟内を散策

ホテル　Hotels

カサ・クリスティーナ・ホテル　$
Casa Cristina Hotel　MAP P.307

　町の中心にあって便利。屋上には眺めのいいテラス付きの客室もある。各客室はシンプルな内装だが、とても清潔に保たれている。ビジネスマンが多いが、格安なのでバックパッカーもよく利用する。

🏠 152 San Roque St.
TEL 0916-660-3652 (携帯)
URL www.casacristinahotel.com
料 ⑤₱700〜　⑩₱1050〜
室数 27
CC 不可

スタッフも親切

ロレット・ホテル　$
Rolet Hotel　MAP P.307

　リーズナブルなうえ、広々とした客室は清潔に保たれており、快適に過ごせる。周囲にはファストフード店や食堂などもあり便利。

🏠 Mabini Ave.
TEL 0920-473-8049 (携帯)
URL www.samarnews.com/business/rolet
料 ⑤₱950〜1100　⑤₱1600
室数 24
CC 不可

ファースト・チョイス・ホテル　$
First Choice Hotel　MAP P.307

　ピンク色を基調にした回廊式の建物で、ヨーロッパのプチホテルのような雰囲気。レセプション隣にはカフェと売店があり重宝する。

🏠 Del Rosario St.
TEL (055) 543-8132
料 ⑤⑩₱500〜565
⑤⑩₱1250
⑦₱1625
室数 25
CC 不可

308

ネグロス島

　セブ島とパナイ島に挟まれるようにして浮かぶこの島は「砂糖の島」の異名をもち、平野部にサトウキビ畑が広がっている。南北に細長い島の中央にカンラオン火山などの山脈が走り、島を西ネグロス州、東ネグロス州のふたつの州に分けている。西ネグロス州の州都はバコロド。モダンな雰囲気を漂わせつつも、フィリピンらしさあふれる治安のよい町だ。一方、東ネグロス州の州都はドゥマゲッティ。町の面積の北半分ほどを大学のキャンパスが占めているという、若さあふれる学園都市だ。ダイビングで人気のアポ島やシキホール島へ行く際の拠点ともなっている。これらふたつの個性的な町をもつこの島には、陰と陽の両極端の見どころが散りばめられている。

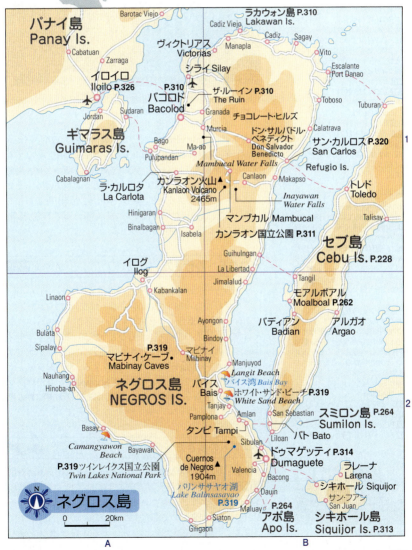

ネグロス島最大の町

バコロド

Bacolod

MAP 折込表-C3

バコロドの
市外局番 ☎034

ACCESS

✈ マニラからPALエクスプレスが毎日5便、セブ・パシフィックが毎日6便程度運航。所要約1時間10分。運賃は₱1100〜。セブからはPALエクスプレスが毎日2〜3便、セブゴーが毎日1〜2便運航。所要約1時間。₱1300〜。

●フィリピン航空
MAP P.311-1〜2
TEL (034) 435-2011
●セブ・パシフィック
 Cebu Pacific
MAP P.311-1〜2
TEL (034) 434-2021

🚌 ドゥマゲッティからは1:00〜22:30の間、30分ごとに運行している。所要5〜8時間、₱295〜380。

ネグロス島の北に浮かぶ
リゾートアイランド
　バコロドから北に約1時間。Cadiz Viejoから船に乗って15分程度の所に**ラカウォン島Lakawan Is.**（→MAP P.309-B1）という島がある。きれいな白砂のビーチにリゾートホテル、フローティングバーなどがあり、地元の人々を中心に人気となっている。

バコロド郊外の見どころ
　バコロドの北のタリサイにサトウキビ産業で財を成した地元の名士の邸宅跡が残っている。邸宅内には古い写真などの展示があり、敷地内は整備されてゆっくりくつろぐことができる。
●ザ・ルーイン
 The Ruin
MAP P.309-A1 ⚑ Talisay City
TEL (034) 476-9448
URL theruins.com.ph
🕐 8:00〜20:00 休なし 料₱100

大人気の見どころ

バコロド市内にある西ネグロス州の庁舎

　西ネグロス州の州都であり、ネグロス島最大の町、バコロド。経済・文化の中心であるほか、砂糖産業の中心としても大きな役割を果たしている。人口約56万人、西ネグロス州全体の25％近い人々が生活する町だ。町なかには大型ショッピングセンターができるなど、新しい都市化の波が押し寄せている。また、この町は焼き鳥がおいしい町として有名で、町のあちこちに夜ごと屋台が立ち並ぶ。

バコロドへの行き方　ACCESS

　マニラとセブから頻繁に飛行機が飛んでいる。バコロド・シライ空港から市内までは、ジプニーは走っていないので、タクシーまたは乗合バンを利用する。所要20〜40分。タクシーは₱500、10人の乗合バンだとひとり₱150。ドゥマゲッティからのバスは南バスターミナル（→MAP P.311-2外）か北バスターミナル（→MAP P.311-1外）へ到着する。南バスターミナルから町なかまでは、**ショッピングShopping**と書かれたジプニーかタクシーを利用する。運賃はそれぞれ₱8、₱60程度。

バコロドの歩き方　GETTING AROUND

　サン・セバスチャン教会San Sebastian Cathedralや**広場City Plaza**のあるあたりが町の中心地。ここから半径約500m以内のエリアがダウンタウン。特に見どころはないが、安ホテルが多いので滞在することも多いだろう。
　また、バコロドの大動脈ともいえるのが**ラクソン通り**

Lacson St.。州政府庁舎以北の道沿いには、ホテルやレストラン、カフェなどが建ち並び、Sロビンソンズ・プレイス・バコロドRobinsons Place BacolodやSシティ・モールCity Mallなどの大型ショッピングセンターもある。シティ・モールからさらに1km北上すれば**北バスターミナル**だ。

4月に行われるパナアド・サ・ネグロス・フェスティバル

バコロドの見どころ　ATTRACTION

美しい建物だけでも見る価値あり　★★
ネグロス博物館　MAP P.311-1
The Negros Museum

バコロド、ひいてはネグロス島のローカルなカルチャーを積極的に紹介しているミュージアム。サトウキビ産業をテーマにした地元のアーティストの作品など、ネグロスのことを知りたいならぜひ訪れよう。約3000点のコレクションを誇るおもちゃ博物館、おしゃれな民芸品を扱うミュージアムショップもあるので併せて訪れたい。

■市観光案内所
MAP P.311-1外
住 New Goverment Center, Badolod City Hall
TEL (034) 708-3066
開 8:00 〜 17:00
休 土・日・祝

■州観光案内所
MAP P.311-1
住 Provincial Capitol Bldg.
TEL (034) 476-2018
開 8:00 〜 17:00
休 土・日・祝

■ネグロス博物館
TEL (034) 433-4764
開 9:00 〜 17:00
休 日・祝
料 ₱100

ローカルアーティストの優れた作品を展示

避暑地マンブカル

ネグロス島中央部のカンラオン国立公園(→MAP P.309-B1)にある、ビサヤ諸島では珍しいマウンテンリゾート(入場料₱50)。宿泊施設があり森林浴に最適。また、このエリアは温泉が湧き出ていることでも有名。敷地内には日本人が設計した美川温泉という露天風呂もある(水着着用)。₱100でゆったりと露天風呂を楽しむことができる。マンブカルへはマーケットのそばからジプニーが出ている(→MAP P.311-2外)。所要約1時間、₱35。

日頃の疲れを癒やしたい

ホテル&レストラン　Hotels & Restaurants

ネグロス島最大の町というだけあり、ホテルやレストラン探しにはそれほど困らない。町歩きをしたいのであれば、町の中心にある広場付近で宿を探すといいだろう。比較的安い宿もある。旧空港近くのゴールデン・フィールド内にもいくつかホテルがあり、こちらは夜遅くまでカジノやバーで楽しみたいという人に便利。

ルクソール・プレイス・ホテル $$
Luxur Place Hotel　MAP P.311-2外

3つのレストラン、バーのほか、プールまであり、滞在中も楽しめる。スタッフの応対もとてもていねいで気持ちがいい。客室は広々とした機能的な造りで、うれしいことに全室にバスタブも付いている。

- Magsaysay Ave.
- TEL (034) 434-4551～55
- URL luxurplacebacolod.com
- SD ₱2400　Su ₱2800～4700
- 客数 46
- CC AMV

1年中使える25mプール

オー・ホテル $$
O Hotel　MAP P.311-2

町の中心にありながら、周囲は意外に静かで快適に過ごせる。1階にレストランがあり、ホテル内施設も充実。客室は高級感あふれるインテリアでまとめられており、スイートルームにはジャクージも付いている。

- 52 San Sebastian Hwy.
- TEL (034) 433-7401～4
- URL www.ohotel.com.ph
- SD ₱1980～5000
- 客数 52
- CC AJMV

各部屋とも広々としている

ホテル・シー・ブリーズ $
Hotel Sea Breeze　MAP P.311-2

町の中心にあるので、出歩くのに便利。客室はスタンダード、ダブルルーム、スイートの3タイプに分かれている。部屋はいずれもシンプルだが、広々としていて開放的だ。客室設備も十分に整っている。

- San Juan St.
- TEL (034) 433-7370/3907
- SD ₱1060～1800
- 客数 35
- CC 不可

簡素だが、居心地はよい

バコロド・ペンション・プラザ $
Bacolod Pension Plaza　MAP P.311-2

ビジネスホテル系の簡素なホテル。客室は清潔に保たれており、古めかしい調度品の数々が配されている。ダウンタウンの中心にあるので、どこへ行くにも便利だ。公園も目の前。レストランも併設している。

- Cuadra St.
- TEL (034) 433-4547～50
- SD ₱960～1200　F ₱2000
- 客数 66
- CC ADJMV

シンプルで使いやすい客室

食いだおれ焼き肉レストラン $$
Kuidaore Yakiniku Restaurant　MAP P.311-1外
日本料理

日本人オーナーが経営する老舗の焼き肉レストラン。焼き肉のほかに寿司や天ぷら、ラーメンなどのメニューも充実している。

- 1JPaseo Verde Lacson St., Mandalagan
- TEL (034) 431-4464
- 営 11:00～14:00, 18:00～22:00
- 休 なし
- CC AJMV

ダイヤモンド・パレス・レストラン $$
Diamond Palace Restaurant　MAP P.311-1
中国料理

中心から少し離れた中国料理店。シーフードや北京ダックなど本格的なを手頃な値段で味わうことができる。魚介のかたヤキソバがおすすめ。

- Burgos, Hilado St.
- TEL (034) 432-0800
- 営 10:00～14:00, 17:00～22:00
- 休 なし
- CC 不可

※共と記してある場合は共同となります。

格安でリゾートを楽しめる黒魔術アイランド

ネグロス島、セブ島、ミンダナオ島に周囲を囲まれているシキホール島Siquijor Is.（MAP P.309-B2）。かつて征服者のスペイン人がこの地にやってきたとき、対岸のネグロス島ドゥマゲッティからシキホール島全体がホタルの光でぼんやりと不気味に光って見えたという。そのためスペイン人からは「火の島」として恐れられていた。

淡路島よりもやや小さいこの島は、昔から"黒魔術の島"として知られている。現在でも独自の治療法で症状を直すヒーラーや、薬草を調合して恋愛運や金運がよくなるお守りを作っている人々がいて、いわゆる民間療法的なものが根強く残っている。とりわけ旅人の心を惹きつけるのが、「ボロボロBolo-bolo」と呼ばれる伝統的なヒーリングで、アルミのストローでコップの中の水をぶくぶく吹きながら体をさすっていくというもの。コップの底には石が沈んでいて、なぜか悪いところに差し掛かるといきなり水が濁ったり、藻のようなものが湧きだしたりするのだ。汚れた水を取り換え、また患部をなぞるということを繰り返すと水の汚れは減っていく。ちなみにヴィラ・マーマリン（右記）の原田さんいわく、現在は世代も変わり、驚くほどの効果をもたらす黒魔術師は減ってきているとのことだ。

黒魔術に代わり、近年旅行者を惹きつけているのが、島の美しい海と格安リゾートホテルだ。周辺の島々と同じようにシキホール島も鮮やかな青い海に囲まれており、静かな環境を求めて欧米人の移住者や観光客が集まるようになった。彼らは自らオーナーとなっておしゃれなホテルをオープンし、格安でリゾートライフを過ごすことができると、観光客が増えつつある。

ホテルは島の南西海岸と北部に集中し、特に南西海岸には海岸沿いにずらりと20軒以上のホテルが並ぶ。最も大きなホテルが**ココ・グローブ・ビーチ・リゾート**。94室もの客室をもつ老舗で、リゾート感を味わうならココがおすすめだ。ほかにも小さなプティックリゾートが続々オープンしているのでチェックしてみよう。北部で最も有名な宿といえば、日本人経営の**ヴィラ・マ**

黒魔術師による「ボロボロ」

ヴィラ・マーマリンのサンデッキから眺める海

ーマリン。日本語が通じるだけでなく、ここでしかできないアクティビティもあり、一度は足を運びたい。植物を愛するドイツ人が経営する**カサ・デ・ラ・プラヤ**もシキホール島で最も長く営業している宿のひとつ。客室のデザインがかわいらしくおすすめだ。そして唯一島を見下ろす高台にできたリゾートが**インフィニティ・ハイツ**。わずか7室という小さなリゾートだが、景色が抜群によく、デイビジットで訪れるのもいいかもしれない。

■ 州観光案内所
TEL (035) 344-2088
開 8:00～17:00　休 土・日・祝
■ シキホール島へのアクセス
　ドゥマゲッティからの船便を利用するのが一般的。5:30～18:00に1日15便程度運航している。所要時間はオーシャン・ジェットOcean Jetなどの高速艇が約1時間、それ以外は約1時間30分。料金は₱100～380。メインポートの東側のラレーナLarena行きの船もある。
■ 日本人経営の宿泊施設
H **ヴィラ・マーマリン　Villa Marmarine**
　日本人経営のアットホームなリゾート。オーナー自らの案内で、ホタルツアーや学校訪問、テニスなどのアクティビティを楽しませてくれる。宿で働くフィリピン人奨学生たちのほほえましいホスピタリティもうれしい。売り上げの10％は子供たちの教育支援に充てている。日本人ダイブマスター常駐。
住 Candanay Sur, Siquijor
TEL (035) 480-9167, 0919-465-9370（携帯）
URL www.marmarine.jp
料 C ₱3500～8300（朝食込み）　室数 10
■ そのほかのおすすめホテル
H **ココ・グローブ・ビーチ・リゾート**
　Coco Grove Beach Resort
URL www.cocogrovebeachresort.com
料 S D ₱4200～9800
H **カサ・デ・ラ・プラヤ**
　Casa de la Playa
URL siquijorcasa.com　料 S D ₱1400～2600
H **インフィニティ・ハイツ**
　Infinity Heights
URL www.infinityheightsresort.com
料 S D ₱4600～6400

町並みの美しい学園都市
ドゥマゲッティ
Dumaguete

MAP 折込表-C3

ドゥマゲッティの
市外局番 ☎035

ACCESS

✈ マニラからPALエクスプレスとセブ・パシフィックが毎日各2〜4便運航。所要約1時間30分。₱2100〜。セブからセブゴーが毎日3便運航。所要約50分。₱1100〜。

🚢 セブ・シティからコカリオン・シッピング・ラインズが週5便運航。所要4〜5時間、₱355〜。セブ島のバトからタンピへのフェリーは4:00〜23:30の間、1時間〜1時間30分おきに運航。所要約20分。₱70程度。また、ボホール島のタグビララン からもオーシャン・ジェットが毎日2便運航。所要約2時間。₱700。

● オーシャン・ジェット
Ocean Jet
MAP P.315-1
TEL 0923-725-3734 (携帯)
URL www.oceanjet.net

● コカリオン・シッピング・ラインズ
Cokaliong Shipping Lines
MAP P.315-1
TEL 0917-700-0843 (携帯)
URL www.cokaliongshipping.com

🚌 バコロドの南バスターミナル (→ MAP P.311-2外) からセレス・ライナーが1:00〜20:30の間、ほぼ30分おきに運行。ヴィクトリアス、サン・カルロス経由は所要7〜8時間、マビナイ経由は所要約6時間30分。片道₱295〜380。

町のシンボル、ベル・タワー

　東ネグロス州の州都ドゥマゲッティは、人口約13万人のうちの3割以上が学生という学園都市。この町の北側に広大なキャンパスをもつシリマン大学は、フィリピン随一のプロテスタント系の大学だ。ここへはビサヤ諸島からばかりではなく、中国、韓国や東南アジアからも多くの学生が集まってくる。ドゥマゲッティの町は、どこまでも明るく開放的で、旅行者を優しく迎え入れてくれる。

ドゥマゲッティへの行き方　ACCESS

　マニラからドゥマゲッティ空港へ国内線が飛んでいる。セブ・シティからは、空路に加え、海路で行くことも可能。セブ島南部の**バト Bato** (→ MAP P.309-B2) とドゥマゲッティの北にある**タンピ Tampi** (→ MAP P.309-B2) との間を、小型のフェリーが行き来している。また、ボホール島のタグビラランからの船もある。

　西ネグロス州の州都バコロドとの間は、バスで結ばれている。ヴィクトリアスやサン・カルロス経由で東海岸沿いの道を南下するルートと、西海岸沿いを南下し途中で内陸へと入り、ネグロス島中部の町**マビナイ Mabinay** (→ MAP P.309-A2) を経由するルートのふたつがある。特にマビナイ経由のバスは高い山々を越えていくため、車窓からのすばらしい景色が期待できる。

　空港から市内への移動には、トライシクルを利用する。中心部まで所要約10分。₱100〜150で行けるが、空港で客待ちをしているものは高めに要求してくることもあり、その場合、空港から少し離れた道でつかまえるか、または乗る前に交渉しよう。

ドゥマゲッティの港

ドゥマゲッティの歩き方

ATTRACTION

メインストリートは、ドゥマゲッティを南北に走る**ペルデ ィセス通りGov. M. F. Perdices St.**。この通りを北へ歩いて いくと**シリマン大学Silliman University**の門があり、そこか ら先には緑豊かなキャンパスが広がる。大学の南側一帯が、 町の中心部となっている。

市内の交通手段は、ジプニーではなくほとんどがトライシク ル。料金は中心部ならどこで降りても₱8。学生が多いせいか 最大7人乗りのものが走っているが、朝夕のラッシュ時にはつ かまえるのに苦戦する。中心街で目立っているのが、ペルディセス通り 沿いの**S スーパー・リー・プラザ Super Lee Plaza**。この町初のエス カレーター付きデパートで、店内は とてもモダンな雰囲気だ。ただ、盗 難防止のために入口で荷物を預けな ければならないのがかえって心配。

ドゥマゲッティ・バスターミナル

各リゾートホテルへの行き方
サンタ・モニカ・ビーチ・クラ ブ(→P.318)は、空港からシャト ルバスの送迎サービスがある。予 約をしていない場合はトライシク ルを使う。

■ 市観光案内所
MAP P.315-2
住 Sta. Catalina St.
TEL (035) 422-9409
開 8:00～17:00
休 土・日・祝

■ 州観光案内所
MAP P.315-1外
住 Sidlakang Negros Village E.J. Blanco Drive, Piapi
TEL (035) 226-3105
開 8:00～17:00
休 土・日・祝

ネグロス島

ドゥマゲッティ

町の北部にあるアキノ・ フリーダム・パーク

315

人懐こい子供たち

　Sスーパー・リー・プラザからペルディセス通りを南へ行くと、右側に教会と、昔ムスリム（イスラム教徒）の襲撃に備えて建てられたという**ベル・タワー Bell Tower**が見えてくる。左側に**ケソン公園Quezon Park**、そしてその奥に**市庁舎 City Hall**と**市観光案内所City Tourism Office**になっている。このあたりは小学校の校舎に囲まれているので、休み時間などには元気な子供たちの姿が見られる。ベル・タワーの所で右に曲がり、200mほど歩くと人々でにぎわっている場所に出る。そこが、いくつもの食料品や雑貨などの店舗が並ぶマーケット。串焼きやジュース、菓子などの屋台もあるので、立ち寄ってみるといいだろう。ここでは、庶民的な市民の生活を垣間見ることができる。

　市観光案内所から市庁舎を突き抜けると、海岸沿いの**リサール通りRizal Blvd.**に出る。海に沿って続く並木道をただ散歩するだけで、とても気持ちがいい。この通りには、スペイン時代の建物を改装したおしゃれなレストランやホテルが増えている。よく晴れた午後には、この並木の木陰で、地元の人たちが昼寝をしたり、海を眺めたり思いおもいの時を過ごしている。海岸通りを北に歩いて行くと、マニラ、セブ、タグビララ
ンなどへの船が出ている埠頭に着く。

学園都市としてきれいに整備されている

シリマン大学の正門

■**海洋研究所**
町の中心からトライシクルで所要約10分。₱15程度。
TEL (035) 420-9002
開 8:00～12:00、14:00～17:00
休 土・日・祝
料 ₱25

海洋研究所のワニ

ドゥマゲッティの見どころ　　ATTRACTION

緑と若さで満ちあふれる　　　　　　　　　　　　　★
シリマン大学　　　　　　　　　MAP P.315-1
Silliman University

　1901年に創立された伝統校で、フィリピンでは随一のプロテスタント系大学。ここへはビサヤ諸島のみならず、アジア各国から学生が集まってくる。白い門を通り抜けると、左側にキャンパスと校舎、右側に大学のカフェテリアがある。構内に入ることができるので、のぞいてみるといい。ここのカフェテリアは日本でいう学食。ボリュームたっぷりでとにかく安い。ランチタイムや放課後は彼らと触れ合う大きなチャンスだ。

　また、空港近く、バナオ川Banao Riverが海に注ぐ河口にはシリマン大学の**海洋研究所Silliman University Marine Lab**があり、世界最大規模のクジラの骨や貝などの展示や生きたカメや魚、ワニなど見ることができる。近海の生物や絶滅危惧種についての理解を深めたい人におすすめの場所。さらに、校舎から北へ約1kmほど離れた大学の野球場＆トラックフィールドの隣には**ボタニカル・ガーデンBotanical Garden**があり、絶滅危惧種の鳥や動物が保護・飼育されている。

忘れてはいけないこの町の見どころ
ベル・タワー
Bell Tower
MAP P.315-2

ベル・タワーのそばにある教会

町の中心に、ひっそりとたたずむ鐘楼。19世紀に建てられたもので、マリア像を祀った祠がしつらえられてあり、庶民の信仰の場となっている。この鐘楼は、スペイン植民地時代、その統治に抵抗するムスリム（イスラム教徒）の海賊がミンダナオ島からドゥマゲッティへ来襲してくることに備えて使用されていた見張り台だというが、それも今では定かではない。

町を見下ろすベル・タワー

東ネグロス州の文化に触れる
シドラカン・ネグロス・ビレッジ
Sidlakang Negros Village
MAP P.315-1外

■シドラカン・ネグロス・ヴィレッジ
住 E. J. Blanco Dr.
TEL (035) 225-1825
開 8:00 ～ 17:00
休 土・日
料 無料

各地域の民芸品を展示した文化村

東ネグロス州各地の風俗や習慣に触れられる。東ネグロス州の村々が地域ごとに各地の特産品や民芸品などを展示・販売。毎年秋には、ツーリズム・セレブレーションを開催。さまざまな地域から人々が集まり、各地の音楽やダンスなどを披露する。そのほかにも毎月何かしらのイベントを開いているので、要チェック。州の観光案内所も施設の中にある。

ちょっとひと息コラム

世界のダイバーたちを魅了する
ネグロス島の南部に浮かぶ島々

ドゥマゲッティの沖合に浮かぶアポ島（→P.264）、シキホール島（→P.313）、スミロン島（→P.264）の3島は、周辺の海の美しさから日本人ダイバーの間でも大人気である。なかでもアポ島の海は透明度が高く、国際的なダイビング雑誌で、「世界のベスト・ダイブ・サイト・トップ10」に選ばれたほど。サンゴや魚の種類が豊富で、シリマン大学の水中生物保護区域にもなっている。

また、アポ島へは市内からさまざまなツアーが出ている。車とボートで移動し、島でスノーケリングやピクニック、ボート乗りなど楽しむというもので、一般的なもので所要約8時間。内容によって多少異なるが、ひとり₱1200～が目安。ダイビングツアーも各種ある。

ダイバーに人気のアポ島

ホテル&レストラン　Hotels & Restaurants

ゲストハウスからリゾートホテルまで、さまざまなタイプの宿泊施設が揃っている。できるだけ安く泊まりたいのであれば、町の中心部へ。海沿いを走るリサール通り沿いには、比較的安い宿でも海が一望できる客室があったりする。この周辺には、雰囲気のいいレストランやカフェ＆バーも多い。リゾートホテルは郊外にある。

サンタ・モニカ・ビーチ・クラブ　$$
Santa Monica Beach Club　MAP P.315-2外

- Banilad
- TEL (035) 225-0704
- SDP4000〜
- 室数 18
- CC AMV

広々としたプール

ハロルズ・マンション　$
Harolds Mansion　MAP P.315-1外

- 205 Hibbard Ave.
- TEL (035) 522-0144
- URL haroldsmansion.com
- SP400〜　DP600〜
- SDP1000(🚿)　FP1400
- SwP1600　DmP300
- 室数 38
- CC MV

ツアーデスクがあり、ダイビングや1日ツアーなどのアレンジもしてくれる。ダイビングの機材が充実しているのでダイバーが集まってくる。コーヒーショップで、24時間いつでも無料でコーヒーが飲めるのがうれしい。

モダンな外観の建物

オーケー・ペンション・ハウス　$
O.K. Pensionne House　MAP P.315-2

- Santa Rosa St.
- TEL (035) 225-5702
- SP350　DP450
- SP650(🚿)　DP800〜900(🚿)
- FP1500(🚿)
- 室数 76
- CC 不可

ベル・タワーの近くに建つ、地元客にも人気の中級クラスのホテル。客室はシンプルで飾り気もないが、清潔に保たれていて居心地がよい。また、町の中心にあるので、出歩くのに何かと便利だ。

広くて快適な客室

U ペンション　$
U Pension　MAP P.315-1

- Silliman Ave.
- TEL (035) 422-6794, 0925-862-3795 (携帯)
- SDP1200〜1300
- FP1600〜
- 室数 16
- CC AMV

2013年にできたモダンなホテル。ロビー、部屋ともシンプルだが清潔で、周囲にはレストランも多く便利。ルームサービスもある。

ドゥマゲッティ・ドーミテル　$$
Dumaguete Dormitel　MAP P.315-1

- Ma.Cristina St. Cor. Silliman Ave.
- TEL (035) 421-0337, 0966-965-6344 (携帯)
- SDP1600　FP2000
- 室数 6
- CC 不可

シリマン大学のすぐそばなので、学生をよく見かける宿。きれいな寮のような雰囲気で、長期滞在者向けの料金も設定している。

ハニーコーム・ツーリスト・イン&レストラン　$
Honeycomb Tourist Inn & Restaurant　MAP P.315-2

- Cor. Rizal Blvd. & Dr. V. Locsin St.
- TEL (035) 225-1181, 0922-839-3435 (携帯)
- URL www.honeycombtouristinn.com
- SP800　DP1000〜1200
- FP1500　室数 16　CC MV
- ※オフシーズンは20%割引

20世紀初頭、スペインのプラド家によって建てられた家屋が改装され、1998年にホテルに生まれ変わった。白を基調にした明るい雰囲気。

ヴィンテージ・イン　$
Vintage Inn　MAP P.315-2

- E & J Limquiaco Bldg., Legaspi St.
- TEL (035) 225-1076, 0916-514-7298 (携帯)
- SP500　DP600
- SP650(🚿)　DP930(🚿)
- FP1500〜1800
- 室数 47　CC 不可

客室は、あっさりとしているが、清潔に保たれているのがうれしい。町歩きに便利な立地のうえ、安いのでバックパッカーにも最適だ。

ラ・レジデンシア・アル・マール $$
La Residencia Al Mar MAP P.315-1

南欧のプチホテルのような外観。調度品やリネンにもこだわっていて、内装もとてもおしゃれだ。客室設備も十分に整っていて、居心地がよい。

- Rizal Blvd.
- TEL (035) 422-0888
- URL www.laresidencialmar.com
- SDP2500〜3300
- FP3500〜
- 室 17
- CC MV

アルデア・ロッジ $
Aldea Lodge MAP P.315-1

とにかく安く泊まりたいと思っている人にはうれしい宿。中心部にあるので、何かと便利だ。宿泊客は、ほとんどがフィリピン人。

- Gov. M. F. Perdices St.
- TEL (035) 422-8303
- SDP350 (🚿🍴🚽)
- SDP500 (🚿🍴🚽)
- 室 20
- CC 不可

ドン・アティラノ・ステーキ・ハウス $
Don Atilano Steak House MAP P.315-1
西洋料理

海岸通りにあり、眺めもインテリアもすばらしい。店のおすすめはローストビーフ。日替わりのスープにパンかライスが付いてくる。

- Rizal Blvd.
- TEL (035) 422-0888
- 営 6:00〜14:00、17:00〜22:30
- 休 なし
- CC MV

ベセル・ゲスト・ハウス $
Bethel Guest House MAP P.315-2

コーヒーショップとビジネスセンターを併設している。ドルフィン＆ホエール・ウオッチング・ツアーなどのアレンジもしてくれる。

- Rizal Blvd.
- TEL (035) 225-2000、0917-320-1484 (携帯)
- URL www.bethelguesthouse.com
- SP1000 DP1300〜
- FP2300〜 SuP4800
- 室 69
- CC ADJMV

オペナズ・ペンション・ハウス $
Opena's Pension House MAP P.315-1

シリマン大学そばのレストランの3階にあるゲストハウス。少し古めだが、便利な立地にある。客室も清潔に保たれていて、快適に過ごせる。

- 18 Katada
- TEL (035) 225-0595
- SP600 DP750
- SP750 (🚿) DP1125 (🚿)
- 室 14
- CC 不可

ホワイ・ノット？ ミュージック・ボックス $
Why Not? Music Box MAP P.315-1
バー

ドリンクが楽しめるバルコニー、ゲームルーム、最新ポップスが流れるディスコ、スナックバーの4つのスペースに分かれている。

- Rizal Blvd.
- TEL (035) 225-4488
- 営 6:00〜翌2:00
- 休 なし
- CC 不可

ネグロス島 / ドゥマゲッティ

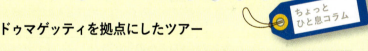

ちょっとひと息コラム

ドゥマゲッティを拠点にしたツアー

海と山に囲まれたドゥマゲッティは、自然の宝庫。1、2時間も車を走らせば、市内とはまたひと味違った風景に出合える。

マビナイ・ケーブ (→MAP P.309-A2)

ドゥマゲッティから北西へ約60kmに位置するマビナイMabinay (→MAP P.309-A2) は、フィリピンで2番目に奥行きが長いことで知られるオドロマン洞窟をはじめ、100以上の洞窟がある。そのうち内部の見学が可能なパンリガワン、パンダリハン、クリスタルの3つの洞窟を探検するツアーがある。ツアーガイド付き。所要約8時間。入場料、ランチなど込みで約₱1000。

ドルフィン＆ホエールウオッチング

フィリピン近海で確認されているドルフィン(イルカ)とホエール(クジラ)21種類のうち、10種類がバイス湾で見ることができる。バイスBais市 (→MAP P.309-B2) まで車で行き、そこからクルーズ船に乗る。帰りにホワイト・サンド・ビーチ (→MAP P.309-B2) に寄り、海水浴やランチを楽しむ。所要約8時間。ランチ、入場料、乗船料など込みで約₱1200。

バリンササヤオ湖＆ツインレイクス国立公園 (→MAP P.309-B2)

ドゥマゲッティから車で北西へ約30分。山に囲まれた湖で、ネイチャートレッキングやボート乗りなど楽しみ、ランチを食べて帰ってくるツアー。所要4〜6時間。すべて込みで約₱1000〜。

■州観光案内所
　Provincial Tourism Office (→P.315欄外)
- TEL (035) 226-3105
- URL www.visitnegrosoriental.com

交通の要衝の地方都市

サン・カルロス

San Carlos

 折込表-C3

サン・カルロスの市外局番 ☎034

ACCESS

🚌 バコロドの南バスターミナル（→MAP P.311-2外）から、サン・カルロス行きのバスが3:00〜20:00の間、約30分おきに運行。所要約2時間30分。₱150程度。ドゥマゲッティからは、町の南にあるセレス・バスターミナル（→MAP P.315-2）でバコロド行きに乗車。1:00〜20:30の間、30分〜1時間おきに運行。所要約4時間。₱180程度。セブ・シティからはバコロド行きのセレス・ライナーが運行。所要約7〜10時間、₱550〜。

ネグロスの「チョコレート・ヒルズ」

　ごく普通の地方都市だが、交通の要衝なので立ち寄ることもあるだろう。フェリーに乗り損ねたときには、この町に1泊してみるのもいい。人口約13万人の町だけあって、市場などは活気がある。町の近くには小さな島があり、人があまり行かないビーチもある。また、バコロドからサン・カルロスへの道中、**ドン・サルバドル・ベネディクトDon Salvador Benedicto**（→MAP P.309-B1）周辺で、奇怪な形の丘が連なるネグロス島の「チョコレート・ヒルズ」を見ることができる。

サン・カルロスへの行き方　　　　　　ACCESS

　バコロドとドゥマゲッティの間をセレス・ライナー Ceres Linerのバスが走っていて、サン・カルロスを経由する。バコロドからは所要約2時間30分、ドゥマゲッティからは4時間近くかかる。毎日1時間に1本の割合でバスが出ているので不便はないが、深夜運行のバスはないので注意を。

ホテル　　　　　　　　　　　　　　　　　　　　Hotels

モムズ・スモール・ホテル＆レストラン　$
Mom's Small Hotel & Restaurant

わずか7室のこぢんまりとした宿。リーズナブルながらも設備、サービスがよく、レストランの料理もおいしい。スタッフもフレンドリーだ。

住 F.C. Ledesma Ave.
TEL (034) 312-6981, 0919-966-9746（携帯）
料 SD ₱680〜
室数 7
CC 不可

スカイランド・ホテル＆レストラン　$
Skyland Hotel & Restaurant

中心街の西側に建っているので、何かと便利。そのうえ、環境も静かなので落ち着いて過ごせる。さまざまなツアーを申し込める。

住 Broce-Endrina St.
TEL (034) 312-5589
料 ₱475〜950
室数 18
CC 不可

レイテ島

　レイテ島は、日本の資金と技術により建てられた全長2.6kmにも及ぶS字形のサン・フアニーコ大橋でサマール島と結ばれている。第2次世界大戦の激戦地として知られるこの島は、"I shall return." と言い残し、一度フィリピンから逃れたマッカーサーがフィリピン奪回の第一歩を印した地としても有名だ。日米両軍の戦闘は島内のほぼ全域で繰り広げられ、タクロバン、パロ、オルモック、リモン峠などがおもな戦場となった。そのとき島民が受けた悲劇の大きさは計り知れない。その様は、故大岡昇平の『レイテ戦記』に克明に描かれている。また、レイテ沖海戦では、神風特別攻撃隊による初めての攻撃が行われた。日本人の旅行者にとって、レイテ島の旅はほかの島を旅するのとはまたひと味違ったものになることだろう。

第2次世界大戦の傷跡を残す

タクロバン
Tacloban

  折込表-C3

タクロバンの
市外局番 ☎053

ACCESS

✈ マニラからPALエクスプレス、セブ・パシフィック、フィリピン・エアアジアがそれぞれ毎日3便運航。所要約1時間25分、₱1800～。セブからはPALエクスプレスとセブゴーが毎日それぞれ2～3便運航している。所要約50分、₱1500～。

🚢 セブ・シティからオルモックへスーパーキャット、オーシャン・ジェットなどが毎日運航している。所要2～3時間、₱420～。ミンダナオ島のスリガオからリロアンへは毎日数便運航している。所要約2時間、₱240～。

● スーパーキャット
SuperCat
TEL (032) 233-7000
URL www.supercat.com.ph

● ファストキャット
TEL (032) 816-1183
URL www.fastcat.com.ph

空港から市内へ

　タクロバン空港は町の中心から約10km南東に位置。市内へは車で所要約20分。タクシーを利用した場合は₱200程度、ジプニーは₱13。

市街地のリサール・アベニュー

町外れに立っているマッカーサー・ランディング・メモリアル・パーク

　タクロバンは人口約24万人の都市で、レイテ島で産出される木材の積み出し港として栄え、今ではビサヤ諸島東部の政治・経済・文化の中心地として繁栄している。第2次世界大戦時には日本の侵略を受け、戦後はアメリカの政策に翻弄され続けてきた町でもある。町にあるいくつかの戦争メモリアル・パークは、その苦渋に満ちた歴史を訪れた者に強烈に訴えかけてくる。しかし、輝く太陽の下、懸命に生きる人々の表情はとても明るい。

タクロバンへの行き方　　ACCESS

　マニラから毎日数便、国内線が飛んでいる。バスは、マニラとミンダナオ島のダバオを往復する長距離バスが経由している。セブ・シティからであれば、船が便利。レイテ島西側の**オルモック Ormoc**（→P.321-A1）との間を結んでいる。ミンダナオ島のスリガオから**リロアン Liloan**（→ P.321-B2）への便もある。

タクロバンの歩き方　　GETTING AROUND

　タクロバンの町は、サマール島との狭い海峡に突き出した半島に広がっている。**サモラ通り P. Zamora St.**から**レイテ・パーク・リゾート・ホテル**（→P.324）まではトライシクルで約5分。海に面して**ファミリー公園 Family Park**が広がり、白壁の**州庁舎 Provincial Capitol**も立っている。平和の象徴であるマリア観音が立つ**レイテ・パーク**は、海沿いをさらに南へ下った所にある。

町のランドマークでもある
ガイサノ・セントラル・モール

■観光局（DOT）
MAP P.323-1
住 Magsaysay Blvd.
TEL (053) 832-0901
開 8:00 ～ 17:45
休 土・日・祝

オルモック、カトゥバロガンへ
　グランド・ツアーがカトゥバロガン（→P.307）やオルモック（→MAP P.321-A1）行きのバンを4:00 ～ 18:00の間、ほぼ30分～ 1時間おきに運行している。カトゥバロガンまで所要約2時間、₱120、オルモックまで所要2時間30分、₱130。

●グランド・ツアー
　Grand Tour
MAP P.323-1
TEL 0920-908-6183（携帯）

タクロバンの見どころ　ATTRACTION

タクロバンの町を静かに見守る　★
マリア観音　MAP P.323-2
Madonna of Japan

　レイテ・パーク内にあるマリア観音ガーデンには、日本とフィリピンの平和の象徴としてマリア観音像が建てられている。この像は日本人によって寄贈されたものだ。

今でも威厳を放つ7体のブロンズ像　★★
マッカーサー・ランディング・メモリアル・パーク　MAP P.323-2外
Mac Arthur Landing Memorial Park

　金色に光輝く7体のブロンズ像は、1944年10月20日にマッカーサーほか6人の米軍兵士がレイテ島に上陸した模様を表現したもの。大地を踏みしめるその風貌は、今でも威厳を失っていない。

マルコス、イメルダ夫妻の暮らしを今に再現　★★
サント・ニーニョ聖堂と博物館　MAP P.323-2
Sto. Niño Shrine & Heritage Museum

　聖堂を囲むように続く27もの部屋は、かつてのマルコス元大統領とイメルダ夫人の生活を忠実に再現したもので、聖堂の2階にまで及んでいる。贅のかぎりを尽くした装飾は圧巻だ。ちなみにタクロバンはイメルダ夫人の実家に近く、町の人たちのなかには彼女を崇めている人もかなり多い。

■サント・ニーニョ博物館
住 Real St.
TEL (053) 321-9775
開 8:00 ～ 17:00　休 なし
料 ₱200（1人～ 3人）

堂々とした造りの建物

ホテル＆レストラン　Hotels & Restaurants

海に突き出した市街地のいたるところにホテルが点在している。2013年11月にタクロバンを襲った台風30号のあと、次々と新しいホテルが増えている。中級、安宿が多く、いずれも5000円以下で宿泊できるところがほとんど。モダンな内装の格安ホテルもあり、ある程度は快適に過ごすことができるだろう。

レイテ・パーク・リゾート・ホテル　$$
Leyte Park Resort Hotel　MAP P.323-1

町の高台に建つ随一のリゾートホテルで、海を見渡せる屋外プールやテニスコート、水上レストラン、ビアガーデンホールと設備が充実。沖合にはプライベートビーチリゾート、マラボット島も所有している。

- Magsaysay Blvd.
- TEL (053) 325-6000
- 料 SD P1750 ～ 2920　C P5500 ～
- 室 115
- CC AJMV

さまざまなタイプの客室が揃う

タクロバン・プラザ・ホテル　$$
Tacloban Plaza Hotel　MAP P.323-1

観光局おすすめのホテル。フィリピン国立銀行が目の前にあり、出歩くのにも便利な場所。客室は清潔で、レストランとバーも併設している。2013年の台風で大きな被害を受けたが、大改装できれいなホテルになった。

- J.Romualdez St.
- TEL (053) 325-5850、0915-341-1417（携帯）
- URL taclobanplazahotel.com.ph
- 料 SD P2490 ～ 4870
- 室 57
- CC 不可

客室はシンプルな内装

ホテル・アレハンドロ　$$
Hotel Alejandro　MAP P.323-2

ホテル内には、第2次世界大戦時の日米軍人の写真などが飾ってあり、興味深い。ホテル自体、美しく、壮観な構え。客室もきれい。

- P. Paterno St.
- TEL (053) 321-7510
- 料 SD P1800 ～ 2600
- 室 65
- CC AJMV

アジア・スターズ・ホテル　$$
Asia Stars Hotel　MAP P.323-1

町の中心に立つ、中級ホテル。客室は清潔感にあふれていて居心地がいい。屋外プールがあるほか、1階にカフェを併設している。

- P. Zamora St.
- TEL (053) 325-5888
- 料 SD P1600 ～
- 室 25
- CC 不可

プリムローズ・ホテル　$
Primrose Hotel　MAP P.323-1

リーズナブルなわりには清潔で過ごしやすい。また、町の中心にあるので便利。建物内にはファストフードチェーンのチョウキンが入っている。

- Cor. Salazar St. & Zamora St.
- TEL (053) 832-0576
- 料 SD P700（水）
- S P1200 ～　D P1500 ～（冷）
- 室 30
- CC 不可

グランド・ロイヤル・スイーツ・ホテル　$
Grand Royal Suites Hotel　MAP P.323-2

客室設備が整っているうえ、リーズナブルな料金が魅力的で観光客に人気がある。周辺にはカフェやバーが点在していてとても便利。

- 186 Paterno St.
- TEL 0915-267-9828（携帯）
- 料 SD P980　F P1500
- 室 24
- CC 不可

ジョセピーズ　$$
Giuseppe's　MAP P.323-2
イタリア料理

イタリア人がオーナーの高級感が漂う店内。メインメニューのピザは、種類が豊富に揃っている。ほかにもさまざまな料理が楽しめる。

- 173 Veteranos Ave.
- TEL (053) 321-4910
- 営 11:00 ～ 22:00
- 休 なし
- CC AJMV

コシーナ・フアン・ルナ　$
Cosina Juan Luna　MAP P.323-2
フィリピン料理

2014年2月にオープンしたガーデンレストラン。フィリピンの家庭料理が中心で、さまざまな総菜をカウンターから選べる。

- 40 Juan Luna St.
- TEL (053) 321-6397
- 営 9:00 ～ 21:00
- 休 日
- CC 不可

パナイ島

　ビサヤ諸島の最西端に位置するパナイ島。この島は、イロイロ、アクラン、カピス、アンティケの4州から構成されている。なかでも島の経済・産業の中心となるのがイロイロ。産業はサトウキビ栽培や稲作、養殖漁業が盛んに行われており、島の経済を潤している。近代化の真っただなかにあるが、スペイン統治時代の歴史的建造物がそのままの形でたたずんでいる。過去と近代がこれほどまでに自然にクロスオーバーしているのも、この町ならではの魅力といえる。また、アクラン州にあるカリボは毎年熱狂的なアティアティハン祭が催されることで有名だ。町中に響き渡る太鼓のリズムに乗って、現代のアティ族が町なかを練り歩く姿をひとめ見ようと、毎年1月には多くの観光客が訪れる。

325

ビサヤで最も近代的な町のひとつ

イロイロ
Iloilo

MAP 折込表-C3

イロイロの
市外局番 ☎033

ACCESS

✈ マニラからPALエクスプレスが毎日5便、セブ・パシフィックが毎日8便程度運航。所要約1時間15分、₱1400～。セブからはPALエクスプレスが毎日4便、セブゴーが毎日1～3便運航。所要約40分、₱1400～。

● フィリピン航空
🏠 Iloilo Airport（空港内）
☎ (033) 333-0003

🚢 バコロドからファストキャットなどが毎日10便以上運航。所要約1時間15分～、片道₱250～335。また、セブ・シティからコカリオン・シッピング・ラインズが週4便運航している。所要約12時間30分、₱930～。

● ファストキャット
☎ 0917-651-5945（携帯）
🌐 fastcat.com.ph

● オーシャン・ジェット
☎ (033) 509-9018
🌐 www.oceanjet.net

● コカリオン・シッピング・ラインズ
☎ (033) 509-3333、0910-357-6739（携帯）
🌐 www.cokaliongshipping.com

■ 観光局（DOT）
MAP P.327-B2
🏠 General Luna St.
☎ (033) 337-5411
🕒 8:00～17:00
休 土・日

■ 市観光案内所（市庁舎内）
☎ (033) 320-7581

イロイロ川沿いの景色

イロイロは約45万人が暮らす、ビサヤ諸島のなかで最も近代的な町のひとつ。中心街には3つのモダンなショッピングモールがあり、人々の生活にも潤いが感じられる。イロイロの最大の魅力は、あらゆる意味で町が清らかであるということ。町の見どころに観光客を意識したわざとらしさもない。この町は、旅行者が心地よく溶け込んでいけるような自然な表情を無意識のうちに演出している。

イロイロへの行き方　ACCESS

イロイロ国際空港は町の中心部から19km北、**サンタ・バーバラ**Santa Barbara（→ MAP P.325）の北西に位置する。市内（SMシティ）へは、乗合バンで所要約30分、運賃は₱50。パナイ島各地行きのセレス・バスターミナルは町の中心部から北へ約15km行った所にある。中心部からジプニーで所要約25分、₱11程度。タクシーを利用した場合は₱300程度。

イロイロの歩き方　GETTING AROUND

この町に着いたらまず**観光局**Department of Tourismへ行こう。町の見どころのひとつ、**イロイロ博物館**Museo Iloilo（→P.327）がすぐ近くにある。博物館から観光局を背に少し歩くと、アイ・マートI Martというコンビニエンスストアがあり、このすぐ東側を南北に走る**イズナルト通り**Iznart St.から、町の南側を走る**ジェイ・エム・バサ通り**JM Basa St.にかけての約1.5kmが町の中心街だ。このあたりには安宿、レストラン、銀行、映画館、果物を売る露店などが建ち並んでいる。

マーケットでのひとコマ

326

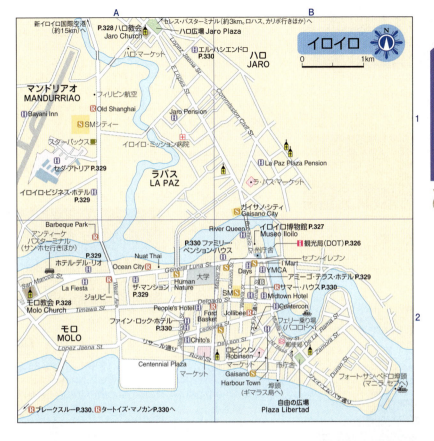

イロイロの見どころ　ATTRACTION

過去への窓 ★
イロイロ博物館　MAP P.327-B2
Museo Iloilo

　宇宙船のような外観が印象的な博物館。ここには有史以前の化石から、スペイン統治時代の工芸品、第2次世界大戦中の日本軍の遺留品まで、ビサヤ地方の広範囲なコレクションが展示されている。「過去への窓」という異名をもつだけあり、さまざまな観点から歴史を振り返る。

印象的な外観の博物館

セレス・バスターミナル

■イロイロ博物館
住 Bonifacio Dr.　TEL (033) 337-2986
開 10:00 ～ 16:30　休 月
料 大人₱50、学生・子供₱20

時間があったら訪れたい

鐘楼が美しいハロ教会

■ハロ教会
🚌 中心街から「ハロ・シー・ピー・ユー JARO CPU」と書かれたジプニーに乗って所要約10分、₱8.5。

ハロ教会の内部

■モロ教会
🚌 中心街から「ヴィラVILLA」または「オトンOTON」と書かれたジプニーに乗って約5分、₱8.5。

■サント・トマス・デ・ヴィリャヌエバ教会
🚌 モロのアンティーケ・バスターミナルからミアガオ行きのバスに乗り、所要約1時間。運賃は₱44。中心部のジェネラル・ルナ通りでモロ方面に向かう「ミアガオMiagao」と書かれたジプニーに乗る。運賃は₱50。

ヤシの木のレリーフが見もの

■ギマラス島
🚌 南部にあるフォート・サン・ペドロ埠頭（→ MAP P.327-B2）から6:00～18:00頃の間、約5分おきにフェリーが出ている。所要約15分、₱35～。

旅行者にうれしい設備
Ⓢ SMシティー（MAP P.327-A1）内に旅行者に便利なラウンジが開業した。シャワーや荷物預かりサービス、ATM、携帯電話等の充電もできる。さらにバスやフェリーの予約や発券が可能。バスやフェリーのスケジュールや料金を調べるにも便利。

教会と鐘楼が離ればなれ ★
ハロ教会　MAP P.327-A1
Jaro Church

中心街から北に約3kmほど行ったハロ地区にある。ロペス通りE. Lopes St.を挟んで西側に教会、東側のハロ広場内に鐘楼が立っている。教会と鐘楼が別々に建てられているのは、フィリピンでも珍しい。この鐘楼は1948年の地震で一度倒壊したが、再建されたもの。

英雄、ホセ・リサールも称賛した ★★
モロ教会　MAP P.327-A2
Molo Church

中心街から西に約3kmのモロ地区にある。1831年に建てられたゴシック・ルネッサンス様式の教会で、外壁はサンゴで造られている。教会の内部両側に、16人の女性聖人像が並んでおり、荘厳ささえ感じる。これはフィリピンでも異例だ。

外観が美しいモロ教会

1993年、世界遺産に登録 ★★★ 世界遺産
サント・トマス・デ・ヴィリャヌエバ教会　MAP P.325
Santo Tomas de Villanueva Church of Miagao

イロイロの中心街から約40km西にある、世界遺産に登録されている教会。ミアガオ地区にあるため、**ミアガオ教会 Miagao Church**とも呼ばれている。レリーフにはヤシの木が描かれていて、フィリピンらしさが出ている。

世界遺産のサント・トマス・デ・ヴィリャヌエバ教会

洞窟や滝が多くある ★★★
ギマラス島　MAP P.325
Guimaras Is.

イロイロの沖合に浮かぶ島、ギマラス島。**ダリラン洞窟 Daliran Cave**（→ MAP P.325）をはじめとする、数々の洞窟や滝が見どころ。**イスラ・ナブロット島 Isla Naburot**（→ MAP P.325）ほか、小さな島々が周辺に数多く点在していて、ビーチリゾートも数軒ある。

ギマラス島最古のナバラス教会

ホテル&レストラン　Hotels & Restaurants

リーズナブルな安宿は、州庁舎や観光局などもあるモロ地区の東側に多く点在している。川沿いや海沿いの宿のなかには、客室からいい景色が眺められるところも。町なかには、ファストフードからローカル料理までさまざまなタイプのレストランが揃っているので、食に困ることはない。

セダ・アトリア $$
Seda Atria
MAP P.327-A1

ほかにもマニラやミンダナオなどフィリピン中に展開しているホテルグループ。上質なサービスを売りにしており、快適さはイロイロでもトップクラス。マニラと同様屋上にルーフトップバーがある。

- Pison Ave., Atria Park District, San Rafael, Mandurriao
- TEL (033) 506-8888
- URL www.sedahotels.com
- SD P4700～
- 室数 152
- CC AMV

コスパのよい快適ホテル

ザ・マンション $$
The Mansion
MAP P.327-A2

歴史のある旧サラビア・マノール・ホテルが改装され、2017年に新装オープン。真っ白な外観とゴージャスなロビーはそのままに、イロイロを代表する中級ホテルとしてさらにグレードアップしている。

- 101 General Luna St.
- TEL (033) 335-1021～27
- SD P4000～
- 室数 98
- CC ADJMV

シンプルなスタンダードルーム

ホテル・デル・リオ $$
Hotel Del Rio
MAP P.327-A2

モロ地区の高級ホテルで、イロイロで最も人気があるホテルのひとつ。レストランをはじめ、ホテル内施設も充実しており、屋外プールから眺める川の流れは絶景だ。客室は7タイプ揃っている。

- M. H. del Pilar St., Molo
- TEL (033) 335-1171、0998-956-8500(携帯)
- SD P3550～5300　F P6150
- 室数 59
- CC ADJMV

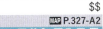

1階におしゃれなカフェがある

アミーゴ・テラス・ホテル $$
Amigo Terrace Hotel
MAP P.327-B2

中心街にある中級ホテル。町なかでもその外観はひときわ目立っている。ショッピングモールやプールなどの施設が充実していて快適。
※2019年10月現在、改装のためクローズ。

- Cor. Iznart & Delgado St.
- TEL (033) 336-9774、0936-938-7382(携帯)
- SD P2096～
- 室数 91
- CC AMV

落ち着いた雰囲気の客室

イロイロ・ビジネス・ホテル $$
Iloilo Business Hotel
MAP P.327-A1

客室はスタンダードからリビングルームとキッチンが付いたペントハウスまで計6タイプあり、ビジネス客から長期滞在者までそれぞれのニーズに対応している。ホテル内にはレストランなどの施設も充実している。

- Cor. Glicerio Pison St. & Benigno Aquino Ave., Mandurriao
- TEL (033) 320-7972、0929-538-6359(携帯)
- URL iloilobusinesshotel.com.ph
- SD P2142～　F P3572
- 室数 60
- CC AJMV

シンプルで快適な造り

※⊠と記してある場合は共同となります。

ファミリー・ペンション・ハウス $
Family Pension House
MAP P.327-B2

豪華とはいえないが、こぢんまりとした落ち着いた雰囲気が魅力。アンティークの調度品に囲まれた共有スペースは歴史を感じさせる。レストラン、バーが併設されており、地元の人向けの託児所も中にある。

住 12 General Luna St.
TEL (033) 337-1632
料 S₱340　D₱505
S/D₱655(共)
F₱1155(共)
室数 15
CC 不可

個性的な内装が人気

ファイン・ロック・ホテル $
Fine Rock Hotel
MAP P.327-A2

客室はデラックスからファミリールームまで計5タイプ。いずれも広々とした空間が魅力で、落ち着いたクリーム色のインテリアでまとめられている。格安で朝食、昼食、夕食付きにすることもできる。

住 Jalandoni St.
TEL (033) 336-9075～9
料 S₱570　D₱700～
Su₱760
室数 84
CC 不可

ボリュームたっぷりの食事が人気

エル・ハシエンドロ $
El Haciendero
MAP P.327-A1

中心部から離れているので静かに過ごせる。空港やバスターミナルへ行くにも渋滞を回避できて便利だ。ハロ教会までは徒歩圏内。建物は重厚で、内部、室内も清潔。セキュリティもしっかり。

住 Jayme St., Jaro
TEL (033) 501-0185、0939-220-5836(携帯)
URL elhaciendero.com
料 S/D₱1300～2000　F₱2210～
室数 28
CC 不可

室内は生活感があって気持ちがいい

サマー・ハウス $$
Summer House
MAP P.327-B2
中国料理

ミッドタウン・ホテルの1、2階にある中国料理レストラン。内装がモダンに彩られており、雰囲気もいい。店内には白いテーブルが並んでいる。大皿料理からひとり用のメニューもあるので、人数が少なくても気軽に楽しめる。

住 888 Yulo St.
TEL (033) 335-0215
営 6:00～22:00
休 なし
CC ADMV

メインは₱170～

タートイズ・マノカン $
Tatoy's Manokan
MAP P.327-A2外
フィリピン料理

プールのあるフィリピン料理レストラン。ショーケースに並んだ豚肉や牛肉、カニ、エビなどから好きなものを選び、焼いてもらうスタイル。海ブドウなどの海藻もある。プール使用の場合₱150(週末は₱200)。空港にも支店あり。

住 Baybay Sto. Niño Sur, Arevalo
TEL (033) 337-1360
営 7:30～21:30
休 なし
CC MV

ポークバーベキューと海ブドウ

ブレークスルー $
Breakthrough
MAP P.327-A2外
フィリピン料理

地元で人気のシーフードレストラン。昼も夜も地元の人たちでにぎわっている。町では大規模で有名な店のひとつで、テーブル席からの海の眺めはすばらしい。屋外と屋内にテーブルがある。

住 Baybay Sto. Niño Sur, Arevalo
TEL (033) 336-4755
営 9:00～21:00
休 なし
CC AMV

いつもにぎやかな店内

別名「カピス」の元大統領ゆかりの地

ロハス
Roxas

MAP 折込表-C3

ロハス中心街に建つカテドラル

ロハスの市外局番 ☎036

ACCESS

✈ マニラからPALエクスプレスとセブ・パシフィックがそれぞれ毎日1〜2便運航。所要約1時間、₱1500〜。

🚌 イロイロのセレス・バスターミナル（→MAP P.327-A1外）からロハス行きのバスが3:00〜20:00頃、約30分おきに運行。所要約4時間。₱180程度。

昔はカピスと呼ばれていたが、フィリピン第5代大統領に就任したマニュエル・ロハスを称え、「ロハス」に改名された。しかし、今でもフィリピンではカピスのほうがとおりがいい。ロハスは、カリボやボラカイ島へ行く際の交通の要衝でもあり、マニラ方面からの船も行き来している。特に目玉となる見どころはないが、10月の初めにはハララン祭りHalaran Festivalが行われる。カリボのアティアティハン祭のスケールにはかなわないが、見る価値はある。

ロハス概略図

ロハスの歩き方　GETTING AROUND

ロハス空港から西へ向かい、パナイ川を渡ったあたりが町の中心。市庁舎、カテドラル、観光案内所は川を渡る手前にある。橋を渡った周辺には何軒かのホテルがある。

ホテル　Hotels

ロハス・ミッドタウン・ホテル　$$
Roxas Mid Town Hotel　MAP P.331

リーズナブルながらも比較的設備の整ったホテル。部屋はシンプルだが、清潔なので快適。スイートルームがあるなど、幅広い部屋の種類もうれしい。

🏠 Burgos Cor. San Jose St.
☎ 0939-149-9124（携帯）
💰 SD ₱1600〜
🛏 20
💳 AJMV

ハララン・プラザ　$
Halaran Plaza　MAP P.331

エアコン付きの客室もあり、わりと清潔に保たれている。料金も割安で、バックパッカーにもおすすめ。ホテル内にはレストランもある。

🏠 Cor. P. Gomez-Rizal St.
☎ (036) 621-0649
💰 SD ₱550
💰 SD ₱750〜950
🛏 10
💳 不可

331

アティアティハン祭りで有名な

カリボ

Kalibo

MAP 折込表-C3

カリボの市外局番 ☎036

ACCESS

✈ マニラからPALエクスプレス、セブ・パシフィック、フィリピン・エアアジアがそれぞれ毎日1〜2便運航している。所要約1時間、₱1300〜。

🚌 イロイロからカティクラン行きのセレス・ライナーのバスに乗り途中下車。2:30〜19:00の間に30分おきに運行。所要約4時間、₱270。ロハスからは、イロイロ行きに乗り、シグマSigma（→MAP P.325）で途中下車、上記のカティクラン行きに乗り継ぐ。₱171。

■観光案内所
MAP P.332外
🏠 Magsaysay Park, Burgos St.
☎ (036) 262-1020
🕐 8:00〜17:00
休 土・日・祝

町中が盛り上がるアティアティハン祭

アティアティハンの祭りに参加する男性

アクラン州の州都、カリボ。この町では、毎年1月の第3日曜に全国的に有名な**アティアティハン祭 Ati-Atihan Festival**が催される。町の人たちはみな、自分の顔を黒く塗りつぶしたり、奇抜な衣装を身にまとって練り歩く。これは昔、パナイ島に住んでいたアティ族の風習をまねているもので、祭りの由来は13世紀初頭、この地にやってきたボルネオのダトゥ族とアクランの先住民族アティ族との間に親密な友好関係が生まれ、その際アティ族が喜びを示すために、ダトゥ族の容姿をまねて顔を黒く塗ったのが始まりだといわれている。祭りには、全国から多くの観光客がカリボを訪れ、町は熱狂の渦と化す。

カリボへの行き方　ACCESS

マニラからカリボ空港まで国内線が飛んでいる。カリボの空港から町の中心までは、トライシクルで所要約10分。イロイロ、ロハスからのバスは、町の南にあるセレス・バスターミナル（→MAP P.332外）に到着する。町の中心まではトライシクルで約15分。

カリボの歩き方　GETTING AROUND

教会と広場があるあたりが町の中心で、レストラン、ホテル、マーケットなどが点在している。移動はほとんどがトライシクルで、どこで降りても₱25程度。

ホテル＆レストラン Hotels & Restaurants

パナイ島 / カリボ

普段は観光客の姿もほとんどない静かな町だが、毎年1月に行われるアティアティハン祭の期間中は、全国各地から多くの観光客が押し寄せる。予約なしでは、まずホテルに泊まれないと考えたほうがいいだろう。数週間前にはほぼ埋まってしまうので、旅程が決まった時点で、すぐに予約申し込みを入れよう。

ザ・プレミエール・ビジネス・ホテル $$
The Premiere Business Hotel　MAP P.332外

空港と町の間にある、歴史あるビジネスホテル。部屋は質素ながら広くて明るい。もちろん空港送迎があり、レストランも併設。

Jaime Cardinal Sin Ave, Andagao
TEL (036) 268-3346, 0998-549-3362 (携帯)
SDP1500～2500
室数 40
CC ADJMV

グロウムーン・ホテル $
Glowmoon Hotel　MAP P.332

町の中心にあるので何かと便利。F. Quimpo St.にあるLittle Glowmoon Inn (→MAP P.332)はオーナーの兄弟が経営している。

S. Martelino St.
TEL (036) 268-4171
SDP1160～1950　FP1550
室数 10
CC 不可

カリボ・ペキン・ハウス $
Kalibo Peking House　MAP P.332
中国料理

本格的でおいしい中国料理が食べられると、地元の人たちからも人気の中国料理店。カリボでは数少ない中華料理店なので、重宝する。

19 Martyrs St.
TEL (036) 268-4752
営 9:00～21:00
休 なし
CC 不可

ラテ・コーヒー・カフェ $
Latte Coffee Café　MAP P.332外
カフェ

地元で評判のカフェレストラン。朝早くから営業しているのがうれしい。パスタ、ご飯、パンとひととおり揃っている。Wi-Fiあり。

Queson Ave Ext
TEL (036) 268-9026
営 6:00～21:00
休 なし
CC ADJMV

ちょっとひと息コラム

生態系の維持と伝統工芸の行方

パナイ島周辺は、漁業が盛んな地域として知られている。特に貝類は世界的に見ても多くの種類が生息しており、それらの貝殻は工芸品などの材料として用いられている。なかでもカピス貝と呼ばれる半透明で光沢のある貝から作られたコースターや小物入れ、ランプシェードはフィリピンを代表する伝統工芸品で、国内各地のみやげ物店でよく見かける品だ。パナイ島にあるカピス州の名も、もとはこの貝の名に由来している。

カピス貝は日本名を「マドガイ」といい、その名のとおりフィリピン建築では窓ガラスの役割を果たしてきた歴史がある。日本の障子に似た木の格子にていねいにはめ込まれたカピス貝は、デザインとしても、採光や通気の観点からみてもとても優れている。

カピス貝は建築材料としてだけでなく、工業用にも利用できるため、日本やアメリカへ向けた輸出もされてきた。もちろん中身は、食用にできるうえに豊富なプロテインを含んでいる。この地域の人々にとって、欠かせない資源であることがうかがえる。だが、一時はフィリピンの水産業において主要な輸出産品の地位にあったカピス貝も、1990年代以降はトロール漁船やダイナマイト漁の影響から衰退の一途をたどってしまっている。しかし、もう一度カピス貝産業を振興しようという声が、イロイロ市周辺の水産団体からも挙がっている。それにともない、生態系と伝統工芸を大切に保護していくことの必要性が再認識されつつあるようだ。

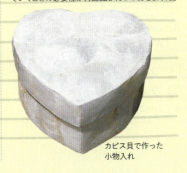

カピス貝で作った小物入れ

地球の歩き方 書籍のご案内

『地球の歩き方』を持って
歴史と文化の薫りあふれる東南アジアを歩こう

地球の歩き方●ガイドブック

D16 東南アジア
タイ、マレーシア、シンガポール、ベトナム、ラオス、カンボジアのおもな見どころを収録した決定版ガイド。旅のノウハウを徹底解説。

D17 タイ
パワフルな大都会バンコク、世界遺産アユタヤー、古都チェンマイ、人気のビーチリゾート。さまざまな表情をもつタイの魅力を完全網羅。

D18 バンコク
パワー全開の大都会とディープなアジアの魅力あふれるバンコクを120％満喫する決定版ガイド。

D19 マレーシア ブルネイ
近代的な都市リゾートと、青い海＆緑濃いジャングル。都市と自然の両方が楽しめるマレーシアと、富める王国ブルネイを紹介。

D20 シンガポール
マリーナ・ベイ・サンズやガーデンズ・バイ・ザ・ベイ、セントーサ島などメガ級最旬スポットの楽しみ方を徹底ガイド。ローカルグルメ＆ショッピング情報も必見。

D21 ベトナム
熱気に満ちた市場、本場で味わうベトナム料理、懐かしさと新しさが同居する雑貨など、魅力満載。

D22 アンコール・ワットとカンボジア
世界遺産のアンコール遺跡群に大きくページを割いて徹底解説。町歩き情報も満載。

D23 ラオス
メコン河の中流域に位置し、さまざまな民族の伝統が息づくラオスを紹介したガイドブック。

D24 ミャンマー
ホスピタリティにあふれた人々の笑顔、平安を願って輝やく金色のパゴダ(仏塔)。心穏やかな旅を楽しもう。

D25 インドネシア
1万数千もの島々からなる多民族国家インドネシア各地の美しい自然、見どころを紹介。

D26 バリ島
伝統芸能や世界遺産など文化と自然が混じり合うバリ島♪リゾートだけではない魅力にあふれた島を徹底ガイド！

D27 フィリピン
大都会のマニラとビーチリゾート。対照的なフィリピンの表情をあますことなく紹介。

女子旅応援ガイド● aruco

- **10** ホーチミン ダナン ホイアン
- **12** バリ島
- **22** シンガポール
- **23** バンコク
- **27** アンコール・ワット
- **29** ハノイ
- **34** セブ ボホール エルニド

地球の歩き方● Plat

- **07** ベトナム
- **09** バンコク
- **10** シンガポール
- **13** マニラ＆セブ
- **16** クアラルンプール マラッカ
- **22** ブルネイ

地球の歩き方● Resort Style

- **R12** プーケット サムイ島 ピピ島
- **R13** ペナン ランカウイ
- **R15** セブ＆ボラカイ ボホール シキホール
- **R19** ファミリーで行くシンガポール
- **R20** ダナン ホイアン ホーチミン ハノイ

地球の歩き方●トラベル会話

- **7** タイ語＋英語

地球の歩き方●ムック

シンガポール ランキング＆マル得テクニック！
バリ島 ランキング＆マル得テクニック！

地球の歩き方● GEM STONE

- **030** 改訂版 バリ島ウブド 楽園の散歩道

地球の歩き方● BOOKS

マレーシア 地元で愛される名物食堂

ダナン＆ホイアン PHOTO TRAVEL GUIDE
～絶景プロデューサー・詩歩が巡るベトナム～

2019年12月現在●最新情報はホームページでもご覧いただけます URL www.diamond.co.jp/arukikata

昔ながらの素朴なフィリピンの魅力を求めて

❋ MINDANAO
ミンダナオ

フィリピンならではの独自の文化が息づいている

ミンダナオ島 ············· P.338

ダバオといえばドリアン。カットして食べさせてくれる屋台もある

　ミンダナオはフィリピンでも異色の島だ。山々には熱帯雨林が広がり、島を取り巻く海は手つかずのまま残されている。地震や台風もめったにやってこず、年間通じて温暖で過ごしやすい。また、多くの少数民族が昔ながらの伝統を守り続けている地域でもある。海と山の幸に恵まれ、旅行者にとってこれほど魅力あふれる場所はない。長年続いていた政府とイスラム武装勢力との紛争も和平合意にいたり、今後の進展が期待される地域である。

Mindanao

1 マーケットで巨大なジャックフルーツを売るおばさん
2 自然の恵みに感謝するカダワヤン・フェスティバル（8月）
3 ダバオの人々はとても親切
4 ダバオ沖に浮かぶリゾートアイランド、サマール島

ミンダナオ オリエンテーション

地理

ミンダナオ島は、ルソン島に次いでフィリピンで2番目に大きな島。面積約9万1000km²で、その広さは北海道の1.1倍にあたる。島のほとんどは熱帯雨林に覆われ、フィリピン最高峰のアポ山(標高3144m)をはじめとする山々が連なっている。

気候

毎年フィリピン各地を襲う台風もめったにやってこず、気候は1年を通して温暖で過ごしやすい。雨量は多いが、1日1回のスコールのみ。

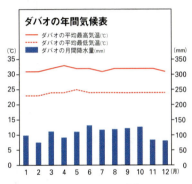

出典：msn weather

特徴

ダバオやスリガオ、サンボアンガなど海沿いの都市を中心に、約2158万人の人々が暮らしている。おもな産業は、農業と林業。金、銀、銅、ニッケルといった豊かな鉱物資源が眠っているとされ、世界の注目を集めているが、実際にはいまだ大規模な鉱脈の発見にはいたっていない。

また、キリスト教徒が大半を占めるフィリピンにおいて、唯一イスラム教徒が多く住んでいる島でもある。そのため、フィリピン政府とは一線を画して、島の分離独立を目指すモロ・イスラム解放戦線(MILF)などが政府軍との戦いを40年以上にわたり続けてきたが、2019年にバンサモロ基本法が成立し、今後の動向に注目が集まっている。

ルート作りのポイント

ミンダナオ島は広大で、しかも立ち入りが難しい場所も多く、飛行機を多用せざるを得ない。特に一般庶民が利用するバスや船などでの移動は危険なので、できるだけ避けるように。危険情報→.P351

Route 1 歴史をたどる旅

サンボアンガからダバオと飛行機で移動する。山間部、特に夜間は危険をともなうので長距離バスでの移動は避けるように。スペイン統治時代に重要な軍港であったサンボアンガに残されたピラール砦などのスペイン文化をたどる。ダバオでは日本人移民の足跡と日本軍の戦跡を訪ねたあと、きれいに整備された町並みを散策するのもいいし、名産のランを見に行くのもいい。

Route 2 伝統を守り続ける民族に会いに

飛行機でジェネラル・サントスに入り、バスでまずコロナダル(現地名マルベル)に行く。さらにスララ行きバスに乗り換え、スララでレイク・セブ行きジプニーに乗る。レイク・セブはティボリ族の里で、フィリピンでは珍しいレイクリゾートでもある。次にスララまで戻り、バスに乗って、伝統的な織物で有名なマギンダナオ族が住むコタバトへ。あまり道がよくないので、車内設備のよいバスに乗ろう。

※マニラとの位置関係は正確ではありません

フィリピンでもっとも標高の高いアポ山

ミンダナオ島

　1年中温暖で過ごしやすく、旅行者をあたたかく迎え入れてくれるミンダナオ島。緑豊かな山と美しい海に恵まれ、町にはどこかのんびりとした空気が漂っている。そんな、旅行者をひきつける要素いっぱいの魅力あふれる島ではあるが、訪れる際には、和平に合意したとはいえ、いまだ泥沼化したフィリピンからの独立紛争を抱えているという事実を常に心にとめておきたい。現在、ミンダナオ島で訪れて安心なのは、カガヤン・デ・オロ周辺、フィリピン第3の都市のダバオ市とその周辺のリゾート地、ジェネラル・サントス市、シアルガオ島といったところ。これらは、島に紛争が続いていたことなど想像できないほど平穏で、ミンダナオの魅力を垣間見るのにも十分な場所といえよう。

338

フィリピン第3の都市

ダバオ

Davao

MAP 折込表-D4

ダバオの市外局番
☎082

ACCESS
✈ マニラからフィリピン航空とセブ・パシフィックがそれぞれ毎日10便程度運航。所要約2時間、₱1900〜。セブからはセブ・パシフィックとフィリピン・エアアジアが毎日5便程度運航。所要約1時間。

ダバオの治安状況
2019年11月現在、ダバオには「十分注意してください(レベル1)」という外務省の危険情報が発出されている。これはマニラやセブと同じ危険度。治安はまずまず良好だ。しかし、2016年にはロハス通りのナイトマーケットで爆弾テロ事件が起こっている。人の集まるところにはなるべく近づかないように。

■ 日本国大使館ダバオ総領事館
MAP P.340-A1 外
🏠 4th Floor, BI Zone Bldg., J.P. Laurel Ave., Bajada
☎ (082) 221-3100

空港から市内へ
市内へは、ジプニーでメインロードまで出て、そこから市内行きのジプニーに乗り換える。所要約30分。タクシーだと約₱250。

ダバオ国際空港にある巨大なドリアンのモニュメント

　約163万人が暮らすダバオは、世界一行政面積の広い市で、その総面積はなんと約2400km²と、東京23区の約4倍。南部フィリピンの政治・経済の中心としての役割を果たしている。ドゥテルテ大統領が市長を務めていた町としても有名だ。

　大都市といっても、マニラやセブ・シティのような混沌はあまりなく、町はよく整備されて緑も多い。町行く人々の表情も明るく、穏やかな雰囲気だ。フルーツの産地としても知られ、特にドリアンはこの町の名物。観光名所やホテルも多く、旅人には心地よい町だ。南国の風土がそのまま町の魅力として生きている。

　日本と縁の深い町でもある。戦前には1万人以上の日本人がこの地でアバカ(マニラ麻)の生産に従事した。当時、「リトル・トウキョウ」とも呼ばれたダバオの日本人町は、アジアで最大規模だったという。現在もその子孫が多く、日本料理店をはじめ日本人会など、日本との関係の深さを物語るものが少なくない。

町中で見られるモスク

■イミグレーション
MAP P.340-A1外 住 J.P. Laurel Ave.
TEL (082) 228-6477

ダバオでゴルフはいかが？
●アポ・ゴルフ＆
  カントリー・クラブ
  Apo Golf & Country Club
MAP P.339-A 住 Bago
TEL (082) 298-2851
料 18ホール ₱1000

■観光局(DOT)
MAP P.340-A1外
住 Rm 512 5th Floor
LANDCO Corporate Centre J.P.
Laurel Ave.
TEL (082) 225-1940
開 8:00 ～ 17:00
休 土・日

2014年に登録された世界遺産
ハミギタン山地野生生物保護区 Mount Hamiguitan Range Wildlife Sanctuary が2014年、ユネスコの世界自然遺産に登録された。ミンダナオ島の南東部、プハダ半島 Pujada Peninsula に広がる、標高75 ～ 1637m、面積約160km²のエリアで、ここでしか見られない固有種が多い。MAP P.338-B2

ダバオの歩き方

GETTING AROUND

　ダバオは、ダバオ湾Davao Gulfに浮かぶサマール島Samal Is.と、ミンダナオ本島が向かい合う場所に開けている。ダバオ湾にダバオ川Davao Riverが注ぎ込む河口一帯がその中心地。ダバオ国際空港は繁華街から12kmほど北にあり、ここから町の中心まで整備された広い道路が通っている。

　ダバオの見どころの多くは郊外に点在しているが、町そのものの中心部と呼べるエリアはさほど広くない。徒歩だけでも十分に楽しめる。町の中心にある歴史あるホテル、アポ・ビュー・ホテル（→P.344）を目印として移動するとわかりやすい。この周辺は昔からの繁華街だ。このホテルから2ブロック南下すると、比較的小規模な店が連なるにぎやかな道と交わる。ここがダバオのメインストリートのひとつ**サン・ペドロ通りSan Pedro St.**だ。もうひとつのメインストリートは、ここからさらに500mほど東でサン・ペドロ通りと交わる**レクト通りM. Recto Ave.**。どちらも人通りが多く、ジプニーがひっきりなしに行き交う活気あふれる場所だ。

独特の建築が目を引くサン・ペドロ・カテドラル

ダバオの見どころ　ATTRACTION

市街地にある博物館　★★
ムセオ・ダバウェニャ　MAP P.340-A2
Museo Davawenya

2階建ての小さな博物館。ミンダナオの各民族についてや、スペイン、アメリカ、日本統治時代の歴史、民芸品などの展示がみられ、なかなか見ごたえがある。

アート作品の展示もある

ダバオ自慢の美しいランの花を見に行こう　★★
オーキッド・ファーム（ラン園）　MAP 欄外参照
Orchid Farms

手つかずの熱帯雨林に覆われたミンダナオ島には、固有種のランが多く群生。ダバオにはこれらのランを観賞用に栽培するラン園がたくさんあり、観光客にも開放している。最も有名なのは、大柄な花びらがひときわ目立つワリン・ワリンというランで、フィリピンイーグル同様、ダバオのシンボルとなっている。一般的にランの最盛期は4〜9月。ただしワリン・ワリンは8〜9月。

ダバオ自慢のフィリピンイーグルに合える　★★★
フィリピンイーグル・ファウンデーション　MAP P.339-A
Philippine Eagle Foundation

ミンダナオ島周辺に生息する絶滅の危機にある野生動物を保護・研究する施設。フィリピンワニ、フクロウ、ミミズク、オウム、ムササビなど、さまざまな動物を見ることができるが、メインは何といっても施設の名前にもなっているフィリピンイーグル。サルすら食べるといわれる鋭いくちばしと爪をもつタカ科の一種で、ダバオのシンボルだ。1980年代初頭には約300羽いたものが、現在は50羽前後に激減しており、そのうち約30羽がここで保護されている。ここで初めて人工受精・ふ化・保育に成功した1羽が人気者で、パグアサ（希望という意味）と名づけられている。

フィリピンイーグル

迫力あるショーが見もの　★★
クロコダイル・パーク　MAP P.339-A
Crocodile Park

23種類ものクロコダイルをはじめ、蛇やトカゲなどの爬虫類、ダチョウやトラに出会える。毎週金・土・日曜の午後に行われるクロコダイルショーでは、体長2mものクロコダイルが肉を食べたり、ダンスをする様子が見られ、迫力満点。

■ムセオ・ダバウェニャ
TEL (082)222-6011
開 9:00〜18:00
休 日
料 無料

ミンダナオ島はカカオも名産
名産のカカオを使用したさまざまな商品を売る店がオープン！国際的な賞を獲得しているマラゴスのチョコも扱っている。
●カカオ・シティ
　Cacao City
MAP P.340-A1
住 Palma Gil St.
TEL 0997-730-7907（携帯）
営 9:00〜19:00　休 なし

ダバオにあるおもなラン園
●プエンテスピナ・
　オーキッド・ガーデン
　Puentespina
　Orchid Gardens
MAP P.340-B1外
住 Bolcan St., Agdao
TEL (082) 226-4446
開 8:00〜17:00　休 日
●スル・オーキッド
　Sul Orchid
MAP P.339-A　住 Km 18, Tugbok
TEL (082) 293-0036
開 8:00〜17:00（日〜16:00）
休 なし　料 ₱20

スル・オーキッドのワリン・ワリン

■フィリピンイーグル・
　ファウンデーション
E.キリノ通りE. Quirino Ave.からジプニーでカリナンまで所要約1時間。料金は₱40。さらに5kmほど山中に入るので、トライシクルに乗り換える。料金は₱20が相場。タクシーならダバオ市内から₱600〜（要交渉）。
TEL (082) 324-1860
URL www.philippineeaglefoundation.org
開 8:00〜17:00　休 なし
料 大人₱150、学生₱100

■クロコダイル・パーク
住 Riverfront Corporate City, Diversion Rd.
TEL (082) 286-8883
URL crocodilepark.ph
開 8:00〜18:00（金〜日〜17:00）
休 なし　料 ₱350

■ フィリピン-日本
　歴史資料館
⯅ Matsuo Compound, Durian Village, De Lara St., Calinan
☎ (082) 295-0221
開 月～金　7:30～11:30
　　　　　13:00～17:00
　　土　　8:00～16:00
休 日　料 寄付
※2019年10月現在、改装につき閉鎖中。2019年12月再開予定。

■ ジャパニーズ・トンネル
⯅ Diversion Hwy., Ma-a
☎ (082) 295-0678
開 8:00～20:00　休 なし
料 大人₱50、子供₱20
※ツアーガイド付き。隣接の H D'Japanese Tunnel Family Resortで受け付け。

全長約200mが公開されている

■ ダバオ博物館
⯅ 113 Agusan Circle, Insular Village Phase Ⅰ, Lanang
☎ (082) 233-1734
開 9:00～17:00
休 日・祝　料 ₱100

極上のコーヒーはいかが？
　希少価値が高く、世界で最も高価なコーヒーとして知られるシベット・コーヒー Civet Coffee（一般的にはコピルアク Kopi Luwak、フィリピン産のものはアラミド・コーヒー Alamid Coffeeとも呼ばれている）。ジャコウネコの体内で消化されずに排泄されたコーヒー豆を焙煎したもので、消化酵素や腸内細菌による発酵で、独特の香りとコクが特徴といわれている。
　実は、アポ山も産地のひとつ。クロコダイル・パーク（→P.341）入口に隣接のコーヒーショップでは希少なコーヒーを飲ませてくれるので、ぜひ試してみては？ また、ダバオ空港などでも販売している。

1杯₱250程度で飲める

日本人移民の足跡　★★
フィリピン-日本歴史資料館　MAP P.339-A
Philippine-Japan Museum

　ダバオからフィリピンイーグル・ファウンデーションに行く途中のカリナンCalinanにある。戦前、ダバオに移住した日本人が入植当時に使っていた物や写真を展示。ダバオ博物館（→下記）にも日本人コロニーの写真が所蔵されているが、こちらのほうがさらに詳しい。カリナンの手前にある**ミンタル**には日本人墓地があるので、そちらも合わせて訪れたい。

かつて住んでいた日本人に関わる展示が見られる

戦中に日本軍が隠れ基地として利用　★★
ジャパニーズ・トンネル　MAP P.339-A
Japanese Tunnel

　ダバオ市内中心部から車で約20分のダイバーション通りにある。第2次世界大戦中、日本兵によって隠れ基地として掘られたもので、かつては全長約8kmあったと伝えられている。1960年代に道路工事の際に発見された。現在、その一部が公開されていて、トンネル内から見つかった軍票や拳銃、当時の軍会議の様子を再現したマネキンなどが展示されている。

ダバオの先住民族の文化が興味深い　★★
ダバオ博物館　MAP P.339-B
Davao Museum

　H ウォーターフロント・インシュラー・ホテル・ダバオの近くにあり、ダバオの先住民族の衣装や宝石類、工芸品等、文化的な遺産を展示している。小さな博物館だが、手が空いていればスタッフが案内してくれるので、先住民族の生活がよくわかる。

30分程度で回ることができる

フィリピンの最高峰　★★
アポ山　MAP P.338-B2
Mt. Apo

　標高3144mのフィリピンの最高峰。第2次世界大戦時には、裾野一帯が日本軍とアメリカ軍の激戦地となったことでも知られる。周辺には湖や滝、洞窟、急流など美しい自然が残されており、ランやシダ、イチゴなど、貴重な野生草花の宝庫ともなっている。毎年、聖週間（復活祭を挟む1週間）の時期には、観光局（→P.340欄外）が本格的な登山ツアーを催行。

ホテル&レストラン Hotels & Restaurants

フィリピン第3の都市だけあり、ゲストハウスから高級ホテルまで、宿泊施設は充実している。比較的安い宿は、町の中心を南北に走るレクト通りや東西に走るサン・ペドロ通り沿いに集中している。リゾート的な雰囲気を楽しみたいのであれば、中心部からは少し離れるといいだろう。

ミンダナオ島　ダバオ

パール・ファーム・ビーチ・リゾート $$$
Pearl Farm Beach Resort　MAP P.339-B

ダバオ市沖のサマール島にあるリゾート。レストランやタパスバーなど、リゾート施設が充実し、ゴージャスな休日を過ごすことができる。客室は水上コテージ、水上スイート、丘上コテージなど。

- Kaputian, Island Garden City of Samal
- TEL (082) 235-1213
- URL www.pearlfarmresort.com
- 料 SDP1万4400～
- 室数 70
- CC MV

海が一望できる開放的なプール

マルコポーロ ダバオ $$$
Marco Polo Davao　MAP P.340-A1

レストランやカフェ&バーはもちろん、フィットネスセンターやスパ、プールなど完備した高級ホテル。いずれの部屋からもアポ山かダバオ湾が一望できる。市内の中心に位置し、ビジネスにも最適。

- CM Recto Ave.
- TEL (082) 221-0888
- URL www.marcopolohotels.com
- 料 SDP1万3991～
- 室数 245
- CC ADJMV

トワイライトに美しく映える屋外プール

マラゴス・ガーデン・リゾート $$$
Malagos Garden Resort　MAP P.339-A

ダバオ市街を見晴らす丘にある、カラフルな鳥やチョウ、熱帯の花々に囲まれた森林リゾート。12万㎡もある広大な敷地にはラン園やバタフライ・ガーデン、バードショーのシアターなどがある。入場料はP250～300。

- Brgy. Malagos, Calinan
- TEL (082) 221-1545
- URL www.malagos.com
- 料 SDP5800～1万5000
- 室数 28
- CC MV

人気のバードショー

クラウン・リージェンシー・レジデンス・ダバオ $$
Crown Regency Residences Davao　MAP P.340-B1外

屋外プールやスパ、レストラン、ジムなどの施設が充実している。客室設備も申しぶんなく、快適に過ごせる。スイートルームには台所も付いていて長期滞在に便利だ。フィリピン人の家族連れ客なども多い。

- J.P. Cabaguio Ave., Agdao
- TEL (082) 225-8188
- URL www.crownregency.com
- 料 SDP3400～
- 室数 70
- CC AJMV

建物群の中央にプールがある

ダバオ・インペリアル・ホテル $
Davao Imperial Hotel　MAP P.340-A1

市内では珍しいアパートメントタイプで、料金のわりに広い。フロントは2階で、観光案内もしてくれる。スタッフの対応も親切。ロビーにはビリヤード台もあり、宿泊者たちの交流の場になっている。

- CM Recto Ave.
- TEL (082) 222-4930
- URL thedavaoimperialhotel.com
- 料 SP550　DP800　SuP900
- ※エクストラベッドP200
- 室数 22
- CC 不可

カラフルにまとめられた室内

343

マイ・ホテル
My Hotel
MAP P.340-A2　$

市内の中心部に立つカラフルな外観のホテル。共同バス・トイレの経済的な部屋から開放的なスイートまで、客室は4タイプ。いずれも清潔に保たれており、料金のわりに居心地がよい。レストランを併設。

San Pedro St.
(082) 222-2021
www.myhoteldavao.com
SⓅ1980〜　DⓅ1255〜
105
AJMV

全室に冷房を完備

アポ・ビュー・ホテル
Apo View Hotel
MAP P.340-A2　$$

全体に重厚な雰囲気が漂う。ビジネスセンターやレストラン、みやげ物店なども入っていて、とても便利。3階にはプール、スポーツジムもある。

150 J. Camus St.
(082) 221-6430〜40
www.apoview.com
SDⓅ2739〜
182
ADJMV

ウオーターフロント・インシュラー・ホテル・ダバオ
Waterfront Insular Hotel Davao
MAP P.339-B　$$

海に面して建つリゾート風の高級ホテル。目の前のビーチはそれほどきれいではないが、気軽に対岸のサマール島へ渡れる。

Lanang
(082) 233-2881
www.waterfronthotels.com.ph
SDⓅ3150〜
159
MV

ツル
Tsuru
MAP P.340-A2　$$
日本料理

地元では有名な日本料理店。手巻き寿司や握り寿司（2貫Ⓟ150〜）、丼物などのほか、焼きシシャモなどの一品料理も各種揃っている。店内は広く、落ち着いた雰囲気で、ゆったりと食事を楽しむことができる。

J. Camus St.
(082) 221-0901
11:00〜14:00、17:30〜22:00
なし
MV

ほかにカウンター席もある

日本人とダバオ

ちょっとひと息コラム

ダバオに日本人がいたという記録は16世紀にまで遡るが、まとまった日本人が移住してきたのは1903年頃から。ルソン島で道路建設の労働者として来比した約1500人の日本人のうち114人ほどが、アバカ農園で働くためにダバオを訪れている。彼らを率いた兵庫県出身の太田恭三郎（1876〜1917）は太田興行株式会社を設立。太田興行を中心に日本人によるアバカ農園は拡大を続け、宗主国アメリカの農園の規模を上回るほどに成長。1939年には、1万7888人もの日本人が暮らしていたという。

しかし、現地のフィリピン人と婚姻関係を結ぶなど、戦略的に土地を拡大する日本人に現地の部族は警戒感を強め、日本人殺害事件が多発するようになる。その後、第2次世界大戦の敗北により、農園は接収され、ほとんどの日本人は帰国。現在はわずかながらその子孫が暮らしている。郊外にあるいくつかのスポットでは、日本人が暮らした痕跡が伺える。

ダバオ郊外のカリナンに住んでいた日本人家族の集合写真

ミンタルにある戦争犠牲者の慰霊碑

おしゃれに進化しつつあるサーファーの聖地

シアルガオ島

Siargao Is.

  MAP 折込表-D3

島を代表するサーフスポット、クラウド9

シアルガオの市外局番
☎086

ACCESS

✈ マニラからセブ・ゴーが毎日2便運航。所要約2時間40分、₱3600～。セブからはPALエクスプレスとセブ・ゴーがそれぞれ毎日2便運航。所要約1時間、₱1600～。ほかにダバオ、クラークからの便もある。

🚢 スリガオの埠頭から毎日8便程度シアルガオ島のダパDapaへボートが出ている。所要約2時間30分、₱270～。

　シアルガオ島の最初の歴史的記録は1543年頃。航海中のスペイン人により確認されている。当時の海図にはイスラ・デ・ラス・パルマスIsla de las Palmas（ヤシの木の島）と記されていたという。その名のとおり、島には印象的なヤシの木の景観が点在している。そんなのどかな島の歴史が大きく動いたのは1980年頃。旅行中のサーファーによりそのすばらしい波が世界に伝えられたのだ。やがてポイントのひとつがクラウド9と名づけられ、サーフィンの世界大会が行われるまでになる。外国人の流入により、さまざまなカルチャーが根付き、近年ではフィリピンでも指折りの洗練されたビーチリゾートとして注目を浴びている。

空港から市内へ&島内交通
空港到着に合わせてバンが待っている（₱200）。ジェネラル・ルナまで所要45分。空港の外にバイクレンタル業者がいるので、空港でレンタルするのも便利。1日₱500が相場。観光エリアではトライシクルが走っている。ジェネラル・ルナ～クラウド9だと乗り合いで₱20。

そのほかの見どころ
●タヤンバン洞窟
Tayanban Cave
ジェネラル・ルナからマグププンコ・ロック・プールへの途中にある洞窟。ガイド付きで洞窟探検ができる。約15分程度で天然のプールにたどり着く。要水着。
MAP P.345左
料 ₱150
🚗 ジェネラル・ルナから車で約30分。

●マアシン川
Maasin River
マアシン村の脇を流れるマアシン川。川の両岸にヤシの木が生い茂りトロピカルムード満点の景色が広がる。大きく曲がったヤシの木からダイブしたり、ボートに乗って遊んだりすることができる。
MAP P.345左
🚗 ジェネラル・ルナから車で約25分。

■スグバ・ラグーン
料 ₱100
🚗 ジェネラル・ルナからデル・カルメンまで車で約1時間。デル・カルメンの港からバンカーボートで所要30分。ボート代は1台₱1600（6人まで乗れる）。スグバ・ラグーンを訪れるデイツアー（₱2000程度）も催行されている。

■マグププンコ・ロック・プール
料 ₱50
🚗 ジェネラル・ルナから車で約45分。島内ツアーにもよく含まれている。

磯遊びもできて楽しい

346

シアルガオ島の歩き方 GETTING AROUND

ジェネラル・ルナの町はメインロードが舗装されただけの素朴な田舎町といった印象。小さなカフェが数軒と、生活雑貨店、数軒のホテルがあるだけのとても小さな町だ。海岸沿いに桟橋とアイランドホッピングを申し込むオフィスがあり、その西に市場がある。ここはシーフードが安いので、マグロを買って宿で調理するのもおすすめ。桟橋の東の広場では夜に屋台が出て、バーベキューが楽しめる。

ジェネラル・ルナの町中から出ている**ツーリズム・ロード Tourism Rd.**をたどると、クラウド9との間の観光エリアへと続く。道沿いにホテルやレストラン、カフェ、ショップが点々と並び、クラウド9まで続くビーチタウンを形成している。

シアルガオ島の見どころ ATTRACTION

シアルガオいちの絶景 ★★★
スグバ・ラグーン　**MAP** P.345左
Sugba Lagoon

石灰岩の島々に囲まれた静かなラグーン。飛び込み台やポンツーンハウスが設置され、カヤックやスタンドアップパドル・ボード（SUP）などに挑戦することができる。世界最大の海水にすむワニが生息していることでも知られ、デル・カルメンの港にその遺骸が展示されている。最大滞在時間は3時間まで。スノーケルギアはデル・カルメンの港で₱200でレンタルできる。

アクセスが不便だが行く価値は十分ある

干満のタイミングをみて訪れたい ★★★
マグププンコ・ロック・プール　**MAP** P.345左
Magpupungko Rock Pool

東海岸にある人気の見どころ。岩場にぽっかりとあいた天然のプールで遊ぶことができる。エメラルドグリーンに透き通る美しいプールで、シアルガオ島でも折りのフォトジェニックスポットだ。遊べるのは干潮の前後1時間の間のみ。干潮時以外は入口付近のビーチでゆっくりできる。レストランもいくつか営業している。

きれいなビーチで遊ぶなら ★★★

ジェネラル・ルナ沖の島々
Offshore Islands of General Luna　MAP P.345左

ジェネラル・ルナの桟橋からアイランドホッピングで訪れることができる3つの島。最も近い**グヤム島Guyam Is.**はきれいなビーチに囲まれた無人島で、撮影スポットやカフェがあるだけ。きれいなビーチで思う存分遊びたい。**ダク島Daku Is.**は唯一有人島で、ちょっと内陸に入れば村もある。簡易なシーフードレストランもあるので、ここでランチにするのもいい。**ネイキッド島Naked Is.**はその名のとおり何もなく、島というよりサンドバンクといったほうがしっくりくる。周辺にはスノーケリングポイントもあるので、船頭さんに頼んでみよう。

グヤム島

ネイキッド島

ダク島

■ジェネラル・ルナ沖の島々
料 グヤム島₱30、ダク島₱100（ネイキッド島は無料）
ジェネラル・ルナの埠頭にある管理オフィスでバンカーボートをチャーターできる。ボート1台₱1500。オフィスの時間は5:00～16:00。ここで環境税₱50を支払う。埠頭からグヤム島までボートで約10分。グヤム島からダク島まで約10分。ダク島からネイキッド島まで約10分。各ホテルやツアー会社で混載ツアーに参加すると1名₱800～1000。

ツアー催行会社
●マイ・シアルガオ・ガイド
My Siargao Guide
スグバ・ラグーン（₱2000）、アイランドホッピング（₱1000）、マグプンコ・ロック・プール（₱1000）などさまざまなツアーを催行。ランチやスノーケルギア付き。
TEL 0927-611-6117（携帯）
URL www.facebook.com/mysiargaoguide

ホテル Hotels

2016年頃からホテルが急増中。ジェネラル・ルナからクラウド9の間の海岸線に一気に増えている。外国人経営の宿が多く、外観、内装とも洗練された印象。バックパッカー向けのおしゃれなホステルもある。

カリナウ・リゾート　$$$
Kalinaw Resort　MAP P.345右

スタイリッシュなリゾート。クラウド9にも近く、ゴージャスな客室が人気。特にプールスイートヴィラは170m²と広々。レストランでは本格派窯焼きピザや自家製フランスパンが食べられる。アイランドツアーも催行している。

住 General Luna
TEL 0939-904-3554（携帯）
URL www.kalinawresort.com
料 SDP1万8900
室数 5
CC AJMV
※最低宿泊日数4日

プールスイートヴィラ

シアルガオ・アイランド・ヴィラ　$$
Siargao Island Villas　MAP P.345右

緑がまぶしい敷地内に2階建てのヴィラ風の建物が点在。24室のスイートルームは快適ながらもなかなかリーズナブル。

住 Brgy. Catangnan, General Luna
TEL 0927-700-3221、0919-635-8064（携帯）
URL siargaoislandvillas.com
料 SDP5000～
室数 14
CC ADJMV

カーミット・シアルガオ　$$
Kermit Siargao　MAP P.345右

イタリア人経営の快適な宿。レストランが人気で、共有スペースも過ごしやすい雰囲気。サーフショップやツアーデスクもある。

住 Tourism Rd., General Luna, Caraga
TEL 0917-655-0548、0920-968-9934（携帯）
URL www.kermitsiargao.com
料 SDP1800～3500
室数 24
CC ADJMV

ブラボー・ビーチ・リゾート　$$
Bravo Beach Resort　MAP P.345右

シアルガオの名物宿。スペイン人の経営で、日曜のビーチパーティのほか、イベントやライブが盛ん。客室もおしゃれで、人気がある。

住 Tourism Rd, Brgy. 5 General Luna
TEL 0999-877-8518、0905-395-5493（携帯）
URL www.bravosiargao.com
料 SDP3900～　DmP1200
室数 10
CC MV

ハリーズ・コーナー・ホステル＆バーガー　$
Harry's Corner Hostel & Burgers　MAP P.345右

2019年6月にオープンしたばかりのホステル。なかなか快適なカプセルタイプのベッドが12ある。1階のカフェもおしゃれで居心地がよい。

住 Purok N° 5, 8417 General Luna
TEL 0956-674-4543（携帯）
URL harryshostelsiargao.com
料 DmP990
室数 1
CC 不可

レストラン　　　Restaurants

シアルガオ島は食も洗練されている。田舎の小さな島とは思えないほど、本格的で垢抜けた料理に出合うことができる。下記のとおり、食事のおいしいホテルが多いのも特徴だ。セブなどと同様、おしゃれなナイトマーケットもあるし、ローカルな雰囲気の屋台街も出る。グルメな島としても進化中だ。

ココ・フリオ　$$
Coco Frio　MAP P.345右
カフェ

セブからきたフィリピン人女性がオープンした小さなカフェ。その名のとおり、ココナッツを使った各種メニューが楽しめる。なかでもココナッツミルク入りのベトナムコーヒー（₱120）は絶品。ココナッツアイスもおいしい。

- General Luna
- TEL 0928-342-8821（携帯）
- 営 8:30〜17:30
- 休 なし
- CC 不可

ジェネラル・ルナの町角カフェ

ホワイト・バナナ・ビーチ・クラブ　$$
White Banana Beach Club　MAP P.345右
カフェ

イタリア人オーナーが経営するビーチ沿いの気持ちいいカフェ。セミオープンの店内はセンスのよいインテリアで、まったりと過ごせる。毎日16:00〜17:00はハッピーアワーで、毎週土曜はビーチパーティが開かれる。

- Tuason Beach, General Luna
- TEL 0908-447-7477（携帯）
- 営 7:30〜23:00
- 休 なし
- CC ADJMV

ドミトリーもある（ベッド₱1450）

ホワイト・ビアード・コーヒー　$$
White Beard Coffee　MAP P.345右
カフェ

白いひげが生えているバリスタのアニーさんと、少し日本語を話す奥さんのクリスティーンさんが営む小さなカフェ。コーヒー、カフェ飯ともとてもおいしく、ここで朝食をとるのもおすすめ。

- General Luna
- TEL 0999-132-7645（携帯）
- 営 7:00〜19:00
- 休 なし
- CC 不可

地元の若者のたまり場でもある

シャカ　$$
Shaka　MAP P.345右
カフェ

エルニド、ボホール、モアルボアルなどでもおなじみのカフェ。スムージーボウル（₱250）やコーヒー、コールドプレスのジュース（₱180）など、いまどきのメニューを揃えている。クラウド9そばの海岸沿いにある。

- Cloud 9, General Luna
- TEL 0929-422-8956（携帯）
- 営 6:30〜18:30
- 休 なし
- CC 不可

トロピカルな雰囲気

MEMO

レストランを探すなら、ぜひホテル内のレストランも候補に入れてほしい。食事にもこだわったホテルがたくさんあるのだ。例えば、**カーミット・シアルガオ**（→P.347）は絶品イタリアンで有名。ピザ、パスタなど何を食べてもおいしい。**プラボー・ビーチ・リ**

ホテルのレストランがおすすめ

ゾート（→P.347）のレストランもよく名が挙がる店。スペイン人経営なので、スペイン料理も食べられる。**シアルガオ・アイランド・ヴィラ**（→P.347）のインドネシア料理店ワルンWarungも本格的なインドネシア料理が食べられる。

緑豊かな西ミンダナオの玄関口

ディポログ
Dipolog

MAP 折込表-C4

ミンダナオ島 / ディポログ

濃い緑に囲まれたダカク湾

ディポログの市外局番
☎065

ACCESS
✈ マニラからPALエクスプレスとセブ・パシフィックがそれぞれ毎日1便運航。所要約1時間30分、片道₱2500〜。セブからはセブゴーが週4便運航。所要約50分、₱1600〜。

　サンボアンガ半島の北端近くに位置するディポログは、「西ミンダナオの玄関口」と呼ばれ、北サンボアンガ州の州都でもある。ほとんどの人が農業に携わっているという緑濃いエリアだ。町のさらに北のダカク湾にあるリゾートに滞在して、ディポログへのシティツアーに参加するのもいいだろう。ディポログの北東約15kmには**ダピタンDapitan**（→ MAP P.338-A1）がある。この地は、国民的英雄ホセ・リサールが4年間幽閉されていた場所として知られている。

ディポログの見どころ　ATTRACTION

　ディポログの町の中心地から南へ約4km行った所に**シカヤブ・ビーチSicayab Beach**があり、のんびり海水浴を楽しむにはもってこいだ。約5km離れた所には、このあたりでいちばん高い**リナボ山Linabo Peak**（標高460m）があり、頂上へ続く3003段の階段を上ると、ディポログをはじめダピタンや周辺の町を望むことができる。山の麓には泉が湧き出ている森林公園があり、ここもすばらしい。リナボ山近くのアッパーディカヤスの小学校には、**戦没者慰霊碑**がある。

■ 市観光案内所
住 City Hall, Dipolog City（市庁舎内）
TEL (065) 212-2485
開 8:00 〜 12:00、13:00 〜 17:00
休 土・日

白浜が続くダカク湾のビーチ

小学校にある戦没者慰霊碑

ダカク・ビーチ・リゾート　$$$
Dakak Beach Resort　MAP P.338-A1

ダカク湾の一部がまるごとリゾートになっている。このリゾートの魅力は、何といっても750mもの長さの美しい白砂のビーチ。乗馬場、ゴルフコース、ボウリング場などの充実した娯楽施設が揃っている。

住 Teguilon, Dapitan City
TEL 0905-315-2600（携帯）
URL www.dakakresort.com
料 SDP6344 〜
室 160
CC MV

バスルームも広くて落ち着いた雰囲気

「花の都」という意味の名をもつ

サンボアンガ
Zamboanga

MAP 折込表-B4

サンボアンガの市外局番
☎062

ACCESS
✈ マニラからPALエクスプレスが毎日2便、セブ・パシフィックが毎日4〜5便運航。所要約1時間30分、片道₱2800〜。セブからはセブパシフィックが毎日1便運航している。所要約1時間30分、片道₱1900〜。ダバオからは、PALエクスプレスとセブ・パシフィックがそれぞれ毎日1〜2便運航。所要約1時間、片道₱1400〜。

■観光局（DOT）
MAP P.350
🏠 Zamboangan Cooperative Bldg. N.S. Valderroza St.
TEL (062) 955-2477
🕐 8:00〜17:00
休 土・日・祝

サンボアンガ中心部の町並み

　ミンダナオ島の西端近く、サンボアンガ半島の先端にある港町がサンボアンガ。この美しい町に住んでいる住民の7割は、スペイン語をもとにしたチャバカノChavacanoを話す。10月のエルモサロフェスティバルで、色とりどりのビンタ（帆のあるバンカーボート）が海面に並ぶ光景は一見の価値あり。ただ、この町にはキリスト教徒とイスラム教徒が同居しているため、宗教紛争によるテロが起こる可能性もある。事前に安全確認をすること。

サンボアンガの歩き方

　町の中心は、埠頭から北へ**パブロ・ロレンツォ通り**Pablo Lorenzo St.を抜けた市庁舎のある一帯。北側にはレストランやホテルが軒を連ねる。市庁舎から**バルデロッザ通りValderroza St.**を東へ歩いていくと観光局が、その先には、**ピラール砦Fort Pilar**がある。また、市内から車で約40分北にイスラム集落**タルクサンガイTaluksangay**が広がっている。

サンボアンガの見どころ　ATTRACTION

キリスト教徒の聖地
ピラール砦　★★
Fort Pilar　MAP P.350

1635年、外敵から町を守るために造られた砦。現在はキリスト教徒の聖地として、週末には多くの信者が訪れる場所だ。現在の砦は1719年に再建されたもの。

■ピラール砦
開 24時間
休 なし
料 無料

スノーケリングを楽しむなら
サンタクルス島　★★
Sta. Cruz Is.　MAP P.338-A2

美しいピンクサンドのビーチでのんびりしたいならサンタクルス島がおすすめ。この島には漁民の村があるくらいで、海水浴施設はほとんどないので、飲み水などは持参したほうがいい。

■サンタクルス島
ボートで所要約15分。10人乗りのボートをチャーターすると片道で₱1000程度。ターミナルフィーが₱5必要。
料 ₱20
※渡航前に観光局（→P.350）への届け出が必要。

ホテル　Hotels

ヤンズ・ホテル　$
Yang's Hotel　MAP P.350

町の中心で便利。ホテルは古いが部屋は広い。リーズナブルなので重宝する。2階にフェリーのオフィスがある。空港への送迎サービスあり。スタッフが親切なのもうれしい。

住 T. Claudio St., Cor. Mercado St.
TEL (062) 991-0138
料 S₱950　D₱1200
室数 30
CC 不可

アットホームな雰囲気

テロ事件には十分に注意を

ちょっとひと息コラム

　フィリピン政府とモロ・イスラム解放戦線（MILF）は2012年10月15日、ミンダナオ和平に関する枠組み合意に調印した。そして2018年、バンサモロ基本法がドゥテルテ大統領の署名で成立。自治政府の創設に向けた重要な一歩となった。
　キリスト教徒とイスラム教徒が同居しているミンダナオ島はこれまで長年の間、紛争やテロ事件などが起きてきた。2001年にマレーシアを仲介役として和平交渉を開始したが、2008年には土地問題の解決をめぐって武力衝突が再燃。翌年末に国際コンタクト・グループ（ICG）の結成を機に、2010年に和平交渉を再開し、和平合意にいたった。
　ただし、ミンダナオ島には依然、アブ・サヤフ・グループ（ASG）、マウテ・グループ、バンサモロ・イスラム自由運動／戦士団（BIFM/BIFF）、モロ民族解放戦線ミスアリ派（MNLF-MG）などのイスラム系武装勢力が活動し、一部組織はISILへの支持を表明している。まだまだ治安状況は回復しているとはいえないので、危険地域には入らない、陸路移動は避けるなどの注意が必要だ。
　2019年10月現在、ミンダナオ地域について日本の外務省から、ミンダナオ地域の中部以西に「渡航は止めてください（レベル3）」、ミンダナオ地域の中部以東（ただし、カミギン州、ディナガット・アイランズ州、カガヤン・デ・オロ市、ダバオ市およびジェネラル・サントス市、シアルガオ島を含むいくつかの東部の市を除く）に「不要不急の渡航は止めてください（レベル2）」、それ以外の地域に「十分注意してください（レベル1）」の危険情報が発出されている。この地域では爆発事件や誘拐事件、テロ事件などが引き続き頻発しており、依然として危険な状況だ。

ミンダナオ島の少数民族を訪ねて

　多民族国家であるフィリピンは、文化人類学的にたいへん興味深い国である。少数民族を訪ねるのであれば、おすすめの島は何といってもミンダナオ島だ。固有の文化を失っていく民族が多いなか、ミンダナオ島では多くの民族が今もしっかり伝統を受け継いでいる。とはいえ、彼らも、もはや日常的に民族衣装を着ることはない。民族衣装姿の彼らを見るには、祭りの日に訪ねるのがいちばんである。

　ミンダナオ島で、比較的簡単に行ける所に住む少数民族はヤカン族、マギンダナオ族、ティボリ族である。ヤカン族、ティボリ族は腰機（こしばた）、マギンダナオ族は手機（てばた）と手法に違いはあるものの、いずれも織物を得意とする民族だ。

　ミンダナオ島最西端サンボアンガの郊外にはヤカン・ウィービング・ビレッジYakan Weaving Village（ヤカン族織物村）があり、ヤカン族の美しい幾何学模様の織物が見られる。村では織った布で作った財布やバッグ、テーブルクロスや巻きスカートなどを販売、織物の実演も行っている。

　コタバト（→MAP P.338-B2）市には、マギンダナオ族のアルハメラ・イナウル・ウィービング・アンド・ソーイング・センター Aljamelah Inaul Weaving and Sewing Centerがある。イナウルとは彼らの伝統的な手織り布の名称で、毎年12月中旬にシャリフ・カブンスアン・フェスティバルShariff Kabunsuan Festivalが行われている。祭りの期間中は、民族衣装を着たマギンダナオ族の姿が町なかを美しく彩る。マギンダナオ族による民族衣装のファッションショーは、祭りのハイライトのひとつだ。

　ティボリ族が多く住むレイク・セブ（→MAP P.338-B2）は、南コタバト州にある。湖のほとりにある彼らの居住地は静かでのどかな美しいリゾート。おもなアクセス方法は、ジェネラル・サントスGeneral Santos（通称ジェンサンGen San）からとコタバト市からのふたとおりある。

　ジェネラル・サントス（→MAP P.338-B2）からコロナダルKoronadal（現地名マルベルMarbel）までバスで所要約1時間、スララSurallah行きバスに乗り換えて所要約40分、さらにレイク・セブLake Sebu行きジプニーに乗り換え所要約50分。ジェネラル・サントスからだと、合計約2時間30分で到着する。

　コタバト市からはジェネラル・サントス行きのバスに乗り、スララで途中下車。あるいは、途中のタクロンTacurongまでバスで行き、タクロンからスララ行きバンに乗り換えることもできる。合計3時間以上要するうえ、道路があまりよく整備されていないので、ジェネラル・サントスからアクセスしたほうがいい。

　レイク・セブには、約10軒のリゾートがある。公営のものから別荘のような宿、プール付きまでタイプはさまざまだ。ティボリ族の文化に触れたければ、プンタ・イスラPunta Islaというリゾートがおすすめ。このリゾートでは、民族衣装を着たティボリ族が出迎えてくれ、さらに週末の夜には民族音楽とダンスのショーが楽しめる。近くにはティボリ族博物館や村の共同組合が運営している民芸品店もあり、ティボリ族の文化を知るためには絶好の場所といえよう。

　村には7つの滝があり、第1と第2の滝にバイクタクシー（ハバルハバル）でアクセスが可能である。ほかの滝へも道路を整備しているため、近い将来すべての滝が見られるようになるそうだ。第2の滝は7つのうちで最も大きく、白い水煙を上げる様子は見応えがある。第1の滝には、夕方になると野生のサルがやってくるそうだ。

　村の入口には観光案内所があり、ここまではジプニーで行けるが、村内はバイクタクシーで移動する。滝や市場、博物館や民芸品店、織物の名手の実演見学など1日貸し切りで回る場合は、₱200程度。観光案内所でガイドを頼むことも可能（1日₱500程度）。湖で養殖しているティラピアという淡水魚を焼いたものが名物料理だ。

　ヤカン族が住むサンボアンガやマギンダナオ族が住むコタバトに比べ、レイク・セブへ行くのは少々不便ではあるが、コミュニティの規模が格段に大きいため、織物以外の見どころも多い。

伝統の織物を織るティボリ族の女性

※出発前に必ず、現地の危険情報を確認すること（→P.351コラム）

フィリピン最後の秘境へ

✤ PALAWAN
パラワン

パラワン島には手つかずの美しい海が広がっている

パラワン島中央部	P.356
エルニド	P.366
カラミアン諸島	P.377

黒い石灰岩とヤシの木がパラワンの景色の特徴

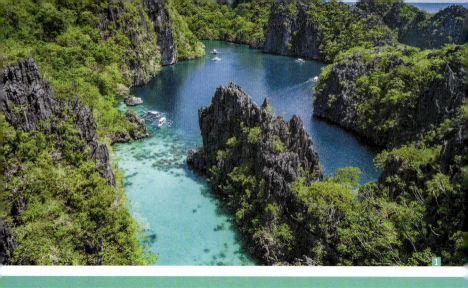

「フィリピン最後の秘境」といわれ、今なお手つかずの自然が残るパラワン。特にエルニドの黒大理石岩の景観はすばらしく、見る者を魅了してやまない。また、パラワンには独自の文化を受け継ぐ少数民族も住んでいる。サバンやエルニド・タウンのような素朴なビーチのほか、1島まるごとリゾートの豪華リゾートもあり、自分の予算とスタイルに合わせて大自然を満喫しながら、ゆったりとした滞在を楽しむことができる。

Palawan

1 エルニド沖に浮かぶ奇岩の島々を探検　2 パラワン島には素朴な漁村と美しい島々が点在　3 世界遺産に登録されているサバンの地下河川　4 伝統的な弦楽器を奏でるパラワン族の男性

地理

パラワン州は、ルソン島の南西、ミンドロ島とマレーシアのボルネオ島の間に位置する島々、パラワン島を中心にカラミアン諸島、クヨ諸島、カガヤン諸島など全部で1780もの島々からなる。フィリピンで最も大きな州で、その総面積は約1万4900km^2、パラワン州の南北の長さは650kmにもなる。州都はパラワン島中央部のプエルト・プリンセサ。

 ## 気候

パラワン島の中央を南北に走る山脈を境に、西と東で大きく気候が異なる。パラワン島の北部に位置するカラミアン諸島などは、西と同じタイプに分類される。エルニドを含む西側は、雨季（6〜10月）と乾季（11〜5月）がはっきりと分かれるタイプで、州都のプエルト・プリンセサを含む東側は雨季と乾季の明確な区別はそれほどなく、1〜3月頃に乾季が訪れるだけで、年間をとおして雨が続くような時期はない。

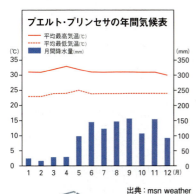

出典：msn weather

特徴

パラワン州の人口は約76万人。80以上もの民族で構成されている。話されている言語はタガログ語のほか、クユニン、ピナラワンなど50以上にも及ぶといわれている。おもな産業は農業と漁業。特に漁業が盛んで、フィリピン全漁獲量の約65％を占めている。

 ## ルート作りのポイント

頻繁にマニラからの国内線が飛んでいるプエルト・プリンセサやコロン・タウンを拠点に、陸路や海路を組み合わせると、比較的短時間で多くの見どころを網羅できる。

Route 1 地下河川とエルニドの奇岩の両方を満喫

プエルト・プリンセサからサバンを経由してエルニド・タウンへ行き、そこから飛行機でマニラへ戻る。時間に余裕があれば、エルニドから船でコロン・タウンへ向かい、そこから飛行機でマニラへ戻ることも可能だ。1週間もあれば十分だが、欠航が多いので余裕をもって日程を組もう。

エルニド〜マニラ間はエア・スウィフトAir Swift（旧ITI）が運航を開始。HPから直接予約でき、リゾート客でなくとも利用がしやすくなった。

Route 2 カラミアン諸島とエルニドの組み合わせ

行きも帰りも飛行機で移動できるので、時間が短縮できる。カラミアン諸島でリゾートライフを楽しみ、コロン・タウンやエルニド・タウンで人々の素朴な生活に触れることも可能だ。リゾートには滞在せずに、宿泊代を安く上げてもいい。このルートも1週間ほどあれば十分だが、雨季などは船の欠航が多いので、2、3日延泊してもいいくらいの余裕をもって日程を組む必要がある。

※マニラとの位置関係は正確ではありません

サバンの村で出会った素朴な人々

パラワン島中央部

　南北425kmに細長く広がるパラワン島。そのちょうど真ん中に、州都プエルト・プリンセサがある。すべての活動の拠点となる町で、交通や貿易、政治、文化の中心となっている。周辺には世界遺産に登録されているプエルト・プリンセサ地下河川国立公園へのゲートウエイとなる村のサバンや、先住民族のバタック族が暮らす村、そこを拠点にアイランドホッピング（島巡り）を楽しめるホンダ湾など見どころも多い。また、パラワン島には珍しい動植物が多く生息している。例えば植物ではアイアン・ツリー、動物ではマウスディア（豆ジカ）やキングコブラなどは、このエリアでしか見られないものだ。ほかにも珍しいチョウなどをいたるところで見かける。

パラワンの州都

プエルト・プリンセサ

Puerto Princesa

MAP 折込表-A3

プエルト・プリンセサの町並み

　プエルト・プリンセサはスールー海Sulu Seaに面したパラワン島のほぼ中央に位置する、パラワン州の州都。パラワンの政治・経済や、教育の中心地となっている。しかし、プエルト・プリンセサが町として確立されたのは、1970年代のこと。まだ若い町だ。また、町を歩いていると「町をきれいにしましょう」の看板を多く見かけるように、市長が先頭となって美化に努めている町でもある。

プエルト・プリンセサの歩き方 GETTING AROUND

　町の中心となるのは、プエルト・プリンセサ空港から西に広がるエリア。メインストリートは東西に走る**リサール通りRizal Ave.**。ホテル、レストラン、銀行などはこの通り沿いに集中している。リサール通りと南北に延びている**フェルナンデス通りFernandez St.**の交差した所には**州政府庁舎Provincial Capitol Building**があり、その中に**州観光案内所Provincial Tourism Office**が入っているので、そこで情報を集めるといいだろう。市観光案内所は空港内にある。

　最もにぎやかなのは、フェルナンデス通りと並行して走る**バレンシア通りValencia St.**。ショッピングセンターやボウリング場、ディスコなどの娯楽施設が揃っているため、夜遅くまで活気がある。**パラワン博物館Palawan Museum**があるのもこの通りだ。

日本軍による虐殺事件の舞台となったプラザ・クアルテル

プエルト・プリンセサの市外局番 ☎048

ACCESS

✈ マニラからセブ・パシフィックが毎日6便程度、PALエクスプレスが毎日2便、フィリピン・エアアジアが毎日5便程度運航している。所要約1時間20分、₱2000〜。セブからは、PALエクスプレスとセブ・パシフィックがそれぞれ毎日1便運航。所要約1時間20分、₱1700〜。また、イロイロからもセブ・パシフィックが毎日1便運航。所要約1時間、₱1800〜。
🚢 マニラから2GOトラベルが週1便運航。所要約24時間。イロイロからは、モンテネグロ社とミラグロサ社がクヨ島経由でそれぞれ週1〜2便運航。

■市観光案内所
MAP P.358-B1外
住 2F New Green Cityhall, Sta. Monica Heights
TEL (048) 717-8035
開 8:00〜17:00 休 土・日

■州観光案内所
MAP P.358-B2 (州政府庁舎内)
TEL (048) 433-2968
URL palawan.gov.ph
開 8:00〜18:00
休 土・日・祝

島内移動に便利な乗合ワゴン

　パラワンを移動するには乗合ワゴンの利用が便利。ローカルバスもあるが、頻繁に客をひろったり、乗り継ぎが必要だったりする。サン・ホセ・ターミナルに乗合ワゴンが停まっており、予約なしでも乗ることができる。予約したい場合は市内の各ホテルで可能。

外務省危険情報

　2019年10月現在、パラワン島、プエルト・プリンセサ以南の地域に「不要不急の渡航は止めてください（レベル2）」の危険情報が出ている。

■イミグレーション
MAP P.358-B1～2
住 Rizal Ave.
TEL (048) 433-2248
開 10:00～16:00
休 土・日・祝

北部へのバスが発車する
サン・ホセ・ターミナル
　サバンやエルニド行きのバスは、町の中心から約5km北のサン・ホセ・ターミナル（→MAP P.358-B1外）から出ている。町の中心からトライシクルで所要約15分、₱150程度。メンドーサ公園（→MAP P.358-A2)前からサン・ホセSan Joseまたはニュー・マーケットNew Market行きのジプニーでも行ける。₱13。

■パラワン博物館
TEL (048) 433-2963
開 8:30～12:00、13:30～17:00
休 日・祝
料 大人₱50、学生₱20
※2019年10月現在、改装につき閉鎖中。

民族の風習なども紹介

　バレンシア通りを北へ進むと突き当たるのが**マルバー通り Malvar St.**。この通りを左に折れてすぐ左側にあるのが**マーケットPublic Market**だ。人々の生活が垣間見られて楽しい。さらに400m進むと屋台などが並び、散策が楽しい**シティ・ベイウオーク City Baywalk**にたどり着く。なお、サバンやエルニド行きのバスは、町の中心から5kmほど北のサン・ホセ・ターミナル（→欄外）からなので要注意。

　シティ・ベイウオークからリサール通りに戻ると、美しいイマキュレート・コンセプシオン教会がそびえ立ち、その横に**プラザ・クアルテル Plaza Cuartel**がある。ここは第二次世界大戦中に日本軍が139人の米軍捕虜を虐殺した場所として知られている。

　プエルト・プリンセサは基本的には歩き回れる広さだが、住民がよく利用しているのがトライシクル。市内であればほとんど₱20～40で移動できる。空港で客待ちしているトライシクルの相場は高いので、道路に出てからひろうといい。

プエルト・プリンセサの見どころ　ATTRACTION

歴史や文学、民俗に触れる　★★
パラワン博物館　MAP P.358-A2
Palawan Museum

　パラワン島民の祖先が使用してきた壺や陶器、装飾道具、楽器などをはじめ、クヨ島Cuyo Is.(→P.384）から出土したスペイン時代の品など多岐にわたり展示している。館内には図書館も併設されていて、パラワン島の歴史や文学、民俗学などに関する書籍が集められている。各民族の家屋や生活スタイル、風習などを説明した実物大の模型なども展示している。

プエルト・プリンセサ近郊の見どころ ATTRACTION

珍しい生物が一堂に集結　　　　　　　　　　★★★
パラワン・バタフライ・エコガーデン＆トライバル・ビレッジ　MAP P.356-A1
Palawan Butterfly Eco Garden & Tribal Village

　熱帯の木が生い茂る敷地内に、パラワンにのみ生息する希少なチョウがたくさん放たれている。手つかずの自然が残るパラワン一帯では、珍しい動植物にいたるところで出合えるが、なかでもチョウはマニアがわざわざ訪れるほどだ。

　また、ここでは少数民族のパラワン族の伝統文化に触れることもできる。珍しい楽器の演奏や、大迫力の吹き矢の実演などなかなか興味深い。交代制で村から来ているという。

伝統楽器を演奏する男性

パラワンオオヒラタクワガタ（固有種）

ワニの成長過程が見られる　　　　　　　　　★
パラワン野生生物保護センター　MAP P.356-A1
Palawan Wildlife Rescue and Conservation Center

　イラワンIrawanという町にある。絶滅に瀕している種のワニを保護し、成育させる目的で活動している場所。日本政府とフィリピン政府の共同事業として進められた。年齢別に分けた淡水にすむワニと海水にすむワニの2種類のクロコダイルを見ることができる。飼育所や展示室、研究所などをガイドの詳しい説明を聞きながら巡ることで、ワニの生態や保護活動についての知識が深められる。

年齢ごとに飼育されているワニ

刑務所らしくない刑務所　　　　　　　　　　★
イワヒグ刑務所　MAP P.356-A1
Iwahig Penal Colony

　1924年にアメリカ人が建設した刑務所。服役者たちが柵のない村に米や野菜などを作って生活し、手作りの竹細工やキーホルダーなどを旅行者たちに販売している。「コロニストColonists」と呼ばれる彼らの多くは、家族と一緒に生活。旅行者が所内に足を踏み入れることは可能だが、受刑者のプライバシー保護のため、撮影は禁止されている。

■パラワン・バタフライ・エコガーデン＆トライバル・ビレッジ
市内からトライシクルで所要約30分、₱50。もしくはバンクハウス通り経由のサンタモニカ行きジプニー（→P.16）でも行ける。
住 Sta. Monica
TEL 0917-597-5544（携帯）
開 8:00～17:00　休 なし
料 ₱50

■パラワン野生生物保護センター
市内からトライシクルで所要約40分、₱100程度。またはジプニーでも行ける。メンドーサ公園（→MAP P.358-A2）前からイラワンIrawan行きに乗る。所要約50分、₱28。
住 Barangay, Irawan
開 8:30～16:30　休 なし
料 ₱40

パラワンのテーマパーク
　ベーカーズ・ヒルBaker's Hillは、レストランやショップがいくつか建ち並び、若者たちのデートスポットにもなっている。緑あふれる敷地内には遊歩道があり、ゆったりくつろげるベンチや東屋などもある。市内中心部からトライシクルで所要約30分、₱150～200。
●ベーカーズ・ヒル
MAP P.356-A1　開 24時間
※ただしレストランやショップは各店によって異なる
休 なし　料 無料

敷地内にはオブジェが点在

■イワヒグ刑務所
市内からトライシクルで所要約1時間20分、往復₱700程度。運賃は要交渉。パラワン野生生物保護センターへ行くのと同じジプニーでも行ける。

■ホンダ湾
市内から所要約40分。ジプニーで₱50、トライシクルで₱200程度。

ホンダ湾唯一のリゾート
H ドス・パルマス・アイランド・リゾート＆スパ
Dos Palmas Island Resort & Spa
MAP P.356-B1　住 Arreceffi Is.
TEL (048) 434-3118
URL www.dospalmas.com.ph
料 S D P7055〜
※朝食、送迎代含む

ホンダ湾近くの温泉
プエルト・プリンセサからの日帰りツアーとして、ホンダ湾入口にある天然の温泉をおすすめします。2ヵ所あり、そのうちひとつには屋根も付いているので雨の日のアクティビティに最高です。
（千葉　yoko　'09）['19]

ここを起点に島巡り　★★

ホンダ湾　MAP P.356-A〜B1
Honda Bay

沖合に浮かぶ小さな島々が旅行者に人気。白い砂浜と手つかずの珊瑚礁をもち、海水浴やスノーケリングに適している。島々へはバンカーボートをチャーターして行く。**ルーデス埠頭 Sta. Loudes Warf**（環境税₱150。→MAP P.356-A1）から出発し、3島巡って₱1500というのが相場だ。料金は行き先によって違うが、1島往復で₱600〜800。基本的に6人まで同じ料金だ。島の入場料₱50程度も別途必要。スノーケリングスポットとして最適なのは、**スネーク島 Snake Is.**。美しい砂浜といえば、ダイビングにも最適な**パンダン島 Pandan Is.**だ。

スノーケリングも楽しめるパンダン島

先住民族バタック族が暮らす村へ
ちょっとひと息コラム

プエルト・プリンセサから北東へ約67km。海岸沿いの小さな町**サン・ラファエル San Rafael**（→MAP P.356-B1）から内陸へ向かった山の中にパラワン島の先住民族、バタック族が暮らす村がある。そこでは、今なお昔ながらの生活が続けられていて、女性は上半身には何もまとっておらず、色彩豊かな小物で身を飾り、香水のような豊かな香りのハーブを身につけていたりする。普段は小グループに分かれて山の中で狩猟をしながら移動を繰り返しているが、雨季になるとこれらのグループが集結して大集団となる。

村を訪れるには、ガイドを雇わなくてはならない。サン・ラファエルか隣町の**コンセプション Conception**（→MAP P.356-B1）の宿泊施設で手配をしてもらい、まる1日かけて村へと向かう。村内で泊まる予定の人は宿泊用具一式を持っていこう。なお、村へ行くには村長へのみやげが必要となってくる。地元のガイドに何を持っていくのがいいのかを尋ねてから、買っていくといいだろう。

バタック族の村へのトレッキングツアーは、日帰りが₱1500、1泊2日なら₱2000程度。さらにみやげ物代と食料代（飲料水、米、缶詰、インスタントラーメンなど）がそれぞれ₱200程度ずつ必要になってくる。防寒着も用意していくこと。

最後に、村を訪れる際の注意点だが、バタック

の人々は恥ずかしがりやなばかりでなく、なかには旅行者のことをあまりよく思っていない人もいる。彼らをジロジロ見つめたり、いきなりカメラを向けるなどの無神経な態度は絶対に慎んでほしい。

バタック族の子供たち

■ **サン・ラファエルおよびコンセプションへの行き方**
サン・ホセ・ターミナル（→MAP P.358-B1外）から、ロハス Roxas またはタイタイ Taytay 行きのバスに乗り、行き先を告げる。所要約2時間30分、₱50程度。

■ **トレッキングの拠点となる宿泊施設**
H ヴィラ・レオノラ・ビーチ・リゾート
Villa Leonora Beach Resort
住 Km60, Brgy., San Rafael
TEL 0935-088-5817(携帯)　料 S D P1500〜5000
H プエルト・ビーチ・リゾート Puerto Beach Resort
住 Km66, Conception　TEL (048) 723-0886
URL www.puertobeachresort.com
料 S D P2000〜2500

ホテル&レストラン Hotels & Restaurants

州都ということもあり、宿探しには困らない。ビジネスホテル的な宿からリゾート風の宿までバリエーションもさまざま。1泊₱500～600ほどで泊まれる安値で清潔な宿も多いので、直接訪れて部屋を見せてもらうといいだろう。インターネット予約を導入している宿もあるが、空港の観光案内所で当日の宿を探してもよい。

ベスト・ウエスタン・プラス・ザ・アイヴィウオール・ホテル $$
Best Western Plus The Ivywall Hotel
MAP P.358-B1～2

フィリピン各地に展開しているアメリカ発のホテルチェーン。町では最もモダンなホテルとなっている。のんびりした雰囲気に似合わず、ホテル内はどこも洗練されたインテリアで、快適そのもの。

- Rizal Ave, Puerto Princesa
- TEL (048)716-5100
- URL www.bwplusivywall.com
- SD₱3777～
- 室数 120
- CC AMV

床が絨毯なので快適

ザ・レジェンド・パラワン $$
The Legend Palawan
MAP P.358-B1

マルバー通りにある中級ホテル。中心街からは少し遠いが、レストランやバー、マッサージサービスなどがあり、施設が充実している。客室は清潔感のある落ち着いた雰囲気で過ごしやすい。客室は4タイプある。

- Malvar St.
- TEL (048) 434-4270
- URL www.legendpalawan.com.ph
- SD₱2350～
- 室数 91
- CC JV

快適な中級ホテルとして人気

ホテル・フローリス $$
Hotel Fleuris
MAP P.358-A1

リサール通りから1本入った所にあるホテル。外観がしゃれていて、客室をフローリングにするなどインテリアにもこだわっている。スイートルームはバスタブ付き。併設の日本食レストランは人気がある。

- Lacao St.
- TEL (048) 434-4338
- URL fleurishotel-palawan.com
- SD₱2250～
- 室数 47
- CC MV

日本人観光客にも人気

トロピカル・サン・イン $
Tropical Sun Inn
MAP P.358-A2

広々とした中庭を囲むようにして客室が並ぶおしゃれな建物。カフェやレストラン、パーティやセミナーが開ける会議室も併設しているなど施設が充実。各種ツアーのアレンジやフライトの予約などもしてくれる。

- 152 Manalo St.
- TEL (048) 433-6493, 0917-814-5687 (携帯)
- URL www.tropicalsuninn.com
- S₱833～ D₱1108～
- 室数 24
- CC AJMV

気持ちのよい中庭

プエルト・ペンション $
Puerto Pension
MAP P.358-A1

マルバー通り沿いで、何かと便利。緑あふれる中庭を囲んで立つコテージ風の客室は、こだわりのある造りでちょっとしたリゾート気分が味わえる。各客室はこぢんまりとしているが、快適に過ごせる。

- 35 Malvar St.
- TEL 0917-836-6316 (携帯)
- URL www.puertopension.com
- SD₱1408～
- 室数 21
- CC AJMV

ナチュラル感いっぱいの客室

※ 🅲 と記してある場合は共同となります。

カーサ・リンダ・イン
Casa Linda Inn
MAP P.358-B2　$

リサール通りを少し入った所にある。靴を脱いで上がる宿になっていて、とてもくつろげる。客室は清潔に保たれていて、スタッフの応対もていねい。木の床と竹を編んで作った壁がナチュラルで落ち着く。

住 Trinidad Rd., Rizal Ave.
TEL (048) 433-2606
Mail casalindainn@gmail.com
料 SP800　DP900
SP950（[共]）　DP1200（[共]）
室数 11
CC 不可

客室の外には緑あふれる中庭が広がる

ダッチェス・ペンション
Duchess Pension
MAP P.358-A2　$

バレンシア通りを南に歩いていくと左側に入口がある。繁華街からは少し外れにあるので、比較的静かな環境。格安で泊まれるので、バックパッカーに人気がある。各種ツアーの手配も可能。

住 107 E Valencia St.
TEL (048) 716-1597
URL www.duchesspensionpalawan.com
料 SP250　DP350（[共]）
SP730　DP810（[共]）
SP880　DP960（[共]）
室数 24　CC 不可

レストランも併設

バジャオ・イン&レストラン
Badjao Inn & Restaurant
MAP P.358-B1〜2　$

レストランとカラオケバー、ランドリーサービスもあり、レセプションから長距離電話も可能。ロビーにツアーデスクもあり設備が何かと充実している。芝生の中庭があって気持ちがよい。Wi-Fiはロビーでのみ。

住 350 Rizal Ave.
TEL (048) 433-2761
Mail badjao_inn@yahoo.com
料 SP465　DP575
SP995〜1125（[共]）
DP1105〜1235（[共]）
室数 25　CC 不可

メイン通りに面していながら静かな環境

スカイライト・ホテル
Skylight Hotel
MAP P.358-A1　$

リサール通りの中心にあり、抜群のロケーション。どこへ行くにも大変便利だ。室内外ともに清潔で快適に過ごせる、なかにはベランダが付いている客室もある。1階のレストランではシーフード料理が食べられる。

住 210-A Rizal Ave.
TEL (048) 434-7176
URL www.skylighthotelpalawan.com
料 SDP1298〜
室数 41
CC MV

1階にある広々としたレストラン

ディーズ・ラッキー・ガーデン・イン&スイート
D' Lucky Garden Inn & Suites
MAP P.358-B1外　$

客室は8タイプあり、どれも新しくてきれい。快適に過ごせる。施設内には旅行会社が入っていて、ホタル見学やアイランドホッピング、プエルト・プリンセサのシティツアーなどのツアーやダイビングの手配をしてくれる。

住 PEO Rd., Rizal Ave., Extension
TEL (048) 433-2719/6576
URL www.d-lucky-garden-inn.com
料 SP790　DP890〜1190
室数 30
CC ADJMV

テーブル付きのカップルルーム

カルイ・レストラン
Kalui Restaurant
MAP P.358-B1　$
フィリピン料理

プエルト・プリンセサでは有名で、地元の人も多く訪れる。竹造りの建物に靴を脱いで上がる。雰囲気もよく、特に夜はテーブルにキャンドルがともりムード満点だ。地場で取れた魚介中心のメニュー。

住 369 Rizal Ave.
TEL (048) 433-2580
営 11:00〜14:00, 18:15〜22:30
休 日
CC MV

フィリピン伝統のインテリアもGood

世界遺産の地下河川への玄関口

サバン
Sabang

MAP 折込表-A3

手こぎボートで地下河川の中へ

サバンはプエルト・プリンセサ地下河川国立公園（アンダーグラウンド・リバー）探検の拠点となる小さな村。プエルト・プリンセサから北へ車で所要約2時間30分の海岸沿いにある。プエルト・プリンセサから日帰りツアーに参加するのもひとつの方法だが、喧騒とは無縁のこの村で、静かに打ち寄せる波の音を聞きながらゆったりと過ごしてみるのもいい。村内には数軒の宿があり、なかには広々としたプール付きの豪華ロッジもある。

サバンの歩き方

GETTING AROUND

プエルト・プリンセサからの一本道を海岸へ向かって進んでいくと、終着点に観光案内所がある（ジプニーやバスが到着するのもこの手前の広場）。そこを中心にレストランやみやげ物屋、コテージなどが海岸線に沿って点在している。浜辺を散歩しながら地元の人たちの生活の様子を垣間見るのもいいだろう。

ツアーの申し込みやボートのアレンジなどは、観光案内所で行っている。宿の紹介もしてくれるが、どれもすぐ近くにあるうえ、それほど数も多くないので、何軒かに足を運び、部屋を見せてもらってから決めるといい。

サバンの見どころは、何といっても世界遺産に登録されている地下河川だが、ほかにもマングローブツアーや洞窟巡り、トレッキングなどが楽しめる。観光案内所で相談してみるといいだろう。

バンカーボート乗り場

サバンの市外局番
☎048

ACCESS
プエルト・プリンセサ市内から約5km北のサン・ホセ・ターミナル（→P.358欄外）から、私営の乗合ワゴンがそれぞれ1日6便程度運行している。所要約1時間45分、₱250。ジプニーも毎日7:00～12:00の間、往復3～4本走っている。片道₱200程度。

●レクサス
Lexxus
TEL 0917-686-1118（携帯）

■観光案内所
MAP P.364
住 Sabang Beach, Puerto Princesa
TEL (048) 723-0904
開 8:00 ～ 16:00
休 なし

レンタカー
（運転手付きバンのチャーター）
プエルト・プリンセサの観光案内所やホテル、旅行会社などで、各レンタカー会社の情報が手に入る。プエルト・プリンセサからサバンやサン・ラファエル、エルニドなど、パラワン島内であれば行き先はどこでもOK。運転手付きバン（約7人まで乗車可能）で、オーバーナイトプランにも応じてくれる。往復約₱3500程度だが、交渉しだいでは3日間₱6000程度で依頼することも可能だ。

のどかなサバンの村

国立公園内で大トカゲに出合うこ
とも

■プエルト・プリンセサ
　地下河川国立公園
　国立公園に無断で立ち入ることは禁じられている。必ずプエルト・プリンセサ市内のパーク・オフィス(→MAP P.358-B1外)かサバンの観光案内所(→P.363欄外)で簡単なレクチャーを受け、書類にサインをしよう。
TEL (048) 723-0904
開 8:00 〜 15:30
※トレイルは8:00 〜 15:00の間オープン。
休 なし
料 入場料　₱500
　　音声ガイド　₱85
　　環境税　₱150
　　ボート代(6人)₱1120／艇

日帰りツアーが安くて便利
　プエルト・プリンセサ市内発着の日帰りツアーに参加するほうが安くて便利。ホテルや旅行会社で申し込むことができる。料金は、入園料やボート代、ランチ代などすべて込みでひとり約₱2000 〜 2500が目安。7:00頃にバンで市内を出発し、ボートで地底川を散策。サバンのロッジでランチを食べ、16:00頃市内へ戻るという日程が一般的だ。

サバン概略図

サバンの見どころ　ATTRACTION

神秘的な世界に踏み入る　★★★ 世界遺産

プエルト・プリンセサ地下河川国立公園　MAP P.356-A1
Puerto Princesa Subterranean River National Park

　地下河川(または、地底川 Underground River とも呼ばれている)とは、セント・ポール St. Paul 山の麓にポッカリと口を開けている洞穴の下を流れる川のこと。全長8.2kmで、地下河川としては世界最大、最長規模で、1999年に世界遺産に登録されている。洞穴の中をボートで散策するツアーが催行されているので、それに参加するといいだろう。

小さな手こぎボートで洞穴に入っていく

ちょっとひと息コラム

神秘的な光景が広がる地底川を散策

　洞穴の中へ入るには、まず観光案内所で入園料、音声ガイド代、環境税、ボート代を払い、そこでボートをアレンジしてもらう。地底河川入口まで所要約15分。入口でライフジャケットとヘルメットを装着し、手こぎボートへ。洞穴内を周囲の奇岩など眺めながら進み、途中で引き返してくる。所要約45分。

　なお、体力に自信のある人は入口まで、村の北端から続くトレイルを約2時間かけて歩いていくこともできる(モンキートレイル約3km、ジャングルトレイル約4km)。緑が生い茂り、大トカゲやサルに出合えるチャンスも大きい。

　洞穴の中は真っ暗で、先頭に座った人が前を照らし出す懐中電灯だけが頼り。「ハイウエイ」と呼ばれる、手こぎボート2隻がやっとすれ違えるほどの幅の水路をしばらく進んでいくと、突然頭上が開け、周囲を奇岩や鍾乳石で囲まれた幻想的な空間に出る。岩の上から見下ろしている「マリア像」といい、聖堂のようにどっしりと構えた「カテドラル」と呼ばれる大きな鍾乳洞といい、実に神秘的だ。洞穴の入口から約1.5km進んだ所で、ボートは引き返す。水路はこの先も続いているが、それ以上進むことは困難なため、特別な通行許可証が必要となる。

ホテル　Hotels

埠頭を中心に、サバン・ビーチに沿って数軒の宿が点在している。一部のリゾートホテルを除いては、どれもバナナやヤシの葉、竹などを利用して建てた簡素なコテージで、宿泊代もそれほど変わらない。端から端まで歩いても1km程度なので、実際に客室を見せてもらってから決めるといいだろう。

ダルヨン・ビーチ＆マウンテン・リゾート　$$
Daluyon Beach & Mountain Resort　MAP P.364

高級感あるリゾート。プールやレストラン、バー、DVDライブラリーも完備している。各種ツアーやアクティビティもアレンジしてくれる。プエルト・プリンセサからの送迎サービスがある（有料）。

- Sabang Beach, Puerto Princesa
- TEL 0917-826-9989（携帯）
- URL daluyonbeachandmountainresort.com
- 料 SDP5775～
- 室数 28
- CC AJMV

居心地のよいリゾート風ホテル

シェリダン・ビーチ・リゾート＆スパ　$$
Sheridan Beach Resort & Spa　MAP P.364

2010年にオープンしたサバンでは最も高級なリゾート。レストランやプール、スパなどのリゾート施設が充実している。客室は、スーペリアやデラックス、豪華なサバンルームなどがあり、景色によっても分かれる。

- Sabang Beach, Puerto Princesa
- TEL 0917-306-6984（携帯）
- URL www.sheridanbeachresort.com
- 料 SDP4590～
- 室数 168
- CC AMV

ひときわ大きな建物のホテル

ダブダブ・ツーリスト・イン　$
Dabdab Tourist Inn　MAP P.364

森の中の小道に沿って歩いていくと現れる、かわいらしいコテージ。客室は比較的広く、細かな部分にも手が行き届いていて清潔。内装はシンプルだが、家具などの調度品にこだわりがある。バジェット派におすすめ。

- Sabang Beach, Puerto Princesa
- TEL 0912-498-6746（携帯）
- 料 SDP1000～1800
- 室数 11
- CC 不可

隠れ家的雰囲気が味わえる

カフェ・サバン　$
Café Sabang　MAP P.364

ビーチ沿いではないが、サービスがよく評判の安宿。部屋は竹を多用したフィリピンらしい内装で、心地よく滞在できる。レストランがあるのもありがたい。バックパッカーを中心にバジェット派に人気がある。

- Sabang Beach, Puerto Princesa
- TEL 0949-608-1640（携帯）
- 料 SDP600～
- 室数 7
- CC 不可

ビーチから離れているので静かに過ごせる

ヒルマイナ・コテージ＆レストラン　$
Hill Myna Cottage & Restaurant　MAP P.364

目の前がビーチで、海水浴を楽しみたい人には最適。外観、内装とも簡素なニッパハットで、電気の使用も夜間のみ。普段は静かだが、屋外にレストランがあり、ランチ時は日帰りツアー客でにぎわう。

- Sabang Beach, Puerto Princesa
- TEL 0917-701-9034（携帯）
- Mail criseldajoyatabinga@gmail.com
- 料 SDP1300～
- 室数 7
- CC 不可

フィリピンらしい内装のバンガロー

奇岩の島々が浮かぶ美しい海へ

エルニド

　一般に「エルニド」というと、パラワン島北部のエルニド・タウンとその沖に浮かぶ大小45の島々を指す。これらの島々は、エメラルドグリーンの海面から突き出した奇岩が神秘的な景観を造り出していて、訪れる人を魅了してやまない。のんびりとした空気が町全体を包み、素朴で明るい人たちと触れ合えるエルニド・タウン。そして、島ひとつがまるごとリゾートになっている隠れ家的リゾート。どちらを拠点にしてもそれぞれのよさがあり、どちらもエルニドの壮大な自然を楽しむアクティビティには事欠かない。スノーケリングやカヤックなども楽しめる島巡りツアーなども気軽にアレンジしてもらえる。周囲にはダイビングに適した好スポットも多いので、バラエティに富んだダイビングを堪能することも可能だ。

のんびりとした空気が漂う

エルニド・タウン

El Nido Town

MAP 折込表-A〜B3

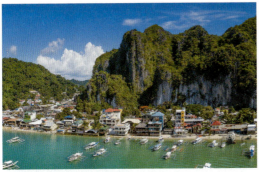

海沿いに開けた素朴な雰囲気の町

エルニド・タウンは、エルニド諸島の島々の起点となる町。エルニド空港から南に約3kmの場所にあり、端から端まで歩いても15分あれば足りるほどの小さな町だ。目の前には珊瑚礁の海が、背後には切り立った大理石の山がそびえる美しい景観が広がっている。

特に見どころはないが、素朴な住民たちの笑顔とゆったりとした空気の流れが、訪れる人を自然とリラックスさせてくれる。海沿いには白浜が広がり、周辺には絶好のダイビングスポットが点在しているので、海水浴を楽しんだり、ボートで珊瑚礁の海に繰り出すのもいい。

エルニド・タウンへの行き方　ACCESS

エルニド・タウンへのアクセス方法は空路と陸路、航路の3とおりある。マニラやセブから空路でアクセスするのが最も便利。かつてリゾート宿泊客専用の航空会社として運航していたアイランド・トランスボイジャーが、2016年に社名をエア・スウィフト Air Swiftに変更し、オンラインで気軽に誰でも予約ができるようになった。空港から町までは、ホテルからの迎えがないかぎりトライシクルを利用する。町の中心部まで所要約20分、1台₱300。

陸路を利用する場合は、プエルト・プリンセサから車やバスで行くこととなる。エルニド・タウンまで6時間以上は要するので、より快適な旅を望むのであれば、旅行者が客のほとんどを占める乗合ワゴンを利用するといいだろう。バスターミナルは、町の中心から約1km南東のマーケット向かいにある。中心部までトライシクルで₱50。

エルニド・タウンの市外局番
☎048

ACCESS

✈ マニラからエア・スウィフトが毎日5便程度運航。所要約1時間15分で、運賃は₱5000〜。セブからもエア・スウィフトが毎日1〜2便運航。所要約1時間40分、₱3000〜。
● エア・スウィフト
Air Swift
URL air-swift.com

🚌 プエルト・プリンセサ市内から約5km北のサン・ホセ・ターミナル（→P.358欄外）からバスが約1〜2時間おきに運行。所要約5〜7時間、₱400〜650。バスはマーケット（MAP P.368-A外）向かい側のバスターミナルに到着する。そこから町の中心部へは約1km。トライシクルで₱50。

また、同ターミナルから毎日10便程度乗合ワゴンも出ている。所要5時間で、運賃は₱550〜975。サバンのバス乗り場（→MAP P.364）からも毎日頻発している。所要約6時間、₱750。

🚢 ブスアンガ島のコロン・タウンからエルニドへ、毎日船が出ている。所要約3時間30分、₱1760。下記サイトで予約可能。
URL biyaheroes.com

✉ プエルト・プリンセサ行きの乗合ワゴン

エルニドからプエルト・プリンセサ行きの乗合ワゴンが4:00からほぼ1時間おきに出ています。バスターミナルまで行く必要がないのでとても便利です。
（東京都　キーコ　'14）['19]

ビーチに突き出したシーフードレストラン

■観光案内所
MAP P.368-A
住 Calle Real, El Nido
TEL 0999-978-7257、
0927-884-1867（携帯）
圏 8:00 ～ 20:00　休 なし

日本人経営のダイブショップ
日本人のヨシさんが経営するエル・ダイブでは"GO Slow with El-Dive"をキャッチコピーに、エルニドで最ものんびりしたダイビングトリップを催行している。ダイビング以外にも、困ったことがあればぜひ相談してみよう。支店（MAP P.368-A）ではみやげ物も販売している。

●エル・ダイブ
El Dive
MAP P.368-A
TEL 0999-171-2915（携帯）
URL www.el-dive.com
料 ファンダイブ（3本）₱5000
体験ダイブ　₱6000
PADIオープンウオーター
₱2万3000～
※器材、ボート、ランチ代込み

便利なトライシクル
町内は徒歩で十分巡れる範囲だが、少し遠くまで行くような場合はトライシクルを利用するといい。町内であればどこへ行っても₱10（ローカル価格）。時間で貸し切りたい場合はドライバーと要交渉。

何でも揃うマーケット
町の中心から南西へ徒歩約10分の場所に、庶民の台所ともいえるマーケット（→MAP P.368-A外）がある。野菜から魚、肉、衣類までなんでもあるので、時間があれば立ち寄ってみよう。毎日4:00～19:00頃オープンしている。

エルニド・タウンの歩き方

GETTING AROUND

エルニド・タウンで一番にぎやかなのは、埠頭から海を背に歩き、最初の通りを左へ曲がったあたり。海沿いの**シレナ通りSerena St.**や**ハマ通りCalle Hama**に、多くの店やゲストハウス、レストラン、ダイビングサービス、インターネットカフェなどが軒を連ねている。

教会や電話局、郵便局、町営ホール、小学校、病院といった公共施設がまとまっているのは、もう一本内陸の**リアル通りCalle Real**沿い。**観光案内所Tourist Office**もあるので、宿泊施設が決まっていない場合など訪れるといいだろう。希望に合った手頃な宿を紹介してくれる。また、周囲の見どころ、島巡りやダイビングのツアーを扱っている店や旅行会社の紹介もしてくれる。

エルニド・タウンは2017年頃から大々的に開発が進んでいる。今後、行政により中心部の道路が大幅に拡張され、さらなる観光施設の建設が予定されている。

迫力のある石灰岩の岩山に囲まれている

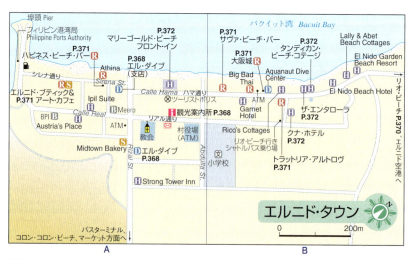

エルニド・タウン郊外の見どころ　ATTRACTION

ローカルムードを味わいたいなら ★★
コロン・コロン・ビーチ　MAP P.366-B1
Corong Corong Beach

エルニド・タウンのすぐ南に位置するビーチで、ハイウェイとビーチの間にホテルやレストランが多い。ビーチはそれほどきれいではないが、ローカルな雰囲気を味わえるし、レストランなど観光施設も多いので便利に過ごせる。

エルニド・タウンからすぐの人気ビーチ ★★★
マレメグメグ・ビーチ（ラス・カバナス・ビーチ）　MAP P.366-B2
Maremegmeg Beach (Las Cabanas Beach)

エルニド・タウンから南へ約6kmにあるビーチ。2019年には「バニラ・ビーチVanilla Beach」と呼ばれる複合施設が開業し、素朴なビーチから定番の人気ビーチへと変貌を遂げつつある。海岸沿いには高級ホテル、マレメグメグ・ビーチ・クラブもオープンし、今後さらに発展するのは間違いないだろう。高台から小島までを結ぶジップラインも人気がある。

ビーチもなかなかきれい

じわじわと人気を集める隠れ家ビーチ ★★★
ナクパン・ビーチ　MAP P.366-B1 外
Nacpan Beach

エルニド・タウンから約1時間と時間がかかるが、まだまだひと気の少ないビーチを味わえると欧米人を中心に人気。3kmにもおよぶ幅広のビーチが広がり、のんびりと静かに過ごすことができる。それでも、知名度は年々上がりつつあり、ハイシーズンはなかなかのにぎわいを見せる。

ホテルは、オーストラリア人経営の有名宿 H マッド・モンキーやカラフルなコテージが並ぶ H シーサイド・フーがあるほか、こじんまり＆のんびりとした家族経営の小さなコテージがあるだけだったが、2019年には、豪華なテントに宿泊できるナクパン・ビーチ・グランピング（→P.27）がオープンしている。今後さらにホテルが増えるのは間違いないだろう。

素朴な雰囲気が漂っている

■ コロン・コロン・ビーチ
🚲 エルニド・タウンからトライシクルで所要約5分、片道₱50〜。

夕暮れ時のコロン・コロン・ビーチ

■ マレメグメグ・ビーチ
🚲 エルニド・タウンからトライシクルで所要約10分、片道₱150〜。

S バニラ・ビーチ
Vanilla Beach
URL vanillabeach.com.ph
営 店舗による

■ ナクパン・ビーチ
🚲 エルニド・タウンからシャトルバンが出ている。9:00〜18:00に8本運行。所要約1時間、片道₱350、往復₱600。宿泊しているホテルまで迎えに来てくれる。申し込みはホテルや旅行会社で。トライシクルだと片道約₱500〜。

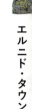

ナクパン・ビーチのホテル

H マッド・モンキー
Mad Monkey
ナクパン・ビーチといえばマッド・モンキーといわれるほど人気の定着した宿。部屋はドミトリーが中心で、個室、テントもある。三角屋根のすてきなビーチバーが大人気。毎日イベントを行っている。
TEL 0945-412-2369（携帯）
URL www.madmonkeyhostels.com
料 Dm ₱1200〜　SD ₱3000〜
室数 11　CC ADJMV

H シーサイド・フー・リゾート
Seaside Hue Resort
2018年オープン。カラフルなコテージが印象的で、ドミトリーと個室がある。電気は24時間使用可能。
TEL 0917-710-4539（携帯）
料 SD ₱3500〜　Dm ₱1000
室数 14　CC 不可

H カティアン・コテージ
Catian Cottages
2014年オープンと同エリアではもっとも早くから営業している。7棟の個室のコテージがあり、小さなビーチバーもある。家族経営でアットホーム。
TEL 0916-574-5077、
0926-703-1507（携帯）
料 SD ₱1500
室数 7　CC 不可

離島リゾートへのボートが発着する桟橋

リオ・ビーチでは喫煙が規制されている

■ リオ・ビーチ

🚌 エルニド・タウンとの間を無料のシャトルバンが結んでいる。タウンからは8:00〜22:30の間、1時間ごとに運行。所要約15分。トライシクルだと片道₱300。エルニド・タウンの乗り場は→MAP P.368-B。リオ・ビーチ発の便は混むので、早めにバス乗り場に行ったほうがよい。

大手デベロッパーが開発するビーチ ★★

リオ・ビーチ　MAP P.366-B1
Lio Beach

約4kmにおよぶのびやかなビーチ。空港からわずか5分という便利なロケーションにある。アヤラ・グループのテンノット・フィリピンが開発を進めており、将来的には教会や学校などの立つビーチタウンを建設予定だ。2019年10月現在、リオ・エステート・リゾーツの4つのホテルに、レストラン、カフェ、バーが数軒営業している。ビーチには長い桟橋があり、ここからバクイット湾に浮かぶエルニドリゾーツへのボートが出ている。スノーケリングには向かないが、きれいに整備されているし、広々としていてのんびり過ごすにはおすすめ。施設が充実しているので大変便利だ。

レストラン　Restaurants

2017年頃より、行政による道路の整備、外資の参入などにより、開発のスピードが著しいエルニド・タウン。外国人経営のおしゃれなレストランやバーが次々にオープンし、町は年々にぎわいを増している。安く済ませたい人は、ローカル向けの食堂が点在しているのでそこで食べれば1食₱100くらいで済ませられる。

ローカル・プロビジョン　$$
Local Provision

2019年に「バニラ・ビーチ」内にオープンしたレストラン。カナダで修業したフィリピン人夫婦が、地元の素材にこだわったおいしいアメリカ料理を提供している。スタッフのサービスも好感が持てる。メイン₱300程度〜。

マレメグメグ・ビーチ MAP P.366-B2
アメリカ料理

住 Units 60-61, Shoppes at Vanilla Beach, Sitio Marimegmeg, Brgy. Corong Corong
TEL 0928-387-3349（携帯）
営 11:30 〜 21:00
休 なし
CC MV

エルニドでは最も洗練された店のひとつ

タンボックス　$$
Tambok's

「フィリピンにも世界に誇る食文化があることを示したい！」というジョセフさんがオープンしたレストラン。パンシットやイナサル、アドボなど、ていねいに調理されたフィリピン料理が並ぶ。空港でもキオスクで営業している。

リオ MAP P.366-B1
フィリピン料理

住 Taytay-El Nido National Highway, Brgy. Villa Libertad
TEL 0920-914-1412（携帯）
営 7:00 〜 22:00
休 なし
CC 不可

リオ空港のそばにある

マレメグメグ・ビーチ・バー $$
Maremegmeg Beach Bar

マレメグメグ・ビーチ MAP P.366-B2
インターナショナル料理

2019年にオープンしたマレメグメグ・ビーチ・クラブ。ホテルもすてきだが、ビーチに面したバーも人気が高い。ビーチに張り出したロケーションは最高で、値段はやや高めだが、おいしい料理を食べることができる。

- Corong Corong
- TEL 0918-257-2981（携帯）
- 営 9:00～21:00
- 休 なし
- CC MV
- ホテル SDP 2万5000～

メイン₱400程度～

エルニド・ブティック＆アート・カフェ $$
El Nido Boutique & Art Cafe

エルニド・タウン MAP P.368-A
カフェ

トラベルセンターを併設しているカジュアルな人気レストラン。ホームメイドのピザ（₱290～）やパスタ（₱300～）など、どれもおいしい。バーカウンターもあり、各種カクテルが豊富に揃っている。

- Sirena St., El Nido
- TEL 0920-902-6317、0917-560-4020（携帯）
- 営 7:00～23:00
- 休 なし
- CC AJMV

旅行者のたまり場になっている

ハピネス・ビーチ・バー $$
Hapiness Beach Bar

エルニド・タウン MAP P.368-A
カフェバー

イスラエル人経営のおしゃれなカフェバー。ナチュラルな雰囲気の店内でホンモス（₱360～）やピタファラフェル（₱250）など中東のヘルシーなメニューが楽しめる。フルーツシェイクも人気。夜は西洋人観光客でいっぱい。

- Serena St., El Nido
- TEL 0917-154-2757（携帯）
- 営 7:00～24:00
- 休 なし
- CC AJMV

カウンターはブランコになっている

トラットリア・アルトロヴ $$
Trattoria Altrove

エルニド・タウン MAP P.368-B
イタリア料理

窯焼きのおいしいピザ（₱320～）としっかりアルデンテのパスタ（₱300～）が食べられる人気のイタリア料理店。建物の2階が客席で、店内は薄暗く落ち着いた雰囲気。サービスも洗練されている。

- Calle Hama El Nido
- TEL 0917-888-1082（携帯）
- 営 11:00～14:00、17:00～22:30
- ※ローシーズンはディナーのみ
- 休 なし
- CC 不可

オーナーはスロベニア人

サヴァ・ビーチ・バー $$
Sava Beach Bar

エルニド・タウン MAP P.368-B
バー

タウンで人気No.1のバー。ビーチフロントの落ち着いた雰囲気がうけ、毎晩観光客で大にぎわい。フィリピンでは珍しくシーシャ（水タバコ、₱700～）も用意している。サンミゲル₱100～、メインは₱320～。

- Calle Hama El Nido
- TEL 0917-774-2255（携帯）
- 営 16:00～翌2:00
- 休 なし
- CC MV（₱500～）

タウンでは最も洗練されたバー

大阪城 $$
Osaka Castle

エルニド・タウン MAP P.368-B
日本料理

エルニド発の日本料理店。日本人経営なので味もなかなか本格的。店内には大阪城がカラフルに描かれている。どんぶり₱320～、寿司（2貫）₱140～、ビール₱80～。日本のアルコールも置いている。

- Hamma St., Brgy., Masagana
- TEL 0906-357-2681（携帯）
- 営 12:00～23:00
- 休 なし
- CC 不可

居酒屋風で居心地がよい

ホテル

Hotels

11～5月の乾季に訪れる場合には、事前予約をしておいたほうが無難。というのも、町なかには計150軒ほどのゲストハウスやホテルなどがあるが、10室にも満たない小さな宿も多い。最近はネット予約などを受け付けている宿も増えたので、泊まる場所を探して歩き回る手間を省くためにも事前予約が賢明だろう。

クナ・ホテル $$
Cuna Hotel　エルニド・タウン MAP P.368-B

2018年にオープン。クナとはビサヤ語でベビーベッドを意味する。エルニドでは最も洗練されたホテルのひとつで、スタッフも親切。屋上にはプールとルーフトップバーがあり外部からもゲストがやってくる。

住 Osmeña St, Brgy. Buena Suerte, El Nido
TEL 0966-195-1409（携帯）
URL www.cunahotels.com
料 SD P5000～
室数 87
CC ADJMV

おしゃれな内装で女性に人気

マリーゴールド・ビーチフロント・イン $$
Marygold Beachfront Inn　エルニド・タウン MAP P.368-A

目の前がビーチという好立地にある。客室はシンプルだが、広々としていて開放的。さらに清潔に保たれているので、快適に過ごせる。中庭の一画に、朝食や軽食を出すバーカウンターがあるので便利だ。

住 Calle Hama, El Nido
TEL 0917-624-7722, 0908-884-3711（携帯）
URL www.mgelnido.com
料 SD P2550～5150
室数 18
CC AJMV

かわいらしい内装が魅力

ザ・エンタルラ $$
The Entalula　エルニド・タウン MAP P.368-B

2009年にオープンしたコテージ。客室は、ファン付きのコテージとホテル風のエアコン付きルームの2タイプがあり、いずれもバルコニー付き。客室はシンプルだが、清潔で快適に過ごせる。

住 Calle Hama, El Nido
TEL 0920-906-6550（携帯）
URL www.entalula.com
料 SD P2500～3500
C P3000～4000
室数 10
CC MV

コテージタイプの客室が人気

タンディカン・ビーチ・コテージ $
Tandikan Beach Cottages　エルニド・タウン MAP P.368-B

簡素なコテージだが、客室は比較的広々としていて居心地がよい。ファンのみの部屋やコテージなどもあり、安く過ごしたい人にはぴったり。家族経営のアットホームな雰囲気で、ダックスフンドを数匹飼っている。

住 Masagana, El Nido
TEL 0919-944-6312（携帯）
Mail janeflim34@yahoo.com
料 SD P800～2000　SD P1500～2500
室数 10
CC 不可

室内はとてもシンプル

バードハウス $$$
The Birdhouse　マレメグメグ・ビーチ MAP P.366-B2

感度の高いフィリピン人夫婦がオープンした崖の上の隠れ家宿。ビーチから手作りの竹の階段を上っていくと、眺望の素晴らしい高台にすてきな空間が現れる。部屋はグランピング仕様。レストランだけでも訪れたい。

住 Maremegmeg, Corong Corong, El Nido
TEL 0920-606-1186（携帯）
URL www.thebirdhouseelnido.com
料 SD P7000～
室数 5
CC 不可

レストランからの景色は最高！

奇岩が美しい島々へ

エルニドの島々

Islands in El Nido

MAP 折込表-A3

バンカーボートで奇岩が連なるスモール・ラグーンへ

ACCESS

✈ マニラから毎日5便程度、エア・スウィフトがエルニド空港へ運航。所要約1時間15分。セブからは毎日1～2便あり、所要約1時間40分。

パラワン島北部の西の沖に、大小45もの島々が浮かぶエルニド。長い年月の間に雨風の浸食を受けて造り出された奇岩が、エメラルドグリーンの海面から突き出すようにしてそびえ立ち、実に神秘的な風景を造り出している。そのほとんどが鳥と動物だけがすむ小さなものなのだが、なかにはまるごと1島がリゾートという島もある。リゾートライフをのんびりと楽しみながら、周囲の島々や海を探索してみよう。

エルニドの島々の歩き方

各リゾート島へは、マニラからエア・スウィフト Air Swiftでエルニド空港まで行き、リオ・ビーチからボートで各島へ渡る。そのほかの島々へは、各リゾートまたはエルニド・タウンを拠点にツアーに参加するか、バンカーボートをチャーターして訪れることになる。

美しいハウスリーフをもつミニロック島

環境税の徴収開始

2019年より、ダイビングやアイランドホッピングツアーでバクイット湾を訪れる際に環境税₱200が徴収されるようになっている。一度支払えば10日間有効。

島巡りツアーに参加しよう

エルニドを訪れたら、ぜひその島々の自然美に触れる島巡りツアーに参加したい。1日ツアーのほとんどは、エリアごとに2、3ヵ所（島）を巡る場合が多い。スノーケリングやダイビングを楽しみたい人は、さらにゆとりのあるツアーを選ぶといいだろう。ビッグ＆スモール・ラグーンのあるミニロック島などを巡る1日ツアーは1名₱1200～。ピガン島（スネーク・アイランド）、ク ドゥグノン洞窟、ピナシル島など巡る1日ツアーは₱1300～。ミニロック島でスノーケリングを楽しみ、近くの小島でピクニックランチを食べるツアーは₱1400～。いずれも9:00頃にエルニド・タウンを出発し、16:00頃戻ってくるのが一般的。申し込みは、エルニド・タウンの各宿泊施設やエルニド・ブティック＆アート・カフェ（→P.371）などで扱っている。

干潮時に浮かび上がるS型の浜

ラグーンはどちらかひとつ
2019年12月より、環境保護のため、ビッグ・ラグーンとスモール・ラグーンの入場客数が制限されている。ツアーではどちらかひとつしか訪れることはできない。

奇岩に囲まれたビッグ(左)＆スモール(右)・ラグーン

ぽっかりと口を開けたピナシル島

エルニドの島々の見どころ ATTRACTION

干潮時に現れる蛇のような砂浜が見もの　★★
ビガン島　MAP P.366-B2
Vigan Island

別名**スネーク・アイランド**Snake Island。干潮時になると、それまで海の中に沈んでいたS型の真っ白な砂浜が現れる。複雑な潮の流れの微妙なバランスでこのようなS型になるのだが、そのくねくねとした様が蛇に似ていることから、こう名づけられた。5分ほど丘を登れば島の頂上に行くこともでき、そこからの眺めは最高。

奇岩と緑の木々に囲まれた神秘的な空間　★★★
ビッグ＆スモール・ラグーン　MAP P.366-A1
Big & Small Lagoon

ミニロック島の北東にあるラグーン(入江)。島の一部が大きく湾曲し、奇岩と緑に囲まれた静かな空間を造り出している。スモール・ラグーンへは、手前でボートからカヤックに乗り換え、1隻がやっと通れるほどの岩の間を抜けて行く。この周辺には色鮮やかな小さな魚が多く、スノーケリングも楽しめる。

スモール・ラグーンへはカヌーでアクセス

聖堂のような形をした洞窟が見もの　★★
ピナシル島　MAP P.366-B2
Pinasil Island

海に向かって大きく口を開けた洞窟が印象的なピナシル島。遠くから見ると、その堂々とした姿はまるで大聖堂のようで、別名**カテドラル・ケーブ**Cathedral Caveと呼ばれている。カヌーに乗り換えて中まで行くこともできる。

小さなコウモリたちのすみかでもある　★★
クドゥグノン洞窟　MAP P.366-B2
Cudugnon Cave

人がやっと通れるほどの小さな穴を抜け、洞窟の中へ入ることができる。そこには、天井に開いた穴から太陽の光が漏れ、雨で形を変えた石灰石がそびえ立つ幻想的な空間が広がっている。また、ここでは古い人骨や人工物が見つかっており、この洞窟に住んでいた人々のものではないかとされている。日本軍兵士の隠れ家だったという話も残っている。

天井から光が差し込むクドゥグノン洞窟内

ホテル Hotels

エルニドの島々では、滞在先のホテルを拠点にさまざまなアクティビティを楽しむことになる。各リゾートには、ダイビングやスノーケリング、ウインドサーフィンはもちろん、島や洞窟巡り、サンセットクルーズなどの数々が揃っている。ほとんどのアクティビティがすでに宿泊料金に含まれている。

エルニドリゾーツ ラゲンアイランド $$$
El Nido Resorts Lagen Island　MAP P.366-B2

目の前には神秘的なエメラルドグリーンの海、背後には大自然が広がり、「秘境」にふさわしい雰囲気。客室はフォレストルームから水上コテージ、フォレストスイートまで4タイプあり、いずれも快適な滞在が約束されている。2015年に大規模な改装を終え、よりラグジュアリーなリゾートとして生まれ変わった。

住 Lagen Is. El Nido
TEL (02) 7902-5980
予約・問合せ エルニドリゾーツ日本オフィス（M.A.Eプランニング）
TEL (03) 5304-5814　URL www.el-paradise.com
料 SD P3万5500～
室数 51　CC ADMV

ロマンティックな滞在を演出する水上コテージ

エルニドリゾーツ ミニロックアイランド $$$
El Nido Resorts Miniloc Island　MAP P.366-A1

美しい珊瑚礁と切り立った奇岩に囲まれたリゾート。目の前には大小さまざまの魚が群れるハウスリーフが広がっていて、ここでのスノーケリングは外せない。リゾートはこぢんまりとしていて、リラックスできる雰囲気。カップルだけでなく、グループや家族連れにも人気がある。2018年12月にリニューアルオープン。

住 Miniloc Is., El Nido
TEL (02) 7902-5985
予約・問合せ エルニドリゾーツ日本オフィス（M.A.Eプランニング）
TEL (03) 5304-5814　URL www.el-paradise.com
料 SD P3万6000～
室数 50　CC ADMV

背後に奇岩の山が切り立つ絶好のロケーション

エルニドリゾーツ パングラシアンアイランド $$$
El Nido Resorts Pangulasian Island　MAP P.366-A2

2012年にオープンしたリゾートで、750mにわたって続く白砂のビーチが特徴的。客室はすべてヴィラタイプで、海を見下ろす高台に立つキャノピーと、目の前にビーチが広がるビーチ、プライベートプールの付いたプール、完璧なプライバシーが整ったカラウの4タイプ。いずれも広々としたバルコニーが付いていて、ゆったりとリゾート気分が楽しめる。

住 Pangulasian Is., El Nido
TEL (02) 7902-5990
予約・問合せ エルニドリゾーツ日本オフィス（M.A.Eプランニング）
TEL (03) 5304-5814　URL www.el-paradise.com
料 SD P4万800～
室数 42　CC ADMV

島の西側に建つカラウ・ヴィラ

ダイビングコラム DIVING COLUMN

年間をとおして楽しめるエルニド

パラワン島北部西岸に浮かぶ、大小約45の島々からなるエルニドは、フィリピン屈指のダイビングスポットがめじろ押しのエリアだ。内湾になっているうえ、風の強い日であっても島の反対側は陰になるので、年間をとおしてダイビングが楽しめる。ミニロック島やラゲン島にあるリゾート、またはパラワン本島のエルニド・タウンがベースとなる。エルニド周辺のおもなダイビングスポットをいくつか紹介しよう。

ギンガメアジの群れ

ミニロック・フロント

ミニロック島のリゾート前のスポット。唯一ボートを使わずに、桟橋から入れる。体験ダイビングもここで行われる。桟橋の下では大きなハタが餌づけされている。珊瑚礁の海ほど多くないが、ロウニンアジやグルクマ、ギンガメアジなどの大物も見られる。ほかに、ウミウシやハゼなどミクロ派にうれしい生き物もたくさんいる。

トレスマリアス

エダサンゴなどのハードコーラルや色とりどりのソフトコーラルがよく育っていて美しい。その周りには、コーラルフィッシュが群れている。水深15m前後のあたりを潜るので、明るくてきれいだ。一番深い所でも水深27m。カンムリブダイがやってくることもある。

ディルマカド・トンネル

ミニロック島から北へボートで約35分の場所にあるディルマカド島の北西側のスポット。水深12mの場所に、直径5mほどの口を開けたケーブがある。ふたつの道のうち、ひとつは行き止まりだが、天井に空気のたまったドームがある。もうひとつを道なりに行くとケーブの外に出る。ケーブ内には、アカマツカサやハタンポがいる。

サウス・ミニロック

ミニロック島のリゾートを出てすぐ右側にあるスポット。見事なキャベツサンゴの群生を見ることができる。その上をクマササハナムロやアジの群れが行き来する。ブルーとイエローが色鮮やかなハナヒゲウツボも見られる。水深は20mくらい。

ポポルカン・フォレスト

ミニロック島の南東にあるポポルカン島の南側を潜る。水深7mから27mへと落ち込むドロップオフになっていて、オーバーハングしている壁もある。ドロップオフの下は、砂地に大きな根が点在するという地形。ヘコアユやハナヒゲウツボが見られる。中層をバラクーダやイソマグロ、カンムリブダイなどの大物が通ることもある。

ツイン・ロックス

水面に突き出したふたつの岩の周囲を潜る。エントリーするのは水深5mの浅瀬で、ここでスノーケリングも楽しめる。砂地に根があるという地形で、根にはサンゴやスポンジがたくさん付いていて、その周りをスズメダイ、ウメイロモドキの群れ、チョウチョウオやアカククリなどが泳いでいる。水深は深い所で27mくらいあるが、スノーケリングをするには20mより浅いあたりがおすすめだ。

カラミアン諸島

　パラワン最北端に当たるのが、95の小さな島々からなるカラミアン諸島。切り立った石灰石の岩壁と真っ白な砂浜の入江が印象的なコロン島をはじめ、アフリカの動物を放し飼いにしているカラウィット島など見どころが多い。また、第2次世界大戦時の日本軍の沈船11隻が眠るコロン湾は、多くのダイバーたちをひきつけるダイビングスポットでもある（→P.382コラム）。緑豊かな島々には、漁業やカシューナッツの栽培を生業とする小さな村が点在。島々を散策するにはフェリーやボートの港がある唯一の町、ブスアンガ空港から南東へ約30km下ったコロン・タウンが拠点となる。また、1島がまるごとリゾートになった島もいくつかあるので、そこにのんびりと滞在しながら、諸島巡りやダイビングを楽しむ方法もある。

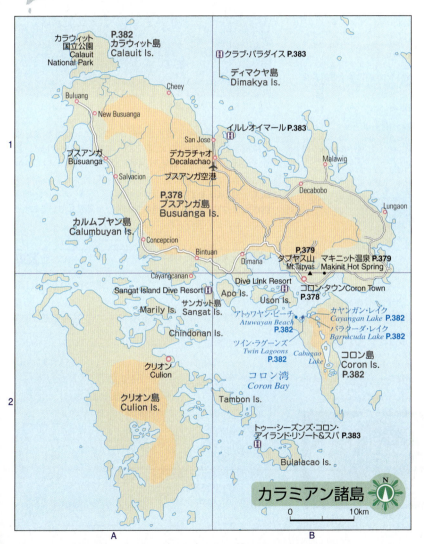

カラミアン諸島で唯一の町

コロン・タウン
Coron Town

MAP 折込表-B3

コロン・タウンの市外局番
☎048

ACCESS
✈ マニラからブスアンガ空港へ、スカイジェットが毎日2〜3便、セブゴーが毎日2〜4便運航している。所要約1時間、₱3600〜。セブからは、PALエクスプレスとセブゴーがそれぞれ毎日2便運航。₱2100〜。

🚢 エルニド・タウンからコロン・タウンへほぼ毎日船が運航。所要約3時間30分、₱1760。下記サイトで予約可能。
URL biyaheroes.com

空港から市内へ
コロン・タウンへは、空港から車で約40分。飛行機の到着時間に合わせて、乗合バンが何台か出口付近で待っているので、ホテルの迎えがない場合はその1台に乗り、運転手にどこで降ろしてほしいかを伝える。片道ひとり₱150。

まだまだのどかな雰囲気が残る町

　カラミアン諸島で一番大きな町が、ブスアンガ島の南東部に位置するコロン・タウン。町といっても、マーケットがひとつと銀行が2軒、漁業訓練所、病院、学校のほかに、いくつかの店があるだけで特に見どころはないが、カラミアン諸島の島々（→P.381）をアイランドホッピングしたり、ダイビングの拠点となっている。また、漁業をおもな生計としているので、安くておいしい魚介が食べられるのもうれしい。

コロン・タウンへの行き方　ACCESS

　マニラやセブなどから、ブスアンガ空港に国内線が毎日運航している。

カラミアン諸島名産の海ブドウ
日本では沖縄の名産として知られる海ブドウ。そのプチプチとした食感で人気があるが、実はカラミアン諸島でもよく食べられている。マーケットなどではボウル1杯分が約₱10、町のレストランなどでは海藻サラダSeaweed Saladとして₱100程度で食べられる。コロン・タウンを訪れた際に、ぜひ試してみては。

カラマンシーの果汁と酢をかけて食べるのが定番

コロン・タウン概略図

コロン・タウンの歩き方

　歩いても十分に回れる広さだが、いたるところにトライシクルが走っているので、それを利用するといい。タウン内であれば、どこへも₱20程度で行くことができる。町の中心は、マーケットがある埠頭のあたり。朝から食材を買い求める人や、カフェ＆バーでカラオケを歌う人などでにぎわっている。周辺には、小さなローカル食堂も点在。ボートのチケットやダイビングツアーを扱う店などもあり、ほとんどのツアーはこの埠頭から出発する。また、2012年には海岸沿いに散歩道が続く**ルアルハティ公園Lualhati Park**が整備され、人々の憩いの場となっている。

町の海岸沿いには水上集落が広がっている

コロン・タウンの見どころ

町を一望できる　★★
タプヤス山　MAP P.377-B1~2/P.378
Mt.Tapyas

　コロン・タウンの北側に位置する標高190mの小さな山。山というより丘という感じで、頂上まで719の石段が続いている。頂上には大きな十字架が立っていて、ここからの景色は絶景。目の前に広がるコロン・タウンはもちろん、対岸のコロン島までをも見下ろすことができる。夜はライトアップされて美しい。あたりは暗いので気をつけよう。

海水の温泉でゆったりと　★★
マキニット温泉　MAP P.377-B1~2

Maquinit Hot Spring

　コロン・タウン中心部から東へ3kmほどの所にある約40℃の海水の温泉。直径25mほどの大きな浴槽に加え、源泉が流れ出る小さなふたつの浴槽がある。地元の人々は、水着の上にTシャツや短パンをつけたまま温水につかり、おしゃべりを楽しんだり、泳いだりしてゆったりとした時間を過ごしている。

■タプヤス山
　コロン・タウンの北側を走るヌエバNueva通りから、頂上へ向かう石段が続いている。

奥に見えるのがタプヤス山

■マキニット温泉
　タウン中心からトライシクルで所要約20分、往復で₱400。満潮時にはボートで行くこともできる。
TEL 0999-581-2659（携帯）
開 8:00～20:00
休 なし
料 ₱200

郊外にあるマキニット温泉

地元の人々の憩いの場でもある

ホテル

Hotels

コロン・タウンの宿泊施設はそれほど観光客向けというわけではなく、どちらかといえば休日を楽しむマニラや近隣の島々から訪れるフィリピン人向け。しゃれたレストランもオープンしているが、町の中心にある埠頭周辺に地元の人々が訪れる食堂が点在する。ここではあまりクレジットカードが利用できないので、現金の用意を。

コロン・ゲートウエイ・ホテル＆スイーツ $$
Coron Gateway Hotel & Suites　MAP P.378

2009年にオープンした全室スイートのホテル。ジュニアとエグゼクティブ、プレジデンシャルなど4タイプがある。客室はいずれも広々としていて、とても快適。目の前が埠頭なので、島巡りなどにも便利だ。

- Brgy. 3, Coron
- (047) 252-9919
- www.corongateway.com
- SD ₱5005～
- 31
- MV

全室バルコニー付き

ココスノス・ガーデン・リゾート $$
Kokosnuss Garden Resort　MAP P.378

町の外れなので、とても静か。敷地内にはハンモックや噴水のある中庭があり、ゆったりとした雰囲気だ。客室は趣向を凝らしたさまざまなタイプがあり、いくつか見て決めるのもおすすめ。W-Fiはロビーでのみ接続可。

- Brgy. 6 National Hwy., Coron
- 0919-776-9544（携帯）
- www.kokosnuss.info
- ₱1800～
- SD ₱2280～
- 36
- 不可

部屋は清潔に保たれている

コロン・バックパッカー・ゲストハウス $
Coron Backpacker Guesthouse　MAP P.378

バックパッカーに人気の隠れ家的ホステル。水上集落内にあり、竹づくりのフィリピン情緒漂う内装が特徴。部屋は簡素だが、きれいにされている。コーヒーや水は飲み放題で、共同キッチンもある。

- Coron-Busuanga Rd.
- 0916-400-4871（携帯）
- palawan-coron-backpacker.com
- SD ₱550～750
- 9
- 不可

水上の部屋に泊まろう！

ルイス・ベイ・トラベラーズ・ロッジ $
Luis Bay Travellers Lodge　MAP P.378

黄色い建物が特徴的な、コロン・タウンでは有名な安宿。格安なファンルームとエアコン付きの部屋の2種類あり、いずれも比較的清潔で過ごしやすい。ボート乗り場も近いので便利。別棟にはレストランもある。

- 3 Caltex Rd.
- 0917-622-4587（携帯）
- SD ₱600～
- SD ₱1300～
- 14
- 不可

目立つのですぐに見つけられる

MEMO　　　　　　コロン・タウンでの食事

まだまだ素朴な雰囲気を残しているコロン・タウン。エルニドまでとはいわないが、観光開発は進んでおり、おしゃれなレストランも増えてきている。**トラットリア・アルトロヴ Trattoria Altrove**（MAP P.378）はエルニド（→P.371）やボラカイにも展開する人気イタリアン。海に突き出した桟橋にある**ラ・サイレネッタ La Sirenetta**（MAP P.378）もおすすめで、海を眺めながらおいしい料理が楽しめる。おもなメニューはシーフード料理やピザなど。

アイランドホッピングが最高
カラミアン諸島の島々
Islands in Calamian Group

MAP 折込表-B3

コロン島をバンカーボートで散策

ACCESS
✈ マニラからブスアンガ島へ、スカイジェットとセブゴーがそれぞれ毎日2〜3便運航。所要約1時間、₱3600〜。セブからはPALエクスプレスとセブゴーがそれぞれ毎日2便運航。所要約1時間15分、₱2100〜。

コロン・タウンを拠点に島巡り
コロン・タウンにはいくつかの旅行会社があり、カラミアン諸島の島巡りツアーを催行している。コロン島ツアー（カヤンガン・レイク、ツイン・ラグーンズ、アトゥワヤン・ビーチなど所要5時間）、ひとり₱1600程度。

●コロン・ツアーズ＆トラベル
Coron Tours & Travel
MAP P.378　住 Don Pedro St., Coron
TEL 0917-532-5717（携帯）
URL www.coron-travel.com
営 8:00〜17:00　休 日・祝
※航空券やホテルの手配も可能

ブスアンガ島周辺には、小さな集落があるだけの緑濃い島から、1島がまるごとリゾートになった豪華リゾートまでさまざまな島が散らばっている。自然豊かな島々には多くの動植物が生息していて、マングローブの森でシカやオオトカゲに出くわすこともある。特にディマクヤ島周辺の海は、ジュゴンに遭遇する確率が高いことで有名だ。

カラミアン諸島の島々への行き方　ACCESS

カラミアン諸島の島々への空からの玄関口となるのは、ブスアンガ島中央北側にあるブスアンガ空港（→MAP P.377-A〜B1）。各島のリゾートへは、ここから車とボートを乗り継いで行くことになる（宿泊費に送迎サービスが含まれている場合がほとんど）。リゾートがない島へ行く場合は、各リゾートまたはコロン・タウン（→P.378）を拠点に、ボートをチャーターするか日帰りツアーに参加して行く。ちなみにコロン・タウンでボートをチャーターした場合、1日1隻₱2700（4人まで乗船可能）程度。

リゾート島以外は宿泊施設がないので、リゾートまたはコロン・タウンを拠点に島を巡ることとなる。カラウィット島を訪れたいのであれば、北部のクラブ・パラダイスやイルレオイマールなどのリゾート（→P.383）に滞在するのが便利。もちろんコロン島などのツアーも扱っている。一方、予算を抑えながら島巡りを楽しみたいという人は、コロン・タウンに滞在しながらバンカーボートをチャーターするか、旅行会社や宿泊施設などで扱っている各種ツアーに参加するといい。

バラクーダ・レイクの展望台からの景色

バラクーダ・レイクでダイビングをする人々

カラミアン諸島の島々の見どころ ATTRACTION

■カラウィット島

Hクラブ・パラダイス（→P.383）またはHイルレオイマール（→P.383）から日帰りツアーが出ている（ボートで片道約1時間）。宿泊者以外は、コロン・タウンの旅行会社でツアー（ひとり₱2500〜）に申し込む。個人で行く場合、マカラチャオMacalachaoからボートで往復₱500。

料 ₱600

アフリカの動物が放し飼いに ★★
カラウィット島　MAP P.377-A1
Calauit Island

島と呼ばれているが、ブスアンガ島と人工の運河で隔てられた半島。ここには、マルコスが大統領だった時代にアフリカから連れてきたキリンやシマウマ、インパラ、ガゼルなど数百頭が放し飼いにされている。さらにパラワン原産のシカやクジャク、140種類近くもの野鳥が生息。肉食獣はいないので、島を歩いて巡ることができる。

ゾウがいないため、カラウィット島のキリンは首が短い

■コロン島

コロン・タウンからバンカーボートで所要約30分。アイランドホッピング・ツアー（→P.381欄外）に参加するか、ボート（4人まで乗れる）をチャーターして行く。チャーター代の目安は、1日₱2700〜。マーケット脇にあるボート協会（MAP P.378）でチャーターが可能。スノーケリングセットは埠頭近くの屋台で₱150程度でレンタルできる。

料 入場料₱300（カヤンガン・レイク）、各₱200（ツイン・ラグーンズ、バラクーダ・レイク）、₱100（アトゥワヤン・ビーチ）

岩の間を抜けバラクーダ・レイクへ

手つかずの大自然が見もの ★★★
コロン島　MAP P.377-B2
Coron Island

ブスアンガ島のコロン・タウンの南に位置する、カラミアン諸島で3番目に大きな島。緑濃い島にはタグバヌアTagbanua族が暮らしていて、湖や洞窟など見どころが多い。必見は、緑の木々と岩に囲まれた**カヤンガン・レイクCayangan Lake**。クリスタルブルーの湖で、泳いだりスノーケリングができる。また、いくつもの小さな洞窟を散策するのも楽しい。そのほかに、小さな入江の先に静かな湖が広がる**バラクーダ・レイクBarracuda Lake**、温度の違う水の流れが混ざり合うことなくふたつのラグーンを生み出している**ツイン・ラグーンズTwin Lagoons**、小さな白い砂浜が続く**アトゥワヤン・ビーチAtuwayan Beach**などがある。

コロン湾に沈む日本船

ちょっとひと息コラム

コロン湾は日本人に関係の深い場所だ。第2次世界大戦時、多くの日本兵がここで最期を迎えることとなったからである。

大戦初期、連合国の植民地であった国々を支配下におこうと、次々と南方の国々に進撃を続けた日本軍は、1942年1月にフィリピンのマニラを占領した。しかし、アメリカ軍の反撃に遭い、同年5月の珊瑚海海戦、6月のミッドウェー海戦を機に形勢は逆転。マニラ湾への攻撃に耐えかねた日本軍の輸送船団は、空襲を避けてコロン湾へと移動したものの、1944年9月24日、湾内に停泊していたところをアメリカ軍機動部隊の追撃を受け、艦船十数隻が大破、沈没した。

マニラから約300km離れたこの湾には、そのとき沈められた艦船が今も静かに眠っている。この湾を訪れるダイバーたちにとって、「秋津洲」「極山丸」「おりんぴあ丸」「太栄丸」「伊良湖」「おきかわ丸」など、水深10〜40m付近に横たわる船の残骸は、格好の沈船ダイブスポットとして知られている。

ホテル Hotels

カラミアン諸島には、1島まるごとがリゾートになったクラブ・パラダイスなどの豪華リゾートがある。同経営のイルレオイマールは、ブスアンガ島北海岸の中ほど、海に突き出た山がちな半島に囲まれた入江に立ち、そこからクラブ・パラダイスまでは約10km、ボートで20〜30分の距離にある。いずれも早めの予約が必要だ。

クラブ・パラダイス $$$
Club Paradise
MAP P.377-B1

ディマクヤ島がまるごとリゾートになっていて、何といっても島内の自然がすばらしい。運がよければ、目の前に広がるハウスリーフ内でジュゴンやウミガメに遭遇することもある。客室はロケーションや景色によって4タイプに分かれ、いずれも広々とスペースをとった設計。シーフードが自慢のメインレストランに、3つのバーなどリゾート設備も豊富だ。

- 住 Dimakya Is.
- TEL (02) 719-6971（マニラ）
- URL www.clubparadisepalawan.com
- 料 SD₱1万2870〜
- 室数 54
- CC AJMV

夕日が楽しめるサンセットヴィラ

イルレオイマール $$$
El Rio y Mar
MAP P.377-B1

背後に緑の山、目の前には穏やかなラグーンが広がる、こぢんまりとしたリゾート。まだまだ日本人客は少ないが、クラブ・パラダイスに比べると全体的に落ち着いた雰囲気で、客室がモダンだ。水上コテージなどに加え、洗練されたホテルタイプの部屋もある。大きなバルコニーの目の前は海という、贅沢な造りになっている。

- 住 Brgy. San Jose, Coron, Busuanga Is.
- TEL (02) 984-0331、0920-951-5009（携帯）
- URL www.elrioymar.com
- 料 SD₱4560〜
- 室数 34
- CC ADJMV

目の前に海が広がる新しい棟の客室

トゥー・シーズンズ・コロン・アイランド・リゾート＆スパ $$$
Two Seasons Coron Island Resort & Spa
MAP P.377-B2

コロン・タウンからスピードボートで40分ほど。ブラルカオ島マラロイロイ半島にある人気リゾート。周囲はウミガメや巨大貝のサンクチュアリになっているなど、手つかずの海洋遺産に囲まれ、200mにもおよぶロングビーチも圧巻。客室はモダンで広々。リゾート感も満点だ。スタッフも皆親切で、すてきな休日を過ごしたいという人におすすめ。

- 住 Malaroyroy, Bulalacao Island, Coron, Palawan 5316
- TEL 0917-566-5820（携帯）
- URL twoseasonsresorts.com
- 料 SD₱2万5000〜
- 室数 42
- CC AJMV

のびやかなビーチが自慢

ちょっとひと息コラム

パラワンのそのほかの島々と見どころ

クヨ諸島 Cuyo Islands　MAP 折込表-B3

プエルト・プリンセサとイロイロからの船が着くクヨ島を中心に、45の小さな島で構成されるクヨ諸島。**クヨ島 Cuyo Is.**にはクヨ・タウンがあり漁業を営む人々が住んでいるが、観光施設はまったく整っていない。だが、周囲にはスノーリングや海水浴に絶好の**セラド島 Selad Is**、や**ビスケイ島 Bisucay Is.**などが点在。ツアーなどはないので、埠頭でバンカーボートをチャーターし、近隣の島々を巡るしかない。1日₱2000程度。

プエルト・プリンセサからクヨ島経由のイロイロ行きが週4便出ている。所要約16時間、₱1200程度。

国立公園事務所により厳しく管理されているトゥバタハ岩礁

トゥバタハ岩礁 Tubbataha Reef　MAP P.356-B2　世界遺産

パラワン島から約200km離れたスールー海上に、332平方kmmの広大なサンゴ礁で覆われたエリアがある。1993年、フィリピンで初めてのユネスコ世界自然遺産として登録されたトゥバタハ岩礁だ。パラワン島中央部のプエルト・プリンセサからボートで約10〜16時間。アクセスの難しさと年間を通して吹くモンスーンの影響から、なかなかダイバーを寄せ付けないエリアでもある。

トゥバタハ岩礁には379種類の魚介類、46種類の腔腸動物に加え、カツオドリやウミガメなどが生息。いわば海洋生物の楽園が広がっている。もともとこのエリアは海上で生活を営む民、バジャオ族の漁場であった。今も彼らは素潜りで魚を取る。しかし近年ダイナマイトを用いた密漁があとを絶たず、珊瑚礁の破壊をはじめとする生態系への影響が懸念されている。

この岩礁を訪れることができるのはモンスーンの落ち着く3月半ば〜6月半ば。プエルト・プリンセサなどからライブアボードのクルーズツアーに参加する。

※スールー海では武装集団による海賊事件が発生しており、外務省が危険情報を発出している。訪れる際は最新情報を確認のこと。

■ トゥバタハ岩礁　URL www.tubbatahareef.org

パラワンのそのほかの島々のホテル　Hotels

アマンプロ　$$$
Amanpulo　MAP 折込表-B3

パマリカン島がまるごとひとつのリゾートになっている豪華リゾート。島を縁取る真っ白なパウダーサンドビーチはボラカイ島にも勝るほど上質で、島の周囲には見事な珊瑚礁の海がどこまでも続く。

住 Pamalican Is.
TEL (02) 8976-5200（マニラ）
URL www.aman.com
料 SD US$1400〜　※マニラからの飛行機は往復1人US$496
客数 42　CC AJMV

贅沢な空間が味わえる

エルニドリゾーツ アプリットアイランド　$$$
El Nido Resorts Apulit Island　MAP 折込表-B3

パラワン島の東に浮かぶアプリット島がまるごとリゾートになっている。周囲をコバルトブルーのコーラルリーフに囲まれ、秘境の雰囲気も抜群だ。タイタイ桟橋から、スピードボートで所要40分〜50分。

住 Apulit Is., Taytay, Palawan
TEL (02) 7902-5994
予約・問合せ エルニドリゾーツ日本オフィス (M.A.Eプランニング)
URL www.el-paradise.com
料 SD ₱2万9600〜
客数 50
CC ADMV

港に沿って水上コテージが並ぶ

Travel Tips

旅の準備と技術

P.386	出発前の手続き
P.391	旅の情報収集
P.392	旅のルート作り
P.394	旅の服装と道具
P.395	旅の予算
P.396	フィリピンへの道
P.398	日本の出入国
P.400	フィリピンの入出国
P.404	飛行機旅行入門
P.407	バス旅行入門
P.411	船旅入門
P.415	通貨と両替
P.416	通信事情
P.417	フィリピンのホテル
P.418	食事について
P.420	旅のトラブルと対策
P.424	病気と対策

出発前の手続き

まずフィリピンへの旅を決めたら、いくつか確認しておきたいことがある。もちろん行く前の情報収集などは大事だが、日本を出国し無事に帰ってくるための最低限のことについて紹介しておきたい。まずはパスポートを用意しよう。これがなければ旅は始まらない。パスポートの残存有効期間については、かつては入国時に滞在日数+6か月以上必要だったが、帰国日まで有効であれば入国できるようになった。ただし、帰国便や第3国への出国を証明するものが必要となる。ビザは、30日以内の観光目的であれば不要だが、それ以上滞在する場合は必要になってくる。また、ここでは海外旅行保険とお金についても触れておこう。

パスポート申請について
URL www.mofa.go.jp/mofaj/toko/passport/pass_6.html

10年間有効のパスポート

訂正旅券の取扱いに注意！
2014年3月19日以前に「名前や本籍地等の訂正を行ったパスポート（訂正旅券）」は、2015年11月25日以降は、海外入出国時や渡航先で支障の生じる怖れがある。これは、「パスポート（旅券）」の扱いの国際的な統一化による手続きの変更により、訂正事項が機械読取部分およびICチップに反映されていない訂正旅券は「国際標準外」とみなされるため、外務省は「パスポート（旅券）」の新規取得をすすめている。詳細は下記URLで確認のこと。
URL www.mofa.go.jp/mofaj/ca/pss/page3_001066.html

旅券申請時の本人確認書類の追加
2016年1月以降に交付が開始される「個人番号カード（マイナンバーカード）」が、パスポート申請に必要な本人確認書類に適用される。なおマイナンバーは写真つきなので、運転免許証などと同様に「1点でよい書類」となる。
URL www.mofa.go.jp/mofaj/toko/passport/pass_2.html

✓ パスポートについて

■ パスポートとは？
パスポート（旅券）とは、国籍の証明書であり、国が発行する身分証明書でもある。海外滞在中は常に携帯することが義務づけられており、入出国の際にはもちろん、ホテルにチェックインする際などにも必要となってくる。現在、一般に取得できる旅券は2種類。赤い表紙の10年間有効なもの（20歳以上のみ）と、紺色の5年間有効のものがある。たとえ0歳の子供でも、ひとり1冊が必要だ。

■ 残存有効期間は大丈夫？
フィリピンにビザなしで入国する場合30日以内の滞在が許される。パスポートの残存有効期間は、かつては入国時に滞在日数+6か月以上必要だったが、2015年7月に条件が緩和され、帰国日まで有効であれば入国できるようになった（変更の可能性があるので事前に最新情報を確認のこと）。長期の滞在を予定している場合、有効期間が残り1年を切ったら切り替え（新規発給申請）ができるので、残り期間が少ない人は忘れずに新しいパスポートを取っておこう。

■ パスポートの取得
パスポートの申請・受領の手続きは、住民登録をしている都道府県の旅券課またはパスポートセンターで行う。旅行会社などで申請の代行手続きを行ってくれる場合もあるが、手数料を取られるし、どのみち受け取りは本人しかできないので、できれば自分で手続きをしたほうがよい。

夏休みやゴールデンウイーク前などのピーク時を除き、申請で1時間、後日の受け取りで30分もあれば手続きは完了する。どうしても申請に行けないという人は、あらかじめ申請用紙を用意しておけば、親族などに代行申請をしてもらうこともできる。ただし、この場合も受け取りは本人が出向かなくてはならない。

■ 申請に必要な書類
①一般旅券発給申請書（1通）
各都道府県の旅券課あるいはパスポートセンター、または各市区町村の役所でもらえる。5年用と10年用がある。パスポートのサインは申請書のサインが転写される。

※未成年の場合は、5年用のみ申請可。さらに申請書に親権者または後見人のサインか同意書が必要。

②戸籍謄（抄）本（1通）

6ヵ月以内に発行されたもの。本籍地の市区町村役場で発行。代理人の受け取りもできる。有効期間内のパスポートがあり、申請時に氏名や本籍地に変更がない場合は必要ない。

③身元確認のための書類（コピーは不可）

有効期間中または失効後6ヵ月以内のパスポートや、運転免許証など公的機関発行の写真付きのものは1点、健康保険証などの写真の付いていないものは、写真付きの学生証や会社の身分証明書と合わせて2点。2016年から交付が開始されたマイナンバーカードは、写真付きの身分証明書なので1点でよい書類となる。詳しくは→P.386欄外。

※印鑑が必要になる場合があるので、持参したほうがよいだろう。

④写真（1枚）

縦4.5×横3.5cm。ただし、写真内の顔の縦の長さは3.4cm±2mm。正面向き、無帽、背景無地で6ヵ月以内に撮影されたもの。カラー、白黒どちらでもよい。裏に名前を記入しておく。

⑤有効なパスポート

有効期間内の旅券があれば必ず持っていく。

※2003年から、都道府県の旅券課やパスポートセンターで申請する際に、住民票の写しの提出が、原則的に不要となった。これは「住民基本台帳ネットワークシステム」の運用によるもので、申請書には住民票コードの記載が求められる。ただし、運用開始が遅れている一部の都道府県では住民票の写しが必要となる場合があるので、確認が必要だ。

■ パスポートの受領

申請時にもらう受理票（受領証）に記載されている日付から6ヵ月以内に受領する。必要なものは、受理票と発給手数料分の現金だ（10年用は1万6000円、5年用は1万1000円、12歳未満は6000円）。旅券課で、まず手数料分の収入証紙・印紙を購入し、受理票に貼る。これを持って受領のカウンターに提出すれば、本人確認のための質問を2、3され、手続きは完了する。

✓ ビザ（査証）について

■ ビザとは？

ビザとは、外国人に対して発行する「入国許可証」のようなもの。フィリピンの場合は、日本国籍で観光が目的であれば、入国時に30日間滞在可能なツーリストビザが自動的に発行される（入国審査でパスポートに押される入国スタンプがそれ）。ただし、入国の際に帰国便もしくは第3国への出国便の航空券などを所持していることが条件となっている。

なお、日本国籍で15歳未満の未成年者は、単独または親の付き添いなしでフィリピンへ渡航する際、フィリピン入国管理局が発行した証明書がないと入国することができない。詳細はフィリピン共和国大使館（→欄外）へ問い合わせを。

パスポートをなくしたら
→P.421

日本のフィリピン大使館

●フィリピン共和国大使館
🏠 東京都港区六本木5-15-5
☎ (03) 5562-1600
URL tokyo.philembassy.net/ja
🕘 9:00 〜 18:00
※ビザの申請は〜12:00
休 土・日、日本およびフィリピンの祝祭日

●在大阪・神戸フィリピン共和国総領事館
🏠 大阪府大阪市中央区城見2-1-61 Twin21 MIDタワー24階
☎ (06) 6910-7881
URL osakapcg.dfa.gov.ph
🕘 9:00 〜 17:00
休 土・日、日本およびフィリピンの祝祭日

申請用紙をダウンロード

ビザ申請の用紙は、フィリピン共和国大使館のホームページからダウンロードすることができるので、おおいに活用しよう。大使館へ行ってから慌てて記入しなくても済む。下記のページを開き、「査証申請」の項目の「ビザ申請用紙（非移民）」をクリックすると英語・日本語併記の申請用紙がダウンロードできる。

●フィリピン共和国大使館（申請書ダウンロード）
URL tokyo.philembassy.net/downloads/visa-nonimmi.pdf

入国時の注意点

ビザなしで入国する際は出国の証明ができるeチケットの控えの提示を求められることがあるので、用意をしておくこと。

イミグレーションオフィス
●メイン・オフィス（マニラ）
MAP P.63-B1
住 Magallanes Dr., Intramuros, Manila
TEL (02) 8524-3769
URL immigration.gov.ph
開 7:00～17:00
休 土・日・祝
●セブ・オフィス
MAP P.230-B2
住 2nd Level J Centre Mall, A. S. Fortuna St., Bakilid, Mandaue City
TEL (032) 345-6441
●ダバオ・オフィス
MAP P.340-A1外
住 J.P. Laurel Ave., Bajada, Davao City
TEL (082) 228-6477
※オフィスに出向く際には、サンダルや短パンなどの着用は避け、適切な服装をすること。不適切な格好での申請は受け付けないと、入国管理法でもきちんと定められている。

おもな保険会社
●損保ジャパン日本興亜
Free 0120-666-756
URL www.sjnk.co.jp
●東京海上日動
Free 0120-868-100
URL www.tokiomarine-nichido.co.jp
●AIG損保
Free 0120-016-693
URL www.aig.co.jp
●三井住友海上
Free 0120-632-277
URL www.ms-ins.com

■ 滞在が30日を超える場合

初めから30日を超えて滞在することがわかっているのであれば、事前に日本のフィリピン共和国大使館で申請しておこう。59日間滞在可能なビザを発給してくれる。なお、申請の際は申請受付時間が終了する直前に駆け込むと扱ってくれないこともあるので注意。所要5営業日。申請に必要なものは以下のとおり。書類はすべてA4、英文のもの。日本語の書類には必ず英文訳を付ける。いずれも原本とコピー1通を提出する。

なお、上記ビザ発行や延長、申請料金に関する内容は、突然変更されることがあるので、事前にフィリピン共和国大使館で確認を。また、原則的にビザ申請者は申請における質問や書類審査に応じるため、申請者本人が窓口へ出向く必要がある。

■ ビザ申請に必要な書類

①パスポート
　写真のページのコピー1部が必要。
②申請用紙：申請窓口でもらえる。ホームページからのダウンロードも可（→P.387欄外）。
③写真（1枚）：3ヵ月以内に撮影された縦4.5×横3.5cmのもの。
④身分証明の書類
・銀行の預金通帳、残高証明書
・会社員の場合は雇用証明書、または自営の人は会社の登記簿謄本。会社員以外の学生や無職、フリーランスの人は、配偶者または親からの身元保証書（身分保証人の身分証明書と経済的能力を証明する書類も必要）。さらに、学生の場合は学生証と在学証明書も必要。
・フィリピンのスポンサー（知人、受け入れ団体など）からの保証を含めた招待状とスポンサーの身分証明書。スポンサーがいない場合は、ホテル予約証明書の原本とコピー各1枚（旅行会社で発行してもらえる）。
⑤eチケットの控え、または旅行締結証明書

■ フィリピンでビザを延長する場合

フィリピンに入国してからマニラ、セブ、ダバオなど各地のイミグレーション（→欄外）でビザを延長することもできる。観光ビザは最長36ヵ月まで延長可能で、1回目の延長は29日間（30日＋29日＝計59日間）、2回目以降（59日以降）は1ヵ月または2ヵ月ごとの申請が必要となってくる。

申請に必要なものは、パスポート。必要書類が渡されるので、その場で記入して提出をすればよい。滞在を延長する必要があることがわかったら、できるだけ早めに申請手続きを済ませたほうがいいだろう。

費用は、延長する期間や、それまでの滞在日数によってそれぞれ異なる。また、59日を超える滞在では、外国人登録カード（ACR I-CARD）の作成も求められる。状況は変わりやすいので、事前に要確認。

マニラのイントラムロス近くにあるメインオフィス

✓ 海外旅行保険について

■ 海外旅行保険とは？

海外旅行保険は、海外でけがをしたり病気になってしまったとき、またそのほか予期せぬ事故に遭ってしまった場合にその損害やそのためにかかった費用を補償する保険である。海外での治療費や入院費は日本と比べて高いこともあるうえ、現地で対応することになれば、言葉や精神面でも非常に心細い。安心して旅行を楽しむためにも、海外旅行保険には加入しておきたい。

■ 海外旅行保険の種類

海外旅行保険にも、いくつかの種類がある。まずは、基本契約の①傷害保険（死亡、後遺障害）に加えて、特約として②傷害保険（治療費用）、③疾病保険（治療費用、死亡）、④賠償責任保険（誤って物を破損したり、他人を傷つけた場合などの費用）、⑤救援者費用保険（事故に遭った際、日本から迎えが駆けつけるための費用）、⑥携行品保険（旅行中に荷物を紛失、破損または盗難に遭った際の補償）などである。加入の際に、「何のための保険か」をハッキリさせよう。自分のためか、それとも家族のためか。それによって、かける項目のウエイトも変わってくる。ちなみに②③は基本的に入っておいたほうがいいもの。そして、実際にも利用頻度が高いのは③疾病保険、次いで②傷害保険（治療費用）だ。短い日程なら、①〜⑥がセットになったプランがお得だ。

クレジットカード付帯保険の「落とし穴」

クレジットカードには、カードそのものに海外旅行保険が付帯されていることが多い。補償内容はカード会社によって異なるので、カード会社に問い合わせるか、利用案内を確認するように。

ただし、クレジットカードの付帯保険では、「疾病死亡補償」が補償されない、多額の自己負担金がかかった、複数のカードの傷害死亡補償金額は合算されない、旅行代金をカードで決済していないと対象にならないなどの「落とし穴」がある。自分のカードの補償内容を確認したうえで、海外旅行保険にも加入することをおすすめしたい。

旅の準備と技術　出発前の手続き

ちょっとひと息コラム

スペイン植民地支配に反抗した英雄ラプラプ

かの有名なスペインの探検家フェルディナンド・マゼランの船が、人類史上初の世界一周を果たしたという事実はよく知られているが、その最期がフィリピンのマクタン島であったことはあまり知られていない。一行は世界一周の途中でセブに漂着し、当時のセブ市民たちを服従させるために、時には武力を使いつつキリスト教を布教していった。当時のセブはイスラム教徒が多かったが、彼らの力を恐れたセブの長たちはすぐにキリスト教の洗礼を受け改宗してしまう。

しかし、唯一彼らの振る舞いに反旗を翻した男がいた。マクタン島の部族長ラプラプである。度重なる威嚇射撃を受けながも首を縦に振らない彼に対し、マゼランはついに総攻撃を開始する。しかし、土地勘があり、人数的にも圧倒的に有利だったラプラプ軍が勝利。マゼラン軍は完全な敗北を喫し、マゼランも戦死してしまう。

それ以後、セブ市民のあいだでラプラプは英雄となり、今では魚の名前にまでその名を残している。そんな彼の像がマクタン島のリゾートエリア北部（MAP P.246-1）で見ることができる。同じ場所にマゼラン記念碑もあるので、歴史に興味がある人はぜひ立ち寄ってみよう。

マクタン島に立つラプラプ像

市場で売られている高級魚ラプラプ（ハタ科）

現金の持ち込みは
5万ペソまで

　フィリピンでは現地通貨(ペソ)の持ち込み、持ち出しが制限されている。日本でペソに換金できるのは10万4000円(₱5万)程度なので注意を。

クレジットカード発行会社
●三井住友カード(VISA)
Free 0120-816-437
URL www.smbc-card.com
●アメリカン・エキスプレス(AMEX)
Free 0120-020-222
URL www.americanexpress.com
●JCB(JCB)
Free 0120-015-870
URL www.jcb.co.jp
●ダイナースクラブ(DINERS)
Free 0120-041-962
URL www.diners.co.jp
●三菱UFJニコス(AMEX、VISA、マスターカード、JCB)
URL www.cr.mufg.jp

おトクにWi-Fiルーターを借りよう

　JCBカードを持っていれば、Wi-Fiルーターを定価から20%引きで借りることができる。海外200以上の国と地域で使用可能。さらに、ルーターの受取と返却手数料が無料になる。1日からの定額制なので、海外でも安心してインターネットが利用できる。詳細はホームページで。
URL www.jcb.jp/ws/global_wifi.html

おもな国際キャッシュカード発行会社
●スルガ銀行
Free 0120-508-689
URL www.surugabank.co.jp

おもなトラベルプリペイドカード
●ネオ・マネー
TEL (03)5996-1017
URL www.neomoney.jp
●ガイカ
TEL (03)6757-3656
URL www.gaica.jp
●マネパカード
TEL 0570-057-084
URL card.manepa.jp
●マネーティーグローバル
TEL (03)3865-5614
URL www.aplus.co.jp/prepaid card/moneytg

☑ 持っていくお金について

　よほど田舎へ行かないかぎり、両替商やホテルなどで円からペソへの両替が可能。ただし、銀行では受け付けてくれないこともある。田舎町を長い間転々とするような場合は、マニラやセブ・シティなどの大都市で多めにペソを用意しておこう。持っていくお金のタイプは、現金以外にクレジットカード、国際キャッシュカード、トラベルプリペイドカードなどがある。それぞれの利点、欠点や特徴を研究し、旅のスタイルに合った上手な組み合わせを考えてみよう。

■ クレジットカード

　国内ではあまり使わないという人も、海外旅行では重宝するのがクレジットカード。多額の現金を持ち歩かなくて済む点や、紛失した場合でも再発行が利く点がありがたい。

　フィリピンでは、中級クラス以上のホテルやレストラン、旅行会社や免税店などで利用できる。日本と同様、あとで口座から引き落とされる仕組みだ。ただし、万一に備え、使用時のレシートは必ず保管しておこう(→P.415欄外「クレジットカードの請求通貨に注意」)。また、キャッシングに関しても手数料がかかるが、大手銀行のATMで24時間(例外あり)現地通貨が引き出せる。レートも両替よりよい。

　カードの発行を行っている会社は銀行、信販系を中心にさまざまなものがある。例えば、海外旅行に頻繁に出かけるなら、マイレージカードや海外旅行保険が付帯したカードを作るといいだろう。発行は、3週間から1ヵ月ほどかかるが、スピード発行してくれるカードもあり、所得のない学生のための専用カードを発行している会社もある。

■ 国際キャッシュカード

　日本の銀行口座にある預金を、海外で現地通貨で引き出せる。手数料こそ取られるが、借金ではないという安心感がある。また、万一現金などをすべて紛失した場合などでも、日本にいる家族などにその口座に入金してもらうだけでいい。手間がかかり、トラブルの多い送金を頼まなくて済むのだ。現金とは別に持ち歩いているといいだろう。紛失時には機能を停止させることも可能だ。ただし、田舎の町では、利用できるATMがない場合もある。

■ トラベルプリペイドカード

　外貨両替の手間や不安を解消してくれる便利なカードのひとつだ。多くの通貨で、国内での外貨両替よりレートがよく、カード作成時に審査がない。出発前にコンビニATMなどで円をチャージ(入金)し、その範囲内で渡航先のATMで現地通貨の引き出しができる。各種手数料もかかるが、使い過ぎや現金を持ち歩く不安もない。

　安全面、レート、手間など、何を重視したいのかを考えて、クレジットカードや国際キャッシュカード、トラベルプリペイドカードをうまく使い分けよう。

旅の情報収集

　旅の楽しみを広げてくれるのが、"よい情報"だ。ただ、人によって、何がよい情報かは違ってくる。例えば、ある人にとっては旅を安く上げるための情報であったり、ある人にとっては安全に渡航するための情報、そしてある人にとっては地域の文化や歴史についての知識であったりする。もちろんガイドブックでは、できるだけ多くの人のニーズに沿うような情報を提供しているつもりだが、やはり網羅しきれていない部分も多くある。ここでは、より自分に合った、よい情報を得るためにはどうしたらよいのか、その方法について紹介したい。

☑ 政府の出先機関を活用する

　フィリピン政府観光省では、さまざまなパンフレットを用意している。フィリピンに精通したスタッフも常駐しているので心強い。

☑ 資料館で

　日本アセアンセンターには、アセアンASEAN（東南アジア諸国連合）加盟国の資料が揃っている。ビデオ閲覧も可。

☑ 旅行会社で情報を仕入れる

　フィリピンのツアーを多く扱う旅行会社には、フィリピンを愛するスタッフが必ずいるはず。チケットやパック旅行を手配してもらう際などに、旅の目的や行き先をはっきりさせ、具体的なテーマをもって相談にのってもらうといい。

☑ インターネットを活用する

- フィリピン政府観光省
    - URL experiencephilippines.org（英語）
    - URL www.premium-philippines.com（日本語）
- 外務省（日本）海外安全ホームページ
    - URL www.anzen.mofa.go.jp（日本語）
- フィリピン気象庁
    - URL www.pagasa.dost.gov.ph（英語）
- フィリピン国家災害リスク削減管理委員会
    - URL www.ndrrmc.gov.ph（英語）
- 日刊まにら新聞
    - URL www.manila-shimbun.com（日本語）
- フィリピン・プライマー
    - URL primer.ph（日本語）
- ナビ・マニラ
    - URL www.navimanila.com（日本語）
- ダバオッチ
    - URL davawatch.com
- 地球の歩き方ホームページ
    - URL www.arukikata.co.jp（日本語）

■ フィリピン政府観光省
＜東京支局＞
住 東京都港区六本木5-15-5
（フィリピン大使館内）
TEL (03) 5562-1583
Mail dotjapan@gol.com
開 9:00～12:00、13:30～18:00
休 土・日、日本およびフィリピンの祝祭日

＜大阪事務所＞
住 大阪府大阪市中央区本町3-2-5 本町DISビル1階
TEL (06) 6251-2400
Mail dotosakajapan@lake.ocn.ne.jp
開 9:00～18:00
休 土・日、日本およびフィリピンの祝祭日

■ 在フィリピン日本大使館
（英語／日本語）
URL www.ph.emb-japan.go.jp

■ 日本アセアンセンター
住 東京都港区新橋6-17-19新御成門ビル1階
TEL (03) 5402-8008
URL www.asean.or.jp
開 9:30～17:30
休 土・日・祝

現地でフリーペーパーを

　マニラやセブでは数多くの日本語フリーペーパーが発行されている。マニラでは左記のプライマーやナビ・マニラ、日刊まにら新聞。セブではセブポット、セブナビサクラなど。現地の最新情報が手に入るのでぜひ手に入れよう。

旅のルート作り

フィリピンの旅では、ルートはあまり細かく決めないほうがいい。もちろん許された時間のなかでなるべく多くを見るために、事前によく調べ、きっちりしたスケジュールを作りたいという気持ちもわかる。しかし、フィリピンの旅は日本のように予定どおりにはいかない。交通機関がスケジュールどおりに動く確率は、日本と比べてかなり低いし、スケジュールどおりにいかないイライラは、旅そのものをつまらなくしてしまう。そもそもフィリピンの人々の生活リズムはゆったりで、そんななかにこそある本当の魅力を知るためにも、できるだけ自由に動けるようにしておこう。

ルート作りの注意点

ミンダナオ島で公共バスや公設市場などを狙った爆弾爆発事件などが起きているので、旅のルート作りの前に必ず「外務省 海外安全ホームページ」を確認すること。

なお、2019年10月現在、日本の外務省から「渡航は止めてください（レベル3）」の勧告が下記の地域に発出されている。

「ミンダナオ地域の中部以西（南サンボアンガ州、北サンボアンガ州、サンボアンガ・シブガイ州、サンボアンガ市、西ミサミス州、南ラナオ州、北ラナオ州、コタバト（旧北コタバト）州、コタバト市、マギンダナオ州、スルタン・クダラット州、サランガニ州、バシラン州、スールー州及びタウィタウィ州）(周辺海域を含む)」

● 外務省 海外安全ホームページ
URL www.anzen.mofa.go.jp

デスティネーション別モデルプラン
→P.30

世界遺産の棚田を見にルソン島北部へ行くなら雨季は避けよう

☑ 1週間以内の旅ならパッケージツアー

もしも1週間以内の短い旅行ならば、まずは迷わずに航空券とホテルがセットになったパッケージツアーを探してみることをおすすめする。特に1ヵ所だけのリゾート滞在なら、個人的に手配するよりも安上がりだ。空港送迎やオプショナルツアーなどが付いたお得なものもある。もちろん、パッケージと呼ばれる以上、すべて自分の思いどおりのスケジュールのものが見つかるとはかぎらないが、短い期間の旅行の場合には、多少妥協してもパッケージのほうが手軽といえる。5日間のリゾート滞在を7日間に変更したい、などというケースは、旅行会社に相談すれば比較的簡単に手配してもらえることが多い。どうしても自分の希望どおりにという人は、フィリピンに強い旅行会社を探し、往復の飛行機もホテルも予約してもらい、いわゆる「個人パッケージ」を作るようにするといい。ただし、既製のパッケージツアーよりも割高にはなる。

短期間でも自由に旅行をしたいという人は、忙しく動き回るスケジュールはできるだけ避け、マニラかセブに加えて、もう1ヵ所くらいのスケジュールにしておこう。もしもそれで足りなくても、フィリピンはあなたの次の来訪を待っていてくれるはずだ。

☑ 周遊型ルートの組み立て方

まず、フィリピンを大きく6つのエリアに分けてみる。メトロ・マニラとその周辺、ルソン島北部、ルソン島南部、ビサヤ諸島、パラワン諸島、そしてミンダナオ島だ。それぞれのエリアをひととおり見るのに、最低要する日数は10日間が基準と考えよう。これより日数が少ないと忙しい旅になってしまう。特にビサヤ諸島の島々を転々と巡ろうと思ったら、10日間では足りないくらいだ。もちろん、各エリアから興味のある町や島だけを選び出し、時間の短縮を図るという方法もある。しかし、ルソン島南部とビサヤ諸島の組み合わせを除き、基本的には起点となるマニラかセブにいったん戻らなくてはいけないため、それによって効率が悪くなるケースが多い。エリア間をマニラとセブを経由せずに移動できる交通手段があるときには、それを有効に使うといいだろう。

各エリアのルート作りのポイントについては、各項のオリエンテーションページの「ルート作りのポイント」を参考にしてほしい（「ルソン」→P.133、「ビサヤ諸島」→P.227、「ミンダナオ」→P.337、「パラワン」→P.355）。

✓ 安全をまず第一に考える

　フィリピンには、魅力あふれる島や村がたくさんある。時間があれば、ひとつでも多く回ってみたいと思うものだ。しかし、フィリピンでは船や飛行機といった島間移動の交通機関に遅延や欠航が多い。特に、雨季には激しいスコールと風で2日も3日も足を止められてしまうようなことも珍しくはない。

■ 陸路移動の注意点

　ルソン島北部などの山岳部を通る長距離バスは、山道が雨でぬかるみ、ときには乗客全員がバスを降りて車体を押したり、崖崩れで通れなくなることもあり、時間が大幅に遅れるばかりか、危険もともなっている。訪れる時期には十分に気を配り、そのつど、天候をチェックすることを忘れずに。余裕のあるスケジュール作りが大切となってくる。

■ 海路移動の注意点

　船での移動には十分に気をつけてほしい。本書では船旅についても紹介はしているが、かなり頻繁に転覆事故が起きているということを念頭においてほしい。近隣の島から島へ移動する高速船などはほとんど問題ないが、多くの荷物と人を積み込んだフェリーなどはかなりオーバー重量となっていて、その危険が高い。天候が変わりやすい地域などで、数時間～1日以上かかる船旅を選ぶのも、あまりいい選択とはいえないだろう。

■ そのほかの注意点

　ルート作りの際に、行きたい場所が決まったら、そのエリアの気候や治安状況についての最新情報を収集しよう。そして、そこへ行くにはどの方法が一番安全なのかをまず第一に考えることが大切だ。
　ミンダナオ島などでは、テロや誘拐などの事件が頻繁に起きている。そういうエリアでは、できるだけ陸路や海路での移動を避け、空路で移動する。そして空港のある都市を拠点に、安全な範囲で旅を楽しむのが賢明だ。詳細については、「旅のトラブルと対策」(→P.420)を参考にしてほしい。

自然災害状況

●台風

　フィリピンには、毎年台風が上陸し、おもにルソン地方、ビコール地域、ビサヤ地域などが被害を受けています。2013年11月には、上陸した台風としては観測史上最大級の猛烈な台風30号（フィリピン名：ヨランダ）が東部ビサヤ地方に上陸し、死者・行方不明者約8千人、負傷者約2万9千人を出すなど甚大な被害をもたらしました。また、ミンダナオ地域でも、2012年12月に直撃した台風24号、2017年12月に横断した台風27号により多数の死傷者を伴う大きな被害が出ています。
　台風シーズン(8月～12月頃)にフィリピンを訪問する場合には、日本やフィリピンの気象庁等関係当局から台風の進路を含む最新の情報を入手するよう努めてください。

●地震

　フィリピン国内の広い地域で比較的頻繁に発生しており、2013年10月にはビサヤ地方ボホール島を震源とするマグニチュード7.2の地震が発生し、死者・行方不明者230人、負傷者約1000人を出すなど大きな被害をもたらしました。

●火山活動

　2018年1月、ルソン島南部のマヨン山(→P.216)で火山活動が活発化し噴火したことから、当局は警戒レベル4(危険な噴火が差し迫った状態)に引き上げ、山頂から半径8kmの立ち入り禁止に加え、危険地域に居住する住民を退避させています(2019年11月現在、警戒レベル2)。そのほかの火山警報については、2019年11月現在、同じくルソン島南部のブルサン山(MAP P.212-B2)については警戒レベル1(差し迫った噴火の兆候なし)、ネグロス島のカンラオン山(MAP P.309-B1)については警戒レベル0が、それぞれ発令されています。
　最新の情報については下記のフィリピン地震火山研究所(PHIVOLCS)及びフィリピン国家災害リスク削減管理委員会(NDRRMC)ホームページをご参照ください。

●フィリピン地震火山研究所
URL www.phivolcs.dost.gov.ph
●フィリピン国家災害リスク削減管理委員会
URL www.ndrrmc.gov.ph

マニラを出発する長距離バス

旅の服装と道具

旅の道具を考えるときに、大きくふたつのポイントがある。まず旅行かばんを決めるとき、バックパックでもスーツケースでもそうだが、自分が考えているものよりひとまわり小さめのものを選ぶこと。そして荷造りをするときに、持っていこうかどうか迷った物は持たない決断をする。これで、ずいぶんと荷が軽くなるはずだ。国内線の移動が含まれている場合には、各航空会社によっても多少違うが、持ち込める荷物の重量が決められている。また、地域の人々も乗るようなバスやジプニーでの移動を考えている人は、軽々と自分で運べるくらいの重さの荷物でないと厳しいだろう。

成田空港で荷物を預ける
- **JALエービーシー**
  Free 0120-919-120
  URL www.jalabc.com
- **グリーンポート・エージェンシー（GPA）**
  TEL 0476-33-2234（第1ターミナル南1F到着エリア）
  TEL 0476-34-8535（第2ターミナル本館1F到着エリア）
  URL www.gpa-net.co.jp
- **成田国際空港振興協会**
  TEL (0476) 34-8533（第2ターミナル本館3F出発エリア）
  URL www.npf-airport.jp

荷物の重量に注意
各航空会社によって、受託手荷物（機内預け荷物）や機内持ち込み手荷物の重量に制限があるので気をつけよう。各社ホームページ（→P.396、404、405欄外）などで事前に確認をしておくこと。なお、同じ航空会社でも、国際線と国内線、また路線によっても重量制限が異なる場合もあるので注意するように。

✓ 服装

フィリピンは、1年を通して夏という場所だ。衣類に関していうなら、トレーナーか薄手のジャケットを余分に入れるぐらいで、あとはまったくかさばらないものばかりでいい。旅行中まめに洗濯をするように心がければ、朝洗って干せば昼には乾いてしまうので、枚数も少なくて済む。荷物は少なめで軽いにこしたことはない。ただし、レストランやバー、ディスコ、カジノでナイトライフを楽しみたいという人は、男性ならえり付きシャツに薄手のスラックス、女性なら薄手のワンピースくらいは持っていきたい。

✓ 空港で荷物を預ける

もし日本を冬に出発するときは、コート類は空港の一時預けが便利だ。会社により料金は多少異なるが、コート類なら1着あたり10日間まで1600円程度で預かってくれる。営業時間は、日本から、また日本へのフライトが飛んでいる7:00～22:00頃。また、コインロッカーも設置されている。

✓ 貴重品の持ち方

旅行者がよく訪れるマニラやセブなどを含め、治安状況は決してよいとはいえない。大金を人前で見せない、貴金属類を目立たせないなど、基本的な心得を守り、なるべくなら貴重品袋などを身につけたい。また、ホテルのセーフティボックスは、現金の紛失などについては責任を負わないので絶対に安心とはいえないが、これを利用するのもひとつの方法だ。

いずれにせよ、万一のことを考えて、紛失しても戻ってくることはない現金だけを持つようなことはせずに、再発行が可能なクレジットカードや国際キャッシュカードなどを併用することをおすすめする。

旅の荷造りチェックリスト

必需品／チェック欄					
パスポート	☐	YH会員証、国際学生証	☐	水着	☐	ビニール袋	☐
現金（日本円）	☐	石鹸	☐	長ズボン	☐	カメラ	☐
eチケット控え	☐	めがね、コンタクト、用品	☐	長袖シャツ、トレーナー	☐	フィルム、バッテリーチャージャー、メディア	☐
海外旅行保険証書	☐	タオル	☐	ビーチサンダル	☐	変換プラグ	☐
クレジットカード	☐	歯ブラシ、歯みがき粉	☐	帽子	☐	辞書	☐
国際キャッシュカード	☐	ティッシュ	☐	下着	☐	ガイドブック類	☐
トラベルプリペイドカード	☐	日焼け止め	☐	薬品類	☐	ボールペン、メモ帳	☐
顔写真（2枚以上）	☐	短パン	☐	サングラス	☐	虫よけスプレー、かゆみ止め	☐

旅の予算

　旅のスタイルによって、かかるお金はずいぶんと違ってくる。リゾートを楽しむ旅か、現地の人々との触れ合いを大切にする旅か。予算を立てる前に、まずこのスタイルを決めることだ。日本と比較して、円で換算すると、フィリピンの物価はとても安く感じられる。例えば、缶ジュース1本が日本では約120円であるのに対し、同じ物がフィリピンでは40円くらい。だからといって、何でも安易にお金を払っていては、どのスタイルをとるにしろ出費はかさんでしまう。下記を参考にして1日の予算を立てれば、全体にかかるおおよその費用がわかるはずだ。

✓ スタイル①：現地の人々と触れ合う

　ゲストハウスに泊まりながら、町の食堂などで食事をし、移動は地元の人々が使っている公共交通（ジプニーやバス）を利用する。フィリピンに暮らす人々の素顔に出会えるチャンスがいっぱいの旅だ。こういったスタイルは、予算もぐっと安くて済む。たいてい安宿は、ロッジLodgeやホステルHostel、ペンションPension、ゲストハウスGuest Houseなどという名称が名前に付いており、予約なしでも簡単に飛び込みで泊まることができる。もちろん、値段交渉は必要だ。ちなみにフィリピンでは、ドミトリーはあまり見られない。

　およその宿泊代が1泊700～2000円。食事代が1日400～1000円。移動のための交通費は、市内移動ならジプニーでいくら乗っても50円程度、バスで長距離を移動しても500～700円くらいと激安だ。1日当たり1650～3750円で過ごすことができる。もっと切り詰められる人であれば、1日1000円程度でもなんとかやっていけるだろう。

フィリピンの物価

　日本の物価と比べれば、フィリピンの物価はかなり安く感じるだろう。都市部では物価も上昇しているので、一概にはいえないが、下記はおよその目安。

屋台の串焼き1本	25円
タホ（甘い豆腐）	20円
野菜（タマネギ1玉）	30円
マンゴー1個	50円
炭酸飲料（小瓶）	40円
たばこ1本	8円
缶詰1缶	45～100円
飲料水（500ml）	40円
ビール1缶	60円～
コーヒー1杯	40～300円

✓ スタイル②：わずらわしさのない旅

　宿はリゾートホテルに泊まり、食事はレストランで。そして滞在中はいろいろなアクティビティを体験し、のんびりとした旅を楽しみたいと考えている人の場合、ホテルは1泊7000～2万円、レストランは1日2000～6000円。移動はガイド付きのツーリストカーで1日当たり7000円。1日の予算は1万6000～3万3000円というところ。

　これは、まさにリゾート滞在型スタイル。その快適さは、いうまでもない。当然、移動費がないぶん少しは安くなる。ただし、短期間でこのタイプの旅を考えている人は、パッケージ旅行のほうがいくぶん安くなる場合がほとんどだ。

地元の人が通う食堂は₱100もあれば満腹になる

✓ スタイル③：組み合わせで楽しむ旅

　ゲストハウスに泊まったり、ときには奮発してホテルで体を休めたり……と、いろんな雰囲気を楽しもうというスタイル。ときには現地の人々と触れ合い、ときには豪華なリゾートライフを楽しんだりと、変化に富んだおもしろい旅ができる。

　このスタイルなら、1日当たり1650～3万3000円と、宿泊費の違いによってかなりの開きが出てくるが、そのときの状況に応じてフレキシブルに動けるのが大きな利点だ。

おしゃれなレストランも増加中

フィリピンへの道

国際線が発着している空港は、おもに6つある。マニラとセブ、クラーク、カリボ、ダバオそしてイロイロだ。このうちイロイロは、シンガポールなどからのわずかな数のフライトが発着するのみ。実質的にはメインの玄関がマニラのニノイ・アキノ国際空港、第2の玄関がセブのマクタン・セブ国際空港と考えればいいだろう。このふたつの空港には、日本からの直行便も運航している。また、パンパンガ州クラークにあるクラーク国際空港は、ニノイ・アキノ国際空港に並ぶ主要空港として、ターミナルを拡大中。現在、シンガポール、韓国、香港などからのフライトが発着しているが、今後さらなる増便が期待されている（→P.158欄外）。

各航空会社の問い合わせ先
- **フィリピン航空**
  - TEL 0570-783-483
  - URL www.philippineairlines.com
- **日本航空**
  - TEL 0570-025-031
  - URL www.jal.co.jp
- **全日空**
  - TEL 0570-029-333
  - URL www.ana.co.jp
- **セブ・パシフィック**
  - TEL (03) 4578-1447
  - URL www.cebupacificair.com
- **ジェットスター**
  - TEL 0570-550-538
  - URL www.jetstar.com
- **大韓航空**
  - Free 0088-21-2001
  - URL www.koreanair.com
- **アシアナ航空**
  - TEL 0570-082-555
  - URL flyasiana.com
- **チャイナエアライン**
  - TEL (03) 6378-8855
  - URL www.china-airlines.com
- **エバー航空**
  - TEL (0570) 666-737
  - URL www.evaair.com
- **キャセイパシフィック航空**
  - Free 0120-46-3838
  - URL www.cathaypacific.com
- **マレーシア航空**
  - TEL (03) 4477-4938
  - URL www.malaysiaairlines.com

✓ 日本とフィリピンを結ぶ航空会社

フィリピンと日本は観光面、経済面での結びつきが深く、多くのフライトによって結ばれている。そのうち、マニラへの直行便はフィリピン航空（PR）と日本航空（JL）、全日空（NH）による運航。成田から日本航空は毎日2便、全日空は毎日1便。羽田から日本空港が毎日1便、全日空が毎日1便マニラへノンストップで飛んでいる。なお、フィリピン航空のスケジュールは以下のとおり。

- 成田→マニラ：毎日2便（所要約5時間20分）
- 羽田→マニラ：毎日2便（所要約5時間20分）
- 成田→セブ：毎日2便（所要約5時間30分）
- 関空→マニラ：毎日2便（所要約4時間30分）※台北経由便を含む
- 関空→セブ：毎日1便（所要時間4時間45分）
- 中部→マニラ：毎日1便（所要約4時間30分）
- 中部→セブ：週4便（所要時間4時間45分）
- 福岡→マニラ：毎日1便（所要約4時間）
- 札幌→マニラ：週3便（所要約5時間30分）

また、LCC（ローコストキャリア）も日本とフィリピンの間を行き来するようになった。セブ・パシフィック（5J）がマニラへ成田から毎日2便、関空から毎日1便、中部から毎日1便、福岡から毎日1便運航。セブとクラークへも成田からそれぞれ毎日1便運航している。ジェットスター・ジャパン（GK）は成田から毎日1便、関空から週3便、中部から週4便マニラへ運航している。ジェットスター・アジア（3K）は関空からマニラへ週5～7便、関空からクラークへ週3～4便運航。また、2019年にはフィリピン・エアアジアが日本線に初就航。関空からマニラへ毎日1便運航している。

✓ 第3国を経由して行く

以上のような日本～フィリピンの直行便利用のほかに、第3国で乗り継いで飛ぶ方法もある。人気なのが、ソウルで乗り継ぐ大韓航空（KE）とアシアナ航空（OZ）、台北で乗り継ぐチャイナエアライン（CI）とエバー航空（BR）、香港で乗り継ぐキャセイパシフィック航空（CX）、クアラルンプールで乗り継ぐマレーシア航空（MH）、エアアジア（D7）など。乗り継ぎがあるぶん時間はかかるが、日本からフィリピンへ直行便が運航していない都市

や、毎日便がない都市からは利用価値が大きい。ただし、スケジュールによっては、乗り継ぎ地で同日に次の便がなく、宿泊を要するケースも出てくるので、利用には注意が必要だ。だが、逆にフィリピンと経由国の旅を合わせて楽しむならメリットとなる。

航空券の種類と選び方

旅行者が購入できる航空券は、大きく分けて通常3種類。普通運賃のもの（いわゆるノーマル）、特別運賃（正規割引）のもの、そして俗に格安航空券と呼ばれるものだ。このうち、普通運賃の航空券は旅行者にはあまり一般的ではない。ほかのふたつに比べて格段に値段が高いためだ。通常は、残る特別運賃と格安航空券から、予算や旅のスタイル、目的によって選び出すことになる。ただし、安いからには制限やリスクはつきもの。それを理解し、納得のうえで購入しよう。

気になる格安航空券の値段

格安航空券は安いだけに、それなりのリスクがあることも承知しておこう。基本的なリスクとしては、たとえ予約した便が欠航になるなどのいかなる理由があっても、航空会社の変更は不可なこと。また、払い戻しも不可、ルートの変更もできない。しかし、オープンチケットなど航空券の種類によっては制限が緩和されることがあるので、購入時には必ず確認を。

格安航空券の値段は旅行会社によって違いがあり、一律ではないが、その差が2万円以上になることはほとんどありえない。それは格安航空券が、もっとほかの諸条件によって値段をコントロールされているからだ。その諸条件にはかなり細かい要素があるが、おもなものは、航空会社、シーズン、航空券の有効期間の3つである。

航空会社に関しては、簡単にいってしまえば人気の高さと利便性のよさが値段を決める。シーズンに関しては、旅行しやすい時期ほど値段が高くなる。有効期間は、短く、しかも帰路の予定の変更ができないなどの条件が多くつくものほど安くなる。

eチケットとは

eチケットとは、従来の紙の航空券を発券せずに、航空券の予約データを航空会社のコンピューターで管理するもの。利用者が携帯するのは、予約完了後にeメールや郵便で届くeチケット控えのみ。eチケット控えの再発行を希望する場合は各航空会社、または購入した旅行会社まで問い合わせを。

オーバーブッキングとは

航空会社がキャンセルを見込んで、実際の席数よりも多めに予約を受け付けてしまい、乗れない人ができてしまうことをいう。格安航空券は優先順位が低いため、このような場合は逆に優先的に置いてきぼりをくう。搭乗日にはできるだけ早く空港に行き、早めにチェックインをしてしまおう。

ウェブチェックインを活用しよう！

最近は事前にウェブでチェックインできる航空会社が増えてきた。これを活用すれば、当日空港ではチェックインカウンターに並ばずに手荷物カウンターへ荷物を預けるだけでOK。空港での面倒な手続きを簡素化することができる。詳細については、各航空会社のホームページ（→P.396欄外）で確認を。

日本からの直行便が多く、利便性が高いフィリピン航空

日本の出入国

　フィリピンへ旅立つ前に、まず自宅から空港へ行き、出国の手続きをしなくてはならない。移動の途中で何があるかわからないので、当日はできるかぎり時間に余裕をもって行動しよう。早朝出発の場合は、空港近くのホテルに泊まるのもいい。なお、成田国際空港には第1・第2・第3のターミナルがある。利用する航空会社によってターミナルが異なるので、事前に確認をしておくように。東京方面からの列車やバスは、第2・第3ターミナル→第1ターミナルの順に到着する。降り間違いのないように要注意を。ここでは簡単に空港へのアクセス方法と出入国の手順を説明しておこう。空港の施設やサービスなどについての詳細は、各空港のホームページを参照するように。

日本への輸入禁止品目

　下記のものについては関税法で日本への輸入（持ち込み）が禁止されている。詳細は税関ホームページを参照。
・麻薬類とその専用器具など
・けん銃などの銃器およびその部品など
・爆発物、火薬類など
・貨幣、紙幣などの偽造品
・わいせつな書籍やDVDなど
・偽ブランド商品
●税関
URL www.customs.go.jp

日本への持ち込み制限品目

　ワシントン条約に基づき、規制の対象になっている動植物およびその加工品（象牙、ワニや蛇などの皮革製品、猫科の動物の毛皮や敷物、ハム、ソーセージ、果物など）は、輸入許可証がなければ日本国内には持ち込めない。また、個人で使用する場合の医療品や医薬部外品、化粧品についても一定数量を超えるものについては厚生労働省の輸入手続きが必要となっている。
●経済産業省
URL www.meti.go.jp
●植物防疫所
URL www.maff.go.jp/pps
●厚生労働省
URL www.mhlw.go.jp

✓ 日本を出国

①出発空港に集合：遅くとも出発の2時間前には到着するように。
②搭乗手続き（チェックイン）：利用する航空会社のカウンターへ行き（カウンターは、ターミナルに入って正面のモニターで確認できる）、eチケットとパスポートを係員に手渡して、機内持ち込み以外の荷物を預ける。搭乗券とクレームタグ（荷物引換証）を受け取る。クレームタグはたいてい、搭乗券の裏に貼り付けてくれるが、現地空港で荷物が出てこないときはこれが証明となるので、大切に保管しておくこと。
③手荷物検査：ハイジャック防止のため金属探知機をくぐり、持ち込み手荷物のX線検査を受ける。この際、時計やベルトなどは外し、パソコンや携帯電話は手荷物から取り出して見えるようにバスケットに入れる。カッターやナイフ、はさみ類、折りたたみ傘などは機内へ持ち込めないので、機内預け荷物に入れること。なお、液体物の持ち込みが制限されているので注意するように（→下記コラム）。
④税関：日本から外国製の時計、カメラ、貴金属など高価な品物を持ち出す人は、「外国製品の持ち出し届」に品名、銘柄、個数などを記入し、係員に届ける必要がある。
⑤出国審査：パスポート、搭乗券を用意して係員に提出、出国のスタンプを押してもらう。
⑥搭乗：搭乗は通常出発の30分前から。それまでは食事をしたり、免税店でショッピングしたりできるが、案内された時刻に遅れないように早めにゲートの近くへ移動しておくこと。また、搭乗時間やゲートは直前になって変更されることもあるので、こまめにモニター画面でチェックをするように。

役立つコラム

機内への液体物持ち込み制限

　2007年3月より日本発の国際線への液体物の持ち込みが制限されている。持ち込む際のルールは①容量が1ℓ以下の透明なファスナー付きビニール袋に入れる②個々の容器の大きさは100mℓ以下（容器の大きさが100mℓを超えた場合は液体が一部しか入っていなくても持ち込み不可）③ひとり1袋のみ。なお、機内で必要な医薬品、ベビーミルク等は検査員に申告のうえ、別途持ち込み可。手荷物検査後、免税店で香水などの液体物を購入することはできるが、必ず購入場所で領収書と中身が見える透明の袋に封印してもらうように。

✓ 日本へ帰国

　飛行機を降りたらまず検疫を通過。体に不調がある人は検疫のオフィスへ行って相談をすること。次に入国審査のカウンターへ行き、パスポートを提示してスタンプを押してもらう。次にターンテーブル（ターンテーブルの番号は、入国審査のカウンターを通り過ぎたあたりにあるモニターで確認できる）へ進み、機内預けにしていた荷物を受け取る。免税範囲を超える物品がある場合は「携帯品・別送品申告書」に必要事項を記入し、税関カウンターで審査を受ける。

日本への持ち込み免税範囲
・酒類：3本（1本760mℓ程度）
・たばこ：紙巻きたばこ400本、葉巻たばこ50本、そのほかのたばこ250gのいずれか
・香水：2オンス（約56mℓ）

免税範囲を超えた場合の税金
・ウイスキー、ブランデー：800円/ℓ
・リキュール、焼酎など：400円/ℓ
・ワイン、ビールなど：200円/ℓ
・紙巻きたばこ：13円/本

空港へのアクセス

■成田国際空港へのおもなアクセス

※料金はICカードでの支払いではなく乗車券購入の場合

京成電鉄	●京成スカイライナー 京成上野駅から44分、日暮里駅から39分、2520円 ●京成電鉄アクセス特急 京成上野駅から1時間3分、1270円 ●京成電鉄特急　京成上野駅から1時間18分、1050円	＜連絡先＞ 京成お客様ダイヤル TEL (0570) 081-160 URL www.keisei.co.jp
JR	●特急成田エクスプレス 大宮駅から1時間50分、3910円 池袋駅から1時間30分、3250円 新宿駅から1時間20分、3250円 東京駅から1時間、3070円 大船駅から1時間50分、4700円 横浜駅から1時間30分、4370円	＜連絡先＞ JR東日本お問い合わせセンター TEL 050-2016-1600 URL www.jreast.co.jp/nex
リムジンバス	①新宿エリアから1時間25分～、3200円 ②東京駅・日本橋エリアから1時間～、3200円 ③羽田空港から1時間5分～、3200円 ④恵比寿・品川エリアから1時間45分～、3200円 ⑤東京ディズニーリゾートエリアから55分～、1900円 ⑥横浜シティエアターミナルから1時間25分～、3700円	＜連絡先＞ リムジンバス予約・案内センター TEL (03) 3665-7220 URL www.limousinebus.co.jp
京成バス	●東京シャトル 東京駅から1～2時間、1000円 ※深夜、早朝便は2000円	＜連絡先＞ 京成高速バス予約センター TEL 047-432-1891 URL www.keiseibus.co.jp

■関西国際空港へのおもなアクセス

JR	●関空特急はるか 新大阪駅から50分、2570円（自由席は2260円） 京都駅から1時間25分、3080円（自由席は2770円）	＜連絡先＞ JR西日本お客様センター Free 0570-00-2486
南海電鉄	●南海電鉄特急ラピート なんば駅から38分、1430円	＜連絡先＞ 南海テレホンセンター TEL (06) 6643-1005 URL www.nankai.co.jp
リムジンバス	①なんばから50分、1100円 ②京都から1時間25分、2600円 ③神戸から1時間5分、2000円 ④奈良から1時間25分、2100円 ⑤和歌山から40分、1200円 ⑥大阪国際（伊丹）空港から1時間10分、2000円	＜連絡先＞ 関西空港交通リムジンバス TEL (072) 461-1374 URL www.kate.co.jp

旅の準備と技術

日本の出入国

フィリピンの入出国

　日本から飛行機でフィリピンへ入る場合、マニラだとニノイ・アキノ国際空港（NAIA）に到着する。観光エリアのエルミタ&マラテ地区から約10km南、パサイ市とパラニャーケ市にまたがってある空港だ。また、セブ島の東側に位置するマクタン島のマクタン・セブ国際空港へも直行便が飛んでいる。ほかにも、セブパシフィックやジェットスター・アジアを利用して、関西からパンパンガ州クラークにあるクラーク国際空港に入ることも可能だ。ここでは、日本からの直行便が多いマニラとセブでの入国について、簡単に説明をしよう。

4つあるターミナルについて

　各航空会社によって発着するターミナルが変わってくる。
T1：T3に発着する国際線以外の国際線（一部フィリピン航空の国際線を含む）
T2：フィリピン航空の国際線と国内線
T3：一部のフィリピン航空の国内線、ANA、キャセイパシフィック、セブパシフィック、エミレーツ航空、KLMオランダ航空、シンガポール航空、ターキッシュエアラインズ、カタール航空、カンタス航空、ユナイテッド航空、フィリピン・エアアジアの国際線
T4：セブゴー、フィリピン・エアアジアの国内線、スカイジェット、エア・スウィフト

●ニノイ・アキノ国際空港
　ホームページで飛行機の発着状況などが調べられる。
URL www.manila-airport.net

ターミナル間の移動について
→P.405欄外

入国カード
　入国審査の際に、パスポートとともに提出を求められるカード。入国カードと税関申告書は機内で配られる（記入例→P.403）。

日本の空港で購入した免税品の持ち込みに注意！
　最近、日本の空港で購入した免税品の袋を持った旅行者がフィリピンの空港で職員に厳しくチェックされ、申告をせず免税範囲を超えているという理由で、追徴課税の支払いを要求されるケースが増えている。2019年11月現在、フィリピン入国時に持ち込める非消耗品の海外市価の合計額はひとりあたりUS $200（₱1万）まで（タバコ、アルコール類→P.10）。これを超える場合は税関に申告が必要（→P.403）。余計なトラブルを避けるために、高額な品は持ち込まないほうが無難。
※実際には頻繁に変更されるので渡航時に要確認。
URL www.iatatravelcentre.com/PH-Philippines-customs-currency-airport-tax-regulations-details.htm

✓ フィリピンへの入国

■マニラでの入国手続き

　航空会社によって到着ターミナルが異なる（→欄外）が、いずれも基本的に手続きは同じ。まず、飛行機を降りて空港ターミナルに入ったら、到着Arrivalあるいは入国Immigrationの表示に従って進むと入国審査Passport Controlのポイントがある。機内で渡された入国カードと税関申告書に必要事項を記入し、パスポートと一緒にカウンターで手渡す（→P.403「記入例」）。旅の目的や滞在日数など質問されることもあるが、ほとんどの場合は何も聞かれずにパスポートに入国スタンプを押してもらえる。これで、審査完了。

　次に手荷物が出てくるターンテーブルへと進み、自分の荷物をピックアップしたら、税関Customsへと向かう。免税範囲内であれば、「申告なしNothing to Declare」のランプがついているゲートを通過し、そのまま出口へと進む。到着ロビーを出ると、タクシー乗り場があるので、迎えがない人はそれに乗って市内へと向かう（→P.53「空港から市内へ」）。

■日本からマニラを経由して各都市へ移動する場合

　マニラに到着し、そのまま国内線で移動する人は、入国審査→ターンテーブルで荷物をピックアップ→税関→出口の順で進み、それぞれの出発ターミナルへ移動する。各ターミナル間を結ぶシャトルバスまたはタクシーを利用しよう。ちなみに、フィリピン航空の国際線からフィリピン航空の国内線に乗り継ぐ場合、無料バスが用意されている。続いて荷物検査→チェックイン→荷物検査の順で進み、搭乗ゲートへ向かおう。なお、日本でチェックインの際にマニラから各都市への搭乗券をもらっている場合は、再度チェックインの必要はないので、そのままゲートへ向かえばよい。

■セブでの入国手続き

　日本からセブへの直行便を利用した場合、マクタン島にあるマクタン・セブ国際空港に到着する。2018年に新ターミナル（T2）が開業し、こちらは国際線専用。旧ターミナル（T1）は国内線専用となっている。シンプルな構造なので分かりやすい。ターミナル間は無料シャトルバスが結んでいる。2019年10月現在、ターミナル1も改装工事が行われており、新たなみやげ物店やカフェなどがオープンし、より便利で快適になっている

✓ フィリピンからの出国

■マニラから

利用航空会社によって出国するターミナルが違う(→P.400欄外)ので事前にしっかり確認しておく必要がある。空港に着いたら、国際線出発エリアへ行き、各航空会社のチェックインカウンターで搭乗手続きをしよう。チェックインをしたら、出国Departureのサインに向かって進んでいくと出国審査のスポットがあるので、そこでパスポートと搭乗券を見せ、パスポートにスタンプを押してもらう。あとは手荷物検査を受け、搭乗ゲートに入るだけだ。免税店やカフェ、マッサージ店などもあるので、搭乗時刻までのんびりと過ごそう。ちなみにターミナル2はあまり免税店が充実していない。ターミナル3は最上階のレストラン街がより充実しているので便利。

■セブから

出国の手続きは、基本的にマニラと同じ。チェックイン後、出国審査を受けて、ゲートへと向かう。

深夜便の到着に要注意

最近、日本人旅行者が夜間にニノイ・アキノ国際空港に到着したあと、市内へ車で移動中に貴重品を奪われる事例が相次いで発生している。深夜便による入国はできるだけ避けるようにしたい。

円への再両替について

出国審査手前に銀行があるが、レートはあまりよくない。さらに、持ち出し可能な金額は₱5万までなので、それを超えると没収されてしまう。空港税分を残して使いきってしまうことが望ましい。

空港内での注意

以前よりは話は聞かれなくなったが、今でもときおり、空港職員や警備員によるワイロの要求がある。そのような場合は、断固として拒否すること。

ニノイ・アキノ国際空港周辺図
→P.53

セブの出国税

2019年9月1日よりセブの出国税₱850が航空券に含まれるようになっている。

新マニラ国際空港

2019年12月、新マニラ国際空港(仮)建設プロジェクトが着工した。場所はマニラ北部のブラカンのマニラ湾沿い(MAP P.134-A1)。2025年の開港を目指している。

2018年開業の新国際線ターミナル

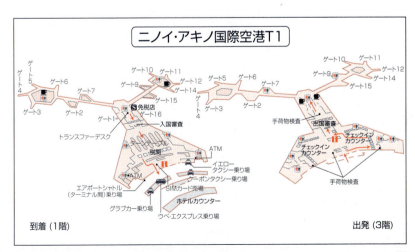

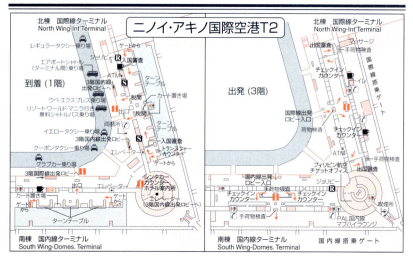
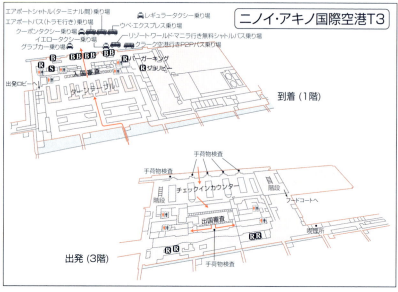
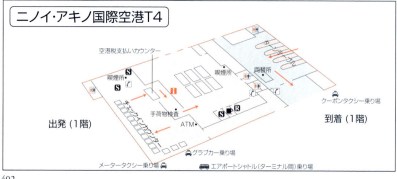

■ 入国カード記入例

REPUBLIC OF THE PHILIPPINES
BUREAU OF IMMIGRATION
ARRIVAL CARD
PLEASE WRITE LEGIBLY

PASSPORT/TRAVEL DOCUMENT NUMBER 旅券No./パスポート番号/パォオルム: **TR123456**

LAST NAME / 姓/姓字/: **CHIKYU**

FIRST NAME / 名字/ファーストネーム/: **TARO**

MIDDLE NAME / 中間名 ミドルネーム / ミドルネーム: **TARO**

DATE OF BIRTH / 生年月日 / NATIONALITY 国籍 / GENDER 性別: **12/5/1983** **JAPAN** ☑MALE ☐FEMALE

ADDRESS ABROAD / HOTEL: **DUSIT THANI MACTAN**

ADDRESS IN THE PHILIPPINES:

CONTACT NUMBER AND / OR EMAIL ADDRESS: **90-1234-5678 or abc@abcdef.com**

OCCUPATION / 職業: **DOCTOR** PERSONAL I.D. NUMBER /

FLIGHT/VOYAGE NUMBER: **PR777** PORT OF EXIT / : **NARITA** ACR I-CARD NUMBER /

PRIMARY PURPOSE OF TRAVEL / SIGNATURE / 署名 / 署名 /
地球太郎
DATE OF ARRIVAL / 到着日
12/21/2019

FOR OFFICIAL USE ONLY 公用欄/政府用/ಟ್ ** **CONTACT US**

■ 税関申告書記入例（表）

Welcome to the Philippines!

THE REPUBLIC OF THE PHILIPPINES
DEPARTMENT OF FINANCE
BUREAU OF CUSTOMS
CUSTOMS BAGGAGE DECLARATION FORM
BOC Form No. 117

Each arriving Traveler and Crew must fill-out a Customs Baggage Declaration Form. Only one (1) declaration is required per family. The term "family" refers to members of a family who are related by blood, marriage or adoption arriving on the same flight. Kindly declare all goods purchased or acquired abroad as prescribed by laws and regulations.

Personal Information

Surname 名字	**CHIKYU**	Gender 性別 **M**
First Name 名前	**TARO**	Birthdate 生年月日 **12-5-1983**
Middle Name ミドルネーム		Citizenship 国籍 **JAPAN**

Address in the Philippines フィリピンの滞在先: **DUSIT THANI MACTAN**

Travel Doc. No. パスポート番号: **TR123456** Place Issued パスポート発行国: **JAPAN** Date Issued パスポート発行日: **10-5-2019**

Date of Last Departure from the Philippines 前回のフィリピンからの出国日: **11-5-2019**

Country of Origin 出国国: **JAPAN** Date of Arrival 到着日: **12-21-2019**

Flight No. フライト番号: **PR777** Vessel Name/Voyage No. 船便名:

No. of Accompanying Members of the Family 同行家族の人数: ☐Adult ☐Minor Contact No. 電話番号: **90-1234-5678**

No. of Baggage 荷物の数: Checked-in チェックイン ☐ pcs. Hand-carried 持ち込み **1** pcs.

Type of Traveler 旅行者の分類

Filipino: フィリピン人 ☐ ☐OFW ☐Resident ☐Non-resident

☐On-Board Courier 添乗員 ☑Non-Filipino フィリピン人以外 ☐Diplomat 外交官 ☐Crew 乗務員

Purpose of Travel 旅行の目的

☐Business ビジネス ☑Vacation 休日 ☐Study 留学 ☐Others: その他

I HEREBY CERTIFY UNDER PAIN OF FALSIFICATION THAT THIS DECLARATION IS TRUE AND CORRECT TO THE BEST OF MY KNOWLEDGE

署名 **地球太郎**
SIGNATURE OVER PRINTED NAME
DATE ACCOMPLISHED: **12-21-2019**
日付 MM DD YYYY

■ 税関申告書記入例（裏）

General Declaration

Ⓞ Total amount of goods purchased and/or acquired abroad?
Philippine Peso **5000**

Are you bringing in any of the following?
以下のものを所持していますか？
(Please tick appropriate box)

	YES	NO
Ⓐ 1. Philippine Currency and/or any Philippine Monetary Instrument in excess of Php50,000.00 or more (i.e. Check, bank Draft, etc.); IF YES, please submit the original copy of prior authorization from the Bangko Sentral ng Pilipinas at the Bureau of Customs Arrival Area)	☐	☑
Ⓑ 2. Foreign Currency and/or Foreign Monetary Instrument in excess of USD10,000.00 or its equivalent; (IF YES, please fill-up the Foreign Currency and Other Foreign Exchange-Denominated Bearer Monetary Instruments Declaration Form at the Bureau of Customs Arrival Area)	☐	☑
Ⓒ 3. Alcohol and/or tobacco products;	☐	☑
Ⓓ 4. Weapons such as explosives, firearms, ammunitions, WMDs; (IF YES, please submit the Import permit/clearance from Firearms and Explosives Office, Philippine National Police)	☐	☑
Ⓔ 5. Gambling paraphernalia;	☐	☑
Ⓕ 6. Illicit drugs such as marijuana, opium, cocaine, heroin;	☐	☑
Ⓖ 7. Materials advocating or inciting treason, rebellion, insurrection, sedition against the Government of the Philippines;	☐	☑
Ⓗ 8. Abortion paraphernalia;	☐	☑
Ⓘ 9. Any gold manufactured in whole or in part of gold, silver or other precious metals or alloys and the stamp, brand or mark does not indicate the actual fineness or quality of the metals or alloys;	☐	☑
Ⓙ 10. Foodstuff(s), fruit(s), vegetable(s), live animal(s) and their by-product(s) (i.e. meat, eggs, etc), marine and aquatic product(s), plant(s) and/or their by-product(s); (IF YES, please submit the Import permit, clearance and/or phytosanitary certificate)	☐	☑
Ⓚ 11. Any adulterated or misbranded food or drugs;	☐	☑
Ⓛ 12. Counterfeit goods (i.e. bags, shoes, etc);	☐	☑
Ⓜ 13. Other goods not mentioned above; (IF YES, please accomplish the Declaration on the 3rd page)	☐	☑
Ⓝ 14. Goods in commercial quantity (IF YES, please accomplish the Customs Baggage Declaration Rider)	☐	☑

WARNING: Offenses that may result in the forfeiture of the goods and/or imposition of penalties and/or criminal prosecution of the offender:
1. Bringing in of PROHIBITED or RESTRICTED GOODS under Section 118 and 119 of the CMTA;
2. Bringing in of REGULATED GOODS in excess of the allowable limits without the necessary import permit under Section 117 of the CMTA;
3. Resistance and disobedience to a Customs Officer under Article 151 of the Revised Penal Code of the Philippines; and
4. Making any false or misleading statements to a Customs Officer.

I HEREBY CERTIFY UNDER PAIN OF FALSIFICATION THAT THIS DECLARATION IS TRUE AND CORRECT TO THE BEST OF MY KNOWLEDGE

署名 **地球太郎**
SIGNATURE OVER PRINTED NAME
DATE ACCOMPLISHED: **12-21-2019**
日付 MM DD YYYY

■ 税関申告書記入例（裏）

Important Information

- All persons and baggage are subject to search at any time. (Section 222 and 223 of CMTA).
- All goods when imported from any foreign country, including goods previously exported from the Philippines, shall be subject to duties and taxes (Section 104 of CMTA), except when specifically exempted as provided by law.
- All Travelers to the Philippines bringing in goods with FCA or FOB value of Ten Thousand Pesos (Php10,000.00) or below (Section 423 of CMTA), shall not pay duty and tax, except for alcohol and tobacco products which shall be subject to excise tax only.
- All Qualified Filipinos are entitled to a duty and tax-exemption for personal and household effects which may be sent or brought in: (a) up to three times (3x); and (b) must not exceed One Hundred Fifty Thousand Pesos (Php150,000.00) in a calendar year, provided, the goods are not in commercial quantities or intended for barter, sale or hire.
- Failure to declare any goods will subject the Traveler to payment of duties and taxes plus a surcharge of Thirty Percent (30%) based on the total landed cost of the goods (Section 1404 of CMTA).

For those with goods to declare, please fill-out the Declaration below:

DECLARATION

Description of Goods	Quantity	Value in Pesos

I HEREBY CERTIFY UNDER PAIN OF FALSIFICATION THAT THIS DECLARATION IS TRUE AND CORRECT TO THE BEST OF MY KNOWLEDGE

地球太郎
SIGNATURE OVER PRINTED NAME
DATE ACCOMPLISHED: **12-21-2019**
MM DD YYYY

For more information, visit us at www.customs.gov.ph
Thank you and Mabuhay!

Ⓐ ₱5万以上のフィリピンの通貨やフィリピンの通貨代替物 **Ⓑ** 1万あるいは同等価値の外国通貨や外国の通貨代替物 **Ⓒ** アルコール、タバコ製品 **Ⓓ** 爆発物、武器、弾薬、大量破壊兵器 **Ⓔ** ギャンブルに関わる器具 **Ⓕ** マリファナ（大麻）、アヘン、コカイン、ヘロインなどの違法薬物 **Ⓖ** フィリピン政府に対しての反逆、反乱、暴動などを主張、扇動するもの **Ⓗ** 妊娠中絶に関わる器具 **Ⓘ** 全体あるいは一部が金、銀、その他の貴金属で製造され、スタンプやブランド、マークなどによってその金属の品質の確かさが示されていない商品 **Ⓙ** 食品、果物、野菜、生きた動物あるいはその副産物（肉、卵など）、海洋水産物、植物あるいはその副産物 **Ⓚ** 不純物の入ったあるいは不正表示された食品や薬品 **Ⓛ** 偽ブランド品（バッグや靴など） **Ⓜ** 上記以外の品 **Ⓝ** 個人利用を超える量の品 **Ⓞ** 海外で手に入れた商品（免税品など）の総額

飛行機旅行入門

　大小7109もの島々からなるフィリピンで、バスや船で旅行するのは確かに安上がりだ。しかし、旅行期間が短い旅行者は、10～20時間も移動に費やすというわけにはいかない。そこで、飛行機を利用するということになる。フィリピンでは、国内20都市以上に空港があり、マニラとセブを起点に30分～2時間で各地に飛ぶことができる。庶民の足でもあるため、料金は比較的安く設定されている。フィリピン航空以外にも、数社がフィリピン国内を飛んでおり、料金はかなり安い。ただし、スケジュールや料金の変更は頻繁にあるので、必ず事前に確認を。

日本での問い合わせ先
→ P.396欄外

■ **フィリピン航空**
Philippine Airlines
TEL (02) 8855-8888 (予約)
URL www.philippineairlines.com
＜マニラ＞
パサイ市
MAP P.62-A2
住 PNB Financial Center Pres. Diosdado Macapagal Ave., CCP Complex, Pasay City
TEL (02) 8401-8547
営 8:30～19:00 (土 ～12:00)
休 日・祝
マラテ地区
MAP P.62-A1
住 Century Park Hotel 1F
TEL (02) 8523-1554
営 8:30～17:00
休 日・祝
＜セブ＞
住 Pre-Terminal Bldg. Mactan Cebu International Airport
TEL (032) 340-9780
営 4:00～21:30　休 なし

格安航空券を徹底比較！
　LCC (ロー・コスト・キャリア) の参入で、国内線運賃が時期によってはかなりお買い得になっている。同じルート、時間帯のものであれば、何社かを比べてから購入するといいだろう。ただし、格安航空券だけに手荷物預けや持ち込み荷物の制限なども各社によってそれぞれ。チケットを購入する前には必ず条件を確認するように。

各空港により異なる空港税
　飛行機を利用する場合、各空港で空港税Airport Terminal Feeを支払わなくてはならない (ほとんどの場合すでに航空券に含まれているため、支払い不要)。チェックインをして手荷物検査へと向かう途中にカウンターがあるので、そこで空港税を支払う。ペソまたはUSドルの使用が可能。

✓ 予約の方法

■ 各航空会社のオフィスで
　飛行機の予約は、旅行会社などを利用しない場合は各航空会社のオフィスで行う。地方の小さな町だと、オフィスは空港内にあることも多い。また、旅行会社がチケットオフィスを兼任していて、予約・発券を扱っている場合も多い。小さな町ではほとんど問題ないが、フィリピン航空の大きなオフィスだと、たくさんの人が順番待ちをしていて、整理券を発行していることがある。入口近くでもらえるので、自分の順番が来るまで椅子に座って待てばいい。1時間くらい待たされることもあるので、時間に余裕をもって出かけよう。
　チケットを買うためには、いつの便でどこへ行きたいかを告げるだけでよい。英語力に自信のない人は、便名などを紙に書いて渡すのもいいだろう。いつフライトがあるのかわからない場合は、時刻表Time Tableを見せてもらえばいい。時刻表には、曜日が数字で書かれていることがあるが、心配はいらない。1が月曜、2が火曜、……7が日曜といった具合に当てはめて読めばいい。予約が取れたら、その場でチケットを購入する。

■ オンライン予約を利用する
　最近は、フィリピン航空やセブ・パシフィックなど、どの航空会社もオンライン予約システムを導入しているので、それを利用するのもひとつの方法だ。さらにウェブ割引のある会社も多いので、安いチケットを見つけることもできる。

セブ・パシフィックのチェックインカウンター

各会社のホームページからオンライン予約ページに進み、出発日と出発・目的地、人数などを入力すれば、予約可能な便名が表示される。そのなかから便を選び、クレジットカード情報を入力すれば完了だ。搭乗当日には、予約確定ページを印刷したもの（eチケット控え）を忘れずに。

ちなみにセブ・パシフィックなどのLCCは預入手荷物の重量によっては追加料金がかかる。オーバーすると空港で追加料金を支払うことになるので、あらかじめよく確認しておこう。

■ そのほかの方法

ホテルのレセプションやコンシェルジュに依頼して、電話で予約してもらうことも可能だ。eメールで送られてくるeチケットをプリントアウトして手渡してくれる。

いずれの場合もチケットを受け取ったらその場で、自分の名前、フライト区間、フライトナンバー、搭乗日、出発時刻を必ず確認する。原則として、名前のスペルが1文字違っていても乗れないことになっているので要注意。空港までの行き方がわからなかったら、このときに聞いておこう。特に、マニラのニノイ・アキノ国際空港は、航空会社によってターミナルが違うので注意が必要だ（→欄外）。

●セブ・パシフィック／セブゴー
Cebu Pacific/Cebgo
TEL (02) 8702-0888（マニラ）
TEL (032) 230-8888（セブ）
URL www.cebupacificair.com
●フィリピン・エアアジア
Philippines AirAsia
URL www.airasia.com
●エア・スウィフト
Air Swift
TEL (02) 5318-5942
URL air-swift.com
●スカイジェット
Skyjet Airline
TEL (02) 8823-3366
URL www.flyskyjetair.com

国内線のターミナルについて
マニラから国内線を利用する場合、航空会社によってターミナルが違うので必ず、事前に確認をする。
●ニノイ・アキノ国際空港
T2：フィリピン航空
T3：一部のフィリピン航空、セブパシフィック
T4：フィリピン・エアアジア、スカイジェット、エア・スウィフト

ターミナル間の移動について
到着出口の目の前から、各ターミナルを巡回するシャトルバスに乗ることができる。運賃は₱20。フィリピン航空同士の乗り継ぎの場合、無料バスが用意されている。タクシー利用の場合は、利用ターミナルと交通状況にもよるが、₱80〜140。
●移動時間の目安
T2〜T1間：15〜40分
T3〜T2間：15〜45分
T3〜T1間：30〜60分
T3〜T4間：15〜40分
T2〜T4間：10〜30分
T1〜T4間：20〜50分

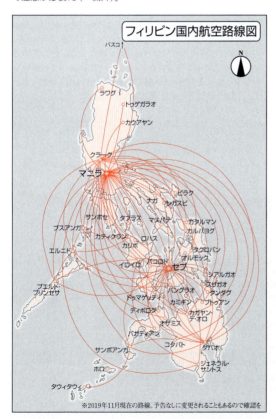

フィリピン国内航空路線図

※2019年11月現在の路線。予告なしに変更されることもあるので確認を。

予約が取れない場合は

国内線チケットをどうしても取りたい場合、いくつかの航空会社に当たってみるのもひとつの方法。というのも、同じ路線を2～3社が飛んでいることが多いからだ。各社のホームページで空席状況が確認できるので、まずはひととおり確認してみよう。また、少し遠回りにはなるが、まだ空席のある路線を組み合わせて、目的地へ行くということもできる。例えば、マニラからイロイロのチケットが取れなかった場合、マニラ→セブ→イロイロといった具合である。

最終日は帰国便搭乗地で

天候などの理由から、国内線が欠航したり、大幅に遅れたりすることもある。帰国前日は、できるかぎり国際線搭乗地(マニラまたはセブ)に宿泊するようにしたい。国内線から国際線へ乗り継いでの帰国は、できるだけ避けるように。

チェックインは早めに

特に人気の路線や小さな機材を使っている路線は、常にオーバーブッキングの傾向にある。できれば国際線と同様2時間前までには済ませておきたい。1時間前にはカウンターを閉めてしまう航空会社もある。

✓ 予約の変更と払い戻し

予約したフライトを変更、またはキャンセルすると、手数料を取られる場合もあるので注意が必要だ。変更の場合は、出発の前日の正午までに変更をしない場合は手数料が発生する。各航空会社によっても違いがあるので、購入前にひととおり約款を読んでおくといいだろう。

なお、国内線の場合、安いチケットもたくさん出ているので、路線やスケジュールによっては手数料を支払ってフライトを変更するよりも、新たにチケットを購入したほうが安い場合がある。慌てて変更する前に、確認をしてみるといい。

✓ もし予約が取れなかったら

フィリピンの国内線は、大きな飛行機を使っていないせいか、満席のことが多い。予約はできるだけ早く済ませておくにこしたことはない。しかし、不幸にも予約が取れないということもある。諦めて予定を変更するのもひとつの手段だが、キャンセル待ちに望みをかけるという方法もある。

国内線の空港には、必ずウエイティングのカウンターがある。カウンターで乗りたいフライトのナンバーを告げ、キャンセル待ちの番号をもらう。この番号は優先番号Priority Numberと呼ばれている。出発の15分前に番号の若い順に呼ばれる。このときには必ずカウンター近くにいるようにしよう。そうしないと、人だかりの混乱のうちに割り当てが終わってしまう。

ちなみに、出国の際、国内線の空港から搭乗し、マニラなどで国際線に乗り継ぐ場合、空港によっては、日本までスルーでチェックインができることがある。その場合、マニラでの荷物のピックアップは必要なく、とても便利だ。念のため、国内線のチェックイン時にカウンターで確認しておこう。

フィリピン国内を移動する際の注意点

ちょっとひと息コラム

下記は2019年11月現在、日本の外務省から出されている注意点である。

「庶民の足として親しまれているバスやジープニー、トライシクル等の多くは、運転が乱暴であったり、整備が十分でない、あるいは保険に加入していないなど、その安全水準は日本に比べて非常に低い状況にあります。また、車内で強盗やスリの被害に遭う事例も多発していますので、利用はおすすめしません。

また、7000以上の島々から構成されるフィリピンでは、船舶(フェリー、バンカー、ボートなど)が島々への移動の主要交通手段となっていますが、同じく十分な安全基準を満たしているとは言い難い例が多く、これまでたびたび、船舶同士の衝突事故や沈没、座礁事故等が発生しています。(2013年8月には、ビサヤ地方セブ州において乗客・乗員831人を乗せた大型フェリーが貨物船と衝突・沈没し、死者・行方不明者137人を出す事故が発生しています。乗客名簿が作成されないため、事故の際の安否確認作業が困難となる側面もあります。)特に、フィリピンの学校が夏期休暇となる4月から6月にかけては、多くの人が移動することから、定員以上の乗客を乗せた船舶が運行する例もあり、その利用はおすすめしません。」

バス旅行入門

鉄道が発達していないフィリピンで、陸上交通の最も便利な移動手段といえばバスだ。フィリピン全土を網羅していて、どんな小さな村へでもバスを乗り継いで行ける。もちろん船を使わないと行けない所もあるが、なんとマニラからミンダナオ島南部のダバオまでダイレクトで走るバスもあるから驚きだ。乗るバス、地域によって大きく客層が変わるのが、フィリピンのバスの特徴ともいえる。エアコン付きのバスでは、フィリピンでも比較的裕福な人々の顔を見ることができるし、ローカルのバスに乗れば、まさに生活の匂いに包まれながらの移動ができる。

☑ バスの種類

フィリピンには大手のバス会社をはじめ、無数の小規模のバス会社がある。フィルトランコ Philtranco やビクトリー・ライナー Victory Liner といった大手の会社では、エアコン付きの大型バスを導入して、質の高さと広いネットワークを売り物にしている。これに対して中小のバス会社では、小回りの利くミニバスを使って、大手の会社にはない路線を開発し乗降地を多く設けるなどの対抗策をとっている。バスの種類もバス会社によって異なり、大型のエアコンバスから中古のポンコツバス、さらに小型トラックの荷台を改造したミニバスなどさまざま。チケットの購入方法、乗り場なども少しずつ異なるので、現地のバスターミナルで確認を。

■ エクスプレスバス

マニラとルソン島の主要都市間を走る大型のバス。観光用の性格が強く、長距離区間を走るものが多い。ルートや本数はかぎられている。ほとんどのバスがエアコン付きで、全席指定でノンストップ便が多いのが特徴。ただし、休憩のための停車はある。

乗り心地はさすがに快適だ。座席が指定されているため、落ち着いて座っていられる。乗客の顔ぶれもよく、女性のひとり旅でも比較的安心して利用できる。Wi-Fi のサービスもある。

料金は路線バスに比べると20％ほど高め。また、夜行バスの場合、エアコンが効き過ぎて風邪をひく場合がある。袖の長いシャツや体を覆うことができる布やシーツを用意しておくと安心だ。

> **旅行者に安心のエクスプレスバス**
>
> 乗客に地元住民が多い路線バスに比べ、エクスプレスバスは観光客用の要素が強いことから、旅行者にとっては安心して乗れる。乗り場もきちんとした待合室などがあることが多く、出発時刻もわりと正確だ。ルソン島北部へ行くビクトリー・ライナーやジェネシス・トランスポート、パルタス、バナウェやバギオ行きのオハヤミ・トランス、ルソン島南部やミンダナオ島方面へ行くフィルトランコ、バタンガス方面へ行くアルプス・ザ・バスなどは、ホームページもしっかりしているので、事前にスケジュールも組みやすい。各会社の詳細は→P.409欄外。

レガスピのバスターミナル

乗り心地のよいエクスプレスバス

交通機関利用の際に注意を
公共交通は料金も安く、さらに地元の人たちとも触れ合える旅の楽しみのひとつだが、どんなときでも決して警戒を怠ってはならない。2019年11月現在、日本の外務省から注意が出されているので、出発前に一度目を通しておこう（→P.406 コラム）。

テロ情報の確認を！
フィリピン治安当局とモロ・イスラム解放戦線（MILF）との間で長年にわたり戦闘が続いていたミンダナオ島では、近年まで、路線バスを狙った爆弾爆発事件が相次いだ。2018年にバンサモロ基本法が成立したもののいまだその危険は拭いきれない。テロ事件に巻き込まれないためにも、事前に外務省の海外安全ホームページや現地の在外公館で最新情報を入手すること。
●外務省海外安全ホームページ
URL www.anzen.mofa.go.jp

在フィリピン日本国大使館＆領事事務所
→P.421 欄外

バス会社の多く集まる
マニラのパサイ市

■ 路線バス
住民の日常の移動手段として用いられているバス。中距離（2～3時間）を得意とするが、なかには長距離（4時間以上）区間を走るものもある。

バスの種類は、エクスプレスバスと変わらない大型のものから、中古のトラックを改造したものまでいろいろあり、エアコンなしが普通。エクスプレスバスとの大きな違いは、各ターミナルで乗り降りが可能なため、停車する回数が多いこと。ターミナルではない場所でも、停まってくれる場合が多い。

マニラ近郊の路線バスは乗り心地もよいが、地方の路線バスはいつも混み合っていて、座席もクッションなしが当たり前だ。さらに常に人が乗り降りしているので、あまり落ち着いて乗っていることはできないと考えたほうがいいだろう。

■ ミニバス、ジプニー
比較的短い路線を走っているのがミニバス。小型トラックの荷台を改造したものが多く、定員は10～15人。しかし定員制ではないので、たいていは乗り込むのが大変なほど混んでいる。地方ではジプニーがミニバスと同様に使われていて、庶民の足として大活躍。エクスプレス便はほとんどなく、合図をすれば停まるジプニースタイルが一般的。荷物が多いときは屋根に載せる。運賃は、ドライバーに聞けばすぐに決まった額を教えてくれる。距離によってさまざまだが、だいたい₱10～50くらいになる。できるかぎり、運転手の横の助手席に乗るといい。うっかり寝てしまっても、先に行き先さえ告げておけば起こしてくれるし、スリなどに遭うこともないだろう。

☑ バス乗り場の見つけ方

マニラでは、バス会社ごとにバスターミナルが分かれている。さらに同じバス会社でも行き先によっても異なっていたりするので、かなり紛らわしい。地方の都市でも、バスターミナルが1ヵ所とはかぎらず、行き先別に、2、3ヵ所のバスターミナルに分かれていることもある。都市から周辺の町や村へ向かうミニバスも同じだ。小さな町では、バスターミナルがないところも多く、たいてい乗り場は人が集まるマーケットの近くにある。

■ マニラのバス乗り場について
中・長距離バスのターミナルは、おもにパサイ市にある高架鉄道Line1のエドゥサ駅またはLine3のタフト・アベニュー駅付近（→**MAP** P.62-B2）とケソン市で高架鉄道Line2と3が交差するクバオ駅付近（→**MAP** P.65上）の2ヵ所に集中している。

ビクトリー・ライナーやフィルトランコなどの大手会社は、各社の建物があり見つけやすいが、小さなバス会社などは看板のないところも多く、旅行者にとってはかなり探しづらい。数社のターミナルが同じ場所にあることも多い。停車しているバスに行き先が書いてあることもあるが、自分ひとりではなかなか探せないようなときは、近くにいるスタッフに聞いてみよう。

✓ チケットの購入方法

■ オンライン予約が可能に！

　これまでは予約のために各ターミナルのチケットカウンターに出向くしかなかったフィリピンのバスだが、近年バスのオンライン予約サービスを行う会社が登場し、便利になりつつある。最も知られているのはピノイ・トラベルPinoy Travel。2013年にサービスを開始した際は数社の便の予約ができるだけだったが、2019年10月現在は、計17社のバス会社の一部の便が予約できるだけでなく、フェリーやホテルの予約まで可能になっている。こちらで網羅されていない便やバス会社に関しては、直接ターミナルに出向いて予約をするしかない。

　ターミナルでは、黒板やボードに書かれた時刻表が待合室やチケット売り場の近くなどに置かれている。時刻表がないときは、近くにいる車掌に聞いてみよう。乗りたいバスが決まったら、予約（Advance）のカウンターへ行く。窓口で、行き先、日時、人数を伝える。あとは言われた料金を払って乗車券と予約券をもらえば、それでおしまいだ。ただし、自分のチケットが希望どおりのものか（行き先、日時はもちろんのこと、エアコンの有無、エクスプレスかどうかなどについても）確認しておこう。その際、発車時刻と出発場所はどこかを聞くのも忘れずに。

■ 車内で買う方法

　たいていのバスは、当日に予約なしで乗れる（特に庶民の足としての性格が強い路線バスは、予約自体扱っていないことも多い）。もちろん多少は待つ覚悟は必要。

マニラのバスチケット売り場

　バスに乗り込んでしばらくすると、「どこまで行くの？」と車掌が聞いて回り始める。ここで行き先を告げ、料金分の乗車券を受け取る。この乗車券は途中何回もチェックされるので、なくさないように。料金は車掌があとで集めに来るので、そのときに渡せばOKだ。

✓ バスを利用する際のノウハウ

■ バスに乗るなら朝がおすすめ！

　フィリピンのバスは、夜明け前の4:00頃から動き始める。これは、日中の暑さと道路の混雑を避けるため。高いお金を出してエアコンバスに乗るより、早起きして路線バスに乗ったほうがはるかに早くて快適といえるかもしれない。都市部では、24時間運行している路線もある。

　地方では、午前中にしかバスが出ない町も多いので注意が必要だ。これは、18:00を過ぎると乗り継ぎの便がほとんどないためだ。1日に1本しか便がないような地域では、その出発時刻は早朝の4:00とか5:00といった朝早い時間がほとんど。早く目的地に着いて、ゆっくりホテルを探すためにも早起きしてバスに乗ろう。

バス予約サイト

● ピノイ・トラベル
　Pinoy Travel
　URL www.pinoytravel.com.ph

マニラ発のおもなバス会社

● ビクトリー・ライナー
　Victory Liner
　TEL (02) 8833-5019（パサイ）
　URL www.victoryliner.com

● ジェネシス・トランスポート
　Genesis Transport
　TEL (02) 8709-0544（クバオ）
　URL www.genesistransport.ph

● パルタス
　Partas
　TEL (02) 8724-9820（クバオ）

● オハヤミ・トランス
　Ohayami Trans
　TEL 0927-649-3055（携帯）
　URL ohayamitrans.com

● フィルトランコ
　Philtranco
　TEL 0917-860-4418（携帯）
　URL www.philtranco.net

● アルプス・ザ・バス
　Alps the Bus（ALPS）
　TEL 0923-716-0472（クバオ）
　URL www.alpsthebus.com

木のボードに紙を
張り付けただけの時刻表も

小腹がすいたら

バスで旅をしていると、停車するたびにどんどん売り子が乗ってくる。ゆでたトウモロコシにバナナ、アイスキャンディ、チチャロンという豚の皮を揚げたスナック、ウズラのゆで卵、米粉とココナッツでできたケーキのプト、煎ったピーナッツ、キャッサバケーキやココナッツパイなど、実にさまざまなものがバスの車内で販売される。特に食事時やおやつ時など、ちょうどおなかがすく時間は売り子にとって稼ぎ時。車内に入りきれない売り子が車窓に向かって売り物が見えるように手に掲げている。

休憩時間には食堂にも
立ち寄る

エアコンの効き過ぎに注意

大型の長距離バスは、エアコン付きの場合が多い。特に夜行バスの場合は、エアコンの効き過ぎで風邪をひく場合もあるので十分に注意を。長袖のシャツや体を覆うことのできる薄手のブランケットなどを用意しておくといいだろう。

そのほかのバス会社

マニラから、ミンドロ島東部（カラパン）、パナイ島（イロイロ）、ボラカイ島方面（カティクラン）へは、セレス・ライナー（→MAP P.62-B2）が毎日数便運行。

ドゥマゲッティのセレス・
ライナーのバスターミナル

■ 旅程は時間の余裕をもって

地方の町を結ぶミニバスやジプニーは、ほとんどの場合不定期に出発するが、その際、車内が満席になるまで待たされることもある。運悪く、前のジプニーが出発したあとに行くと、1時間以上待つことになる場合もあるので要注意。

■ 荷物はどうするの？

荷物の大きさ、中に入っているもの、乗るバスの種類によってそれぞれ方法が異なる。大型のバスなら、たいていの荷物は座席の下か足元に置けるので問題はない。そこに収まらない大きな荷物のときは、外側に設けられている収納スペースに入れてもらおう。もちろん貴重品や破損しやすいものは自分で保管すること。なお、休憩時に乗り降りする際の貴重品の管理はもちろんだが、乗車中のバスの車内でも、自分の荷物から目を離さず、ひざの上にバッグを載せるなどの十分な注意が必要だ。

中型のバスやジプニーの場合、バックパックを車内に持ち込むのはちょっとひんしゅくをかう。そこで、荷物は屋根に載せてしまう。地方ならあまり盗難の心配はないが、道が悪いと落っこちてしまうので、しっかりと結んでくれたかどうかを確認しよう。

■ 休憩時間に食事は取れる

長距離を走る路線バスは、休憩のため約2時間（バスによっては3～4時間）ごとにバスターミナルや休憩所に停車する。これはエクスプレスバスも同様。食事時になればきちんと30分ほどの休憩があるし、それ以外にも15分ほどのトイレタイムを兼ねたリフレッシュする時間が用意されている。ターミナルには軽食が取れる屋台があり、飲み物も手に入る。ただし、長距離バスの休憩は、いつ停まるのかがはっきりわからない場合も多い。特に初めて乗る人にはわかりづらいので、水分の取り過ぎには注意しよう。トイレがあるような所はかぎられているのだ。

休憩時間が終わると何の合図もなく出発してしまうので、乗り遅れないようにしよう。特に大きなターミナルでは、よく似たバスがずらりと並んでいるので、下手をすると自分のバスがどれだったかわからなくなってしまう。必ずフロントガラスに書かれた表示やバスのナンバープレートを確認しておくこと。バスを降りるとき、車掌に何分くらい停車するのかも聞いておこう。また、バスごとフェリーに乗り込むような場合、自分のバスの動きとフェリーの出発時刻については十分確認をとること。フェリーターミナルでは、出航予告の放送などがないこともあり、最悪の場合、バスとフェリーだけが先に海を越えて行ってしまう場合もある。さらに、バス乗車の際は、貴重品の管理だけは忘れずに！

時間がない場合は、売店でも
食べ物が買える

船旅入門

なぜ旅人は、船を選ぶのか？　確かに飛行機を使ったほうがはるかに速い。料金だって、驚くほど船のほうが安いわけでもない。しかし、それでもバックパッカーの間では、船のほうに断然人気が集まる。理由は簡単だ。長くかかる所要時間も、船上で過ごす楽しい時間は長いほうがいいに決まっているからだ。船旅は、それほど格別に楽しいものだ。フィリピンの人々と長い間時間を共有しながら、ともに食事をし、場所を分け合って寝る経験はなかなかできるものではない。パッケージツアーでは味わえない自由旅行ならではの船の楽しみが、船旅にはあるのだ。

✓ 船の種類

フィリピンには、島巡りを楽しむバンカーボート（→P.414欄外）から何日もかけて長距離を移動する大型客船まで、さまざまなタイプの船がある。ここでは移動手段として利用される高速船と船旅自体を楽しむ人が多い大型客船のふたつを紹介しよう。

■ 高速船

短距離を結ぶ高速船は、おもにセブ・シティを中心としたビサヤ諸島で利用することができる。スーパーキャットSuperCat、オーシャン・ジェットOcean Jetなど複数の中型フェリーが同じ路線を運航していることもあり、運賃・所要時間ともにほぼ同じ。出航時刻の都合のよいものを選べばいい。最近では、モダンでスピーディな船を運航する会社が増えていて、どの区間もどんどん所要時間が縮まってきている。

船内のスタイルは、飛行機の機内とよく似ている。座席が縦横に並び、前方には映画を放映するモニター。飲み物やカップ麺を売る売店もあり、船会社によってはキャビンアテンダントが乗客一人ひとりに注文を取りに来たりする。おもな運航路線は、セブ・シティ～オルモック／タグビララン／イロイロ／スリガオ間や、ドゥマゲッティ～タグビララン間。詳細はそれぞれの町のガイドを参照してほしい。

■ 大型客船の船室タイプ

マニラ～セブ／イロイロ／プエルト・プリンセサ／ドゥマゲッティなど長距離を結ぶ船会社は、スーパーフェリーSuperFerryをはじめいくつかある。

客船は日本の中古船であることが多く、もとは宴会場として使われていたと思われる場所が、フィリピンらしくディスコに改装されている場合もある。もちろんすべての船にあるわけではないが、なんともフィリピンらしい光景だ。食堂は、夜も更けた頃からカラオケ場になることもしばしば。だが、歌って踊っているだけがフィリピン人ではない。食堂では、なんと毎日欠かさず礼拝も行われているのだ。客船での船旅は、フィリピンの素顔に触れる機会となることだろう。

これら大型客船の船室タイプを運賃の高い順に大まかに分類すると、一般的に次の5つに分けられる。快適さなど、タイプによってかなり異なるので、違いを把握してチケットを購入しよう。

マニラ～セブ間のフライトとフェリー運賃の比較

マニラ～セブ間は、セブ・パシフィックの飛行機を使うと、所要約1時間15分で片道運賃が₱1300程度から。一方、2GOトラベルの大型客船を使った場合は、所要約22時間、片道運賃の目安は、3食付きで税込みスーパーバリュー₱1054、ツーリスト₱1238、キャビン₱1724といったところ。

セブを出航する高速船

沈没事故に注意

フィリピン人の大切な交通手段のひとつであるフェリーだが、毎年のように沈没事故があとを絶たない。船の老朽化に加え、荷物の積み過ぎが大きな原因で、無理な航行をすることもしばしばある。最近では2015年7月に、レイテ島のオルモックを出港して間もなく、中型フェリーが強風のため沈没した。乗客・乗員187人乗りで、死者・行方不明者53人の被害が出た。また2013年8月には、セブ島沖で、乗客・乗員831人を乗せた大型フェリーが貨物船と衝突・沈没し、死者・行方不明者137人を出す惨事が発生している。近距離といえども、フィリピンの航路は危険もともなっている。利用する予定のある人は、念のため掛けている旅行保険などを確認しておこう。

おもな船会社

●トゥー・ゴー・トラベル
2GO Travel
マニラ〜バコロド／セブ／サンボア
ンガ／カガヤン・デ・オロなど
TEL (02) 8528-7000（マニラ）
URL travel.2go.com.ph
※2012年、スーパーフェリー、スー
パーキャット、セブ・フェリー
ズ、ネグロス・ナビゲーションが
統合されひとつの会社になった。
ただし路線により従来の名称で呼
ばれていることも多い。

●オーシャン・ジェット
Ocean Jet
セブ〜タグビララン／オルモッ
ク、バコロド〜イロイロなど
TEL (032) 255-7560（セブ）
URL www.oceanjet.net

●コカリオン・シッピング・
**　ラインズ**
Cokaliong Shipping Lines
セブ〜ドゥマゲッティ／スリガオ
／イロイロ／カガヤン・デ・オロな
ど
TEL (032) 232-7211（セブ）
URL www.cokaliongshipping.com

●モンテネグロ・シッピング・
**　ラインズ**
Montenegro Shipping Lines
アブラ〜バタンガス、ルセナ〜マ
リンドゥケ島など
TEL (043) 723-8989（予約）
URL www.montenegrolines.com.
ph

●ウィーサム・エクスプレス
Weesam Express
セブ〜トゥビゴン、バコロド〜イロ
イロなど
TEL (032) 231-7737
URL www.weesam.ph

❶ スイート

スイートのなかでも、ノーマルスイートとさらに上のロイヤ
ルスイートなどに分かれているのが一般的。いずれも高級ホテ
ルのツインルームのような豪華な造りだ。エアコン、トイレ、
シャワーはもちろん、テレビや電話、バルコニーやテラスが付
いていることも多く、また食事などはスイート客専用のレスト
ランやバーを完備している。航海中は、憧れの豪華客船に乗っ
ている気分に浸ることができる。

❷ キャビン

スイートの次に高価なクラス。2〜6人ほどの定員（相部屋）
で、船（路線）によってシャワー、トイレが部屋に付いている場
合と共同利用の場合とがある。エアコンは標準装備。食事はツ
ーリストやエコノミーに比べて断然豪華だ。ベッドもゆったり
としていて、寝心地もよい。

客層は、スイート同様上品なフィリピン人が主流。スイート
の場合、見知らぬ人と相部屋になるということはないが、キャ
ビンであれば彼らと同じ空間をともにすることが可能だ。フィ
リピンの人々と仲よくなる絶好のチャンスでもある。もちろん
ツーリストクラスでもこういった交流は可能だが、個室で長い
時間を過ごすことで、より仲良くなれるかもしれない。

❸ ビジネスクラス

7人部屋、14人部屋などの大部屋だが、清潔なので快適に
過ごせる。食事もキャビン客同様のレストランでほぼ同じメニ
ューだ。ただし、このクラス以下はすべてトイレ、シャワー共
同となる。料金的にツーリストクラスと大差はない。

❹ ツーリストクラス

船により若干の差はあるが、エアコン付きの部屋に2段ベッ
ドをふたつ並べた定員4人のタイプが一般的。さながら安宿の
ドミトリーといった雰囲気で、トイレ、シャワーは共同利用と
なる。食事はビジネスクラスのメニューと大差はない。

ツーリストクラスと称されているが、これを利用して相部屋
になるのはもっぱらフィリピン人である確率が高い。出会いは
十分望めるし、清潔感、安全性、料金的にみても、最低このク
ラスにとどめておくのが無難かもしれない。

❺ エコノミークラス

売り出されるチケットの90％を占める、最も庶民的なクラ
ス。船によってはエコノミーのなかでもオーディナリー（並）と
デラックスの区分があり、デラックスは船底甲板の大部屋に簡
易ベッドがずらりと並んでいる。

一方、オーディナリーはオープンデッキで、やはり簡易ベッ
ドが並んでいる場合が多い。ただ、まれに甲板に持参のタオル
ケットなどを敷いて、寝場所を陣取らなければならないことも
ある。トイレ、シャワーはもちろん共同で、食事は2等食堂とな
る。豪華なメニューは望めないが、ご飯と一緒に食べる魚を中
心とした質素なおかずが意外においしい。

✓ チケットの購入方法

■ チケットオフィスに足を運ぶ

　船のチケットを予約するならば、まずは船会社のチケットオフィスへ行こう。もちろん、インターネットのウェブサイトから予約できる船会社もある。しかし、すべての船会社がそうではないし、見ているサイトが最新のものとは限らない。また電話も、マニラのような大都会であっても通話回線の状態がよいとはいえないし、言葉の行き違いも多い。

　チケットオフィスは、港や市内に必ずある。船が遅れ、スケジュールが変更される場合も多いので、面倒がらずに足を運んだほうが賢明だ。

　チケットオフィスには、時刻表や値段が書かれたボードが置かれている。これを見ながら自分の乗りたい船を見つければいい。英字新聞にも船のスケジュールが載っているので、船会社を選ぶ際の手助けにしてほしい。

スケジュールは壁などに
張ってある場合がほとんど

■ 予約がなくても当日券で乗れる

　短距離を結ぶ高速船は、その場でチケットを買えばいいので予約の心配はほとんどいらない。大型客船でも、エコノミークラスが売れ切れるということは、まずない。ただし、エコノミーがオーディナリーとデラックスに分かれている場合、簡易ベッドを確実に確保したければ、前日に予約を入れておいたほうが無難だろう。特に学校の長期休暇やクリスマスなどのイベント時には需要が増えるので早めに予約をしておいたほうがいい。陣取りも早い者勝ちとなるので、出航の3時間前には港に着いていたい。

　一方、スイートやキャビンに関しては、定員にかぎりがある。満室になることはまれだが、やはり何日か前に確実に予約を入れておきたい。なお、飛行機などと同様、港には出航の2時間前に到着し、チェックインをする規則になっている。港までの交通渋滞にはくれぐれも注意をしてほしい。

港のチケットオフィス

✓ 船の乗り場

■ マニラの船乗り場について

　マニラからの大型客船が発着するのは、イントラムロスの北西、北港地区 North Port District の埠頭群。船会社によって埠頭の番号が違ううえ、予告なしに変更されることもあるので、必ずチケット購入時に確認をするように。さらに、乗船当日も船乗り場に着いたら、再度確認しておきたい。なお、北港地区はスラム街トンド地区の一部だが、アクセスにタクシーを使えば特に問題はない。ただし、旅行客がむやみにスラム街に立ち入るのは、身の危険にもつながるので、徒歩やジプニーでの移動は絶対に避けるように。

■ そのほかのエリアの船乗り場について

　地方の船乗り場は、たいがい埠頭にある。チケット売り場もすぐ脇にあることが多い。

乗り場には売店もある
(セブの埠頭)

島と島の間の交通

群島国家であるフィリピンでは、船は庶民の日常の交通手段。下記の航路図の航路以外にも、数多くの小型ボートが島と島を結ぶ。地元の人に聞いてみれば、別の島へ渡る身近なボート乗り場を教えてくれる。ただ、小型のボートは、老朽化が激しいものも多く、波が高いときなどは危険な場合もあるので注意を。

船で移動する際の注意点

2019年11月現在、日本の外務省からは危険情報が発出されている。船で島間を移動する際にはその安全性に十分に考慮するように。(コラム→P.406)

島巡りやダイビングで活躍のバンカーボート

バンカーボートとは、船の両側にアウトリガーと呼ばれる竹製の浮きがあるボートのこと。フィリピンでは島の人たちの移動手段、釣りなどにもよく使われているもので、旅行者でもアイランドホッピングやダイビング、スノーケリングツアーで乗る機会がある。速度は非常にゆったりだが、フィリピンらしさを味わえる船である。

アイランドホッピングなどで活躍するバンカーボート

✓ 船に乗ってからの注意

■ 毛布などの寝具を確保する

大型客船に乗った場合、スイートやキャビンならば問題ないが、それ以外のクラスには毛布やシーツが用意されていないことが多い。船員に申し出れば有料または身分証明書と引き換えに貸してくれるが、場所確保に専念している間になくなってしまうことも。毛布、シーツ、枕はなるべく早めに手に入れておこう。

■ 貴重品は身につける

言うまでもないが、船内ではどのクラスであっても、貴重品は必ず身につけておこう。トイレなどに行く際なども、要注意。

■ 夜食を準備していく

チケットに食費が含まれている場合、決められた時間に食堂で大きなテーブルを囲み、交代制で食事を取ることもある。しかし、食べそびれたときや、もちろん間食までは面倒をみてくれない。このため、船には軽食堂やキャンティーンと呼ばれる売店がある。ただ、夜は比較的早く閉まってしまうので、昼間のうちに何か買っておこう。売店では石鹸やシャンプー、ティッシュなども販売している。

短距離路線を結ぶ船

フィリピン航路図

通貨と両替

　海外へ行けば、その国の通貨を利用しなくてはならないのは当然のこと。高級ホテルやレストランなどではUSドルや日本円での支払いを受け付けているところもあるが、ほとんどの場合フィリピンでは現地通貨、それも現金払いが基本である。マニラやセブなどの都市では24時間営業のATMなども多くあるが、島や小さな村では銀行もないこともある。ここでは、フィリピンの通貨に加え、現地へ行ってからどこで円からペソへ両替ができ、どこで国際キャッシュカードやクレジットカードを使って現地通貨のペソを引き出せるかを中心に説明しよう。どのようなお金を持っていけばいいのかについては、P.390「持っていくお金について」の項目を参照してほしい。

☑ フィリピンの通貨

　フィリピンの通貨は、フィリピン・ペソ。通貨記号は₱。スペインを旧宗主国とする国々、メキシコ、ドミニカ、コロンビア、アルゼンチン、ウルグアイ、チリと同じく、ペソを用いている。そのため、国名をつけてそれぞれを区別する。補助通貨はセンタボ。フィリピン・ペソには、8種類の紙幣と8種類の硬貨があるが、₱200、₱10、₱5の紙幣、¢50、¢10、¢5、¢1の硬貨はほとんど流通していない。

☑ どこで両替をするか

　両替には、日本円の現金や米ドルの現金が有利。マニラやセブなどの大都市であれば、両替所はいたるところにある。ほかにも空港やホテル、銀行、大型モールなどで両替ができる。レートは町なかの両替所が一番よいが、両替詐欺の被害も多く報告されているので、細心の注意を払うように（→欄外）。

　地方や島では、両替レートが悪いことが多い。必要なぶんだけあらかじめマニラやセブ・シティなどの大都市で両替して行くといいだろう。例えば、日本人観光客もよく訪れるボラカイ島は、レートがよくない。マニラの空港のほうがよほどレートがよいくらいだ。ボラカイ島に行くのであれば、空港でもよいのでマニラで両替をしていくことをおすすめする。ただし、一度に多額を両替するのは控えるように（→欄外）。

☑ カードでのキャッシング

　国際キャッシュカードやクレジットカード、トラベルプリペイドカードを持っていれば、ATMでの引き出しやキャッシングができる。ただし、引き出し手数料や現地ATM手数料などを取られるため、現金の両替レートより割高になることがある。

　1日に引き出せる金額や回数にも制限がある。また、都市部であればATMの台数は多く、24時間いつでも引き出せるが、地方には台数が少なく、まったくないところもある。また、国際キャッシュカードのネットワークがマスターカードやJCBが加盟しているシーラスCirrusなのか、ビザ系列のプラスPLUSなのか、クレジットカードがアメックスなのか、などの条件によっても使えるATMがかぎられてくる。ATMに頼り過ぎるあまり、手持ちのお金がなくなることがないように気をつけたい。

為替レートを知るには
　現地で為替レートを知りたければ、日本人がよく利用するホテルやレストランに置いてある『日刊まにら新聞』などをチェックするといい。もちろん、インターネットでも検索できる。

両替詐欺に注意！
　エルミタ地区のマビニ通りでは、両替詐欺の被害が多数報告されている。違法両替店はあとを絶たない。特にこの地区で両替をする場合は、細心の注意が必要だ。まず他店に比べてかなりレートがよい店には気をつけよう。一度に多額を両替することは控えよう。店を出る前に、レシートをもらい、渡されたお金を数えて正しい金額かどうかを確認すること。偽札をつかまされた例もあるので、店内で数え直した際に少しでもおかしいと感じる札が混じっていたら、交換してもらうように。

クレジットカードの請求通貨に注意
　最近、海外でクレジットカードを使った際、カード決済の通貨単位が現地通貨ではなく、日本円にされたというケースが増えている。日本円換算でのカード決済自体は違法ではないのだが、不利な為替レートが設定されていることもあるので注意しよう。支払い時に「日本円払いにしますか？」と店から言われる場合もあれば、何も言われずに日本円換算になっている場合もある。サインをする前に必ず通貨の確認を。

クレジットカードは使える？
　中級以上のホテルやレストランではクレジットカードが使えることが多い。安宿や食堂ではほとんど使用できない。

通信事情

国内・国際電話ともに、公衆電話、ホテル客室内の電話、電話局（PLDT社）などからかけられる。市内通話は、カード式公衆電話の場合、3分₱2程度。日本へは₱500のカードで約13分の通話が可能。テレホンカード（₱100～で販売）はコンビニやデパート内のキオスク、空港内の自動販売機などで購入できる。長期の滞在予定がある人は携帯電話を買うのもいい。

日本の電話会社を利用して国際電話をかける
● **日本語オペレーターに申し込むコレクトコール**
・KDDI「ジャパンダイレクト」
● **プリペイドカード通話**
・KDDI「スーパーワールドカード」
● KDDI　Free 0057

おもな携帯電話会社
● au　Free 157
● NTTドコモ　Free 151
● ソフトバンク携帯　Free 157
※各々の携帯電話からの番号

✓ 携帯が普及

フィリピンでは、ほとんどの人が携帯電話を持っている。山間部や離島でもけっこう通じる。地方の家族経営の宿などは、代表番号が携帯であることも多い。しかし、これがくせもので、より経済的なサービスを求めて経営者が携帯会社を替えるたびに、宿の電話番号が変わってしまう。携帯電話を受付の電話にしている小さなホテルには気をつけよう。

✓ インターネット状況

フィリピンでもインターネット回線の整備が進んでおり、多くのホテルは無料でWi-Fi接続が可能。しかし、無料でもスピードが遅かったり、共有スペースでしか接続できないところもまだまだある。レストランやカフェでも接続できる場所は増えている。端末がない場合、どの町にもひとつはインターネットカフェがあり、1時間₱15～120程度で利用できる。

INFORMATION
フィリピンでスマホ、ネットを使うには

まずは、ホテルなどのネットサービス（有料または無料）、Wi-Fiスポット（インターネットアクセスポイント。無料）を活用する方法がある。フィリピンでは、主要ホテルや町なかにWi-Fiスポットがあるので、宿泊ホテルでの利用可否やどこにWi-Fiスポットがあるかなどの情報を事前にネットなどで調べておくとよいだろう。ただしWi-Fiスポットでは、通信速度が不安定だったり、繋がらない場合があったり、利用できる場所が限定されたりするというデメリットもある。ストレスなくスマホやネットを使おうとするなら、以下のような方法も検討したい。

☆ 各携帯電話会社の「パケット定額」
1日当たりの料金が定額となるもので、NTTドコモなど各社がサービスを提供している。
いつも利用しているスマホを利用できる。また、海外旅行期間を通してではなく、任意の1日だけ決められたデータ通信量を利用することのできるサービスもあるので、ほかの通信手段がない場合の緊急用としても利用できる。なお、「パケット定額」の対象外となる国や地域があり、そうした場所でのデータ通信は、費用が高額となる場合があるので、注意が必要だ。

☆ 海外用モバイルWi-Fiルーターをレンタル
フィリピンで利用できる「Wi-Fiルーター」をレンタルする方法がある。定額料金で利用できるもので、「グローバルWiFi（[URL]https://townwifi.com/）」など各社が提供している。Wi-Fiルーターとは、現地でもスマホやタブレット、PCなどでネットを利用するための機器のことをいい、事前に予約しておいて、空港などで受け取る。利用料金が安く、ルーター1台で複数の機器と接続できる（同行者とシェアできる）ほか、いつでもどこでも、移動しながらでも快適にネットを利用できるとして、利用者が増えている。

ほかにも、いろいろな方法があるので、詳しい情報は「地球の歩き方」ホームページで確認してほしい。
【URL】http://www.arukikata.co.jp/net/

ルーターは空港などで受け取る

フィリピンのホテル

　一流ホテルについては、料金にしても質にしても、どこの国でもさほど大差はない。それ以外のホテルについては、フィリピンのホテルはほかの東南アジアの国々に比べて、概して割高感があることは否めない。というのも、フィリピン人は家族で旅行することが多いため、ひと家族がひと部屋に泊まることが一般的だからである。ひと部屋を何人で使ってもかまわないので、個室にひとりで泊まっても、6人で泊まっても料金は変わらない。つまり、大人数で泊まるほうが安上がりなのである。フィリピンでは宿泊料金は、家族利用を見越して設定されている。そのため、ひとりで利用するとかなり割高になってしまう。

✓ ホテルの種類

　外国人経営のホテルの場合は、1泊3000円ほども出せば、熱いシャワーが出て、国際電話がかけられる快適な部屋に泊まれる。だが、フィリピン人経営のホテルは、お湯がぬるかったり、タンクが小さいせいか、すぐに水に変わってしまうことも多い。このクラスだとWi-Fi環境が整っていないことも多い。
　1泊2000円以下の宿の場合は、さらに水回りに多くを望むことはできない。特に老朽化しているホテルの場合は、一見清潔に保たれているようでも、ゴキブリが出たり、下水の臭いがすることもある。なるべく新しい宿や改築した宿を選ぼう。
　1泊1000円以下の宿でも、個室であることがほとんど。いわゆるバックパッカーが少ないせいか、フィリピンにはドミトリーが少ない。トイレ・シャワー共同のベッドだけの小さな個室が、典型的なフィリピンの安宿である。水シャワーか温水シャワーか、ファンかエアコン付きか、テレビがあるかないか、などの違いで料金が変わってくる。このクラスの宿はシャワーがなく、バケツと手桶で水浴びをするところも多い。

✓ 予約は必要？

　地方で大きな祭りなどがある場合は、町中のホテルが満室になることも多い。都市部でも立地条件がよく、比較的設備が整い、割安感のある個室やドミトリーなら、平日でも満室になることもある。オンシーズンのリゾートホテルも手頃な料金の部屋は早くから埋まってしまう。訪れる時期やホテルの人気度を考えて、必要に応じて予約を入れよう。ホテルによっては、予約をしておけば空港まで迎えに来てくれるところもある。特に遅い時間に到着する場合は、安心だ。

✓ 貴重品の管理に注意

　ホテルの中では貴重品はセーフティボックスに保管しよう。ドミトリーなら鍵のかかるロッカーがあるところに泊まり、荷物はすべてロッカーに入れるべきだ。身の回りのものはなるべく無造作に部屋の中に置かず、鍵のかかるかばんに入れておくほうが賢明である。入口に警備員が24時間いるような部外者の立ち入りに厳しいホテルでも、従業員が盗みを働くこともあるからだ。持ち物はしっかり管理しよう。

国際学生証、YHカードの取得方法
　国際学生証があると、博物館の入場料や国内線の航空券の割引が利く。YHカードも、ユースホステル以外でも割引が利く。
● **国際学生証の取り扱い／大学生協事業センター**
TEL (03)5261-4611(東京)
URL www.univcoop.or.jp
※発行手数料は1800円。郵送の場合は2350円。いずれも税込み
● **日本ユースホステル協会**
住 東京都渋谷区代々木神園町3-1 国立オリンピック記念青少年総合センター内
TEL (03)5738-0546
URL www.jyh.or.jp
※ホームページからオンライン入会ができるほか、国内各地のユースホステルや大学生協、書店などでも入会の申し込みができる。スマホが会員証になるデジタルメンバーシップも申し込み可能。

📧 携行品のアドバイス
中高級ホテルを除いて、基本的に紙は流せません。トイレ脇に置かれているごみ箱に使用後のトイレットペーパーを捨てます。また、トイレットペーパーが設置されていないところも多いので、常に持参していたほうがいいです。
(東京都 あけみ '13)[19]

別料金でお湯のサービス
　フィリピンの安宿のなかには、シャワーがなく、くみ置きの水を利用しなくてはならないところもある。バケツや手桶が置いてあり、それを体にかけるだけという、まさに水浴びなのだが、暑い地域ならまだしも、夜肌寒い山岳地域では、ちょっと厳しい。そんな場合は、別料金だがお湯を用意してくれるので頼んでみるといいだろう。

食事について

TIPS

「ハロハロ」(フィリピン語で"混ぜる")な国フィリピンには、フィリピン料理のほかにも各国料理の店が集まっている。スペイン料理をはじめ、アメリカの影響を受けたファストフード、移民してきた中国人たちが持ち込んだ中国料理は、もう立派なフィリピン料理の一部となっている。ほかにも韓国料理、タイ料理、インド料理の店などがある。もちろん日本食レストランを見かけることも多い。というわけで、旅行先のフィリピンで、食事に困る、味が口に合わない……といった心配は、ほとんど無用だ。そんな多国籍料理が食べられるフィリピンだが、ここではフィリピン料理について紹介しておこう。

子豚の丸焼きレチョン

フィリピン料理の世界
→P.42

食中毒にはくれぐれも注意を!

2019年11月現在、日本の外務省から下記のような注意が出されている。

「食品はよく熱を通し、調理後早めに食べることが大切です。すでに切ってある果物や野菜、調理後時間の経過した食品は避けるほか、生野菜や刺身などは衛生状態に信頼のおける店以外では食べないよう心がけてください。なお、市中の高級レストランでの飲食は概ね問題はありませんが、大衆食堂や屋台等では食材や食器等の衛生管理が不十分なため、食中毒にかかる可能性が高く注意が必要です。」

✓ さまざまな国の影響を受けている

1899年の米西戦争での勝利により統治権がアメリカに渡るまで実に約350年間、フィリピンはスペインの植民地だった。スペイン人がやってくる以前から中国との交流が盛んであり、スペイン統治下ではメキシコと清を結ぶガレオン貿易の中継地であった。

そのような歴史的背景の影響をフィリピン料理は多分に受けている。まず祝いごとの席に欠かせない、レチョンと呼ばれる豚の丸焼き。これはスペインでも祝いのごちそうだ。パンシットの麺は、中国から。さらにフィリピン人の90％以上が13世紀までにやってきたマレー系であるためか、東南アジア諸国に見られる魚醤油（フィリピンではパティスと呼ぶ）もよく使う。

今ではフォークとスプーンを使って食事をすることが普通だが、もともとは手づかみのカマヤンスタイル。だから、フォークはテネドール、スプーンはクチャラと今もスペイン語で呼ばれている。なぜかフィリピンの食卓にはナイフは出てこない。単に出し忘れているわけではないのだ。

✓ フィリピンの味つけ

日本人にはフィリピン料理はしょっぱい。年中暑くて汗をたくさんかくため、塩味の強い味つけになってしまうのかもしれない。あるいは少しのおかずでご飯をたくさん食べられるように塩辛いのかもしれない。市場では塩漬けの魚の干物がよく売られているが、これがフィリピンの庶民には最もポピュラー。

そして、フィリピン料理は甘い。デザートではなく食事が甘い。まず、スパゲティにかかっているミートソース。さらに朝食に出る赤いソーセージも甘い。ミートソースの甘さは、バナナを材料にしたケチャップによるものだ。しかし、このバナナケチャップ、フライドポテトなどにつけるとなかなかいける。

さらに、フィリピン料理はすっぱい。食中毒を防ぐためや生ものを保存するために酢を使うことが多いからだ。例えばキニラウという魚のマリネ。酢漬けにした肉を醤油で甘辛く煮込んだアドボ。野菜がたっぷり入ったシニガンスープは、酢ではなく、タマリンドの酸味で味つけをしている。

辛いものはない。唯一の例外がルソン島南部ビコール地方の郷土料理、ビコール・エクスプレス。ココナッツミルクと唐辛子で肉を煮込んだ料理で、タイカレーによく似ている。

スーパーやコンビニでも買えるバナナケチャップ

✓ その土地のおいしいもの

　ご当地料理は、ほかにもある。例えばルソン島中央部のアンヘレスは、シシグという料理が有名だ。シシグとは豚の耳やモツをタマネギと一緒にみじん切りにしたもの。アツアツの鉄板に載ったまま、テーブルに運ばれてくる。少々脂っこいのでご飯に混ぜて食べるか、ビールのつまみとして食べるといい。

　またネグロス島のバコロドは鶏肉がおいしいことで知られている。インド料理のタンドリーチキンに似た、バコロドの名物料理チキン・イナサルは鶏肉がジューシーでおいしい。

　そのほか、パナイ島イロイロのラーメンのような麺料理、ラパス・バッチョイも有名だ。いろいろな郷土料理を試してみるのも、旅の醍醐味のひとつだろう。

屋台料理の定番の串焼きなど

フィッシュボールも人気

✓ 路地や屋台でぜひ試したい

　フィリピンの1日はタホで明け、バロットで暮れる。朝早くから天秤を担いでターホー売りがやってくる。路地をタホ売りが行くときの「ターホー、ターホー」という呼び声が朝の訪れを告げる。タホとは、豆腐に黒蜜とタピオカをかけたもの。中国の豆腐花に似ている。食欲がないときや小腹がすいたときにちょうどよい。そして、夕方になるとやってくるのはバロット売りだ。バロットとはふ化しかけたアヒルの卵をゆでたもの。中からひよこになりかけの黄身が出てくる。鶏肉と卵の中間のような不思議な食感だ。精力剤としてフィリピン人は、バロットを食べる。

　また、街角には夕方以降にたくさんの屋台が立つ。焼き鶏や焼き魚、魚のすり身の揚げ団子など、おもに焼き物と揚げ物が多い。特に焼き鶏や揚げ鶏の屋台は、レバーや腸などのモツが食材。実にさまざまなモツの串刺しが並んでいる。そんな立ち売りや屋台は、フィリピン庶民の食生活が垣間見られておもしろい。あまり衛生的とはいえないが、屋台をはしごして買い食いするのもまたフィリピンの食体験である。

ぜひ試したい豚の串焼き

> **✉ バロットの種類**
>
> 店によっては、バロットには番号が書いてあり（1～20）、番号の大きいものほど中身が鳥の形になるそうです。初心者は1がおすすめです。私は1を食べましたが、食べ進めていくと、頭や毛も見えてきました。味はゆで卵の黄身に近かったです。
> （東京都 ユニ '13）['19]

珍味バロットを試そう！

ちょっとひと息コラム

　フィリピンには、タイやベトナムほど屋台料理のバラエティはないかもしれないが、それでも日本人にとっては珍しいものがいくつかある。その代表ともいえるのが、バロット。これはアヒルの有精卵をゆでたもので、殻の中にはふ化直前のアヒルの子がそのまま入っているという代物だ。フィリピンのどこへ行っても、路上と市場で見かけることができる。殻を割って中をのぞくと、かなりグロテスクな「内容物」が現れるのだが、それをこらえて塩とともにおそるおそる食べてみると、意外や意外、実はとてもおいしかったりする。普通のゆで卵より、味わい深い。フィリピンの人たちはバロットが大好きで殻の底にたまった汁もすべてすすってしまう。

　バロット売りのおじさんは、保温を施したカゴとともに「バロット、バロット」と声を上げながら町中を歩き回っている。ひとつ₱16前後で買える。フィリピン名物バロットをぜひ試してみてはいかがだろうか。

バロットの中身

旅のトラブルと対策

フィリピン、特にマニラというと「危険」というイメージが拭い去れない。実際多くのトラブルが起こっている。よく聞くのは、睡眠薬を飲まされて気がついたら金品を持っていかれていたとか、客引きのいる両替所で両替したらボッタくられたということ。こういうトラブルは運によるところも大きいが、フィリピンにはこんなトラブルがあるということを知っていれば、ある程度未然に防ぐことができる。でも、もしトラブルに遭って物をなくしたり、盗まれたりしてしまったときは次のように対処しよう。なお、毎年日本人を巻き込んだ殺人事件も数件起きているので、くれぐれも注意のうえにも注意を。

渡航前に必ず確認を
治安状況は刻々と変化する。渡航前に必ず現地の最新情報を入手するように。また、外務省では危険情報などが発出された場合、電子メールで知らせるサービスも提供している。まずは下記ホームページから登録を。
● **外務省海外安全ホームページ**
URL www.anzen.mofa.go.jp
● **外務省領事サービスセンター（海外安全担当）**
TEL (03) 3580-3311 (内線2308)

パスポート情報について
「パスポート申請手続きに必要な書類」の詳細は、外務省ウェブサイトで確認を。
URL www.mofa.go.jp/mofaj/toko/passport/pass_2.html

紛失・盗難届出証明書とは
盗難に遭ったらまず警察に行き、紛失届けを出す。このときに発行してもらえるのが、パスポート紛失時や保険金の請求時に必要となる盗難届出証明書Police Report。いつ、どこで、どのように紛失、または盗まれたかを警察官に説明し、レポートとしてまとめてもらうもの。

■**警察**
●**マニラ**
TEL 911、177（救急車の要請も可）
●**セブ**
TEL 166
●**ダバオ**
TEL 911

✓ フィリピンの治安状況

旅行者がよく訪れるマニラやセブなどを含め、治安状況は決してよいとはいえない。両替詐欺やぼったくり、いかさま賭博などといったものから、睡眠薬強盗、売春行為絡みの恐喝、誘拐、殺人まで、いつもどこかで何かが起こっているのだ。邦人を狙った殺人事件も少なくはなく、日本人が被害に遭う事件が2011年には1件、2012年には5件、2013年には1件、2014年には7件、2015年には3件、2016年には3件、2017年には3件発生している。一般的に日本人は裕福とみられるため、強盗、窃盗等の標的になる可能性は、ほかの諸外国人と比べても高いと考えられていることを忘れずに。万一事件に巻き込まれた場合のことも考え、海外旅行保険の加入の際には慎重に種類やタイプを選びたい。

また、ミンダナオ島はフィリピン政府軍とモロ・イスラム解放戦線（MILF）との戦闘が続いていたエリアだ。2018年、バンサモロ基本法がドゥテルテ大統領の署名で成立したものの、継続的に交戦が行われているうえ、ほかの武装勢力による襲撃やテロ事件が発生している。最新の治安情報に常に気を配るなどの十分な注意が必要だ。

トラブルの例や詳細については、「必読！フィリピンでのトラブル例」（→P.67、423）を参考に。渡航前には必ず、外務省の海外安全ホームページで最新情報を得ることも忘れずに。もしも事件に巻き込まれた場合は、日本大使館や警察、ツーリストポリスに助けを求める。ここでは、トラブルを防ぐためのアドバイスとともに、「パスポートをなくした（盗まれた）」「クレジットカードをなくした（盗まれた）」といった身近に起こりやすいトラブルを中心に、その対策法について紹介したい。

✓ トラブルを防ぐためのアドバイス

・見知らぬ人から声をかけられた場合やどこかへ行こうと誘われた場合は、適当にやり過ごして断る。特に、観光名所などで日本語で話しかけてくる人には警戒する。
・両替屋で両替する場合は、必ずその場で金額を確認する。
・たとえ数秒の間であったとしても、荷物を置いたままその場を離れない。
・高価な時計や貴金属を身につけたり、目立つような格好をして町なかを歩かない。

- 財布の中身を人に見せない。小銭と分けて持ち歩くようにする。
- ズボンの後ろポケットなどに財布などの貴重品を無造作に入れておかない。
- 少しでも危険と感じたら、すぐにその場を離れる。
- タクシーに乗るときは、ナンバープレートを控える。
- 人通りの少ない路地やスラム街などには近づかない。
- 夜間、できれば日中であってもひとりで出歩かない。
- バッグなどを車道側の肩にかけたり、持って歩かない。また、背中に背負うのではなく、必ず正面で持つ。
- 現地の人を侮辱するような態度はとらない。
- 他人に性的な気持ちを起こさせるような露出度の高いものや挑発的な服装は着用しない。
- 襲われた場合は、相手が凶器を持っていることを念頭に絶対に抵抗せず、要求されたものを差し出すなどして、まずは身の安全を第一に考える。

パスポートをなくしたら

　万一パスポートをなくしたら、まず現地の警察署へ行き、紛失・盗難届出証明書（ポリスレポート）を発行してもらう。次に日本大使館または各領事事務所で旅券の失効手続きをし、新規旅券の発給または帰国のための渡航書の発給を申請する。旅券の顔写真があるページと航空券や日程表のコピー、戸籍謄（抄）本があると手続きが早い。コピーは原本とは別の場所に保管しておこう。必要書類および費用は以下のとおり。
- 現地警察署の発行した紛失・盗難届出証明書
- 写真（縦4.5cm×横3.5cm）2枚
- 戸籍謄（抄）本1通
※帰国のための渡航書に限り、後日の提出を条件として日本の運転免許証など代替文書でも申請可。
- 旅行日程が確認できる書類
　（旅行会社にもらった日程表または帰国便のeチケット控え）
- 手数料　10年用パスポート1万6000円、5年用パスポート1万1000円、帰国のための渡航書2500円。いずれも支払いは相当額の現地通貨の現金で（フィリピン・ペソ）。

荷物をなくしたら

　旅行中に荷物を盗られたり置き忘れたりしたら、残念だが、まず出てこないと思ったほうがいい。海外旅行保険（→P.389「海外旅行保険について」）に加入していなければ、損害の補償は受けられないが、もし保険に加入していて、担保項目に携行品が含まれていれば、それほど落ち込む必要はない。

　現地の警察で紛失・盗難届出証明書（→P.420欄外）を書いてもらい、保険会社に連絡を入れておこう（いざというときのためにも、保険会社の連絡先は必ず控えておくように）。旅行に必要な身の回りの品は、フィリピンなら現地で十分揃うし、帰国後に保険会社に対して損害額を請求すればよい。ただし、掛け金、補償額などは会社によってまちまちだ。

緊急時の連絡先
■ 在フィリピン日本国大使館
　＆領事館
● 日本国大使館（マニラ）
　Embassy of Japan
MAP P.62-A2
住 2627 Roxas Blvd., Pasay City, Manila
TEL (02) 8551-5710/80
TEL (02) 8834-7508（領事班直通）
URL www.ph.emb-japan.go.jp
開 8:30 ～ 17:15
休 土・日、日本およびフィリピンの祝日
● セブ領事事務所
　Consular Office of Japan
MAP P.230-B1
住 7th Floor, Keppel Center, Samar Loop Cor. Cardinal Rosales Ave., Cebu Business Park, Cebu City
TEL (032) 231-7321/2
● ダバオ総領事館
　Consular Office of Japan
MAP P.340-A1外
住 4F, BI Zone Bldg., J.P. Laurel Ave., Bajada, Davao City
TEL (082) 221-3100

邦人援護日本語ホットライン
　マニラの日本大使館内に設けられているサービス。もちろん日本語で応じてくれる。受け付け時間は平日の8:30 ～ 17:15だが、音声ガイダンスが24時間受け付けている。
TEL (02) 8551-5786（マニラ）

コピー商品の購入は厳禁！
　旅行先では、有名ブランドのロゴやデザイン、キャラクターなどを模倣した偽ブランド品や、ゲームや音楽ソフトを違法に複製した「コピー商品」は絶対に購入しないように。これらの品物を持って帰国すると、空港の税関で没収されるだけでなく、場合によっては損害賠償請求を受けることも。「知らなかった」では済まされないのだ。

携帯電話を紛失した際の
フィリピンからの連絡先
　利用停止の手続きについては下記へ。全社24時間対応。
●**au**
TEL (00) +81-3-6670-6944
●**NTTドコモ**
TEL (00) +81-3-6832-6600
●**ソフトバンク**
TEL (00) +81-92-687-0025

クレジットカードをなくした場合
の連絡先
　ホテルからかける場合は最初にホテルの外線番号をダイヤルし、その後続けて下記番号をダイヤルする。24時間日本語で対応している。ただし、無料の直通電話がないカード会社についてはコレクトコールが可能だが、現地の電話交換手を通すため現地語または英語のみの対応になってしまう。言葉に自信がない場合は、まず下記の番号にダイヤル直通電話をし、有料電話でかけている旨を伝え、折り返しかけ直してもらおう。
●**アメリカン・エキスプレス**
　（AMEX）
TEL 00-65-6535-2209
（コレクトコール）
●**ダイナースクラブ**
　（DINERS）
TEL 00-81-3-6770-2796
（コレクトコール）
●**JCB**
Free 1-800-1-811-0027
TEL 00-81-422-40-8122
（コレクトコール）
●**MasterCard**
Free 1-800-1-111-0061
●**三井住友カード（VISA）**
TEL 00-800-12121212
TEL 00-81-3-6627-4067
（コレクトコール）
●**三菱UFJニコスカード（VISA,**
Master Card、AMEX、JCB）
TEL 00-800-860860-99
（コレクトコール）

公共の場での喫煙に要注意
　最近フィリピンでも公共の場での喫煙が問題視され、路上喫煙禁止条例などが施行されている。都市によっても異なるので、気になる人は事前に観光局などに問い合わせを。

☑ 携帯電話をなくしたら

　携帯電話を紛失してしまった際は、悪用されたり無断使用されないためにも、気づいたらすぐに利用停止の手続きをとること。警察へ行き、紛失・盗難届出証明書をもらってくることも忘れずに。

☑ クレジットカードをなくしたら

　気づいたら、一刻も早くクレジットカード会社に連絡すること。たいていのカード会社は緊急の場合、コレクトコールで24時間電話を受け付けてくれる（→欄外）。いざというときのためにも、盗難・紛失時の連絡先とカード番号は、事前に必ず控えておこう。国際キャッシュカードについても同様だ。

　フリーダイヤルでは通じない場合もあるので、必ずそれ以外の連絡先も控えておくこと。カード無効の手続きをしたら、帰国後、再発行の手続きをすればいい。警察署で紛失・盗難届出証明書をもらっておくのを忘れずに。

　なお、トラベルプリペイドカードはスペアカードが付いているため、盗難・紛失したあとでも再発行を待たずに引き続き使用することが可能だ。

☑ お金をすべてなくしたら

　お金をすべてなくしたら、まず戻ってこないばかりか、旅をその場で諦めて帰国するしかない。帰国するといっても、帰国日が指定されているチケットの場合は、そう簡単にいかないが、クレジットカードを持っている場合はカードでキャッシングできるし、国際キャッシュカードやトラベルプリペイドカード（→P.390）で現金をおろすこともできる。

　現金やクレジットカードは必ずいくつかの財布に分けて入れて持ち歩き、一部は滞在先のセーフティボックスに入れておくなど、いざというときのために備えよう。

　それらもなくしてしまった場合は、最後の手段として日本大使館に転がり込み、助けを求めるしかない。また、日本人旅行者が集まるホテルやレストラン、旅行会社などに行ってみるのもひとつの方法だ。事情を話せばたいていの場合は力になってくれる。ただし、こういった場合、高級ホテルより安宿の旅慣れている旅行者のほうが頼りになる。バックパッカー同士、助け合おう。

☑ チケット（航空券）をなくしたら

　最近はほとんどの航空会社が紙のチケットからeチケットに移行しているので、紛失の心配はなくなってきた。たとえeチケット控えをなくしても、eチケットの予約番号を提示すれば、各航空会社のカウンターで簡単にチェックインできるからだ。多少時間がかかることもあるが、パスポートを提示するだけでOKの場合が多い。

必読！フィリピンでのトラブル例②

※トラブル例①→P.67

トラブルに遭ってしまうのは、「まさか自分が……」と、ついうっかりしてしまうのがいちばんの原因だ。出発前にぜひ一読し、トラブルに巻き込まれないための参考にしてほしい。

睡眠薬強盗

犯罪の種類は多様だが、特に気をつけてほしいのは睡眠薬強盗だ。在フィリピン日本大使館にも、頻繁に旅行者から被害届が出されているという。ただし、大使館に届け出が出ているのは、あくまでもごく一部であって、実際の被害数はもっと多いと推測される。ここでは、おもな手口の例を紹介しよう。何か当てはまるようなことがあれば、要注意である。なお、一般論として、フィリピンの女性が見知らぬ外国人になれなれしく話しかけてくることはまずない。悲しいことだが、その場合には何かしら下心があるのだと思っておいたほうがいい。

- 「自分も同じ旅行者だから一緒に観光しよう」などと言い、きっかけを作ろうとする。
- 犯人は、必ず複数。若い女性たち、または男女のカップル、母親とその子供、おばあさんと息子らしき男性など、さまざまな構成で近寄ってくる。そのうえホスピタリティ満点の笑顔で話しかけてくる。
- 偽物の名刺などを見せてくる。これで信用させるという手口。
- 油断させるため親切を装う。お店などに入ったとき、食事や飲み物代をおごってくれたりする。また、交通費を出してくれる。
- 突然親戚、兄弟宅、自宅、または食堂などに招きたがる。近くに兄弟（親戚）の家があって何年ぶりかに行きたい、あるいはそこでごちそうをしたいなどと言い出す。
- 家に行く際、あとで突きとめられぬようジプニーを乗り継ぐなど複雑なルートをとる。しかも郊外にまで連れていく。被害者が2度と同じ所へ行くことができないようにするためだ。
- 招き入れられた家などで、すすめられるジュースや料理などに薬が混入されている。

両替詐欺

両替屋は、銀行よりもよいレートで換金してくれるが、ここでも注意が必要となってくる。金額が正しく手渡されているかどうか、その場ですぐに自分の手に持って確認すること。あとで文句をつけてもどうにもならない。まず、どこよりもレートがよい店は疑ったほうがよい。そして、両替後は必ず店を出る前にその場で数え直すこと。ここでは、両替に関する詐欺の例を挙げておこう。

- 両替商が目の前でお札を数えている最中に話しかけてきて、注意をそらした隙にお金をかすめ取る。
- まるで手品のような話だが、お札を数えながら被害者に見えないように手元に落として、金額をごまかす。

強盗犯罪とその対策法

フィリピンでは、一般市民でも、警察に届け出れば合法的に銃を所持・携帯することができることから、銃器がかなり普及している。そのため、単なる物盗りが銃器を使用して犯罪に及ぶことも多い。防犯対策を十分に施したうえで出歩き、それでも万一被害に遭った場合は、絶対に抵抗せず、努めて冷静に対処することが重要になってくる。

- 大金などは持ち歩くべきではないが、移動などで仕方ないときは、パスポートや大金などはインナータイプの貴重品袋に入れるといい。それとは別に、日常で使う小額のお金を手にしやすい場所に入れておく。そうすることで、万一犯罪に遭った場合でも、抵抗せずに小額のほうを手渡してその場を逃れることもできる。
- 財布の中身は、人に見せないようにする。また、身なりもあまり派手にならないよう気をつける。特に時計、貴金属を身につけていると犯罪者の目を引く。
- 見知らぬ人から声をかけられた場合は適当にやり過ごす。
- 荷物を置いたままトイレに行ったり、その場所を離れない。
- 見知らぬ土地を事前によく調べずにうろついたり、スラムなど危険な地域には入らない。
- 強盗に遭った場合、決して騒いだり、抵抗したりしない。また、お金を手渡そうとして、慌ててポケットなどに手を入れない。凶器を取り出そうとしていると勘違いされて、攻撃されてしまう。相手を興奮させるような言動や態度は絶対にしないこと。

病気と対策

　東南アジアでよく見られる熱帯特有の病気に注意しよう。普段からおなかをすぐにこわしやすい人は、氷にも気をつけよう。火の通ったものを食べる、よく手を洗う、生水は絶対に飲まないなど最低限の注意は守りたい。現在、日本から直接フィリピンへ入国する場合、コレラ、黄熱病などの予防接種は義務づけられていない（第3国を経由していく場合は、そのかぎりではないので注意を）。もし具合が悪くなった場合は、宿泊先のレセプションにすぐ知らせ、病院を紹介してもらおう。大都市には日本人医師や看護師が常駐している病院もあるので調べておこう。さらに、万一のために海外旅行保険（→P.389）には必ず加入しておくように。

おもな医療機関
<マニラ>
●マニラ日本人会診療所
The Japanese Association Manila, Inc.
MAP P.60-A1
住 23F Trident Tower, 312 Gil Puyat Ave., Salcedo Village, Makati City
TEL (02) 8818-0880
TEL 0917-592-5738（携帯）
（ジャパニーズ・ヘルプデスク）
●マカティ・メディカル・センター
Makati Medical Center
MAP P.60-A2
住 Amorsolo St., Makati
TEL (02) 8888-8999
TEL 0917-716-9007（携帯）
（ジャパニーズ・ヘルプデスク）
●セント・ルークス病院
St. Luke's Medical Center
MAP P.64上
住 Rizal Dr. Cor. 32nd St. and 5th Ave., Taguig
TEL (02)8789-7700
TEL 0917-592-5732
（ジャパニーズ・ヘルプデスク）
<セブ・シティ>
●チョン・ワ病院
Chong Hua Hospital
MAP P.230-B2
住 Mandaue City
TEL (032) 233-8000
TEL 0917-713-4131
（ジャパニーズ・ヘルプデスク）
●セブ・ドクターズ病院
Cebu Doctor's Hospital
MAP P.231-A1
住 Osmeña Blvd., Capitol Site, Cebu City
TEL (032) 255-5555
TEL (032) 266-2067
（ジャパニーズ・ヘルプデスク）
※なお、ここでは外務省が紹介している医療機関を掲載しているが、フィリピンの医療水準は都市部と地方の格差が大きく、特に地方では安心して医療を受けられる水準には達していない。病院へ行く必要がある場合は、在住の日本人などの意見も参考にするように。

☑ 食中毒による下痢

　普通、発熱はなく一般的な下痢と軽い吐き気程度でおさまることが多い。まず生水は下痢のもと。ミネラルウオーターを飲用しよう。氷入りのジュースなどは飲まないように。氷が生水を使っている可能性も否定はできない。盛りつけられたフルーツなども要注意だ。また、食事の際はシーフードはよく火が通っているか確認する必要がある。現地の薬はかなり強いので、日本から常用の薬を用意していくといいだろう。

☑ 感染症の下痢

　いわゆる細菌性下痢と呼ばれるもので、赤痢菌、チフス、パラチフス、サルモネラ菌などが体内に入ることによって起きる。激しい腹痛と下痢、高熱をともなう。赤痢の場合は2〜4日の潜伏期間の後、倦怠感、食欲不振、腹痛などの症状が現れ、血の混じった下痢が頻繁に続く。まずは医者へ。下痢による脱水症状を防ぐために、塩分と水分の補給を忘れないこと。

☑ マラリア

　雨季のパラワン島や、ミンダナオ島の一部の地域で見られる病気。マラリア患者の血を吸った蚊によって媒介される。症状としては突然40℃近い高熱に見舞われ猛烈な寒気とともに体がぶるぶる震えだす。その後は熱が引き体のだるい状態が2〜3日続く。そしてまた高熱……と繰り返すのだ。対策としては、蚊がいそうな場所で手足を露出しない、虫除けスプレーやローションをつけるなどが効果的。ちなみにマラリアを媒介する蚊は、ハマダラカという蚊で、羽の前の部分が段だら縞（白黒）になっている。2日ほど高熱が続いたら、とにかく病院へ行こう。予防薬を病院でもらうこともできるが、マラリアの種類によっては効果が低く、副作用もあるので医師とよく相談を。

☑ デング熱

　ネッタイシマカといわれる蚊によって感染する。5〜6日の潜伏期間の後、38〜40℃の高熱が1週間ほど続く。フィリピンでは全国的に雨季によく発生。ときに症状の重いデング出血熱に発展することもある。

☑ コレラ

コレラ患者の汚物から飲食物を経て感染する。潜伏期間は5日間ほどで、早い場合は数時間で発病するケースもある。発病と同時に、強烈な下痢と嘔吐におそわれるのが特徴で、発熱はない。吐物や下痢便は、米のとぎ汁に似ている。そして、急速に脱水症状が進んでいく。トイレ後や食事前には、手を必ず洗うなどして十分に気をつけよう。また、衛生環境がいいとはいえない食堂や屋台などの料理、生ものなどはできるだけ食べないようにする。万一コレラにかかった場合は、水分補給と抗生物質が有効である。一刻も早く、医師に診てもらうことが大切だ。症状が重い場合は、1週間ほどの入院が必要になってくる。

☑ 狂犬病

犬や猫、イタチなどの哺乳動物にかまれ、その傷口からウイルスが体内に入る病気。潜伏期間は1～3ヵ月で、ときには1～2年後に発症するケースもある。発症すると発熱、頭痛、嘔吐に始まり、続いて筋肉の緊張、けいれん、幻覚作用などの症状が出てくる。そして、犬の遠吠えのようなうなり声をあげ、よだれを大量に流し、昏睡、呼吸麻痺が起きて死にいたる。ほぼ100％死亡するといわれている怖い病気である。動物にむやみに手を出さないことが重要。もし犬などにかまれた場合は、すぐに病院へ行きワクチン接種をしてもらう。発症前であれば、効果があると考えられているからだ。

☑ 住血吸虫症

吸虫の一種で、寄生虫が人に寄生することにより発症する病気。体内に侵入後、4～8週間で成虫となった住血吸虫が産卵を始め、その卵が細血管を塞栓することで、発熱や悪寒、関節の痛み、腹痛、咳などの症状が現れる。症状が進行すると塞栓によって組織が壊れ、やがて死にいたるケースもある。小川や道路の側溝などにむやみに入らないように。もし入らなくてはならない場合は、皮膚が水に接触しないように十分に注意することが大切だ。水に入ったあと、かゆみをともなう発疹が見られるような場合は、すぐに病院へ行くこと。

☑ ウイルス性および細菌性胃腸炎

温暖多湿の気候のため、全土でウイルスおよび細菌による伝染病が季節に関係なく発生している。特に、腸チフス、細菌性およびアメーバ赤痢、A型ウイルス肝炎等が広範に発生している。氷を含む生水は決して口にしない、野菜や果物、魚介などは生のまま食べないなどの十分な注意が必要だ。どうしても生野菜や果物が食べたくなったら、ペットボトルの水で一度洗ってから食べるくらいの心構えでいるといいだろう。下痢、嘔吐がおもな症状だが、腹痛や発熱などをともなうことも多い。嘔吐がひどい場合など、病院へ行く必要がある。

予防接種が必要な場合

厚生労働省検疫所のホームページに掲載されている予防接種可能な医療機関に相談する。
URL www.forth.go.jp/moreinfo/vaccination.html

風邪にも注意！

エアコン付きバスなどは冷房を過剰に効かせていることも多く、寒いくらい。長袖の上着1枚は必携だ。

犬には決して近づかない！

在フィリピン日本大使館によると、フィリピンにおける狂犬病患者の死亡者数は年間平均約450人で、患者発生件数は常に世界上位5ヵ国に入っている。予防接種を受けていない犬が極めて多いので、犬には決して近づかないように。

鳥インフルエンザについて

2019年11月現在、フィリピン国内で鳥インフルエンザの感染例は認められていないが、世界各地、特にアジア地域で感染例が多く認めらており、今後も鳥インフルエンザの変異によりヒトからヒトへの感染が拡大する「新型インフルエンザ」の発生が懸念されている。以下の事項に留意して、予防を心がけるように。
・手洗いやうがいなどを常に心がける
・養鶏場、鳥を扱う市場への不用意な立ち寄りは避けること
・鳥類の死体、排泄物との接触を避けること
・鶏肉や卵は加熱調理し、手および調理器具をよく洗う
・高熱をともなう呼吸器症状が出た場合は、最寄りの信頼できる医師あるいは病院で受診する

✉ 結膜炎に注意！

フィリピンでは雨季に結膜炎が流行するそうです。私はエルニドでかかってしまったのですが、移りやすい病気ということで、飛行機に乗ることができず、やむを得ず滞在を延ばしました。手を清潔にし、結膜炎の人には近づかないなどの注意が必要です。
（京都府 倉田麻里 '08）['19]

旅の準備と技術

病気と対策

425

■緊急時の医療会話（英語）

●症状を伝える

具合が悪い。 I feel ill.
めまいがする。 I feel dizzy.
下痢です。 I have diarrhea.

※下線の部分に下記チェックリストの単語を入れると症状を伝えることができる。

例）吐き気がします。 I have nausea.

●病院へ行く

近くに病院はありますか？
Is there a hospital near hear?

日本人のお医者さんはいますか？
Are there any Japanese doctors?

病院へ連れていってください。
Would you take me to the hospital?

●病院での会話

診察を予約したい。
I'd like to make an appointment.

マニラ・ホテルからの紹介で来ました。
Manila Hotel introduced you to me.

私の名前が呼ばれたら教えてください。
Please let me know when my name is called.

●診察室にて

入院する必要がありますか？
Do I have to be admitted?

次はいつ来ればいいですか？
When should I come here next?

通院する必要がありますか？
Do I have to come to the hospital regularly?

ここにはあと２週間滞在する予定です。
I'll stay here another two weeks.

薬をください。
Please give me some medicine.

●診察を終えて

診察代はいくらですか？
How much is it for the doctor's fee?

保険が使えますか？
Does my insurance cover it?

クレジットカードでの支払いができますか？
Can I pay it with my credit card?

保険の書類にサインをしてください。
Please sign on the insurance paper.

下記の単語を指さしてお医者さんに必要なことを伝えよう。

●どんな状態のものを

生の	raw
野生の	wild
脂っこい	oily
よく火が通っていない	uncooked
調理後時間が経った	a long time after it was cooked

●けがをした

刺された、かまれた	bitten
切った	cut
転んだ	fell down
打った	hit
ひねった	twisted
落ちた	fell
やけどした	burned

●痛み

ヒリヒリする	burning
刺すように	sharp
鋭い	keen
ひどく	severe

●原因

蚊	mosquito
ハチ	wasp
アブ	gadfly
毒虫	poisonous insect
ヒル	leech
ダニ	tick
毒蛇	viper
リス	squirrel
（野）犬	(stray) dog

●何をしているときに

ジャングルに行った	went to the jungle
ダイビングをした	went diving
キャンプをした	went camping
ハイキングをした	went hiking
水浴びをした	went swimming
ビーチに行った	went to the beach
山登りに行った	went climbing

該当する症状があれば、チェックをしてお医者さんに見せよう。

□吐き気	nausea	□咳	a cough	□耳鳴り	ringing in the ear
□めまい	dizziness	□鼻づまり	a stuffy nose	□結膜炎	conjunctivitis
□動悸	palpitations	□のどの痛み	a sore throat	□目の充血	bloodshot
□熱	a fever	□頭痛	a headache	□発疹、汗疹	rash
（□脇の下で測った	armpit＿℃）	□胃痛、腹痛	a stomachache	□じんましん	urticaria
□口の中で計った	oral＿℃）	（□しくしく痛い	a griping pain	□呼吸が苦しい	difficulty breathing
□寒気	chills	□差し込むように痛い	a sharp pain)	□便秘	a constipation
□鼻水	a running nose	□食欲不振	a poor appetite	□軟便	loose bowels
□痰	sputum	□食あたり	a food poisoning	□血尿	blood in the urine

スマホユーザーのためのお役立ちアプリ紹介

　日本においてほぼ100％の普及率を誇る身近な携帯電話のなかでも、最近では特にスマートフォン（スマホ）の割合の伸びが著しく、日本人のふたりにひとりがもつまでになった。アプリと呼ばれるソフトウエアをインターネットからダウンロードして活用できるのがスマホの最大の魅力だが、ここではフィリピンを旅行するに当たり、実際に役立ちそうなものを厳選して紹介したい。

旅に出る前に活用できるアプリ

航空券手配の強い味方
スカイスキャナー Skyscanner
提供：Skyscanner
iPhone・アンドロイド　無料

　日程（日付）を指定すると、そのときの最安値の航空券を検索して表示してくれる優れたアプリ。全世界が対象で、さまざまな国の地方都市からの航空券検索も可能。国・地域全体の指定や直行／乗り継ぎなど細かな指定もでき、たいていの場合クレジットカードが必要だが、そのまま購入することができる。もちろん価格検索のみの利用も可能。

急なホテルの手配もOK
ブッキングドットコム Booking.com
提供：Booking.com
iPhone・アンドロイド　無料

　掲載数世界1位を誇るホテル予約サイト。いわゆるポイント制度はないが、高級から安宿まで幅広いランクのホテルを取り扱っている点が強み。後払い制が多く、たとえ直前にキャンセルがあったとしても、後払い制のため手続きが煩わしくないのがうれしい。

チェックリストを活用しよう！
グーグル・キープ Google Keep
提供：Google
iPhone・アンドロイド　無料

　旅行に出る前には、必要な荷物のリストや、現地でやりたいことリストなどをまとめたいもの。グーグル・キープは限られた時間のなかで、準備を確実かつ効率的に進めていくために役立つ「リストアプリ」。リストは必要連絡先などにも応用できる。あらかじめ登録されているサンプルリストのほか、自分流にアレンジも可能。

狭い機内でも快適に
シートグル SeatGuru
提供：TripAdvisor
iPhone・アンドロイド　無料

　アプリ内の'Seat Map Advice'で搭乗予定の航空会社名と便名を指定すると、機内のレイアウト図を表示してくれる。景色の見える窓側や、足元の広いシートかなどが一目瞭然。トイレの近くか？　座席にPC用の電源があるか？　など細かなところまでわかるので、チケット購入時や空港でのチェックインなど座席指定をする際にかなり参考になる。ただし英語のみ。

現地滞在中に活用できるアプリ

政府観光局のお墨付き
フィリピン トラベルガイド アプリ
提供：フィリピン政府観光省
iPhone・アンドロイド　無料

　フィリピンで代表的な観光地の案内、観光スポットの案内情報、連絡先、位置などの詳細情報を提供。スマホに内蔵されたGPS機能を生かし、「グーグルマップ」と連動したナビゲーション機能も付いている。政府観光省の提供する情報だけに、とても安心・信頼感がある。

通信可能場所がわかる
ワイファイ・ファインダー Wi-Fi Finder
提供：Frederik Lipfert
iPhone・アンドロイド　無料

　最寄りの公衆無線LANスポットを地図で紹介。無料／有料のほか、施設名と住所の情報表示がある。オフラインでも、地図の表示はできないが、事前にダウンロードしておいた情報を確認できる。自治体などの公共機関が提供する比較的安心できる無料電波のみ活用するのもよい。

世界の通貨をカバーする為替換算アプリ
XE カーレンシー XE Currency
提供：XE.com Inc.
iPhone・アンドロイド　無料

　フィリピン・ペソやUSドルのみならず、世界中の通貨について、最新の為替レートを取得、計算してくれるアプリ。国をまたぐ周遊旅行にも対応する優れものだが、手数料が加わる両替所や銀行などとレートは若干異なる。

427

ちょっとひと息コラム

スマホユーザーのためのお役立ちアプリ紹介 -続-

世界的に有名な格安インターネット電話
スカイプ Skype
提供：Skype
iPhone・アンドロイド　無料

音声通話は、本体のSIMカードを現地のものに差し替えて使用する方法もあるが、ふだん使用している電話番号が変わってしまうことが最大の難点だ。その点、スカイプは専用の固定番号が持てるのがメリット。あらかじめIDを交換しておいた相手先に対しては無料で通話が可能。クレジットを購入することで、それ以外の世界中の電話に低価格でかけられる。ただし、インターネット回線を介しての通話なので、通信会社の通話と比較し、通話のクオリティは若干劣ってしまう。重要な会話は通常の通信回線を利用するなど、うまく使い分けるといいだろう。

内蔵のカメラを高性能に
ア・ベター・カメラ A Better Camera
提供：Almalence
アンドロイド　無料（一部有料）

スマホ内蔵のカメラに、露出計測・補正、ホワイトバランスの調整など、より本格的な撮影機能が備わるようになるアプリ。夜景、室内などシーンモードも付きデジカメに劣らない機能が満載。ただし物理的にカメラのレンズなどが変わるわけではないことと、ダウンロード自体は無料だが、使う機能によっては一部有料のものもあるので、使用している途中で表示されるメッセージなどをよく確認し注意したい。

世界的大手IT企業の信頼感
グーグルGoogle翻訳
提供：Google
iPhone・アンドロイド　無料

現地の言葉を入力すると、日本語や英語へ訳してくれる便利なアプリ。手入力のみならず、音声からの入力や画像（写真）からの入力も可能。非常に画期的だが、インターネットに接続されている環境のみで動作し、通信環境に依存することから認識時間・翻訳精度など使い勝手にやや難がある印象。

簡単・シンプルにコミュニケーション
指さし会話アメリカ英語
touch & talk LITE
提供：YUBISASHI　iPhone・アンドロイド　無料（一部有料）

旅行会話集『旅の指さし会話帳』のアプリ版。場面ごとに実際の旅行の行動に使えるフレーズを厳選して収録され、イラスト入りの文章や単語を指さすだけの手軽さ。オフラインでも使えて通信環境を気にする必要がない。すべてネイティブスピーカーのチェック済み。

緊急時の備えとして
医療相談トランスレーター
提供：Universal Projects and Tools S.L.
iPhone　無料

英語がある程度できる人でもあまりなじみのない、医学的専門用語に特化した翻訳アプリ。病院のお世話になってしまったとき、日本語が話せない医師に症状を伝えるのに役立つ。持病やアレルギーなどの、健康面の個人情報もあらかじめ登録可能。

上に紹介したもののなかには、普段なじみのないアプリがあるかもしれないが、せっかくもち慣れたスマホを旅に持参するのであれば、この機会にこれらのアプリや、ほかによいものがないか探してみるのもおもしろいかもしれない。
また、インターネット環境の確保については、日本からレンタルのモバイルルーターを持参する、あるいは現地でSIMカードを調達するなど、自分のスタイルに合わせて選択しよう。

アプリを駆使してスマートに旅しよう

Studying about the Philippines

フィリピン百科

P.430	地理
P.431	自然と動植物
P.432	歴史
P.434	政治
P.435	経済
P.436	信仰とアイデンティティ
P.437	文化
P.438	タガログ語入門

429

地理

フィリピンは火山の島

太平洋の西、アジア大陸に沿って北から南に連続する島々は環太平洋造山帯といわれ、活発な地殻変動を繰り返している。日本列島もその造山帯に属している。大ざっぱに考えると、フィリピンの島々も同じ成り立ちと考えてもよいだろう。地質は変化に富み、各所に大きな断層帯が走り、多くの火山をもつ。

大小7109にも及ぶフィリピンの島々の成り立ちを考えるとき、一番大切なのが褶曲（しゅうきょく）だ。褶曲とは簡単にいうと地球規模のしわ。フィリピンは大きく3つの褶曲帯によって仕切られている。このしわが陥没し海峡ができたり、一部隆起して島が生まれる。これらの地質的な活動は安定期に入っておらず、むしろ若い。大山脈あり無数の火山ありと変化に富む。さらに熱帯性気候で雨が多いため、熱帯雨林や珊瑚礁が発達し、すばらしい大自然を造りあげている。

なかでも火山は見るべきものが多い。その代表はルソン島南部にあるマヨン火山だ。標高2496mの活火山で、日本の富士山と同じく、ほぼ完全な円錐形をしている。

複雑な地形を代表するのがミンダナオ島。このフィリピン第2の巨大な島は、いくつかの山脈が入り組んでいるが、日本のそれと異なり、かなり不規則に並び山脈を突き破るように火山が見られる。なかでもアポ山は標高3144m、フィリピンの最高峰だ。ただ、この島は治安上の問題があり、旅行者が回れるのは海岸線の都市のみだ。

フィリピンには平野が少ない。比較的広い平野が見られるのがルソン島中央部だ。ヨーロッパの台地などとは異なり、川の浸食によって流れ出した土砂でできた沖積平野だ。これは日本の平野と同じスタイルで、山に近い地域では扇状地も見られる。

平野ではおもに米が作られており、山間部でも、特にルソン島中北部では、ライステラスと呼ばれる階段状の棚田が続く。ルソン島北部、イフガオ州バナウェの棚田がその典型で、ユネスコの世界遺産にも登録されている観光名所である。かなり高い所まで耕作されており、見る者を圧倒する見事な光景だ。小さな平野や盆地に町があり、高台の扇状地から山肌に波打つように広がる「千枚田」は、最もフィリピンらしい風景といえよう。

島々で異なる地理

島々は地方によりかなり異なった景観をもつ。人口密度が高いビサヤ諸島の島々は、ほとんど耕作し尽くされていて原生林は見られない。地質は石灰岩層が多く見られ、海岸線には浸食によってできた奇岩や洞窟などが目立ち、とても美しい。川の河口にはマングローブ林が続き、少し陸に入るとココヤシ林が広がっている。火山が多いのも特徴のひとつだ。

一方、パラワン島には火山がない。ビサヤ諸島の島々と異なり、急峻な山脈が続き、原始林も多く残っている。フィリピンの島全般にいえることだが、南側斜面は雨が多いため森林が発達しており、西側斜面は比較的乾燥しているため、乾地性の植物が多い。

また、火山や大山脈のほかに、特筆すべきは川から流れ出した水などにより浸食された地形だ。日本のように典型的なV字谷というより、大きく溝を掘ったような地形が多い。両側の斜面はあまりに急なために木が育たず、スケールの大きい見事な地層を見ることができる。

奇観として知られるのがボホール島のチョコレート・ヒルズ。まるでお椀をふせたような丘が無数に連なっている。これも特殊な浸食作用によって形造られたものだ。丘にはまったく木が生えておらず、乾季には丘を覆う草が枯れてチョコレート色に見えることからこの名がつけられた。

もちろん海もすばらしい。石灰岩層が露出しているために海岸の崖は白い。海水により岩が浸食され、遠くから見ると逆三角形をした小島がたくさん見られる。しかも水の透明度がすばらしく、海岸線近くまで見事な珊瑚礁が広がっている。サンゴもオーストラリアのグレートバリアリーフのようなスケールはないものの、種類が多く変化に富む。一般に珊瑚礁が切れる付近から海はどんと深くなっており、ダイビングには最適で初心者から上級者まで心ゆくまで楽しめる。

スールー群島には小さな火山島が点在し、ココヤシが茂る島の周りを珊瑚礁が取りまいている。世界遺産にも登録されているトゥバタハ岩礁自然公園の珊瑚礁は、東南アジア最大で、魚介類をはじめウミガメなどの海洋動物も多く生息する。そして、いかにも日本人が想像するような「南洋の島」が多い。

比較的大きな島は、熱帯雨林とともに広い沼地が広がっている。これらの地域ではサトウキビやカカオのプランテーションが見られる。

430

自然と動植物

多様なフィリピンの自然
●●●

　フィリピンの動植物を考えるとき、まず考慮したいのがその地理的位置だ。フィリピンのすぐ北側に台湾、南はスールー海、セレベス海を隔ててマレーシア、インドネシアの島々がある。台湾は世界的にも動植物の種類が多いことで知られるが、その生物群は中国大陸との共通種、類似種が多い。インドネシアやマレーシアも動植物が多く、ゾウやヒョウ、サイといった熱帯を代表する動物がいる。ただこちらは中国大陸の動植物とは異なる。

　フィリピンは、この中間に位置する。しかも数多い島々に分離されているために、より複雑な生物相を示している。動植物の基本的な構成はインドネシアやマレーシアと共通のものが多く、台湾とは距離的には近いものの、その影響は少ない。

　ただ台湾との共通種がないわけでもない。第四紀の寒冷期(紀元前)には海面が下がり、台湾とルソン島、ミンダナオ島は陸続きであったらしく、台湾そのものも大陸とつながっていたと思われる。そのとき南下した少数の生物群が生息している。

　その一例は、日本でおなじみのアゲハチョウだ。これは大陸の代表的な種で、インドネシアやマレーシアでは見られない。フィリピンには、アゲハチョウとそっくりなベンゲットアゲハがいる。このチョウは日本人が発見し、当時の学会で話題となった。現在アゲハチョウとベンゲットアゲハは同じ種類で、種分けするほどではない変わったものとして亜種とする人が多い。

ターシャなど珍しい動物も
●●●

　フィリピンの動物で特に有名なのはフィリピンメガネザル(ターシャ)だ。この仲間はサルといっても手に乗るほどの大きさで、何より極めて原始的タイプ。霊長目、人の研究をするうえで非常に重要な種類でもある。特にフィリピンの島に長く隔離され、原始的特徴が顕著な生きた化石でもある。サマール島、レイテ島、ボホール島、ミンダナオ島の一部に分布するが、現在は絶滅寸前の状況だ。残念だが、密猟もされていた。もちろんワシントン条約で厳重に輸出入は禁じられている(→P.283コラム)。

　もうひとつの珍しい動物が、ミンダナオ島のみにすむミンダナオジムヌラ、ハリネズミの一種だ。ハリネズミといっても針毛はなく見かけはただのネズミ。ただ頭骨などを調べていくと、かなり特殊に進化していて学術的にも極めて貴重だ。フィリピン最高峰アポ山とその近くのふたつの山(標高1700m以上)にすんでいる。

手に乗るサイズのターシャ

珍種が多いラン
●●●

　植物は区分でいうとマライ諸島区系に入り、台湾の東アジア区系とは分けられる。高温多湿なので森林が発達し、種類も多い。なかでもその森林に着生するランの仲間には珍種が多い。フィリピンの森林の特徴は、案外低木が多く林内が明るいこと。チーク材なども多い。また、かつて森林だった所を切り開いた所は草原となっていて、サバンナのような雰囲気もある。

　フィリピンの動植物は、その中心となる生物区の端に位置し、しかも島となったため隔離されて純粋な系統をもつものが次々と発見されてきた。また、その数や分布エリアがかぎられているものが多いのも特徴だ。まだこれから珍しい生物が発見される可能性は大きい。ただ、珍しい動植物が発見されると、天然記念物に指定される前に誰かに捕らえられ、輸出されることも少なくない。その送り先の大半が日本であるというのも悲しい事実だ。そこには、動植物を単なる商売道具としかみない人間たちの傲慢さが見てとれる。

ミンダナオ島には多くのランが自生している

歴史

次々と移入した人々
...

現在、フィリピンに住んだ最も古い人類とされているのは、2万2000年前の旧石器時代の人々で、パラワン島の洞窟から頭蓋骨が発見されている。フィリピン諸島は当時、まだアジア大陸と陸続きだった。その後水面が上昇し、アジア大陸から分離したフィリピン諸島には、東南アジアの人々が数回にわたって移動してきた。

紀元前300～200年になると、マレー人などがやってきて先住民族と溶け込み、現在のいくつかの少数民族の先祖となった。その後、14世紀から16世紀にもマレーから人々が入ってきた。現在のフィリピンの人々はこのような歴史のうえに成立している。したがってフィリピンでは数多い独自の言語が話され、タガログ語が公用語ではあるが、島によっては通じないところもある。文化も地域、島によってかなり異なっている。

イスラムの波
...

15世紀に入ると、イスラム教がマレー半島、インドネシアの島々、ボルネオ島経由でフィリピンにも入ってくる。ミンダナオ島にはセリフ・カブングスアン（Serif Kabungsuan）がやってきて、全島はたちまちイスラム化した。16世紀にはマニラはイスラム王国と化していたという。

この時代に登場するのが、有名なフェルディナンド・マゼランだ。彼はスペイン王の名において、セブ島の内戦を口実に介入。マクタン島での衝突で負傷し、それがもとで死亡した。1521年のことである。

マゼランのフィリピン到達後、スペイン軍は遠征隊を送り込み、次々と島を占領、1571年にはマニラを陥落させた。その後スペイン人はイスラム教を排し、キリスト教を広めた。かつて十字軍をアラブに送り、力で人々をねじふせることに失敗した歴史をもつキリスト教の人々は、宣教師を送りフィリピン人にその教えを広めていった。

この頃、メキシコとの交易も盛んとなったが、スペイン政府はあまりこの傾向を好まず経済活動全体が停滞し始める。

1860年に入るとスペイン本国に内乱が発生する。これと並行するようにフィリピン国内では知識階級による自由獲得運動が盛んになり、やがて農民の一揆やキリスト教内の分裂など騒然とした雰囲気となっていった。驚いたスペイン政府は激しく弾圧し、多数の死者を出したが、一時的な効果しか上げることができず、1892年には有名な秘密結社「カティプーナン」の武装蜂起が起こる。この武装蜂起は4年後のフィリピン革命へとつながっていく。

最初はルソン島のタガログ地方が中心であったが、フィリピン全域に広がった。スペイン政府は首謀者を処刑したり、金品による懐柔策を駆使したが、結局民衆の反スペイン感情は抑えられなかった。

アメリカの干渉
...

1898年、かねてよりスペインと犬猿の仲だったアメリカが、大艦隊でマニラ港に入ってきた。しかもフィリピン独立の立役者で、香港に亡命していたエミリオ・アギナルドとも手を結んでいた。スペインはアメリカに負け、なんと2000万ドルでフィリピンをアメリカに売った（米西戦争）。

この過程でアメリカがスペインに取って代わって植民地化しようとしていることを知ったアギナルドは、アメリカと鋭く対立。自らフィリピン共和国の大統領となって戦った。しかし、アメリカの近代兵器には勝てず捕らえられ、ここにアメリカが完全にフィリピンを占領することとなる。

アメリカは当初、植民地政策をとっていたが、やがてフィリピン人の自主統治へと移行させようと考えていたために有能なフィリピン人を育成した。しかし、この政策は上滑りをし、かえってフィリピン人の自立意識を高めていくことになる。そんななかフランクリン・ルーズベルト大統領は「フィリピン＝コモンウェルス」を樹立させた。これにより、フィリピンはまがりなりにも固有の政府と大統領（ケソン M. L. Quezon）をもつこととなった。ただし、この政府はアメリカによる傀儡政権であったとみるほうが自然だろう。

日本の侵略
...

第2次世界大戦中の1941年暮れ、日本軍がフィリピンに上陸した。侵攻は速く、半月後にはマニラを占領。フィリピン軍とアメリカ軍は日本に抵抗を続けたが、効果は上がらなかった。そんななかで、共産主義者や社会主義者を中心とするゲリラ組織「抗日人民軍・フクバラハップ」が組織され、徹底したゲリラ活動を展開し始める。1944年に入ると日本軍の力もぐんと落ち、翌年にはアメリカ軍がフ

フィリピンに上陸した日本軍の模型

ィリピンを奪回した。

　1946年にはフィリピン共和国が発足し、自由党中心の政府ができあがった。しかし自由党は徐々に腐敗し、失政が続いた。それを見かねたアメリカは、国民党のマグサイサイを後押しして改革を断行。以降、アメリカ主導型の政権が続くこととなる。

マルコスの独裁体制

　アメリカ主導下にあったフィリピンは、国民党と自由党の2大政党によって政治が行われていたが、1965年に自由党のフェルナンド・E・マルコスが大統領になると、マルコス独裁の時代へ入る。

　マルコスは、1972年に戒厳令を施行。経済開発を最優先課題とし、輸入促進のための平価切り下げ、官僚制度の整備、外交面では社会主義諸国と国交を結ぶなどして、ある面では成功をおさめていた。

　しかし、政権後半になると彼の取り巻きが経済的権益を支配する傾向が顕著になり、社会の矛盾はより深まっていった。テロやゲリラ事件は日常化し、マルコスはイスラム教徒ゲリラ（モロ民族解放戦線MNLF）と裏取引などを試みたが、失敗に終わる。内外ともに、マルコスの失政を糾弾する声が高まっていった。そんななか、1983年8月、政敵であったベニグノ・アキノ元上院議員が暗殺された。

「フィリピン民主主義」の可能性

　1986年2月25日、フィリピン全土で民衆の不満が爆発した。選挙における政府の不正事実が発覚。民衆はこれに怒り、独裁者マルコスを国外へと追い出したのだ。この間の経過は全世界にテレビを通じて生中継され、日本にもダイレクトで伝わってきた。かつて独裁者はマスコミを抑え込み、都合のよい偏った報道をたれ流して人々を抑えつけてきたが、衛星放送など全世界のテレビネットワークによって、ごまかすことができなくなった事件だ。

　その後も、アキノ、ラモス、エストラーダと政権が替わるたびに、数多くの政治ドラマが繰り広げられた。2001年1月に多くの民衆の支持を得て新大統領に就任したアロヨ氏は10年間、貧困の撲滅、国民に政治不信をもたらした汚職の追放、政治倫理の確立、治安の改善、反政府勢力との和平交渉による国民宥和政策を目指してきた。アロヨ大統領の人気は一進一退で、大統領の取り巻きたちの汚職事件も取り沙汰されたこともある。だが、反政府勢力との和平交渉、イラク戦争へ参加した軍の撤退声明など、難しい局面に勇気をもって対処する姿に、国民の多くは凝視しながらも信託していたようだ。2010年5月にはベニグノ・アキノ3世が多くの民衆の支持を得て大統領に就任。高い支持率を維持し、汚職の撲滅やインフラ整備などの投資環境の整備を行った。2016年には、元ダバオ市長のロドリゴ・ドゥテルテが大統領となっている。

セブのマクタン島にある、マゼランに対抗した英雄ラプラプの像（→P.247）

政治

一筋縄ではいかないフィリピン
●●●

フィリピンの国民総生産GNPは緩やかではあるが確実に上昇している。「GNP上昇＝生活が豊か、政権安定」と考えがちだ。しかし、どうみてもフィリピンの人々はまだまだ貧しく見えるし、政権が安定しているようには見えない。その原因は共産ゲリラ問題をはじめ数々あるが、その根底にあるのは、国民が等しく富むのではなく、利益が一部の人々にしか還元されていない点にあるといっていい。

ひとつの例を紹介しよう。農業生産をアップさせるために山を切り開き、サトウキビ畑やココナッツ林を造る。確かに生産は伸びるが、無計画に木材が切り出された森林は雨季の多量の雨を受け止めることができなくなり、下流に慢性的な洪水を引き起こす。この地域に住む人たちは下層の労働者だ。逆に干ばつになったとき、飲める水がない。こういうところで働いている人たちは1日1食がやっと、それもサトウキビをかじる場合も多いという。

大農園を牛耳る一部の人は、少々の天災に遭っても増産を考えれば結局プラスとなる。だから一向に農園を広げることをやめない。さらに、その地主たちが地方政治家となっている場合も少なくない。マルコス統治時代にできあがった経済システムは、ラモス政権（1992〜1998年）になっても、改善されなかった。アキノ政権（1986〜1992年）も華人の血を引く大農園主の出身で、人々の反発は消えなかった。

1998年の大統領選挙では、貧困層の圧倒的な支持を得て、エストラーダ大統領が圧勝した。しかし、縁故主義と多くの汚職疑惑により辞任に追い込まれ、それはフィリピン史上初の大統領弾劾裁判にまで発展した。

そして、2001年1月20日、中産層以上の市民が原動力となった「ピープルパワー」（アキノ政権樹立のときと同じく群衆がエドゥサ通りに集結したため、第2エドゥサ革命と呼ばれる）により、アロヨ新政権が発足。2004年に再選され、貧困対策や雇用の改善、経済成長の促進などに功績を残した。2010年5月には大統領選が行われ、民主主義の英雄として尊敬される故コラソン・アキノ元大統領の長男ベニグノ・アキノ3世が、前々大統領のエストラーダに大差をつけて当選。2016年には元ダバオ市長のドゥテルテ大統領が就任し、薬物や汚職対策、ミンダナオ和平などを重要課題として掲げている。

少数民族問題
●●●

地理的背景に加え、その歴史的背景から、フィリピンには数多くの少数民族が住んでいる。多くは山深い所に住んでいて、一見中央の政治には関心がない。一族のことは一族で決めていく。そういう彼らは、自分たちの住む土地をわざわざ政府に「私たちの土地です」と申告するはずもない。

ところが、政府はそういう土地を国有地としている。それだけなら問題はないのだが、とんでもない法律がある。「10年間土地税を払い続けるとその人に払い下げ不動産登記ができる……」というものだ。つまり、勝手に少数民族の土地を私の土地ですといって税を払い続けていると、10年後には自分のものになるわけだ。有効な政策はなかなかできず、その間に大きな社会問題となってしまった。今もなお、その問題は解決されずにいる。

反政府勢力との関係
●●●

新人民軍NPAが結成されたのは1969年3月だ。反ファッショ統一戦線として、ファシズム的勢力を主要な敵とし、統一戦線を組もうという方針だ。

NPAは、共産党やかつての抗日ゲリラの流れをくんでいる。山の中に解放区をつくり、それが数多くなると、無数の点となる。それからその点を結び、解放区を広げていこうという考え方だ。だから、統一された司令部からの戦略によって動くことはなく、地域ごとに判断して行動する。これほど抑えつけにくいものはなく、まるでモグラたたきをしているかのような状況なのだ。現在も、全国にこの点の解放区が散在しているという。政府との対話、和解は難しい。というのも、ラモス、エストラーダ、アロヨ、そしてアキノ3世と政権が替わってきたにもかかわらず、その経済・軍事的構造上、アメリカの意向抜きには政治が動かない仕組みができているからだ。

アロヨ前大統領は、国民宥和政策を訴えてきたが、その現実は厳しかった。NPAだけでなく、ミンダナオなどには国際的な組織とのつながりがうわさされるイスラム武装組織（アブ・サヤフ）が勢力を保持しており、アロヨ政権は、アメリカとイスラム勢力との狭間で難しい舵取りを迫られていた。

2012年10月15日には、40年以上戦闘が続いた政府とモロ・イスラム解放戦線（MILF）との間に和平合意が結ばれ、一歩前進はした。だが、パレスチナやイラクの問題が世界に拡散し、「文明の衝突」が現実化しつつある現在の世界情勢を考えると、今後も予断を許さない状況だといえる。（→P.351）

経済

フィリピン華人の活躍がわかる菲華歴史博物館(マニラ)

中国系フィリピン人の活躍

約350年間、フィリピンはスペインの植民地であった。米西戦争以後は約50年間、アメリカに統治される。そんな歴史的背景からフィリピン経済を支えてきたのは、旧スペイン系財閥やアメリカ系企業であった。ところが、1984年にフィリピンの国民的ビール、サンミゲル社の経営が旧スペイン財閥から中国系のコファンコ財閥へと変わったあたりから中国系の台頭が目立つようになってくる。

フィリピン人は自らをピノイと呼び、中国系フィリピン人をチノイと呼ぶ。スペイン人がやってくるはるか前から、中国との交流が盛んだったフィリピン。国民的英雄である独立指導者、ホセ・リサールは中国商人の末裔であり、スペイン人や日本人の血も引いている。マルコス大統領も、コラソン・アキノ大統領も中国人の血を受け継いでいる。こうなるとすでにピノイ、チノイという分け方そのものが無意味のようにも思えるが、何代も前の先祖に中国人がいる場合や他の民族とも混血している場合は、メスティーソと呼ぶことはあっても、チノイとは呼ばないようだ。

長者番付に名を連ねる人々

以下は、アメリカの経済誌『フォーブス』が掲載した2018年のフィリピン長者番付だ。

1位　シー家　172億米ドル
　　　SMインベストメンツ
2位　マヌエル・ビラー　66億米ドル
　　　スター・モール、建設
3位　ジョン・ゴコンウェイ・Jr.　53億米ドル
　　　JGサミット・ホールディングス
4位　エンリケ・ラソン・Jr.　51億米ドル
　　　コンテナ、ターミナルサービス
5位　ジャイム・ゾベル・デアヤラ　37億米ドル
　　　アヤラ・グループ
6位　ルシオ・タン　36億米ドル　たばこ、タンドゥアイ、ホテルなど
7位　トニー・タン・カクティオン　30億米ドル
　　　ジョリビー・フード・コーポレーション
8位　ラモン・アン　28億米ドル　サン・ミゲル
9位　ティ家　26億米ドル　メトロバンク
10位　アンドリュー・タン　25億米ドル
　　　不動産、酒など

ほとんどが中国系の名字であることにお気づきだろうか。1位のシー家は、フィリピン各地に大型ショッピングモールを展開するSMデパートの経営者である。6位のルシオ・タンは、フィリピンのフラッグキャリアであるフィリピン航空や国民的な人気のラム酒タンドゥアイなどを多角的に経営している。マレーシアやシンガポール、インドネシアなどの東南アジアの多くの国々と同様に、フィリピンでも少数派である中国系に富が集中しているのがわかるだろう。

世界一の出稼ぎ国

新たなチャンスを求めて中国からフィリピンに移住し、今やフィリピン経済の中枢を担うチノイ。そんなチノイとは対照的に、ピノイは海外からフィリピン経済を支える。国民の実に10人にひとりが出稼ぎに出て国外で働いているともいわれ、その数は世界でも最大規模。フィリピンに住む家族への送金は、家族ばかりでなく国家にとっても貴重な収入になっている。

2004年、イラクでフィリピン人トラック運転手が武装勢力に誘拐されたときのこと。そのときの釈放の条件は、フィリピン軍のイラクからの即時撤退であった。アロヨ前大統領は少しも躊躇することなく、軍を引き上げた。当時、イラクにいたフィリピン人労働者は、約4000人といわれている。

中東では100万人以上、世界全体では1000万人以上のフィリピン人が働いている。アメリカの顔色をうかがうよりも、国の財政の1割を支える海外労働者の安全を確保するほうがはるかに重要なのだ。

悩める悪循環

貧困層だけでなく、エリート層も海外へ出てしまう。もちろん出稼ぎ目的ではない。よりよいチャンスを求めて、おもにアメリカに渡ってしまうのだ。

優秀な人材は海外へ……。頭脳流出のため、ますますフィリピン国内に新たな産業が育ちにくくなる。フィリピン経済は悪循環から抜け出せないままだ。

信仰とアイデンティティ

アジア唯一のカトリック教国

・・・

スペインの植民地であったフィリピンは、アジア唯一のカトリック教国である。そのせいか、東南アジアの他の国々とは少々雰囲気が違う。フィリピンは東南アジアというよりも「ラテンアジア」とでも呼ぶほうがぴったりかもしれない。

フィリピンでは、9月になると待ちかねたかのようにクリスマスが始まる。町のあちこちでクリスマスの飾りつけを目にしたり、クリスマスソングを耳にしたりするようになる。フィリピンのクリスマスは4ヵ月も続くため、なんと1年の3分の1はクリスマスを祝っていることになる。

また、聖週間には、会社もレストランも映画館も、さらには公共交通機関さえもがいっせいに休業する。聖週間はイースター前の1週間のことで、毎年だいたい3月末から4月半ばである。この期間には教会へ出かけ、それぞれが家族と一緒に家で過ごす。時期も期間もちょうど日本のゴールデンウイークのような聖週間だが、単なるバケーションとはニュアンスが違う。フィリピン人にとって、宗教は欠かせない生活の一部でもあるのだ。

聖金曜日には、ルソン島パンパンガ州サン・フェルナンドで磔（はりつけ）が行われる。敬虔なカトリック信者がキリストの受難を体験するために、自らが十字架の磔になるのだ。毎年3人が選ばれるのだが、自らを傷つけるむち打ちながら、覆面をかぶった上半身裸の男が大勢練り歩く。この奇祭はクルシフィクション Crucifixion（磔刑）と呼ばれ、国内外から多くの観光客が訪れる。

少数派のイスラム教徒

・・・

1521年、マゼランはマクタン島で酋長ラプラプに討たれる。ラプラプはイスラム教徒であった。その後、フィリピンはスペインの植民地となり、多くの人々がカトリックとなった。現在国民の83%がカトリックであり、イスラム教徒は5%である。スペインの侵攻が遅かったパラワン島、ミンダナオ島、ホロ諸島は、今もイスラム教徒が多い。もちろん多くのイスラム教徒は善良な市民であるが、特にホロ諸島についてはイスラム系過激派アブ・サヤフやモロ・イスラム解放戦線の問題が残っている。

また、宗教とともに昔ながらのアニミズムも残っている。精霊の存在を信じている人が多く、具合が悪くなると呪術師に診てもらう習慣が今もある。ネズミを殺すと仲間が仕返しにやってくるからと、駆除を嫌がる人もいる。人々は自然への畏怖や崇拝の念をもって生きているのだ。

イージーマネーがお好き？

・・・

明るくフレンドリーな国民性のフィリピン人。そのホスピタリティを生かし、世界中に看護婦、ベビーシッター、家政婦として出稼ぎに出ている。国民の10人に1人が出稼ぎ人として海外で働いているといわれ、その家族は仕送りをあてにして生活している。

フィリピン国内は、慢性的に仕事が不足している状態だ。そのため、貧富の格差が大きい。富裕層は堅実に蓄財や子弟への教育を重んじるが、貧困層には消費や賭博などを好む傾向が見られる。いわゆる「宵越しの金は持たない」のである。

庶民に人気のテレビ番組は、簡単なクイズに正解すると賞金がもらえるような内容である。日本なら「一攫千金」、「濡れ手で粟」、「棚からぼた餅」とでもいおうか。フィリピンでは、これを「イージーマネー」と呼ぶ。町なかに宝くじ屋や質屋が多いのも、イージーマネーを好む傾向の表れであろう。

アイデンティティも"ハロハロ"な人々

・・・

フィリピン人はもともとマレー系であるが、混血の人が多い。そのなかでもスペイン、アメリカに支配されていたため、スペイン系、アメリカ系が、マゼラン到来以前は中国との交流が盛んだったため、中国系フィリピン人が多い。

フィリピン人は自らをピノイ、中国系をチノイと呼び、明らかに一線を画すが、そこに差別があるわけではない。ひと口にフィリピン人といっても、さまざまなルーツと背景をもっているのだ。

そして、フィリピン人はさまざまな国の文化を吸収している。日本のアニメや日本製品、日本食などもその例だ。たこ焼き屋、スイートコーンの屋台や、日の丸や日本のアニメを車体に描いたジプニーなどをよく見かける。フィリピン定番デザート「ハロハロ」も、もともとは日本のあんみつやみつ豆の要領で、戦前に日本人移住者が現地で売り出したかき氷がルーツである。ちなみに「ハロハロ」とはタガログ語で「混ぜこぜになった」という意味である。

フィリピンの人たちをひとくくりにして捉えようとするのは、非常に難しい。フィリピンという国を言い表すのであれば、"ハロハロな国"、つまりさまざまな人種と文化が混ぜこぜになっている国なのである。

文化

バシラン島に住むヤカン族

生き続ける少数民族の文化
・・・

フィリピンには7109もの島があり、100以上の民族が住み、80もの言語が話されている。フィリピン人の約95％がマレー系であるが、中国人やスペイン人、アメリカ人などとの混血はかなり進んでいる。スペイン、アメリカによる植民地支配も長かった。いわゆるバリクバヤンと呼ばれる海外からの出稼ぎ帰りも多い。日本の近代化が欧米化であったように、フィリピンの近代化もまた欧米化であった。

そんなフィリピンにあって少数民族は、文字どおりの少数派である。しかし、独自の文化を継承している民族が多い。しかも、山岳民族や海洋民族など、それぞれが特徴をもっている。外国からの侵略を受ける前、まだフィリピンという国すらなかった頃の文化が、今も息づいているのだ。

対外的な影響をあまり受けなかったということは、侵略されにくいほどに辺鄙な場所だということ。スペインの侵攻が遅かったパラワン島、ミンダナオ島、ホロ諸島やルソン島北部のコルディレラ地域などに、昔ながらの文化を継承する民族が多い。

スールー海を漂流しながら暮らすバジャオ族

独自の文化をもつ人々
・・・

例えばパラワン島に住むバタック族は、男女とも上半身裸で暮らしている裸族の人々だ。バジャオ族は基本的にはスールー海の漂海民だが、一部はミンダナオ島のサンボアンガの水上住宅で暮らす。

パラワン島のバタック村に住むバタック族

ミンダナオ島にはティボリ族など織物の得意な民族も多いが、祭りなどの特別な日以外は彼らといえどもすでに民族衣装は着ていない。

ルソン島北部のコルディレラ地域でも、やはりすでに民族衣装を着ている人は少ない。しかし、ボントックでは今もふんどしを締めたおじいさんや蛇の骨を頭に巻いたおばあさんの姿を見ることができる。バナウェ周辺には、バタッドやバンガアンなどの棚田がある。イフガオ族によって2000年もの間、受け継がれてきた棚田はユネスコの世界遺産に登録されている。残念ながら後継者不足のため、美しい棚田を確実に見るには早く訪れることをおすすめする。バナウェでも棚田は見られるが、もう少し足を延ばしてみるほうがよい。少々アクセスが困難であるが、とりわけバタッドの棚田が美しい。村にはライフラインがなく、夜はろうそくをともす。棚田にホタルが乱舞する様は一見の価値がある。

各国の影響を受けて発達
・・・

スペインが残した文化を見るには、ルソン島北部のビガンを訪ねてみるとよい。ビガンにはコロニアル様式の町並みが残っている。石畳の上を馬車が走っている風景は、やはり旧スペイン領であった中南米に残るコロニアル様式の町でもなかなか見られるものではない。

中国とメキシコを結ぶガレオン貿易の拠点として栄えたビガンは、中国やメキシコの影響も受けている。ビガンは、フィリピンの歴史そのものが刻まれた町といえよう。世界遺産にも登録されている、フィリピンに4ヵ所あるバロック様式の教会も必見だ。スペインの様式でありながら、レリーフにヤシの木が彫られたり、狛犬が置かれたりしている。ビガン同様にいろいろな文化がミックスされた、フィリピンの文化を象徴している。

ルソン島北部の山奥に住むイフガオ族

タガログ語入門

　アメリカ統治時代の名残もあり、フィリピンでは英語がよく通じる。しかし、フィリピン人同士の会話で英語はあまり使わない。だから、外国人がタガログ語を少しでも話せばとても喜んでもらえる。
　タガログ語はフィリピンの公用語であり、マニラを中心としたルソン島中央部で使用されている言葉を基本としたもの。フィリピンには80前後の言語があり、142前後の方言があるといわれているが、現在ではテレビなどの普及にともない、タガログ語を理解する人々が地方でも増えているようだ。

■まずは基本表現から

日本語	タガログ語	読み
はい／いいえ	Oo ／ Hindi	オオ／ヒンディ
おはよう	Magandang umaga	マガンダン ウマガ
こんにちは	Magandang hapon	マガンダン ハポン
こんばんは	Magandang gabi	マガンダン ガビ
さようなら	Paalam	パアラム
お元気ですか？	Kumusta ka?	クムスタ カ？
元気です	Mabuti naman	マブティ ナマン
ありがとう	Salamat(po)	サラマット（ポ）
どういたしまして	Walang anuman	ワラン アヌマン
ごめんなさい	Pasensya na kayo	パセンシャナ カヨ
わかりました	Naintindihan ko na	ナインティンディハン コ ナ
わかりません	Hindi ko, naiintindihan	ヒンディ コ ナイインティンディハン
助けてください	Pakitulungan ako	パキトゥルーンガン アコ
やめてください	Tama na	ターマ ナ
何ですか？	Ano ho?	アノ ホ？
本当ですか？	Talaga?	タラガ？

■質問をする

～はどこですか？　Nasaan(Saan)～?　ナサアン(サアン)～?
（例文：トイレはどこですか？）→Nasaan ang C.R.?　ナサアン アン シーアール？

～は何／どんなですか？　Ano～?　アノ？
（例文：あなたの名前は何ですか？）→Anong pangalan mo?　アノン パンガラン モ？

なぜ～ですか？　Bakit～?　バーキット？
（例文：なぜ閉まっているのですか？）→Bakit sya sarado?　バーキット シャ サラード？

誰ですか？　Sino?　スィーノ？
（例文：あの人は誰ですか？）→Sino sya?　スィーノ シャ？

いつですか？　Kailan ?　カイラン？
（例文：これはいつ建てられたものですか？）→Kailan itinay 'to ?　カイラン イティナヨト？

いくらですか？　Magkano～?　マッカーノ？
（例文：それはいくらですか？）→Magkano yan?　マッカーノ ヤン？

いくつですか？　Ilang～?　イラン？
（例文：あなたは何歳ですか？）→Ilang taon ka na?　イラン タオン カ ナ？

フィリピン基本単語集

曜日・数	タガログ語	読み
日曜日	Linggo	リンゴ
月曜日	Lune	ルネス
火曜日	Martes	マルテス
水曜日	Miyerkoles	ミエルコレス
木曜日	Huwebes	フウェベス
金曜日	Biyernes	ビイェルネス
土曜日	Sabado	サバド
1	isa	イサ
2	dalawa	ダラワ
3	tatlo	タトロ
4	apat	アパット
5	lima	リマ
6	anim	アニム
7	pito	ピト
8	walo	ワロ
9	siyam	シャム
10	sampu	サンプ

どのように～？　　　　Paano～？　　パアーノ？
（例文：駅へはどのように行くのですか？）→Paano pumunta ng istasyon?　バアーノ プムンタ ナン イスタション？

～はありますか？　　　Mayroon ba kayong～？　マイロオン バ カヨン～？
（例文：部屋はありますか？）→Mayroon ba kayong kuarto?　マイロオン バカヨン クアルト？

～してもいいですか？　Puwede bang～？　プエデ バン？
（例文：お聞きしてもいいですか？）→Puwede bang magtanong?　プエデ バン マグタノン？

■自己紹介をする ■ ■ ■ ■ ■ ■ ■ ■ ■ ■ ■ ■ ■ ■ ■
私／あなた／彼（彼女）　Ako　アコ／Ikaw　イカウ／Siya　シャ
私は太郎です　　　　　Ako ay si Taro　アコ アイ シ タロウ
私は日本人です　　　　Ako ay hapon / hapones　アコ アイ ハポン／ハポネ

■ホテルに泊まる ■ ■ ■ ■ ■ ■ ■ ■ ■ ■ ■ ■ ■ ■ ■
部屋はありますか？　　Mayroon ba kayong kuarto？　マイロオン バ カヨン クアルト？
部屋代はいくらですか？　Magkano ba ang room-rate？　マッカーノ バ アン ルームレート？
部屋はどこですか？　　Saan ang kuarto ko？　サアン アン クウァルト コ？

■両替所で ■ ■ ■ ■ ■ ■ ■ ■ ■ ■ ■ ■ ■ ■ ■ ■ ■ ■
両替してください　　　Pakipalit ang pera　パキパリット アン ペラ
小銭もください　　　　Gusto kong magpabarya　グスト コン マグパバルヤ

■レストランで ■ ■ ■ ■ ■ ■ ■ ■ ■ ■ ■ ■ ■ ■ ■ ■
メニューを見せてください Patingin ng menu　パティンギン ナン メヌ
注文をお願いします　　Pwedeng umorder　プウェデン ウモルデル
ビールはありますか？　　Meron bang beer？　メロン バン ビア？
もう1杯ください　　　Isa pa　イサ パ
おなかがすきました　　Gutom na ako　グトム ナ アコ
満腹です　　　　　　　Busog na ako　ブソグ ナ アコ
おいしいです　　　　　Masarap　マサラップ
お勘定をお願いします　Bayad　バヤッド

■買い物で ■ ■ ■ ■ ■ ■ ■ ■ ■ ■ ■ ■ ■ ■ ■ ■ ■ ■
これは何ですか？　　　Ano ito？　アノ イト？
1kgいくらですか？　　Magkano？　マグカノ？
安くしていただけますか？ Wala bang discount？　ワラ バン ディスカウント？
これをください　　　　Kukunin ko'to　ククーニン コ ト

■乗り物で ■ ■ ■ ■ ■ ■ ■ ■ ■ ■ ■ ■ ■ ■ ■ ■ ■ ■
降ります！　　　　　　Para!　パーラ！
ここです　　　　　　　Dito na lang　ディトナ ラン
ここで待っていてください Pakihintay dito　パキヒンタイ ディト
クバオまでお願いします　（Hanggang）Sa Cubao　（ハンガン）サ クバオ

レストラン
基本単語集

食堂
kainan
カイナン

食べ物
pagkain
パグカイン

コーヒー
kape
カペ

ミルク
gatas
ガタス

砂糖
asukal
アスカル

塩
asin
アスィン

こしょう
paminta
パミンタ

魚
isda
イスダ

野菜
gulay
グーライ

エビ
hipon
ヒポン

牛
baka
バカ

豚
baboy
バボイ

チキン
manok
マノック

ご飯
kanin
カニン

バナナ
saging
サギン

パイナップル
pinya
ピニャ

マンゴー
mangga
マングアー

スイカ
pakwan
パクワン

スプーン
kutsara
クチャラ

ピクルス
atsara
アチャラ

ボトル
bote
ボテ

グラス
baso
バソ

INDEX

———— 島・半島・諸島 ————

ア カ

アポ島	264、317
カタンドゥアネス島	223
カピラオ島	288
カモーテス諸島	248
カラウィット島	382
カラミアン諸島	377
北パンダン島	171
ギマラス島	328
クヨ諸島	384
クロコダイル島	295
グヤム島	347
コレヒドール島	153
コロン島	382

サ タ ナ

サマール島	303
サンタクルス島	351
シアルガオ島	345
シキホール島	313
スミロン島	264
セブ島	228
ダク島	347
ネイキッド島	347
ネグロス島	309

ハ

バターン半島	161
バナイ島	325
パミラカン島	298
パラワン島	353
バリカサグ島	288
パングラオ島	284
バンタヤン島	268
ハンドレッド・アイランズ	198
ビガン島	374
ビサヤ諸島	225
ピナシル島	374
ブスアンガ島	378
ペスカドール島	264
ボホール島	272
ボラカイ島	290

マ ラ

マクタン島	245
マラパスクア島	269
マリンドゥケ島	136
ミンダナオ島	335
ミンドロ島	169
ラカウォン島	310
ルソン島	131
レイテ島	321

———— 市町村および地域・州 ————

ア

アニラオ	141
アラミノス	198
アレン	306
アンゴノ	103
アンティキエラ	278
アンヘレス（クラーク）	157
イロイロ	326
エルニド	366

（右段）

エルニド・タウン	367
エルミタ	95
オスロブ	264、267
オルティガス・センター	93
オロンガポ	164

カ

カイラブネ	151
カトゥバロガン	307
カラバルソン	149
カリボ	332
カリラヤ	138
カルバヨグ	304
キアポ	84
キアンガン	189
クバオ	101
ケソン市	101
コタバト	352
コロン・タウン	378
コンセプション	360

サ

サガダ	194
サバン	363
サン・カルロス	320
サン・フアン	201
サン・フェルナンド（パンパンガ）	156
サン・フェルナンド（ラ・ウニオン）	201
サンボアンガ	350
サン・ラファエル	360
ジェネラル・サントス	352
ジェネラル・ルナ	346
スービック	164
セブ・シティ	229

タ ナ

タガイタイ	143
タグビララン	273
タクロバン	322
ダバオ	339
タバコ	222
チャイナタウン（マニラ）	84
ディポログ	349
トゥゲガラオ	210
トゥビゴン	278
ドゥマゲッティ	314
ドンソル	218
ナガ	219
ナスブ	150

ハ

バギオ	175
パグサンハン	135
バコロド	310
パサイ市	76
バタック	208
バタンガス	139
バナウェ	185
ハパオ	189
バランガ	161
パンパンガ	156
ビガン	203
ヒドゥン・バレー	138
ビバリー・ヒルズ	235
ビラク	223

ピリ ・・・・・・・・・・・・・・・・・ 221
プエルト・ガレラ ・・・・・・・・・・・ 169
プエルト・プリンセサ ・・・・・・・・・ 357
ボニファシオ・グローバル・シティ ・・・・・・ 91
ボントック ・・・・・・・・・・・・・・ 191

マ ラ
マカティ市 ・・・・・・・・・・・・・・・ 70
マタブンカイ ・・・・・・・・・・・・・ 151
マニラ ・・・・・・・・・・・・・・・・・ 49
マニラ地区 ・・・・・・・・・・・・・・・ 79
マラテ ・・・・・・・・・・・・・・・・・ 95
マリコン ・・・・・・・・・・・・・・・ 192
マンブラオ ・・・・・・・・・・・・・・ 171
モアルボアル ・・・・・・・・・・・・・ 262
ラワグ ・・・・・・・・・・・・・・・・ 206
ルカップ ・・・・・・・・・・・・・・・ 198
レガスピ ・・・・・・・・・・・・・・・ 213
ロス・バニョス ・・・・・・・・・・・・ 138
ロハス ・・・・・・・・・・・・・・・・ 331

── 川・湖・湾・ビーチ・山・洞窟・国立公園など ──

ア
アトゥワヤン・ビーチ ・・・・・・・・・ 382
アニヌアン・ビーチ ・・・・・・・・・・ 171
アバタン川 ・・・・・・・・・・・・・・ 289
アポ山 ・・・・・・・・・・・・・・・・ 342
アロナ・ビーチ ・・・・・・・・・・・・ 284
アンダ・ビーチ ・・・・・・・・・・・・ 278
イガン・ビーチ ・・・・・・・・・・・・ 224
イリグ・イリガン・ビーチ ・・・・・・・ 295
エコー・バレー ・・・・・・・・・・・・ 196
オール・ハンズ・ビーチ ・・・・・・・・ 166

カ
カヤンガン・レイク ・・・・・・・・・・ 382
カラオ洞窟 ・・・・・・・・・・・・・・ 211
カリラヤ湖 ・・・・・・・・・・・・・・ 138
クドゥグノン洞窟 ・・・・・・・・・・・ 374
クリスタル・コーブ ・・・・・・・・・・ 295
ココ・ビーチ ・・・・・・・・・・・・・ 171
コロン・コロン・ビーチ ・・・・・・・・ 369

サ
サマット山 ・・・・・・・・・・・・・・ 162
スグバ・ラグーン ・・・・・・・・・・・ 346
スゴン洞窟 ・・・・・・・・・・・・・・ 195
スマギン洞窟 ・・・・・・・・・・・・・ 196
スモール・ラグーン ・・・・・・・・・・ 374
スモール・ラ・ラグーナ・ビーチ ・・・・ 171
ソホトン国立公園 ・・・・・・・・・・・ 308

タ ナ
タール火山 ・・・・・・・・・・・・・・ 145
タール湖 ・・・・・・・・・・・・・・・ 143
タプヤス山 ・・・・・・・・・・・・・・ 379
タヤマアン・ビーチ ・・・・・・・・・・ 171
タヤンバン洞窟 ・・・・・・・・・・・・ 346
タリパナン・ビーチ ・・・・・・・・・・ 171
チョコレート・ヒルズ ・・・・・・・・・ 276
ツイン・ラグーンズ ・・・・・・・・・・ 382
トゥパタハ岩礁 ・・・・・・・・・・・・ 384
ドゥンガリー・ビーチ ・・・・・・・・・ 166
ナクパン・ビーチ ・・・・・・・・・・・ 369
ナポントランの泉 ・・・・・・・・・・・ 220

ハ
パグサンハン川 ・・・・・・・・・・・・ 137
パッシグ川 ・・・・・・・・・・・・・・・ 80
バラクーダ・レイク ・・・・・・・・・・ 382
バラテ・ビーチ ・・・・・・・・・・・・ 171
バリンササヤオ湖＆ツインレイクス国立公園 ・・・・ 319
ビッグ・ラグーン ・・・・・・・・・・・ 374
ビッグ・ラ・ラグーナ・ビーチ ・・・・・ 171
ヒナグダナン洞窟 ・・・・・・・・・・・ 285
ピナツボ火山 ・・・・・・・・・・・・・ 159
プエルト・プリンセサ地下河川国立公園 ・・・・ 364
プカシェル・ビーチ ・・・・・・・・・・ 294
ブサイの滝 ・・・・・・・・・・・・・・ 222
プララン・ビーチ ・・・・・・・・・・・ 224
ブランカ・オーロラ滝 ・・・・・・・・・ 308
ホヨップ・ホヨパン洞窟 ・・・・・・・・ 216
ホワイト・ビーチ（プエルト・ガレラ） ・・・・・・・ 171
ホンダ湾 ・・・・・・・・・・・・・・・ 360

マ ラ
マアシン川 ・・・・・・・・・・・・・・ 346
マクタン・ニュータウン・ビーチ ・・・・ 247
マグププンコ・ロック・プール ・・・・・ 346
マビナイ・ケーブ ・・・・・・・・・・・ 319
マヨン火山 ・・・・・・・・・・・・・・ 216
マラブサイの滝 ・・・・・・・・・・・・ 220
マリビナ滝 ・・・・・・・・・・・・・・ 224
マレメグメグ・ビーチ（ラス・カバナス・ビーチ）・・・ 369
モンテマール・ビーチ ・・・・・・・・・ 162
リオ・ビーチ ・・・・・・・・・・・・・ 370
ルミアン洞窟 ・・・・・・・・・・・・・ 196
ルヤン洞窟 ・・・・・・・・・・・・・・ 224
ロボック川 ・・・・・・・・・・・・・・ 279

─────── 見どころ ───────

ア
アギナルド記念館 ・・・・・・・・・・・ 103
アクア・プラネット ・・・・・・・・・・ 159
アシン温泉 ・・・・・・・・・・・・・・ 182
アメリカ記念墓地 ・・・・・・・・・・・・ 92
アヤラ博物館 ・・・・・・・・・・・・・・ 74
イロイロ博物館 ・・・・・・・・・・・・ 327
イロコス・ノルテ博物館 ・・・・・・・・ 209
イワヒグ刑務所 ・・・・・・・・・・・・ 359
イントラムロス ・・・・・・・・・・・・・ 80
イントラムロス博物館 ・・・・・・・・・・ 81
ヴァルガス美術館 ・・・・・・・・・・・ 102
ヴィラ・アンヘラ・ヘリテージ・ハウス ・・・・・ 204
エドゥサ教会 ・・・・・・・・・・・・・・ 94
オーキッド・ファーム（ラン園） ・・・・・・・・ 341
オーシャン・アドベンチャー ・・・・・・ 167

カ
カーサ・マニラ博物館 ・・・・・・・・・・ 82
カガヤン博物館 ・・・・・・・・・・・・ 211
カグサワ教会跡 ・・・・・・・・・・・・ 215
カサ・ゴロルド博物館 ・・・・・・・・・ 235
カルボン・マーケット ・・・・・・・・・ 234
カレルエガ教会 ・・・・・・・・・・・・ 145
キアポ教会 ・・・・・・・・・・・・・・・ 87
キアンガン戦争戦争追悼廟 ・・・・・・・ 189
ギター工場 ・・・・・・・・・・・・・・ 248
キャンプ・ジョン・ヘイ ・・・・・・・・ 182
クラリン・アンセストラル・ハウス ・・・・・・・ 277

441

クロコダイル・パーク ・・・・・・・・・・・・・・・ 341	パムラクラキン・フォレスト・トレイル ・・・・・・ 167
ケソン・メモリアル・サークル ・・・・・・・・・ 102	パラワン博物館 ・・・・・・・・・・・・・・・・・ 358
血盟記念碑・・・・・・・・・・・・・・・・・・・ 275	パラワン・バタフライ・エコガーデン&トライバル・ビレッジ・ 359
国立自然史博物館 ・・・・・・・・・・・・・・・ 83	パラワン野生生物保護センター ・・・・・・・・・・ 359
国立人類学博物館 ・・・・・・・・・・・・・・・ 83	バランガ湿地自然公園 ・・・・・・・・・・・・・ 162
国立博物館（マニラ） ・・・・・・・・・・・・・ 83	ハロ教会・・・・・・・・・・・・・・・・・・・・ 328
ココナッツ・パレス ・・・・・・・・・・・・・・ 78	バンガアン・ライステラス ・・・・・・・・・・・ 188
コルディレラ博物館・・・・・・・・・・・・・・・ 180	菲華歴史博物館（バハイ・チノイ）・・・・・・・ 82
コルディレラ文化遺産博物館・・・・・・・・・・・ 187	ピラール砦 ・・・・・・・・・・・・・・・・・・ 351

サ

ザ・マンション&ライト・パーク ・・・・・・・・・ 182	ピント美術館 ・・・・・・・・・・・・・・・・・ 100
サン・アンドレス・マーケット ・・・・・・・・・ 98	フィリピンイーグル・ファウンデーション ・・・ 341
サン・オウガスチン教会（マニラ） ・・・・・・・ 82	フィリピン空軍博物館 ・・・・・・・・・・・・・ 78
サン・オウガスチン教会（ラワグ） ・・・・・・・ 209	フィリピン-日本歴史資料館 ・・・・・・・・・・ 342
サン・カルロス大学博物館・・・・・・・・・・・・ 234	ブルゴス国立博物館 ・・・・・・・・・・・・・・ 205
サン・セバスチャン教会 ・・・・・・・・・・・・ 88	ブルナイ ・・・・・・・・・・・・・・・・・・・ 204
サンチャゴ要塞 ・・・・・・・・・・・・・・・・ 81	ベーカーズ・ヒル ・・・・・・・・・・・・・・・ 359
山頂展望台トップス ・・・・・・・・・・・・・・ 233	ベル・タワー ・・・・・・・・・・・・・・・・・ 317
サント・トマス・デ・ヴィリャヌエバ教会 ・・・・・ 328	ベンカブ美術館 ・・・・・・・・・・・・・・・・ 180
サント・ニーニョ教会（セブ・シティ）・・・・・・・ 233	ボホール生地保護センター（シンブリー・バタフライ）・・ 277
サント・ニーニョ聖堂と博物館 ・・・・・・・・・ 323	ボホール・ターシャ・パーミティー・コーポレーション・ 283
サン・ペドロ要塞 ・・・・・・・・・・・・・・・ 234	ボホール博物館・・・・・・・・・・・・・・・・・ 275
慈眼山「比島寺」・・・・・・・・・・・・・・・・ 137	ボントック博物館・・・・・・・・・・・・・・・・ 192
シドラカン・ネグロス・ビレッジ・・・・・・・・・ 317	

マ

ジャパニーズ・トンネル・・・・・・・・・・・・・ 342	マイニットの温泉 ・・・・・・・・・・・・・・・ 192
ジャングル環境サバイバル・トレーニング・キャンプ 166	マイル・ロング旧兵舎 ・・・・・・・・・・・・・ 155
シリマン大学 ・・・・・・・・・・・・・・・・・ 316	マインズ・ビュー・パーク ・・・・・・・・・・・ 182
スゥトゥキル・フィッシュ・マーケット ・・・・・・ 247	マインド・ミュージアム ・・・・・・・・・・・・ 92
ズービック・サファリ ・・・・・・・・・・・・・ 167	マウント・ロホ展望台 ・・・・・・・・・・・・・ 294
聖ウィリアム大聖堂・・・・・・・・・・・・・・・ 207	マカティ博物館 ・・・・・・・・・・・・・・・・ 74
聖ポール大聖堂・・・・・・・・・・・・・・・・・ 204	マキニット温泉 ・・・・・・・・・・・・・・・・ 379
セント・ジョセフ教会（ラス・ピニャス教会）・・ 103	マゼラン記念碑 ・・・・・・・・・・・・・・・・ 247

タ

ターシャ・リサーチ&ディベロップメント・センター・ 283	マゼラン・クロス・・・・・・・・・・・・・・・・ 233
大統領記念博物館・・・・・・・・・・・・・・・・ 89	マチョ寺とチャイニーズ・パゴダ ・・・・・・・・ 202
大統領専用車博物館・・・・・・・・・・・・・・・ 101	マッカーサー・ランディング・メモリアル・パーク・・ 323
太平洋戦争記念館 ・・・・・・・・・・・・・・・ 155	マニラ・ゴールデン・モスク ・・・・・・・・・・ 87
タガイタイ・ピクニック・グローブ ・・・・・・・ 146	マニラ大聖堂 ・・・・・・・・・・・・・・・・・ 81
ダバオ博物館・・・・・・・・・・・・・・・・・・ 342	マニラ動物園 ・・・・・・・・・・・・・・・・・ 98
タム・アワン・ビレッジ ・・・・・・・・・・・・ 180	マホガニー・マーケット ・・・・・・・・・・・・ 146
ダラガ教会 ・・・・・・・・・・・・・・・・・・ 215	マヨヤオ・ライステラス ・・・・・・・・・・・・ 189
中央銀行貨幣博物館・・・・・・・・・・・・・・・ 98	マラカニャン宮殿 ・・・・・・・・・・・・・・・ 89
中国人墓地・・・・・・・・・・・・・・・・・・・ 88	マラテ教会 ・・・・・・・・・・・・・・・・・・ 99
デザート・ミュージアム ・・・・・・・・・・・・ 78	マリア観音 ・・・・・・・・・・・・・・・・・・ 323
道教寺院・・・・・・・・・・・・・・・・・・・・ 234	マリキナ靴博物館 ・・・・・・・・・・・・・・・ 102
灯台・・・・・・・・・・・・・・・・・・・・・・ 155	マリコン・ライステラス ・・・・・・・・・・・・ 192
ドリームプレイ ・・・・・・・・・・・・・・・・ 78	マリンタ・トンネル ・・・・・・・・・・・・・・ 154
ニノイ・アキノ公園 ・・・・・・・・・・・・・・ 102	マルコス博物館 ・・・・・・・・・・・・・・・・ 208
ヌエストラ・セニョーラ・デ・ラ・アスンシオン教会・・ 205	武蔵記念碑 ・・・・・・・・・・・・・・・・・・ 155
ネグロス博物館 ・・・・・・・・・・・・・・・・ 311	ムセオ・スグボ ・・・・・・・・・・・・・・・・ 235

ハ

バーンハム公園 ・・・・・・・・・・・・・・・・ 181	ムセオ・ダバウェニャ ・・・・・・・・・・・・・ 341
バギオ大聖堂 ・・・・・・・・・・・・・・・・・ 181	ムセオ・パンバタ ・・・・・・・・・・・・・・・ 99
バギオ博物館 ・・・・・・・・・・・・・・・・・ 180	メトロポリタン美術館 ・・・・・・・・・・・・・ 98
バクラヨン教会 ・・・・・・・・・・・・・・・・ 277	モロ教会 ・・・・・・・・・・・・・・・・・・・ 328
バクラララン・マーケット ・・・・・・・・・・・ 78	モンテンルパ ・・・・・・・・・・・・・・・・・ 103

ヤ

パコ公園 ・・・・・・・・・・・・・・・・・・・ 99	ヤップ・サンディエゴ・アンセストラル・ハウス ・・・・ 235
バタッド・ライステラス ・・・・・・・・・・・・ 188	UST美術・科学博物館 ・・・・・・・・・・・・・ 88
バタフライ・ガーデン ・・・・・・・・・・・・・ 166	ユーチェンコ博物館 ・・・・・・・・・・・・・・ 74
バナウェ博物館 ・・・・・・・・・・・・・・・・ 187	ラプラプ像 ・・・・・・・・・・・・・・・・・・ 247
バナウェ・ビューポイント ・・・・・・・・・・・ 187	リサール記念館（パグサンハン）・・・・・・・・・ 138
ハミギタン山地野生生物保護区・・・・・・・・・・ 340	リサール記念館（マニラ）・・・・・・・・・・・・ 81
	リトル東京 ・・・・・・・・・・・・・・・・・・ 71
	ロペス記念館・・・・・・・・・・・・・・・・・・ 94

地球の歩き方 ホームページのご案内

海外旅行の最新情報満載の「地球の歩き方ホームページ」！ガイドブックの更新情報はもちろん、各国の基本情報、海外旅行の手続きと準備、海外航空券、海外ツアー、現地ツアー、ホテル、鉄道チケット、Wi-Fiレンタルサービスなどもご紹介。旅先の疑問などを解決するためのQ&A・旅仲間募集掲示板や現地Web特派員ブログ、ニュース＆レポートもあります。

URL https://www.arukikata.co.jp/

■ 多彩なサービスであなたの海外旅行をサポートします！

旅のQ&A・旅仲間募集掲示板

世界中を歩き回った多くの旅行者があなたの質問を待っています。目からウロコの新発見も多く、やりとりを読んでいるだけでも楽しい旅行情報の宝庫です。

URL https://bbs.arukikata.co.jp/

国内外の旅に関するニュースやレポート満載

地球の歩き方 ニュース＆レポート

国内外の観光、グルメ、イベント情報、地球の歩き方ユーザーアンケートによるランキング、編集部の取材レポートなど、ほかでは読むことのできない、世界各地の「今」を伝えるコーナーです。

URL https://news.arukikata.co.jp/

航空券の手配がオンラインで可能

arukikata.com

航空券のオンライン予約なら「アルキカタ・ドット・コム」。成田・羽田のほか、全国各地の空港を発着する航空券を手配できます。期間限定の大特価バーゲンコーナーは必見。

URL https://www.arukikata.com/

空港とホテル間の送迎も予約可能

地球の歩き方 Travel 現地発着オプショナルツアー

効率よく旅を楽しめる世界各地のオプショナルツアーを取り揃えています。観光以外にも快適な旅のオプションとして、空港とホテル間の送迎や空港ラウンジ利用も人気です。

URL https://op.arukikata.com/

ホテルの手配がオンラインで可能

地球の歩き方 Travel 海外ホテル予約

「地球の歩き方ホテル予約」では、世界各地の格安から高級ホテルまでをオンラインで予約できます。クチコミなども参考に評判のホテルを探しましょう。

URL https://hotels.arukikata.com/

海外Wi-Fiレンタル料金比較

地球の歩き方 Travel 海外Wi-Fiレンタル

スマホなどによる海外ネット接続で利用者が増えている「Wi-Fiルーター」のレンタル。渡航先やサービス提供会社で異なる料金プランなどを比較し、予約も可能です。

URL https://www.arukikata.co.jp/wifi/

LAのディズニーリゾートやユニバーサルスタジオ入場券の手配

地球の歩き方 Travel 地球の歩き方チケットオンライン

アナハイムのディズニー・リゾートやハリウッドのユニバーサル・スタジオの、現地でチケットブースに並ばずに入場できる入場券の手配をオンラインで取り扱っています。

URL https://parts.arukikata.com/

ヨーロッパ鉄道チケットがWebで購入できる「ヨーロッパ鉄道の旅」

地球の歩き方トラベルのヨーロッパ鉄道チケット販売サイト。オンラインで鉄道パスや乗車券、座席指定券などを予約できます。利用区間や日程がお決まりの方におすすめです。

URL https://rail.arukikata.com/

海外旅行の情報源はここに！　地球の歩き方　 検索

地球の歩き方 シリーズ年度一覧

地球の歩き方ガイドブックは1～2年で改訂されます。改訂時には価格が変わることがあります。表示価格は本体価格(税別)です。
●最新情報は、ホームページでもご覧いただけます。URL www.diamond.co.jp/arukikata/

2019年12月現在

地球の歩き方 ガイドブック

A ヨーロッパ

A01	ヨーロッパ	2018～2019	¥1700
A02	イギリス	2019～2020	¥1700
A03	ロンドン	2019～2020	¥1600
A04	湖水地方&スコットランド	2018～2019	¥1700
A05	アイルランド	2019～2020	¥1800
A06	フランス	2020～2021	¥1700
A07	パリ&近郊の町	2019～2020	¥1600
A08	南仏プロヴァンス コート・ダジュール&モナコ	2018～2019	¥1600
A09	イタリア	2020～2021	¥1700
A10	ローマ	2018～2019	¥1600
A11	ミラノ ヴェネツィアと湖水地方	2019～2020	¥1700
A12	フィレンツェとトスカーナ	2019～2020	¥1700
A13	南イタリアとシチリア	2019～2020	¥1700
A14	ドイツ	2019～2020	¥1700
A15	南ドイツ フランクフルト ミュンヘン ロマンティック街道 古城街道	2019～2020	¥1700
A16	ベルリンと北ドイツ ハンブルク ドレスデン ライプツィヒ	2018～2019	¥1700
A17	ウィーンとオーストリア	2020～2021	¥1700
A18	スイス	2019～2020	¥1700
A19	オランダ ベルギー ルクセンブルク	2019～2020	¥1600
A20	スペイン	2019～2020	¥1700
A21	マドリードとアンダルシア&鉄道とバスで行く世界遺産	2019～2020	¥1600
A22	バルセロナ&近郊の町 イビサ島／マヨルカ島	2018～2019	¥1700
A23	ポルトガル	2019～2020	¥1650
A24	ギリシアとエーゲ海の島々&キプロス	2019～2020	¥1700
A25	中欧	2019～2020	¥1800
A26	チェコ ポーランド スロヴァキア	2019～2020	¥1700
A27	ハンガリー	2019～2020	¥1700
A28	ブルガリア ルーマニア	2019～2020	¥1800
A29	北欧	2019～2020	¥1700
A30	バルトの国々	2019～2020	¥1800
A31	ロシア	2018～2019	¥1900
A32	極東ロシア シベリア サハリン	2019～2020	¥1800
A34	クロアチア スロヴェニア	2019～2020	¥1600

B 南北アメリカ

B01	アメリカ	2019～2020	¥1900
B02	アメリカ西海岸	2020～2021	¥1700
B03	ロスアンゼルス	2019～2020	¥1700
B04	サンフランシスコとシリコンバレー	2019～2020	¥1700
B05	シアトル ポートランド ワシントン州とオレゴン州の大自然	2019～2020	¥1700
B06	ニューヨーク マンハッタン&ブルックリン	2019～2020	¥1750
B07	ボストン	2018～2019	¥1800
B08	ワシントンDC	2019～2020	¥1700
B09	ラスベガス セドナ&グランドキャニオンと大西部	2019～2020	¥1800
B10	フロリダ	2018～2019	¥1700
B11	シカゴ	2018～2019	¥1700
B12	アメリカ南部	2018～2019	¥1700
B13	アメリカの国立公園	2018～2019	¥1900
B14	ダラス ヒューストン デンバー グランドサークル フェニックス サンタフェ	2018～2019	¥1700
B15	アラスカ	2018～2019	¥1800
B16	カナダ	2019～2020	¥1700
B17	カナダ西部	2018～2019	¥1700
B18	カナダ東部	2019～2020	¥1600
B19	メキシコ	2019～2020	¥1800
B20	中米	2018～2019	¥1900
B21	ブラジル ベネズエラ	2018～2019	¥2000
B22	アルゼンチン チリ パラグアイ ウルグアイ	2018～2019	¥2000
B23	ペルー ボリビア エクアドル コロンビア	2020～2021	¥2000
B24	キューバ バハマ ジャマイカ カリブの島々	2019～2020	¥1850
B25	アメリカ・ドライブ	2020～2021	¥1800

C 太平洋・インド洋の島々&オセアニア

C01	ハワイI オアフ島&ホノルル	2019～2020	¥1700
C02	ハワイII ハワイ島 マウイ島 カウアイ島 モロカイ島 ラナイ島	2019～2020	¥1600
C03	サイパン	2018～2019	¥1400
C04	グアム	2018～2019	¥1400
C05	タヒチ イースター島	2019～2020	¥1600
C06	フィジー	2018～2019	¥1500
C07	ニューカレドニア	2018～2019	¥1500
C08	モルディブ	2020～2021	¥1700
C10	ニュージーランド	2019～2020	¥1700
C11	オーストラリア	2019～2020	¥1900
C12	ゴールドコースト&ケアンズ グレートバリアリーフ ハミルトン島	2019～2020	¥1600
C13	シドニー&メルボルン	2019～2020	¥1600

D アジア

D01	中国	2019～2020	¥1900
D02	上海 杭州 蘇州	2019～2020	¥1700
D03	北京	2019～2020	¥1600
D04	大連 瀋陽 ハルビン 中国東北地方の自然と文化	2019～2020	¥1800
D05	広州 アモイ 桂林 珠江デルタと華南地方	2019～2020	¥1800
D06	成都 重慶 九寨溝 麗江 四川 雲南 貴州の自然と民族	2020～2021	¥1800
D07	西安 敦煌 ウルムチ シルクロードと中国西北部	2020～2021	¥1800
D08	チベット	2018～2019	¥1900
D09	香港 マカオ 深圳	2019～2020	¥1700
D10	台湾	2019～2020	¥1700
D11	台北	2020～2021	¥1700
D13	台南 高雄 屏東&南台湾の町	2019～2020	¥1500
D14	モンゴル	2017～2018	¥1800
D15	中央アジア サマルカンドとシルクロードの国々	2019～2020	¥1900
D16	東南アジア	2018～2019	¥1700
D17	タイ	2019～2020	¥1700
D18	バンコク	2019～2020	¥1600
D19	マレーシア ブルネイ	2020～2021	¥1700
D20	シンガポール	2020～2021	¥1500
D21	ベトナム	2019～2020	¥1700
D22	アンコール・ワットとカンボジア	2020～2021	¥1700
D23	ラオス	2019～2020	¥1800
D24	ミャンマー	2019～2020	¥1800
D25	インドネシア	2018～2019	¥1900
D26	バリ島	2019～2020	¥1700
D27	フィリピン	2019～2020	¥1800
D28	インド	2020～2021	¥1900
D29	ネパールとヒマラヤトレッキング	2018～2019	¥1900
D30	スリランカ	2018～2019	¥1800
D31	ブータン	2019～2020	¥1800
D32	パキスタン	2007～2008	¥1780
D33	マカオ	2019～2020	¥1500
D34	釜山・慶州	2017～2018	¥1400
D35	バングラデシュ	2015～2016	¥1900
D36	南インド	2016～2017	¥1900
D37	韓国	2019～2020	¥1700
D38	ソウル	2019～2020	¥1500

E 中近東 アフリカ

E01	ドバイとアラビア半島の国々	2019～2020	¥1900
E02	エジプト	2014～2015	¥1700
E03	イスタンブールとトルコの大地	2019～2020	¥1700
E04	ペトラ遺跡とヨルダン レバノン	2019～2020	¥1900
E05	イスラエル	2019～2020	¥1900
E06	イラン	2017～2018	¥2000
E07	モロッコ	2019～2020	¥1800
E08	チュニジア	2020～2021	¥1900
E09	東アフリカ ウガンダ エチオピア ケニア タンザニア ルワンダ	2016～2017	¥1900
E10	南アフリカ	2018～2019	¥1900
E11	リビア	2010～2011	¥2000
E12	マダガスカル	2020～2021	¥1800

女子旅応援ガイド aruco

1	パリ '19~'20	¥1200
2	ソウル '19~'20	¥1200
3	台北 '20~'21	¥1200
4	トルコ '14~'15	¥1200
5	インド	¥1400
6	ロンドン '18~'19	¥1200
7	香港 '19~'20	¥1200
8	エジプト	¥1200
9	ニューヨーク '19~'20	¥1200
10	ホーチミン ダナン ホイアン '20~'21	¥1300
11	ホノルル '19~'20	¥1200
12	バリ島 '20~'21	¥1200
13	上海	¥1200
14	モロッコ '19~'20	¥1400
15	チェコ '19~'20	¥1200
16	ベルギー '16~'17	¥1200
17	ウィーン ブダペスト '20~'21	¥1300
18	イタリア '19~'20	¥1200
19	スリランカ	¥1400
20	クロアチア スロヴェニア '19~'20	¥1300
21	スペイン '19~'20	¥1200
22	シンガポール '19~'20	¥1200
23	バンコク '20~'21	¥1300
24	グアム '19~'20	¥1200
25	オーストラリア '18~'19	¥1200
26	フィンランド エストニア '20~'21	¥1300
27	アンコール・ワット '18~'19	¥1200
28	ドイツ '18~'19	¥1200
29	ハノイ '19~'20	¥1200
30	台湾 '19~'20	¥1200
31	カナダ '17~'18	¥1200
32	オランダ '18~'19	¥1200
33	サイパン テニアン ロタ '18~'19	¥1200
34	セブ ボホール エルニド '19~'20	¥1200
35	ロスアンゼルス '20~'21	¥1200

地球の歩き方 Plat

1	パリ	¥1200
2	ニューヨーク	¥1200
3	台北	¥1000
4	ロンドン	¥1200
5	グアム	¥1000
6	ドイツ	¥1200
7	ベトナム	¥1000
8	スペイン	¥1200
9	バンコク	¥1000
10	シンガポール	¥1000
11	アイスランド	¥1400
12	ホノルル	¥1000
13	マニラ&セブ	¥1000
14	マルタ	¥1400
15	フィンランド	¥1200
16	クアラルンプール マラッカ	¥1000
17	ウラジオストク	¥1300
18	サンクトペテルブルク モスクワ	¥1400
19	エジプト	¥1200
20	香港	¥1000
21	ブルックリン	¥1000
22	ブルネイ	¥1300
23	ウズベキスタン	¥1200
24	ドバイ	¥1300

地球の歩き方 Resort Style

R01	ホノルル&オアフ島	¥1500
R02	ハワイ島	¥1500
R03	マウイ島	¥1500
R04	カウアイ島	¥1700
R05	こどもと行くハワイ	¥1400
R06	ハワイ ドライブ・マップ	¥1800
R07	ハワイ バスの旅	¥1200
R08	グアム	¥1300
R09	こどもと行くグアム	¥1500
R10	パラオ	¥1500
R11	世界のダイビング完全ガイド 地球の潜り方	¥1800
R12	プーケット サムイ島 ピピ島	¥1500
R13	ペナン ランカウイ クアラルンプール	¥1700
R14	バリ島	¥1300
R15	セブ&ボラカイ ボホール シキホール	¥1500
R16	テーマパークinオーランド	¥1500
R17	カンクン コスメル イスラ・ムヘーレス	¥1500
R19	ファミリーで行くシンガポール	¥1400
R20	ダナン ホイアン ホーチミン ハノイ	¥1500

地球の歩き方　BY TRAIN
- 1 ヨーロッパ鉄道の旅　¥1700
- ヨーロッパ鉄道時刻表 2019年夏号　¥2300

地球の歩き方　トラベル会話
- 1 米語＋英語　¥952
- 2 フランス語＋英語　¥1143
- 3 ドイツ語＋英語　¥1143
- 4 イタリア語＋英語　¥1143
- 5 スペイン語＋英語　¥1143
- 6 韓国語＋英語　¥1143
- 7 タイ語＋英語　¥1143
- 8 ヨーロッパ5ヵ国語　¥1143
- 9 インドネシア語＋英語　¥1143
- 10 中国語＋英語　¥1143
- 11 広東語＋英語　¥1143
- 12 ポルトガル語(ブラジル)＋英語　¥1143

地球の歩き方　成功する留学
- 1 オーストラリア・ニュージーランド留学　¥1600
- 成功するアメリカ大学留学術
- 世界に飛びだそう！目指せ！グローバル人材　¥1429

地球の歩き方　JAPAN
- 島旅01 五島列島　¥1500
- 島旅02 奄美大島(奄美群島①)　¥1500
- 島旅03 与論島 徳之島 沖永良部島(奄美群島②)　¥1500
- 島旅04 利尻・礼文　¥1500
- 島旅05 天草　¥1500
- 島旅06 壱岐　¥1500
- 島旅07 種子島　¥1500
- 島旅08 小笠原 父島 母島　¥1500
- 島旅09 隠岐　¥1500
- 島旅10 佐渡　¥1500
- 島旅11 宮古島 伊良部島 下地島 来間島 池間島 多良間島 大神島　¥1500
- 島旅12 久米島　¥1500
- 島旅13 小豆島(瀬戸内の島々①)　¥1500
- 島旅14 直島 豊島 女木島 男木島 犬島 牛島 直島 小手島 佐柳島 真鍋島 粟島(瀬戸内の島々②)　¥1500
- 島旅22 島猫ねこ にゃんこの島の歩き方　¥1222
- ダムの歩き方 全国版 はじめてのダム入門ガイド　¥1556

地球の歩き方　御朱印シリーズ
- 御朱印でめぐる鎌倉のお寺 三十三観音完全掲載 三訂版　¥1500
- 御朱印でめぐる京都のお寺　¥1500
- 御朱印でめぐる奈良の古寺 改訂版　¥1500
- 御朱印でめぐる江戸・東京の古寺 改訂版　¥1500
- 御朱印でめぐる東京のお寺　¥1500
- 御朱印でめぐる高野山　¥1500
- 日本全国 この御朱印が凄い！ 第集版 増補改訂版　¥1500
- 日本全国 この御朱印が凄い！ 第弐集 都道府県網羅版　¥1500
- 御朱印でめぐる全国の神社 ～開運さんぽ～　¥1300
- 御朱印でめぐる関東の神社 週末開運さんぽ　¥1300
- 御朱印はじめました 関東の神社 週末開運さんぽ　¥1100
- 御朱印でめぐる秩父の寺社 三十四ヶ所めぐり 週末開運さんぽ　¥1300
- 御朱印でめぐる関東の百寺 坂東三十三観音と古寺　¥1500
- 御朱印でめぐる関西の神社 週末開運さんぽ　¥1300
- 御朱印でめぐる東京の神社 週末開運さんぽ　¥1300
- 御朱印でめぐる関西の百寺 西国三十三所と古寺　¥1500
- 御朱印でめぐる北海道の神社 週末開運さんぽ　¥1300
- 御朱印でめぐる神奈川の神社 週末開運さんぽ　¥1300
- 御朱印でめぐる埼玉の神社 週末開運さんぽ　¥1300
- 御朱印でめぐる九州の神社 週末開運さんぽ　¥1300
- 御朱印でめぐる千葉の神社 週末開運さんぽ　¥1300
- 御朱印でめぐる東海の神社 週末開運さんぽ　¥1300

地球の歩き方　コミックエッセイ
- 北欧が好き！ フィンランド・スウェーデン・デンマーク・ノルウェーの素敵な街めぐり　¥1100
- 北欧が好き！2 建築&デザインでめぐる フィンランド・スウェーデン・デンマーク・ノルウェー　¥1100
- きょうも京都で京づくし。　¥1100
- 女ふたり 台湾、行ってきた。　¥1100
- これしてくださいゲストハウスめぐり
- マイランド☆TRIP 台湾の絶景に会いに行く！　¥1100

地球の歩き方　BOOKS
●日本を旅する本
- 子連れで沖縄 旅のアドレス&テクニック117
- 千智穂のかわいい京都＊しあわせさんぽ　¥1429
- おいしいご当地スーパーマーケット　¥1600
- 地元スーパーのおいしいもの、旅をしながら見つけてきました。47都道府県！
- 京都 ひとりを楽しむまち歩き　¥1200
- 青森・函館めぐり クラフト・建築・おいしいもの　¥1300
- 日本全国開運神社 このお守りがすごい　¥1384
- しらべる！できる！ぼうけん図鑑 沖縄　¥1500

●個性ある海外旅行を案内する本
- 世界の高速列車II　¥2800
- 世界の鉄道　¥3500
- WE LOVE エスニックファッション ストリートブック　¥1500
- エスニックファション シーズンブック ETHNIC FASHION SEASON BOOK　¥1500
- へなちょこ日記 ハワイ鳴咽編　¥1500
- GIRL'S GETAWAY TO LOS ANGELES　¥1500
- 絶対トクする！海外旅行の新常識　¥1000
- アパルトマンでパリジェンヌ体験 5日間から楽しめる憧れのパリ暮らし　¥1700
- 地球の歩き方フォトブック 旅するフォトグラファーが選ぶスペインの町33　¥1500
- 宮脇俊三と旅した鉄道風景　¥2000
- キレイを叶える♡週末バンコク　¥1500
- 『幸せになる、ハワイのパンケーキ＆朝ごはん』～オアフ島で食べたい人気の100皿～　¥1500
- MAKI'S DEAREST HAWAII ～インスタジェニックなハワイ探し～　¥1400
- 撮り旅！ 地球を撮り歩く旅人たち　¥1600
- 秘密のパリ案内Q77　¥1500
- 台湾おしゃべりノート　¥1200
- HONG KONG 24 hours 朝・昼・夜で楽しむ 香港が好きになる本　¥1500
- ONE & ONLY MACAU produced by LOVETABI　¥1500
- 純情ヨーロッパ 呑んで、祈って、脱いでみて　¥1280
- 人情ヨーロッパ 人生、ゆるして、ゆるされて　¥1380
- 雑貨と旅とデザインと　¥1400
- とっておきのフィンランド 絵本のような町めぐり　¥1600
- LOVELY GREEN NEW ZEALAND 未来の国を旅するガイドブック　¥1500
- たびたび 歌で巡る世界の絶景　¥1200
- はなたび 絶景で巡る世界の花　¥1500
- 気軽に始める！大人の男海外ひとり旅　¥1600
- 気軽に出かける！大人の男アジアひとり旅　¥1600
- 地球の歩き方編集者がすすめる最高の楽しみ方 総予算33万円・9日間から行く！ 世界一周 大人の男海外ひとり旅　¥1600
- FAMILY TAIWAN TRIP #子連れ台湾　¥1380
- MY TRAVEL, MY LIFE Maki's Family Travel Book　¥1600
- 香港 地元で愛される名物食堂　¥1400
- マレーシア 地元で愛される名物食堂　¥1500
- いろはに北欧 わたしがちょうどいい 旅のかたち　¥1280
- ヴィクトリア朝が教えてくれる英国の魅力　¥1200
- ダナン&イチャン PHOTO TRAVEL GUIDE ～絶景プロデューサー・詩歩が巡るベトナム～　¥1500
- WORLD FORTUNE TRIP イヴルルド遙華の世界開運★旅案内　¥1400

●乗り物deおさんぽ
- パリの街をメトロでお散歩 改訂版　¥1500
- 台北メトロさんぽ MRTを使って、おいしいとかわいいを巡る旅♪　¥1380
- 台湾を鉄道でぐるり　¥1500
- 香港トラムでぶらり女子旅　¥1500
- 香港メトロさんぽ MTRで巡る とっておきスポット&新しい香港に出会う旅　¥1380
- NEW YORK, NEW YORK！ 地下鉄で旅するニューヨークガイド　¥1500

●ランキング&マル得テクニック
- 沖縄 ランキング&マル得テクニック！　¥900
- ニューヨーク ランキング&マル得テクニック！　¥1000
- 香港 ランキング&マル得テクニック！　¥1000
- 台湾 ランキング&マル得テクニック！　¥900

●話題の本
- パラダイス山元の飛行機の乗り方　¥1300
- パラダイス山元の飛行機のある暮らし　¥1300
- なぜデキる男とモテる女は飛行機に乗るのか？　¥1300
- 「世界イケメンハンター」窪咲子のGIRL'S TRAVEL　¥1400
- さんまで感じる村上春樹　¥1450
- 発達障害グレーゾーン まったり息子の成長記
- 鳥田りんこの親の介護は知らなきゃバカ見ることだらけ　¥1200
- 親の介護ははじめにお金の話で泣き見でおり知らなきゃ損する！トラブル回避の基礎知識
- 熟年離婚する人しない人 行き当たりばったり移住記　¥1350
- 海外VIP1000人を感動させた 外資系企業社長の「おもてなし」術　¥1500
- 理想的な旅は自分でつくる！失敗しない個人旅行のつくり方
- 日本一小さな航空会社の大きな奇跡の物語 業界の常識を覆した天草エアラインの「復活」
- 娘にリケジョになりたい！と言われたら 文系の親に知ってほしい理系女子の世界　¥1400
- 食事作りに手間暇かけないドイツ人、料理程国にこだわり続ける日本人
- ゆるねば神様図鑑 古代エジプト編　¥909
- やり直し英語革命 最短でキチンと話せるようになるための7つの近道勉強法　¥1000

地球の歩き方　中学受験
- お母さんが教える国語　¥1800
- お母さんが教える国語　¥1300
- 親子で成績を上げる魔法のアイデア　¥1500
- こんなハズじゃなかった中学受験　¥1500
- なぜ、あの子は逆転合格できたのか？　¥1500
- 小6になってグンと伸びる子、ガクンと落ちる子　¥1500
- 偏差値が大きく変わる子、変わらない子　¥1500
- 名門中学の子どもたちは学校で何を学んでいるのか　¥1650
- はじめての中学受験 第一志望合格のためにやっておきたい5つのこと　¥1500
- 第一志望に合格したいなら「社会」の後回しは危険です　¥1300
- 進路で迷ったら中高一貫校を選びなさい 6年間であなたの子供はこんなに変わる　¥1200
- 親が後悔しない子供に失敗させない進学塾の選び方　¥1200
- わが子を合格させる父親道 ヤル気を引き出す「神オヤジ」と子どもをツブす「ダメおやじ」　¥1200
- まんがで学ぶ！国語がニガテな子のための読解力が身につく7つのコツ　¥1400
- 新お母さんが教える国語 わが子を志望校に合格させる最強の家庭学習法
- 小6になってグンと伸びる子、ガクンと落ちる子 6年生の子育てはこれが正解！完全版　¥1500

地球の歩き方　GemStone
- 001 パリの手帖 とっておきの散歩道　¥1500
- 003 キューバ　¥1600
- 014 スパへようこそ 世界のトリートメント大集合　¥1500
- 021 ウィーン旧市街 とっておきの散歩道　¥1500
- 025 世界遺産 マチュピチュ完全ガイド　¥1500
- 029 魅惑のモロッコ 美食と雑貨と美器の王国　¥1500
- 030 改訂版 イギリスは甘いのがお好き プディングと焼き菓子でいっぱいのラブリーな生活　¥1500
- 033 改訂版 バリ島ウブド 楽園の散歩道　¥1600
- 033 改訂新版 フィンランド かわいいデザインと出会う街歩き　¥1500
- 047 新装改訂版 ベルリンガイドブック　¥1600
- 052 とっておきのポーランド 増補改訂版　¥1500
- 054 グルム童話で旅するドイツ・ロマン・メルヘン街道　¥1600
- 056 ラダック ザンスカール スピティ 北インドのリトル・チベット 増補改訂版　¥1700
- 057 ザルツブルクとチロル アルプスの山と街を歩く　¥1600
- 058 スイス 歩いて楽しむアルプス絶景ルート　¥1600
- 059 天空列車 青海チベット鉄道の旅　¥1600
- 062 カリフォルニア オーガニックトリップ サンフランシスコ&ワインカントリーのスローライフへ！　¥1500
- 063 台南 高雄とっておきの歩き方 台湾南部の旅ガイド　¥1500
- 062 イングランドで一番美しい場所 コッツウォルズ　¥1700
- 064 シンガポール 絶品！ローカルごはん　¥1500
- 066 ローマ美食散歩 永遠の都を食べ歩く　¥1500
- 066 南極大陸 完全旅行ガイド　¥1500
- 067 ポルトガル 奇跡の風景をめぐる旅　¥1500
- 068 アフタヌーンティーで旅するイギリス　¥1500

地球の歩き方　MOOK
●海外最新情報が満載されたMOOK本
- 海外3 パリの歩き方[ムックハンディ]　¥1000
- 海外4 ソウルの歩き方[ムックハンディ]　¥1000
- 海外6 香港・マカオの歩き方[ムックハンディ]　¥1000
- 海外7 台湾の歩き方[ムックハンディ]　¥1000
- 海外8 ホノルルの歩き方[ムックハンディ]　¥1000
- 海外9 ホノルルショッピング&グルメ[ムックハンディ]　¥1000
- 海外10 グアムの歩き方[ムックハンディ]　¥1000
- 海外11 バリ島の歩き方[ムックハンディ]　¥1000
- ハワイ ランキング&マル得テクニック！　¥790
- バリ ランキング&マル得テクニック！　¥790
- 台湾 ランキング&マル得テクニック！　¥790
- ソウル ランキング&マル得テクニック！　¥790
- シンガポール ランキング&マル得テクニック！　¥790
- バンコク ランキング&マル得テクニック！　¥790
- バリ島 ランキング&マル得テクニック！　¥740
- 海外女子ひとり旅☆パーフェクトガイド！　¥890
- ハワイ スーパーマーケットマル得完全ガイド　¥890
- 海外子連れ旅☆パーフェクトガイド！　¥890
- 成功する留学 ランキング&テクニック50　¥700
- 世界のビーチBEST100　¥890
- ヘルシーハワイ[ムックハンディ]　¥890
- aruco magazine vol.2　¥920

●国内MOOK
- 沖縄の歩き方[ムックハンディ]　¥917
- 北海道の歩き方[ムックハンディ]　¥926
- 東京 ランキング&マル得テクニック！　¥690

ダイヤモンド・セレクト
- 今、こんな旅がしてみたい！ 2020　¥818

「地球の歩き方」の書籍

地球の歩き方 GEM STONE

「GEM STONE(ジェムストーン)」の意味は「原石」。地球を旅して見つけた宝石のような輝きをもつ「自然」や「文化」、「史跡」などといった「原石」を珠玉の旅として提案するビジュアルガイドブック。美しい写真と詳しい解説で新しいテーマ&スタイルの旅へと誘います。

- 006 風街道 シルクロードをゆく
- 022 北京 古い建てもの見て歩き
- 030 バリ島ウブド 楽園の散歩道
- 038 世界遺産 イースター島完全ガイド
- 040 マラッカ ペナン 世界遺産の街を歩く
- 041 パプアニューギニア
- 042 イスタンブール路地裏さんぽ
- 044 南アフリカ自然紀行 野生動物とサファリの魅力
- 045 世界遺産 ナスカの地上絵完全ガイド
- 050 美しきアルジェリア7つの世界遺産を巡る旅
- 051 アマルフィ&カプリ島 とっておきの散歩道
- 052 とっておきのポーランド 世界遺産と小さな村、古城ホテルを訪ねて
- 053 台北近郊 魅力的な町めぐり
- 054 グリム童話で旅するドイツ・メルヘン街道
- 056 ラダック ザンスカール スピティ 北インドのリトル・チベット [増補改訂版]
- 057 ザルツブルクとチロル・インスブルック アルプスの山と街を歩く
- 059 天空列車 青海チベット鉄道の旅
- 060 カリフォルニア・オーガニックトリップ サンフランシスコ&ワインカントリーのスローライフへ
- 061 台南 高雄 とっておきの歩き方 台湾南部の旅ガイド

地球の歩き方 BOOKS

「BOOKS」シリーズでは、国内、海外を問わず、自分らしい旅を求めている旅好きの方々に、旅に誘う情報から旅先で役に立つ実用情報まで、「旅エッセイ」や「写真集」「旅行術指南」など、さまざまな形で旅の情報を発信します。

- 日本の島旅シリーズ
- ニューヨークおしゃべりノート
- キレイを叶える週末バンコク♡
- 「世界イケメンハンター」窪咲子のGIRL'S TRAVEL
- ONE & ONLY MACAO produced by LOVETABI
- エスニックファッション シーズンブック
- 撮り・旅! 地球を撮り歩く旅人たち
- 台湾おしゃべりノート

エスニックファッション
シーズンブック

地球の歩き方シリーズ　地球の歩き方 編集部　検索　www.arukikata.co.jp/guidebook/

地球の歩き方　投稿　検索

あなたの旅の体験談をお送りください

『地球の歩き方』は、たくさんの旅行者からご協力をいただいて、改訂版や新刊を制作しています。
あなたの旅の体験や貴重な情報を、これから旅に出る人たちに分けてあげてください。
なお、お送りいただいたご投稿がガイドブックに掲載された場合は、
初回掲載本を1冊プレゼントします！

ご投稿は次の3つから！

インターネット

URL www.arukikata.co.jp/guidebook/toukou.html
画像も送れるカンタン「投稿フォーム」
※「地球の歩き方　投稿」で検索してもすぐに見つかります

郵便
〒160-0023　東京都新宿区西新宿 6-15-1
セントラルパークタワー・ラ・トゥール新宿 705
株式会社地球の歩き方メディアパートナーズ
「地球の歩き方」サービスデスク「○○○○編」投稿係

ファクス
(03)6258-0421

郵便とファクスの場合
次の情報をお忘れなくお書き添えください！　①ご住所　②氏名　③年齢　④ご職業
⑤お電話番号　⑥E-mail アドレス　⑦対象となるガイドブックのタイトルと年度
⑧ご投稿掲載時のペンネーム　⑨今回のご旅行時期　⑩「地球の歩き方メールマガジン」
配信希望の有無　⑪地球の歩き方グループ各社からのDM送付希望の有無

ご投稿にあたってのお願い

★ご投稿は、次のような《テーマ》に分けてお書きください。
《新発見》ガイドブック未掲載のレストラン、ホテル、ショップなどの情報
《旅の提案》未掲載の町や見どころ、新しいルートや楽しみ方などの情報
《アドバイス》旅先で工夫したこと、注意したいこと、トラブル体験など
《訂正・反論》掲載されている記事・データの追加修正や更新、異論・反論など
※記入例:「○○編 201X 年度版△△ページ掲載の□□ホテルが移転していました……」

★データはできるだけ正確に。
ホテルやレストランなどの情報は、名称、住所、電話番号、アクセスなどを正確にお書きください。
ウェブサイトの URL や地図などは画像でご投稿いただくのもおすすめです。

★ご自身の体験をお寄せください。
雑誌やインターネット上の情報などの丸写しはせず、実際の体験に基づいた具体的な情報をお待ちしています。

ご確認ください

※採用されたご投稿は、必ずしも該当タイトルに掲載されるわけではありません。関連他タイトルへの掲載もありえます。
※例えば「新しい市内交通バスが発売されている」など、すでに編集部で取材・調査を終えているものと同内容のご投稿をいただいた場合は、ご投稿を採用したとはみなされず掲載本をプレゼントできないケースがあります。
※当社は個人情報を第三者に提供いたしません。また、ご記入いただきましたご自身の情報については、ご投稿内容の確認や掲載本の送付などの用途以外には使用いたしません。
※ご投稿の採用の可否についてのお問い合わせはご遠慮ください。
※原稿は原文を尊重しますが、スペースなどの関係で編集部でリライトする場合があります。
※従来の、巻末に綴じ込んだ「現地最新情報・ご投稿用紙」は廃止させていただきました。

あとがき

透き通る珊瑚礁の海に、7000を超える島々。実際にフィリピンを歩いてみると、島の数だけ違った魅力が見えてきます。熱帯植物が生い茂る原生林に、水の浸食によって造り出された奇岩や洞窟の数々、そしてどこまでも続くヤシの並木と白い砂浜……。スペインの植民地時代、アメリカによる統治、さらに日本軍の占領という暗い過去を背負いながらも、町を行き交う人々の笑顔は明るく、そしてたくましい。本書は、これらの地域をひとりでも多くの人に知ってもらいたいという願いのもとに編集されています。

今回の改訂にあたり、多くの人々のご協力をいただきました。この場をお借りして厚く御礼申し上げます。今後も、より充実したガイドブックを作るため、皆様のご意見、ご要望、そして旅のご報告を心よりお待ちしております。

STAFF		
制作：池田祐子		Producer : Yuko Ikeda
編集：アナパ・パシフィック		Editorial Production : ANAPA PACIFIC
梅原トシカヅ		Toshikazu Umehara
編集・執筆・写真：井脇直希		Editor, writer, photographer : Naoki Iwaki
現地調査：反町眞理子		Researcher : Mariko Sorimachi
高橋侑也		Yuya Takahashi
石黒歩		Ayumi Ishiguro
鬼頭沙希		Saki Kito
北川美乃里		Minori Kitagawa
井澤友紀乃		Yukino Isawa
古河剛		Tsuyoshi Furukawa
デザイン：江藤亜由美 (graphic works)		Designer : Ayumi Eto (graphic works)
巻頭デザイン：山中遼子		Gravure Design : Ryoko Yamanaka
校正：東京出版サービスセンター		Proofreading : Tokyo Shuppan Service Center
地図：高棟博 (ムネプロ)		Maps : Hiroshi Takamune (Mune Pro)
表紙：日出嶋昭男		Cover Design : Akio Hidejima

SPECIAL THANKS TO : ©istock、フィリピン政府観光省、Dusit Thani Mactan Cebu Resort、Toyo Eatery

読者投稿

〒160-0023　東京都新宿区西新宿6-15-1 セントラルパークタワー・ラ・トゥール新宿705
株式会社地球の歩き方メディアパートナーズ　地球の歩き方サービスデスク「フィリピン編」投稿係
FAX (03) 6258-0421　**URL** www.arukikata.co.jp/guidebook/toukou.html

地球の歩き方ホームページ（海外旅行の総合情報）　**URL** www.arukikata.co.jp

ガイドブック『地球の歩き方』（検索と購入、更新・訂正情報）
URL www.arukikata.co.jp/guidebook

地球の歩き方　**D27**　フィリピン マニラ セブ ボラカイ ボホール エルニド　2020～2021年版
1990年4月1日　　初版発行
2020年1月1日　　改訂第28版第1刷発行

Published by Diamond-Big Co., Ltd.
2-9-1 Hatchobori, Chuo-ku, Tokyo, 104-0032, Japan
TEL (81-3) 3553-6667 (Editorial Section)
TEL (81-3) 3553-6660　**FAX** (81-3) 3553-6693 (Advertising Section)
Advertising & Representative: Philippine Travel Factory, Inc.
TEL (02) 836-1574　**Mail** info@philippinestravelfactory.com

著作編集	「地球の歩き方」編集室
発行所	株式会社ダイヤモンド・ビッグ社
	〒104-0032　東京都中央区八丁堀2-9-1
	編集部 **TEL** (03) 3553-6667
	広告部 **TEL** (03) 3553-6660　**FAX** (03) 3553-6693
発売元	株式会社ダイヤモンド社
	〒150-8409　東京都渋谷区神宮前6-12-17
	販　売 **TEL** (03) 5778-7240

■ご注意ください
本書の内容（写真・図版を含む）の一部または全部を、事前に許可なく無断で複写・複製し、または著作権法に基づかない方法により引用し、印刷物や電子メディアに転載・転用することは、著作者および出版社の権利の侵害となります。
All rights reserved.　No part of this publication may be reproduced or used in any form or by any means, graphic, electronic, or mechanical, including photocopying, without written permission of the publisher.
■落丁・乱丁本はお手数ですがダイヤモンド社販売宛にお送りください。送料小社負担にてお取り替えいたします。ただし、古書店で購入されたものについてはお取り替えできません。

印刷製本　開成堂印刷株式会社　Printed in Japan
禁無断転載 © ダイヤモンド・ビッグ社／アナパ・パシフィック 2020
ISBN978-4-478-82434-4

448